Administrative Remedies

현대 행정구제법

Administrative Remedies

현대 행정구제법 ——

>>>>>>>>> 머리말

본래 행정법이란 행정의 조직 · 작용 및 그 구제에 관한 국내 공법을 말한다. 따라서 행정법을 이해하려면 기본적으로 행정법의 특색, 행정법관계의 특질, 공권의 특수성, 공법에 대한 사법규정의 적용, 행정행위의 특질, 공법상의 계약, 행정소송의 특수성, 행정벌의 특수성 및 공물의 공법적 특질 등을 모두 이해할 때 행정법 전반을 이해하는 것이다.

이와 같이 행정법의 기본적 지식을 습득하게 되면 실제상으로 행정상의 문제를 해결할 수 있는 실무능력의 배양은 당연하다 하겠다.

본 서에서 구성되는 행정구제법이란 행정권의 행사에 의해 침해된 국민의 권익을 구제해 주는 것을 말한다. 따라서 행정구제에 관한 법이 행정구제법이며 이에 관한 제도가 행정구제제도인 것이다. 다시말하면 행정구제란 행정기관의 작용으로 자신의 권익이 침해되었거나 침해될 것을 주장하는 자가 행정기관이나 법원에 원상회복 손해전보 또는 당해 행정작용의 취소 · 변경을 청구하거나 기타 손해구제 또는 예방을 청구하고 이에 대하여 행정기관 또는 법원이 이를 심리하여 국민의 권익의 보호에 관한 결정을 내리는 것을 말한다.

원래 행정권은 우월한 공권력주체로서 강한 공권력을 행사하게 되므로 행정권의 행사에 의해 국민의 권익이 침해되는 경우가 적지 않다. 즉 행정적 침해는 행정권이 법률의 집행 내지 사실상 행위에 의해서 여러가지로 나타나는 국민의 권익침해라고 할 수 있다.

만일 행정권의 행사에 의해 국민의 권익이 침해된 경우에 그에 대한 구제제도가 확립되어 있지 않다면 헌법상의 기본권 보장의 원칙과 법치행정의 원칙은 실효성을 잃게 된다.

따라서 행정구제제도는 국민의 기본권 보장과 법치행정의 원칙을 담보하는 수단이라고 할 수 있다. 즉 행정구제제도는 행정상의 위법 · 부당한 침해의 경우에 적절한 구제를 실현함으로써 국민의 권리와 이익을 보호는 물론 법치주의를 실현하고 행정의 적법성과 합목적성을 보장하기 위한 제도인 것이다.

구체적으로 행정구제법의 체계는 행정상의 피해가 발생했을 경우 이를 구제하는 사후구제제도와 피해발생을 예상하고 미리 이에 대비하는 사전구제제도가 있다. 우선 행정법상 사전구제제도로서는 청원법과 행정절차법이 활용되고 있으며, 행정법상 사후구제제도로서는 행정상 권익이 침해되었음을 전제로 하는 것이므로 손해가 발생하였을 경우 그 손해를 국가가 변상해주는 손해배상이나 손실보상과 같은 손해전보제도와 피해가 발생할 우려가 있는 행정처분의 취소나 변경을 요구하는 행정쟁송제도가 있는바 행정쟁송제도에는 행정기관이 심판자가 되는 행정심판과 사법부가 심판자가 되는 행정소송이 있다.

따라서 행정구제법책의 체계로서는 행정구제제도의 의의와 행정구제제도의 형태인 사전구제와 사후구제로 구분되는바 본 서에서도 행정구제법의 이론과 체계로서 사전구제제도와 사후구제제도를 구성 · 체계화하였다.

특히 본 서는 1장에서 행정구제의 이론을 논하였고, 제2장에서는 사전구제제도와 실제 사례를 논하였으며, 제3장에서는 사후구제제도를 논하였다. 그리고 제4장에서는 행정심판제도를 논하였으며, 제5장에서는 실제 사례를 논하였다. 또한 제6장에서는 행정소송제도를 논하였으며, 마지막으로 제7장에서는 행정소송의 사례를 논하였다.

이와 같이 본 서는 행정구제법에 대한 이론과 실제를 겸비함으로써 행정법을 공부하는 학생들에게 보다 쉽게 행정구제에 관한 법체계의 이론과 실제를 터득하도록 비교적 평이하게 서술하였다. 이는 우리 학생들이 대학에서 행정법에 대한 강의와 실무를 통한 연구의 결과를 체계적으로 공부하여 장차 사회에 진출하여 많은 보탬이 되도록 하는 차원에서 집필하였던 것이다.

그러나 본 서를 구성함에 있어서 저자 자신의 능력과 노력이 미숙하여 행정구제법상의 기술성이나 논리성의 부족을 자인하면서, 다음 기회에 보충하기로 노력을 다짐하는 바이다.

따라서 선후배의 끊임없는 지도와 성원을 바라며, 앞으로의 연구에 전력을 다하고자 한다.

아무쪼록 본 서가 우리나라 행정구제법의 발전과 대학생들의 학문적 연구에 다소의 보탬이 되었으면 한다.

끝으로 본 서의 출간에 이루기까지 부모님과 아내의 권고와 격려에 감사드립니다. 또한 도서출판 중앙서관의 이정호 사장님께 감사를 드립니다.

2018. 2. 저자 씀.

Administrative Remedies

현대 행정구제법

Contents

제 1 장 행정구제제도

제 2 장 사전구제제도

제 3 장 사후구제제도

제 4 장 행정심판제도

제 5 장 행정심판 사례

제 6 장 행정소송제도

제 7 장 행정소송 사례

제 1 장 행정구제제도

One

1. 행정구제의 의의

행정구제라 함은 행정권의 행사에 의해 침해된 국민의 권익을 구제해 주는 것을 말한다.

따라서 행정구제에 관한 법이 행정구제법이며 이에 관한 제도가 행정구제제도이다.

다시말하면 행정구제란 행정기관의 작용으로 자신의 권익이 침해되었거나 침해될 것을 주장하는 자가 행정기관이나 법원에 원상회복 · 손해전보 또는 당해 행정작용의 취소 · 변경을 청구하거나 기타 손해구제 또는 예방을 청구하고 이에 대하여 행정기관 또는 법원이 이를 심리하여 국민의 권익의 보호에 관한 결정을 내리는 것을 말한다.

일반적으로 행정권의 침해는 행정권이 법률의 집행 내지 사실상 행위에 의해서 여러가지로 나타나는 국민의 권익침해라고 할 수 있다. 그 이유는 행정권이 우월한 공권력주체로서 강한 공권력을 행사하게 되므로 행정권의 행사에 의해 국민의 권익이 침해되는 경우가 적지 않기 때문이다.

일반적으로 행정권의 국민에 대한 권익침해 형태는 다음과 같다.

1) 헌법에 위반되는 내용의 법령을 집행함으로써 이루어지는 침해,

2) 법령의 해석 · 적용을 잘못함으로써 이루어지는 침해,

3) 법률을 위법하게 적용하여 침해하는 경우,

4) 법률을 집행하지 아니함으로써 침해하는 경우 등이 있다.

만일, 행정권의 행사에 의해 국민의 권익이 침해된 경우에 그에 대한 구제제도가 확립되어 있지 않다면, 헌법상의 기본권 보장의 원칙과 법치행정의 원칙은 실효성을 잃게 된다.

따라서 행정구제제도는 국민의 기본권 보장과 법치행정의 원칙을 담보하는 수단이라고 할 수 있다.

결국 행정구제제도는 국민의 권익침해의 경우에 적절한 구제를 함으로써 위법 · 부당한 행정작용으로부터 국민의 권리와 이익을 보호하여 법치주의를 실현하고 행정의 적법성과 합목적성을 보장하기 위한 제도이다. 즉 행정구제제도는 법치국가원리를 실질적으로 구현하는 제도인 동시에 그 필수적인 구성요소로서 민주국가에서 기본권 보호와 법치행정을 실현하기 위하여 필수적인 제도인 것이다.

2. 행정구제제도의 체계

기본적으로 행정구제의 체계는 국민의 기본권 보장의 원칙, 법치행정의 원리, 행정통제, 구제방법 및 구제수단과 밀접한 관계가 있는데 어디에 중점을 두는가에 따라 그 체계와 관점이 달라진다.

1) 기본권 보장

우선 기본권은 헌법 정신에 따라 보장되어 국민으로서 누릴 수 있는 기본적 권리로서 인간의 존엄과 가치 및 행복추구권, 자유권, 평등권, 참정권, 수익권 등이 보장되고 있다.

즉 기본권이 침해되는 경우에는 법적으로 구제받도록 되어 있다. 즉 국가 권력에 의한 기본권 침해로서 부당하게 기본권을 제한하는 법률 제정, 행정기관 및 사법기관의 공권력 남용 등에 대하여 법적 구제를 받도록 되어 있다.

따라서 기본권 침해의 구제로서는 청원, 행정심판제도, 재판, 위헌법률심판제도, 헌법소원제도, 법률구조제도 등을 통하여 구제를 받도록 되어 있다.

2) 법치행정의 원리

법치행정이란 형식적으로 행정이 법에 근거하기만 하면 되는 것이 아니고, 실질적으로 국민의 자유와 권리를 보장하는 제도가 마련되어야 한다는 것이다. 그리하여 우리나라에서는 법률에 의한 행정의 원리를 채택하여 행정법의 조직과 작용은 원칙적으로 국회가 제정한 법률에 의하여야 하며(법의 지배원리 : rule of law), 특히 행정작용은 그 내용에 있어서 국민의 자유와 권리를 부당하게 침해하지 않도록 행정구제의 제도를 두고 있다(예 위헌법률심사, 명령 · 규칙 · 처분의 심사제도).

3) 행정통제제도

행정통제제도란 국민에 대한 행정의 책임이행을 전제로 행정의 목표달성을 위하여 행위 및 실적이 미리 설정한 계획이나 기준과 차이가 났을 때, 그 원인 규명과 아울러 시정 조치를 의미하는 관리적 · 견제적 활동을 말한다.

3. 위법 침해와 적법 침해 구제

1) 위법한 침해 구제

행정의 위법행위에 의한 구제는 법규에 위반된 행정기관의 행위의 구제를 말한다. 즉 국가작용에 의해 개인에게 가해진 손해의 전보를 한다. 우선 위법행위의 요건으로서는 우선적으로 국가작용이 있어야 하며 인과관계가 있어야 한다. 즉 국가작용과 손해 사이의 인과관계가 존재해야 한다. 따라서 위법행위는 강제 · 처벌 · 손해배상 · 쟁송제기의 대상 등의 효과가 발생한다.

2) 적법한 침해 구제

행정의 적법행위에 의한 구제는 적법한 행정기관의 행정작용에 의한 손해전보를 말한다. 즉 적법한 침해 구제로서의 손실보상은 공익을 위하여 특별한 희생을 사회 전체가 균등하게 분담한다는 단체주의적 법사상을 기초로 한 사회적 공평부담주의를 기초원리로 하고 있다.

4. 행정구제의 수단과 방법

행정구제에는 피해가 발생했을 경우 이를 구제하는 사후구제제도와 피해발생을 예상하고 미리 이에 대비하는 사전구제제도가 있다.

1) 사전구제제도

사전구제제도는 민주행정의 원리에 따라 정책결정과정에 이해관계인들을 참여시켜 피해발생을 최소화하려는 청문이나 공청회, 행정예고제, 청원제도, 고충민원처리제, 행정정보공개제 등 다양한 제도 등이 도입되고 있다.

현행 법상 사전구제제도로서 청원법과 행정절차법이 활용되고 있다.

(1) 청원

현행 청원법상 청원은 청원권의 행사에 관한 사항을 규정하기 위해 제정한 법률로서 헌법상의 국민의 청원권행사에 관한 절차와 처리에 관한 사항을 규정함을 목적으로 한다.

청원은 피해의 구제와 공무원의 비위의 시정 또는 공무원에 대한 징계나 처벌의 요구, 법률 · 명령 · 규칙의 제정 · 개정 또는 폐지, 공공의 제도 또는 시설의 운영, 기타 공공기관의 권한에 속하는 사항에 한하여 할 수 있다.

다만 재판에 간섭하거나 국가의 원수를 모독하는 청원은 수리하지 않으며, 타인을 모해할 목적으로 허위의 사실을 적시한 경우에 청원은 할 수 없다.

그리고 청원은 문서로 하여야 한다. 청원서는 청원사항을 주관하는 관서에 제출하되 처분 또는 처분의 시정을 요구하는 청원서는 처분관서에 제출하여야 하며, 중앙관서에 대한 처분 또는 처분의 시정요구를 내용으로 하는 청원서는 직접 그 관서에 제출하여야 한다.

다만 동일내용의 청원서를 동일기관에 2개 이상 또는 2개 기관 이상에 제출할 수 없다.

그리고 국가기관은 청원을 수리하여 성실 · 공정 · 신속히 심사처리하고 그 결과를 청원인에게 통지하여야 한다.

그 밖에 누구든지 청원하였다는 이유로 차별대우를 받거나 불이익을 강요당하지 않는다.

(2) 행정절차

현행 행정절차법은 행정절차에 관한 공통적인 사항을 규정하여 국민의 행정참여를 도모함으로써 행정의 공정성 · 투명성 및 신뢰성을 확보하고 국민의 권익을 보호하기 위해 제정된 법이다.

그리고 행정절차법은 처분 · 신고 · 행정상 입법예고 · 행정예고 및 행정지도 등의 행정절차에 관해 다른 법률에 특별한 규정이 있는 경우를 제외하고는 이 법을 따른다.

그러나 행정절차법은 국회의 의결 또는 법원의 재판 등을 거친 사항, 국가안전보장 · 국방 · 외교 등에 관한 사항으로서 행정절차를 거칠 경우 국가의 중대한 이익을 현저히 해할 우려가 있는 사항 등에 대해서는 적용되지 않는다.

따라서 행정절차법상 행정청은 신청인의 편의를 위해 처분의 처리기간 및 처분기준을 미리 정하여 공표해야 한다. 또 당사자에게 의무를 과하거나 권익을 제한하는 처분을 하는 경우에는 사전통지하고, 청문 등을 통해 의견을 청취하고 처분의 근거와 이유를 제시해야 한다.

특히 청문과 공청회는 다른 법령에 규정된 경우와 행정청이 필요하다고 인정하는 경우에 실시하며 행정청은 상당한 이유가 있다고 인정하는 경우에는 청문과 공청회의 결과를 처분에 반영해야 한다.

일정한 사항을 행정청에 통지함으로써 의무가 끝나는 신고의 경우 법령 등에 규정된 요건을 갖춘 신고서가 해당 기관에 도달된 때에 신고의 의무가 이행된 것으로 본다. 그리고 법령 등을 입법하고자 할 때에는 이를 예고해야 하지만, 입법내용이 국민의 권리 · 의무와 관련이 없거나 입법이 긴급을 요하는 경우 등은 예외로 한다. 또 국민의 일상생활에 매우 큰 영향을 주거나 많은 국민의 이해가 상충되는 사항 등과 관련된 정책 · 제도 및 계획을 수립 · 시행 · 변경할 때에도 이를 예고해야 한다.

특히 행정지도는 그 상대방의 의사에 반하여 부당하게 강요해서는 안 되며, 행정지도에 따르지 않는다는 이유로 불이익한 조치를 해서도 안 된다. 다만, 그 상대방은 해당 행정지도의 방식과 내용 등에 관해 행정기관에 의견제출을 할 수 있다.

2) 사후구제제도

사후적 행정구제제도에는 피해가 발생하였을 경우 손해를 국가가 변상해주는 손해배상이나 손실보상과 같은 손해전보제도와 피해가 발생할 우려가 있는 행정처분의 취소나 변경을 요구하는 행정쟁송제도가 있는데, 행정쟁송제도에는 행정기관이 심판자가 되는 행정심판과 사법부가 심판자가 되는 행정소송이 있다.

통상 행정구제라 하면 권익이 침해되었음을 전제로 하는 것이므로 사후적 구제를 말한다.

그러나 사후적 구제는 위법 · 부당한 행정작용으로 인한 손해가 발생한 후에 이루어지기 때문에 애초에 권익의 침해가 없었던 것과 같은 원상회복을 기대하기 어려운 경우가 많고 절차적으로도 복잡하다는 결함을 지니고 있다.

결국 우리나라의 행정쟁송제도는 크게 법원의 적법성 판단을 통해 국민의 권리를 구제하고자 하는 행정소송과 함께 행정기관의 적법성 판단을 통한 국민의 권리구제 및 행정의 적정한 수행을 도모하는 행정심판으로 나누어진다고 할 수 있다. 이와 같이 행정심판제도는 행정소송제도와 서로 기능적 연관성과 권리구제의 측면에서 차별성을 고려하여 운영되어 오고 있다.

(1) 행정심판

행정심판이라 함은 행정기관이 행하는 행정쟁송의 절차로서 '행정기관에 의한 심판하는 것' 을 말하며 원칙적으로 민원인이 처분청의 직근 상급기관에 대하여 그 취소 · 변경이나 무효확인 등의 처분을 구하는 쟁송절차라고 정의할 수 있다.

그리고 행정심판은 행정기관이 행하는 일정한 행정적 의사의 발현으로서 행정법관계를 규율하고 일정한 행정질서를 형성 · 유지 · 소멸시킴으로써 행정목적의 실현을 도모하는 행정작용으로서 재결은 행정처분의 성질을 가지며 행정행위가 갖는 일반적인 성질인 공정력 · 불가변력 · 불가쟁력 등을 가진다. 따라서 헌법은 제107조 제3항 후단에서 "행정심판의 절차는 법률로 정하되 사법절차가 준용되어야 한다" 라고 규정함으로써 행정심판이 사법적 판단작용의 성격을 가지고 있음을 명시하고 있다.

현행 행정심판법은 행정심판 절차를 통하여 행정청의 위법 또는 부당한 처분이나 부작위로 침해된 국민의 권리 또는 이익을 구제하고, 아울러 행정의 적정한 운영을 꾀함을 목적으로 하고 있다.

(2) 행정소송

행정소송법은 행정소송절차에 관하여 필요한 사항을 규정한 법률로서 행정소송절차를 통하여 행정청의 위법한 처분과 그 밖에 공권력의 행사 · 불행사 등으로 인한 국민의 권리 또는 이익의 침해를 구제하고, 공법상의 권리관계 또는 법적용에 관한 다툼을 적정하게 해결함을 목적으로 한다.

행정소송의 종류는 항고소송 · 당사자소송 · 민중소송 · 기관소송이 있으며, 특히 항고소송은 취소소송 · 무효등확인소송 · 부작위위법확인소송으로 구분된다.

그리고 행정소송의 기간계산에 있어서 국외에서의 소송행위 추완에 있어서는 그 기간을 연장한다. 행정소송에 대한 대법원 판결에 의하여 명령 · 규칙이 헌법 또는 법률에 위반된다는 것이 확정된 경우에는 대법원은 지체 없이 그 사유를 행정안전부장관에게 통보하여야 하며, 그 통보를 받은 행정안전부장관은 지체 없이 관보에 게재하여야 한다.

또 원고의 고의 또는 중대한 과실 없이 행정소송이 심급을 달리하는 법원에 잘못 제기된 경우에는 민사소송법의 사건의 이송에 관한 규정에 의한다. 아울러 행정소송에 관하여 특별한 규정이 없는 사항에 대하여는 법원조직법과 민사소송법의 규정을 준용한다.

그 밖에 행정소송은 행정법원이 관할하며, 취소소송은 처분 등의 취소를 구할 법률상 이익이 있는 자가 제기할 수 있고, 무효등확인소송은 처분 등의 효력 유무 또는 존재 여부의 확인을 구할 법률상 이익이 있는 자가 제기할 수 있으며, 부작위위법확인소송은 부작위의 위법의 확인을 구할 법률상 이익이 있는 자가 제기할 수 있다. 당사자소송은 국가 · 공공단체 등의 권리주체를 피고로 하며, 민중소송 및 기관소송은 법률이 정한 경우에 법률이 정한 자에 한하여 제기할 수 있다.

그리고 행정소송은 당해 처분에 대한 행정심판을 제기할 수 있는 경우에도 법률에 당해 처분에 대한 행정심판의 재결을 거치지 않으면 행정소송을 제기할 수 없다는 규정이 있는 때를 제외하고는 행정심판을 거치지 않고 제기할 수 있다.

특히 취소소송에 관하여 재판관할, 당사자, 소의 제기, 심리, 재판 등에 대한 상세한 규정이 있으며, 취소소송 외의 항고소송, 당사자소송, 민중소송 및 기관소송에 대하여는 몇 개의 특별한 규정을 제외하고는 기본적으로 취소소송의 규정이 준용된다.

Two

제 2 장 사전구제제도

행정의 사전적 구제수단으로 행정청의 행정행위가 발하여 지기 이전에 각종 청문절차나 공청회, 그리고 각종 민원처리를 들 수 있다. 청문과 공청회의 경우에는 행정행위를 발하기 이전에 사전에 행정행위의 적법성과 타당성을 논의한다는 점에서 의의가 있으나, 행정행위에 대해 공청회와 청문절차를 거칠 수 없는 현실적인 점을 감안한다면 청원은 행정행위에 대한 사전적 권리구제이면서 타당성을 보다 더 보장하는 제도라고 할 것이고, 청원 등을 거친 이후에도 행정행위로 인해 권익침해를 받을 경우에는 사후적 구제수단에 의해서 보호를 받을 수 있다.

1. 청원

모든 국민은 법률(청원법)이 정하는 바에 따라 국가기관(행정기관뿐만 아니라 입법 · 사법기관도 포함한 국가기관)에 '문서' 로써 청원할 권리(헌법 제25조)가 있다.

따라서, 국가는 이에 대하여 수리 · 심사할 의무(헌법 제26조)뿐만 아니라, 성실 · 공정 · 신속히 처리해서 결과까지 통지하여야 할 의무(청원법상 의무)까지 진다.

다만, 청원법상 청원의 불수리 사항은 국가 원수를 모독하거나 ① 감사 · 수사 · 재판 · 행정심판 · 조정 · 중재 등 다른 법령에 의한 조사 · 불복 또는 구제절차가 진행중인 때, ② 허위의 사실로 타인으로 하여금 형사처분 또는 징계처분을 받게 하거나 국가기관 등을 중상모략하는 사항인 때, ③ 사인간의 권리관계 또는 개인의 사생활에 관한 사항인 때, ④ 청원인의 성명 · 주소 등이 불분명하거나 청원내용이 불명확한 때 등은 청원을 수리하지 아니한다(청원법 제5조).

1) 청원 내용

청원내용은 ① 피해의 구제, ② 공무원의 위법 · 부당한 행위에 대한 시정이나 징계의 요구, ③

법률 · 명령 · 조례 · 규칙 등의 제정 · 개정 또는 폐지, ④ 공공의 제도 또는 시설의 운영, ⑤ 그 밖에 국가기관 등의 권한에 속하는 사항 등이다(동법 제4조).

2) 청원방법

- 청원은 청원인의 성명(법인인 경우에는 명칭 및 대표자의 성명)과 주소 또는 거소를 기재하고 서명한 문서(「전자정부법」에 의한 전자문서 포함)로 해야 한다(「동법」 제6조 제1항).
- 다수인이 공동으로 청원을 할 때에는 그 처리결과를 통지받을 3인 이하의 대표자를 선임하여 이를 청원서에 표시해야 한다(「동법」 제6조 제2항).
- 청원서에는 청원의 이유와 취지를 밝히고, 필요한 때에는 참고자료를 첨부할 수 있다(「동법」 제6조 제3항).
- 청원서는 청원사항을 관장하는 기관에 제출해야 한다(「동법」 제7조 제1항).
- 반복청원 및 이중청원의 처리 금지
- 동일인이 동일한 내용의 청원서를 동일한 기관에 2건 이상 제출하거나 2 이상의 기관에 제출한 때에는 나중에 접수된 청원서는 반려될 수 있다(「동법」 제8조).

3) 국회에 청원하는 경우

- 국회에 청원을 하려는 자는 국회의원의 소개를 얻어 청원서를 제출해야 한다(「국회법」 제123조 제1항, 「국회청원심사규칙」 제2조 제1항).
  - ▶ 청원서에는 청원자의 주소 · 성명(법인의 경우에는 그 명칭과 대표자의 성명)을 기재하고 서명 · 날인해야 한다(「국회법」 제123조 제2항).
  - ▶ 청원서에는 청원의 취지와 이유를 구체적으로 명시해야 하며 필요한 참고자료를 첨부할 수 있다(「국회청원심사규칙」 제2조 제2항).
  - ▶ 청원서에는 소개하는 국회의원의 청원소개의견서를 첨부해야 한다(「국회청원심사규칙」 제3조).
- 국회의장은 청원서가 「국회청원심사규칙」 제2조와 소개의견서 첨부의 요건을 갖추지 못하였을 경우 기간을 정하여 청원서를 보완하도록 요구할 수 있다(「국회청원심사규칙」 제4조).
- 국회에 청원한 사항이 반복청원 및 이중청원에 해당하여 접수되지 않은 때에는 청원인은 소개국회의원을 경유하여 이의신청을 할 수 있다(「국회청원심사규칙」 제6조 제1항).

4) 지방의회에 청원하는 경우

- 지방의회에 청원을 하려는 자는 지방의회의원의 소개를 얻어 청원서를 제출해야 한다(「지방자치법」 제73조 제1항).
  - ▶ 청원서에는 청원자의 성명(법인의 경우에는 그 명칭과 대표자의 성명) 및 주소를 적고 서

명 · 날인해야 한다(「지방자치법」 제73조 제2항).

▶ 청원서에는 소개하는 지방의회의원의 의견서를 첨부해야 한다(「지방자치법 시행령」 제58조).

- 지방의회의장은 지방의회에 제출된 청원서가 그 요건을 갖추지 못한 경우에는 기간을 정하여 보완하도록 요구할 수 있다(「지방자치법 시행령」 제59조).
- 「지방자치법」 및 「지방자치법 시행령」에 규정된 것 외에 청원에 필요한 사항은 의회규칙으로 정한다(「지방자치법 시행령」 제60조).

5) 청원의 철회

- 국회에 청원한 경우
- 청원인이 청원을 철회하려고 할 때에는 철회이유를 명기하고 청원인(다수일 경우에는 대표자)과 소개국회의원(다수일 경우에는 대표소개의원)이 서명날인을 해야 한다(「국회청원심사규칙」 제14조).
- 청원이 접수된 때에는 그 청원을 소개한 의원이 소개를 철회하더라도 해당 청원의 효력에는 영향을 미치지 않는다(「국회청원심사규칙」 제15조).
- 지방의회에 청원한 경우
- 「지방자치법」 및 「지방자치법 시행령」에 규정된 것 외에 청원에 필요한 사항은 의회 규칙으로 정한다(「지방자치법 시행령」 제60조).

2. 행정절차제도

위법 · 부당한 행정작용으로 말미암아 권익을 침해당한 경우에는 그에 대한 권리구제가 제도적으로 보장되는 것이 법치주의의 요구에 합당한데, 이러한 사후적 권리구제로써는 이미 침해된 권익의 완전한 회복을 기대하기 어렵고, 많은 시간 · 경비비 등이 소요되는 것이 보통이다.

따라서 법치행정의 이상을 달성하기 위해서는 행정작용이 행하여지기 전에 이해관계인의 의견진술 · 자료제출 등의 기회를 인정함으로써 행정행위를 절차적으로 규제하여 그의 적법성과 타당성을 확보하여, 행정작용으로 인한 권익침해를 미연에 방지하는 사전적 권리구제를 도모함으로써 법치행정을 실질적으로 보장하게 되는 것이다.

1) 행정절차의 의의

행정절차는 행정청이 행정업무 수행을 위하여 거쳐야 하는 절차로서 처분 · 신고 · 행정상 입법예고 · 행정예고 · 행정지도를 할 때 행정청이 사전에 당사자 · 기타 이해관계인과 가져야 할 대외적 절차를 의미한다.

행정절차는 그 내용의 다양성에도 불구하고 그것은 일정한 행정작용을 하기에 앞서 미리 그 뜻을 이해관계인에게 통지하고 청문을 거침으로써, 적정한 행정절차를 확보하려는 것이다. 이 외에 재결 · 재정 등과 같은 준사법적행위에 있어서 행정청의 조직상의 공정을 도모하기 위하여 행정청 내에서의 기능분리를 하거나, 당해 사안에 대하여 편견을 가질 수 있는 여건에 있는 관계공무원의 기피 · 제척 등을 인정하며, 또 재결 등의 결정에 반드시 이유를 붙이도록 하는 예가 많다.

2) 행정절차의 필요성

행정과정에 국민을 참여토록 함으로써 행정의 민주화에 기여하고, 행정의 공정성 · 투명성과 신뢰성을 확보하여 원활한 행정목적의 달성과 국민의 권익 보호를 위해 필요하며, 1998. 1. 1.부터 도입 · 시행하고 있다.

3) 행정절차의 적용대상

행정절차의 적용대상은 행정청과 당사자 등이 된다. 여기서 행정청이란 행정에 관한 의사를 결정하여 표시하는 국가기관, 지방자치단체, 행정 권한을 위임 · 위탁받은 공공단체 또는 사인을 말한다. 그리고 당사자 등이란 행정청의 처분에 대하여 직접 그 상대가 되는 당사자와 행정청이 직권 또는 신청에 의하여 행정절차에 참여하게 한 『이해관계인』을 말한다.

4) 행정절차 적용

행정절차의 적용은 처분 · 신고 · 행정상 입법예고 · 행정예고 및 행정지도를 할 때 적용해야 한다. 그러나 만일 다른 법률에 특별한 규정이 있는 경우에는 해당 법률을 적용한다.

5) 행정절차의 기본적인 요소

처분절차의 기본요소는 처리기간 · 처분기준의 설정공표, 사전통지, 의견청취, 이유제시로 이루어진다.

⑴ 처리기간 · 처분기준의 설정공표

행정청의 처분의 처리기간을 종류별로 미리 정하여 공표하여야 하며, 필요한 처분기준도 당해 처분의 성질에 비추어 될 수 있는 한 구체적으로 정하여 미리 공표하는 것이다.

⑵ 사전통지(Prior notice; 고지)

사전통지란 당사자에게 의무를 과하거나 권익을 침해하는 처분(불이익 처분)을 하는 경우에 그 원인이 되는 사실과 내용, 법적근거 등을 미리 알려주고, 의견이나 증거자료를 준비할 수 있도록 기회를 주는 것을 말한다. 예 식품접객업 영업의 정지 · 취소처분 전 사전에 통지하는 경우

(3) 의견청취(hearing of opinion)

의견청취는 당사자에게 의무를 부과하거나 권익을 제한하는 처분(불이익 처분)을 하는 경우 사전통지 후 당사자 등의 의견을 청취하여야 하며, 의견청취 방법에는 의견제출, 청문, 공청회가 있다.

(4) 의견제출(submission of opinion)

의견제출은 청문이나 공청회를 실시하지 않는 불이익 처분의 경우에 실시한다. 그리고 서면 · 컴퓨터통신 · 구술로도 할 수 있다.

(5) 청문(hearing)

청문은 개별 법령에서 청문을 하도록 규정한 경우, 행정청이 필요하다고 인정하는 경우에 실시한다. 만일 인 · 허가 · 면허의 취소 · 철회 등의 경우에는 청문의 공정성 · 신뢰성 확보차원에서 청문주재자는 가급적 제3자적 위치에 있는 공무원 또는 외부 전문가를 선정한다.

(6) 공청회(public hearing)

공청회는 공개적인 토론을 통해 전문가나 일반인의 의견을 널리 수렴할 필요가 있는 경우와 각종 법령의 제정 · 개정, 정책 · 제도의 도입 등 중요한 사항인 경우에 실시한다.

(7) 이유제시(cause presentation)

이유제시는 행정처분을 할 때 처분의 근거와 이유를 서면 등의 방법으로 알려 주어야 하며, 처분에 대한 이의가 있을 경우의 불복절차도 고지하여야 한다. 예 조세를 부과할 때에 납세자가 납득할 수 있도록 세액 산출근거 · 관계 법령과 이의신청 · 행정심판 · 행정소송 등에 관한 안내표시

6) 행정상 입법예고 절차

(1) 입법예고의 대상 : 법률, 대통령, 총리령, 부령과 자치법규

(2) 예고방법 : 관보 · 공보 · 인터넷 · 신문 · 방송 등 - 필요시 공청회 개최

(3) 예고기간 : 특별한 사정이 없는 한 40일 이상(자치법규는 20일 이상)

7) 행정예고 절차

(1) 행정예고 대상 : 국민생활과 밀접한 관계가 있는 정책 · 제도 및 계획을 수립 · 시행하거나 변경하는 경우

(2) 예고방법, 예고기간 : 행정상 입법예고와 같다.

8) 행정지도 절차

(1) **행정지도 대상** : 행정기관의 소관사무 범위 내

(2) 행정기관이 사경제 주체로서 하는 행위는 제외

(3) **행정지도 방법** : 상대방의 자발적 협력을 구하는 지도 · 권고 · 조언 · 요청 · 권장 등

9) 신고 절차

(1) **대상** : 행정청에 대하여 일정한 사항을 통지함으로써 의무가 끝나는 신고

(2) **운영방법** : 신고서가 행정청에 도달되었을 때 신고의무 이행이 완료된다.

(3) **기재사항에 하자가 있는 경우** : 지체없이 상당한 기간을 정하여 구체적이고 명확하게 보완 요구

10) 행정절차 적용 제외 사항

(1) 다른 법률에 특별한 규정이 있는 경우

(2) 헌법상 독립성이 보장된 기관이 행하는 사항

(3) 형사 · 행형 및 보안처분 관계 법령에 의하여 행하는 사항

(4) 국가안전보장 등 중 행정절차를 거칠 경우 국가의 중대한 이익을 현저히 해할 우려가 있는 사항

(5) 행정심판 등 불복절차에 관한 사항 등

11) 행정절차 위반

(1) 행정절차에 하자가 있는 경우 행정처분 자체가 무효 또는 취소될 수 있다.

(2) 행정절차법상으로 처분의 당사자인 주주 등에게 청문절차나 공청회 등을 거쳐 의견제출의 기회를 주지 아니하여 위법한 처분

(3) 청문절차를 거치지 아니한 영업정지 처분은 위법하므로 당초 처분 취소

3. 행정절차 사례

1) 질의 요지

민간기업의 업무로 규정되어 있는 등록이나 지정의 취소 시 행정절차법을 적용할 수 있는지?

▶ 답변요지

「행정절차법」은 행정청의 행위에 대한 행정절차를 규정하는 것으로 민간기관에서 사적으로 행하는 업무에 대한 「행정절차법」의 적용 여지는 없다.

그러나 민간기관에서 행하는 업무라도 원래 행정청의 업무가 위탁된 것이라면 「행정절차법」의 적용대상이 된다.

따라서 민간기관에서 행하는 등록취소나 지정취소도 행정권한을 위임 또는 위탁받아 국민에게 행하는 것이라면 「행정절차법」의 행정절차를 반드시 거쳐야 하며, 그러한 입법례로 「산업표준화법」 제36조(청문 등)의 규정이 있다.

2) 질의 요지

행정재산의 사용허가 취소 시 「행정절차법」을 적용하는지?

▶ 답변요지

행정재산의 사용 · 수익허가 취소는 행정청이 사경제 주체로서 행하는 사법상의 행위가 아니라 공권력의 주체로서 행한 행정처분으로 「행정절차법」의 적용대상이 된다.

예를 들면 개별법에서 의견청취 등의 절차에 관한 규정을 두지 않은 경우 행정재산의 사용 · 수익허가 취소는 「행정절차법」 제3조의 규정에 따라서 동법 제21조 및 제22조에 의한 사전통지 및 의견청취를 하여야 할 것이다.

〈판례〉

※ 대법원판례(96누17325)는 행정재산의 사용 · 수익허가취소를 행정처분으로 보고 있으며, 「국유재산법」에서도 행정재산의 사용 · 수익허가를 취소하는 경우에는 청문을 하도록 규정하고 있다(제37조).

3) 질의 요지

계고를 하는 경우에 의견청취 절차를 거쳐야 하는지?

▶ 답변 요지

계고(戒告)는 행정상의 의무이행을 재촉하는 행정기관의 통지행위로서 「행정절차법」상의 행정처분에 해당되지 아니한다.

계고는 개별 법령(건축법 제80조, 주차장법 제32조, 옥외광고물관리법 제10조의 3, 노인복지법 제62조 등)과 「행정대집행법」 제3조 제1항에 근거하여 실시하고 있다.

4) 질의 요지

감사원의 지방자치단체 점검결과, 감사원이 해당 지방자치단체가 한 건축허가처분의 위법성 또는 부당성을 지적하고, 그 취소를 요구한 경우 해당 지방자치단체는 「행정절차법」 제3조 제2항 제5호의 "감사원이 감사결과에 대하여 감사위원회의 결정을 거쳐 행하는 사항"을 적용하여 청문절차를 거치지 않아도 되는지?

▶ 답변 요지

「행정절차법」 제3조 제2항은 "국회 또는 지방의회의 의결을 거치거나 동의 또는 승인을 얻어 행하는 사항, 법원 또는 군사법원이나 헌법재판소의 재판을 거쳐 행하는 사항, 각급 선거관리위원회의 의결에 따르는 사항 및 감사원이 감사위원회의의 결정을 거쳐 행하는 사항" 등 헌법에서 규정한 독립기관 등의 의결을 거쳐서 하는 사항에 대해서는 그 절차적 특수성을 인정하여 「행정절차법」의 적용을 배제하도록 규정하고 있다.

따라서 감사원의 건축허가처분 취소 요구는 감사원이 감사위원회의의 결정을 거쳐 당사자에게 처분을 행하는 것이 아니라 해당 지방자치단체가 당사자에게 직접 불이익 처분을 행하는 경우에만 「행정절차법」의 적용대상에 포함되며, 따라서 해당 지방자치단체는 청문을 실시할 수 있다.

〈판례〉

◆ 감사원의 시정요구결정 그 자체만으로 이해관계인의 권리를 침해한 것이라고 볼 수 없고, 그 시정요구결정에 의하여 행정청이 일정한 행정처분을 하였을 때 비로소 이해관계인의 이익이 침해된다고 봄이 타당하며, 따라서 감사원의 시정요구결정 내지 그 통지는 행정청 사이의 내부적인 의사결정의 경로에 지나지 않는다 할 것이다. [대법원 1970. 9. 22. 선고 70누82 판결]

5) 질의 요지

행정기관과 행정청의 범위는?

▶ 답변 요지

행정기관은 국가 또는 지방자치단체의 보조기관, 보좌기관, 의결기관, 심의기관, 자문기관 등을 포함하는 개념으로 행정청보다 넓은 개념이다.

그러나 행정청은 행정작용에 관한 의사를 결정하여 표시할 수 있는 기관으로서 보조기관, 보좌기관, 의결기관, 심의기관, 자문기관 등은 원칙적으로 행정청의 지위를 갖지 못한다.

다만, 보조기관은 법령의 위임이 있는 경우, 의결기관은 합의제 행정청으로서의 지위가 부여된 경우에 행정청으로서의 권한을 가질 수 있다.

6) 질의 요지

문서의 발신명의는 행정청만이 가능한지?

▶ 답변 요지

대외적인 문서의 발신명의는 행정청만이 가능하다.

문서의 발신명의는 행정기관의 장(법령에 의하여 행정권한이 위임 또는 위탁된 경우에는 그 위임 또는 위탁을 받은 자)으로 한다.

다만, 행정기관 내의 보조기관 또는 보좌기관 상호 간에 발신하는 문서(대내문서)는 당해 보조기관 또는 보좌기관의 명의로 한다.

결국 문서의 발신명의는 행정기관의 장으로 하되, 합의제 기관의 권한에 속하는 문서의 발신명의는 그 합의제기관으로 한다.

* **「행정절차법」** 제2조 제1호, **「행정업무의 효율적 운영에 관한 규정」** 제13조

7) 질의 요지

한국토지주택공사가 행정청이 될 수 있는지?

▶ 답변 요지

행정청이란 「행정절차법」 제2조 제1호에 의거 국가 또는 지방자치단체의 기관 기타 법령 또는 자치법규에 의하여 행정권한을 가지고 있거나 위임 또는 위탁받은 공공단체 또는 그 기관을 말하는데, 국가나 지방자치단체는 행정목적을 달성하기 위하여 그 권한 중 일부를 공공단체에 위임 또는 위탁하여 수임자의 권한으로 행사하도록 하는 경우가 있으며, 이 경우에 수임자는 그 수임권한에 관한 한 행정청이 될 수 있다.

따라서 한국토지주택공사는 「주택법」 제2조 제7호, 「임대주택법」 제2조 제4호에 의거 사업주체이며, 「한국토지주택공사법」 제19조 및 동법 시행령 제41조에 의거 권한을 위탁받은 공공

기관으로서 국가 또는 지방자치단체의 역할을 하므로 행정청으로 볼 수 있다.

8) 질의 요지

국회 또는 지방의회의 의원입법도 예고를 해야 하는지?

▶ 답변 요지

「행정절차법」 제41조 제1항(행정상 입법예고)은 국민의 권리 · 의무 또는 일상생활과 밀접한 관련이 있는 법령 등을 제정 · 개정 또는 폐지하고자 할 때에는 해당 입법안을 마련한 행정청은 이를 예고하도록 규정하고 있다.

여기서 '행정청' 이란 동법 제2조 제1호에의 '행정청' 개념과 동일한 것으로 중앙행정기관의 장 및 지방자치단체의 장 등을 말하는 바, 국회의원 또는 지방의회의원이 발의하는 입법안은 국회 또는 지방의회의 조례에 따른 입법예고를 따라야 하므로 「행정절차법」에서 규정하는 행정상 입법예고의 대상이 아니다.

9) 질의 요지

입법예고는 40일만 예고해도 되는지?

▶ 답변 요지

「행정절차법」 제43조의 입법예고기간은 기존 20일 이상에서 40일 이상으로 개정('11. 12. 2.)된 바 있다. 입법예고기간을 확대한 이유는 정부의 입법추진과정에서 국민의 의견을 충분히 듣고 이를 법령에 반영함으로써 정부입법절차가 보다 민주적이고 투명하게 이루어질 수 있도록 하는 한편, 「대한민국과 미합중국 간의 자유무역협정 및 대한민국과 미합중국 간의 자유무역협정에 관한 서한교환」의 합의사항에 따른 것이다.

따라서 입법예고기간은 최소 40일이므로 예고안에 대하여 의견을 제출할 수 있다는 내용을 알릴 수 있는 충분한 기간과 해당 사안과 관련된 자나 단체에서 의견을 제출할 수 있는 기간을 고려해야 한다.

* 자치법규에 대한 입법예고기간은 기존과 동일하게 20일이다.

특히, 의약품 · 의료기기 관련사항이나 기술규정 · 적합성 평가절차와 관련되는 사항은 예고기간이 60일 이상이 되도록 하여야 하며, 업무형편상 기간확보가 곤란한 경우에는 입안단계부터 예고를 실시하여 충분한 의견제출 기간을 부여할 수 있다. (* 행정절차제도 운영지침 제6조)

10) 질의 요지

지방자치단체장이 발의하여 기 상정한 안건이 지방의회에서 부결되었으나, 1년 후 재상정 하고자 하는 경우 다시 입법예고를 할 수 있는지?

▶ 답변 요지

지방의회에서 부결된 자치법규가 1년이 경과한 후 다시 제출되는 경우 비록 종전에 입법예고를 거친 사안으로서 그 내용상 동일성이 있더라도, 부결된 입법안이 재상정되는 것은 새로운 입법행위의 시작으로 볼 것이며, 또한 그 동안의 정책환경 등의 변화를 고려할 때 새로 입법예고를 해야 할 것이다.

11) 질의 요지

조례안의 입법예고가 「행정절차법」 적용 제외 대상인 "국회 또는 지방의회의 의결을 거치거나 동의 또는 승인을 얻어서 행하는 사항(제3조 제2항 제1호)"에 해당되는지?

▶ 답변 요지

「행정절차법」 제3조 제2항 제1호는 국민 · 주민 대표의 회의과정을 거치는 입법기관의 특성을 감안하여, 국회 또는 지방의회의 의결 · 동의 · 승인을 얻은 후 그 결과로써 처분 등 일정한 조치를 행하는 사항에 대해서만 적용을 제외한 것이므로, 지방자치단체장이 작성한 조례안의 입법예고는 지방의회의 의결에 회부하기 위하여 준비하는 과정이므로 행정절차법의 적용제외 대상이 아니다.

12) 질의 요지

행정규제 완화, 인 · 허가 조건 완화 또는 주민편의 도모가 주내용인 자치법규개정에 대하여 입법예고를 생략해도 되는지?

▶ 답변 요지

행정규제, 인허가 기준 등이 설정된 자치법규에 대하여 완화하고자 하는 개정안이라 하더라도 일부 주민에게는 이익이 될 수 있지만 다른 주민에게는 이해관계가 상충될 수 있는 바, 다양한 의견을 수렴하여 지방자치법의 개정안에 반영하는 것이 타당하므로 입법예고를 하는 것이 바람직하다.

13) 질의 요지

> 입법예고를 거치지 아니한 조례를 지방의회에서 통과시켜 공포한 경우 그 조례의 효력은?

▶ 답변 요지

입법예고제도는 입법을 추진하고자 하는 법령 또는 자치법규안의 내용을 사전에 국민들에게 공개하고, 이에 대한 다양한 의견을 수렴하여 정책결정에 반영하는 제도로 국민들의 입법과정에 대한 참여 기회 확대 및 입법과정의 민주화를 실현하는데 그 의의가 있다.

다만 입법예고를 거치지 아니한 채 제정된 지방자치법에 의하여 불이익 처분을 받게 된 자가 해당 지방자치법의 입법예고 절차 하자를 이유로 당해 불이익 처분의 하자를 다툴 수 있는지에 대하여는 다양한 학설과 논쟁이 있고 현재 관련 판례는 정립되어 있지 아니하나 다수의 학설은 부정적인 견해를 표명하고 있다.

「행정절차법」 제정 과정에서도 입법예고 절차의 하자에 관하여 많은 논란이 제기되어 명문으로 규정되지 못하였으나, 만일 담당 공무원이 입법예고제를 제대로 알지 못하여 입법예고를 하지 않은 경우 관련 법령 미숙에 따른 내부적인 책임을 물을 수 있다.

14) 질의 요지

> 문서복사수수료 사항에 관한 조례의 내용이 정보공개법 시행규칙의 사항과 동일하거나 그 보다 적은 액수의 수수료를 규정하려고 하는 경우에도 입법예고를 하여야 하는지?

▶ 답변 요지

「행정절차법」 제41조(행정상 입법예고)는 국민의 권리 · 의무 또는 일상생활과 밀접한 관련이 있는 법령 등(법령과 지방자치법)을 입법하고자 할 때 입법예고토록 하고 있어 조례안 역시 그 사항이 국민의 일상생활과 밀접한 관련이 있다면 「행정절차법」과 「법제업무운영규정」에 의해 입법예고를 하여야 한다.

이를테면 제증명수수료에 관한 조례는 이 조례의 제정으로 인해 해당 지방자치단체의 주민들 다수에게 금전적인 부담을 강제하는 결과가 나타나므로 입법예고의 대상이 된다.

이와 같은 맥락에서 문서복사수수료에 관한 조례의 내용이 「공공기관의 정보에 관한 법률 시행규칙」과 동일하거나 적은 액수를 규정하더라도 규율대상이 각각 다른 점, 그리고 해당 지역주민들에게 금전적인 부담을 야기한다는 점 등 때문에 입법예고를 하는 것이 바람직하다.

15) 질의 요지

입법예고의 대상이 되는 '법령 등'의 범위에 고시 · 훈령 · 예고 등의 행정규칙도 포함되는지?

▶ 답변 요지

'법령 등'의 범위에는 법률 · 대통령령 · 총리령 · 부령과 자치법규(조례 · 규칙)가 포함되고, 법률은 행정부가 입안하여 국회에 제출되는 법률을 말한다.

이를테면 '법령 등'의 범위에 고시 · 훈령 · 예규 등의 행정규칙은 포함되지 않는데, 그 이유는 행정상 입법예고의 시행령이 되는 「법제업무운영 규정」에서 법령을 법률 · 대통령령 · 총리령 및 부령으로 한정하고 있기 때문이다(제2조).

16) 질의 요지

도로노선의 지정을 하고자 하는 경우 종전에는 주민설명회 형식으로 운영하였는데, 앞으로는 반드시 행정예고를 거쳐야 하는 것인지?

▶ 답변 요지

행정예고제도는 행정기관이 하는 행정작용의 형식이 다양함에 따라 비정형적 행정작용에 대한 절차적 규제에 그 취지가 있는 만큼, 여기에서 의미하는 '행정'은 「행정절차법」에 규정된 처분, 행정상 입법예고, 행정지도를 제외한 보충적 · 개방적 성격인 불확정적 개념으로, "국민생활에 매우 큰 영향을 주거나 많은 국민의 이해가 상충되는 정책이나 계획의 수립 또는 변경" 시 널리 국민들에게 알려 충분히 의견을 수렴한 후 시행하도록 규정하고 있다(법 제46조).

이러한 행정예고 대상으로는 자동차 10부제 실시, 버스전용차선제 실시, 쓰레기 종량제 실시 등의 정책을 예로 들 수 있다.

만일 「도로법」에 따른 도로노선의 지정을 하고자 하는 경우 관련 법령에 의견청취를 하도록 하는 명문의 규정이 없다 하더라도 워낙 많은 국민들에게 영향을 미치는 매우 중요한 사업인 만큼 행정예고를 실시하고 필요시 공청회를 실시하여 다양한 의견수렴을 거친 후 도로노선을 지정하는 것이 바람직하다.

17) 질의 요지

「총포 · 도검 · 화약류 등 단속법」에 따른 지상식 화약류 저장소를 설치하기 위하여 관할 행정청에 산림형질변경허가 신청을 하였는데 주민의 의견청취를 이유로 「행정절차법」 제46조를 근거로 행정예고를 할 수 있는지?

▶ 답변 요지

「행정절차법」상 행정예고는 현대 국가에서 형식이 다양해진 비정형적인 행정작용에 대한 절차적 규제를 목적으로 하고 있으며, 다수인이 관련되는 정책 · 제도 · 계획의 수립 · 시행 · 변경 등 광범위한 의견수렴이 필요한 행정작용을 대상으로 하고 있다.

따라서, 특정 당사자와 관련되는 신청처분은 행정예고 대상으로 볼 수 없으며, 신청에 대한 처분을 함에 있어서 당해 처분의 영향이 광범위하여 널리 의견을 수렴할 필요가 있다고 행정청이 인정하는 경우에는 「행정절차법」 제22조 제2항에 따른 공청회의 방법으로 의견청취를 할 수 있다.

18) 질의 요지

입법예고 또는 행정예고 과정에서 어떤 경우에 공청회를 실시하는지?

▶ 답변 요지

「행정절차법」 제22조는 공청회를 개최하는 경우로서 ① 다른 법령 등에서 공청회를 개최하도록 규정하고 있는 경우와 ② 당해 처분의 영향이 광범위하여 널리 의견을 수렴할 필요가 있다고 행정청이 인정하는 경우를 들고 있다.

이를 좀 더 구체적으로 기술해 본다면,

특정사업(행정계획)이나 정책에 대하여 주민 또는 이해집단 등 특정 구성원들 간의 대립된 의견이 있는 경우, 즉 전문가, 이해관계인, 일반국민 또는 주민의 객관적인 의견을 수렴하여 이해관계인 간의 갈등을 조정하는 경우

그리고 특정 정책이나 제도를 도입 · 변경할 필요가 있는 경우에 도입여부, 도입방법 등에 대하여 사전에 전문가, 이해관계인 및 일반국민의 의견을 수렴할 필요가 있는 경우 등을 들 수 있다.

19) 질의 요지

전자공청회란?

▶ 답변 요지

"전자공청회"라 함은 인터넷 홈페이지 등에서 행정절차법에 규정된 공청회에 준하여 정부 또는 지방자치단체의 입법 · 제도 · 정책 등에 대하여 이해관계인, 전문지식과 경험을 가진 자 기타 일반인으로부터 토론 등을 통하여 널리 의견을 수렴하는 것을 말한다.

20) 질의 요지

『울산시 원자력발전소 공해감시단 조례』 입법예고 결과, 울산시에서 공청회 개최를 요구하는 공문을 보내왔는데, 이 경우 행정청의 대응방법은?

▶ 답변 요지

행정절차법은 입법안에 관하여 공청회를 개최할 수 있다고 규정(법 제45조)하고 있으며, 공청회 개최여부의 판단은 행정청이 판단하도록 하고 있기 때문에 공청회 실시 여부의 판단은 행정청이 판단할 사항이나, 해당 입법안이 끼칠 영향이 지역주민에게 광범위한 경우 공청회를 개최하는 것이 바람직하다.

21) 질의 요지

법안 개정과 관련하여 공청회를 개최하는 경우 개최 14일 전까지 통지토록 되어 있으나, 여름 휴가철 등으로 부득이하게 기간을 단축하여 공고하면 안되는지?

▶ 답변 요지

공청회를 개최하는 취지는 사회 이슈화된 법안의 내용을 공개적으로 검토하는 등 정책검증을 통하여 입법과정의 민주화와 국민적 공감대를 형성하고 정책의 실효성을 제고하고자 하는 것이다.

이에 따라 공청회에 관한 국민참여 기간을 충분히 주어야 하며, 이를 위한 최소한의 기간으로 행정절차법에 14일을 정하여 놓은 것이다.

따라서 공청회는 법안개정 시 업무추진에 도움이 되니까 거친다는 형식적 절차로 생각하거나 휴가철이므로 단축하여 통지하거나 하는 것은 지양되어야 한다.

22) 질의 요지

우편으로 접수한 경우에도 접수증을 교부해야 하는지?

▶ 답변 요지

행정청은 신청을 접수한 경우 접수증을 교부해야 한다.

다만, 구술 · 우편 또는 정보통신망에 의한 신청, 처리기간 "즉시"의 신청이나 접수증에 갈음하는 문서를 주는 신청(예 수수료영수증 교부)의 경우는 접수증을 교부하지 않을 수 있다(영 제9조).

23) 질의 요지

> 행정청이 신청서를 반려할 수 있는 경우는 언제인지?

▶ 답변 요지

행정청은 신청이 있는 경우 다른 법령에 특별한 규정이 있는 경우를 제외하고는 접수를 보류 또는 거부하거나 부당하게 되돌려 보내서는 아니 된다(법 제17조 제4항).

다만, 신청서의 기재사항에 흠이 있거나 법령이나 신청기준에서 정한 구비서류 등 형식요건이 미비된 경우에는 상당한 기간을 정하여 보완을 요구하여야 한다(법 제17조 제5항).

만일 행정청은 보완을 요구한 기간 내에 신청인이 보완을 하지 않는 경우에는 신청서를 되돌려 보낼 수 있으며, 보완요구서가 2회 이상 반송되어 온 경우 신청을 취하한 것으로 간주하여 종결처리 할 수 있다(영 제10조).

24) 질의 요지

> 실체적 내용에 흠이 있는 경우 보완요구를 해야 하나?

▶ 답변 요지

신청에 대한 보완요구는 형식적 요건에 흠이 있는 경우에만 실시하는 것이고 처분기준을 충족하지 못하는 등 실체적 내용에 대한 흠이 있는 경우 보완요구를 실시할 의무가 없다.

다만, 신청인 편의를 위하여 사전보완이 가능한 경미한 사항에 대한 보완 요구는 가능할 것이다.

> ◆ 판결요지 : 민원서류의 보완 · 보정요구의 대상
>
> ○ 보완 또는 보정의 대상이 되는 흠결은 보완 또는 보정할 수 있는 경우이어야 함은 물론이고, 그 내용 또한 형식적, 절차적인 요건에 한하고 실질적인 요건에 대해서까지 보완 또는 보정요구를 하여야 한다고 볼 수 없다 할 것이며,
>
> ○ 또한 흠결된 서류의 보완 또는 보정을 하면 이미 접수된 주요서류의 대부분을 새로 작성함이 불가피하게 되어 사실상 새로운 신청으로 보아야 할 경우에는 그 흠결서류의 접수를 거부하거나 그것을 반려할 정당한 사유가 있는 경우에 해당하여 이의 접수를 거부하거나 반려하여도 위법이 되지 않는다 할 것이다.
>
> (대법원 판례 90누8862 '91. 6. 11.)

25) 질의 요지

> 처리기간의 구체적인 계산 방법의 근거 규정은?

▶ 답변 요지

본래 기간의 계산은 다른 법률에서 특별하게 정하지 않은 경우에는 민법의 규정에 따라 기간을 계산한다(민법 제156조 ~ 제161조).

일반적으로 「행정절차법」은 행정절차에 관한 일반법으로 다른 법률에 행정절차에 관한 특별규정이 있으면 특별법 우선의 원칙에 따라 그 법률이 적용된다.

그리고 「민원사무 처리에 관한 법률」은 민원사무 처리에 관한 일반법이므로 민원사무라면 '개별 법률 → 「민원사무 처리에 관한 법률」 → 「행정절차법」' 의 순으로 적용되고, 민원사무가 아니라면 '개별 법률 → 「행정절차법」' 의 순으로 적용된다.

26) 질의 요지

> 복합민원의 협조에 소요되는 기간은 처리기간에서 제외되는지?

▶ 답변 요지

민원사무처리기준표상의 '복합민원' 에 대한 처리기간은 관계 기관 또는 관계 부처의 협의 · 협조 등에 소요되는 기간을 포함하고 있다.

따라서 동 기준표에 게시된 기간 내에 처리될 수 있도록 신중을 기하고, 처분기준표를 작성하는 경우에는 동 기간을 고려하여 처리기간을 설정해야 한다.

27) 질의 요지

> 불허가 처분 통지서를 어제 우편으로 발송을 하였는데, 오늘 아침에 신청인이 신청의 보완을 요청한 경우?

▶ 답변 요지

먼저, 불허가 결정서가 신청인에게 도달되었는지를 확인하여 불허가 결정 통지서가 이미 도달되었다면 신청인은 보완 요청을 할 수 없고, 결정 통지서가 아직 도달되지 않았다면 행정청은 보완 요청서를 접수하여 처리해야 한다.

처분 통지서가 도달한 시점부터 행정작용의 효력이 발생하므로 신청인은 처분이 있기까지는 신청을 취하 · 보완 · 변경할 수 있다.

28) 질의 요지

지정서식이 아닌 일반문서로 신청한 경우의 처리 방법은 무엇인지?

▶ 답변 요지

처분의 신청은 법령에서 정한 기준과 행정청에서 게시한 구비서류 등을 갖추어 신청하는 것이 원칙이나, 시행규칙 소정의 서식을 사용하지 않고, 일반문서로 신청한 경우에 법령에서 규정한 구비해야 할 내용을 모두 포함하고 있다면 이를 이유로 접수를 거부하거나 보류할 정도로 위법하다고 보기는 어렵다.

이 경우 행정청은「행정절차법」제17조 제5항에 따라 지체 없이 보완에 필요한 상당한 기간을 정하여 보완 요구를 해야 한다.

29) 질의 요지

처분기준은 모든 행정청이 모든 처분사항에 대하여 공표해야 하는지?

▶ 답변 요지

제도의 소관행정청과 집행을 담당하는 행정기관 모두 처분기준을 수립하여 공표하여야 하고 모든 행정처분에 대하여 기준을 수립해야 한다.

30) 질의 요지

의견청취 절차를 거치지 않고도 처분을 받을 수 있는지?

▶ 답변 요지

행정절차법 제21조 제4항 각 호의 사전통지 예외사항에 해당되는 경우에 행정청은 사전통지 및 의견청취절차를 생략하고 처분을 실시할 수 있다.

그리고, 당사자가 의견진술을 포기한다는 뜻을 명백히 표시한 경우에는 의견청취절차를 생략할 수 있다. 이 경우에 의견진술 포기서나 이에 준하는 서면을 행정청에 제출해야 하는데, 이 경우 특정된 포기서의 서식은 없다.

31) 질의 요지

이유제시를 하지 않은 처분에 대한 구제방법은?

▶ 답변 요지

처분청이나 재결청에 행정심판을 청구하거나, 당해 지역을 관할하는 행정법원에 행정소송을 제기할 수 있다.

32) 질의 요지

처분통지 후에 일부 내용이 누락된 것을 알았을 때 정정할 수 있는지?

▶ 답변 요지

처분통지 후 오기 · 오산 기타 이에 준하는 명백한 잘못이 있는 경우 처분을 정정할 수 있도록 규정하고 있으나, 처분내용 등을 추가 · 제외하는 등의 정정은 불가능하다.

33) 질의 요지

'경고'를 발하는 경우에 사전 의견청취를 해야 하는지?

▶ 답변 요지

경고를 발하는 경우에 사전 의견청취를 실시할 것인가의 여부는 구체적인 특정사례별로 판단을 해야 할 것이다.

통상적인 경고는 의무를 부과하거나 권리를 제한하는 것으로 볼 수 없으므로 행정절차법에서 정의하고 있는 처분에 해당한다고 보기 어렵다.

또한 경고를 받은 당사자 등은 경고한 내용에 상응한 조치를 취하기 전에 그 경고 사실의 적법성 등에 대해 행정청에 의견을 제출할 수 있을 것이므로 경고에 대한 사전 의견청취는 그 실익이 없을 것으로 판단된다.

다만, 경고의 내용이 외부에 알려지는 등 당사자 등이 부당한 피해를 입을 수 있다고 판단되는 경우에는 사전에 충분한 조사와 당사자 등에게 사전 의견청취 및 변명의 기회를 부여한 후에 결정하여야 할 것이다.

34) 질의 요지

「옥외광고물 등 관리법」에 따라 처분을 하고자 하는 경우 동법에 청문을 하도록 규정되어 있으면, 「행정절차법」 제21조 제1항과 제2항의 규정에 의하여 사전통지도 하고 청문통지서도 보내야 하는지?

▶ 답변 요지

「행정절차법」 제21조 제1항에 따르면 상대방에게 의무를 과하거나 권익을 제한하는 경우 원칙적으로 사전통지서를 보내도록 규정하고 있으나, 처분을 함에 있어서 청문을 실시하고자 하는 경우에는 「행정절차법」 제21조 제1항에 따른 사전통지서(「행정절차법 시행규칙」별지 제8호서식)를 보내는 것이 아니라 같은 조 제2항에 따른 청문통지서(「행정절차법 시행규칙」별지 제9호서식)를 보내면 된다.

35) 질의 요지

청문일 지정 착오, 청문 통지 누락 등 청문통지에 있어 절차상 하자가 있는 경우 하자를 이유로 처분을 취소하고 절차를 새로 진행시켜 청문을 해도 예전 처분과 동일한 처분을 할 수 밖에 없는데 그래도 청문을 실시하여야 하는지?

▶ 답변 요지

청문은 최소한 청문일 10일 전에 이를 통지하여(「행정절차법」 제21조 제2항) 당사자가 이에 대비할 충분한 기간을 주어야 하나, 행정청이 그 기간을 단축하여 통지한다든지, 청문일을 잘못 통보한다든지, 또는 그 밖에 통지내용에 착오나 누락이 있는 경우에는 당사자에게 충분한 준비 기회를 부여하지 못한 것이 되어, 절차상 하자의 사유가 된다.

다만, 절차상 하자로 인한 처분 자체의 효력문제는 그 착오 또는 누락된 내용의 중요도를 개별적 · 구체적 사안별도 검토하여야 한다.

만일 처분을 하기 전에 절차상 하자를 발견한 경우에는 새로 절차를 밟아야 하며, 처분이 이미 이루어진 경우에는 그 하자가 중대한 경우 그 처분은 직권취소를 하여야 한다.

또한 새로이 청문을 하여도 예전과 동일한 처분이 예정된다 해도 행정절차란 행정과정의 민주화를 지향하는 제도인 만큼 절차적 적법성은 반드시 준수되어야 한다.

36) 질의 요지

행정처분의 당사자가 구속되어 있는 경우 사전통지 없이 처분이 가능한지? 사전통지 없이 처분을 할 수 없다면 처분의 진행이 정지되는지?

▶ 답변 요지

당사자가 구속되어 있거나 수감되어 있는 경우라 할지라도 처분의 사전통지를 생략하고 처분을 할 수는 없는 것이며, 처분의 진행이 정지되지도 않는다.

처분의 사전통지는 주소지의 가족 또는 회사의 경우에는 임직원에게 통지하고 통지서를 받은 자가 당사자 본인에게 알려서 「행정절차법」 제12조의 대리인 등을 통하여 의견을 제출할 수 있도록 하거나 구속되어 있는 기관으로 송달하고 검찰 또는 경찰기관의 협조를 얻어서 의견을 제출할 수 있도록 조치해야 한다.

37) 질의 요지

「공무원연금법」, 「고용보험법」, 「국민연금법」, 「산업재해보상보험법」 등 사회보장법령상 연금 및 보험급여의 지급을 요구하는 신청에 대하여 행정청이 거부처분을 하는 경우에 「행정절차법」상의 사전통지 및 의견청취 등의 절차를 거쳐야 하는지?

▶ 답변 요지

신청에 의한 수익적 처분에 있어서는 신청에 따른 처분이 행해지지 아니한 경우에는 아직 처분을 신청한 당사자에게 신청과 관련된 권익이 부여되지 아니하였으므로 특별한 사정이 없는 한 신청에 대한 거부처분이라 하더라도 직접 당사자의 권익을 제한하는 것이 아니어서 신청에 대한 거부처분을 당사자의 권익을 제한하는 처분에 해당한다고 할 수 없기 때문에 처분의 사전통지 대상이 된다고 할 수 없다(대법원 2003. 11. 23. 2003두674).

38) 질의 요지

의견청취 방법을 규정하지 않은 경우에도 청문실시가 가능한지?

▶ 답변 요지

행정청은 각 법령의 청문을 실시하도록 규정한 일반원칙과 행정절차상의 부담과 당사자 등의 불이익의 정도를 비교 · 형량하여 청문실시 여부를 결정한다.

일반적으로 영업허가 · 인가 등의 취소, 사용금지, 생산금지 등 비교적 중대한 처분인 경우에 청문을 실시하도록 하고 있다.

39) 질의 요지

청문을 포기하고 즉시 처분을 받을 수 있는지?

▶ 답변 요지

행정청에 청문포기의 취지를 설명하고 청문 포기서를 제출하면 청문절차 없이 처분을 받을 수 있다(청문 포기서에 대한 특정서식은 없음).

즉시처분의 여부는 행정절차법에서 신속처분의 원칙을 규정하고 있지만 처분의 실시 여부는 행정청의 재량사항으로 볼 수 있다.

40) 질의 요지

> 청문을 공개로 실시해도 법에 위반되지 않는지?

▶ 답변 요지

청문은 당사자의 비밀보장 또는 청문의 신속한 진행을 위하여 비공개로 진행하는 것이 원칙이므로 특별한 사정없는 한 공개실시는 법 위반으로 볼 수 있다.

다만, 청문주재자는 당사자의 공개신청 또는 공개로 청문을 진행하는 것이 필요하다고 판단되면 당사자 등에게 통지하고 공개로 진행할 수 있다.

만일 당사자가 청문의 공개를 원하는 경우 청문일 전까지 공개신청서를 제출(별지 제19호 서식)하면 된다.

41) 질의 요지

> 청문주재자가 의견서를 정보공개 요청할 수 있는지?

▶ 답변 요지

청문주재자의 의견서는 당사자 등 외부의 압력을 받지 않고 공정하고 자유로운 의견제시가 가능하도록 청문조서에서 분리하여 작성하도록 한다.

따라서 청문주재자의 의견서는 청문조서와 달리 당사자 등의 열람 · 복사 요청권이 없고 정보 비공개 대상이다.

42) 질의 요지

> 청문주재자는 당사자 등의 일부 또는 전부가 정당한 사유 없이 불참하는 경우에 청문을 생략할 수 있는지?

▶ 답변 요지

더 이상 청문이나 의견제출의 기회를 주지 않아도 되지만(법 제35조), 당사자 등의 불참을 이유로 청문을 생략할 수는 없고 참고인 또는 처분담당공무원 등에게 사실의 확인 · 증거의 조사를 실시하는 등 청문을 실시해야 한다.

43) 질의 요지

당사자가 청문실시를 요청한 경우 규정에 없어도 청문실시가 가능한지?

▶ 답변 요지

의견청취 방법에 대하여 특별히 규정하지 않은 경우의 '의견제출' 또는 청문의 실시 등 의견청취 방법은 행정청이 재량으로 정할 수 있는 사항으로 청문의 실시가 가능하다.

청문을 실시하는 경우는 법령에서 청문을 실시하도록 규정하고 있는 경우와 행정청이 필요하다고 인정하는 경우에 가능하다.

44) 질의 요지

「건축법」 제11조 제7항에 "허가권자는 제1항의 규정에 의한 허가를 받은 자가 허가를 받은 날로부터 1년 이내에 공사를 착수하지 아니하거나 공사를 착수하였으나 공사의 완료가 불가능하다고 인정하는 경우에는 그 허가를 취소하여야 한다. 다만, 허가권자는 정당한 이유가 있다고 인정하는 경우에는 1년의 범위 안에서 그 공사의 착수기간을 연장할 수 있다"고 규정하고 있는데 착공 연기 신청 내 착공을 하지 못하여 허가취소를 하여야 하는 경우 청문절차를 거쳐야 하는지?

▶ 답변 요지

허가권자는 「건축법」 제11조 제7항의 단서에 의한 정당한 이유로 허가기간을 연장하고 그 연장기간의 경과에 따른 처분은 별개의 처분으로 보아야 할 것이며, 판단되며, 연장기간 동안에 천재지변 등의 정상을 참작해야 할 사유발생 가능성을 고려할 때 연장기간 만료 후의 허가취소에는 별도의 청문절차를 거치는 것이 타당하다.

아울러, 「건축법」 제11조 제7항과 관련한 청문제도의 운영은 단서 규정에 의한 허가기간 연장을 위한 정당한 사유의 유무에 대한 행정청의 판단을 위해 청문을 실시하기보다는 정당한 사유가 없다고 판단되어 허가를 취소하는 경우 또는 정당한 사유를 인정하여 기간연장 후 그 연장기간이 경과되어 허가를 취소하는 경우에는 청문을 실시하는 것이 바람직하다.

45) 질의 요지

행정청과 건축사업주간에 원활한 사업추진을 위해 이루어진 약정서를 해지하고자 하는데 약정의 해지를 「행정절차법」 제2조 제5호 내용의 '행정작용'으로 보고 청문절차를 거쳐야 하는지?

▶ 답변 요지

'행정작용'에 관하여는 법령에서 구체적으로 정의를 하고 있지 않으며 그 사용되는 범위는 엄밀한 의미의 행정행위 이외에 행정상 어떤 현상을 일으키거나 영향을 미치는 사실행위까지도 포함되는 것으로 보아야 할 것이며, 행정청과 건축주 간에 이루어진 약정서나 그 약정의 해지 등도 행정작용으로 보아야 할 것이다.

다만, 건축허가 또는 허가의 취소는 처분에 해당하는 것이 명확하지만, 허가를 하면서 맺어지는 약정서는 행정계약으로 보아야 할 것이며 행정계약에 대해서는 「행정절차법」에서 규정하고 있지 않으므로 위 약정서의 해지 시 「행정절차법」 제22조의 의견청취 절차를 거쳐야 할 것인지의 여부는 약정서의 해지가 '행정작용'에의 해당 여부보다는 '처분'에의 해당 여부에 따라 결정해야 할 것으로 판단된다.

계약을 해지하는 사유가 계약의 위반에 의한 것이라면 이를 이유로 하여 의견청취 절차 없이 해약해도 될 것으로 판단된다. 다만, 해지절차의 적법성 시비를 예방하기 위해 의견청취 절차를 거치는 것이 바람직하다.

46) 질의 요지

> 현재 청문의 당사자가 구치소에 수감 중에 있으므로 재판종료 후에 청문 등 처분절차를 실시하여도 「행정절차법」상 하자(흠)가 없는지?

▶ 답변 요지

처분 시기와 관련하여 관계 법령에 특별한 규정이 없고, 재판의 결과를 기다려도 다른 문제가 없는 등 처분에 긴급성이 없다고 판단할 경우에는 재판종료 후에 할 수도 있으며, 행정청의 판단결과 당해 처분이 재판결과를 기다리기 어렵다면 구치소에 협조 요청하여 상대방이 청문에 응하고자 할 경우 법 제12조 제1항 제1호 또는 제3호의 대리인을 선임할 것인지 여부, 같은 조항의 제4호에 따라 대리인 선임 허가를 받을 것인지 여부, 서면으로 의견진술을 할 것인지 여부, 아니면 청문에 반드시 출석할 것인가 여부 등을 파악하여 이에 따라야 하며 본인이 반드시 출석하여 진술할 것을 주장한다면 구치소의 협조를 얻어 구치소에서 실시하는 방법이 있다.

47) 질의 요지

> 에너지절약 전문기업이 자진하여 등록취소를 신청하여 그에 따라 등록을 취소하고자 하는 경우에도 반드시 청문을 실시해야 하는지?

▶ 답변 요지

「행정절차법」상 청문제도는 처분과정 특히 불이익 처분과정 특유의 절차로 재판에 준하는 정식행정절차로서 행정청이 당사자에게 재산권·지위·자격 등을 박탈하는 처분을 하는 경우 등에 당사자에게 변명과 유리한 자료를 제출할 기회를 부여함으로써 위법사유의 시정 가능성을 고려하고 처분의 신중과 적정을 기하려는데 그 취지가 있다.

따라서, 위 사례와 같이 행정청이 당사자에 대해서 직권으로 불이익 처분을 하는 것이 아니라 에너지절약 전문기업이 기업의 사정상 자진하여 등록 취소를 신청한 경우에는 「행정절차법」상 청문을 실시하지 아니하여도 된다.

48) 질의 요지

「행정절차법」은 의견청취 유형을 청문, 공청회, 의견제출의 세 가지로 분류하고 있는데, 의견제출의 경우 기존 법령에 그 근거가 정해져 있지 않더라도 불이익 처분을 하는 때에는 반드시 해야 하는 것인지?

▶ 답변 요지

「행정절차법」 제22조에 의거 불이익 처분을 받게 될 당사자 등의 의견을 청취하는 방법으로 청문·공청회·의견제출의 세 가지 유형이 있다.

청문과 공청회는 모두 ① 개별 법령에 근거가 있거나, ② 행정청이 필요하다고 인정하는 경우 실시할 수 있도록 규정(법 제22조 제1항 및 제2항)하고 있다.

그러나 의견제출은 행정청이 청문과 공청회 대상이 아닌 불이익 처분을 하고자 하는 경우 개별 법령의 근거 없이 「행정절차법」 제22조 제3항에 의하여 직접 상대방에게 의견제출의 기회를 주어야 하며, 그 의견제출의 절차는 동법 제27조에 규정되어 있다.

49) 질의 요지

어떤 법령을 위반하였을 경우 행하는 과태료처분에 행정절차법상 처분절차인 사전통지, 의견청취, 처분의 이유제시, 불복절차 고지 등이 적용되는지?

▶ 답변 요지

「질서위반행위규제법」 제5조(다른 법률과의 관계)에는 과태료의 부과·징수, 재판 및 집행 등의 절차에 관한 다른 법률의 규정 중 이 법의 규정에 저촉되는 것은 이 법이 정하는 바에 따른다고 규정되어 있고, 동법 제3장에는 과태료 부과 사전통지, 의견제출, 부과처분방식, 이의제기절차 고지 등이 규정되어 있는 점, 그리고 「행정절차법」 제3조 제1항에 따르면 처분의 절차에 관하여 다른 법률에 특별한 규정이 있는 경우를 제외하고는 이 법이 정하는 바에 의한다고 규정되어 있는 점, 아울러 과태료는 행정쟁송의 대상이 되는 행정처분에 속하지 아니하는 점 등에 비추어 볼 때, 과태료 부과처분에는 행정절차법상의 처분절차가 적용되지 않는다고 봄이 상당하다.

50) 질의 요지

> 대표자 선정 또는 대리인 선임의 경우 당사자 등의 절차참여 여부는?

▶ 답변 요지

대표자를 선정한 경우에는 대표자 이외의 당사자 등은 참여할 수 없다.

그러나 대리인을 선임한 경우에는 당사자 등(대표자를 선정한 경우에는 그 대표자)이 대리인과 함께 행정절차에 참여가 가능하다.

51) 질의 요지

> 대리인은 어떤 경우에 선임하게 되는지?

▶ 답변 요지

대리인은 행정절차에 참석하여 당사자 등의 능력을 보충하는 역할과 기능을 수행한다.

따라서 당해 사안과 관련된 법률적 지식 또는 전문지식에 대한 지원이 필요하거나, 당사자 등이 청문 등 행정절차에 참여하기 곤란한 경우에 당사자 등(또는 대표자)은 자율적으로 대리인을 선임할 수 있다.

52) 질의 요지

> 행정청으로부터 3인 이내의 대표자 선정요구가 있는 경우에 당사자 등은 반드시 3인 이내의 대표자를 선정해야 하는지?

▶ 답변 요지

행정청이 3인 이내의 대표자를 선정할 수 있도록 규정한 내용을 감안하면 3인 이내로 대표자를 선정하는 것이 타당하다.

그러나, 법률에서 행정청의 요구에 당사자 등이 의무적으로 따르도록 규정하고 있지 않으므로 원활한 행정절차의 진행에 방해가 되지 않는 범위 내에서 행정청과의 협의를 통한 적정수의 대표자를 선정할 여지는 있다.

53) 질의 요지

대표자 또는 대리인이 행정절차를 종료하고자 하는 때에는 모든 당사자의 서면동의를 받아야 하는지?

▶ 답변 요지

모든 당사자 등의 서면동의를 받아야 한다. 대표자는 대표자 이외의 모든 당사자 등의 서면동의서를 받아야 하며, 대리인도 모든 당사자 등의 서면동의서를 받아야 한다. 이는 행정절차 종료 후 1인이라도 그 종료사안에 대하여 이의를 제기하는 경우 개별 당사자의 의견을 다시 들어야 하므로 대표자의 선정이나 대리인을 선임한 취지를 살리지 못할 우려를 방지하기 위한 것이다.

54) 질의 요지

사실상의 권리의무 승계자가 청문절차에 참여한 경우 처분은 누구에게 하는지?

▶ 답변 요지

실체적인 권리의 양도는 영업양도의 등기 또는 실체법상의 영업양도의 신고 또는 지위의 승계에 의하므로(대판 1995. 2. 24. 94누9146 참고) 처분은 행정절차 참여 여부와 관계없이 실체적 권리자에게 해야 한다.

55) 질의 요지

송달의 기간계산은 어떤 근거규정에 의하여 산정하는지?

▶ 답변 요지

기간의 계산은 다른 법률에 특별히 규정하지 않은 경우 「민법」 제157조 부터 제161조까지를 적용하여 산정한다.

기간을 일, 주, 월 또는 연으로 정한 때에는 기간의 초일은 산입하지 아니하나, 그 기간이 오전 영시로부터 시작하는 때에는 초일을 산입한다. 만일 말일이 토요일 또는 공휴일인 때에는 그 익일로 만료한다.

56) 질의 요지

> 공고에 의한 송달시 게시판의 범위는?

▸ 답변 요지

「행정절차법」 제14조 제4항 등에서 규정한 게시판은 당해 행정청의 게시판을 의미한다고 볼 수 있다.

다만, 법에서 당사자 등이 알기 쉽도록 공고하도록 규정하고 있으므로 당해 행정청 이외에 특정행정기관과 밀접한 관련이 있는 경우에는 그 특정 행정기관의 게시판에도 게시협조를 구할 수 있다.

예 서울시장의 경우 당해 시청의 게시판 및 해당 동사무소의 게시판을 이용할 수 있고, 당사자 등의 최종 주소지의 지방자치단체 또는 읍 · 면 · 동사무소의 게시판 등에 공고할 수 있도록 협조요청할 수 있다.(※ 인터넷 홈페지에 게시하는 경우도 당해 행정청의 홈페이지를 의미)

57) 질의 요지

> 우편으로 송부한 청문실시 통지서가 수취인 부재로 계속 반송되어 오는 경우 바로 공시송달을 실시하고 청문을 실시할 수 있는지?

▸ 답변 요지

통지서가 반송되어 온 사실만으로 공시송달을 실시하는 것은 부적법한 송달로 볼 수 있다.

공고에 의한 송달을 실시하기 위해서 행정청은 통상의 방법에 의한 송달이 불가능하다는 것을 증명해야 하므로 여러 통로를 통하여 주소나 거소 등을 확인한 후에도 알 수 없는 경우에 실시해야 한다.

예 주민등록의 확인, 관련 단체나 협회 등의 조회, 이사 또는 회사의 이전 여부의 조사 등

58) 질의 요지

> 행정처분을 하기 전 의견청취를 위해 민원인의 주소로 사전통지와 의견제출서를 우편으로 보냈는데 반송이 되지 않은 경우 의견제출을 받지 않고 지방자치단체에서 행정처분을 내릴 수 있는지?

▸ 답변 요지

사전통지서상의 의견제출 기간이 경과하도록 의견의 제출이 없으면 의견이 없는 것으로 보고 처분을 실시할 수 있다.

다만, 통지의 효력은 당사자에게 도달됨으로써 효력이 있으므로, 당사자가 통지서를 수령하

지 못하였다고 주장하는 경우 통지서를 하자 없이 송부하였음을 행정청이 입증해야 하므로 사전통지서가 도달되었는지를 전화 등을 이용하여 확인해 볼 필요가 있다.(※ 등기우편 등 배달증명 우편인 경우에는 배달증명을 확인)

59) 질의 요지

행정처분 전 민원인에게 행정처분 사전통지서를 보냈으나 의견제출 기한 내 특별한 사유없이 의견제출에 응하지 않아 행정처분을 하고 행정처분명령서를 위반자에게 보냈지만 반송되어 온 경우에 공고를 해야 하는지?

▶ 답변 요지

'공고에 의한 송달' 은「행정절차법」제14조 제4항의 규정에 따라 송달받을 자의 주소 등을 통상의 방법으로 확인할 수 없는 경우 또는 송달이 불가능한 경우에 실시할 수 있다. 따라서, 통지서가 반송되었다는 이유만으로 공고에 의한 송달을 실시하는 것이 적법하다고 보기 어렵다.

따라서 공고에 의한 송달을 하려면 행정청이 통상의 방법에 의한 송달이 불가능하다는 것을 입증해야 하므로 여러 경로를 통하여 주소나 거소 등을 확인한 후에도 알 수 없는 경우에만 실시해야 한다.

60) 질의 요지

자동차의 신규등록을 위하여 임시운행허가를 받은 자가「자동차관리법」제27조의 규정에 의한 임시운행허가번호판을 등기우편으로 반납하는 경우에 임시운행허가기간 만료와 관련하여 등기우편의 발송일에 임시운행허가번호판을 반납한 것으로 볼 것인지 또는 등기우편이 행정청에 도달한 날 반납한 것으로 볼 것인지 여부?

▶ 답변 요지

자동차의 신규등록을 위하여 임시운행허가를 받은 자가 허가기간이 만료된 때에는 국토교통부령이 정하는 기간 내에 임시운행허가증 및 임시운행허가번호판을 반납하도록 하는 취지는 자동차의 임시운행허가기간이 만료한 후에는 당해 임시운행허가번호판을 더 이상 사용하지 못하도록 하기 위한 것이다.

따라서, 자동차의 신규등록을 위하여 임시운행허가를 받은 자가「자동차관리법」제27조에 의한 임시운행허가번호판을 등기우편으로 반납하는 경우에는 등기우편의 발송일에 임시운행허가번호판을 반납한 것으로 본다.

※ 참고로 자동차 임시운행허가번호판을 행정청에 반납하도록 한 것은 단순한 사실행위에 의무를 부과하는 것으로 「행정절차법」의 적용대상은 아니다.

61) 질의 요지

「행정심판법」 제27조에서 "심판청구는 처분이 있은 날로부터 180일을 경과하면 제기하지 못한다"고 규정하고 있는 바, 처분통지서를 등기우편으로 발송하였으나 학교용지부담금 납부의무자의 부재로 인하여 아파트 경비원 등 제3자가 이를 수령하고 이후 학교용지부담금 납부의무자에게 전달한 경우 처분이 있은 날은 학교용지부담금 납부의무자가 처분통지서를 수령한 날을 의미하는지? 아니면 아파트 경비원 등 제3자가 처분통지서를 수령한 날을 의미하는지?

▶ 답변 요지

'처분이 있은 날' 이라 함은 상대방이 있는 행정처분의 경우 특별한 규정이 없는 한 의사표시의 일반적 법리에 따라 그 행정처분이 상대방에게 고지 되어 효력이 발생한 날을 의미한다. (※ 대법원 1990. 7. 13. 선고 90누2284 판결 참조)

「행정절차법」 제15조 제1항에 의하면 다른 법령 등에 특별한 규정이 있는 경우를 제외하고는 송달받을 자에게 처분통지서가 도달됨으로써 그 효력이 발생하고, 동법 제14조 제4항에 의하여 송달받을 자의 주소 등을 통상의 방법으로 확인할 수 없는 경우 또는 송달이 불가능한 경우에는 공고함으로써 통지에 갈음하며, 이 경우에는 다른 법령에 특별한 규정이 있는 경우를 제외하고는 동법 제15조 제3항에 의하여 공고일로부터 14일이 경과한 때에 효력이 발생한다.

만일 아파트 경비원 등 제3자가 등기우편으로 송달된 처분통지서를 관례에 따라 수령하였으나, 학교용지부담금 납부의무자의 부재 등으로 연락이 되지 아니하여 늦게 전달하였다는 사실이 입증된 경우에는 아파트 경비원 등 제3자가 처분통지서를 납부의무자에게 전달한 날이 처분이 있은 날에 해당하고, 이러한 사실에 대한 입증이 없는 경우에는 아파트 경비원 등 제3자가 처분통지서를 수령한 날이 처분이 있은 날에 해당한다(판례).

62) 질의 요지

지방자치단체의 장이 「공유재산 및 물품관리법」 제81조 제1항 · 제3항에 따라 공유재산의 불법점유 · 사용에 대한 변상금을 체납하였다는 이유로 납부의무자의 재산을 압류하였던 바, 지방자치단체의 장이 해당 납부의무자에 대한 변상금 부과 사전통지서 및 부과처분서를 보통우편으로 발송하였는데 해당 납부의무자에게 처분서가 도달되지 못한 경우에 지방자치단체의 장은 해당 변상금 체납을 이유로 한 압류처분을 해제하여야 하는지?

▶ 답변 요지

「행정절차법」 제14조 제1항에 따르면 송달은 우편·교부 또는 정보통신망 이용 등의 방법에 의하되 송달받을 자의 주소·거소·영업소·사무소 또는 전자우편 주소로 하도록 하고 있고, 「동법」 제15조 제1항에 따르면 송달은 다른 법령 등에 특별한 규정이 있는 경우를 제외하고는 송달받을 자에게 도달됨으로써 그 효력이 발생한다고 되어 있는 바, 「우편법 시행규칙」 제25조 제1항 제1호 및 제4호에 따른 등기우편이나 내용증명 우편과는 달리 보통우편의 방법으로 처분서가 발송되었다는 사실만으로는 그 처분서가 도달하였다고 추정할 수 없고, 송달의 효력을 주장하는 측에서 증거에 의하여 도달사실을 입증하여야 할 것이나, 이 사안의 경우 지방자치단체의 장이 변상금 부과 사전통지서 및 부과처분서를 보통우편으로 발송하였는데 해당 납부의무자가 처분서를 받지 못하였다고 주장하고 지방자치단체의 장도 해당 도달사실을 입증하지 못한다면 적법한 송달의 효력이 발생한 것으로 볼 수 없으므로 해당 변상금의 부과처분은 무효라 할 것이다.

따라서, 변상금 부과처분이 무효인 이상 그 부과처분이 있었던 것을 전제로 하여 체납처분 절차로서 납부의무자의 재산을 압류하였다면 해당 압류처분 역시 무효라고 할 것이므로 해당 지방자치단체의 장은 압류처분을 해제해야 할 것이다.

63) 질의 요지

처분절차를 밟고 있는 회사의 합병신고서의 접수를 보류할 수 있는지?

▶ 답변 요지

법인의 합병신고(통지)는 당해 법령에서 합병사항에 대하여 명시적으로 심사하여 수리하도록 규정하고 있지 않고 있다면 이는 「행정절차법」 제40조의 신고에 해당한다고 할 수 있다.

따라서, 이 경우에는 신고서의 접수를 보류하거나 거부할 수 없고, 합병으로 인하여 새로 설립된 법인이나 합병 후 존속하는 법인은 그 권리의무를 양수(상법 제235조)하게 되므로 그 이후의 행정절차 참가 및 처분은 그 권리의무를 양수한 법인이 행하도록 하면 될 것이다.

64) 질의 요지

경미한 위반사실에 대하여 시정명령 처분을 하지 않고 행정지도로 시정권고를 한 후 다시 적발되면 시정명령 처분을 하고 있는데, 이러한 행위는 행정지도 후 불이익한 조치를 금지하고 있는 「행정절차법」 제48조에 저촉되지 않는지?

▶ 답변 요지

위 질의 사항은 원래 법령을 위반한 사실이 확인되어 시정명령 처분을 해야 할 사항임에도 불구하고, 먼저 시정권고를 하여 행정목적을 달성하려는 것으로서 국민의 권익보호 차원에서 처분보다는 행정지도 위주의 행정을 적극적으로 활용하려는 것이다.

다만, 위 질의 사항은 당초 시정명령 처분을 하여야 할 사항에 대하여 행정지도로 행하는 것이며, 불이익 조치(시정명령)는 단순히 행정지도에 따르지 않아서 이루어지는 것이 아니라 법령위반에 기인하므로, 「행정절차법」 제48조(행정지도의 원칙) 제2항의 ("행정기관은 행정지도의 상대방에게 행정지도에 따르지 아니하였다는 것을 이유로 불이익한 조치를 하여서는 아니 된다")에 해당되는 것은 아니다.

65) 질의 요지

토론 패널의 구성 및 운영은 어떻게 하는지?

▶ 답변 요지

전자적 정책토론 시 토론패널의 선정 필요성 여부를 해당 기관이 자체적으로 판단하고, 필요시 토론 과제별로 구성하여 토론기간 중 한시적으로 운영하고 토론이 종료되면 해체한다.

66) 질의 요지

토론 패널 구성은 어떤 방식으로 하여야 하는지 ?

▶ 답변 요지

정책토론 시 패널 구성의 공정성 및 객관성 확보를 위하여 해당 기관이 토론 과제와 관련된 이해관계자의 대표성 · 전문성 및 주요 예상되는 입장을 고려하여 토론패널을 구성하여야 하며, 토론 참가 전에 그 명단을 정보통신망 등을 통해 공개하여야 한다.

* 토론개최 계획 공개와 동일한 방식으로 공개한다(토론개최 계획에 포함 가능).

Three

제 3 장 사후구제제도

행정상 권리구제 중 사후적 권리구제수단으로는 행정상 전보제도와 행정상 쟁송제도가 있다. 행정상 전보제도는 국가의 행정작용으로 말미암아 개인에게 발생한 피해를 전보하는 것으로 국가의 위법한 행정작용에 의한 손해를 배상케 하는 국가배상제도와 국가의 적법한 행정작용으로 인해 발생하는 손실을 전보하는 손실보상제도가 있다. 그리고 행정상 쟁송제도는 국가의 행정작용으로 인하여 피해를 당한 국민이 국가에 대하여 분쟁을 청구하는 행정심판제도와 법원에 청구하는 행정소송제도가 있다.

1. 행정상 손해배상

1) 행정상 손해배상의 의의

행정상 손해배상제도는 국가 등 행정기관의 위법한 행정작용으로 인하여 국민에게 손해가 발생한 경우 국가가 이를 배상하여 주는 제도를 말한다.

즉 행정상 손해배상제도는 위법한 국가작용으로 인해 국민의 기본권이 침해되었을 때, 사후적으로 그 손해의 배상청구권을 보장함으로써, 법치국가원리를 최종적으로 담보하는 수단으로서의 의미를 갖는다.

2) 손해배상 제도의 연혁

근대 초기까지도 주권면책사상 또는 주권무오류사상에 기하여 공무원의 불법행위로 인하여 개인에게 손해가 발생한 경우에도 국가의 배상책임은 인정되지 않고 공무원의 개인적 책임만 제한적으로 인정되었다.

그러나 국가배상책임제도는 19세기 후반 이후 프랑스 판례에 의하여 확립된 것으로서, 이후 독일이나 영·미 등의 국가에서도 법률 또는 판례를 통하여 받아들여졌다.

3) 손해배상의 헌법적 구조

(1) 헌법규정의 내용

헌법 제29조 제1항은 "공무원의 직무상 불법행위로 손해를 받은 국민은 법률이 정하는 바에 의하여 국가 또는 공공단체에 정당한 배상을 청구할 수 있다. 이 경우 공무원 자신의 책임은 면제되지 아니한다"고 규정하여 국가배상책임주의의 원칙을 선언하고 있다.

(2) 헌법규정의 성질

헌법상 국가배상청구권은 단순한 재산권의 보장만을 의미하는 것이 아니고, 국민의 손해를 구제하기 위한 청구권의 성격도 가진다.

헌법재판소도 국가배상청구권을 재산권적 성질과 청구권적 성질을 아울러 가지는 것으로 보고 있다(헌재 1997. 2. 20., 96헌바24).

(3) 국가배상청구권의 제한

① 헌법 제29조 제2항에 의한 이중배상금지 : 헌법 제29조 제2항은 군인 · 경찰공무원 등의 국가배상 이중청구를 금지하고 있다. 이 조항은 종래 헌법상 이러한 규정이 없이 국가배상법에서 이중배상금지를 규정한 데 대하여 위헌판결이 내려졌으나(대판 1971. 6. 22., 71다1010), 제4공화국 헌법 이후 헌법상의 근거규정을 두어 위헌시비를 막고 있다.

② 헌법 제37조 제2항 등에 의한 제한 : 헌법 제29조의 규정에 의하여 보장된 국민의 손해배상청구권은 국가의 안전보장 · 질서유지 또는 공공복리를 위하여 필요한 경우에 법률로써 제한할 수 있다(헌법 제37조 제2항).

4) 국가배상법의 구조

(1) 국가배상법의 지위

국가배상법은 국가 또는 지방자치단체의 불법행위책임에 관한 일반법이다.

국가배상법 제8조에서 "국가나 지방자치단체의 손해배상책임에 관하여는 이 법에 규정된 사항 외에는 민법에 따른다. 다만, 민법 외의 법률에 다른 규정이 있을 때에는 그 규정에 따른다"고 규정하여 동법이 공행정작용으로 인한 배상에 대한 일반법임을 명시하고 있다.

따라서 특별법이 있으면 그 법률이 먼저 적용되며(예 산업재해보상보험법, 원자력손해배상법, 공무원연금법, 우편법 등), 그런 특별법이 없으면 국가배상법이 적용되고, 국가배상법에 규정이 없는 사항에 대하여는 민법이 보충적으로 적용된다.

결론적으로 국가배상에 적용될 법의 순서는 '특별법 → 국가배상법 → 민법' 의 순이다.

(2) 국가배상청구권의 주체

① 국민 : 손해배상청구권은 위법한 공무집행으로 인해 손해를 입은 국민이 그 주체가 된다.

이 때 국민은 한국국적을 갖는 자연인과 법인이 포함된다.

② 외국인 · 외국법인 → 상호주의에 따른다.

㉠ 외국인은 상호보증이 있는 경우에만 국가배상법이 적용된다(제7조). 여기서 상호보증이란 피해자인 외국인의 본국에서 한국인도 손해배상을 청구할 수 있어야 함을 의미한다.

㉡ 우리나라에 주둔하고 있는 미국군대의 구성원, 고용원 또는 한국증원부대구성원(카투사)의 공무집행 중의 행위에 대해서도 국가배상법 절차에 의하여 한국정부에 대하여 배상을 청구할 수 있다(한미행정협정 제23조 제5항).

(3) 국가배상법상 배상책임의 유형

① 공무원의 직무상 불법행위로 인한 배상책임(제2조)

② 영조물의 설치 · 관리상의 하자로 인한 배상책임(제5조)

2. 행정상 손실보상

1) 의 의

행정상 손실보상이란 적법한 공권력 행사로 사유재산에 가하여진 특별한 회생에 대하여 사유재산의 보장과 공평부담의 견지에서 행정주체가 이를 조정하기 위하여 행하는 조절적인 재산적 보상을 말한다.

① '적법한 행위' 로 인한 손실의 보상 : '위법한 행위' 를 원인으로 하는 행정상 손해배상과 구별

② 적법한 '공권력 행사' 로 인한 손실보상 : '비권력적작용' 인 사법상 계약에 의한 급부와 구별

③ 사인의 '재산권' 행사의 제약에 대한 손실보상 : 사람의 '생명 · 신체' 에 대한 보상은 제외

④ '특별한 희생' 에 대한 보상 : 수인한도 내에 있는 '사회적 제약' 과 구별

2) 행정상 손실보상의 근거

가. 이론적 근거

① 행정상 손실보상의 이론적 근거에 대하여는 ⓐ 기득권설, ⓑ 공용징수설 등이 주장되었으나, 오늘날은 특별희생에 대한 조절적 보상이라고 보는 특별희생설이 일반적인 견해이다.

② 이러한 특별희생에 대한 보상을 통해 ⓐ 공적부담 앞의 평등이란 이상을 실현(사회정의의 실현)할 수 있으며, ⓑ 공익과 사익의 조절을 도모할 수 있고, ⓒ 법률생활의 안정을 기할 수 있다.

나. 실정법 근거

① 헌법 제23조 제3항의 의미

현행 헌법 제23조 제3항은 "공공필요에 의한 재산권의 수용·사용 또는 제한 및 그에 대한 보상은 법률로써 하되, 정당한 보상을 지급하여야 한다"라고 규정하고 있다.

이러한 헌법 규정에 따라 다수의 개별법이 공용수용에 관한 법적 근거·요건을 규정하고 아울러 그에 따르는 손실에 대한 보상규정을 두고 있다.

따라서 이러한 경우 재산권 침해를 받은 자는 관계 규정에 의거하여 보상을 청구할 수 있다.

다. 헌법규정의 성질(보상규정이 없는 경우 보상청구여부)

다수설은 헌법 제23조 제3항 규정을 불가분조항으로 해석한다. 여기서 불가분조항(부대조항)이란 공공필요에 따라 사인의 재산권행사를 제약하는 공권력 행사의 근거규정과 이에 따르는 손실보상의 기준·방법·범위에 관한 규정은 모두 법률로 규정되어야 한다는 것을 말한다.

즉 불가분조항은 ㉠ 재산권을 제한하려는 입법자에게 재정부담에 대하여 경고하는 기능, ㉡ 개인의 권리를 보호하는 기능, ㉢ 신중한 행정작용을 보장하는 기능, ㉣ 보상규정이 있는 경우에만 손실보상을 인정함으로써 국가의 재정을 보호하는 기능 등을 수행한다.

그리고 불가분조항은 손실보상의 기준과 범위, 내용 등을 행정기관이나 법원에 위임하는 것이 아니라, 입법자에 의하도록 하고 있어 법률유보원칙을 관철하는 의미를 갖는다.

그런데 문제는 재산권 제한법률에 공용침해의 근거는 있지만 보상규정이 없을 때, 동 법률이 위헌인지 여부와 손실보상을 청구할 수 있는지 여부다. 이에 대해서는 견해가 대립이 있다.

① 학 설

ⓐ 방침규정설(입법지침설)

헌법상 손실보상에 관한 규정은 입법의 방침을 정한 것에 불과한 프로그램규정이라 한다.

이 견해는 손실보상에 관한 구체적인 사항이 법률로써 정해져야만 개인은 손실보상청구권을 갖게 된다는 것이다.

다만 이 견해에 대해서는 현대 자유주의적 법치국가에서는 용인될 수 없다는 비판이 있다.

ⓑ 위헌무효설(입법자에 대한 직접효력설)

손실보상여부는 법률에 근거하여야 하므로, 이러한 규정을 포함하지 않고 재산권제약을 허용하는 법률은 위헌·무효의 법률이고, 이에 근거한 행정작용은 위법이다.

이에 대해 당사자는 행정소송을 제기할 수 있고, 재산상 손해를 받은 경우에는 국가배상 청구를 할 수 있다.

다만 이 견해에 대해서는 공무원의 고의 · 과실을 인정하기 어려워 국가배상을 통한 구제가 현실적으로 힘들다는 비판이 제기된다.

ⓒ 직접효력설(국민에 대한 직접효력설)

개인의 손실보상 청구권은 헌법규정으로부터 직접 도출된다는 입장에서 법률에 보상규정이 없는 경우에는 직접 헌법상의 보상규정, 즉 헌법 23조 제3항에 근거하여 보상을 청구할 수 있다.

즉 헌법이 '보상은 법률로써 하되' 라고 규정한 것은 보상의 구체적 내용이나 방법을 법률에 유보한 것일 뿐 보상의 여부까지 법률에 유보한 것으로 해석할 필요가 없으므로, 헌법규정을 직접 근거로 해서 손실보상청구를 할 수 있다.

다만 이 견해에 대해서는 헌법의 문리해석상 허용하기 힘들다는 비판이 제기된다.

ⓓ 유추적용설

법률에 손실보상의 근거규정이 없는 경우에는 헌법 제23조 제1항(재산권보장) 및 제11조(평등원칙)에 근거하여, 헌법 제23조 제3항 및 관계규정의 유추해석을 통하여 보상을 청구할 수 있다.

다만 이 견해에 대해서는 헌법 제23조 제1항은 재산권의 존속보장에 관한 규정이지 가치보장에 관한 규정은 아니며, 위법행위라고 하면서 적법행위에 관한 규정을 유추하는 것은 불합리하다는 비판이 있다.

ⓔ 보상입법부작위위헌설

공공필요에 의한 공용제한규정만 두고 그에 관한 보상규정을 두고 있지 않은 경우, 그 공용제한 자체가 헌법에 위반되는 것은 아니고 손실보상을 규정하지 않은 보상입법부작위가 헌법 제23조 제3항에 위반되므로 그 피해자는 보상입법부작위에 대한 헌법소원으로써 자신의 권익을 구제받아야 한다는 견해이다.

② 판례의 태도

대법원은 이에 대하여 일관된 입장을 보이지 못하고 있다. 즉 방침규정설, 직접효력설, 유추적용설 등 여러 입장에서 판시하고 있어 어느 입장을 취하는지 명확하게 단정할 수는 없다.

판례는 구체적인 상황에 따라

㉠ 직접적인 근거규정이 없는 경우에도 관련규정의 유추해석이 가능한 경우에는 유추해석을 통해 손실보상을 인정하기도 하며(하천법상 제외지의 보상)

㉡ 관련규정이 없는 경우에도 손실보상을 인정하기도 하지만(토지구획정리사업으로 토

지의 환지를 교부하지 않고 소유권을 상실한 경우)

㉢ 경우에 따라서는 법규에 보상규정이 없을 때에 공적 목적(공적 부담)을 위한 것임에도 손실보상 대신 불법행위로 처리하기도 한다.

그러나 헌법재판소는 분리이론에 입각하여 위헌무효설에 가까운 입장을 취하고 있다고 보는 것이 일반적이다.

3) 손실보상의 요건

(1) 개 설

공권력의 행사로 인한 손실보상을 받으려면 공공의 필요에 의한 적법한 공권력 행사로 인하여 개인의 재산권에 특별한 희생이 발생하여야 하며 이에 대한 보상규정이 마련되어 있어야 한다.

손실보상의 요건으로는

① 공공의 필요

② 법률에 근거한 적법한 침해

③ 재산권에 대한 공권적 침해

④ 의도적인 재산권 침해

⑤ 특별한 희생의 발생

⑥ 보상규정의 존재

(2) 구제적 요건

① 공공의 필요

손실보상의 원인이 되는 공권력 행사는 공공의 필요에 의한 경우에만 인정된다. 여기서 공공의 필요란 공공의 이익을 위한 공익사업을 실현시키거나 국가안전보장 · 질서유지 등의 공익상의 목적을 달성하기 위하여 재산권의 제한이 불가피한 경우를 말한다.

그리고 헌법에 규정된 공공필요라는 개념은 대표적인 불확정개념으로서 이의 해석에 있어서는 모든 이익의 형량을 통하여 결정되어야 할 것이며, 이 경우 비례의 원칙이 관계이익을 형량하기 위한 척도가 된다고 할 수 있다.

구체적인 예로 행정주체가 그 재정적 수요를 충족하기 위해 행사하는 수단(조세의 부과)이라든가 특정인의 이익을 도모하기 위해 공권력을 행사한다든가 하는 경우는 공공필요를 위한 것으로 볼 수 없으나, 행정주체가 무주택자에게 주택을 공급하기 위하여 타인의 토지를 수용하는 것과 같은 것은 공익을 위한 것으로 볼 수 있다.

② 법률에 근거한 적법한 침해

손실보상의 원인이 되는 개인의 재산에 대한 침해는 적법한 것이어야 하며, 여기서 적법한 것이라고 함은 법률에 근거한 것임을 의미한다.

따라서 공권력이 법령에 위반하여, 즉 위법하게 개인의 재산권을 침해한 때에는 국가배상의 원인이 될 뿐, 엄격한 의미의 손실보상의 원인은 되지 않는다고 보아야 한다.

③ 재산권에 대한 공권적 침해

㉮ 재산권의 의의

여기서 재산권이라 함은 소유권뿐만 아니라 법에 의하여 보호되고 있는 일체의 재산적 가치 있는 권리를 의미한다. 이에는 사법상의 권리(예 물권, 채권, 재산적 가치있는 회원권, 저작권 등)만이 아니라, 공법상의 권리(예 공유수면매립권 등)도 포함된다.

그러나 현존하는 구체적인 재산가치이어야 하므로, 영업기회, 이득가능성, 농지의 지가상승 등과 같은 기대이익은 여기서 제외된다. 또한 자연적 · 문화적 · 학술적 가치는 특별한 사정이 없는 한, 손실보상의 대상이 되지 아니한다는 것이 판례의 입장이다.

㉯ 비재산적 법익의 침해

현행 손실보상 관련 법령은 재산적 법익의 침해를 중심으로 규정하고 있다.

따라서, 생명 · 신체 등 비재산적 법익이 침해된 경우에는 헌법 제23조 제3항이 예정하고 있지 않은 경우이다. 이러한 비재산적 법익의 침해에 대해서는 희생보상청구권이 논의되고 있다.

④ 의도적인 재산권 침해

㉮ 침해의 태양

공공필요에 따른 행정작용에 의해 사인의 재산권 행사가 제약되어야 한다.

헌법 제23조 제3항은 수용 · 사용 또는 제한을 규정하고 있으나, 이외에도 재산권이 제약되는 양상은 다양하게 나타날 수 있는 바, 이에 의하여 재산적 가치가 감소되는 경우에도 재산권행사가 제약된다고 한다.

㉯ 침해의 의도성

개인의 재산권에 대한 침해가 공권력의 주체에 의하여 의욕되고 지양되었거나 아니면 최소한 상대방의 재산권의 손실에 대한 직접적인 원인이 되어야 한다.

따라서, 의도되지 않은 비전형적인 침해의 경우에는 헌법 제23조 제3항의 적용영역에 포함되지 않는다. 이러한 경우에 논의되는 이론이 수용적 침해이론이다.

⑤ 특별한 희생의 발생

㉮ 의의

손실보상의 요건이 충족되기 위해서는 타인의 재산권에 대한 공권적 침해로 인하여 특별한 희생이 발생하여야 한다. 특별한 희생이란 사회적 제약을 넘어서는 손실이라고 보는 것이 일반적이다(경계이론).

다만, 헌법 제23조 제1항의 '보상을 요하지 않는 정당한 사회적 계약' 과 헌법 제23조 제3항의 '보상을 요하는 특별한 희생' 을 구분하는 기준이 무엇인가에 대하여 학설의 대립이 있다.

㈏ 형식적 기준설

평등원칙을 형식적으로 해석하여, 침해행위가 일반적인 것인가, 개별적인가라는 형식적 기준에 의하여 사회적계약과 특별한 희생을 구별하는 견해로서, 이는 다시 개별행위설과 특별희생설로 구분된다.

㉠ 개별행위설 : 행정기관의 개별적인 행위에 의해 특정인의 재산권이 제약되었는가의 여부를 기준으로 하여 논의하는 것이다. 이에 의하면 동일한 상황에 있는 모든 사람이 동일한 방식으로 재산권이 제약되는 경우에는 특별희생의 존재를 부정한다.

㉡ 특별희생설 : 특정 개인이나 집단을 다른 개인이나 집단과 비교하여 그들만에 대하여 특별히 관련되고, 특별한 희생을 강요하는 재산권 제약행위가 행해질 때에 특별희생의 존재를 인정한다.

㈐ 실질적 기준설

공용침해의 실질적 내용, 즉 침해의 본질성 및 강도를 기준으로 하여 특별한 희생과 사회적 제약을 구별하려는 견해이다. 이러한 실질적 기준설에 속하는 대표적인 학설로는 다음의 몇 가지를 들 수 있다.

㉠ 보호가치설 : 재산권을 분류하여 보호할 만한 가치가 있는 재산권에 대한 제약만을 손실보상을 요하는 특별한 희생으로 보는 견해이다.

㉡ 수인한도설 : 재산권의 침해가 재산권의 본질과 강도에 비추어 재산권의 본질인 배타적 지배를 침해한 경우에 이를 수인한도를 넘어서는 특별한 희생으로 보는 견해이다.

㉢ 사적 효용설 : 당사자가 갖는 재산권의 주관적인 이용목적(효용)을 불가능하게 하는 것인가의 여부를 기준으로 하는 견해이다.

㉣ 목적위배설 : 재산권의 객관적인 이용목적에 위배하는 것인가의 여부를 기준으로 하는 견해이다. 예컨대, 택지가 개발제한구역으로 지정되는 경우라든가, 농지를 도로로 만드는 것은 특별희생에 해당된다.

㉤ 상황구속성설 : 당해 재산권이 놓여 있는 지리적 여건을 기준으로 하는 견해로서, 지리적 위치로 인한 재산권 이용의 제약은 사회적 제약에 지나지 않는 것이어서 손실보상을 요하지 않는다고 한다. 예컨대, 자연보호구역 있는 토지나 문화재보호구역 안에 있는 건물의 이용제약은 재산권의 사회적 제약이라 한다.

㉥ 중대설 : 행정기관의 행위가 재산권에 미치는 중요성과 범위를 기준으로 특별희생과

사회적 제약을 구별하는 견해이다.

㈕ 사회적 비용설 : 공공필요에 의한 재산권 침해는 원칙적으로 재산권 주체의 특별한 희생을 의미하므로 보상해 주어야 하지만, 사회적 비용을 고려하여 손실보상여부를 결정하여야 한다는 견해이다.

㉣ 절충설(복수기준설)

형식적 표준과 실질적 표준을 아울러 고려하는 견해로써 통설의 입장이다. 즉 형식적 표준에 따라 특정인 또는 특정집단에 대하여 생긴 손실에 대해서 보상해 주되, 이 경우에도 실질적 표준에 비추어 재산권에 대한 침해가 종래 인정되어 오던 재산권의 목적에 위배되거나(목적위배설), 개인의 주관적인 이용목적 내지 효용 가치를 불가능하게 하는 정도이어서(사적효용설), 수인 한도를 넘어선 경우로 판단되면(수인한도설) 이는 보상을 요하는 특별한 희생이라고 본다.

⑥ 보상규정의 존재

현행 헌법은 보상규정에 관하여 법률로써 정하도록 하고 있다.

헌법재판소는 보상규정을 두지 않고 개발제한구역을 지정함은 헌법 제23조에 합치하지 않는다고 결정하였다(헌재 1998. 12. 24., 89헌마214 등 병합). 이러한 헌법재판소의 결정에 따라 개발제한구역의 지정 및 관리에 관한 특별조치법이 제정 · 시행되고 있다.

3) 손실보상의 기준과 내용

(1) 손실보상의 기준

가. 학 설

① 완전보상설

피수용재산이 가지는 재산권 자체에 대한 완전한 보상이어야 한다고 보는 견해이다.

② 상당보상설

재산권의 사회적 구속성과 침해행위의 공정성에 비추어 사회국가원리에 입각한 기준에 따른 적정한 보상이면 족하는 견해이다.

③ 절충설

완전보상을 요하는 경우와 상당보상을 요하는 경우를 나누어 인정하자는 견해이다.

이 견해도 여러 가지 견해가 있는 바, '작은 재산' 의 침해에 대하여는 완전한 보상을, '큰 재산' 의 침해에 대하여는 상당한 보상을 행하자는 견해가 대표적이다.

절충설은 넓은 의미에서 상당보상설의 일종으로 볼 수 있으며, 이에 대해서는 '작은 재산' , '큰 재산' 의 구별이 문제된다.

④ 소 결

손실보상은 재산권의 보장을 원칙으로 하면서도 공익실현을 위하여 그 귀책사유 없이 특정인의 재산권에 가하여진 특별한 손실을 전보하여 주는 것이라는 점을 감안하면, 그 보상은 완전한 보상이어야 한다고 본다.

나. 우리 헌법상 기준

① 헌법 제23조 제3항의 '정당한 보상'의 의미를 ㉠ 상당보상으로 이해하는 입장과 ㉡ 완전보상으로 이해하는 입장이 있다.

② ㉠의 견해는 원전보상을 원칙으로 하면서도 공익상 합리적 이유가 있을 경우에는 그것을 하회할 수 있으며, 경우에 따라서는 생활보상까지 해주어야 한다는 것이다. ㉡의 견해는 실질적으로 완전보상, 즉 발생한 손실의 전부를 보상해야 한다는 것이다. 헌법재판소는 완전보상의 원칙을 선언하고 있다(헌재 1995. 4. 2., 93헌바20).

4) 손실보상의 방법과 불복절차

(1) 손실보상의 방법

가. 금전보상의 원칙

손실보상의 원칙적인 방법은 금전보상이다(「토지취득보상법」 제63조 제1항).

금전의 지급방법은 선불(후불), 개별불(일괄불), 전액일시불(분할분)을 원칙으로 한다(괄호 안은 예외적 인정).

나. 그 밖의 방법

① 현물보상

② 매수보상

③ 채권보상

(2) 손실보상액의 결정

① 당사자의 협의에 의하는 경우

② 행정청의 재결 또는 결정에 의하는 경우

③ 소송에 의한 경우

5) 손실보상금 결정에 대한 불복

가. 재결의 내용이 보상금 결정만을 내용으로 하는 경우

이러한 재결은 처분성이 인정될 수 없으므로 보상액 결정의 취소쟁송을 제기할 수 없고, 공법상 당사자소송으로 보상금청구소송을 제기하여야 할 것이다. 그러나 실무상으로는 민사소송에 의하고 있다.

나. 재결의 내용이 보상금 결정과 재산권의 수용 등을 포함하는 경우

이러한 재결은 처분성이 인정될 수 있으므로 행정심판인 이의신청과 행정소송을 제기할 수 있다.

① 행정심판에 의한 절차 : 이의신청

② 행정소송에 의한 절차

㉠ 수용재결이 대상인 경우 : 취소소송, 행정소송

㉡ 보상금이 대상인 경우 : 행정소송

6) 개발제한구역에 대한 손실보상

헌법재판소는 분리이론에 입각하여 개발제한구역의 지정으로 인한 재산권 행사의 제한과 그에 대한 권익구제의 문제를 헌법 제23조 제3항의 공용제한과 손실보상의 문제로 보지 않고, 헌법 제23조 제1항 및 제2항의 재산권의 내용과 한계의 문제로 보고 있다. 헌법재판소 결정 이후 개발제한구역의 지정에 관한 특별법이 제정되어 개발제한구역의 지정으로 인하여 특별한 희생을 받은 자에게 매수청구권을 인정하고 있으므로 위헌문제를 해결하였다.

7) 토지수용위원회의 재결

공익사업을 위한 토지 등의 취득 및 보상에 관한 법률=토지수용법(강제취득절차)+공공용지의 취득 및 손실보상에 관한 특별법(임의매수에 의한 취득절차) - 헌법 제23조 제3항의 구체화 법임 - 이는 토지수용의 근거 및 보상의 기준과 절차에 관한 규정이다.

동 법률에서 각 규정들은 손실보상의 원칙 · 종류 · 기준에 있어서는 일반법의 기능을 담당하고 있으나 손실보상의 절차나 쟁송에 있어서는 특별법의 기능을 담당하면서도 다른 관련 법률에 있어서는 일반 · 중추적 기능을 담당하고 있다.

즉 공익사업을 위한 토지 등의 취득 및 보상에 관한 법률은 공익사업에 필요한 토지 등을 협의 또는 수용에 의해 취득하거나 사용함에 따른 손실보상에 관한 사항을 규정함으로써 공공복리의 증진과 재산권의 적정한 보호를 도모하고 있다. 동 법률에 따라 토지를 취득 또는 사용할 수 있는 공익사업의 범위는 국방 · 군사 · 철도 · 공항 · 항만 · 공영차고지 · 폐수처리 · 학교 · 도서관 등 공공의 이익을 위한 사업과 국가 또는 지방자치단체 등이 시행하는 공원 · 묘지 · 화장장 · 임대주택 등 공공용 시설사업으로 시행한다.

그리고 국토교통부에 중앙토지수용위원회를, 시 · 도에 지방토지수용위원회를 설치하여 수용 또는 사용할 토지의 구역 및 사용방법, 손실보상, 수용 또는 사용 개시일과 기간 등에 관한 사항을 재결한다. 따라서 사업시행자 · 토지소유자 등은 재결에 이의를 신청할 수 있으며, 이의신청을 거치지 않고 곧바로 행정소송을 제기할 수도 있다. 아울러 사업시행자는 공사에 착수하기 전에 토지소유자 및 관계인이 입은 손실에 대한 보상액을 전액 지급해야 한다. 보상액을 산정할 때에는 감정평가업자 2명 이상에게 토지 등의 평가를 의뢰한다.

보상은 현금지급을 원칙으로 한다. 그 밖에 사업시행자는 주거용 건축물을 제공하여 이주대책을 세우거나 이주정착금을 지급한다. 예외적으로 보상 또는 이주대책에 관한 업무는 지방자치단체나 공공기관 등에 위탁할 수도 있다. 만일 해당 공익사업의 폐지 · 변경 등으로 취득 또는 수용한 토지가 필요 없게 된 경우에는 취득 당시의 토지소유자 또는 포괄승계인은 이미 지급받은 보상금에 상당하는 금액을 사업시행자에게 돌려주고 토지를 환매할 수도 있다.

Four
제 4 장 행정심판제도

1. 행정심판의 의의

행정심판이란 행정기관이 심판하는 행정상 쟁송을 말한다. 즉 행정청의 위법 또는 부당한 처분 또는 기타 공권력의 행사 · 불행사 등으로 인하여 권익을 침해당한 자가 행정기관에 대하여 그 시정(취소 · 변경)이나 무효 등 확인 또는 일정한 처분을 구하는 쟁송절차를 말한다. 협의의 행정심판은 항고심판만을 의미하기도 한다.

행정심판은 행정행위로서의 성질과 판단작용(준재판적 성격)으로서의 성질을 가진다. 그리고 약식쟁송이고 행정소송의 전심적 절차에 해당하며 비종심에 해당한다.

일반적으로 행정심판을 규율하는 법으로는 일반법인 행정심판법이 있고, 각 개별법에서 행정심판법에 대한 특칙을 규정하고 있다. 각 개별 법률에서는 행정심판에 대하여 이의신청, 심사청구 또는 심판청구(국세기본법 등) 또는 재심요구 등의 용어를 사용하고 있다.

2. 행정심판의 필요성

1) 자율적 행정통제

행정심판은 행정권이 사법권의 간섭을 받지 아니하고, 과오를 자기반성에 의하여 자율적으로 시정하려는 것으로, 권력분립적 · 정치적 이유로 주로 대륙법에서 채택하였다. 그리고 행정심판을 인정함으로써 신속 · 간편한 행정의 안정성 유지와 행정의 능률성을 도모한다.

2) 사법보충기능

행정심판은 전문적 · 기술적인 문제의 처리에 적합하고, 탄력성을 가지고 있는 행정청으로 하여금 그 분쟁을 심판하게 하려는 것이다. 그리고 소송경제의 확보와 신속한 구제실현은 간이한 심판절차로 노력과 비용을 절감하여 신속한 구제를 실현하려는 것이며, 행정심판에 의하여 분쟁을 해결함으로써 행정소송사건을 줄이고, 또한 중요한 쟁점은 행정심판단계에서 정리함으로써 법원의 부담을 줄이게 되며, 기술적 이유로서 주로 영 · 미법에서 채택하고 있다.

3. 행정심판의 종류

1) 취소심판

취소심판이란 행정청의 위법 또는 부당한 처분의 취소 또는 변경(예 허가취소처분을 영업정지처분으로 변경)을 하는 심판을 말한다(행심법 제4조 제1항). 취소심판은 공정력 있는 행위의 효력을 제거하는 것을 주된 목적으로 하는데, 취소심판은 행정심판의 중심적 지위에 놓인다. 현행 행정심판법은 취소심판을 중심으로 규정하고 있다.

취소심판은 청구기간의 제한(행심법 제18조), 집행부정지의 원칙(행심법 제21조), 사정재결(행심법 제44조)[1] 등을 특징으로 한다. 그리고 청구가 이유 있다고 인정되면, 재결청은 처분청에 대하여 당해 처분의 취소 또는 변경(예 영업허가취소를 영업정지처분으로 변경하는 재결)을 명할 수도 있고(이행재결), 재결청이 스스로 당해 처분을 취소하거나 변경할 수도 있다(형성재결).

4. 행정심판기관과 참가자

행정심판법은 행정심판기관으로 형식적인 재결기관인 재결청 외에 실질적인 심리 · 의결기관으로 행정심판위원회를 규정하고 있다.

1) 재결청

심판청구사항에 대하여 재결을 하고 재결서를 청구인에게 송달하는 기관이 재결청이다.

① 직근 상급행정청 - 심판의 재결청은 원칙으로 처분청의 직접상급행정청(제1차적 지휘 · 감독기관)이다(행심법 제5조 제1항).

② 당해 행정청 - 국무총리 · 행정각부장관 및 대통령직속기관의 장, 국회사무총장 · 법원행정처장 · 헌법재판소사무처장 및 중앙선거관리위원회사무총장, 그 밖에 소관 감독행정기관이 없는 행정청의 경우(예 소청심사위원회)는 당해 행정청이 재결청이 된다(행심법 제5조 제2항).

1) 행정심판위원회는 심판청구가 이유가 있다고 인정하는 경우에도 이를 인용(認容)하는 것이 공공복리에 크게 위배된다고 인정하면 그 심판청구를 기각하는 재결을 할 수 있다. 이 경우 행정심판위원회는 재결의 주문(주문)에서 그 처분 또는 부작위가 위법하거나 부당하다는 것을 구체적으로 밝혀야 한다(동법 제44조 1항).

③ 소관 감독행정기관 — 서울특별시장 · 광역시장 또는 도지사(교육감을 포함한다)의 처분 또는 부작위에 대하여는 각 소관 감독행정기관(정부조직법 제26조 제3항)이 재결청이 된다(행심법 제5조 3항). 예 식품 · 위생사무의 경우에는 보건복지부장관이 감독기관이 된다.

④ 특별시장 · 광역시장 · 도지사인 경우 — 서울특별시장 · 광역시장 또는 도지사에 소속된 각급 국가행정기관(정부조직법 제3조 제1항) 또는 그 관할구역 안에 있는 자치행정기관의 처분 또는 부작위에 대하여는 각각 서울특별시장 · 광역시장 또는 도지사가 재결청이 된다(행심법 제5조 제4항). 예 구청장의 처분의 경우는 서울특별시장 · 광역시장, 시장 · 군수의 경우는 도지사가 재결청이 된다.

⑤ 중앙행정기관의 장 — 정부조직법 제3조 또는 다른 법률의 규정에 의하여 설치된 국가특별지방행정기관(대통령령이 정하는 중앙행정기관에 소속된 국가특별지방행정기관을 제외한다)의 처분 또는 부작위에 대하여는 당해 국가특별지방행정기관이 소속된 중앙행정기관의 장이 재결청이 된다(행심법 제5조 제5항). 예 경찰서장의 처분에 대한 재결청은 지방경찰청장이 아니라 경찰청장이다.

⑥ 제3의 기관인 경우 — 개별 법률에 따라 제3의 행정기관을 재결청으로 정하고 있는 경우도 있다. 예 국세기본법상 국세심판원 · 국가공무원법상 소청심사위원회

2) 행정심판위원회

행정심판위원회에는 국무총리행정심판위원회(행심법 제5조 제3항), 처분청 소속행정심판위원회(행심법 제5조 제2항), 시 · 도행정심판위원회(행심법 제5조 제4항)와 직근 상급행정기관 소속 행정심판위원회가 있다.

행정심판위원회는 행정심판의 청구를 심리 · 의결하는 합의제기관(예 행심법 제6조 제1항)으로, 각 재결청(국무총리 및 중앙행정기관의 장인 재결청을 제외한다) 소속 하에 설치된다(행심법 제6조 제1항). 행정심판위원회의 위원은 변호사의 자격이 있는 자, 고등교육법 제2조 1호 또는 3호의 규정에 의한 학교에서 법률학 등을 가르치는 부교수 이상의 직에 있거나 있었던 자, 행정기관의 4급 이상의 공무원으로 있었던 자 또는 그 밖에 행정심판에 관한 지식과 경험이 있는 자 또는 재결청 소속공무원 중에서 재결청이 위촉하거나 지명하는 자로 한다(행심법 제6조 제4항).

3) 심리권

행정심판위원회는 심판청구사건을 심리하는 권한을 가진다. 행정심판위원회는 행정심판의 심리를 위하여 대표자선정 권고권(동법 제11조 제2항), 청구인지위의 승계 허가권(동법 제12조 5항), 피청구인경정 결정권(동법 제13조 제2항), 대리인선임 허가권(법 제14조 제1항 5호), 심판참가 허가 및 요구권(동법 제16조 1항 제2항), 청구의 변경 허가권(동법 제20조 5항), 보정요구권

및 직권보정권(동법 제23조 제1항), 증거조사권(동법 제28조 제1항) 등을 가진다.

4) 재결권

행정심판위원회는 재결하는 권한을 가진다(동법 제31조 1항). 행정심판위원회는 재결 이외에 집행정지결정(동법 제21조 제2항), 집행정지결정의 취소(동법 제21조 제4항), 사정재결(동법 제33조 제1항)을 행한다.

5. 청구 기간

심판청구는 처분(거부처분 포함)이 있음을 안 날로부터 90일 이내에 제기하여야 한다(예 행심법 제18조 1항). 그리고 정당한 사유가 없는 한 처분이 있은 날로부터 180일을 경과하면 제기하지 못한다(예 동법 제18조 제3항).

6. 재결

재결은 "행정심판의 청구에 대하여 제5조의 규정에 의한 재결청이 행정심판위원회(국무총리행정심판위원회 포함)의 심리 · 의결 내용에 따라 행하는 판단"으로 정의되어 있다(동법 제2조 제1항의 3). 위원회가 심판청구에 대하여 재결할 내용을 의결하고 그 의결내용을 재결청에 통고하면(동법 제31조 제1항), 재결청은 위원회의 의결내용에 따라 지체없이 재결하여야 하며(동법 제31조 제2항), 재결은 재결청의 의사표시로서 확인행위 · 기속행위 · 준사법적 행위의 성질을 갖는다.

7. 재결의 종류

1) 요건재결

심판청구가 요건불비의 부적법한 것인 때에는(예 청구기간경과) 재결청은 그 심판청구를 각하한다(동법 제32조 제1항). 이로써 본안심리는 거절되게 된다. 각하재결은 요건재결이라고도 한다.

2) 본안재결

㉠ 기각재결 – 심판청구가 이유 없다고 인정할 때에는 재결청은 그 심판청구를 기각한다(행심법 제32조 2항). 이는 원처분이 적법 · 타당함을 인정하는 재결이다. 기각재결은 심판청구의 실체적 내용에 대한 심리를 거쳐 심판청구가 이유 없다고 판단되는 경우에 내려진다.

㉡ 인용재결 – 취소심판, 무효등확인심판, 의무이행심판의 청구가 이유 있다고 인정하는 것이다. 취소심판의 청구가 이유 있다고 인정할 때에는 재결청은 스스로 취소 또는 변경하거나(이

경우에는 형성재결이다) 처분청에게 취소 또는 변경을(이 경우에는 이행재결이 된다) 명한다(동법 제32조 제3항). 무효등확인재결은 무효등확인심판의 청구가 이유 있다고 인정할 때에 재결청은 처분의 효력유무 또는 존재여부를 확인한다(동법 제32조 제4항). 의무이행재결은 의무이행심판의 청구가 이유 있다고 인정할 때에는 재결청은 지체 없이 신청에 따른 처분을 하거나 할 것을 명한다(동법 제32조 제5항).

ⓒ 사정재결 – 사정재결이란 심판청구가 이유 있다고 인정되는 경우에도 이를 인용하는 것이 공공복리에 적합하지 아니하다고 인정하는 때에 그 심판청구를 기각하는 재결을 말한다(동법 제33조 제1항). 무효등확인심판의 경우에는 사정재결이 인정되지 않는다(동법 제33조 제3항).

8. 재결의 불복

재심판청구는 금지된다. 즉 심판청구에 대한 재결이 있는 경우에는 당해 재결 및 동일한 처분 또는 부작위에 대하여 다시 심판청구를 제기할 수 없다(동법 제39조). 물론 개별법(예 국세기본법)에 특별규정이 있으면 그에 따라야 할 것이다.

Five

제5장 행정심판 사례

1. 자동차운전면허 취소처분 취소청구

사건번호 2017-09160

재결일자 2017. 6. 20.

1. 사건개요

청구인이 2017. 3. 12. 혈중알코올농도 0.153%의 술에 취한 상태에서 운전했다는 이유로 피청구인은 2017. 3. 31. 청구인의 운전면허를 취소(이하 '이 사건 처분'이라 한다)하였다.

2. 청구 취지

피청구인이 2017. 3. 31. 청구인에게 한 2017. 5. 1.자 제1종 대형, 제1종 보통 운전면허 취소처분을 취소 청구한다.

3. 관계 법령

도로교통법 제93조 제1항 제1호

지방경찰청장은 운전면허(연습운전면허는 제외한다. 이하 이 조에서 같다)를 받은 사람이 다음 각 호의 어느 하나에 해당하면 행정안전부령으로 정하는 기준에 따라 운전면허(운전자가 받은 모든 범위의 운전면허를 포함한다. 이하 이 조에서 같다)를 취소하거나 1년 이내의 범위에서 운전면허의 효력을 정지시킬 수 있다.

1. 제44조 제1항을 위반하여 술에 취한 상태에서 자동차 등을 운전한 경우 도로교통법 시행규칙 제91조 제1항, 별표 28 중 2. 취소처분 개별기준 일련번호란 2

4. 인정사실

청구인과 피청구인이 제출한 자료에 따르면 다음과 같은 사실을 인정할 수 있다.

가. 청구인은 이 사건 당시 대학생이던 자로서 2004. 2. 26. 제1종 보통운전면허를 취득하였다.

나. 청구인은 2017. 3. 12. 07:50경 술에 취한 상태에서 아베오 승용차를 운전하다가 제주특별자치도 제주시 제주동에 있는 하루방사거리 앞길에서 단속 경찰공무원에게 적발되어 음주측정을 한 결과 혈중알코올농도가 0.153%로 측정되었다.

5. 이 사건 처분의 위법 · 부당 여부

1) 관계 법령의 내용

「도로교통법」 제93조 제1항 제1호, 동법 시행규칙 제91조 제1항 및 별표 28 중 2. 취소처분 개별기준의 일련번호란 2에 따르면, 지방경찰청장은 운전면허를 받은 사람이 술에 만취한 상태(혈중알코올농도 0.1% 이상)에서 운전한 경우에는 운전면허를 취소할 수 있다고 되어 있다.

2) 판단

청구인은 생계유지상 운전면허가 필요하므로 이 사건 처분이 가혹하다고 주장하나, 위 인정사실에 따르면 청구인은 운전면허 취소기준치 이상에 해당하는 술에 취한 상태에서 자동차를 운전한 사실이 인정되므로, 청구인의 생계유지상 운전면허가 필요하다는 등의 개인적인 사정만으로 피청구인의 이 사건 처분이 위법 · 부당하다고 할 수 없다.

6. 재결 요지

청구인은 2017. 3. 12. 07:50경 술에 취한 상태에서 아베오 승용차를 운전하다가 제주특별자치도 제주시 제주동에 있는 하루방사거리 앞길에서 단속 경찰공무원에게 적발되어 음주측정을 한 결과 혈중알코올농도가 0.153%로 측정되었다.

청구인은 생계유지상 운전면허가 필요하므로 이 사건 처분이 가혹하다고 주장하나, 위 인정사실에 따르면 청구인은 운전면허 취소기준치 이상에 해당하는 술에 취한 상태에서 자동차를 운전한 사실이 인정되므로, 청구인의 생계유지상 운전면허가 필요하다는 등의 개인적인 사정만으로 피청구인의 이 사건 처분이 위법 · 부당하다고 할 수 없다.

7. 주문

청구인의 청구를 기각한다.

2. 일반음식점 영업정지처분 취소청구

사건번호 강행심 2015-1

재결일자 2015. 3. 2.

1. 사건개요

청구인은 강원도 원주시 원주로 소재에서 '꼬꼬닭갈비'라는 일반음식점을 운영하여 오던 중 2014. 5. 11. 01:00경 청소년 김아무개(16세, 남) 등 6명에게 청소년 유해약물인 소주를 판매하였다가 원주경찰서 소속 경찰관에게 적발되었고, 이 내용을 통보받은 피청구인은 2014. 12. 30. 청구인에게 영업정지 1개월의 처분을 하였다.

2. 청구인 주장

1) 청구인은 자의에 의해 청소년들에게 주류를 제공한 적이 없기에 공소사실을 부인하였으며, 검사가 제출한 청소년들의 진술서, 경찰관 보고서 및 계산서 등의 증거들은 청구인의 혐의를 입증하기에 턱없이 부족한 것이다.
2) 청구인은 베트남전에 참전한 군인으로 전쟁 중에 얻은 공황장애와 고엽제 피해로 20년 이상 신경안정제 등의 독한 약을 복용하고 있어 이 사건 당시 인지 · 지각 능력이 떨어져 청소년들의 음주사실을 몰랐다.
3) 청구인의 업소는 2001. 12. 24. 모범업소로 지정되어 현재까지 운영되고 있으며, 청구인이 이 사건으로 영업정지 1개월 처분을 받게 되면 경제적으로 회복불능상태가 될 것이므로 청구인의 건강상태와 경제적 어려움을 감안하여 선처하여 주길 바란다.

3. 피청구인 주장

1) 청구인은 2014. 5. 11. 01:00경 청소년인 김아무개(16세, 남) 등 6명에게 신분증 확인 없이 청소년 유해약물인 소주 등을 판매하다 경찰관에게 적발되었는데, 이는 청구인이 업소 관리를 소홀히 하여 「식품위생법」 제44조에 규정된 영업자 등의 준수사항을 위반한 것이 명백하다.
2) 청구인은 자의에 의하여 청소년들에게 주류를 제공 · 판매한 적이 없으며 증거서류인 청소년 진술서, 전화수사보고서, 경찰관 보고서 등은 혐의를 입증하기에 턱없이 부족하다고 하나, 청소년 진술서 등 경찰서 사건조사 서류에 의하면 16세 청소년 6명 모두의 신분증 확인을 하지 않은 채 소주 4병을 판매한 것으로 확인된 바, 이는 청구인이 영업주로서 업소 관리를 소홀히 하여 사건 당시 청소년에게 주류를 판매한 사실에 대하여 알고 있으면서 행정처분을 모면해 보려고 이 사건 심판을 청구한 것이라 하겠다.
3) 청구인은 청구인의 건강상태와 경제적 어려움을 감안하여 이 사건 처분의 취소를 바라고 있으

나, 이는 청구인이 영업자가 지켜야 할 준수사항 등 관련규정은 준수하지 않은 채 신병 등 개인적인 사정을 이유로 선처하여 줄 것을 호소하고 있는 것으로, 법률의 적용 및 집행은 누구에게나 평등하고 공정하게 이루어져야 하며, 법을 위반하였을 경우에는 국민 누구를 막론하고 그에 상응한 처분을 받는 것이 합당하다 할 것이다.

4) 또한 피청구인은 청구인이 이 사건으로 춘천지방법원 춘천지원에서 '선고유예' 처분을 받았기에 청구인의 건강상태 등을 감안, 고의성이 없는 것으로 판단하여 식품위생법상 감경 규정을 적용하여 처분을 한 것이므로 이는 가혹하거나 위법·부당하지 않은 합당한 처분이라 할 것이다.

4. 관계 법령

「청소년보호법」 제28조

누구든지 청소년을 대상으로 청소년유해약물 등을 판매·대여·배포(자동기계장치·무인판매장치·통신장치를 통하여 판매·대여·배포하는 경우를 포함한다)하거나 무상으로 제공하여서는 아니 된다.

「식품위생법」 제44조, 제75조

「식품위생법 시행규칙」 제89조[별표23]

5. 인정사실

양 당사자 간 다툼이 없는 사실, 청구인과 피청구인이 제출한 청구서, 답변서 및 증거자료 등 제출된 각 사본의 기재에 의하면 다음 사실을 인정할 수 있다.

1) 피청구인은 2014. 7. 15. 원주경찰서로부터 위 1. 사건개요에 적시한 바와 같이 청구인이 청소년에게 주류를 판매하였다는 통보를 받고 2014. 7. 15. 청구인에게 처분 사전통지를 하였는데, 청구인이 2014. 7. 30. 사법기관 처분 시까지 처분을 유예하여 달라는 의견서를 제출하였기에 2014. 8. 1. 처분 유보 통보를 하였다.

2) 원주지방검찰청 홍천지청은 2014. 7. 30. 청구인에게 벌금 50만 원의 약식명령(2014형제7919호)을, 춘천지방법원 홍천지원은 2014. 11. 27. 청구인에게 선고유예 판결(2014고정529)을 각각 각하하였고, 피청구인은 2014. 12. 30. 청구인에게 영업정지 1개월 처분(2015. 1. 7.부터 2015. 2. 5.까지)을 하였다.

6. 청구 취지

피청구인이 2014. 12. 30. 청구인에게 한 일반음식점 영업정지 1개월 처분을 취소한다.

7. 판 단

1) 「청소년보호법」 제28조 제1항에 따르면 "누구든지 청소년을 대상으로 하여 청소년유해약물

등을 판매 · 대여 · 배포(자동기계장치 · 무인판매장치 · 통신장치를 통하여 판매 · 대여 · 배포하는 경우를 포함한다)하거나 무상으로 제공하여서는 아니 된다."라고 되어 있고, 「식품위생법」 제44조 제2항 제4호, 동법 제75조 제1항 제13호, 동법 시행규칙 제89조[별표23]에 따르면 "식품접객영업자는 「청소년보호법」 제2조에 따른 청소년에게 주류를 제공하는 행위를 하여서는 아니 되며 이를 위반하였을 경우 1차 위반 시 영업정지 2개월 처분을 하되 위반사항 중 그 위반의 정도가 경미하거나 고의성이 없는 사소한 부주의로 인한 것인 경우, 해당 위반 사항에 관하여 검사로부터 기소유예의 처분을 받거나 법원으로부터 선고유예의 판결을 받은 경우로서 그 위반사항이 고의성이 없거나 국민보건상 인체의 건강을 해할 우려가 없다고 인정되는 경우에는 정지처분 기간의 2분의 1 이하의 범위에서 그 처분을 경감할 수 있다."라고 되어 있다.

2) 살피건대, 청구인은 자의에 의해 청소년들에게 주류를 제공 · 판매한 적이 없고, 검사가 제출한 증거들은 청구인의 협의를 입증하기에 부족하다고 하나, 제출된 자료에 의하면 청구인이 2014. 7. 30. 춘천지방검찰청 홍천지청에서 벌금 50만 원의 구약식명령을 받고, 2014. 11. 27. 춘천지방법원 홍천지원에서 선고유예 판결을 받아 관련 법령을 위반한 사실이 명백하므로 청구인의 주장은 이유가 없다. 또한 피청구인은 청구인에게 식품위생법 위반으로 영업정지 2개월 처분을 하여야 하나 청구인이 춘천지방법원 홍천지원으로부터 선고유예 판결을 받은 사실을 참작하여 처분의 2분의 1을 경감하였는 바 이와 같은 피청구인의 이 사건 처분은 적법 · 타당한 처분이라고 할 것이다.

8. 재결 요지

청구인은 강원도 원주시 원주로 소재에서 '꼬꼬닭갈비' 라는 일반음식점을 운영하여 오던 중 2014. 5. 11. 01:00경 청소년 김아무개(16세, 남) 등 6명에게 청소년 유해약물인 소주를 판매하였다가 원주경찰서 소속 경찰관에게 적발되었고, 이 내용을 통보받은 피청구인은 2014. 12. 30. 청구인에게 영업정지 1개월의 처분을 하였다.

청구인은 자의에 의해 청소년들에게 주류를 제공 · 판매한 적이 없고, 검사가 제출한 증거들은 청구인의 협의를 입증하기에 부족하다고 하나, 청구인은 벌금 50만 원의 구약식명령을 받고, 선고유예 판결을 받아 관련 법령을 위반한 사실이 명백하므로 청구인의 주장은 이유가 없다. 또한 피청구인은 청구인에게 식품위생법 위반으로 영업정지 2개월 처분을 하여야 하나 청구인이 춘천지방법원 ㅇㅇ지원으로부터 선고유예 판결을 받은 사실을 참작하여 처분의 2분의 1을 경감하였는 바 이와 같은 피청구인의 이 사건 처분은 적법 · 타당하다.

9. 주 문

청구인의 청구를 기각한다.

10. 결 론

그렇다면, 청구인의 주장을 인정할 수 없으므로 청구인의 청구를 받아들이지 않기로 하여 주문과 같이 재결한다.

3. 산업재해보상보험급여액 징수처분 취소청구

사건번호 2016-00566

재결일자 2016. 5. 24.

재결결과 1. 각하 2. 기각

1. 사건개요

청구인은 본점에서 농산물 도매업을 하고 있고, 또 다른 곳에서 농산물 보관 및 건고추 제조업(이하 '이 사건 사업장'이라 한다)을 하고 있는데 청구인 소속 근로자 박길동이 건조기 작동여부 파악 및 기계점검 등의 업무를 마치고 사무실로 돌아오던 중 낙상하는 재해가 발생하였다.

피청구인은 청구인이 이 사건 사업장에 대한 산업재해보상보험 성립신고를 게을리 한 기간 중에 이 사건 재해가 발생하여 피재자에게 산재보험급여를 지급하였다는 이유로 청구인에게 총 624만 8,820원의 산재보험급여액 징수처분을 하였다.

2. 청구 취지

1) 피청구인이 2015. 9. 16., 2015. 11. 25. 청구인에게 한 총 624만 8,820원의 산업재해보상보험급여액 징수처분을 취소한다.
2) 피청구인이 청구인 소속 근로자 박길동에 대해 '야채 및 과실의 통조림과 기타 절임식품제조업'으로 판단하여 산정한 산업재해보상보험료를 '도·소매 및 소비자용품 수리업'으로 판단하여 재산정하라.

3. 재결 요지

살피건대,

1) 청구인이 한 산업재해보상보험료 재산정 이행청구 부분은 재산정 내용을 신청한 적도 없고, 피청구인이 거부처분을 한 적도 없으므로 이 사건 심판청구는 행정심판의 대상이 아닌 것을 대상으로 하여 제기된 부적법한 청구이다.
2) 산업재해보상보험급여액 징수처분 취소에 관하여 피재자는 2013. 6. 1.부터 이 사건 사업장에 상주하면서 건조기 관리업무를 하였으므로 청구인은 근로자를 사용하여 이 사건 사업장에서 작업을 시작한 2013. 6. 1.부터 14일 이내에 피청구인에게 이 사건 사업장에 대한 산재보험 성

립신고를 하여야 함에도 불구하고 이를 이행하지 않다가 2015. 1. 15. 이 사건 사업장에서 이 사건 재해가 발생한 사실이 인정되므로, 청구인이 이 사건 사업장에 대한 산재보험 성립신고를 게을리 한 기간 중에 이 사건 재해가 발생하였다는 이유로 피재자에게 지급한 산재보험급여액의 50%를 청구인에게 징수한 피청구인의 이 사건 처분은 위법 · 부당하다고 할 수 없다.

4. 주문

1. 이 사건 심판청구 중 산업재해보상보험료 재산정 이행청구 부분은 각하한다.
2. 청구인의 나머지 청구를 모두 기각한다.

4. 여객자동차 운수사업법 위반 과징금부과처분 취소청구

사건번호 2016-485

재결일자 2017. 1. 23.

재결결과 기각

1. 사건개요

청구인은 인천광역시 동구 주안로 (주안동)에서 '인천운수 합자회사'라는 택시 여객자동차 운송사업을 운영하던 중 이 회사 소속 택시운수종사자(이하 '이 사건 운전기사'라 한다)가 2016. 10. 12. 14:25경 인천에서 손님을 모시고 광명역에 손님을 하차시키고 인천광역시 ○○신도시로 이동하는 콜이 떠서 손님을 태우기 위해 광명역 6번 출구 버스정류소 앞에서 정차하는 '정류소 정차질서 문란' 행위로 적발되었다. 이에 피청구인은 2016. 11. 7. 청구인에게 「여객자동차 운수사업법」 제21조 위반을 사유로 과징금 20만 원 부과처분을 사전 통지하였고 2016. 11. 28. 청구인에게 사전 통지한 과징금의 2분의 1을 감경한 과징금 10만 원을 부과(이하 '이 사건 처분'이라 한다)하였다.

2. 청구인 주장

청구인은 카카오 택시 운전기사로 사건 당시 인천에서 출발하여 KTX광명역에 손님을 내려주고 다시 인천으로 복귀하던 중 콜택시를 예약한 손님을 태우기 위해 KTX광명역 6번 출구에서 대기한 것인데, 대기시간이 길지 않았고 정차질서를 문란하게 하는 행위는 하지 않았으며, KTX광명역의 경우 택시 승강장에 진입할 경우 광명시 소속 택시기사들과 마찰로 인해 자칫 싸움으로 번질 위험이 있어 택시 승강장 진입이 어려운 바, 손님이 나오고 있다고 하여 손님을 빨리 태우기 위해 6번 출구 쪽으로 이동하여 손님을 태웠는데 이러한 점들을 고려하지 않은 이 사건 처분은 타당하지 않다.

3. 피청구인 주장

피청구인은 다음과 같이 주장한다. KTX광명역은 명확하게 버스 및 택시 진입로가 구분되어 진입하도록 설계되어 있는 바 이는 버스정류소에 승용차 및 택시 등이 무단 진입하여 정류장 질서문란 행위를 방지하는데 그 목적이 있는데, 사건 당시 청구인이 빈차 등을 켜고 KTX광명역을 돌고 있는 장면과 버스정류소 앞에서 빈차 등을 켜고 승객을 유치하는 장면이 적발되어 관련 법령과 당시 상황 및 여객자동차 운송사업의 확립 필요성 등 여건을 종합적으로 고려하여, '택시운송사업자가 정류소에 주차 또는 정차로 질서를 문란하게 한 경우' 처분 기준인 과징금 20만 원에 대하여 「여객자동차 운수사업법 시행령」 제46조 제2항의 규정에 의거 과징금 20만 원을 2분의 1로 감경하여 과징금 10만 원을 부과한 것은 결코 부당한 처분이 아니므로 청구인의 청구는 기각되어야 한다.

4. 이 건 처분의 위법 · 부당여부

1) 관계 법령

「여객자동차 운수사업법」

제21조

대통령령으로 정하는 운송사업자는 운수종사자가 이용자에게서 받은 운임이나 요금(이하 "운송수입금"이라 한다)의 전액을 그 운수종사자에게서 받아야 한다.

동법 제85조

국토교통부장관 또는 시 · 도지사(터미널사업 · 자동차대여사업 및 대통령령으로 정하는 여객자동차운송사업인 경우만 해당한다)는 여객자동차 운수사업자가 다음 각 호의 어느 하나에 해당하면 면허 · 허가 · 인가 또는 등록을 취소하거나 6개월 이내의 기간을 정하여 사업의 전부 또는 일부를 정지하도록 명하거나 노선폐지 또는 감차 등이 따르는 사업계획 변경을 명할 수 있다.

1. 면허 · 허가 또는 인가를 받거나 등록한 사항을 정당한 사유 없이 실시하지 아니한 경우

동법 제88조

운송사업자는 다음 각 호의 어느 하나에 해당하면 그 자동차의 자동차 등록증과 자동차 등록번호판을 시 · 1. 제4조 제3항에 따라 면허 기간을 정하여 받은 한정면허의 면허 기간이 끝난 경우 도지사에게 반납하여야 한다.

「여객자동차 운수사업법 시행령」 제46조 [별표 5]

「여객자동차 운수사업법 시행규칙」 제44조

2) 사실관계

청구인 및 피청구인이 제출한 관련자료 등을 종합하여 보면 다음과 같은 사실을 인정할 수

있다.

(1) 청구인은 인천광역시 동구 주안로(주안동)에서 '인천운수 합자회사'라는 택시 여객자동차 운송사업을 운영하는 자이다.

(2) 이 회사 소속 택시운수종사자가 인천3바4567차량으로 2016. 10. 12. 14:25경 경기도 광명시 KTX광명역에서 승객을 하차시키고 인천광역시 ○○신도시로 이동하는 콜이 떠서 손님을 태우기 위해 광명역 6번 출구 버스정류소 앞에 정차하다 14:31경 손님을 태우고 영업을 한 사실에 대해 2016. 10. 17. 경기도 광명시장이 피청구인에게 통보하여 적발되었다.

(3) 피청구인은 2016. 11. 7. 청구인에게 「여객자동차 운수사업법」 제21조 위반을 사유로 과징금 20만 원 부과처분을 사전 통지하였다.

(4) 이에 청구인은 2016. 11. 12. 사건 당시 정차한 곳이 버스정류소인지 모르고 정차한 것으로 이런 일이 없도록 주의하겠다는 의견서를 피청구인에게 제출하였다.

(5) 피청구인은 2016. 11. 28. 청구인에게 사전 통지한 과징금의 2분의 1을 감경한 과징금 10만 원을 부과하였다.

5. 판단

1) 먼저, 관계 법령을 살펴보면

「여객자동차 운수사업법」 제21조 제10항 및 동법 시행규칙 제44조 제3항[별표 4] 1. 가. 6), 가)에 따르면 운송사업자는 운수종사자로 하여금 여객을 운송할 때 정류소 또는 택시승차대에서 주차 또는 정차할 때에는 질서를 문란하게 하는 일이 없도록 하여야 한다고 규정하고 있으며, 동법 제85조 제1항 제21호, 제88조 및 동법 시행령 제46조 제1항[별표 5] 1. 16. 마. 및 같은 조 제2항에 의하면 이를 위반한 택시운송사업자에 대하여는 사업정지처분에 갈음하여 부과하는 과징금의 액수는 20만 원으로 하되, 여객자동차 운수사업자의 사업규모, 사업지역의 특수성, 운전자 과실의 정도와 위반행위의 내용 및 횟수 등을 고려하여 위 과징금 액수의 2분의 1의 범위에서 가중하거나 경감할 수 있다고 규정하고 있다.

2) 이 사건 처분의 위법 · 부당 여부

(1) 광명시장이 통보한 「여객자동차 운수사업법」 위반 적발차량 통보 및 그에 첨부된 택시 불법행위 적발사진과 단속현황사진, 택시 영업일보, 청구인 작성의 의견제출서 등을 종합하여 보면, 청구인 회사 소속 운수종사자 ○○○이 2016. 10. 12. 인천에서 그가 운전한 택시(인천3바4567)에 탑승한 승객을 KTX광명역 앞에 내려준 다음, 역사를 한 바퀴 돈 뒤 역사 동편 6번 출구 버스정류소 앞에서 빈차 등을 켜고 정차하고 있다가 승객을 탑승시킨 사실을 인정할 수 있다.

(2) 청구인은 대기시간이 길지 않았고 정차질서를 문란하게 하는 행위를 하지 않았다고 주장한다. 그런데 KTX광명역의 동편 진입로는 1차로부터 3차로까지는 버스전용차로, 5차로와 6차로는 택시전용차로로 뚜렷하게 구분되어 있는 바, 이는 역사 주변에서 버스, 택시, 승용차의 진 · 출입 및 승객의 승 · 하차로 인한 혼란과 그로 인한 사고를 예방하기 위한 목적인 것으로 보인다. 그럼에도 불구하고 버스정류소에서 택시가 정차하여 승객을 기다릴 수 있도록 허용할 경우에는, 상대적으로 역사 내부 접근성이 용이한 버스정류소(1차로 ~ 3차로) 내에서의 택시 및 승용차의 무분별한 진입과 주 · 정차를 야기할 수 있고, 이로 인해 정작 버스는 버스정류소가 아닌 주행차로에서 승객을 승 · 하차시키거나 정해진 정류소를 벗어나 정차하는 등 승객의 안전에 대한 위험과 불편을 초래할 수 있을 것으로 보인다. 따라서 비록 청구인이 버스정류소 내에 정차하여 승객을 기다린 시간이 길지 않았다고 하더라도, 위와 같은 상황에서의 정차 및 대기행위는 정류소에서 정차 질서를 문란하게 한 경우에 해당한다고 할 것이므로 청구인의 위 주장은 받아들이지 아니한다.

(3) 또한 청구인은, 콜을 받고 KTX광명역 동편 6번 출구 앞에서 만나기로 승객과 통화하였는데, 택시승강장엔 광명시 소속 택시들이 대기 중이어서 통행이 원활하지 않았고, 택시승강장에 진입할 경우에는 광명시 소속 택시기사들과 마찰로 인해 자칫 싸움으로 번질 위험이 있어 택시승강장 진입이 어려운 상황이었음에도, 이러한 상황들을 고려하지 않고서 한 이 사건 처분은 부당하다고 주장한다. 하지만, 청구인의 위 주장과 같은 사정만으로는 버스정류소 내에 택시를 정차하여 승객을 기다리거나 탑승시킴으로써 정류소 질서를 문란하게 하는 행위가 용인될 수 있는 것은 아니라 할 것이고, 더욱이 피청구인은 청구인 등에게 KTX광명역 동편 1차로부터 3차로 구간에서의 여객유치행위를 집중 단속하니 운수종사자에게 교육 · 홍보하여 줄 것과 콜을 받아 승객을 유치하는 경우라도 예약 등이 아닌 빈차 등을 켜고 대기하는 차량에 대해서는 단속을 하고 있다는 내용의 공문을 보낸 점, 피청구인이 청구인의 위와 같은 위반행위에 대하여 20만 원의 과징금을 부과하고자 한다는 내용의 처분사전통지를 하자 청구인은 사건의 경위를 설명하면서 앞으로는 그런 일이 없도록 주의하겠다는 취지의 의견제출서를 제출하였고, 이에 따라 피청구인은 과징금의 액수를 당초 20만 원에서 10만 원으로 감경하여 이 사건 처분을 한 점 등을 종합하여 보면, 이 사건 처분이 과중하다거나 재량의 범위를 일탈하여 위법 · 부당한 것이라고 볼 수 없다.

6. 청구 취지

피청구인이 2016. 11. 28. 청구인에게 한 「여객자동차 운수사업법 위반 과징금부과처분」을 취소한다.

7. 재결 요지

광명시장이 통보한 증거 사진에 의하면 청구인이 버스정류소 앞에서 빈차 등을 켜고 정차하고 있다가 승객을 승차시킨 사실이 확인되고 청구인은 대기시간이 길지 않았고 정차질서를 문란하게 하는 행위를 하지 않았다고 주장하나, KTX광명역에 버스전용차로와 택시전용차로가 구분되어 있는 바, 버스정류소에서 택시가 정차하여 승객을 기다릴 수 있도록 허용할 경우 승객의 안전에 위험과 불편을 초래할 수 있으므로 이와 같은 상황에서의 정차 및 대기행위는 정류소에서 정차 질서를 문란하게 한 경우에 해당한다고 할 것이며, 또한 피청구인이 2016. 1. 19. 청구인 등에게 KTX광명역에서 빈차 등을 켜고 대기하는 차량에 대해서는 단속을 하고 있다는 내용의 공문을 보낸 점, 청구인이 앞으로 주의하겠다는 취지의 의견제출서를 제출함에 따라 피청구인이 사전 통지한 과징금 액수보다 2분의 1 감경하여 이 사건 처분을 한 점 등을 종합하여 보면, 이 사건 처분이 과중하다거나 재량의 범위를 일탈하여 위법 · 부당한 것이라고 볼 수 없다.

8. 주문

청구인의 청구를 「기각」 한다.

9. 결 론

그렇다면 청구인의 주장을 인정할 수 없으므로 청구인의 청구를 받아들이지 않기로 하여 주문과 같이 재결한다.

5. 자동차관리법 위반 사업정지처분 취소청구

사건번호 2016-490

재결일자 2017. 1. 23.

재결결과 기각

1. 사건개요

청구인은 인천광역시 서구 동서로(동서동, 아파트매매단지)에서 '딜러자동차' 라는 상호로 자동차매매업을 하는 자이고, 청구인이 법정수수료를 초과하여 부정하게 수수하였다는 민원이 2016. 12. 7. 피청구인에게 접수되었다. 이에 피청구인은 2016. 12. 8. 청구인에게 「자동차관리법」 제65조 위반을 사유로 사업정지 10일 처분예정 및 청문실시에 대하여 사전통지하였고, 2016. 12. 28. 청구인에게 사업정지 10일(2016. 12. 29. ~ 2017. 1. 7.)의 행정처분(이하 '이 사건 처분' 이라 한다)을 하였다.

2. 청구인 주장

청구인은 「자동차관리법」에 따른 자동차매매업에 종사하는 자로서 피청구인으로부터 자동차매매업의 사업정지처분을 받은데 대하여 다음과 같이 주장한다.

1) 청구인은 2016. 11. 8. 스포티지(4고5678) 중고자동차를 박문수에게 판매하였는데, 박문수는 차량을 양수받은 후 불만을 갖고 청구인에게 환불을 요구하였지만 청구인은 환불은 불가하고 차량의 교환을 제의하였다.

   차량 교환에 관한 협의 중 양수인 박문수는 피청구인에게 법정수수료보다 과다한 수수료를 받았다는 민원을 피청구인에게 제기하였는데, 이 사실을 알게 된 청구인은 민원제기사유를 양수인 박문수에게 묻고 2016. 12. 30. 차량의 교환을 약속함과 아울러 수수료 과다징수액도 반환하려고 하였지만 청문의 의견제출시한이 2016. 12. 27.까지였고 2016. 12. 28. 사업정지처분 결정을 통보받았다.

3) 청구인은 당사자끼리 원만히 해결된 건에 대하여 행정처분이 너무 긴박하게 이루어진 것은 부당하다는 생각에서 위 처분의 취소를 요청하였다.

3. 피청구인 주장

피청구인은 다음과 같이 주장한다.

1) 양수인 박문수는 청구인으로부터 이 사건 차량을 구매한 후 차량의 세부모델, 사고 유무 등의 허위고지 및 수수료 초과 수수로 피청구인에게 민원을 제기하였고 이에 따라 피청구인은 수수료 초과 수수 건에 대하여 「행정절차법」 제21조 제2항에 따라 2016. 12. 8. 청구인에게 사업정지 10일의 사전처분통지를 등기우편으로 송부하였다.
2) 피청구인은 청구인이 2016. 12. 13. 등기우편을 수령한 것을 확인하였고 아울러 2016. 12. 23. 유선으로 청구인에게 처분사전통지에 대한 의견제출을 요구하였지만 의견제출 의사가 없는 것을 확인하여 「자동차관리법 제21조 제2항 등의 규정에 따른 행정처분의 기준과 절차에 관한 규칙」 제7조의 적발일 기준으로 10일 이내란 처분 규정에 따라 2016. 12. 28. 사업정지 10일(2016. 12. 29. ~ 2017. 1. 7.)의 처분을 통보하였다.
3) 청구인은 의견제출기간이 촉박하다고 주장하지만 「행정절차법」 제21조 제3항에 따르면 의견제출 기한은 의견제출에 필요한 상당한 기간을 고려하여 정하도록 하였고 피청구인은 2016. 12. 8. ~ 2016. 12. 27.이라는 상당한 기간을 청구인에게 주었고, 그 사이에 청구인의 의사를 유선으로 확인까지 하였으며 의견제출 기간이 만료된 후에 행정처분을 통보한 것으로 청구인이 증거로 제출한 의견제출서는 피청구인은 행정심판이 제기되기 전까지는 그 존재를 몰랐으며 받은 사실도 없다.
4) 청구인은 2016. 12. 30. 양수인 박문수에게 수수료를 반환하는 등의 합의를 하였다고 주장하

지만 피청구인에게는 어떠한 언급이나 의견을 제출한 바가 없고 중고자동차매매업계에서는 법정수수료 허위고지 및 초과 수수로 인하여 많은 피해자가 발생하여 엄격히 규제하고 있다.

5) 청구인은 2016. 9. 19. 법정수수료 초과 수수로 인하여 과징금처분을 받은 이력도 있어 사업정지 10일의 처분을 한 것으로 이 건과 관련한 피청구인의 처분은 적법하다.

4. 이 건 처분의 위법 · 부당여부

1) 관계 법령

「자동차관리법」

제12조

등록된 자동차를 양수받는 자는 대통령령으로 정하는 바에 따라 시 · 도지사에게 자동차 소유권의 이전등록(이하 "이전등록"이라 한다)을 신청하여야 한다.

동법 제58조

자동차매매업자가 자동차를 매도 또는 매매의 알선을 하는 경우에는 국토교통부령으로 정하는 바에 따라 다음 각 호의 사항을 매매 계약을 체결하기 전에 그 자동차의 매수인에게 서면으로 고지하여야 한다.

동법 제65조

자동차관리사업자는 국토교통부령으로 정하는 바에 따라 수수료 또는 요금을 받을 수 있다.

동법 제66조

시장 · 군수 · 구청장은 자동차관리사업자가 다음 각 호의 어느 하나에 해당하는 경우에는 등록을 취소하거나 6개월 이내의 기간을 정하여 그 사업의 전부 또는 일부의 정지를 명할 수 있다.

「자동차관리법 시행규칙」 제122조

「자동차관리법 제21조 제2항 등의 규정에 따른 행정처분의 기준과 절차에 관한 규칙」 제5조

「행정절차법」 제21조, 제22조

2) 사실관계

청구인의 청구취지, 피청구인의 답변서와 증거서류(자동차양도증명서 계약서, 입출거래내역, 처분사전통지 등), 청구인의 보충서면에 포함된 청구인과 청구인의 직원 박달남 및 양수인 박문수 간의 합의서 등에 따르면 다음과 같은 사실을 확인할 수 있다.

(1) 청구인은 인천광역시 서구 동서로(동서동, 아파트매매단지)에서 '딜러자동차'라는 상호로 자동차매매업을 하는 자이다.

(2) 청구인은 2016. 11. 8. 이영수(○○○○○○ ○○○) 소유의 4고5678 스포티지 자동차를 양수인 박문수에게 매매를 알선하면서 계약서에는 매매금액 18,500,000원, 매매알선수수

료 337,000원, 관리비용 250,000원, 대행수수료 13,000원, 등록비 900,000원으로 기재하여 양수인 박문수에게 고지한 후 청구인의 직원 박달남의 계좌로 총 20,000,000원을 입금받고 원소유자인 이영수에게는 15,900,000원을 입금하였다.

(3) 청구인은 이로써 계약서에 기재된 매매알선수수료 337,000원보다 훨씬 많은 4,100,000원을 받았다.

(4) 청구인이 이 건 매매 목적물인 자동차의 등록비용으로는 위 청구인과 양수인 박문수와 청구인의 직원 박달남 사이의 합의서에 비추어 볼 때 900,000원이 소요된 것으로 볼 수 있다.

(5) 관리비용은 법령에서 "매매용자동차의 보관 · 관리에 소요되는 실제비용. 다만, 그 금액은 당해지역의 공영주차장의 주차요금을 초과할 수 없다."라고 규정하였는데, 제출된 자료에 비추어 볼 때 관리비용이 지출된 증거는 없다.

(6) 피청구인은 양수인 ○○○의 민원제기를 검토하여 매매알선수수료가 과다 수수된 사실을 확인하고 2016. 12. 8.「자동차관리법」제65조 및 제66조 등에 따라 사업정지 10일 혹은 과징금 50만 원의 행정처분을 하고자 처분사전통지서를 청구인에게 발송하고 청문실시 일시를 2016. 12. 27. 15시 ~ 16시로 지정하였다.

(7) 청구인은 위 청문에 응하지 않고 2016. 12. 28. 의견을 제출하였다고 하는데, 그 의견서에는 위반사실에 대한 반박은 없고 반성한다는 내용만 적혀 있다.

(8) 피청구인은 답변서에서 청구인의 위와 같은 의견서도 받은 바 없다고 하였는데 청구인이 제출한 보충서면에는 그러한 청구인의 주장에 대한 반박자료나 증거제출이 없다.

(9) 피청구인은 청문일자가 지난 2016. 12. 28. 위 위반사실에 대하여 사업정지 10일(2016. 12. 29. ~ 2017. 1. 7.)의 행정처분을 하고 이를 청구인에게 통지하였다.

(10) 피청구인은 청구인이 2016. 9. 19. 법정수수료 초과 수수로 인하여 과징금처분을 받은 이력도 있어 사업정지 10일의 처분을 하였다.

5. 판 단

1) 먼저, 관계 법령을 살펴보면,

「자동차관리법」제58조 제1항에 따르면 자동차매매업자는 자동차를 매도 또는 매매의 알선을 하는 경우에는 국토교통부령으로 정하는 바에 따라 매매 계약을 체결하기 전에 동법 제65조 제1항에 따라 받는 수수료 또는 요금을 그 자동차의 매수인에게 서면으로 고지하여야 하고 국토교통부령으로 정하는 수수료 또는 요금을 초과하여 받은 경우 동법 제66조 및「자동차관리법 제21조 제2항 등의 규정에 따른 행정처분의 기준과 절차에 관한 규칙」제5조에 따라 1차로 10일, 2차로 30일의 사업정지를 명할 수 있다고 하였다.

2) 다음으로, 이 사건 처분의 위법 · 부당 여부를 살펴보면,

(1) 이 사건의 매매대상인 자동차는 이영수(○○○○○○ ○○○)의 소유로 청구인이 보관 관리한 바가 없어 관리비용이 발생할 수가 없으며, 등록비용은 청구인과 청구인의 직원 및 양수인 박문수 간의 합의서에 900,000원으로 기재되어 있으므로, 청구인이 양수인 박문수로부터 수수한 4,100,000원 중 등록비용을 제외한 3,200,000원을 매매알선수수료로 받은 것으로 볼 수 있으며, 청구인이 당초 계약서에 기재한 매매알선수수료 337,000원이 「자동차관리법」 제122조 제1항 제1호에서 규정한 "자동차 소유자와 자동차 구매자 간의 자동차 매매를 알선하는 데에 소요되는 실제비용"에 해당한다고 본다면 청구인은 양수인 ○○○에게서 받은 금액 20,000,000원 중 위 자동차의 원 소유주인 ○○○에게 송금한 15,900,000원과 등록비용 900,000원, 매매알선수수료 337,000원을 제외한 2,863,000원을 과다하게 수수한 것으로 볼 수 있다.

(2) 이러한 사실은 청구인의 청구취지와 청구인이 제출하였다고 주장하는 의견제출서에서도 피청구인이 지적한 과다수수료 수수 부분에 대하여 아무런 변명이나 반박이 없음에 비추어 볼 때에도 타당하다고 볼 수 있다.

(3) 청구인은 피청구인이 행정처분을 너무 서둘러 자신이 양수인 박문수와 원만한 타협을 볼 시간을 주지 않았다고 주장하지만, 피청구인은 행정절차법에 따라 사전통지를 하였고 청문까지 실시하고자 청문기일을 지정하여 주었지만 청구인은 이에 응하지 않았고 이에 따라 피청구인은 행정처분을 한 것이다.

① 피청구인은 「행정절차법」 제21조 제2항 및 제22조 제1항 제2호("행정청이 필요하다고 인정하는 경우"에 청문 실시)에 따라 청문을 실시하면서 그 기간은 위 제21조 제2항에 규정된 10일을 부여하였으므로 절차를 위반한 바가 없다.

② 또한, 피청구인은 청문예정일인 2016. 12. 27.의 다음 날인 2016. 12. 28. 이 사건의 행정처분을 하였지만, 이는 「행정절차법」 제22조 제5항에서 "행정청은 청문 · 공청회 또는 의견제출을 거쳤을 때에는 신속히 처분하여 해당 처분이 지연되지 아니하도록 하여야 한다."라고 규정한 바에 비추어 정당한 조치라고 할 수 있다.

③ 피청구인은 청구인의 과다수수료 수수가 2016. 9. 19.에도 있었고 이에 대하여 과징금을 처분하였다고 하는데, 그렇다면 이는 2차 위반에 해당하며 「자동차관리법 제21조 제2항 등의 규정에 따른 행정처분의 기준과 절차에 관한 규칙」 별표 구분란 제4호 가목 위반행위란 9)에서 2차 위반의 경우에는 사업정지 30일을 하도록 하였다.

가. 그럼에도 불구하고 피청구인은 사업정지 10일의 처분을 하였는 바, 이는 위 규칙 제6조 제1항 각 호의 감경사유에는 해당하지 않지만, 그렇다고 하여 위 각 호에 열거되지 않은 사유로는 감경을 할 수 없다고 볼 근거도 없다.

나. 청구인이 이 건 행정처분을 받은 후 피해자인 김성남에게 환불조치 등을 취하고 합의서까지 제출한 점에 비추어 사업정지 30일의 처분이 과도하다고 볼 수도 있다.

다. 피청구인의 행정처분은 청구인의 환불 등의 조치 전에 이루어졌지만 이건 심판 전에 이루어진 조치이므로 재결을 함에 있어서는 반영함이 타당하다.

라. 또한 감경의 정도가 법정기준의 3분의 1로 감경함도 지나치다고 볼 여지가 있지만, 위 규칙 등에서 감경의 폭은 명시하지 않았고 이 건 감경은 법령에 명시된 감경사유에 따른 것은 아니므로 받아들일 수 있다고 본다.

6. 청구 취지

피청구인이 2016. 12. 28. 청구인에게 한 「자동차관리법 위반 사업정지처분」을 취소한다.

7. 재결 요지

매수인과 합의를 하고 환불 조치를 하는 등의 청구인의 사정을 고려하더라도 청구인이 수수료 초과분에 대해 돌려주려 했다는 것은 초과 수수 사실을 자인한 것이고 또한 2016. 9. 19. 동종의 위반전력으로 과징금 처분을 받은 사실이 있어 실제로는 2차 적발임에도 불구하고 피청구인이 30일의 사업정지를 10일로 감경하여 처분한 점 등을 종합해볼 때 피청구인이 청구인에게 한 이 사건 처분은 위법 · 부당함이 없다.

8. 주문

청구인의 청구를 「기각」 한다.

9. 결 론

그렇다면 청구인의 주장을 인정할 수 없으므로 청구인의 청구를 받아들이지 않기로 하여 주문과 같이 재결한다.

6. 일반음식점 영업정지처분 취소 청구

사건번호 2013-150

재결일자 2014. 1. 20.

1. 사건개요

청구인은 서울시 소리길 12(소리동) 소재에서 "서울식당"이라는 일반음식점을 운영하여 오던 중 2013. 4. 21. 01:00경 청소년 김덕만(만 17세, 남) 등 3명에게 연령을 확인하지 않고 청소년 유해약물인 소주 2병, 감자탕 등 총 31,000원 상당을 판매하였다가 종로경찰서 소속 단속경찰관에게 적발되었고, 이 내용을 통보받은 피청구인은 2013. 11. 19. 청구인에게 영업정지 2개월 처분을 하였다.

2. 청구인 주장

가. 청구인은 2003년 3월부터 현재까지 "미성년자 주류판매금지"를 강조하며 11년 동안 가게를 지켜왔으며 직원들에게도 꼭 팔지 않아도 되니까 손님이 어려보이거나 신분증을 안 보여주면 거절하라고 수시로 교육을 했으나 사건 당일 청구인의 직원이 손님들이 "키도 크고 체격이 좋은데다 대학생"이라고 해서 학생증만 보고 주말인데다 심야시간이라 바빠서 꼼꼼히 확인하지 못하고 술을 제공하는 큰 실수를 하고 말았는데 이에 대해서는 정말 죄송하며 사죄드리며 뭐라 할 말이 없다.

나. 청구인의 업소는 청구인과 가게에서 함께 일하는 직원들의 생계유지이자 생활터전으로서 청구인에게는 아직 청구인의 손길이 필요한 중학생 아들과 초등학교 2학년 된 아이가 있는데, 중학생인 아들은 아토피로 인해 하루하루 고통스럽게 살아가고 있고 아직 갚아야 할 빚이 많이 있어 다달이 조금씩 갚아가고 있지만 청구인의 업소가 영업정지 당하면 청구인의 가족과 빚, 함께 일하는 직원들은 어떻게 살아가야 할지 막막하므로 부디 다시 열심히 살아갈 힘과 기회를 주시기 바란다.

다. 청구인 가족들은 넉넉지 않지만 몇 년째 매월 첫째주와 셋째주에 감자탕을 후원하고 있는데, 중증장애인들이 계시는 "천사의 집"에는 50인분, 치매노인들이 계시는 "희망보양원"에는 15인분, "소망주기 복지센터와 원주시 도서관 친구들"에게도 많은 금액은 아니지만 몇 년째 매월 후원하며 나름대로 보람과 의미를 가지며 살아가고 있으며, 그 분들도 매월 첫째주 목요일에 청구인 가족들이 가지고 올 감자탕을 손꼽아 기다리기에 그 분들에게 예전과 같이 앞으로도 계속 감자탕을 제공할 수 있도록 기회를 주시기 바란다.

라. 한편, 1차적으로 업주나 직원들이 신분증 확인을 반드시 해야 하지만 밤늦은 심야시간에 다니면서 아무런 죄책감도 없이 순간 재미로 문이 열린 가게에 들어와 음식과 술을 시켜서 청구인 같은 업주들은 영업정지를 당해 가족들이 길거리에 나 앉거나 뿔뿔이 흩어져야 하지만 적발된 미성년자들은 간단한 조사만 하고 돌려보내는 것은 엄청난 법의 모순이라 생각하는 바, 청소년 당사자나 그들의 부모님들에게도 뭔가 다른 강한 처분이 있어야 청구인 같은 제2, 제3의 희생자가 발생되지 않을 것이다.

마. 게다가 그 당시 근무했던 직원은 얼마 안 되어 월급을 받은 후 아무런 말 한마디 없이 그만두었는데, 청구인이 집행정지처분 공문을 받아보고 보건소, 검찰청, 시청을 돌아다니며 서류를 열람한 결과 근무했던 직원은 단 한 번도 탄원서나 진술서 등 아무런 노력도 하지 않았음을

재확인하고 그 자리에 쓰러질 것만 같았다.

바. 적발된 이후 청구인은 정신적인 고통에 시달리고 있어 우황청심환을 사 먹고 마음을 안정시키며 수면유도제를 먹으며 잠을 청하는 등 어렵게 지내고 있을 뿐만 아니라 요즘 경기가 점점 어려워지는 상황에서 문을 닫으라고 하면 장사를 하지 말고 길거리에 나 앉으라는 것과 다름이 없는 바, 부디 청구인과 가족, 가게 식구들이 예전과 같이 일할 수 있게 기회를 준다면 다시는 같은 실수를 하지 않고 더욱 열심히 살아가겠으니 영업정지만은 면하게 해 주시기 바란다.

3. 피청구인 주장

가. 청구인은 그 동안 영업을 하면서 철저하게 신분을 확인하도록 종업원 교육을 수시로 실시하였으나 사건 당일 들어온 손님들이 키도 크고 체격이 좋은데다 대학생이라고 하기에 주말인데다 심야시간으로 바빠서 꼼꼼히 확인하지 못하고 학생증만 보고 술을 제공하는 큰 실수를 했다고 하는 바, 이는 영업주로서 손님들의 연령을 개별적으로 철저히 확인하지 않은 것으로 업소관리 및 주의의무를 이행하지 않았다고 할 것이다.

나. 또한, 종로경찰서 수사결과통보 및 청소년들의 진술 내용을 확인하여 보아도 청소년 3명 중 1명의 학생증만 보고 정확한 생년월일을 확인하지 않았으며 나머지는 신분증 확인조차 하지 않고 주류를 제공한 사실이 명백하여 서울지방법원 동부지원에서도 종업원(김○○)이 신분 확인 없이 청소년에게 주류를 제공한 사실이 인정되어 벌금 50만 원 처분이 확정된 바 있다.

다. 청구인은 위반사항에 대하여 스스로 인정하면서도 요즈음 경기가 너무 어려워 힘들게 빚을 갚는 상황에서 업소 운영이 유일한 가족의 생계유지임에도 영업정지 2개월은 너무 가혹한 처벌이므로 영업정지 2개월을 취소하여 주기를 바라고 있지만 이는 개인의 사정에 불과하다 할 것이며, 법률의 적용 및 집행은 누구에게나 평등하고 공정하게 이루어져야 하며, 법을 위반하였을 경우에는 지위고하, 빈부를 막론하고 그에 상응한 처분을 받는 것이 합당할 것이므로 청구인의 청구는 기각되어야 한다.

4. 관계 법령

「**청소년보호법**」 제26조, 제51조

「**식품위생법**」 제44조, 제75조

「**식품위생법 시행규칙**」 제89조[별표23]

5. 인정사실

양 당사자 간 다툼이 없는 사실, 청구인과 피청구인이 제출한 청구서, 답변서 및 증거자료 등 제출된 각 사본의 기재에 의하면 다음 사실을 인정할 수 있다.

가. 피청구인은 위 1. 사건개요에 적시한 바와 같이 종로경찰서의 통보에 따라 2013. 6. 20. 청구인에게 처분 사전통지를 하였으나, 2013. 7. 3. 청구인이 사법기관의 최종 판결시까지 처분을 유예하여 달라는 의견을 제출하였기에 청구인의 의견을 존중하여 같은 날 청구인에게 처분 유보 통보를 하였다.

나. 피청구인은 2013. 11. 11. 서울지방검찰청 동부지청에 청구인에 대한 처분결과를 의뢰하였는데, 서울지방검찰청 동부지청은 2013. 11. 15. 피청구인에게 청구인을 구약식(벌금 50만 원, 2013형제7312) 처분하였다고 통보하였고, 서울지방법원 동부지원에서는 2013. 9. 6. 청구인을 벌금 50만 원에 처한다는 약식명령(2013고약2309)을 하였다.

다. 피청구인은 2013. 11. 19. 청구인에게 영업정지 2개월(2013. 12. 2.부터 2014. 1. 30.까지) 처분을 하였다.

6. 판단

가. 「청소년보호법」 제26조 제1항, 제51조 제8호에 따르면 "누구든지 청소년을 대상으로 하여 청소년유해약물 등을 판매·대여·배포하여서는 아니 되며, 이를 위반하였을 경우 2년 이하의 징역 또는 1천만 원 이하의 벌금에 처한다."라고 규정되어 있다.

나. 「식품위생법」 제44조 제2항 제4호에 따르면 "식품접객영업자는 「청소년보호법」 제2조에 따른 청소년에게 주류를 제공하는 행위를 하여서는 아니 된다."라고 규정되어 있고, 이를 위반하였을 경우 동법 제75조 제1항 및 동법 시행규칙 제89조[별표23]에 따라 "1차 위반에 대하여는 영업정지 2개월 처분을 하되, 위반사항 중 그 위반의 정도가 경미하거나 고의성이 없는 사소한 부주의로 인한 것인 경우 또는 해당 위반사항에 관하여 검사로부터 기소유예의 처분을 받거나 법원으로부터 선고유예의 판결을 받은 경우에는 정지처분 기간의 2분의 1 이하의 범위에서 그 처분을 경감할 수 있다."라고 규정되어 있다.

다. 살펴보건대, 청구인은 직원들에게 반드시 신분증 확인을 하라고 철저히 교육시켰음에도 불구하고 사건 당일 직원이 "들어온 손님들이 키도 크고 체격이 좋은데다 대학생"이라고 해서 학생증만 보고 술을 제공하는 큰 실수를 했다고 주장하나, 이와 같은 청구인의 주장은 관계법령에 따른 주의의무를 다하여야 하는 의무를 위반한 것으로 볼 수밖에 없으므로 피청구인이 청구인에 대하여 한 이 사건 처분은 일응 적법·타당하다고 보아야 할 것이다.

라. 다만, 청구인의 직원이 적발된 청소년 3명 중 1명의 학생증을 확인한 점, 확인된 청소년이 대학생이었다는 점에 대하여 피청구인이 이의를 제기하지 않고 있는 점, 청구인의 위반행위가 처음인 점, 청구인이 지역사회에 지속적으로 봉사활동을 하고 있다는 점, 이 사건 처분으로 인해 생계에 곤란을 겪을 수 있다는 점 등을 고려할 때 이 사건 처분을 통하여 달성하려는 공익에 비하여 청구인이 입게 될 불이익이 보다 크다고 판단된다.

7. 청구 취지

피청구인이 2013. 11. 19. 청구인에 대하여 한 일반음식점 영업정지 2개월 처분은 이를 취소한다.

8. 재결 요지

일반음식점을 운영하여 오던 청구인이 2013. 4. 21. 01:00경 청소년 김덕만(만 17세, 남) 등 3명에게 연령을 확인하지 않고 청소년 유해약물인 소주 2병, 감자탕 등 총 31,000원 상당을 판매하였다가 종로경찰서 소속 단속경찰관에게 적발되었고, 통보받은 피청구인은 청구인에게 영업정지 2개월 처분을 하였다.

직원들에게 반드시 신분증 확인을 하라고 철저히 교육시켰음에도 불구하고 사건 당일 직원이 "들어온 손님들이 키도 크고 체격이 좋은데다 대학생"이라고 해서 학생증만 보고 술을 제공하는 큰 실수를 했다는 청구인의 주장은 관계 법령에 따른 주의의무를 다하여야 하는 의무를 위반한 것으로 볼 수밖에 없으므로 피청구인이 청구인에 대하여 한 이 사건 처분은 일응 적법 · 타당하다. 다만, 청구인의 직원이 적발된 청소년 3명 중 1명의 학생증을 확인한 점, 확인된 청소년이 대학생이었다는 점에 대하여 피청구인이 이의를 제기하지 않고 있는 점, 청구인의 위반행위가 처음인 점, 청구인이 지역사회에 지속적으로 봉사활동을 하고 있다는 점, 이 사건 처분으로 인해 생계에 곤란을 겪을 수 있다는 점 등을 고려할 때 이 사건 처분을 통하여 달성하려는 공익에 비하여 청구인이 입게 될 불이익이 보다 크다고 판단하여 1개월 감경한다.

9. 주문

피청구인이 2013. 11. 19. 청구인에 대하여 한 일반음식점 영업정지 2개월 처분은 이를 영업정지 1개월 처분으로 변경한다.

7. 공인중개사 업무정지처분 취소청구

사건번호 2016－1311
재결일자 2016. 12. 12.
재결결과 기각

1. 사건개요

피청구인은 청구인이 동구 동서대로 123호에 소재한 '희망중개소'를 운영하면서 2016. 8. 4. 경기도 과천시 과천동 12번지 외 3필지와 시흥시 시흥구 시흥동 3가 456번지 및 경기도 의왕시 의왕읍 소망아파트 12동 23호(이하 '이 사건 부동산'이라 한다)에 대한 부동산교환계약서 작성 시

중개 대상물 확인 · 설명서를 작성 · 교부하지 않은 사실을 확인하고, 2016. 9. 29. 처분사전통지 및 2016. 10. 12. 의견제출 절차를 거쳐 2016. 10. 19. 청구인에 대하여 공인중개사법 제25조 위반을 이유로 업무정지 3월(2016. 11. 1. ~ 2017. 1. 31.)의 처분(이하 '이 사건 처분'이라 한다)을 하였다.

2. 청구인 주장

이 사건 부동산 교환계약 체결 시 잔금 지불 시에 현금매매계약서로 다시 작성하여 거래신고를 할 때 물건확인 설명서를 첨부하기로 매도자와 매수자가 합의하여 계약서 하단에 그 합의내용을 기재하고 계약 당사자들의 확인서명과 날인을 받았음에도 교환 당사자 중 한 사람인 ○○○이 일방적으로 해약을 요구하고 이미 지불했던 계약금을 받아주지 않는다고 합의사항을 뒤집고 진정서를 제출한 것이다.

청구인은 진정인 홍길동이 교환계약서 작성 직전에 자기의 물건을 제시하였기 때문에 현지답사나 공부상 검토할 시간이 없어 물건확인 설명서를 작성할 수 없다고 설명하고 상세한 내용을 별지로 하여 잔금 지불 시에 첨부하기로 한 것이며, 이로 인하여 발생한 피해가 전혀 없었다. 중개물건에 대한 충분한 설명과 상세한 내용을 첨부하였고 이에 대한 당사자들의 합의가 있었으나 공인된 양식을 사용하지 않았다는 이유로 영업정지 처분은 가혹한 처벌이며 법률상 어느 조문에도 양식에 관한 규정을 두지 않았다.

3. 피청구인 주장

개업공인중개사는 「공인중개사법」 제25조 제1항에 의거 중개를 의뢰받은 경우에는 중개가 완성되기 전에 당해 중개 대상물의 상태 · 입지 및 권리관계, 법령의 규정에 의한 거래 또는 이용제한사항, 그 밖에 대통령령이 정하는 사항을 확인하여 이를 당해 중개 대상물에 관한 권리를 취득하고자 하는 중개의뢰인에게 성실 · 정확하게 설명하고 토지대장 등본 또는 부동산종합증명서, 등기사항증명서 등 설명의 근거자료를 제시하여야 한다고 되어 있으며, 동법 제25조 제3항에는 개업공인중개사는 중개가 완성되어 거래계약서를 작성하는 때에는 제1항의 규정에 의한 확인 · 설명 사항을 서면으로 작성하여 거래 당사자에게 교부하고 대통령령이 정하는 기간(3년) 동안 그 사본을 보존하여야 한다고 규정되어 있으며, 국토교통부 질의회신에 의하면 공인중개사법 제25조 제3항은 강행규정으로 되어 있어 당사자 간 약정을 통해 중개 대상물 확인 · 설명서 교부시기를 변경할 수 없다고 회신하였고 청구인이 향후 매매계약서 작성 시에 중개 대상물 확인 · 설명서를 작성하여 첨부할 예정으로 교환계약서 작성 당시 중개 대상물 확인 · 설명서를 교부하지 않은 것을 인정한 사실이 있으며, 청구인은 2012. 11. 30. 중개 대상물 확인 · 설명서 미교부로 업무정지 처분 시 감경기준을 적용받은 전력이 있어 동법 시행규칙 제25조 제2항에서 정한 감경기준을 적용하지 아니한 것으로 관련 규정에 따른 적법한 처분임으로 청구인의 주장은 이유 없어 기각되어야 할 것이다.

4. 관계 법령

공인중개사법

제25조

개업공인중개사는 중개를 의뢰받은 경우에는 중개가 완성되기 전에 다음 각 호의 사항을 확인하여 이를 당해 중개 대상물에 관한 권리를 취득하고자 하는 중개의뢰인에게 성실 · 정확하게 설명하고, 토지대장 등본 또는 부동산종합증명서, 등기사항증명서 등 설명의 근거자료를 제시하여야 한다.

동법 제26조

개업공인중개사는 중개 대상물에 관하여 중개가 완성된 때에는 대통령령이 정하는 바에 따라 거래계약서를 작성하여 거래 당사자에게 교부하고 대통령령이 정하는 기간 동안 그 사본을 보존하여야 한다.

동법 제39조

등록관청은 개업공인중개사가 다음 각 호의 어느 하나에 해당하는 경우에는 6월의 범위 안에서 기간을 정하여 업무의 정지를 명할 수 있다. 이 경우 법인인 개업공인중개사에 대하여는 법인 또는 분사무소별로 업무의 정지를 명할 수 있다. 공인중개사법 시행령 제21조, 제22조, 공인중개사법 시행규칙 제16조, 제25조 별표2

5. 인정사실

청구인과 피청구인이 제출한 행정심판 청구서, 답변서 등의 기재 내용을 종합하여 보면 다음과 같은 사실을 각각 인정할 수 있다.

1) 청구인은 2016. 8. 4. 경기도 과천시 과천동 12번지 외 3필지와 시흥시 시흥구 시흥동 3가 456번지 및 경기도 의왕시 의왕읍 소망아파트 12동 23호에 대한 부동산교환계약서 작성 시 중개대상물 확인 · 설명서를 작성 · 교부하지 않고 부동산교환계약서 하단에 "「공인중개사의 업무 및 부동산거래신고에 관한 법」 제25조 제3항의 규정에 의거 중개 대상물 확인 · 설명서와 업무보증 관계증서(공제증서 등) 사본을 첨부하여 거래 당사자와 쌍방에게 잔금지급일에 교부합니다."라는 문구를 넣었다.
2) 2016. 9. 19. 경기도 의왕시 의왕읍 소망아파트 12동 23호 물건의 계약 대리인 이영철은 2016. 8. 4. 이 사건 부동산의 교환계약서 작성 시에 청구인이 중개 대상물 확인 · 설명서를 교부하지 않았다는 민원서를 피청구인에게 제출하였다. 피청구인은 2016. 9. 20. 청구인으로부터 중개 대상물 확인 · 설명서를 교부하지 않았다는 확인서를 받고, 2016. 9. 29. 처분 사전통지와

2016. 10. 11. 청구인 의견제출을 거쳐 2016. 10. 19. 청구인에 대하여 업무정지 3월의 처분을 하였다.

6. 이 사건 처분의 위법 부당 여부

1) 공인중개사법 제25조 제1항에 의하면 개업공인중개사는 중개를 의뢰받은 경우에는 중개가 완성되기 전에 당해 중개 대상물의 상태 · 입지 및 권리관계, 법령의 규정에 의한 거래 또는 이용제한사항, 그 밖에 대통령령이 정하는 사항을 확인하여 이를 당해 중개 대상물에 관한 권리를 취득하고자 하는 중개의뢰인에게 성실 · 정확하게 설명하고, 토지대장 등본 또는 부동산종합증명서, 등기사항증명서 등 설명의 근거자료를 제시하여야 한다고 되어 있고, 같은 조 제3항에는 개업공인중개사는 중개가 완성되어 거래계약서를 작성하는 때에는 제1항의 규정에 의한 확인 · 설명사항을 대통령령이 정하는 바에 따라 서면으로 작성하여 거래 당사자에게 교부하고 대통령령이 정하는 기간 동안 그 사본을 보존하여야 한다고 되어 있으며, 동법 시행령 제21조 제3항에는 개업공인중개사는 국토교통부령이 정하는 중개 대상물확인 · 설명서에 제1항 각 호의 사항을 기재하여 거래 당사자에게 교부하고 그 사본을 3년간 보존하여야 한다고 되어 있고, 이와 관련한 중개 대상물의 확인 · 설명서의 서식을 동법 시행규칙 제16조에 규정하고 있다.

   동법 제39조 제1항 제6호에 의하면 등록관청은 개업공인중개사가 동법 제25조 제3항의 규정을 위반하여 중개 대상물 확인 · 설명서를 교부하지 아니하거나 보존하지 아니한 경우에는 6월의 범위 안에서 기간을 정하여 업무의 정지를 명할 수 있다고 되어 있고, 동법 시행규칙 제25조 제1항 별표2 제7호에는 법 제25조 제3항의 규정을 위반하여 중개 대상물 확인 · 설명서를 교부하지 아니하거나 보존하지 아니한 경우 업무정지 3월의 기준을 정하고 있으며, 동법 시행규칙 제25조 제2항은 등록 관청은 위반행위의 동기 · 결과 및 횟수 등을 참작하여 업무정지기간의 2분의 1의 범위 안에서 가중 또는 감경할 수 있다고 정하고 있다.

2) 이 사건 처분에 관하여 본다.

   청구인은 계약당사자 간의 합의로 부동산교환계약서 상에 중개 대상물 확인 · 설명서를 잔금지급일에 교부한다고 기재하였으므로 이 사건 처분은 부당하다고 주장하고 있으나, 공인중개사법상의 중개 대상물 확인 · 설명서를 교부하도록 한 입법취지는 거래계약서 작성 당시 거래당사자로 하여금 중개 대상물의 권리관계 등을 명확하게 파악하는 한편 거래 당사자의 분쟁을 미연에 방지하고자 함에 있으며, 거래계약서를 작성할 때 중개 대상물 확인 · 설명서를 교부하도록 하는 규정은 강행규정으로서 당사자의 합의에 의하여 중개 대상물 확인 · 설명서 작성의무를 면제하거나 교부시기를 변경할 수 없다.

   청구인이 주장하는 현지답사나 공부상 검토할 시간이 없어 중개 대상물 확인 · 설명서를 작성할 수 없었다거나 잔금 지불 시에 중개 대상물 확인 · 설명서를 교부하기로 거래 당사자 사이에 합의를 하였다 하더라도 강행규정인 중개 대상물 확인 · 설명서의 작성을 면제하거나 교부시기를 변경할 수 없다고 할 것이므로 청구인의 주장은 이유 없다. 또한, 부동산거래계약서 작성 시 중개 대상물 확인 · 설명서를 교부하지 않음으로써 공인중개사법 제25조 제3항을 위반한 사실이 명백하고, 이로 인해 피청구인이 관련 법령에 따라 청구인에게 한 이 사건 처분이 달리 위법하거나 부당하다고 할 수 없으므로 청구인의 주장은 이유 없다.

7. 청구 취지

피청구인이 2016. 10. 19. 청구인에 대하여 한 공인중개사 업무정지 3월의 처분을 취소한다.

8. 재결 요지

거래계약서를 작성할 때 중개 대상물 확인 · 설명서를 교부하도록 하는 규정은 강행규정으로 계약당사자의 합의에 의해 교부시기를 변경할 수 없다.

9. 주문

청구인의 청구를 기각한다.

10. 결 론

그렇다면, 청구인의 주장을 인정할 수 없으므로 청구인의 청구를 받아들이지 않기로 하여 주문과 같이 재결한다.

8. 장애인 연금 소급 지급 이행청구

사건번호 2016-1264
재결일자 2016. 12. 12.
재결결과 기각

1. 사건개요

청구인은 2015. 11. 18. 피청구인에게 장애인 연금을 신청하고, 2016. 3. 4.자로 장애연금 수급자로 선정된 자로서, 피청구인은 청구인의 장애인 연금 신청일을 기준으로 2015년 11월분부터 장애인 연금 급여를 청구인에게 지급하였는데, 청구인은 장애인 연금 수급 자격이 개시되는 만 18세가 되는 시점인 2011년 7월부터의 장애인 연금 소급 지급 이행을 구하는 취지의 이 건 의무이행심판을 청구하였다.

2. 청구인 주장

청구인은 피청구인에게 2015. 11. 18. 장애인 연금을 신청하여 2016. 3. 4.자로 책정되어 장애인 연금 수급자가 되었는데, 청구인은 1993년생으로 유치원 재학 당시인 만 5세에 청각장애 ○급으로 보건복지부에 등록된 장애인이고, 1998년 이후 지금까지 현 주소에서 거주하고 있는 바, 장애인 연금 수급은 만 18세부터 가능함에도 피청구인은 이를 청구인에게 안내하지 않았고, 피청구인으로부터 2015. 7. 17. 처음으로 등기우편이 아닌 일반우편으로 안내문을 받아 장애인 연금제도에 대해 알게 되었다. 장애인 연금제도에 대해 처음 알게 된 2015년 7월은 메르스가 창궐하던 때라 대학병원에 가서 다시 진단을 받는 것이 어렵다고 했더니, 피청구인은 소급 적용된다고 답변을 해서 청구인은 만 18세부터 소급 적용되는 줄 알고 메르스가 잦아들기만 기다렸다가 2015년 11월에 동사무소에 장애인 연금을 신청하러 갔더니 신청한 달로부터 소급 적용된다는 말을 들었다. 이후 청구인은 사회보장급여 결정 통지서를 받고 비고란에 안내된 절차에 따라 서면으로 서울특별시장에게 이의신청을 하였지만, 공무원들의 계속적인 과실로 장애인 연금법의 취지에 합당한 복지 혜택에서 소외되었기에 행정심판을 청구하는 것으로, 장애인 연금법 제3조 제1항은 "국가 및 지방자치단체는 장애인 연금이 중증장애인의 생활 안정을 지원하고 복지를 증진하는 데 필요한 수준이 되도록 최대한 노력하여야 하며 매년 필요한 재원을 조달하여야 한다." 라고 정하고 있는데, 보건복지부에 등록된 장애인에게 만 18세가 되기 전에 장애인 연금제도 안내를 등기우편으로 하지 않은 것은 장애인 연금법의 취지에 어긋나고, 적극적인 안내가 없음으로 인해 장애인 연금을 수령하지 못한 동안의 기간에 대하여는 소급 적용하여 장애인 연금을 지급해야 할 것이다.

3. 피청구인 주장

장애인 연금법 제8조 제1항은 장애인 연금을 지급받으려는 사람(이하 "수급 희망자"라 한다)은 관할 특별자치시장 · 특별자치도지사 · 시장 · 군수 · 구청장(자치구의 구청장을 말한다. 이하 같다)에게 장애인 연금의 지급을 신청할 수 있다고 정함으로써 신청주의를 명시하고 있으며, 장애인 연금은 만 18세 이상의 중증장애인 중에서 소득 인정액이 일정기준 이하인 사람만 대상이 되는 것으로, 피청구인은 장애인 연금법 제9조 및 제10조에 따라 신청을 받으면 소득인정액, 가구특성, 장애등급 등 개인정보에 대하여 조사할 권한을 가지고 조사하고 장애인 연금 지급여부를 결정하게 되는 것이다.

또한 장애인 연금법 제13조 제1항은 특별자치시장 · 특별자치도지사 · 시장 · 군수 · 구청장은 제10조에 따라 장애인 연금의 지급이 결정되면 해당 수급권자에게 장애인 연금을 신청한 날이 속하는 달부터 수급권이 소멸한 날이 속하는 달까지 매월 정기적으로 지급한다고 정하고 있어 피청구인은 청구인에게 2015년 11월부터 소급 지급한 것이므로 청구인의 주장은 이유 없다. 또한, 의무이행심판은 행정청의 거부처분 또는 부작위를 전제로 하여야 할 것인데, 청구인은 피청구인에게 적법한 이의신청을 제기한 적도 없고, 청구인의 요구는 행정청의 직권발동을 촉구하는 것일 뿐, 법규상 조리상 신청권이 있다 할 수 없으므로, 이 건 청구는 부적법하다 하겠다.

4. 관계 법령

「구 장애인 연금법」(2016. 2. 3.자로 법률 제14006호로 개정되어 2016. 8. 4.자로 시행되기 전의 것)

제8조

장애인 연금을 지급받으려는 사람(이하 "수급 희망자"라 한다)은 관할 특별자치시장ㆍ특별자치도지사ㆍ시장ㆍ군수ㆍ구청장(자치구의 구청장을 말한다. 이하 같다)에게 장애인 연금의 지급을 신청할 수 있다.

동법 제9조

보건복지부장관 또는 특별자치시장ㆍ특별자치도지사ㆍ시장ㆍ군수ㆍ구청장은 제8조 제1항 및 제2항에 따른 장애인 연금의 신청을 받으면 소속 공무원으로 하여금 장애인 연금의 지급 결정 및 실시 등에 필요한 다음 각 호의 사항을 조사하게 할 수 있다.

1. 수급 희망자 또는 수급권자와 그 배우자의 소득 및 재산에 관한 사항

동법 제10조

특별자치시장ㆍ특별자치도지사ㆍ시장ㆍ군수ㆍ구청장은 제9조에 따라 조사를 하였을 때에는 지체 없이 장애인 연금 지급의 여부와 내용을 결정하여야 한다.

동법 제13조

특별자치시장ㆍ특별자치도지사ㆍ시장ㆍ군수ㆍ구청장은 제10조에 따라 장애인 연금의 지급이 결정되면 해당 수급권자에게 장애인 연금을 신청한 날이 속하는 달부터 수급권이 소멸한 날이 속하는 달까지 매월 정기적으로 지급한다. 「행정심판법」 제5조 6. 인정사실 청구인과 피청구인이 제출한 행정심판 청구서, 답변서 등의 기재 내용을 종합하여 보면 다음과 같은 사실을 각각 인정할 수 있다.

1) 청구 외 서울특별시장은 2015. 4. 16. 피청구인에게 복지사각지대 해소를 위한 홍보요청을 하였고, 이에 피청구인은 2015. 7. 16. 청구인에게 장애인 연금 안내문을 일반우편 발송하였다.
2) 청구인은 2015. 11. 18. 피청구인에게 장애인 연금을 신청하였고, 2016. 1. 12. 국민연금 공단에 장애등급 재심사를 신청하였다.
3) 피청구인은 청구인의 장애인 연금 신청에 대하여 심사하여 2016. 3. 4.자로 청구인을 장애인 연금 대상자로 책정, 같은 해 3. 8.자로 청구인에게 사회보장급여 결정 통지서를 발송하였다.
4) 위 사회보장급여 결정 통지서 비고란에는 장애인 연금 결정사항에 대한 이의신청 절차로 "결정이 있음을 안 날로부터 90일 이내 서면으로 특별자치시장ㆍ특별자치도지사ㆍ시장ㆍ군수ㆍ

구청장에게 신청"이라고 기재되어 있다.

5) 이후 피청구인은 2016. 3. 20. 청구인에게 장애인 연금을 지급하면서 청구인의 장애인 연금 신청월인 2015년 11월을 기준으로 소급해서 4개월분의 장애인 연금을 지급하였다.

6) 청구인은 2016. 5. 25. 청구 외 서울특별시장에게 장애인 연금을 청구인이 만 18세가 되는 시점인 2011년 7월을 기준으로 소급 지급하여야 한다는 내용의 민원을 제기하였고, 서울특별시장은 청구인에게 2016. 8. 3.자로 소급 지급은 불가하다는 내용의 회신을 하였다.

7) 청구인은 2016. 8. 30. 보건복지부장관을 피청구인으로 하여 중앙행정심판위원회에 이 사건 심판청구를 제출하였고, 이후 청구인은 2016. 9. 26.자로 피청구인을 ㅇㅇ구청장으로 보정하였으며, 이 사건 청구는 2016. 10. 18.자로 서울시행정심판위원회로 이송되었다.

5. 판 단

1) 「구 장애인 연금법」(2016. 2. 3.자로 법률 제14006호로 개정되기 전의 것) 제8조 제1항은 장애인 연금을 지급받으려는 사람(이하 "수급 희망자"라 한다)은 관할 특별자치시장 · 특별자치도지사 · 시장 · 군수 · 구청장에게 장애인 연금의 지급을 신청할 수 있다고 정하고 있고, 제2항은 특별자치시 · 특별자치도 · 시 · 군 · 구(자치구를 말한다. 이하 같다) 소속 공무원은 이 법에 따른 장애인 연금을 필요로 하는 사람이 누락되지 아니하도록 하기 위하여 관할 지역에 거주하는 수급 희망자 또는 수급권자에 대한 장애인 연금의 지급을 신청할 수 있다.

이 경우 그 수급 희망자 또는 수급권자의 동의를 받아야 하며, 그 동의는 수급 희망자 또는 수급권자의 신청으로 본다고 정하고 있다. 또한 동법 제9조 제1항은 보건복지부장관 또는 특별자치시장 · 특별자치도지사 · 시장 · 군수 · 구청장은 제8조 제1항 및 제2항에 따른 장애인 연금의 신청을 받으면 소속 공무원으로 하여금 수급 희망자 또는 수급권자와 그 배우자의 소득 및 재산에 관한 사항, 수급 희망자 또는 수급권자의 가구 특성 및 장애등급에 관한 사항 등을 조사하게 할 수 있다고 정하면서, 같은 조 제2항에서 보건복지부장관 또는 특별자치시장 · 특별자치도지사 · 시장 · 군수 · 구청장은 제8조 제1항 및 제2항에 따른 신청을 받은 경우에는 해당 수급 희망자 또는 수급권자의 장애 상태와 장애등급을 확인하기 위하여 장애등급을 재심사할 수 있다고 정하고 있고, 동법 제10조는 특별자치시장 · 특별자치도지사 · 시장 · 군수 · 구청장은 제9조에 따라 조사를 하였을 때에는 지체 없이 장애인 연금 지급의 여부와 내용을 결정하여야 한다고 정하고 있다. 또한, 구 장애인 연금법 제13조는 특별자치시장 · 특별자치도지사 · 시장 · 군수 · 구청장은 제10조에 따라 장애인 연금의 지급이 결정되면 해당 수급권자에게 장애인 연금을 신청한 날이 속하는 달부터 수급권이 소멸한 날이 속하는 달까지 매월 정기적으로 지급한다고 정하고 있고, 동법 제18조는 장애인 연금의 지급 결정이나 그 밖에 이 법에 따른 처분에 이의가 있는 사람은 특별자치시장 · 특별자치도지사 · 시장 · 군수 ·

구청장에게 이의신청을 할 수 있다고 정하고 있다. 한편「행정심판법」제5조는 행정심판의 종류를 정하면서, 제3호에서 의무이행심판은 당사자의 신청에 대한 행정청의 위법 또는 부당한 거부처분이나 부작위에 대하여 일정한 처분을 하도록 하는 행정심판을 말한다고 정하고 있고, 동법 제2조 제2호는 "부작위"란 행정청이 당사자의 신청에 대하여 상당한 기간 내에 일정한 처분을 하여야 할 법률상 의무가 있는데도 처분을 하지 아니하는 것을 말한다고 정하고 있다.

2) 이 사건 청구에 관하여 본다.

(1) 우선, 이 사건 심판청구의 적법 여부에 대하여 본다. 행정심판법 제5조에서 정한 의무이행심판을 청구하기 위해서는 의무이행심판의 대상이 되는 거부처분이나 부작위가 존재하여야 하는데, 인정사실에 의하면, 청구인은 장애인 연금 소급 지급에 대하여 청구 외 서울특별시장에게 민원을 제기하여 회신 받은 사실만 있을 뿐, 피청구인을 대상으로 장애인 연금법에서 정한 이의신청을 하거나 민원을 제기하여 거부의 의사를 회신 받은 사실이 없는바, 피청구인은 이를 근거로 청구인의 이 사건 청구가 부적법하다는 취지의 주장을 하고 있으나, 청구인이 피청구인의 사회보장급여결정 통지서 비고란에 기재된 이의신청 안내를 참고로 서울특별시장에게 민원을 제기한 점, 청구인이 서울특별시장에게 한 민원에 대한 서울특별시장의 답변이 있었음을 고려하여 청구인의 신청에 대한 거부처분 또는 부작위가 존재한다고 볼 여지가 있는 점 등을 고려할 때, 이 사건 청구를 부적법한 청구라고 단정하기는 어렵다 할 것이므로, 피청구인에게 장애인 연금 소급 지급을 이행하여야 할 법률상 의무가 있는지에 대하여 살펴보기로 한다.

(2) 청구인은 피청구인에게 청구인이 만 18세가 되는 2011년 7월을 기준으로 장애인 연금 소급 지급을 이행할 의무가 있다고 주장하고 있으나, 구 장애인 연금법 제8조, 제9조, 제10조의 규정에 비추어 보면, 장애인 연금은 수급 희망자가 관할 시장 · 군수 · 구청장에게 신청하는 것을 전제로 하여 신청을 받은 관할 시장 · 군수 · 구청장 소속 공무원이 수급 희망자 또는 수급권자와 그 배우자의 소득 및 재산에 관한 사항, 수급 희망자 또는 수급권자의 가구 특성 및 장애등급에 관한 사항, 수급 희망자 또는 수급권자의 지급계좌 등 장애인 연금의 지급에 필요한 사항 등을 조사하여 장애인 연금의 지급 여부와 내용을 결정하는 것이며, 동법 제13조에서는 장애인 연금의 지급이 결정되면 해당 수급권자에게 장애인 연금을 신청한 날이 속하는 달부터 수급권이 소멸한 날이 속하는 달까지 매월 정기적으로 지급한다고 정하고 있으므로, 청구인의 주장은 이유 없다 하겠다.

6. 청구 취지

피청구인은 청구인에 대하여 2011년 7월부터의 장애인 연금 소급 지급을 이행하라.

7. 재결 요지

청구인은 피청구인에게 청구인이 만 18세가 되는 시점을 기준으로 장애인 연금 소급 지급을 이행할 의무가 있다고 주장하고 있으나, 구 장애인 연금법 제8조, 제9조, 제10조의 규정에 비추어 보면, 장애인 연금은 수급 희망자가 관할 시장 · 군수 · 구청장에게 신청하는 것을 전제로 하여 신청을 받은 관할 시장 · 군수 · 구청장 소속 공무원이 수급 희망자 또는 수급권자와 그 배우자의 소득 및 재산에 관한 사항 등을 조사하여 지급 여부와 내용을 결정하는 것이며, 동법 제13조에서는 장애인 연금의 지급이 결정되면 해당 수급권자에게 장애인 연금을 신청한 날이 속하는 달부터 수급권이 소멸한 날이 속하는 달까지 매월 정기적으로 지급한다고 정하고 있으므로, 청구인의 주장은 이유 없다.

8. 주문

청구인의 청구를 기각한다.

9. 결 론

그렇다면, 청구인의 주장을 인정할 수 없으므로 청구인의 청구를 기각하기로 하여 주문과 같이 재결한다.

9. 의료법 위반 과징금부과처분 취소청구

사건번호 2016-1394

재결일자 2016. 12. 12.

1. 사건개요

피청구인은 2015. 12. 3. 서울 강남경찰서로부터 서울시 종로구 신작로 123번지에 소재한 '치과병원'의 치과 진료실에서 2015. 2. 12. 14:00경 치과의사 A가 조일호 환자의 구강 내 금니 보철교정을 진행하면서 치과기공사 B에게 교합 조정과 적합조정을 지시하여 '무면허 의료행위'로 의료법 제27조를 위반한 사실을 통보받았다. 이와 관련하여 2015. 11. 17. 서울중부지방검찰청에서 치과의사 A에게 기소유예 처분을 하였고, 피청구인은 2016. 7. 29. 처분사전통지 및 2016. 8. 19. 의견제출 절차를 거쳐, 2016. 10. 20. 위 기소유예 처분 등을 참작하여 당초 업무정지 3개월에서 감경하여 업무정지 1개월 15일에 갈음한 과징금 24,187,500원을 부과처분(이하 '이 사건 처분'이라 한다) 하였다.

2. 청구인 주장

치과의사가 치과기공사로 하여금 모든 보철치료를 다 맡긴 채 자신의 의무를 이행하지 아니한 사안이 아니라, 오히려 보철물 제작의 전문가인 치과기공사로 하여금 단순히 보철물의 적합여부를 확인하게 한 행위에 불과하고 이와 관련하여 검찰에서도 기소유예 처분을 한 것으로 본 건에 대한 위법의 정도가 극히 경미하며, 희망병원은 장애자, 노인 및 어린이 등이 무료로 진료를 받을 수 있는 유일한 병원으로, 보건복지부령인 의료관계 행정처분규칙의 행정처분기준 제1호 라목 3) '농어촌 등의 의료기관으로서 그 지역주민이 이용할 수 있는 의료기관이 1개소만 있는 경우 또는 그 밖에 행정처분기관이 보건의료 시책상 필요하다고 인정하는 경우' 에 해당되므로 1차 위반에 대해서는 면제할 수 있는 감경기준을 적용하여야 한다.

3. 피청구인 주장

「의료법」 제27조 제1항에는 의료인이 아니면 누구든지 의료행위를 할 수 없으며 의료인도 면허된 것 이외의 의료행위를 할 수 없다고 규정되어 있고, 「의료기사 등에 관한 법률 시행령」 제2조에 치과기공사의 업무범위로 '치과의사의 진료에 필요한 작업모형, 보철물(심미 보철물과 악안면 보철물을 포함한다), 임플란트 맞춤 지대주 및 상부구조, 충전물, 교정장치 등 치과기공물의 제작 · 수리 또는 가공, 그 밖의 치과기공업무' 로 명확히 규정되어 있으므로 교합조정 및 적합조정은 치과기공사의 업무범위에 해당되지 아니하며, 보건복지부령인 의료관계 행정처분규칙의 행정처분기준 제1호 라목 3) 1차 위반에 대한 면제 감경기준 적용에 해당되지 않는다. 무면허의료행위는 의료법 제27조 제1항 위반사항으로 업무정지 3개월 처분에 해당되나 검찰에서 기소유예처분을 받은 점을 참작하여 업무정지 1개월 15일로 감경하였고 청구인의 과징금 변경 처분 요청에 따라 청구인의 사정을 충분히 고려하여 과징금 24,187,500원을 부과한 것으로 청구인의 청구는 마땅히 기각되어야 한다.

4. 관계 법령

의료법

제27조

의료인이 아니면 누구든지 의료행위를 할 수 없으며 의료인도 면허된 것 이외의 의료행위를 할 수 없다.

동법 제64조

보건복지부장관 또는 시장 · 군수 · 구청장은 의료기관이 다음 각 호의 어느 하나에 해당하면 그 의료업을 1년의 범위에서 정지시키거나 개설 허가의 취소 또는 의료기관 폐쇄를 명할 수 있다.

1. 개설 신고나 개설 허가를 한 날부터 3개월 이내에 정당한 사유 없이 업무를 시작하지 아니한 때

2. 의료인이나 의료기관 종사자가 무자격자에게 의료행위를 하게 하거나 의료인에게 면허 사항 외의 의료행위를 하게 한 때

동법 제67조

보건복지부장관이나 시장 · 군수 · 구청장은 의료기관이 제64조 제1항 각 호의 어느 하나에 해당할 때에는 대통령령으로 정하는 바에 따라 의료업 정지 처분을 갈음하여 5천만 원 이하의 과징금을 부과할 수 있으며, 이 경우 과징금은 3회까지만 부과할 수 있다.

의료법 시행령 제43조

의료관계 행정처분 규칙 제4조

의료기사 등에 관한 법률 시행령 제2조

5. 인정사실

청구인과 피청구인이 제출한 행정심판 청구서, 답변서 등의 기재 내용을 종합하여 보면 다음과 같은 사실을 각각 인정할 수 있다.

1) 청구인은 서울시 종로구 신작로 123번지에 소재한 치과병원의 개설자이며, 치과병원은 장애자, 충치의 치료 등을 목적으로 운영되는 국가설립 의료기관으로 1971. 2. 20. 피청구인으로부터 의료기관 개설 허가를 받았다.

2) 피청구인은 2015. 12. 3. 종로경찰서로부터 치과병원 소속 치과의사 A가 2015. 2. 12. 14:00경 희망병원 치과 진료실에서 김충치 환자의 구강 내 금니 보철교정을 진행하면서 치과기공사 B에게 교합조정과 적합조정을 지시하였고, 이에 치과기공사 B는 △△△ 환자에게 교합조정과 적합조정을 하여 '무면허 의료행위' 로 「의료법」 제27조를 위반한 사실을 통보 받았다.

3) 이와 관련하여 서울 중부지방검찰청은 2015. 11. 17. 의료법 위반 교사에 대하여 치과의사 A에게 기소유예 처분을 하였다.

4) 피청구인은 2016. 7. 29. 처분사전통지 및 2016. 8. 19. 의견제출 절차를 거쳐, 2016. 10. 20. 위 기소유예 처분 등을 참작하여 당초 업무정지 3개월에서 감경하여 업무정지 1개월 15일에 갈음한 과징금 24,187,500원을 부과처분하였다.

6. 이 사건 심판청구의 적격 여부

「행정심판법」 제13조(청구인의 적격) 제1항에 따르면, 취소심판은 처분의 취소 또는 변경을 구할 법률상 이익이 있는 자가 청구할 수 있다고 정하고 있는 바, 여기서 법률상 이익이 있는 '자' 란 '권리능력이 있는 자' 이어야 할 것인데, 법인도 아니고 대표자 있는 법인격 없는 사단 또는 재단도 아닌 경우, 권리능력과 당사자능력을 인정할 수 없으므로, 법률행위의 효과는 그 시설을 설립 · 경영하는 주체인 국가에게 귀속되고, 그 법률행위에 대한 쟁송은 국가가 당사자가 되어 다툴 수밖에 없다(서울행정법원 2009. 6. 5. 선고 2009구합6391 판결, 대법원 2010. 3. 11. 선

고 2009두23129판결).

살피건대, 청구인은 치과병원의 개설자로서 치과병원의 의료법 위반행위에 따른 과징금부과 처분에 대한 취소심판을 청구하였으나, 청구인은 법인격 없는 국가기관에 불과하여 권리능력을 갖고 있지 않으므로, 청구인에 대한 이 사건 처분의 효과는 청구인이 속한 대한민국에 귀속된다 할 것인 바, 청구인은 이 사건 처분을 다툴 당사자능력을 갖고 있지 않다. 따라서, 이 사건 심판청구는 청구인능력을 갖고 있지 않은 청구인의 청구로서, 적법한 청구요건을 갖추지 못하였다 할 것이다.

7. 청구 취지

피청구인은 2016. 10. 20. 청구인에 대하여 한 과징금 24,187,500원 부과처분을 취소한다.

8. 재결 요지

○○병원은 법인격 없는 국가기관으로 권리능력이 없으며 이 사건 처분의 효과는 청구인이 속한 대한민국에 귀속되므로, 청구인은 이 사건 처분을 다툴 당사자능력을 갖고 있지 않다.

9. 주 문

청구인의 청구를 각하한다.

10. 결 론

그렇다면, 청구인의 이 사건 심판 청구는 심판청구요건을 갖추지 못하여 부적법하므로 이를 각하하기로 하여 주문과 같이 재결한다.

10. 어린이집 보조금환수처분 등 취소청구

사건번호 2016-1049

재결일자 2016. 12. 12.

1. 사건개요

피청구인은 2016. 6. 7. 서울시 강남구 동구로 조계동 123호(2가, 안국아파트) 소재 청구인 운영 '희망 어린이집'에 대해 청구인의 자녀(이예솔) 허위 등록, 청구인의 복무규정 위반, 보육교사 부재로 아동 방치, 부실급식, 교사의 실제근무일과 임면보고일의 불일치 등이 이루어졌다는 민원신고를 접수하여, 2016. 6. 14.과 2016. 6. 21.에 지도점검을 실시한 결과 ① 미등록 아동 초과보육 및 교사 대 아동비율을 위반하여 총 2개월의 기본보육료를 수급하였고, ② 보육교사의 복무기간 위반으로 타 보육교사들이 해당반의 아동까지 초과보육하게 하였으며, ③ 2016년 4월 지도점검 시 수입지출 증빙자료 미비치 등 시정명령 1회 처분에도 시정하지 않고 회계장부 미비치, 지출증빙내역 미비치, 출석부 · 출근부 허위기재 등 어린이집 운영기준을 위반하였음을 적발하여, 2016. 7. 12. 처분 사전통지 및 2016. 7. 29. 청문 절차를 거쳐 2016. 8. 25. 청구인에 대하여 영유아보육법 위반으로 ① 보조금 2,053,120원 환수, ② 운영정지 4개월에 갈음하는 과징금 8,400,000원 부과, ③ 원장 자격정지 3개월(2016. 9. 12. ~ 2016. 12. 11.), ④ 시정명령의 처분(이하 '이 사건 처분'이라 한다)을 하고 2016. 8. 31. 청구인을 서울○○경찰서에 고발 조치하였다.

2. 청구인 주장

1) 청구인의 자녀(이예솔)를 허위 등록하여 보조금을 횡령했다는 내용과 급 · 간식 식자재의 유통기한 위반 및 불량급식을 이유로 민원이 제기되어 2016. 6. 14. 감사가 실시되었고, 3명의 공무원이 주방을 검사하였으나 불량 혹은 유통기한이 지난 식자재 등은 일체 발견되지 않았으며 청구인의 자녀를 허위 등록했다는 민원 내용과는 다르게 피청구인은 청구인의 자녀가 2015. 10. 2. 퇴소처리 되었음에도 2015. 10월 계속 등원하여 초과 보육했다는 사실을 지적하였다.

   이는 당시 이 사건 어린이집에 근무하고 있던 보육교사 을의 진술에 의한 것이나 을은 대체 교사로서 2015. 8. 26. 임용되어 2015. 10. 8.까지 출근하였고 2015. 10. 13. 면직 처리되었다.

   청구인의 자녀는 2015. 10. 2.까지 등원하였으며 2015. 10. 3.과 2015. 10. 4.은 휴일로 2015. 10. 5. 이후에는 전혀 등원한 사실이 없으며 퇴소 후 청구인의 집에서 청구인의 남편과 베이비시터의 보호를 받고 있었다.

   2015. 10. 8.까지만 근무한 대체교사 을이 청구인의 자녀가 등원한 것을 봤다는 진술은 2015. 10. 1.과 2015. 10. 2. 등원한 것을 본 것으로 피청구인이 2015. 10월 한 달 내내 등원한 것을 봤다는 진술로 오인한 것이며 대체교사 을의 확인서는 피청구인 담당자가 작성하고 을이 서명만 한 것이다.

   2015. 10. 8. 현장학습에 청구인의 자녀가 참여했다는 주장과 관련해 현장학습 당일 참여한 사람은 아동 4명과 을 교사, 병 교사였으며, 청구인은 차량 지원을 위해 청구인의 자녀와 동행하였을 뿐이다.

2) 피청구인이 교사 대 아동비율을 위반하였다고 하는 것은 2016. 4월 청구인은 17일간 출근하였으나 담임교사로서 맡은 반 아동들을 보육하지 않아 다른 보육교사들이 혼합하여 초과 보육하게 하였으며 실습교사에게 담임교사 업무를 수행하게 하였다는 것인데, 2016. 4월 청구인은 원장이면서 보육교사를 겸직하고 있었는데 보육아동은 A, B, C로 적응기간에 해당하는 아동들로 A는 오후 1시에 엄마와 등원하여 오후 3시에 할머니와 함께 하원하였고 B는 오전 11시경

엄마와 함께 등원하여 약 1시간 내외에 걸쳐 엄마와 놀이를 하다가 하원하였으며 C는 오후 1시 이후 등원하여 엄마와 놀이를 하다가 하원하였기 때문에 청구인은 원아들이 어린이집에 있을 때에만 보육의 업무를 수행하였고, 나머지 시간에는 어린이집의 전체 운영을 위해 원장의 업무를 수행하였다.

피청구인은 2016. 4월 청구인이 17일간 출근을 했다고 주장하나 청구인은 당시 만근하였을 뿐 아니라 휴일에도 출근하여 업무에 매진하였는데 피청구인이 문제시 하는 2016. 4. 25.에서 2016. 4. 27.까지 중 2016. 4. 25.은 을 교사가 처음 출근하는 날이었고 2016. 4. 26.은 을 교사가 퇴사한 날이라 당시 출근을 하여 그들을 맞이하고 배웅했었으며 2016. 4. 27.은 출근하기로 한 교사가 출근을 못한다고 하여 걱정을 하며 출근했던 기억이 생생하다.

또한 원아들을 보육하지 않고 실습교사에게 담임업무를 수행하게 하는 등 다른 보육교사들이 혼합하여 보육하였다고 하는데 이 진술을 했던 보육교사는 오후 1시에 퇴근하기 때문에 이에 대해 증언할 수 있는 사람이 아니며, 청구인은 당시 담당했던 원아들의 엄마들과 충분한 의사소통을 하며 해당 원아들의 보육에 전념하였고 2016. 4. 6. 보육교사 을이 「아동학대교육」을 위해 어린이집을 방문한 외부교사와의 마찰로 인하여 갑자기 퇴사하였고, 2016. 4. 14. 다른 보육교사 병이 출근할 때까지 약 8일간 교사가 부족하게 되었는데 이 때 실습교사는 원장인 청구인이 담임교사 업무를 수행하게 하였다고 진술한 듯하나 이는 명백한 허위 진술이다.

청구인이 2016. 4월 보육교사겸직 원장으로서 을반 3명을 맡아 보육하면서 잦은 결근과 지각을 하여 다른 보육교사들이 해당 반의 아동까지 초과 보육하게 하였다는 주장의 근거는 아파트 정문과 후문의 주차차단기의 입출내역이었는데 이 기록 내역에 근거하여 청구인이 2016. 2월은 14일 출근(8일은 12:00 이후 출근), 2016. 4월은 17일 출근했다고 하는 것이지만, 아파트 정・후문 주차차단기는 작동에 문제가 많아 선로교체작업을 할 예정에 있는 차단기로서 차량 출입 내역이 정확하게 기록되어지지도 않을 뿐만 아니라 청구인의 차량이 정・후문을 통과한 기록이 없다는 것만으로 결근을 했다고 하는 것은 청구인이 오로지 차량을 이용한 출근만 했다는 오류를 범하는 것이고, 청구인은 2016. 4월 만근을 하였고 휴일에도 초과근무를 하였다.

3) 피청구인은 청구인이 어린이집전용 신용카드를 사용하면서 영수증, 지급내역서 등 근거 서류 없이 차입금상환이라는 계정과목으로 총금액만 기록하고 어린이집 운영과 관련 없는 개인적인 카드사용 지출내역이 다수 있다고 하고 2016년 예산서, 2015년 결산서 미비치, 2016. 2월 ~ 2016. 6월 회계장부 미비치, 지출증빙내역 미비치, 보육일지 미비치, 출석부 및 출근부 등 허위 기재, 2016년도 정보공시 미실시를 하였다고 하는데, 이것은 점검 당시 조사 담당자가 요청한 자료는 회계장부였고 청구인이 회계장부를 제출하니 카드 영수증 등 관련 자료가 없다는 이유로 이 처분을 하였다.

그 외 비치하지 않았다고 한 자료들은 당시 조사 담당자가 해당 자료를 요청하지 아니한 것이며 회계서류가 아예 없는 것이 아니라 회계업무와 회계보고는 정상적으로 처리가 되었으나 회계업무 대행을 맡긴 회계업체와 연락이 되지 않아 회계관련 서류를 회계 업체로부터 수령하지 못하여 비치하지 못한 것이다. 차입금에 관한 것은 2016. 4. 4. 정기지도 점검 당시 적발된 사항으로 다시 처분하는 것은 이중처벌에 해당된다.

3. 피청구인 주장

1) 청구인은 청구인의 자녀(이예솔)를 2015. 10. 2. 퇴소 처리하였으나 2015. 10. 8. 현장학습에 참여하는 등 당시 반 담임이었던 을 교사로부터 근무(2015. 8. 26. 임용, 2015. 10. 13. 면직)하는 기간 동안 청구인의 자녀를 보육하였다는 사실을 확인하였다.

2) 을 실습교사로부터 실습기간(2016. 3. 28. ~ 2016. 4. 25.) 동안 청구인이 반담임을 맡았으나 실제로 보육하지 않아 담임교사 역할을 할 수 없는 실습교사와 보조교사가 보육하였다는 사실을 확인하였다.

3) 어린이집 운영시간은 주 6일 이상인 월요일부터 금요일까지 12시간(07:30 ~ 19:30), 토요일 8시간(07:30 ~ 15:30)이며 원장의 근무시간은 평일 8시간을 원칙으로 하고 있으나 청구인은 2016. 7. 29. 청문에서 주 4일에서 5일 정도 9시에서 11시 사이에 출근하고 실제 보육은 오후 1시에서 3시 사이에 한다고 진술하였고, 어린이집 보육일지가 미비치 되어 있고 청구인이 제출한 아파트 CCTV와 차량출입기록을 확인한 바, 누락될 수 있는 부분을 감안하더라도 10시 넘어 출근하는 등 복무규정을 명백히 위반한 것으로 확인되었다.

   그리고 희망 어린이집 일일보육 일정계획에 따르면 09:50 ~ 10:20 오전간식, 11:40 ~ 12:30 점심식사, 12:30 ~ 15:00 오후간식 시간이 있는데 청구인은 원장직무 뿐 아니라 담임교사, 조리원 직무까지 수행해야 함에도 아침에 시장을 봐서 10시에서 11시에 출근을 한다면 오전 간식업무나 아동보육에 공백이 생길 것이 당연하다.

   2016년 4월 청구인은 담임겸직 원장이었으나 보육을 제대로 하지 않아 다른 보육교사들이 혼합하여 초과보육하게 하였으며 실습교사와 보조교사가 담임교사 업무를 수행하도록 하였다.

4) 2016. 6. 21. 지도점검 시 청구인의 자녀 등원사실과 청구인의 근무상황에 대해 확인하기 위해 보육일지를 요청하였으나 없었으며, 2016년 2월까지 제출 요청했던 예 · 결산서도 미비치 되어 있었다.

   2016년 2월부터 2016년 6월까지의 회계서류도 미비치 되어 있어 추후 제출을 요청 하였으나 회계업체와 연락이 안된다는 핑계로 제출하지 않았으며 어린이집 회계장부에서 '차입금 상환' 이라는 목으로 매달 100여만 원 정도의 금액이 지출되는 것을 확인하였는데 이 부분은 2016. 4. 4. 정기 지도점검 당시 적발됐었던 것으로 당시 청구인은 어린이집 운영에 어려움이 있어 일시적으로 개인에게서 차입하였다고 주장하였으나 이는 실제 차입하여 상환한 것이 아니라 어린이집 명의의 신용카드를 발급받아 사용하면서 지출결의서와 영수증 없이 매달 카드 결제 금액에 대해서만 차입금 상환이라는 목으로 기록한 것이었고 증빙자료 등 회계서류 없이 어린이집 카드를 사적인 용도로 사용한 것으로 보여 형사기관에 고발조치하였다.

5) 어린이집 정원충족에 맞추어 청구인의 자녀를 입·퇴소하며 보육하고 보육교사 복무규정을 위반하여 교사대 아동비율을 위반한 행위는 거짓이나 그 밖의 부정한 방법으로 보조금을 교부받은 경우에 해당하여 「영유아보육법」 제40조 제3호의 보조금 반환명령, 동법 제45조 제1항 제1호의 운영정지 3개월, 동법 제46조 제4호의 원장 자격정지 3개월에 해당되고, 장부(예 결산서, 회계장부, 보육일지) 미비치 및 출석부·출근부 허위기재, 지출 증빙내역 미비치, 2016 정보공시 미실시는 시정명령에 해당되며, 2016. 4. 26. 시정명령받은 어린이집 운영기준 위반을 반복하여 위반한 행위는 동법 제45조 제1항 제3호의 운영정지 1개월에 해당된다. 「영유아보육법 시행규칙」 별표9 둘 이상의 처분기준이 동일한 운영정지인 경우에는 무거운 처분기준의 2분의 1까지 가중할 수 있되, 각 처분기준을 합산한 기간이나 1년을 초과할 수 없다는 조항에 따라 영업정지 3개월, 1개월에 해당하여 4개월로 가중하였으며, 영업정지 4개월에 갈음한 과징금처분을 한 것은 적법한 것으로 청구인의 영유아보육법 위반 사실이 명백하고 행정처분 또한 관련 법규에 따라 적법하게 한 것이므로 청구인의 청구를 기각하여 주기 바란다.

4. 관계 법령

영유아보육법

제40조

국가나 지방자치단체는 어린이집의 설치·운영자, 육아종합지원센터의 장, 보수교육 위탁실시자 등이 다음 각 호의 어느 하나에 해당하는 경우에는 이미 교부한 비용과 보조금의 전부 또는 일부의 반환을 명할 수 있다.

1. 어린이집 운영이 정지·폐쇄 또는 취소된 경우
2. 사업 목적 외의 용도에 보조금을 사용한 경우

제44조

보건복지부장관, 시·도지사 또는 시장·군수·구청장은 어린이집이 다음 각 호의 어느 하나에 해당하면 어린이집의 원장 또는 그 설치·운영자에게 기간을 정하여 그 시정 또는 변경을 명할 수 있다.

제45조

보건복지부장관, 시·도지사 및 시장·군수·구청장은 어린이집을 설치·운영하는 자(이하 이

조에서 "설치 · 운영자"라 한다)가 다음 각 호의 어느 하나에 해당하면 1년 이내의 어린이집 운영정지를 명하거나 어린이집의 폐쇄를 명할 수 있다.

제45조의 2

보건복지부장관, 시 · 도지사 또는 시장 · 군수 · 구청장은 어린이집의 설치 · 운영자가 제45조 제1항 각 호의 어느 하나에 해당하여 어린이집 운영정지를 명하여야 하는 경우로서 그 운영정지가 영유아 및 보호자에게 심한 불편을 주거나 그 밖에 공익을 해칠 우려가 있으면 어린이집 운영정지 처분을 갈음하여 3천만 원 이하의 과징금을 부과할 수 있다.

제46조

보건복지부장관은 어린이집의 원장이 다음 각 호의 어느 하나에 해당하면 1년(「아동복지법」 제3조 제7호에 따른 아동학대 행위로 제1호가목에 해당하게 된 경우에는 2년) 이내의 범위에서 보건복지부령으로 정하는 바에 따라 그 자격을 정지시킬 수 있다.

영유아보육법 시행규칙 제23조 별표8, 제38조 별표9, 제39조 별표10

5. 인정사실

청구인과 피청구인이 제출한 행정심판 청구서, 답변서 등의 기재 내용을 종합하여 보면 다음과 같은 사실을 각각 인정할 수 있다.

1) 청구인은 2014. 9. 4. 이 사건 어린이집의 인가를 받아 운영하고 있다.

2) 피청구인은 2016. 7. 12. 처분사전통지 및 2016. 7. 29. 청문 절차를 거쳐 2016. 8. 25. 청구인에 대하여 영유아보육법 위반으로 ① 보조금 2,053,120원 환수, ② 운영정지 4개월에 갈음하는 과징금 8,400,000원 부과, ③ 원장 자격정지 3개월(2016. 9. 12. ~ 2016. 12. 11.), ④ 시정명령의 처분을 하였다.

3) 피청구인은 영유아보육법 위반으로 보조금 부당수령 및 유용을 이유로 2016. 8. 31. 청구인을 서울○○경찰서에 고발 조치하였다.

6. 이 사건 처분의 위법 부당 여부

1) 「영유아보육법」 제40조 제3호에 따르면 국가나 지방자치단체는 어린이집의 설치 · 운영자가 '거짓이나 그 밖의 부정한 방법으로 보조금을 교부받은 경우' 에는 이미 교부한 비용과 보조금의 전부 또는 일부의 반환을 명할 수 있다고 정하고 있고 동법 제45조 제1항 제1호 및 제3호, 동법 시행규칙 제38조 제1항 별표9 제2호 가목 1)라) 및 바목 2)마)에 따르면 보건복지부장관, 시 · 도지사 및 시장 · 군수 · 구청장은 어린이집을 설치 · 운영하는 자가 '거짓이나 그 밖의 부정한 방법으로 보조금을 교부받거나 보조금을 유용한 경우' 및 '제44조에 따른 시정 또는 변경 명령을 위반한 경우' 에는 1년 이내의 어린이집 운영정지를 명하거나 어린이집의 폐쇄를 명할 수 있다고 정하고 있으면서 '거짓이나 부정한 방법으로 보조금을 교부받은 경우' 의 금액이

1백만 원 이상 3백만 원 미만에 해당하는 경우 행정처분 기준은 1차 위반시 운영정지 3개월, 금액이 1백만 원 미만에 해당하는 경우 운영정지 1개월로 정하고 있고, '제44조에 따른 시정 또는 변경 명령을 받았으나 이를 위반한 경우' 행정처분 기준은 1차 위반시 운영정지 1개월로 정하고 있으며, 위반행위의 동기 · 내용 및 횟수 등을 고려하여 운영정지기간을 2분의 1의 범위에서 가중하거나 감경할 수 있다고 정하고 있다.

동법 제45조의 2 및 동법 시행규칙 제25조의 3 별표 1의3에는 보건복지부장관, 시 · 도지사 또는 시장 · 군수 · 구청장은 어린이집의 설치 · 운영자가 제45조 제1항 '거짓이나 그 밖의 부정한 방법으로 보조금을 교부받거나 보조금을 유용한 경우' 및 '제44조에 따른 시정 또는 변경 명령을 위반한 경우' 에 해당하여 어린이집 운영정지를 명하여야 하는 경우로서 그 운영정지가 영유아 및 보호자에게 심한 불편을 주거나 그 밖에 공익을 해칠 우려가 있으면 어린이집 운영정지 처분을 갈음하여 3천만 원 이하의 과징금을 부과할 수 있다고 되어 있고 연간 총수입금액 100백만 원 이상 200백만 원 미만인 경우 운영정지 1일당 과징금 금액은 70,000원으로 정하고 있다.

또한 동법 제46조 제4호, 동법 시행규칙 제39조 제2항 별표10 제2호 라목 1) 다)에 의하면 보건복지부장관은 어린이집의 원장이 '거짓이나 그 밖의 부정한 방법으로 보조금을 교부받거나 보조금을 유용한 경우' 에는 1년 이내의 범위에서 그 자격을 정지시킬 수 있다고 정하고 있으면서 '아동 또는 보육교직원을 허위로 등록하는 등 거짓이나 부정한 방법으로 보조금을 교부받은 경우' 의 금액이 1백만 원 이상 3백만 원 미만에 해당하는 경우 행정처분기준은 자격정지 3개월, 1백만 원 미만에 해당하는 경우 자격정지 1개월로 정하고 있고, 위반행위의 동기 · 내용 및 횟수 등을 고려하여 자격정지기간을 2분의 1의 범위에서 가중하거나 감경할 수 있다고 정하고 있다.

2) 이 사건 처분에 관하여 본다.

우선, 청구인은 2015. 10월 청구인의 자녀 퇴소 처리 이후 청구인의 자녀를 등원시킨 적이 없다고 주장하고 있고, 2016. 4월에는 보육교사겸직 원장으로서 만근하였으며 맡은 반 아동들을 다른 보육교사들이 혼합하여 초과보육하게 하지 않았다고 주장하고 있으나, 2016. 7. 29. 청문에서 청구인이 주 4일에서 5일 정도 9시에서 11시 사이에 출근하고 실제 보육은 오후 1시에서 3시 사이에 한다고 진술한 점, 주차차단기의 오류 또는 미작동으로 인해 차량을 인식하지 못했음을 감안하더라도 이미 기록되어진 입차시간에 대해 오류가 있다는 객관적인 증거가 없는 점, 기록에 첨부된 소명자료, 특히 이 사건 지도점검 당시 청구인이 처분사유에 적시된 사실관계를 시인하는 내용으로 작성한 확인서들인 을 제5호증의 8 내지 11(청구인은 위 문서들이 협박과 회유에 못 이겨 사실과 다르게 작성된 것이라고 주장하나 이를 인정할 증거가 없다)을 종합해 볼 때, 이 사건 처분 사실을 인정할 수 있으므로 피청구인이 「영유아보육법」 제40조 제3

호에 따라 어린이집의 설치 · 운영자에게 이미 교부한 비용과 보조금의 전부 또는 일부의 반환을 명하고 제45조 제1항 제1호에 따라 어린이집을 설치 · 운영하는 자에게 영업정지 처분을 하고 동법 제46조 제4호에 따라 어린이집의 원장에게 자격정지 처분을 한 것은 적법하여 청구인의 주장은 이유 없다.

또한, 청구인은 피청구인이 회계장부만 요구하였고 그 외 자료는 요구하지 않은 것이며 지출증빙내역의 보완 시간이 부족하였고 회계 관련 서류를 회계업체로부터 수령하지 못한 것임을 주장하고 있으나, 2016. 4. 4. 정기점검 시에 수입지출 증빙내역 등에 대해 시정명령을 받은 사실이 있고, 청구인이 작성한 확인서 을 제5호증의 12 내지 14에 의해 이 사건 처분 사실을 인정할 수 있으며, 「영유아보육법」 제45조 제1항 제3호 및 동법 시행규칙 제38조 제1항 별표9 바목 '제44조에 따른 시정 또는 변경 명령을 위반한 경우' 1차 위반시 운영정지 1개월, 2차 위반시 운영정지 3개월, 3차 위반 시 운영정지 6개월의 처분의 세부기준을 정하고 있는 점을 종합해 볼 때, 이에 따른 피청구인의 운영정지 및 시정명령 처분 또한 적법한 것으로 달리 위법하거나 부당하다고 할 수 없다.

7. 청구 취지

피청구인은 2016. 8. 25. 청구인에 대하여 한 어린이집 보조금 2,053,120원 환수, 운영정지 4개월에 갈음하는 과징금 8,400,000원 부과, 어린이집 원장 자격정지 3개월(2016. 9. 12. ~ 2016. 12. 11.) 및 시정명령의 처분을 취소한다.

8. 재결 요지

피청구인의 강압에 의해 청구인이 확인서를 작성했다는 주장은 이를 인정할 만한 증거가 없으며, 영유아보육법 시행규칙에 의하면 시정명령 1차 위반, 2차 위반 및 3차 위반시에 각 행정처분의 규정을 두고 있으므로 청구인이 주장하는 이중처벌에 해당하지 않는다.

9. 주 문

청구인의 청구를 기각한다.

10. 결 론

그렇다면, 청구인의 주장을 인정할 수 없으므로 청구인의 청구를 받아들이지 않기로 하여 주문과 같이 재결한다.

11. 건축 이행강제금 부과처분 취소청구

사건번호 2016-1085

재결일자 2016. 12. 12.

재결결과 기각

1. 사건개요

피청구인은 서울시 강남구 대치동 123-10, 123-11, 123-12호에 위치한 건물 중 무단증축 건축물(이하 '이 사건 건물'이라 한다.)이 95.12㎡ 존치하고 있고, 144.83㎡는 무단대수선하였음을 확인하고, 소유자들에게 2016. 2. 1., 2016. 4. 8. 시정지시 하였으나 시정되지 않아 2016. 5. 10. 이행강제금 부과예고 후 2016. 6. 20. 이행강제금 27,042,450원을 부과(이하 '이 사건 처분'이라 한다.)하였다.

2. 청구인 주장

1) 건축이행강제금 부과를 위한 건축물 시가표준액 산정 시 경과 연수별 잔가율 및 증축 적용 지수를 누락하여 부당하다.
2) 대수선 신고 후 공사를 하였으므로 무단대수선에 해당되지 않으므로 무단대수선 건축 이행 강제금 부과는 부당하다.
3) 무단증축 건축이행강제금 부과와 관련하여 위반면적 산정 시 3필지 각각에 대해 적용 · 부과해야 하나 면적을 합산하여 1건으로 부과하였으며 건축법 제80조의 2에 따른 이행강제금 감경기준을 적용하지 않아 부당하다.

3. 피청구인 주장

1) 피청구인은 서울특별시 2016년도 부동산 시가표준액표에 의하여 "건축물신축가격기준액×구조지수×용도지수×위치지수×경과연수별잔가율"을 적용하여 이 사건 위반건축물의 과세시가표준액을 산정하는 등 「건축법」 및 부동산 시가표준액표에 따라 적법하게 부과하였다.
2) 청구인이 한 대수선 신고는 지붕틀 변경에 대한 것이고, 건축물의 주요 구조부를 증설 또는 해체, 수선, 변경하고자 할 경우에는「건축법 시행령」 제3조의 2에 따른 대수선 신고(허가)를 하여야 하나 별도의 신고 없이 기존 건축물 전체를 철거한 행위는 무단 대수선에 해당한다.
3) 해당 건축물은 공부상 3필지 각각에 대해 건축물대장 및 건물 등기부등본이 존재하나 이행 강제금 산정은 현재 건축물현황을 기준으로 부과하게 되어 있으므로 이사건 건물은 3개의 필지에 1동으로 무단 건축되어 3개의 건축물로 볼 수 없어 하나의 건축물로 무단 증축 면적을 산정함이 타당하다.

4. 관계 법령

건축법

제11조

건축물을 건축하거나 대수선하려는 자는 특별자치시장·특별자치도지사 또는 시장·군수·구청장의 허가를 받아야 한다.

제14조

제11조에 해당하는 허가 대상 건축물이라 하더라도 다음 각 호의 어느 하나에 해당하는 경우에는 미리 특별자치시장·특별자치도지사 또는 시장·군수·구청장에게 국토교통부령으로 정하는 바에 따라 신고를 하면 건축허가를 받은 것으로 본다.

제79조

허가권자는 대지나 건축물이 이 법 또는 이 법에 따른 명령이나 처분에 위반되면 이 법에 따른 허가 또는 승인을 취소하거나 그 건축물의 건축주·공사시공자·현장관리인·소유자·관리자 또는 점유자(이하 "건축주등"이라 한다)에게 공사의 중지를 명하거나 상당한 기간을 정하여 그 건축물의 철거·개축·증축·수선·용도변경·사용금지·사용제한, 그 밖에 필요한 조치를 명할 수 있다.

제80조의 2

허가권자는 제80조에 따른 이행강제금을 다음 각 호에서 정하는 바에 따라 감경할 수 있다. 다만, 지방자치단체의 조례로 정하는 기간까지 위반내용을 시정하지 아니한 경우는 제외한다.

1. 축사 등 농업용·어업용 시설로서 500제곱미터(「수도권정비계획법」 제2조 제1호에 따른 수도권 외의 지역에서는 1천제곱미터) 이하인 경우는 5분의 1을 감경
2. 그 밖에 위반 동기, 위반 범위 및 위반 시기 등을 고려하여 대통령령으로 정하는 경우(제80조 제2항에 해당하는 경우는 제외한다)에는 2분의 1의 범위에서 대통령령으로 정하는 비율을 감경

건축법 시행령 제3조의 2, 제11조, 제115조의 4

5. 인정사실

청구인과 피청구인이 제출한 행정심판 청구서, 답변서 등의 기재 내용을 종합하여 보면 다음과 같은 사실을 각각 인정할 수 있다.

1) 이 사건 건물은 서울시 강남구 대치동 123-10에 소재하고 있으며, 2009. 9. 2. 소유권 이전 받아 오달자, 강만세, 이유로 3인이 소유하고 있다.
2) 이 사건 건물은 세 개의 건물로 등기되어 있으며, 123-10 소재 A건물은 연면적 67.19㎡, 주용도 주택, 지상1층 건물이고, 123-11 소재 B건물은 연면적 38.02㎡, 주용도 근린생활시설, 지상1층 건물이며, 123-12 소재 C건물은 연면적 39.67㎡, 주용도 근린생활시설, 지상1층 건물이다.

3) 건축주들은 2010. 12. 14. 지붕틀 변경(와즙 → 경량철골경사지붕)의 대수선 신고서를 피청구인 에게 제출하였다.

4) 2011. 1. 3. 피청구인은 이 사건 건물의 건축주들이 건축물의 지붕구조를 변경하는 대수선 신고 후 신고내용과 다르게 기존 건축물을 대부분 철거하고 개축공사를 하고 있다는 사유로 대수선 공사 중지 및 시정지시를 하고, 2011. 1. 4. 서울○○○경찰서장과 서울○○경찰서장에게 건축주들을 고발하였다.

5) 이와 관련하여 오달자, 강만세, 이유로 3인은 2011. 3. 3. 서울강남지방법원으로부터 각 벌금 200백만 원의 약식명령 처분을 받았다.

6) 피청구인은 위반면적 전체를 무단증축으로 보고 2011. 4. 12. 무단증축 요율 50/100을 적용하여 62,640,000원의 이행강제금을 부과하였으나 청구인의 2007. 7. 31. 화재사실원 등을 첨부한 민원 사항과 국민권익위원회의 화재부분에 대한 이행강제금 산정기준 재검토 요청을 검토하여 건축화재부분(144.83㎡)은 무단 대수선 요율(3/100), 화재부분을 제외한 무단증축된 부분(95.12㎡)부분은 무단증축 요율(50/100)을 적용하여 감액하기로 하였다.

7) 피청구인은 2012. 2. 22. 27,095,140원, 2012. 11. 29. 27,613,000원, 2014. 12. 24. 26,397,000원의 이행강제금을 건축주들에게 부과하였다.

8) 피청구인은 건축주들에게 2016. 2. 1. 위반건축물 시정지시를 하였으며, 2016. 4. 8. 위반 건축물 시정촉구, 2016. 5. 10. 건축이행강제금 부과 예고를 한 후 2016. 6. 20. 27,042,450원의 이행강제금 부과처분을 하였으며, 위반내용은 무단대수선, 무단 증축이라고 명시하였다.

9) 이행강제금 부과내역은 아래와 같다.

> 건축이행강제금 = 건물과세시가표준액×위반면적×이행강제금 산정률
> - 무단 증축 : 521,000원×95.12㎡×50%=24,778,760원
> - 무단 대수선 : 521,000원×144.83㎡×3%=2,263,690원
> - 합계 : 27,042,450원
>
> ○ 건물과세시가표준액(521,000원)=건축물신축가격기준액(660,000원)×구조지수(75, 목조)×용도지수(100, 주택)×위치지수(124, 공시지가 5,000원 ~ 6,000천 원/㎡)×경과연수별잔가율(0.85, 목조)

6. 이 사건 처분의 위법 부당 여부

1) 건축법 제79조 제1항은 허가권자는 대지나 건축물이 이 법 또는 이 법에 따른 명령이나 처분에 위반되면 이 법에 따른 허가 또는 승인을 취소하거나 그 건축물의 건축주·공사시공자·현장관리인·소유자·관리자 또는 점유자)에게 공사의 중지를 명하거나 상당한 기간을 정하여

그 건축물의 철거 · 개축 · 증축 · 수선 · 용도변경 · 사용금지 · 사용제한, 그 밖에 필요한 조치를 명할 수 있다고 하고 있다.

동법 제80조 제1항에 의거 허가권자는 제79조 제1항에 따라 시정명령을 받은 후 시정기간 내에 시정명령을 이행하지 아니한 건축주등에 대하여는 그 시정명령의 이행에 필요한 상당한 이행기한을 정하여 그 기한까지 시정명령을 이행하지 아니하면 다음 각 호의 이행강제금을 부과하도록 하고, 각 호 중 제1호의 경우 건축물이 제55조와 제56조에 따른 건폐율이나 용적률을 초과하여 건축된 경우 또는 허가를 받지 아니하거나 신고를 하지 아니하고 건축된 경우에는 「지방세법」에 따라 해당 건축물에 적용되는 1제곱미터의 시가표준액의 100분의 50에 해당하는 금액에 위반면적을 곱한 금액 이하의 범위에서 위반 내용에 따라 대통령령으로 정하는 비율을 곱한 금액으로 명시하였고, 제2호는 건축물이 제1호 외의 위반 건축물에 해당하는 경우에는 「지방세법」에 따라 그 건축물에 적용되는 시가표준액에 해당하는 금액의 100분의 10의 범위에서 위반내용에 따라 대통령령으로 정하는 금액이라 명시하였다.

2) 이 사건 처분에 관하여 본다.

(1) 먼저 경과연수별 잔가율 및 증축 적용지수 누락 등 시가표준액 산정에 위법 · 부당함이 있다는 청구인의 주장에 대하여 살펴본다.

이행강제금 부과 세부 내역을 살펴보면, ① 건축물 대장 상 구조인 '목조' 구조지수를 적용하였고, ② 건축물 대장 상 용도는 '주택' 과 '근린생활시설' 로 되어 있으나 청구인에게 유리한 '주택' 으로 용도지수를 산정하였다. ③ 위치지수는 건물부속토지가격의 공시지가가 5,000원 ~ 6,000천 원/㎡로 보아 124를 적용하였고, ④ 청구인이 누락되었다고 주장하는 '경과연수별 잔가율' 은 2011년 대수선된 목조로서 내용연수 30에 해당하는 0.850를 적용하였으므로 경과연수별잔가율을 누락 하였다거나 산정에 잘못이 있다고 할 수 없다.

또한, 청구인은 증축적용지수가 누락되었다고 주장하고 있는 바, '증축적용지수' 가 정당하게 적용 되었는지 판단하기 위해 기초공사를 하지 않은 건물인지 여부를 살펴본다. 서울특별시 2016년도 부동산시가표준액표의 증개축 건축물 등에 대한 시가표준액 산출요령에 의하면, 증축 건축물에 대한 시가표준액은 증축 시 기초공사를 한 건축물과 기초공사를 하지 않은 건축물로 구분하고 해당 건축물의 구조별 신축건축물 시가표준액에 기초공사를 한 건축물은 100%, 기초공사를 하지 않은 건축물은 85%의 비율을 곱하여 산출한 금액을 시가표준액으로 하고 있다. 또한, 시가 표준액표에서 기초공사란 규준틀 설치, 터파기, 구조물 공사 등을 의미한다.

그러나, 제출된 자료에 의하면 이 사건 건물은 1층이고, 화재로 일부 소실된 건축물을 대수선 하면서 면적을 확장하여 수평증축 하였으므로, 바닥슬래브를 활용하여 건축물의 주요구조부(내력벽, 기둥, 보 등)를 증설 또는 해체, 수선, 변경한 것에 해당하여 기초공사를 한 건축물로 보는 것이 타당하고, 따라서 피청구인이 기초공사를 하지 않은 건축물에 적용하는 비율인 85%를 적용하지 않음에 부당함이 있다 할 수 없다.

(2) 이어서 대수선 신고 후 공사를 시행하였으므로 이 사건 처분이 부당하다는 청구인의 주장에 대하여 살펴보면, 청구인은 지붕틀 변경(와즙 → 경량철골경사지붕)에 대한 대수선 신고 후, 신고 내용과 다르게 기존 건축물을 대부분 철거하고 개축공사를 하였으므로 무단 대수선에 해당한다고 할 수 있고, 건축주들이 이와 관련하여 2011. 3. 3. 서울○○지방법원으로부터 각 벌금 200백만 원의 약식명령 처분을 받은바 위반 사실을 확인할 수 있다. 따라서 이 부분에 대한 청구인의 주장은 받아들일 수 없다.

(3) 다음으로 3개 필지 위의 3개의 건축물을 1개의 건축물로 면적을 합산한 결과 건축이행 강제금을 과다 산정하였다는 청구인의 주장에 대하여 살펴본다. 이 사건 건물은 건축물 대장에 각각 별개의 건축물로 등재되어 있으나 실제 건축물현황은 하나의 건축물로 되어 있으므로 실제 현황을 기준으로 부과한 이 사건 처분이 부당하다고 할 수 없다.

(4) 마지막으로 이 사건 건물이 건축법 제80조의 2 규정에 따른 감경사유에 해당된다는 청구인의 주장에 대해 살피건대, 건축법 제80조의 2 제1항 및 동법 시행령 115조의 4 제1항 제2호 및 제4호에 의하면, '임차인이 있어 현실적으로 임대기간 중에 위반내용을 시정하기 어려운 경우 등 상황의 특수성이 인정되는 경우', '「집합건물의 소유 및 관리에 관한 법률」의 적용을 받는 집합 건축물의 구분소유자가 위반한 면적이 5제곱미터 이하인 경우(별표 1 제2호부터 제4호까지의 규정에 따른 건축물로 한정한다) 등' 의 경우에는 2분의 1의 범위 내에서 대통령령으로 정하는 비율을 감경할 수 있는 바, 이 사건 건물은 이에 해당한다고 볼만한 사정이 없으므로 청구인의 주장을 받아들일 수 없다.

7. 청구 취지

피청구인이 2016. 6. 20. 청구인에게 한 이행강제금 27,042,450원을 부과 처분을 취소한다.

8. 재결 요지

이행강제금 산정 시 경과연수별잔가율을 누락하였다거나 산정에 잘못이 있다고 할 수 없고, 증축적 용지수가 누락되었다고 볼 수도 없음. 또한 지붕틀 변경 대수선 신고 후 신고내용과 달리 개축한 것은 무단 대수선으로 볼 수 있고, 3개 필지 위에 3개 건축물로 등재되어 있더라도 실재 건축물 현황에 따라 1개의 건축물로 이행강제금을 부과한 것은 부당하다 할 수 없다.

9. 주 문

청구인의 청구를 기각한다.

10. 결 론

그렇다면, 청구인의 주장을 인정할 수 없으므로 이를 받아들이지 않기로 한다.

12. 주민총회개최승인 취소청구

사건번호 2016-1319

재결일자 2016. 12. 12.

재결결과 기각

1. 사건개요

1) 청구인은 서울 송파구 송파동 123-10일대 189,450㎡를 사업시행구역으로 하여 주택재개발정비 사업을 시행하기 위하여 설립, 2010. 7. 9. 피청구인으로부터 승인을 받은 OO15구역 조합설립 추진위원회(이하 '이 사건 추진위원회'라 한다.)의 위원장(임기 : 2010. 7. 9. ~ 2012. 7. 8.)이었던 자이다.

2) 이 사건 사업시행구역 내 토지 등 소유자인 청구 외 갑은 2016. 9. 8. 위 사업시행 구역 내 토지 등 소유자 1/5 이상(333명)의 동의를 받아 "① 2016년 예산(안) 승인의 건, ② 주민총회 대행업체 선정(추인)의 건, ③ 선거관리위원회 구성(추인)의 건, ④ 신규 추진위원장, 부위원장, 감사, 추진위원 선임의 건, ⑤ 정비구역 등 연장 요청의 건"을 안건으로 하는 주민총회 개최 승인을 신청(이하 '이 사건 신청'이라 한다)하였고, 이에 피청구인은 청구 외 갑에게 위 안건 중 "④ 신규 추진위원장, 부위원장, 감사, 추진위원 선임의 건"에 대하여 2016 10. 21.자로 주민총회 개최를 승인(이하 '이 사건 처분'이라 한다)하였다.

3) 청구인은 피청구인이 위 5개 안건 중 1개 안건에 대하여만 수정 승인을 하는 것은 행정의 일반원칙에 어긋나는 처분이라는 점, 위 갑이 피청구인에게 제출한 토지 등 소유자의 주민총회개최 요구서가 위조된 것이라는 점, 추진위원회 운영규정에 의해 임기 만료된 위원은 그 후임자가 선임될 때까지 그 직무를 수행할 수 있다는 점 등을 이유로 피청구인이 청구 외 갑에게 한 이 사건 처분의 취소를 구하는 이 건 심판을 청구하였다.

2. 청구인 주장

1) 청구인은 2006. 10. 19. 송파재정비촉진지구로 지정(서울시 고시제123호)되고, 2008. 4. 3. 재정비촉진결정(서울시 고시 제111호)되어 2010. 7. 9. 주택재개발정비 사업조합설립추진위원회 승인을 받은 이 사건 추진위원회의 추진위원장으로서, 추진위원회 주민총회의 소집권, 진행권에 대한 정당한 권한이 있는 의장이 되는 추진위원장이다.

그런데 청구 외 갑이 피청구인에게 2016. 9. 8. 자로 주민총회 개최승인 신청서를 제출하면서 발의한 6개 안건 중 제5호 안건은 이 사건 추진위원회 운영 규정 제15조 제3항에 따라 토지 등 소유자 5분의 1 이상이 시장 · 군수의 동의를 얻어 주민총회를 소집하고 위원을 선임할 수 있으나, 나머지 제1호 내지 제4호 안건, 제6호 안건은 운영규정 제20조에 따라 토지 등 소유자 5분의 1 이상이 주민총회의 목적사항을 제시하여 추진위원장에게 먼저 총회 소집을 청구하고, 추진위원장이 받아들이지 않을 경우, 감사에게 총회 소집청구를 하고, 감사도 소집청구를 받아들이지 않을 경우 구청장에게 총회소집을 청구하여 승인받아야 하는 것인데, 갑의 1호 내지 제4호 안건, 제6호 안건에 대한 주민총회 개최승인 신청은 위 선행절차를 무시한 채 추진위원장 선임과 동일하게 하나의 안건으로 묶어 바로 피청구인에게 총회소집을 요청한 것으로 이는 절차상 흠결이 있는 무효인 총회소집청구이다.

또한, 행정청이 인가를 하는 경우 신청주의로, 신청된 대로 서류를 심사하여야 하며, 이때 신청된 안건에 대하여 모두 심사하여 요건에 적합할 경우 동의여부를 결정하는 것으로 일부 안건은 적합하나 일부 안건은 부적합함에도 이를 적합한 부분만 승인하는 수정승인은 행정법상 금지되어 있음에도 피청구인이 갑의 신청을 승인한 것은 위법한 것이며, 갑의 주민총회 개최승인 신청은 6개의 안건이 하나의 일체임에도 피청구인이 그 중 하나의 안건에 대해서만 선택적으로 승인한 것은 행정처분의 불가분성원칙에서 볼 때 위법한 처분이라 하겠다.

2) 청구 외 갑은 '제15구역 주민총회발의요구서' 를 주민들로부터 징구하여 이를 피청구인에게 제출하였는데, 이 동의서를 살펴보면 333명의 발의를 받아 청구하였다고 하지만, 그 중 84명은 청구인에게 주민총회 발의에 대한 동의서를 제출하여 갑의 주민발의 동의자와 중복되고 (그 중 46명은 서면 결의서까지 제출 완료), 27명은 청구인이 개최하는 주민총회에 이미 서면 결의서를 제출한 자들이며, 청구인이 전화통화로 확인한 바에 따르면, 갑이 제출한 신청서 상 333명의 발의 동의자 중 32명의 토지 등 소유자들의 경우 갑에게 발의서를 작성하여 준 적이 없다고 구두 확인되었으며, 또한 4명은 갑이 피청구인에게 이 사건 신청을 한 2016. 9. 8. 이전에 소유권이 변경되어 발의 동의 자격이 없는 것으로 확인되는 바, 그렇다면, 갑이 제출한 총회 발의 동의자 333명 중 소유권 변경자 4명을 제외하고, 유선상으로 동의사실이 없음을 확인한 32명을 제외하면 동의자는 297명으로 이는 전체 대상자 1,593명의 18%에 해당되어 토지 등 소유자의 5분의 1 이상에 미달하는 흠결이 있다 할 것이고, 위 297명 중에서도 중 약 37%에 해당하는 110명은 청구인의 주민총회 발의에 참여하거나 서면결의를 제출하여 2016. 10. 29. 개최 예정이었던 청구인의 주민총회에지지 의사를 표시했던 것으로, 갑의 총회를 허용하여야 할 이유가 없으므로, 갑의 이 사건 신청 시 제출한 발의 동의서는 위조, 기망에 의한 것이며 따라서 피청구인의 이 사건 처분은 갑의 신청에 대한 심사를 게을리 한 위법한 처분이라 할 것이다.

3) 한편, 이 사건 추진위원회 운영규정 제15조 제3항에서 "추진위원회에서는 임기가 만료된 위원의 후임자를 임기만료 전 2개월 이내에 선임하여야 하며, 위 기한 내에 추진위원회에서 후임자를 선임하지 않을 경우 토지 등 소유자 5분의 1 이상이 시장 · 군수의 승인을 얻어 주민총회를 소집하여 위원을 선임할 수 있다."라고 규정하고 있는 바, 이미 적법한 추진위원회 위원장인 청구인이 2016. 10. 29. 주민총회의 소집을 공고하였고, 총회가 개최될 것이 거의 확정된 상황에서 또 다른 총회의 소집을 승인한 피청구인의 처분만으로 청구 외 갑의 총회소집의 정당성이 확보된다고 보기는 어렵고, 대법원 판례(대법원 2010. 11. 11. 선고 2009다89337)에 따르면, 임기가 만료한 경우에도 기존에 선임된 추진위원장은 임시로 추진위원장으로서의 업무를 수행할 수 있고, 그 업무의 범위는 판례에서 지적하다시피 추진위원회는 재개발조합을 설립하는 것이 주된 업무라 할 것이고, 그 중 직접적으로 조합원들이 될 토지 등 소유자에게 부담을 지우는 행위를 할 수는 없을지언정, 도시 및 주거환경정비법 제14조 제1항에 열거된 추진위원회의 기능으로 규정된 업무는 총회를 소집하여 그 결의를 받는 범위 내에서 유효하게 할 수 있다고 할 것이며, 따라서 추진위원회가 새로운 임원을 선출할 것인지, 기존 임원에 대하여 연임을 하는 결의를 할 것인지를 선택할 수 있다는 판례의 취지에 의할 때, 청구인은 추진위원회의 총회소집을 할 정당한 권한이 있다고 할 것이므로, 피청구인의 이 사건 처분은 취소되어야 한다.

3. 피청구인 주장

1) 청구 외 갑은 2016. 9. 8.자로 제15구역 주택재개발정비사업조합설립추진위원회 소속 토지 등 소유자 333명의 동의를 얻어 이 사건 추진위원회 운영규정 제15조 제3항에 의해 피청구인에게 주민총회 개최 승인을 요청하였고, 도시 및 주거환경정비법 제15조 제2항, 제15조 제7항의 규정은 추진위원회의 위원의 교체 · 해임절차 등에 관한 구체적인 사항은 운영규정이 정하는 바에 따른다고 되어 있고, 이 사건 추진위원회 운영규정 제15조 제3항 규정에 의하면, 주민총회 개최 시 피청구인의 승인이 필요한 안건은 위원 선임의 건에 대한 사항(나머지 안건에 대해서는 피청구인의 승인이 필요하지 않음)이므로, 피청구인은 이 사건 신청에 대하여 위원 선임의 안건에 대하여만 2016. 10. 21.자로 주민총회 개최 승인을 한 것으로 이는 적법한 처분이며, 위 갑이 청구인을 채무자로 하여 서울북부지방법원에 제기한 직무집행정지 가처분 사건(서울북부지방법원, 2016카합 20263)에서 위 법원이 2016. 10. 28. 선고한 청구인의 직무집행정지 결정에 비추어 보더라도 피청구인의 이 사건 처분은 위법하다 할 수 없다.

2) 청구인은 갑에게 주민총회 소집요구서를 제출한 333명의 토지 등 소유자 중 84명은 청구인에게도 주민총회 소집요구서를 제출한 사실이 있고, 위 토지 등 소유자 중 27명은 청구인이 개최하려던 주민총회에 서면결의서를 제출한 사실도 있어 이를 동의자 수 산정에서 제외하여야 한다고 주장하고 있으나, 청구인은 2012. 7. 9.자로 임기가 만료된 추진위원장으로, 이 사건 추진

위원회가 새로운 추진위원장을 선임하지 아니한 상태에서 청구인이 추진위원장을 선임한다고 하자 토지 등 소유자가 청구인을 적법한 주민총회 소집권자인 줄 알고 청구인에게 소집요구서를 제출한 것이며, 청구인의 주장만으로는 갑에게 제출한 주민총회 소집요구서의 효력을 부정할 수 없고, 청구인은 유선으로 확인한 결과 토지 등 소유자 32명은 주민총회 소집요구서를 제출한 사실이 없다고 하고 있으므로 갑의 신청이 위조 또는 기망에 의한 것이라 주장하나 이를 입증하는 구체적인 자료가 없으며, 또한 4명의 토지 등 소유자는 이 사건 주민총회 개최 승인신청 전 소유권이 변동되어 자격이 없다고 주장하고 있는데, 피청구인 확인 결과 위 4명 중 3명은 이 사건 신청일인 2016. 9. 8. 이후 명의 변경된 사실이 확인되었고, 나머지 1명은 소유권 변경이 확인되어 당초 이 사건 처분 시 동의자 수 산정에서 제외하였으므로, 청구인의 이 사건 신청 시 동의 정족수 미달에 대한 주장은 이유 없다. 또한 청구인은 이미 서울북부지방법원에서 진행된 '주민총회 개최금지 및 직무집행정지 가처분' 사건에서 이와 동일한 주장을 하면서 피청구인의 이 사건 처분이 위법하다고 주장한 바 있으나, 위 법원은 청구인의 주장을 인정할만한 자료가 없고, 피청구인이 한 이 사건 처분은 위법하다고 볼 수 없다는 결정을 한 바 있다.

3) 한편, 피청구인은 청구인을 추진위원회 위원장으로 한 이 사건 추진위원회에 대해 2010. 7. 10.자로 조합추진위원회 설립승인을 한 바 있으며, 추진위원회의 운영규정 제15조 제3항에 의하면, 위원의 임기는 2년으로 하되, 추진위원회에서 재적위원 과반수의 출석과 출석위원 3분의 2 이상의 찬성으로 연임할 수 있으나, 위원장 · 감사의 연임은 주민총회의 의결에 의하도록 규정하고 있으며, 임기가 만료된 위원은 그 후임자가 선임될 때까지 그 직무를 수행하고, 추진위원회에서 임기가 만료된 위원의 후임자를 임기만료 전 2개월 이내에 선임하여야 하며, 위 기한 내에 추진위원회에서 후임자를 선임하지 않을 경우 토지 등 소유자 5분의 1 이상이 시장 · 군수의 승인을 얻어 주민총회를 소집하여 위원을 선임할 수 있도록 규정하고 있는 바, 이에 따르면 추진위원장이 연임을 위한 주민총회 개회 권한은 임기만료 2개월 전까지 행사하지 않으면 소멸되는 것으로 보아야 하며, 청구인은 여전히 추진위원장으로서 주민총회 개최권한이 있음을 전제로 이 사건 심판을 청구하였으나, 대법원 판례는 "임기만료된 대표자의 사무처리에 대해 사후에 개별적 · 구체적으로 가려 예외적으로 그 효력을 인정케 하는 근거가 될 수 있을 뿐, 그로 하여금 장래를 향하여 대표자로서 업무수행권을 포괄적으로 행사하게 하는 근거는 될 수 없다."라고 판시(대법원2003. 7. 8. 선고, 2002다74817판결)하고 있어 임기가 만료된 위원이 후임자가 선임될 때까지 그 직무를 무한정 수행할 수 있다는 의미가 아님을 명백히 하고 있어 청구인의 이에 대한 주장도 이유 없다.

4) 한편, 행정심판법 제13조 제1항에 의하면, 취소심판의 청구는 그 처분의 취소 또는 변경을 구할 법률상 이익이 있는 자가 청구할 수 있고, 처분의 효과가 처분의 집행 그 밖의 사유로 소멸된 뒤에도 그 처분의 취소로 회복되는 법률상 이익이 있는 자의 경우에 한정된다고 할 것인

데, 청구 외 갑이 청구인을 상대로 제기한 '주민총회 개최금지 및 직무집행정지 가처분' 사건에서 서울 북부지방법원은 2016. 10. 28.자로 청구인의 주민총회 개최금지와 주민총회개최를 위한 직무집행의 정지를 명하는 결정을 한 바 있으므로, 청구인은 이 사건 처분의 취소나 변경을 구할 법률상 이익이 있는 자로 보기도 어렵다 할 것이므로 청구인의 청구는 기각되어야 한다.

4. 관계 법령

「도시 및 주거환경정비법」

제13조

정비계획의 입안권자(특별자치시장 및 특별자치도지사는 제외한다. 이하 이 조에서 같다)는 제12조 제6항에 따라 정비계획의 입안 여부를 결정한 경우에는 지체 없이 특별시장 · 광역시장 · 도지사에게 결정내용과 해당 안전진단 결과보고서를 제출하여야 한다.

제14조

토지 등 소유자(제5호의 경우에는 제26조 제1항 제1호 및 제27조 제1항 제1호에 따라 사업시행자가 되려는 자를 말한다)는 다음 각 호의 어느 하나에 해당하는 경우에는 정비계획의 입안권자에게 정비계획의 입안을 제안할 수 있다.

1. 제5조 제1항 제10호에 따른 단계별 정비사업 추진계획상 정비예정구역별 정비계획의 입안시기가 지났음에도 불구하고 정비계획이 입안되지 아니하거나 같은 호에 따른 정비예정구역별 정비계획의 수립시기를 정하고 있지 아니한 경우
2. 토지 등 소유자가 제26조 제1항 제7호 및 제8호에 따라 토지주택공사 등을 사업시행자로 지정 요청하려는 경우

제15조

정비계획의 입안권자는 정비계획을 입안하거나 변경하려면 주민에게 서면으로 통보한 후 주민설명회 및 30일 이상 주민에게 공람하여 의견을 들어야 하며, 제시된 의견이 타당하다고 인정되면 이를 정비계획에 반영하여야 한다.

5. 인정사실

청구인과 피청구인이 제출한 행정심판 청구서, 답변서 등의 기재 내용을 종합하여 보면 다음과 같은 사실을 각각 인정할 수 있다.

1) 제15구역 주택재개발정비사업 조합설립추진위원회는 서울 송파구 송파동 123-10일대 189,450㎡를 사업시행구역으로 하여 주택재개발정비사업을 시행하기 위하여 설립되어 2010. 7. 9. 피청구인으로부터 승인받은 주택재개발정비사업조합설립 추진위원회이고, 청구인은 위 추진위원회의 위원장으로 재직(임기 : 2010. 7. 9. ~ 2012. 7. 8.)하던 자이다.

2) 청구 외 갑은 2016. 9. 8. 이 사건 정비구역 내 토지 등 소유자 1/5 이상(333명)의 동의를 받아 피청구인에게 "① 2016년 예산(안)승인의 건, ② 주민총회 대행업체 선정(추인)의 건, ③ 선거관리위원회 구성(추인)의 건, ④ 신규 추진위원장, 부위원장, 감사, 추진위원 선임의 건, ⑤ 정비구역 등 연장 요청의 건"을 안건에 대한 의결을 목적으로 하는 주민총회 개최 승인을 신청하였다.

3) 한편, 청구인은 2016. 9. 28. 추진위원장 연임결의 등 안건 의결을 위해 2016. 10. 29.자로 주민총회를 개최함을 내용으로 하는 주민총회 개최 공고를 하였다.

4) 피청구인은 2016. 10. 21. 청구 외 갑의 주민총회 개최승인 신청 관련 안건 중 "④ 신규 추진위원장, 부위원장, 감사, 추진위원 선임의 건"에 대하여 주민총회 개최승인을 하는 이 사건 처분을 하였다.

5) 한편, 청구 외 갑은 2016. 10. 19. 이 사건 추진위원회와 청구인을 채무자로 하여 서울북부지방법원에 주민총회 개최금지 및 직무집행정지가처분신청(서울북부지방법원 2016카합123)을 하였고, 이에 대하여 위 법원은 2016. 10. 28.자로 "채무자 을은 제15구역주택재개발정비사업조합설립추진위원회의 추진위원장으로서 주민총회 개회를 위한 직무를 수행하여서는 아니된다."라고 직무 집행정지 결정을 하였으며, 청구인이 위 가처분에 대한 이의신청을 하여 계류 중(서울북부지방법원2016카합123)이다.

6. 이 사건 처분의 위법 부당 여부

1) 「도시 및 주거환경정비법」(이하 '도시정비법'이라 한다) 제13조 제2항에 따르면, 조합을 설립하여 정비사업을 시행하고자 하는 경우에는 정비구역지정 고시 후 위원장을 포함한 5인 이상의 위원 및 제15조 제2항에 따른 운영규정에 대한 토지 등 소유자 과반수의 동의를 받아 조합설립을 위한 추진위원회를 구성하여 국토교통부령으로 정하는 방법과 절차에 따라 시장·군수의 승인을 받아야 한다고 정하고 있고, 동법 제14조는 추진위원회는 정비사업전문관리업자의 선정, 설계자의 선정 및 변경, 개략적인 정비사업 시행계획서의 작성, 조합의 설립인가를 받기 위한 준비업무를 수행할 수 있다고 정하고 있으며, 제15조에서 국토교통부장관은 추진위원회의 공정한 운영을 위하여 추진위원회 위원의 선임방법 및 변경에 관한 사항, 추진위원회 위원의 권리·의무에 관한 사항, 추진위원회의 업무범위에 관한 사항, 추진위원회의 운영방법에 관한 사항, 토지 등 소유자의 운영경비 납부에 관한 사항 등의 내용을 포함한 추진위원회의 운영규정을 정하여 관보에 고시하여야 한다고 정하고 있고, 제7항에서 추진위원회 위원의 교체·해임절차 등에 관한 구체적인 사항은 운영규정이 정하는 바에 의한다고 정하고 있다.

한편, ○○15구역 주택재개발정비사업조합설립추진위원회 운영규정 제15조는 위원의 선임 및 변경에 대하여 정하면서 위원의 임기는 선임된 날부터 2년까지로 하되, 추진위원회에서 제적위원 과반수의 출석과 출석위원 3분의 2 이상의 찬성으로 연임할 수 있으나, 위원장 · 감사의 연임은 주민총회의 의결에 의한다고 정하고 있고, 임기가 만료된 위원은 그 후임자가 선임될 때까지 그 직무를 수행하고, 추진위원회에서는 임기가 만료된 위원의 후임자를 임기 만료 전 2개월 이내에 선임하여야 하며, 위 기한 내에서 추진위원회에서 후임자를 선임하지 않을 경우 토지 등 소유자 5분의 1 이상이 시장 · 군수의 승인을 얻어 주민총회를 소집하여 위원을 선임할 수 있다고 정하고 있다.

또한, 위 운영규정 제20조 제1항은 토지 등 소유자 전원으로 주민총회를 구성한다고 정하면서, 제2항에서 주민총회는 위원장이 필요하다고 인정하는 경우에 개최된다고 정하면서 다만, 토지 등 소유자 5분의 1 이상이 주민총회의 목적사항을 제시하여 청구하는 때에는 위원장은 해당 일부터 2월 이내에 주민총회를 개최하여야 한다고 정하고 있다.

2) 이 사건에 관하여 본다.

청구인은 이 사건 추진위원회의 위원장이었던 자(임기 2010. 7. 9. ~ 2012. 7. 8.)로서, 추진위원회 운영규정 제15조 제3항에 의해 임기가 만료되었더라도 그 후임자가 선임될 때까지 직무를 수행할 수 있다고 주장하면서 피청구인의 청구 외 갑에 대한 이 사건 주민총회 승인처분의 취소를 구하고 있으나, 위 규정의 취지는 추진위원회운영과 관련된 급박한 사정을 해소하기 위하여 통상적인 사무를 처리할 권한을 가진다는 의미로, 임기 만료된 위원으로 하여금 업무를 수행하게 할 필요가 있는지는 사안별로 구체적으로 판단하여 인정할 수 있는 부분이며, 임기 만료 후 후임자가 아직 선출되지 않았다는 사정만으로 당연히 포괄적으로 부여되는 것은 아니므로(대법원 2003. 7. 8. 선고 2002다74817판결 참조), 청구인은 2012. 7. 8.자로 추진위원장으로서의 임기가 만료되어 약 4년 3개월이 경과한 2016. 9월경에 이르러서까지 신임 추진위원장 선출 또는 자신의 추진위원장 연임을 위한 주민총회 소집권을 당연히 갖는다고 볼 수는 없다 할 것이고, 따라서 이 사건 추진위원회의 토지 등 소유자는 운영규정 제15조 제3항에 의해 토지 등 소유자 5분의 1 이상이 시장 · 군수의 승인을 얻어 주민총회를 소집하여 위원장 및 임원을 선임할 수 있는 바, 청구인의 이에 대한 주장은 이유 없다.

한편, 청구인은 피청구인이 청구 외 갑의 주민총회 승인 신청 시 주민총회의 목적사항으로 제시한 5개 안건 중 하나의 안건인 "신규 추진위원장, 부위원장, 감사, 추진위원 선임의 건"에 대하여만 승인한 것은 위법하다고 주장하고 있으나, 이 사건 추진위원회의 운영규정에 따르면, 갑이 제출한 5개 안건 중 해당 안건에 대해서만 피청구인의 승인이 필요한 사항으로 피청구인이 위 안건에 대해서 주민총회개최승인을 한 것에 위법함이 없고, 청구인의 주장과 같은 이유로 피청구인이 갑의 신청을 반려하고 보완을 요하는 것이 오히려 불필요한 절차를 거치는 것이라 할 수 있어, 청구인의 이에 대한 주장도 이유 없다.

또한, 청구인은 청구 외 갑이 피청구인에게 제출한 주민총회 개최 발의 명부 상 기재된 토지 등 소유자 중 일부가 청구인 소집 주민총회에도 발의서나 서면결의서를 제출했다는 사실과 주민총회 공동발의자 중 대표 1인이 발의를 취하했다는 점 등을 들어 이 사건 주민총회개최승인 신청이 운영규정에서 정한 토지 등 소유자 5분의 1 이상의 동의를 얻지 못하였다고 주장하고 있으나, 일부 토지 등 소유자가 청구인 소집 주민총회와 이 사건 신청 주민총회 모두 동의서를 제출했다고 하더라도 이 사건 신청에 대한 동의의 유효 여부에 영향을 미치는 사항이 아니며, 한편, 청구인은 위와 같이 일부 토지 등 소유자가 청구인 소집 주민총회와 이 사건 신청 주민총회 모두 동의서를 제출했음을 주장하고, 청구인이 유선으로 확인한 결과 일부는 청구외 갑에게 동의서를 제출한 적이 없다는 점을 확인했다고 주장하면서 이 사건 신청 시 청구 외 갑이 제출한 주민발의가 위조되었다고 주장하고 있으나, 이를 입증할만한 자료가 없는 바, 피청구인의 이 사건 처분에 위법 또는 부당함이 있다할 수 없다.

7. 청구 취지

피청구인이 2016. 10. 21. 청구 외 갑에 대하여 한 주민총회 개최승인은 이를 취소한다.

8. 재결 요지

청구인은 이 사건 추진위원회의 위원장이었던 자(임기 2010. 7. 9. ~ 2012. 7. 8.)로서, 추진위원회 운영규정 제15조 제3항에 의해 임기가 만료되었더라도 그 후임자가 선임될 때까지 직무를 수행할 수 있다고 주장하고 있으나, 위 규정의 취지는 추진위원회 운영과 관련된 급박한 사정을 해소하기 위하여 통상적인 사무를 처리할 권한을 가진다는 의미로, 임기 만료된 위원으로 하여금 업무를 수행하게 할 필요가 있는지는 사안별로 구체적으로 판단하여 인정할 수 있는 부분이며, 임기 만료 후 후임자가 아직 선출되지 않았다는 사정만으로 당연히 포괄적으로 부여되는 것은 아니므로 청구인의 주장은 이유 없다.

9. 주 문

청구인의 청구를 기각한다.

10. 결 론

그렇다면, 청구인의 주장을 인정할 수 없으므로 청구인의 청구를 기각하기로 하여 주문과 같이 재결한다.

13. 공동주택 난방방식 변경행위 허가 취소청구

사건번호 2016-1191

재결일자 2016. 11. 28.

1. 사건개요

청구인은 서울시 서초구 동서로에 위치한 "A아파트"의 구분소유자이다. 2016. 6. 2. A아파트 입주자대표회의에서 피청구인에 난방방식 변경(중앙난방 → 개별난방) 및 중앙난방시설 철거의 내용으로 행위허가를 신청한 바, 2016. 6. 24. 피청구인은 A아파트 입주자대표회의에 대하여 행위허가 요건인 67%를 충족하였다는 사유로 공동주택 행위허가(난방방식 변경 및 중앙난방시설 철거, 이하 '이 사건 처분'이라 한다) 통지를 하였다.

서울특별시 실태조사(개별난방 전환 동의서 전수조사) 결과, A아파트의 전체입주자는 3,544명이며 입주자 본인 및 위임장 서명은 2,509명(70.79%), 위임장 없는 서명은 94명(2.65%), 미제출은 941명(26.5%)이다.

피청구인은 주택법 제42조 제2항 제3호 및 동법 시행령 제47조 별표3에 의하여 이 사건행위허가 신청이 전체 입주자 3분의 2 이상의 동의를 얻었으므로 이 사건 처분을 하였으나, 청구인은 이 사건 처분이 구분소유자의 4분의 3 이상 및 의결권의 4분의 3 이상의 결의, 서면 · 전자적 방법의 경우 5분의 4 이상 및 의결권의 5분의 4 이상 결의를 규정하고 있는 집합건물의 소유 및 관리에 관한 법률 제15조 제1항, 제41조 제1항에 위배됨을 근거로 이 사건 처분이 취소되어야 한다고 주장한다.

2. 청구인 주장

1) 구 주택법 시행령 제47조 제1항 별표3 "전체 입주자 2/3 이상 동의" 요건은 집합건물법 제15조 제1항 "구분소유자의 3/4 이상 결의" 또는 제41조 제1항 "4/5 이상 서면에 의한 합의" 요건보다 낮은 수준의 요건이므로, 구분소유권자의 기본적인 권리를 침해하는 것이다. 따라서 난방방식 변경 행위허가를 함에 있어서 집합건물법에 의한 80% 이상의 서면합의가 없음에도 불구하고 집합건물법 제2조의 2에 의해 효력이 부인되는 구 주택법 제42조 및 동법 시행령 제47조에 의한 67% 이상의 동의요건만을 충족한 사안에 대한 행위허가는 법률을 위반한 것이다.
2) "주택법의 적용을 받는 공동주택에서 난방방식을 변경할 경우 주택법과 집합건물법 중 어느 법률이 적용되는지"에 대한 법무부 질의회신에 의하면, 주택법의 규정 가운데 구분소유권자의 본질적 권리를 침해하지 않는 규정만이 집합건물법에 우선한다. 또한 구분소유권자의 재산권에 관련된 공용부분의 변경에 해당하는 공동주택의 난방방식 변경은 집합건물법 제15조에서 정한 요건을 갖추어야 하며, 서면합의에 갈음하는 경우 구분소유자 및 의결권의 각 4/5 이상의 서면합의가 있어야 한다.
3) 대법원 2008년 9월25일 선고 2006다86597 판결에 의하면, 아파트의 기존 중앙집중 난방방식을 지역난방으로 변경하기 위해서는 기존의 공용부분에 해당하는 중앙집중 난방시설 및 배관

설비 대부분을 철거하고 지역난방용으로 새로운 난방시설 및 배관설비를 설치하여야 하며, 그 비용이 약 70억 원에 달하고 있으므로 이는 공용부분의 형상 또는 효용을 실질적으로 변경시키는 공용부분의 변경이고, 이러한 경우 집합건물법 제15조 제1항, 제41조 제1항에 따라 구분소유자 및 의결권의 각 4분의 3 이상의 다수의 결의에 의하거나 구분소유자 및 의결권의 각 5분의 4 이상의 서면에 의한 합의가 있어야 하는 바, 전 입주자대표회의가 아파트 입주자 3,144세대 중 2,396 세대의 서면에 의한 동의만을 받아 난방방식 변경을 결정하고 관할구청에 행위허가를 신청한 것은 집합건물법을 위반한 행위에 해당한다.

4) 구 주택법 제42조 제2항 제3호는 허가 · 신고의 대상으로 공동주택을 파손 또는 훼손하거나 해당 시설의 전부 또는 일부를 철거하는 행위를 규정하고 있을 뿐, 새로운 개량행위를 포함하지 않으며, "난방방식의 변경"은 새로운 난방시설 및 도시가스 배관설비를 설치함으로써 공용부분의 형상 또는 효용을 실질적으로 변경시키는 것으로, 주택법을 근거로 "난방방식의 변경" 행위허가를 하는 것은 위법하다. 피청구인이 행위허가 신청 보완요청 공문 중 보완 내용으로 "보일러실 설치 상세 도면(세대별 평면도, 입면도), 보일러 설치기준 검토내용" 등을 요구한 바, 이 사건의 행위허가는 "중앙난방 시설의 철거"뿐만 아니라 새로운 시설의 설치까지포함되었다고 인정된다.

5) 청구인은 이 사건 처분의 목적물인 A아파트의 구분소유권자로서 이 사건처분으로 재산권인 구분소유권이 침해받는 바 이 사건의 취소를 구할 법률상 이익이 있고, 본행정심판 제소기간에 대해서는 신청인이 사건 처분의 당사자가 아닌 이해관계자인 바 직접적인 통지를 받은바 없어 처분이 있음을 안날이 없고, 본 행정심판 신청일은 처분이 있은 날(2016. 6. 24.)로부터 180일 이내이다.

3. 피청구인 주장

1) 본안 전 답변

행정심판법 제27조 제1항의 규정에 따르면 행정심판은 처분이 있음을 안 날로부터 90일이내에 청구하도록 하고 있다. 피청구인은 2016. 6. 24. 구 주택법 제42조 제2항 및 동법 시행령 제47조 규정에 의거 중앙난방을 철거하는 행위허가를 하였다. 그런데 청구인은 처분은 있는 날로부터 90일이 경과된 2016. 10. 7. 행정심판을 청구하여, 이는 심판제기 요건을 결한 부적법한 청구로 「각하」되어야 한다.

2) 본안에 대한 답변

청구인은 피청구인이 집합건물의 소유 및 관리에 관한 법률을 위반하였으므로 피청구인의 행위허가를 취소하여야 한다고 주장하나, 피청구인의 행위허가는 구 주택법 제42조 제2항 및 동법시행령 제47조 별표3에 의거 공동주택의 부대시설을 파손 · 철거 하는 전체입주자 3분의

2 이상의 동의를 얻어 행위허가가 신청되어 적법하게 이루어진 것이다.

주택법상 "전체 입주자 3분의 2 이상의 동의"는 주택법 제42조 제2항의 허가를 받기 위한 요건인 반면, 집합건물의 소유 및 관리에 관한 법률 제15조 제1항, 제41조 제1항의 "구분소유자의 5분의 4 이상 및 의결권의 5분의 4 이상 서면"은 공용부분의 변경 행위의 사법(私法)상 유효요건에 해당하며 개별난방 공사의 유효성을 판단하므로, 각 별개의 법적효과에 관한 규정에 해당한다. 따라서 주택법과 무관한 민법인 집합건물의 소유 및 관리에 관한 법률을 위반하였다고 행위허가의 취소를 주장하는 것은 법리를 오해한 억지주장에 불가하다.

또한 "난방방식의 변경"을 포함한 행위허가는 구 주택법을 잘못 적용하여 위법하다는 주장에 대하여, "난방방식의 변경"은 구 주택법 시행규칙 제20조 제1항 제4호에 따르면 국토교통부령으로 정하는 경미한 행위에 해당하는 바, 주택법 제42조 제2항에 따른 행위허가 또는 신고의 대상이 아니나, 다만 이러한 경미한 행위에 해당하는 "난방방식의 변경"이란 시설물의 파손, 철거 없이 단순히 난방 방식만을 변경하는 행위에 한정되는 것으로 보아야 할 것이다.

그런데 A아파트 입주자대표회의에서 행위허가를 신청한 내역을 보면 단순히 난방방식만을 변경하는 경미한 행위가 아니라 중앙난방시설 철거(증기보일러 및 급탕탱크 등 철거)를 수반한 신청 내용으로서, 처분청이 단순히 난방방식에 대한 대체수단 없이 "중앙난방시설 파손 · 철거"만을 행위허가 할 경우, 주민의 불편 및 혼란이 예상되므로 구 주택법 제59조 제1항에 따른 공동주택 관리의 효율화와 입주자 · 사용자의 보호를 위하여 입주민 등의 불편 해소차원에서 충분히 추가적으로 행정지도가 가능한 사항이다. 피청구인이 행위허가 신청에 따른 보완내용으로 "보일러실 설치 상세도면(세대별 평면도, 입면도), 보일러 설치기준 검토내용" 등을 요구한 사항은 주택법을 잘못 적용한 것이 아니라 구 주택법 제59조 제1항에 따라 행정지도한 사항이다.

4. 관계 법령

주택법 [시행 2016. 3. 22.] [법률 제14093호]

제42조

사업계획승인권자는 주택의 건설에 따른 소음의 피해를 방지하고 주택건설 지역 주민의 평온한 생활을 유지하기 위하여 주택건설사업을 시행하려는 사업주체에게 대통령령으로 정하는 바에 따라 소음방지대책을 수립하도록 하여야 한다.

제59조

시장 · 군수 · 구청장은 제57조에 관한 사항을 심의하기 위하여 분양가심사위원회를 설치 · 운영하여야 한다.

제91조
국가 또는 지방자치단체인 사업주체가 건설한 국민주택의 분양대금 · 임대보증금 및 임대료가 체납된 경우에는 국가 또는 지방자치단체가 국세 또는 지방세 체납처분의 예에 따라 강제징수할 수 있다.

주택법 시행규칙 [시행 2015. 12. 29.] [국토교통부령 제268호] 제20조

주택법 시행령 [시행 2016. 4. 29.] [대통령령 제27115호] 제47조 별표3

집합건물의 소유 및 관리에 관한 법률 [시행 2015. 6. 4.] [법률 제12738호] 제2조의 2, 제15조, 제41조

행정심판법 [시행 2016. 3. 29.] [법률 제14146호] 제27조

5. 인정사실

청구인과 피청구인이 제출한 행정심판 청구서, 답변서 등의 기재 내용을 종합하여 보면 다음과 같은 사실을 각각 인정할 수 있다.

1) 청구인은 서울시 서초구 동서로에 위치한 "A아파트" 의 구분소유자이다.
2) 2016. 6. 2. A아파트 입주자대표회의에서 피청구인에 난방방식 변경(중앙난방→개별난방) 및 중앙난방시설 철거의 내용으로 행위허가를 신청한 바,
3) 2016. 6. 24. 피청구인은 A아파트 입주자대표회의에 대하여 공동주택 행위허가(난방방식 변경 및 중앙난방시설 철거) 통지를 하였다. 이에 대하여 청구인은 이 사건처분의 위법 · 부당함을 주장하며 2016. 10. 7. 이 사건 심판을 청구하였다.
4) 한편, 서울특별시 실태조사(개별난방 전환 동의서 전수조사) 결과, A아파트의 전체 입주자는 3,544명이며 입주자 본인 및 위임장 서명은 2,509명(70.79%), 위임장 없는 서명은 94명(2.65%), 미제출은 941명(26.5%)이다.
5) 입주자대표회의가 2015년부터 2016년 5월 경 까지 전체 입주자들에게 개별난방 변경에 대한 동의서를 받는 과정에서 2016년 4월 경 부터 사용된 새로운 동의서 양식에는 "개별난방공사 시장조사 예상 가액 : 세대 당 약 67만 원(약 24억 원)" 이라고 기재되어 있고, 새로운 동의서 양식에 따라 동의를 한 입주자는 241명(약 6.8%)이다.

   그런데 2016. 6. 24. 이 사건 허가 이후 개별난방방식으로 변경하는 내용의 난방공사를 위하여 시공업체를 입찰하고 계약을 체결하는 과정에서 입주자 별 부담액이 종전 예상과 달리 약 200만 원에 달할 것으로 책정되었고, 이에 상당수 입주민들은 이 사건 공사가 구분소유자의 5분의 4 이상의 서면의결을 규정하고 있는 집합건물의 소유 및 관리에 관한 법률 제15조 제1항, 제41조 제1항에 위배됨을 주장하며 이를 반대하고 있다.

6. 판단

1) 이 사건 청구의 적법 여부

(1) 「행정심판법」 제27조 제3항에 의하면 행정심판은 처분이 있었던 날부터 180일이 지나면 청구하지 못하는데, 정당한 사유가 있는 경우에는 그러하지 아니하다. 또한 같은 조 제6항에 의하면 행정청이 심판청구 기간을 알리지 아니한 경우에는 제3항에 규정된 기간에 심판청구를 할 수 있다.

(2) 이 사건 청구에 관하여 보건대, 청구인은 행정처분의 직접상대방이 아닌 제3자이다. 행정처분의 직접상대방이 아닌 제3자는 행정처분이 있음을 곧 알 수 없는 처지이므로 행정심판법 상 심판청구의 제척기간 내에 처분이 있음을 알았다는 특별한 사정이 없는 한 그 제척기간의 적용을 배제할 같은 조항 단서 소정의 정당한 사유가 있는 때에 해당한다고 볼 수 있다(대판 1989. 5. 8., 88누5150). 따라서 이 사건 청구는 행정심판 제기요건을 결하지 않은 적법한 청구이다.

2) 이 사건 처분의 위법 · 부당 여부

(1) 「주택법」 제42조 제2항 제3호에 의하면 공동주택의 입주자 · 사용자 또는 관리주체가 공동주택을 파손 또는 훼손하거나 해당 시설의 전부 또는 일부를 철거하는 행위(국토교통부령으로 정하는 경미한 행위는 제외한다)를 하려는 경우에는 허가 또는 신고와 관련된 면적, 세대수 또는 입주자 등의 동의 비율에 관하여 대통령령으로 정하는 기준 및 절차 등에 따라 시장 · 군수 · 구청장의 허가를 받거나 신고를 하여야 한다.

이에 대한 허가 또는 신고의 기준은 「주택법」 시행령 제47조 별표3에서 정하며, 부대시설 및 입주자 공유인 복리시설의 파손 · 철거에 대한 허가기준은 "위해의 방지 등을 위하여 시장 · 군수 · 구청장이 부득이하다고 인정하는 경우로서 전체 입주자 3분의 2 이상의 동의를 얻은 때" 이다. 또한 「주택법」 시행규칙 제20조 제1항 제4호에 의하면 "난방방식의 변경(시설물의 파손 · 철거를 제외한다)" 행위는 동법 제42조 제2항 제3호에서 "국토교통부령으로 정하는 경미한 행위" 에 해당한다.

「집합건물의 소유 및 관리에 관한 법률」 제2조의 2는 집합주택의 관리 방법과 기준, 하자담보책임에 관한 「주택법」의 특별한 규정은 이 법에 저촉되어 구분소유자의 기본적인 권리를 해치지 아니하는 범위에서 효력이 있다고 정한다. 동법 제15조 제1항에 의하면 공용부분의 변경에 관한 사항은 관리단집회에서 구분소유자의 4분의 3 이상 및 의결권의 4분의 3 이상의 결의로써 결정하며, 같은 조 제2항은 공용부분의 변경이 다른 구분소유자의 권리에 특별한 영향을 미칠 때에는 그 구분소유자의 승낙을 받아야 한다고 규정하고 있다.

또한 동법 제41조 제1항에 의하면 이 법 또는 규약에 따라 관리단집회에서 결의할 것으로 정한 사항에 관하여 구분소유자의 5분의 4 이상 및 의결권의 5분의 4 이상이 서면이나 전자적 방법 또는 서면과 전자적 방법으로 합의하면 관리단집회에서 결의한 것으로 본다.

(2) 이 사건 처분에 관하여 본다.

「집합건물법」 제2조의 2는 집합주택의 관리 방법과 기준에 관한 「주택법」의 특별한 규정은 「집합건물법」에 저촉되어 구분소유자의 기본적인 권리를 해치지 아니하는 범위에서 효력이 있다고 규정하고, 「집합건물법」 제15조 제1항, 제41조 제1항은 공용부분의 변경의 경우 구분소유자 및 의결권의 각 4분의 3 이상의 다수의 결의에 의하거나, 구분소유자 및 의결권의 각 5분의 4 이상의 서면에 의한 합의에 의할 것을 규정하고 있으며, 동법 제15조 제2항은 공용부분의 변경이 다른 구분소유자의 권리에 특별한 영향을 미칠 때에는 그 구분소유자의 승낙을 받아야 한다고 규정하고 있다.

그런데 구 「주택법」(2015. 8. 11. 법률 제13474호로 일부개정 되기 전의 것, 이하 '구 「주택법」' 이라 한다) 제42조 제2항, 동법 시행령 제47조 제1항 및 [별표 3] 제3항은 공동주택의 입주자 · 사용자 또는 관리주체가 공동주택의 '부대시설 및 입주자 공유인 복리시설' 을 파손 · 철거하려는 경우 전체 입주자 3분의 2 이상의 동의를 얻어 시장 · 군수 · 구청장의 허가를 받거나 신고를 하도록 되어 있다.

이처럼 구 「주택법」이 규정한 '부대시설 및 입주자 공유인 복리시설' 의 파손 · 철거가 「집합건물법」 제15조 제1항, 제41조 제1항이 규정하는 공용부분의 변경에도 해당하게 되는 경우에 「주택법」에 규정한 동의요건만을 적용하게 된다면 결과적으로 「집합건물법」 제15조 제1항, 제41조 제1항에 비하여 공용부분의 변경을 위한 동의 요건을 완화하는 것에 해당한다 할것이다. 또한 이 경우 공용부분의 변경을 원하지 않는 구분소유자로서는 「집합건물법」에 의할 경우보다 위 「주택법」의 규정에 의할 때 공용부분의 사용 · 수익에 관한 구분소유자로서의 기본적인 권리가 침해될 가능성이 더 높아지게 될 것이다.

따라서 이상의 규정의 내용 및 「집합건물법」 제2조의 2 규정을 종합하면, 「집합건물법」이 규정하는 공용부분의 변경에 해당하는 공동주택의 '부대시설 및 입주자 공유인 복리시설' 을 파손 · 철거의 경우에는 「주택법」의 위 규정에 앞서 「집합건물법」 제15조 제1항, 제41조 제1항에서 규정한 결의요건이 충족되어야 하고, 위 요건이 충족되지 않은 상태에서 이루어진 행위허가 신청은 결국 「집합건물법」을 위반한 행위에 해당한다 할 것이므로(대법원 2008. 9. 25. 선고 2006다86597 판결참조), 「집합건물법」에 위반한 행위허가 신청에 따라 이루어진 행위허가 처분 역시 위법하다 할 것이다.

이 사건에 관하여 보건대, 제출된 자료에 의하면 이 사건 입주자대표회의는 이 사건 아파트의 기존의 중앙난방방식을 개별난방방식으로 바꾸고, 이를 위하여 기존의 중앙난방시설을 철거하는 내용의 허가신청을 하였는데, 위와 같이 철거되는 시설에 증기보일러 및 급탕탱크 등이 포함되어 있는 사실을 인정할 수 있고, 이 사건 아파트의 구분소유자들이 이 사건 입주자대표회의를 상대로 제기한 공사중지가처분사건의 결정(서울중앙지방법원 2016. 11. 1.자 2016카합81341 결정) 이유 등을 종합하면, 이 사건 아파트의 난방방식 변경 및 기존 시설의 철거를 위한 공사는 공용부분의 형상 또는 효용을 실질적으로 변경시키는 공용부분의 변경에 해당한다 할 것이므로 위 공사를 위한 행위허가 신청은 「집합건물법」 제15조 제1항, 제41조 제1항의 요건을 충족하여야 할 것이다.

그런데 서울특별시 실태조사(개별난방 전환 동의서 전수조사)에 따르면 이 사건 아파트 입주자의 유효 동의율이 70.79%로 위 「집합건물법」이 규정한 공용부분 변경을 위한 요건에 미치지 못하였으므로 결국 이 사건 입주자대표회의의 2016. 6. 2.자 이 사건 행위허가 신청은 「집합건물법」을 위반한 행위에 해당한다 할 것이며, 「집합건물법」 제15조 제1항, 제41조 제1항에서 규정한 결의요건의 충족여부를 심사 하지 못하고 위법한 신청에 따라 이루어진 피청구인의 이 사건 처분 역시 위법하다 할 것이다.

7. 청구 취지

주문과 같다.

8. 재결 요지

이 사건 행위허가신청은 집합건물법 제15조 제1항, 제41조 제1항에서 규정한 결의요건이 충족되지 않았으므로, 결의요건의 충족여부를 심사하지 못하고 위법한 신청에 따라 이루어진 피청구인의 이 사건 처분 역시 위법하다.

9. 주 문

피청구인이 2016. 6. 24. A아파트 입주자대표회의에 대하여 한 공동주택 행위허가(난방방식 변경 및 중앙난방시설 철거)를 취소한다.

10. 결 론

그렇다면, 청구인의 주장을 인정할 수 있으므로 이를 받아들이기로 하고, 주문과 같이 재결한다.

14. 개발행위불허가처분 취소청구

사건번호 2016-781

재결일자 2016. 11. 28.

재결결과 기각

1. 사건개요

1) 청구인은 서울 관악구 관악동 123-10 임야 310㎡ 외 13필지 6,837㎡(제1종 일반주거지역, 자연경관지구) 지상에 지하4층 지상3층 규모의 공동주택 신축을 위하여 2015. 9. 3. 피청구인에게 개발행위허가 신청(이하 '이 사건 종전 신청'이라 한다)을 하였으나, 피청구인은 도시계획위원회 개최 후 2015. 12. 30.자로 청구인에게 ① 임상이 양호한 ○○산자락에 위치한 임야지로 보존 필요, ② 과도한 개발계획, 주변환경 부조화, 기반시설 부적정을 이유로 불허가 통보를 하였다.

2) 이후 청구인은 2016. 5. 13. 피청구인에게 사업부지를 관악구 관악동 123-10 임야 310㎡ 외 3필지 6,142㎡(제1종 일반주거지역, 자연경관지구, 이하 '이 사건 신청지'라 한다)로 일부 축소하고, 건축규모를 지하3층, 지상3층으로 변경하는 등의 내용으로 변경된 개발행위허가 신청(이하 '이 사건 신청'이라 한다)을 하였는데, 피청구인은 2016. 5. 26.자로 위 신청이 허가기준(입목본수도)에 위반되고 토지현황이나 관계 법령 등의 여건 변화 없이 이미 동일한 신청내용으로 도시계획 위원회의 심의를 거쳐 반려 처분된 사항임을 이유로 서울특별시 도시계획조례 시행규칙 제8조 제2호 및 제3호 규정을 근거로 반려처분(이하 '이 사건 처분'이라 한다)하였고, 이에 청구인은 위 반려처분의 취소를 구하는 이 건 행정심판을 청구하였다.

2. 청구인 주장

1) 청구인은 제1종 일반주거지역이자 자연경관지구인 서울 관악구 관악동 123-10 임야 310㎡ 외 13필지 6,837㎡(이 사건 종전 신청지) 지상에 지하 4층, 지상 3층 규모의 공동주택을 신축하기 위해 2015. 9. 3. 피청구인에게 개발행위허가신청을 하였으나, 2015. 12. 30. 피청구인으로부터 ① 임상이 양호한 산자락에 위치한 임야지로 보존 필요, ② 과도한 개발계획, 주변환경 부조화, 기반시설 부적정을 이유로 불허가 처리한다고 통보받았다. 이 사건 종전 신청지는 총 17필지 중 입목본수도가 51%를 초과하는 필지가 4필지이지만 전체 필지를 기준으로 한 입목본수도는 49.99%이고, 도시생태현황 조사 결과 비오톱(인공적으로 조성한 자연이나 설치물)유형평가는 1등급과 2등급이 혼재되어 있고, 개별 비오톱평가는 2등급인 바, 국토의 계획 및 이용에 관한 법률 제58조, 동법 시행령 제56조, 서울특별시 도시계획조례 제24조 등 관계 법령에서 정한 개발행위허가 제한 사유에 해당하지 않으면 원칙적으로 개발행위를 허가하여야 할 것인데, 이 사건 종전 신청지 총 17개 필지 중 4개 필지의 입목본수도가 서울특별시 도시계획조례 별표1에서 정한 기준인 51%를 초과하는 것 이외에 달리 관련 법령에서 정한 개발행위 허가기준을 위반한 것이 없고, 한편, 국토교통부의 「지방도시계획 위원회 운영 가이드라인」에 의하면, "토지의 형질변경 또는 채석채취를 위한 개발 행위허가의 경우로서 도시·군조례로 정한 표고, 경사도, 임상 등의 개발행위 허가기준을 완화하고자 하는 경우" 등은 지방도시계획위원회의 심의 대상이

되고, "사업대상지 대부분의 토지는 개발행위 허가기준에 적합하나 일부 토지가 개발행위 허가기준에 맞지 아니하는 경우" 등은 허가기준 완화 심의 대상이 된다고 규정하고 있으므로, 청구인의 이 사건 종전 허가신청은 피청구인 도시계획위원회의 심의 대상이 될 수 있는 것이고, 따라서 피청구인도 이를 인정하고 청구인의 신청안에 대하여 도시계획위원회에 상정하였다.

2) 피청구인은 청구인으로부터 2015. 9. 3.자 허가신청을 받은 후 수차례 관계 부서와의 협의를 거치고 협의 결과에 대하여 청구인으로부터 서울특별시 도시관리계획 환경성검토 업무지침 등에 근거한 서식지 복원방안 등을 담은 조치계획서를 제출받아 이를 근거로 2015. 12. 21. 피청구인 도시계획위원회의 심의를 거쳐 불허가 처분을 하였는데, 이는 재량권을 일탈 · 남용하고 비례의 원칙을 위반하여 위법 부당하다 할 것으로, 우선 피청구인이 불허가 사유로 제시한 "임야지로서의 보존 필요성"에 대하여 살펴보면, 이 사건 종전 신청지가 ○○산 자락에 위치한 것은 맞지만 제1종 일반주거지역으로 입목본수도 외에는 관계 법령에서 정한 개발행위허가기준을 위반한 것이 없고, 훼손 비오톱에 대한 대체방안으로 군집 모델 복원형 공간조성, 건물 상부 비오톱 조성, 우수 수목의 재활용을 통한 주변 훼손지 복원, 주변 비오톱의 서식처 기능 강화, 기부금 8,000만 원 납부 등의 조치계획을 제출하였으므로 피청구인이 제시한 임야지 보존 필요성의 사유는 소멸되었다고 할 것이다. 또한, 청구인이 위 허가신청에 대한 불허가 사유로 제시한 "과도한 개발계획, 주변환경 부조화, 기반시설 부적정" 등과 관련하여 보면, 이 사건 종전 신청지는 자연경관지구로 청구인의 개발행위 허가신청에서 건축하고자 하는 건물은 지하4층 지상3층으로 "자연경관지구 안에서 건축하는 건축물의 높이는 3층 이하로서 12미터 이하로 한다."라는 서울특별시 도시계획조례 제39조 제4항의 기준을 위반하지 아니하였으므로 과도한 개발계획이라고 할 수 없고, 이 사건 종전 신청지 우측에는 12층 규모의 A아파트가, 정면에는 8층 규모의 대학교 기숙사가, 좌측에는 공동주택이 위치하는 등 이미 주변 개발이 완료된 상태에 있으므로, 주변환경과 부조화로 단정할 수도 없으며, 이 사건 종전 신청지 북쪽에는 ○○○로 가는 도로에 접해 있고, 나머지 기반시설에 대하여는 관계 부서와의 협의 결과에 따른 조치계획서 등을 제출하여 필요한 기반시설을 갖추었고, 공동주택이 신축될 경우 기반시설이 없으면 분양이 정상적으로 이루어지지 않거나 입주민들의 불편을 겪게 될 사항으로 청구인으로서는 개발행위허가를 득한 후 사업승인신청 단계에서 관계부서와의 협의를 거쳐 필요한 기반시설을 확보할 예정에 있으므로, 단순히 개발행위허가신청만으로 기반시설이 부적정하다고 할 수도 없을 것이다.

따라서 청구인의 2015. 9. 3.자 허가신청에 대한 피청구인의 불허가 처분은 위법 또는 부당하다 할 것이다(다만 심판청구 제척기간 도과로 2015. 12. 30.자 불허가처분에 대한 취소청구는 철회함).

3) 이후 청구인은 위 1차 개발행위허가신청에 대하여 피청구인으로부터 불허가처분을 받고 난 후

불허가 사유로 적시된 사항들을 고려하여 2016. 5. 13. 피청구인에게 일부 사업부지를 서울 관악구 관악동 123-10 임야 310㎡ 외 12필지 6,142㎡(이 사건 신청지)로 축소하는 등의 내용으로 이 사건 개발행위 허가신청을 하였으나, 피청구인은 2016. 5. 26. 허가기준(입목본수도)에 위반되고, 비오톱, 입목본수도 등 토지현황 등의 여건 변화 없이 일부 부지를 제척하여 재신청한 사항으로 서울특별시 도시계획조례 시행규칙 제8조 제2항 및 제3항에 따라 반려처분하고, 도시계획위원회 심의 상정도 하지 아니하였는 바, 청구인의 이 사건 개발행위허가 신청은 사업부지인 이 사건 신청지의 필지가 총 13필지 6,142㎡로 변경되고, 건축규모가 지하3층, 지상 3층 규모로 축소되었을 뿐만 아니라 입목본수도도 총 13필지 중 1필지만 51%를 초과하였고, 총 13필지의 입목본수도는 47.90%로 역시 축소되는 등 이 사건 신청지의 토지현황이나 개발행위 허가신청의 내용 등이 이전의 2015. 9. 3.자 개발행위 허가신청과 비교하여 변경되었으므로, 피청구인이 이 사건 반려처분은 재량권을 일탈 · 남용한 위법 · 부당한 처분이라 할 것이다.

4) 우선, 피청구인은 이 사건 반려처분의 사유로 입목본수도 위반을 들었는데, 이 사건신청지 총 13필지 중 1필지의 입목본수도가 51%를 초과한 것은 사실이지만, 앞서 본 바와 같이 국토교통부의 「지방도시계획위원회 운영 가이드라인」에 의하면, "토지의 형질변경 또는 채석채취를 위한 개발행위허가의 경우로서 도시 · 군조례로 정한 표고, 경사도, 임상 등의 개발행위허가기준을 완화하고자 하는 경우" 등은 지방도시 계획위원회의 심의 대상이 되고, "사업대상지 대부분의 토지는 개발행위 허가기준에 적합하나 일부 토지가 개발행위 허가기준에 맞지 아니하는 경우" 등은 허가기준 완화 심의 대상이 된다고 규정하고 있는 데다, 피청구인은 청구인이 한 종전의 2015. 9. 6.자 허가신청에 대하여도 총 17필지 중 4필지가 입목본수도51%를 초과하였음에도 불구하고 도시계획위원회에 상정한 바가 있으며, 서울특별시 도시계획조례 시행규칙 제8조는 상위 법령과 조례의 구체적인 위임이 없음에도 도시계획위원회의 심의대상을 제한하는 규정으로 이를 엄격하게 해석하여야 한다는 점까지 고려하여 보면, 단순히 신청지 총 13필지 중 1필지가 개발행위 허가기준인 입목본수도 51%를 초과하였다는 이유로 반려한 것은 위법 · 부당하다 할 것이다.

또한, 이 사건 반려처분의 사유 중 나머지 하나인 토지현황 등의 여건 변화 없이 일부 부지를 제척하여 재신청한 사항이라는 점에 대하여 보면, 청구인은 종전 개발행위허가 신청에 대한 불허가처분 사유를 감안하여 일부 부지를 제척하여 총필지를 13필지로 하고 건축규모와 건축연면적 및 세대수를 변경하여 이 사건 허가신청을 한 것으로 그 결과 이 사건 신청지의 입목본수도의 비율이 축소되었고, 비오톱유형평가의 1등급 비율 또한 축소되는 등 비오톱, 입목본수도 등 토지현황의 변화가 있었을 뿐만 아니라, 이 사건 신청의 내용인 사업부지의 면적, 건축물의 규모와 세대 등도 변경(축소)되는 등 종전의 신청과 그 내용이 변경된 것이 명백한 바, 피청구인의 이 사건 반려처분은 위법 · 부당하다 할 것이므로 취소되어야 한다.

3. 피청구인 주장

1) 피청구인은 2015. 9. 3. 청구인으로부터 이 사건 종전 신청지에 대한 개발행위허가 신청을 받고, 개발행위허가 및 허가기준 완화여부를 검토하고자 2015. 12. 21. 국토의 계획 및 이용에 관한 법률 및 서울특별시 도시계획조례 등 관련 법령에 따른 도시계획위원회 심의를 개최하였는데, 피청구인 도시계획위원회는 "이 사건 토지는 관악산 인접지에 위치한 임상이 양호한 임야지로서 이 사건 허가 신청 건은 토지의 성 · 절토를 수반하고 일부 토지(총 17필지 중 4필지, 6,837㎡ 중 1,767㎡)가 서울특별시 도시계획조례 별표1에서 정한 개발행위허가(토지형질변경)기준 등 입목본수도(51% 미만)에 위반되는 사항"이라는 이유로 "부결" 결정을 하였고, 또한 서울시에서도 청구인의 위 개발행위허가 신청에 대하여 "비오톱과 관련해 원형대로 보존하는 방안을 마련하되, 불가피하게 훼손되는 경우 등급 변동이 없도록 유사한 비오톱을 복원하는 방안을 강구할 것"이라는 견해를 보내왔고, 피청구인 소속공원 녹지과에서도 "개발행위허가 신청이 인용되기 위해서는 산지전용허가가 필요하고, 산지전용허가를 위해서는 통행가능한 도로가 있어야 하는데, 이 사건 신청지 인근에는 이용가능한 도로가 없다.

   이 사건 허가신청이 계획하고 있는 건축물 높이가 등산로 로변 나무 높이에 비해 상대적으로 너무 높다."는 등의 부정적 의견을 보내와, 이에 피청구인은 도시계획위원회 심의결과와 이 사건 신청지의 임야지로서 보존필요성, 주변 산지와의 조화 등을 고려하여 2015. 12. 30.자로 불허가 처분을 한 것이다.

2) 이후 청구인은 2016. 5. 13.자로 종전에 개발행위허가 신청을 했던 대상 토지 중 관계 법령에서 정한 기준에 위반되는 일부 토지를 제외한 나머지 토지에 대하여 같은 내용의 개발행위를 허가해 달라는 이 사건 신청을 하였고, 피청구인이 이를 검토한 결과 이 사건 신청지는 당초의 신청지가 다소 축소된 것일 뿐, 신청지에 토지형질변경 허가기준(입목본수도)에 명백히 위반되는 부지가 여전히 포함되어 있었고, 신청부지 내 비오톱, 입목본수도 등 토지현황, 적용법규 등이 완전히 동일했던 바, 여건 변화 없이 일부 부지만 제척하여 재신청한 사항이라 판단하여, 서울특별시 도시계획조례 시행규칙 제8조에 따라 반려처분한 것으로 이는 적법 · 타당한 처분이다.

   청구인의 이전 2015. 9. 6.자 개발행위허가 신청에 대한 결정적 불허가 사유는 "구 도시계획위원회 심의 결과 본 신청부지는 임상이 양호한 관악산 자락에 위치한 임야로 보존이 필요 하다."라는 것이었는 바, 종전의 신청부지와 이 사건 신청지가 동일한 이상 본질적 심사기준과 쟁점은 동일할 수밖에 없는 것이며, 이 사건 신청지의 위치도, 현황사진, 비오톱평가도를 보면 종전의 허가 신청 시와 비교하여 비오톱, 입목본수도 등 토지현황이나 관계 법령 등의 여건변화가 없고 여전히 입목본수도가 위반된 필지가 포함되어 있는 상태임을 알 수 있는 바, 이 사건 신청지 중 일부가 입목본수도 등 개발행위(토지형질변경)허가 기준에 위반된다는 점에서도 종전의 개발행위허가 신청과 차이가 없음에도 청구인이 재차 신청한 사항임이 분명하다 할 것이므로, 피청구인의 이 사건 반려처분은 적법 · 타당하다 할 것이다.

4. 관계 법령

국토의 계획 및 이용에 관한 법률

第56조

다음 각 호의 1에 해당하는 행위로서 대통령령이 정하는 행위(이하 "개발행위"라 한다)를 하고자 하는 자는 특별시장 · 광역시장 · 시장 또는 군수의 허가(이하 "개발행위허가"라 한다)를 받아야 한다. 다만, 도시계획사업에 의하는 경우에는 그러하지 아니하다.

1. 건축물의 건축 또는 공작물의 설치
2. 토지의 형질변경(경작을 위한 토지의 형질변경을 제외한다.)
3. 토석의 채취

第57조

개발행위를 하고자 하는 자는 당해 개발행위에 따른 기반시설의 설치 또는 그에 필요한 용지의 확보 · 위해방지 · 환경오염방지 · 경관 · 조경 등에 관한 계획서를 첨부한 신청서를 개발행위허가권자에게 제출하여야 한다.

第58조

특별시장 · 광역시장 · 시장 또는 군수는 개발행위허가의 신청내용이 다음 각 호의 기준에 적합한 경우에 한하여 개발행위허가를 하여야 한다.

1. 용도지역별 특성을 감안하여 대통령령이 정하는 개발행위의 규모에 적합할 것
2. 도시관리계획의 내용에 배치되지 아니할 것
3. 도시계획사업의 시행에 지장이 없을 것
4. 주변지역의 토지이용실태 또는 토지이용계획, 건축물의 높이, 토지의 경사도, 수목의 상태, 물의 배수, 하천 · 호소 · 습지의 배수 등 주변환경 또는 경관과 조화를 이룰 것
5. 당해 개발행위에 따른 기반시설의 설치 또는 그에 필요한 용지의 확보계획이 적정할 것

第59조

관계 행정기관의 장은 제56조 제1항 제1호 내지 제3호의 1에 해당하는 행위로서 대통령령이 정하는 행위를 이 법에 의하여 허가하거나 다른 법률에 의하여 인가 · 허가 · 승인 또는 협의를 하고자 하는 경우에는 대통령령이 정하는 바에 따라 중앙도시계획위원회 또는 지방도시계획위원회의 심의를 거쳐야 한다.

第114조

중앙도시계획위원회 및 분과위원회의 설치 및 운영에 관하여 필요한 사항은 대통령령으로 정

한다.

국토의 계획 및 이용에 관한 법률 시행령 제51조, 제54조, 제56조, 제57조, 제114조

서울특별시 도시계획조례 제21조, 제24조, 제68조

서울특별시 도시계획조례 시행규칙 제8조, 제24조

5. 인정사실

청구인과 피청구인이 제출한 행정심판 청구서, 답변서 등의 기재 내용을 종합하여 보면 다음과 같은 사실을 각각 인정할 수 있다.

1) 청구인은 서울 관악구 관악동 123-10 임야 310㎡ 외 16필지 6,837㎡(제1종 일반주거지역, 자연경관지구) 지상에 지하4층 지상3층 규모의 공동주택 신축을 위하여 2015. 9. 3. 피청구인에게 개발행위허가 신청을 하였다.
2) 피청구인은 청구인의 위 신청에 대하여 2015. 12. 21.자 도시계획위원회 심의를 거쳐 2015. 12. 30.자로 청구인에게 '임상이 양호한 ㅇㅇ산자락에 위치한 임야지로 보존 필요', '과도한 개발계획, 주변환경 부조화, 기반시설 부적정'을 이유로 불허가 처분을 통보하였다.
3) 이후 청구인은 2016. 5. 13.자로 피청구인에게 이전 신청지에서 일부 필지를 제외한 서울 관악구 관악동 123-10 임야 310㎡ 외 12필지 6,142㎡를 신청지로 하여 지하3층, 지상3층 규모의 공동주택 신축을 위한 이 사건 개발행위허가 신청을 하였다.
4) 이에 피청구인은 서울특별시 도시계획조례 시행규칙 제8조를 근거로 하여, 이 사건 신청이 '허가기준에 위반되고 여건변화 없이 이미 동일한 신청내용으로 구 도시계획위원회 심의를 거쳐 반려 처분된 토지' 임을 이유로 2016. 5. 26. 자로 청구인에게 이 사건 처분을 하였다.

6. 이 사건 처분의 위법 부당 여부

1) 「국토의 계획 및 이용에 관한 법률」 제56조 제1항에 의하면 개발행위를 하려는 자는 특별시장·광역시장·특별자치시장·특별자치도지사·시장 또는 군수의 허가를 받아야 한다고 되어 있고, 동법 시행령 제51조 제1항 제3호는 법 제56조 제1항에 따라 개발행위허가를 받아야 하는 행위로 "토지의 형질변경"을 정하고 있으며, 동법 제58조 제3항에는 개발행위허가의 기준은 지역의 특성, 지역의 개발상황, 기반시설의 현황 등을 고려하여 용도의 구분에 따라 대통령령으로 정한다고 되어 있고, 동법 시행령 제56조 제1항 및 별표1의2는 법 제58조 제3항에 따른 개발행위허가의 기준을 정하고 있다. 또한, 동법 제58조 제1항에 의하면, 특별시장·광역시장·특별자치시장·특별자치도지사·시장 또는 군수는 개발행위의 신청내용이 용도지역별 특성을 고려하여 대통령령으로 정하는 개발행위의 규모에 적합할 것, 주변지역의 토지이용실태 또는 토지이용계획, 건축물의 높이, 토지의 경사도, 수목의 상태, 물의 배수, 하천·호소·습지의 배수 등 주변환경이나 경관과 조화를 이룰 것 등의 기준에 맞는 경우에만 개발행

위허가 또는 변경허가를 하여야 한다고 되어 있다.

아울러, 법 제59조 제1항 및 동법 시행령 제57조 제1항, 「서울특별시 도시계획 조례」 제21조 제2항에 의하면 토지형질변경 행위허가에 대하여는 시도시계획위원회의 심의를 거쳐야 한다고 되어 있고, 같은 조례 제68조 제1항에 의하면 시장의 권한에 속하는 사무 중 토지의 형질변경 사무는 구청장에게 위임한다고 되어 있다.

한편, 「서울특별시 도시계획 조례 시행규칙」 제8조 제2호 및 제3호는 조례 제24조 별표1의 개발행위허가 기준에 명백히 위반된 토지 및 토지현황이나 관계 법령 등의 여건 변화 없이 이미 동일한 내용으로 구도시계획위원회의 심의를 거쳐 반려 처분된 토지에 대하여는 구도시 계획위원회의 심의절차 없이 반려할 수 있다고 정하고 있으며, 위 조례 시행규칙 제24조는 시도시계획위원회의 심의를 거쳐 결정 또는 부결된 안건은 특별한 사유가 없으면 5년 이내에 동일안건으로 시도시계획위원회에 재상정을 할 수 없다고 정하고 있다.

2) 이 사건 처분에 관하여 본다.

(1) 국토의 계획 및 이용에 관한 법률(이하 '국토계획법' 이라 한다) 제58조 제1항 제4호, 제3항, 동법 시행령 제56조 제1항 [별표 1] 제1호 (가)목 (3), (라)목 (1)의 각 규정을 종합하면, 동법 제56조 제1항 제2호의 규정에 의한 토지의 형질변경허가는 그 금지요건이 불확정개념으로 규정되어 있어 그 금지요건에 해당하는지 여부를 판단함에 있어서 행정청에게 재량권이 부여되어 있다고 할 것이다(대법원 2010. 2. 25.선고 2009두19960 판결 참조).

위 인정사실과 제출된 기록 등에 의하면, 청구인의 2015. 9. 3.자 신청에 대한 피청구인도시계획위원회의 부결 사유는 이 사건 신청지가 ① 임상이 양호한 관악산 산자락에 위치한 임야지로 보존이 필요하다는 점과, ② 과도한 개발계획, 주변환경 부조화, 기반시설 부적정하다는 것이었고, 청구인의 2016. 5. 13.자 이 사건 신청에 대하여 피청구인이 2016. 5. 26.자로 한 이 사건 반려처분의 사유는 '허가기준(입목 본수도)에 위반되고 여건변화 없이 이미 동일한 신청내용으로 구 도시계획위원회 심의를 거쳐 반려 처분된 토지에 해당' 한다는 것이었는 바, 이 사건 처분이 재량권을 일탈, 남용한 것인지에 대하여 살펴보면, 국토계획법 시행령 제56조 제3항, 별표1의2 규정과 서울특별시 도시계획조례 제24조 및 별표1의 규정에 의하면, 토지형질변경은 입목본수도 51%미만인 경우를 허가기준으로 정하고 있으며, 이 사건 신청지 중 관악동 13필지의 입목본수도가 51%를 초과하는 지에 대하여는 당사자 간 다툼이 있으나, 관악동 13필지의 입목본수도가 위 기준에 위반된다는 점에 대하여는 양 당사자의 주장이 일치하고 있으며, 서울특별시도시계획조례 시행규칙 제8조 제2호는 개발행위허가기준에 명백히 위반된 토지에 관한 개발행위허가 신청에 대하여는 도시계획위원회의 심의 없이 반려할 수 있다고 정하고 있으므로, 피청구인이 이 사건 반려처분을 한 것에 재량권의 일탈 또는 남용이 있다할 수 없다.

(2) 한편, 청구인은 피청구인이 이 사건 신청을 도시계획위원회의 심의 절차 없이 바로 반려한 것에 절차상 하자가 있다고 주장하고 있으나, 개발행위허가에 관한 사무를 처리하는 행정기관의 장이 일정한 개발행위를 허가하는 경우에는 국토계획법 제59조 제1항에 따라 도시계획위원회의 심의를 거쳐야 할 것이나, 개발행위허가의 신청 내용이 허가 기준에 맞지 않는다고 판단하여 개발행위허가신청을 불허가하였다면 이에 앞서 도시계획위원회의 심의를 거치지 않았다고 하여 이러한 사정만으로 곧바로 그 불허가처분에 취소사유에 이를 정도의 절차상 하자가 있다고 보기는 어렵고, 다만 행정기관의 장이 도시계획위원회의 심의를 거치지 아니한 결과 개발행위 불허가처분을 함에 있어 마땅히 고려하여야 할 사정을 참작하지 아니하였다면 그 불허가처분은 재량권을 일탈 · 남용한 것으로서 위법하다고 평가할 수 있을 것이다(대법원2015. 10. 29. 선고 2012두28728 판결 참조).

살피건대, 피청구인이 청구인의 신청에 대하여 도시계획위원회의 심의를 거치지아니한 결과 마땅히 고려하여야 할 사정을 참작하지 아니하였는지에 대하여 살펴보면, 피청구인은 당초 청구인의 이 사건 종전 신청에 대하여 2015. 12. 21. 도시계획 위원회를 개최하여 심리한 결과, ① 이 사건 신청지가 임상이 양호한 관악산 산자락에 위치한 임야지로 보존이 필요하다는 점과, ② 과도한 개발계획, 주변환경 부조화, 기반시설이 부적정함을 이유로 불허가 통보를 하였는데, 청구인의 이 사건 신청은 비록 그 사업부지 면적이 6,837㎡에서 6,142㎡로 약 10%가량 축소되어 입목본수도 51%를 초과한 필지의 비율이 줄어들고, 건축물의 규모가 지하4층 및 지상3층에서 지하3층 및 지상3층으로 일부 축소된 점이 있으나, 주된 건축면적에는 변동이 없는 점, 건축물의 높이 및 이용가능한 도로가 없는 점, 입목본수도가 51%를 초과한 필지와 비오톱1등급에 해당하는 필지가 여전히 포함되어 있는 점 등을 고려하면, 청구인의 이 사건 종전 신청에 대한 당초 도시계획위원회의 부결사유에 비추어 본질적인 차이가 있다고 보기 어려우므로, 피청구인의 이 사건 반려처분에 절차상 하자가 있다거나 재량의 일탈 또는 남용이 있다고 보기 어렵다. 또한, 청구인은 국토교통부의 「지방도시계획위원회 운영 가이드라인」에 의한 완화 심의가 가능함에도 불구하고 이 사건 신청에 대하여 도시계획위원회의 심의를 거치지 않고 반려 처분한 것은 위법 하다고 주장하고 있으나, 국토계획법 제59조 제1항의 해석상 개발행위허가 신청이 명백히 이유 없다고 판단하는 경우 등에 있어서까지 반드시 도시계획위원회의 심의를 거쳐야 하는 것으로 보기 어려운 점, 국토계획법 시행령 제56조 3항 [별표1의 2] 1, 분야별 검토사항, 가목, (3)에 의하면, 관할관청은 '골프장, 스키장, 기존사찰, 풍력을 이용한 발전시설 등 개발행위의 특성상 도시 · 군계획조례가 정하는 기준을 그대로 적용하는 것이 불합리하다고 인정되는 경우', '지형 여건 또는 사업수행상 위 기준을 그대로 적용하는 것이 불합리하다고 인정되는 경우' 에 한하여 개발행위 허가 기준을 완화할 수 있다고 정하고 있는 점에 비추어 볼 때, 국토교통부의 가이드라인은 개발행위허가를 하려는 경우 특정한 사정이 존재하는 때에 그 허가 기준의 완화를 검토할 수 있는 참고사항으로, 위 가이드라인의 존재만으로 이 사건 신청에 대하여 반드시 도시계획위원회의 심의를 거쳐야 한다고 보기도 어렵다 할 것으로, 청구인의 이에 대한 주장 역시 이유 없다 하겠다.

7. 청구 취지

피청구인이 2016. 5. 26. 청구인에 대하여 한 개발행위허가신청 반려처분은 이를 취소한다.

8. 재결 요지

이 사건 제1허가신청과 이 사건 신청 사이에 개발행위허가 여부가 변경될 정도의 본질적 차이가 존재한다고 보기 어렵고, 녹지로서 이 사건 신청지를 보호하여야 할 공익은 매우 큰 점 등을 고려하면, 이 사건 처분은 국토계획법 제58조 제1항 제4, 5호 등에 근거한 적법한 처분이며, 재량을 일탈 · 남용하였다고 보기 어렵다.

9. 주 문

청구인의 청구를 기각한다.

10. 결 론

그렇다면, 청구인의 주장을 인정할 수 없으므로 청구인의 청구를 기각하기로 하여 주문과 같이 재결한다.

15. 정보공개 이행청구

사건번호 2014-2749

재결일자 2014. 8. 12.

재결결과 인용

1. 사건개요

청구인은 2014. 1. 22. 피청구인에게 2014학년도 경기도교육청 중등교사 전보 내신과 관련하여 경기도교육청이 취합한 군포의왕(군포의왕교육청 관내 중 · 고등학교)지역을 제1순위로 희망한 수학과목 교사의 '전보년수별 인원수 일체'(㉄ 5년 - 10명, 4.8년 - 17명, 내신 인원 - 총 00명)(이하 '이 사건 정보'라 한다)의 공개를 청구하였고, 이에 피청구인은 2014. 2. 4. 청구인에게 · 공공기관의 정보공개에 관한 법률 · (이하 '정보공개법'이라 한다) 제9조 제1항 제5호를 근거로 이 사건 정보를 비공개한다는 취지의 정보비공개결정을 통지(이하 '이 사건 처분'이라 한다)하였다.

2. 청구인 주장

가. 청구인은 이 사건 정보의 이름 등 신상의 공개를 요구한 적이 없는 바, 피청구인이 '개인의 신상정보' 를 사유로 이 사건 처분을 한 것은 위법하다.

나. 각종 국가시험 등에서도 접수가 마감되면 응시한 인원수 공개는 생활화 되어 있으며, 이 사건 정보는 투명한 행정과 국민의 알 권리를 위하여 공개되어야 할 것이다.

3. 피청구인들 주장

이 사건 정보는 청구인이 정보공개를 요청한 당시(2014. 1. 22.) 공정하고 투명한 정기 인사를 위한 내부 검토과정에 있었으며, 공개될 경우 정기 전보를 희망하여 전보내신서를 제출한 교사들에게 혼란이 우려되어 정보공개법 제9조 제1항 제5호에 의거하여 비공개 결정한 것이다.

4. 관계 법령

공공기관의 정보공개에 관한 법률 제1조, 제9조 제1항 제5호

5. 인정사실

청구인과 피청구인이 제출한 청구서, 답변서, 정보공개청구서, 정보비공개결정통지서, 정보공개시스템 공무원창구 답변 등의 기재내용을 종합하면 다음과 같은 사실을 인정할 수 있다.

가. 청구인은 2014. 1. 22. 피청구인에게 다음과 같이 이 사건 정보의 공개를 청구하였다.

- 청구내용 : 2014학년도 경기도교육청 중등교사 전보 내신과 관련하여 경기도교육청이 취합한 군포의왕(군포의왕교육청 관내 중 · 고등학교)지역을 제1순위로 희망한 수학 과목 교사의 '전보년수별 인원수 일체' (예 5년 - 10명, 4.8년 - 17명, 내신인원 - 총 00명)

나. 피청구인은 2014. 2. 4. 청구인에게 다음과 같이 이 사건 처분을 하였다.

① 근거 : 정보공개법 제9조 제1항

② 사유 : 「민원사무처리에 관한 법률」 제26조에서 비공개로 정하고 있는 민원인 민원사항의 내용과 개인 신상정보로서 타인에게 누설 또는 제공할 수 없는 바, 이에 비공개 사항을 규정한 각 개별 법령을 우선 적용하여 공개할 수 없음을 알려드리오니 양지하여 주시기 바람

다. 피청구인은 2014. 3. 1.자로 관내 중등교사들을 전보하였다.

6. 이 사건 처분의 위법 · 부당 여부

가. 관계 법령

1) 정보공개법 제1조에 따르면 동법은 공공기관이 보유 · 관리하는 정보에 대한 국민의 공개청구 및 공공기관의 공개 의무에 관하여 필요한 사항을 정함으로써 국민의 알권리를 보장하고 국정(國政)에 대한 국민의 참여와 국정 운영의 투명성을 확보함을 목적으로 하고, 제

9조 제1항 제1호에 따르면 공공기관이 보유 · 관리하는 정보는 공개 대상이 되나, 다른 법률 또는 법률에서 위임한 명령(국회규칙 · 대법원규칙 · 헌법재판소규칙 · 중앙선거관리위원회규칙 · 대통령령 및 조례로 한정한다)에 따라 비밀이나 비공개 사항으로 규정된 정보는 공개하지 아니할 수 있고, 같은 항 제5호에 따르면 감사 · 감독 · 검사 · 시험 · 규제 · 입찰계약 · 기술개발 · 인사관리에 관한 사항이나 의사결정 과정 또는 내부검토 과정에 있는 사항 등으로서 공개될 경우 업무의 공정한 수행이나 연구 · 개발에 현저한 지장을 초래한다고 인정할 만한 상당한 이유가 있는 정보는 공개하지 아니할 수 있되, 다만 의사결정 과정 또는 내부검토 과정을 이유로 비공개할 경우에는 의사결정 과정 및 내부검토 과정이 종료되면 청구인에게 이를 통지하여야 한다고 되어 있다.

2) 민원사무처리에 관한 법률 제26조에 따르면, 행정기관의 장은 민원사무의 처리와 관련하여 알게 된 민원사항의 내용과 민원인의 신상정보 등이 누설되어 민원인의 권익이 침해되지 아니하도록 노력하여야 한다고 되어 있다.

나. 판단

피청구인은 이 사건 정보가 청구인이 정보공개를 요청한 당시(2014. 1. 22.) 정기 인사를 위한 내부검토 과정에 있었고, 공개될 경우 전보내신서를 제출한 교사들에게 혼란이 우려되어 정보공개법 제9조 제1항 제5호에 의거하여 비공개 결정한 것이라고 주장하나, 2014. 3. 1.자로 위 전보가 이루어져서 이 사건 정보는 더 이상 의사결정 내지 내부검토 과정에 있는 사항이 아니고, 공개하여도 업무의 공정한 수행에 현저한 지장을 초래할 우려가 크지 않은 점, 이 사건 정보는 전보 희망 교사의 성명 등을 요청한 것이 아니라 단지 근무년수별 인원수를 공개하라는 취지에 불과한 점, 피청구인은 이 사건 처분의 사유로 민원사무처리에 관한 법률 제26조를 들고 있으나, 동 규정은 '행정기관의 장은 민원사무의 처리와 관련하여 알게 된 민원사항의 내용과 민원인의 신상정보 등이 누설되어 민원인의 권익이 침해되지 아니하도록 노력하여야 한다' 는 취지에 불과할 뿐, 이 사건 정보를 비밀이나 비공개 사항으로 규정한 것으로 볼 수 없는 점 등에 비추어 볼 때, 정보공개법 제9조 제1항 제5호 및 민원사무처리에 관한 법률 제26조를 근거로 한 이 사건 처분은 위법 · 부당하고, 달리 이 사건 정보가 정보공개법 제9조 제1항 각 호의 비공개대상정보에 해당한다고 보이지도 아니하므로, 피청구인은 위 정보를 공개할 의무가 있다.

7. 청구 취지

주문과 같다.

8. 재결 요지

청구인이 공개청구한 '2014학년도 경기도교육청 중등교사 전보 내신 관련 군포지역을 제1순위로 희망한 수학 과목 교사의 전보년수별 인원수 일체' 는 더 이상 의사결정 내지 내부검토 과정에 있는 사항이 아니어서 공개하여도 업무의 공정한 수행에 현저한 지장을 초래할 우려가 크지 않은 점, 청구인의 청구가 단지 근무년수별 인원수를 공개하라는 취지에 불과한 점, 피청구인이 이 사건 처분의 사유로 들고 있는 민원사무처리에 관한 법률 제26조는 이 사건 정보를 비밀이나 비공개 사항으로 규정한 것으로 볼 수 없는 점 등에 비추어 볼 때, 정보공개법 제9조 제1항 제5호 및 민원사무처리에 관한 법률 제26조를 근거로 한 이 사건 처분은 위법 · 부당하므로, 피청구인은 위 정보를 공개할 의무가 있다.

9. 결 론

그렇다면 청구인의 주장을 인정할 수 있으므로 청구인의 청구를 받아들이기로 하여 주문과 같이 재결한다.

16. 정보공개 거부처분 취소청구

사건번호 2016-04877

재결일자 2016. 11. 22.

재결결과 인용

1. 사건개요

1) 청구인은 2015. 12. 29. 피청구인에게 '① A군 시행 환경보호과 - 12456호, 기획감사실 - 7202호, 기획감사실 - 9049호 환경부 회신서, ② 2015. 1. 1.부터 공개 당일까지 시 · 도 환경부서에서 환경부 대기관리과로 접수한 대기환경보전법 관련 질의 회신서' 의 정보(이하 '이 사건 정보' 라 한다)에 대하여 공개를 청구하자, 피청구인은 2016. 1. 6. 청구인에게 이 사건 정보는 2015년 환경부로 접수된 공공기관의 질의 · 회신 일체로서 내부검토, 진행 중인 처분 및 재판 등과 관련되므로 「공공기관의 정보공개에 관한 법률」(이하 '정보공개법' 이라 한다) 제9조 제1항 제3호 내지 제7호의 비공개대상정보라는 이유로 비공개결정을 하였다.
그러나, 피청구인은 정보생산 공공기관의 비공개요청에 따라 이 사건 정보가 정보공개법 제9조 제1항 제3호 내지 제7호에 해당한다고 주장하고 있으나 피청구인은 이 사건 처분시 정보공개법 제9조 제1항 각 호에서 정한 구체적 비공개사유를 밝히지 않고 그 공개를 거부하였으므로 피청구인의 이 사건 처분은 위법 · 부당하다.

2) 위 비공개결정에 대하여 청구인은 2016. 1. 10. 피청구인에게 이의신청을 하자, 피청구인은 2016. 1. 27. 청구인에게 이 사건 정보 중 일부를 공개하면서 그 나머지 정보는 정보공개법 시행령 제9조에 따른 정보생산 공공기관의 비공개요청이 있다는 이유로 이를 비공개(이하 '이 사

건 처분'이라 한다)하였다.

2. 청구인 주장

1) 피청구인은 이 사건 정보가 내부검토 중인 처분 및 재판 등과 관련된다고 하여 정보공개법 제9조 제1항 제3호 내지 제7호에 의해 비공개하였고, 정보공개법 제9조에 따른 정보생산 공공기관의 의견청취를 이유로 막연히 정보공개를 거부하였다.
2) 이 사건 정보는 대기환경보전법령과 관련한 질의에 관한 회신자료로서 이는 피청구인이 일부 공개한 정보를 보더라도 정보공개법상 비공개대상정보가 아님을 쉽게 알 수 있음에도 이를 비공개한 것은 상식적으로 도무지 이해가 안 되며, 국민의 알권리를 보장하고 국정운영의 투명성을 확보한다는 정보공개법의 입법목적과 취지에 위배되므로 이 사건 정보는 공개되어야 한다.

3. 피청구인 주장

이 사건 정보는 공공기관의 질의 및 회신 일체로서 내부검토, 진행 중인 처분 및 재판 등과 관련되므로 정보공개법 제9조 제1항 제3호 내지 제7호에서 정한 비공개 대상 정보로 볼 수 있는 상당한 사유가 있다고 할 것이고, 청구인은 정보공개법의 취지에 따라 알 권리를 충분히 충족하였다고 할 것이므로 청구인의 이 사건 심판청구는 마땅히 기각되어야 한다.

4. 관계 법령

공공기관의 정보공개에 관한 법률 제1조 내지 동법

제3조

공공기관이 보유·관리하는 정보는 국민의 알권리 보장 등을 위하여 이 법에서 정하는 바에 따라 적극적으로 공개하여야 한다.

제9조 제1항

공공기관이 보유·관리하는 정보는 공개 대상이 된다. 다만, 다음 각 호의 어느 하나에 해당하는 정보는 공개하지 아니할 수 있다.

1. 다른 법률 또는 법률에서 위임한 명령(국회규칙·대법원규칙·헌법재판소규칙·중앙선거관리위원회규칙·대통령령 및 조례로 한정한다)에 따라 비밀이나 비공개 사항으로 규정된 정보
2. 국가안전보장·국방·통일·외교관계 등에 관한 사항으로서 공개될 경우 국가의 중대한 이익을 현저히 해칠 우려가 있다고 인정되는 정보
3. 공개될 경우 국민의 생명·신체 및 재산의 보호에 현저한 지장을 초래할 우려가 있다고 인정되는 정보

4. 진행 중인 재판에 관련된 정보와 범죄의 예방, 수사, 공소의 제기 및 유지, 형의 집행, 교정(교정), 보안처분에 관한 사항으로서 공개될 경우 그 직무수행을 현저히 곤란하게 하거나 형사피고인의 공정한 재판을 받을 권리를 침해한다고 인정할 만한 상당한 이유가 있는 정보 등

제11조

공공기관은 제10조에 따라 정보공개의 청구를 받으면 그 청구를 받은 날부터 10일 이내에 공개 여부를 결정하여야 한다.

제14조

공개 청구한 정보가 제9조 제1항 각 호의 어느 하나에 해당하는 부분과 공개 가능한 부분이 혼합되어 있는 경우로서 공개 청구의 취지에 어긋나지 아니하는 범위에서 두 부분을 분리할 수 있는 경우에는 제9조 제1항 각 호의 어느 하나에 해당하는 부분을 제외하고 공개하여야 한다.

공공기관의 정보공개에 관한 법률 시행령 제13조

5. 인정사실

청구인과 피청구인이 제출한 정보공개청구서, 정보비공개결정서, 이의신청서, 이의신청결정통지 등에 기재된 내용을 종합하면 다음과 같은 사실을 인정할 수 있다.

1) 청구인은 2015. 12. 29. 피청구인에게 이 사건 정보에 대하여 공개를 청구하자, 피청구인은 2016. 1. 6. 청구인에게 이 사건 정보는 2015년 환경부로 접수된 공공기관의 질의 · 회신 일체로서 내부검토, 진행 중인 처분 및 재판 등과 관련되므로 정보공개법 제9조 제1항 제3호 내지 제7호의 비공개대상정보라는 이유로 비공개결정을 하였다.

2) 위 비공개결정에 대하여 청구인은 2016. 1. 10. 피청구인에게 이의신청을 하자, 피청구인은 2016. 1. 27. 청구인에게 이 사건 정보 중 일부를 공개하면서 그 나머지 정보는 정보공개법 시행령 제9조에 따른 정보생산 공공기관의 비공개요청이 있다는 이유로 이 사건 처분을 하였다.

6. 이 사건 처분의 위법 · 부당 여부

1) 관계 법령의 내용

(1) 정보공개법 제1조에는 이 법은 공공기관이 보유 · 관리하는 정보에 대한 국민의 공개 청구 및 공공기관의 공개 의무에 관하여 필요한 사항을 정함으로써 국민의 알권리를 보장하고 국정에 대한 국민의 참여와 국정 운영의 투명성을 확보함을 목적으로 한다고 되어 있고, 동법 제2조 제1호에는 '정보'라 함은 공공기관이 직무상 작성 또는 취득하여 관리하고 있는 문서(전자문서를 포함한다. 이하 같다) · 도면 · 사진 · 필름 · 테이프 · 슬라이드 및 그 밖에 이에 준하는 매체 등에 기록된 사항을 말한다고 되어 있으며, 동법 제3조에는 공공기관이 보유 · 관리하는 정보는 국민의 알권리 보장 등을 위하여 이 법에서 정하는 바에 따라 적극적으로 공개하여야 한다고 되어 있고, 동법 제4조 제1항에는 정보의 공

개에 관하여는 다른 법률에 특별한 규정이 있는 경우를 제외하고는 이 법이 정하는 바에 따른다고 되어 있다.

(2) 정보공개법 제9조 제1항에 따르면 공공기관이 보유 · 관리하는 정보는 공개대상이 되나, 다른 법률 또는 법률에서 위임한 명령(국회규칙 · 대법원규칙 · 헌법재판소규칙 · 중앙선거관리위원회규칙 · 대통령령 및 조례로 한정한다)에 따라 비밀이나 비공개 사항으로 규정된 정보 등 같은 항 제1호부터 제8호까지 규정된 정보에 대하여는 이를 공개하지 아니할 수 있다고 되어 있고, 동법 제14조에 따르면 공개 청구한 정보가 제9조 제1항 각 호의 어느 하나에 해당하는 부분과 공개 가능한 부분이 혼합되어 있는 경우로서 공개 청구의 취지에 어긋나지 아니하는 범위에서 두 부분을 분리할 수 있는 경우에는 제9조 제1항 각 호의 어느 하나에 해당하는 부분을 제외하고 공개하여야 하며, 동법 시행령 제9조에 따르면 공공기관은 공개청구된 정보의 전부 또는 일부가 다른 공공기관이 생산한 정보인 때에는 그 정보를 생산한 공공기관의 의견을 들어 공개여부를 결정하여야 한다고 되어 있으며, 동법 제13조 제4항 및 동법 시행령 제13조에 따르면, 공공기관은 동법 제11조 및 제14조의 규정에 따라 정보의 공개 또는 비공개 및 부분공개결정을 한 때에는 그 사실을 청구인에게 지체없이 문서로 통지하여야 하고, 이 경우 비공개이유 · 불복방법 및 불복절차를 구체적으로 명시하여야 한다고 되어 있는데, 이러한 규정의 근본취지는 공공기관이 해당 정보에 대하여 비공개결정이나 부분공개결정을 한 경우 정보공개청구자에게 비공개결정내용을 알림과 동시에 당해 정보를 비공개 또는 부분공개결정한 구체적인 이유와 이에 대한 불복여부의 결정 및 불복신청에 관한 사항을 자세히 알림으로써 국민의 알권리를 보장하고 국정에 대한 국민의 참여를 유도하여 국정운영의 투명성을 확보하려는 것이라고 할 것이다.

2) 판단

위 관계 법령에 따르면, 정보를 생산 · 보유 관리하고 있는 공공기관은 국민으로부터 정보공개 요청을 받으면 정보공개법의 목적 및 취지에 따라 해당 정보가 정보공개법 제9조 제1항 각 호에서 정하고 있는 비공개사유에 해당하지 않는 한 이를 공개하여야 하고, 만일 공개를 거부하고자 한다면 대상이 된 정보의 내용을 구체적으로 확인 · 검토하여 정보공개법 제9조 제1항 각 호의 어디에 해당하는 정보인지를 밝혀 공개를 거부하여야 하는데, 위 인정사실에 따르면, 피청구인은 청구인의 이 사건 정보의 공개 청구에 대하여 이 사건 정보가 정보공개법 제9조 제1항 각 호의 어디에 해당하는 정보인지를 밝히지 아니한 채 정보공개법 시행령 제9조에 따른 정보생산 공공기관의 비공개요청이 있다는 이유로 이 사건 처분을 한 사실이 인정되는 바, 피청구인은 정보공개 생산기관이 이 사건 정보에 대하여 비공개 요청한 사실을 비공개 사유로 들고 있으나 이 사건 정보가 제3자와 관련된 정보로서 제3자가 공개하지 아니할 것을 요청하였다고 하여 해당 정보를 공개할 수 없는 것은 아니어서 공공기관이 해당 정보가 비공개 대상 정보인지의 여부를 검토하여 공개여부를 결정하여야 할 것이므로, 정보공개법 시행령 제9조는 비공개 사유가 될 수 없다. 따라서, 피청구인은 정보생산 공공기관의 비공개요청에 따라 이 사건 정보가 정보공개법 제9조 제1항 제3호 내지 제7호에 해당한다고 주장하고 있으나 피청구인은 이 사건 처분시 정보공개법 제9조 제1항 각 호에서 정한 구체적 비공개사유를 밝히지 않고 그 공개를 거부하였으므로 피청구인의 이 사건 처분은 위법 · 부당하다고 할 것이고, 피청구인이 이 사건 정보가 정보공개법 제9조 제1항 각 호의 비공개정보에 해당한다는 이유로 다시 처분할 수 있음은 별론으로 하고, 피청구인이 정보공개법상의 구체적인 비공개사유를 밝히지 아니한 채 행한 이 사건 처분은 위법 · 부당하다.

7. 청구 취지

주문과 같다.

8. 재결 요지

청구인은 2015. 12. 29. 피청구인에게 '① A군 시행 환경보호과 - 12456호, 기획감사실 - 7202호, 기획감사실 - 9049호 환경부 회신서, ② 2015. 1. 1.부터 공개 당일까지 시 · 도 환경부서에서 환경부 대기관리과로 접수한 대기환경보전법 관련 질의 회신서'의 정보에 대하여 공개를 청구하자 피청구인은 「공공기관의 정보공개에 관한 법률」 제9조 제1항 제3호 내지 제7호의 비공개대상 정보라는 이유로 비공개결정을 하였고 이에 대해 청구인이 이의신청을 하였다.

피청구인은 정보생산 공공기관의 비공개요청에 따라 이 사건 정보가 정보공개법 제9조 제1항 제3호 내지 제7호에 해당한다고 주장하고 있으나 피청구인은 이 사건 처분시 정보공개법 제9조 제1항 각 호에서 정한 구체적 비공개사유를 밝히지 않고 그 공개를 거부하였으므로 피청구인의 이 사건 처분은 위법 · 부당하다고 할 것이고, 피청구인이 이 사건 정보가 정보공개법 제9조 제1항 각 호의 비공개정보에 해당한다는 이유로 다시 처분할 수 있음은 별론으로 하고, 피청구인이 정보공개법상의 구체적인 비공개사유를 밝히지 아니한 채 행한 이 사건 처분은 위법 · 부당하다.

9. 주 문

피청구인이 2016. 1. 27. 청구인에게 한 정보공개 거부처분을 취소한다.

10. 결 론

그렇다면 청구인의 주장을 인정할 수 있으므로 청구인의 청구를 받아들이기로 하여 주문과 같이 재결한다.

17. 서면사과 처분 취소청구

사건번호 2013-45

재결일자 2013. 12. 30.

재결결과 인용

1. 사건개요

청구인은 A초등학교 2학년에 재학 중 같은 반 박일동, 김이동에 대한 학교폭력으로 2013. 10. 7. '서면사과 처분'을 받자 초등학교 2학년(9세)으로 학교폭력이라는 사실을 인지하지 못하고 한 행동이고, 1학기 초부터 같은 반 급우들의 '따돌림'으로 심리치료까지 받았는데, 전반적인 상황을 고려하지 않고 '서면사과 처분'을 한 것은 양형이 너무 과하다며 취소를 구하는 행정심판을 청구하였다.

2. 청구인 주장

청구인은 다음과 같이 주장한다.

가. 청구인에 대하여 2학년 1학기 초부터 급우들이 계속된 집단 '따돌림'이 있었다는 것이 보충자료 심리평가소견서(심리상담센터)에서도 알 수 있듯이 청구인도 피해자이고 이러한 '따돌림'을 담임선생님에게 알려 도움을 요청하였으나 개선되지 않았다.

나. 청구인의 학교폭력의 원인관계 및 조사에서 섬 문화의 특성과 청구인이 전학을 온 점 등이 불리하게 작용하여 공평하고 객관적인 조사가 이루어지지 않았다.

다. 청구인이 박일동 학생에 대한 폭력은 박일동 학생이 청구인과 다른 학생간의 싸움을 말리는 과정에서 청구인에게 살짝 물리는 정도로 경미하다.

라. 김이동 학생에 대한 언어폭력 '천벌을 받아서 그런거야'는 언어에 대한 의미를 정확히 이해하지 못할 정도로 청구인이 아직 어리고 인격적으로 미숙하다.

마. 피해자인 박일동, 김이동 학부모도 청구인에 대한 처벌을 원하지 않으며, 청구인이 먼저 피해를 당하여 대응 수준이거나, 폭력이라고 할 수 없는 경미한 수준이다.

바. 청구인이 친구관계의 정립과정에서 서로 충돌이 있을 수 있으며, 친구들에게 피해를 주는 행동이 바람직하지 않다는 것을 청구인도 알게 되어 그러한 행동들에 대하여 깊이 반성하고 있다.

사. 청구인이 초등학교 저학년으로 아직 어리고 현재 새로 전학(목포 한빛초)간 학교에서도 잘 적응하고 있으므로 이번 처분으로 학년이 올라갈 때마다 부정적인 선입견이 생겨 학교생활에 적응하는데 어려움이 있을 것으로 사료되고, 청구인의 미래를 고려하여 '서면사과 처분'은

취소되어야 한다고 주장함

3. 피청구인 주장

피청구인은 다음과 같이 주장한다.

가. 청구인의 같은 반 학생들이 바람직하지 못한 행동을 일삼는 청구인과 어울리기를 거부했다고 해서 그것을 '왕따' 로 볼 수는 없다.

나. 본교 학교폭력대책자치위원회에서는 객관적으로 드러난 사실만을 가지고 심의했으며, 학교폭력대책자치위원회 개최 이전 사건과 직접 관련이 없는 다른 학생들(김○○, 박○○, 최○○)과 담임교사는 물론 보건교사, 상담사 등의 의견도 청취하였다.

다. 피해학생 학부모는 4차 학교폭력대책자치위원회에서 처벌 의사를 재삼 강조하였으며, 청구인이 싸움을 말리던 박일동을 물었음에도 고의성이 없었다는 얘기는 수긍하기 어렵다.

라. '천벌' 관련 처분 이유는 3차 학교폭력대책자치위원회에서 비슷한 수준의 언어 폭력에 대해 서면사과 조치가 내려졌으며 청구인만 징계하지 않는 것은 형평에 위배된다고 판단했기 때문이다.

마. 청구인은 거리낌 없이 친구를 괴롭히면서도 자신이 입을 피해에 대해서는 '엄마(○○초 3학년 담임교사)에게 이를 거야' 라며 친구들을 위협하였다.

바. 학교폭력에 적절히 대응해야 할 책임이 있는 학교로서는 불가피하게 언어폭력 및 신체폭행에 대하여 '서면사과' 처분을 하였으므로 '청구인의 청구를 기각한다' 라는 재결을 구함

4. 이 사건 처분의 위법 · 부당 여부

가. 관계 법령

「학교폭력예방 및 대책에 관한 법률」 제1조 · 제2조 및 제17조, 동법 시행령 제19조

나. 판단

1) 청구인 및 피청구인이 제출한 청구서, 답변서, 관련자료 및 행정심판 심리 당일 청구인의 진술을 종합하여 보면 다음과 같은 사실을 각각 인정할 수 있다.

이 사안에 있어 초등학교 2학년(9세)인 청구인이 같은 반 김이동이 팔에 깁스를 하고 있는 것을 보고 언어폭력('천벌을 받아서 그런거야')을 행사한 사실과 청구인이 같은 반 학생간의 싸움을 말리는 박일동의 팔을 물었다는 점의 행위가 과연 「학교폭력예방 및 대책에 관한 법률」 제2조 제1호의 '학교폭력' 에 해당하여 처벌해야 하는지가 중요한 판단 문제라고 할 수 있다.

2) 이 사건 처분의 위법 · 부당 여부에 대하여 살펴본다.

청구인이 아직 초등학교 2학년(9세)으로 '폭력' 에 대한 사리 분별력 및 인지능력이 있다고 보기에는 무리가 있고, 피청구인의 조사 및 가 · 피해 학생간의 분쟁조정 노력이 부족한

점 등이 인정되며, 담임교사의 지도로 충분히 개선이 가능하다고 보여지고, 어린 학생간의 경미한 다툼에 대하여 피청구인이 「학교폭력예방 및 대책에 관한 법률」을 적용해야 할 것인가에 대하여 교육적인 입장 및 학생의 선도가능성 등을 종합적으로 심도 있게 검토하여야 함에도 징계처분만을 목적으로 절차를 진행하여, 청구인의 상황 및 여건을 적극적으로 고려하지 않은 '서면사과' 처분은 위법 · 부당하다.

5. 재결 요지

청구인이 아직 초등학교 2학년(9세)으로 '폭력'에 대한 사리 분별력 및 인지능력이 있다고 보기에는 무리가 있고, 피청구인의 조사 및 가 · 피해 학생간의 분쟁조정 노력이 부족한 점 등이 인정되며, 담임교사의 지도로 충분히 개선이 가능하다고 보여지고, 어린 학생간의 경미한 다툼에 대하여 피청구인이 관계 법령을 적용해야 할 것인가에 대하여 교육적인 입장 및 학생의 선도가능성 등을 종합적으로 심도 있게 검토하여야 함에도 징계처분만을 목적으로 절차를 진행하여, 청구인의 상황 및 여건을 적극적으로 고려하지 않은 '서면사과' 처분은 위법 · 부당하다.

6. 주 문

피청구인이 2013. 10. 7. 청구인에게 한 '서면사과 처분'을 취소한다.

7. 결론

그렇다면 청구인의 주장을 인정하여 주문과 같이 재결한다.

18. 정보부분공개결정처분 취소청구 및 정보공개 이행청구

사건번호 2016-925

재결일자 2016. 11. 24.

재결결과 일부인용

1. 사건개요

청구인은 피청구인의 2016년도 신입사원 채용에 지원하여 서류전형과 필기시험전형을 통과한 후 1차 면접전형에서 탈락한 후 2016. 7. 20. 피청구인에게 '서류전형을 제외한 필기시험, 인성검사 및 1차면접 전형에서 청구인이 획득한 점수 및 합격자 커트라인, 정성적 평가가 이루어졌다면 이에 대한 평가결과를 포함하여 채용 과정에서 작성 및 기록된 청구인에 대한 모든 문서화된 정보'를 정보공개 청구하였으나, 피청구인은 2016. 7. 26. 청구하신 전형별 평가결과등의 정보는 시험에 관한 사항으로서 「공공기관의 정보공개에 관한 법률」(이하 '정보공개법'이라 한다) 제9조에 의거 비공개 대상정보이며, 청구인이 작성한 입사지원서에 한하여 공개하는 정보부분 공개결정을 하였다.

2. 청구인 주장

1) 피청구인은 청구인의 정보공개청구에 대하여 부분공개결정을 하면서 불복절차에 대한 통지가 없었다는 점에서 절차를 준수하지 않았다.

2) 청구인은 정보공개법 제9조 제1항 제5호 단서 '다만, 의사결정과정 또는 내부검토 과정을 이유로 비공개할 경우에는 의사결정과정 및 내부검토과정이 종료되면 제10조에 따른 청구인에게 이를 통지하여야 한다'에 따라 정보공개를 하여야함에도 제9조 제1항 제5호를 단서를 제외하고 적용하면서 피청구인이 청구인의 정보공개청구에 대하여 입사지원서만을 부분공개한 것은 위법·부당한 처분이다.

3) 인터넷 다음카페 '공공기관을 준비하는 사람들의 모임'에서 인사담당자는 채용결과에 대한 문의를 남기는 사람들에게 "전형별 세부 점수를 알려드리기는 불가합니다만, 전화 주시어 번호 남겨주시면 대략적인 내용에 대하여 설명드리겠습니다"라는 댓글을 남겼는데, 이러한 인사담당자의 말이 사실이라면 채용에 관한 청구인 및 타 지원자의 정보는 기한이 지나면 파기되는 것이 아니라 존재한다는 것이고 피청구인은 청구인에게 허위사실에 기반하여 결정통지를 한 것이 된다.

3. 피청구인 주장

1) 청구인은 정보공개법 시행규칙 제5조에 의거하여 정보공개법 시행규칙 별지 제7호서식에 따라 정보공개 여부 결정에 대한 통지를 하고 있으며, 서식 하단부 유의사항에는 이의가 있는 경우에는 결정통지를 받은 날부터 30일 이내에 해당기관에 이의신청을 할 수 있고, 처분이 있음을 안 날부터 90일 이내에 처분청 또는 재결청에 행정심판을 청구하거나 법원에 행정소송을 제기할 수 있다고 기재되어 있다.

2) 피청구인의 '2016년 신규채용'의 채용과정은 구직자들의 입사지원에 따라 ① 서류전형, ② 필기시험, ③ 인성검사 및 1차 면접, ④ 2차 면접의 절차로 이루어지며, 피청구인은 청구인이 채용과정에서 작성하여 제출한 '응시지원서'와 청구인이 피청구인의 필기시험을 통과한 뒤 인성검사 및 1차 면접을 거쳤기 때문에 작성된 '필기시험 점수, 인성검사 결과, 1차 면접 점수가 기재된 평가서'를 보유하고 있었고, 청구인에게 공개한 '응시지원서' 외의 채용 과정에서 작성 및 기록된 문서는 정보공개법 제9조 제1항 제5호의 시험에 관한 사항으로 공개될 경우 업무의 공정한 수행에 현저한 지장을 초래한다고 인정할 만한 상당한 이유가 있는 비공개 대상정보에 해당한다.

3) 피청구인은 「채용절차의 공정화에 관한 법률」 및 「개인정보보호법」 등에 따라 전형별 결과가 기록된 문서화된 정보가 아닌 피청구인의 개인정보를 보호하고자 입사지원서 등이 파기된다는 사실을 안내한 것이다.

4. 관계 법령

공공기관의 정보공개에 관한 법률 제9조 제1항 제5호

① 공공기관이 보유 · 관리하는 정보는 공개 대상이 된다. 다만, 다음 각 호의 어느 하나에 해당하는 정보는 공개하지 아니할 수 있다.

5. 감사 · 감독 · 검사 · 시험 · 규제 · 입찰계약 · 기술개발 · 인사관리에 관한 사항이나 의사결정 과정 또는 내부검토 과정에 있는 사항 등으로서 공개될 경우 업무의 공정한 수행이나 연구 · 개발에 현저한 지장을 초래한다고 인정할 만한 상당한 이유가 있는 정보. 다만, 의사결정 과정 또는 내부검토 과정을 이유로 비공개할 경우에는 의사결정 과정 및 내부검토 과정이 종료되면 제10조에 따른 청구인에게 이를 통지하여야 한다.

5. 인정사실

청구인과 피청구인이 제출한 행정심판 청구서, 답변서 등의 기재 내용을 종합하여 보면 다음과 같은 사실을 각각 인정할 수 있다.

1) 청구인은 피청구인의 2016년도 신입사원 채용에 지원하여 서류전형과 필기시험 전형을 통과한 후 1차 면접전형에서 탈락한 후 2016. 7. 20. 피청구인에게 '서류전형을 제외한 필기시험, 인성검사 및 1차면접 전형에서 청구인이 획득한 점수 및 합격자 커트라인, 정성적 평가가 이루어졌다면 이에 대한 평가결과를 포함하여 채용 과정에서 작성 및 기록된 청구인에 대한 모든 문서화된 정보'를 정보공개 청구하였다.

2) 피청구인은 2016. 7. 26. 청구한 전형별 평가결과 등의 정보는 시험에 관한 사항으로서 정보공개법 제9조에 의거 비공개 대상정보에 해당하므로 청구인이 작성한 입사지원서에 한하여 공개하는 정보부분공개결정처분을 하였다.

3) 정보공개법 시행규칙 별지 제7호서식 하단부 유의사항에는 이의가 있는 경우에는 결정통지를 받은 날부터 30일 이내에 해당기관에 이의신청을 할 수 있고, 처분이 있음을 안 날부터 90일 이내에 처분청 또는 재결청에 행정심판을 청구하거나 법원에 행정소송을 제기할 수 있다고 기재되어 있다.

4) 피청구인의 '2016년 신규채용'의 채용과정은 구직자들의 입사지원에 따라 ① 서류전형, ② 필기시험, ③ 인성검사 및 1차 면접, ④ 2차 면접의 절차로 이루어지며, 피청구인이 필기시험을 통과한 응시자에 대하여 보관하고 있는 평가결과 문서양식은 아래와 같다.

연번	지원분야	수험번호	인성검사결과	필기시험점수	1차면접점수	합계	최종결과

6. 이 사건 처분의 위법 · 부당여부

1)「공공기관의 정보공개에 관한 법률」제2조 제1호에 의하면, "정보"란 공공기관이 직무상 작성 또는 취득하여 관리하고 있는 문서(전자문서를 포함한다. 이하 같다) · 도면 · 사진 · 필름 · 테이프 · 슬라이드 및 그 밖에 이에 준하는 매체 등에 기록된 사항을 말한다고 되어 있고, 제4조 제1항에 의하면 정보의 공개에 관하여는 다른 법률에 특별한 규정이 있는 경우를 제외하고는 이 법에서 정하는 바에 따른다고 하고 있고, 동법 제11조 제1항은 공공기관은 정보공개의 청구를 받으면 그 청구를 받은 날부터 10일 이내에 공개 여부를 결정하여야 한다고 정하고 있으며, 동법 제13조 제4항은 공공기관은 제11조에 따라 정보의 비공개 결정을 한 경우에는 그 사실을 청구인에게 지체 없이 문서로 통지하여야 한다. 이 경우 비공개 이유와 불복의 방법 및 절차를 구체적으로 밝혀야 한다고 정하고 있다.

한편, 동법 제9조 제1항은 공공기관이 보유 · 관리하는 정보는 공개 대상이 된다고 정하면서, 다만, 다음 각 호의 어느 하나에 해당하는 정보는 공개하지 아니할 수 있다고 정하고 있고, 제5호에서는 감사 · 감독 · 검사 · 시험 · 규제 · 입찰계약 · 기술개발 · 인사관리에 관한 사항이나 의사결정 과정 또는 내부검토 과정에 있는 사항 등으로서 공개될 경우 업무의 공정한 수행이나 연구 · 개발에 현저한 지장을 초래한다고 인정할 만한 상당한 이유가 있는 정보. 다만, 의사결정 과정 또는 내부검토과정을 이유로 비공개할 경우에는 의사결정 과정 및 내부검토 과정이 종료되면 제10조에 따른 청구인에게 이를 통지하여야 한다고 하고, 제6호에서는 해당 정보에 포함되어 있는 성명 · 주민등록번호 등 개인에 관한 사항으로서 공개될 경우 사생활의 비밀 또는 자유를 침해할 우려가 있다고 인정되는 정보는 공개하지 아니할 수 있다고 정하고 있다.

2) 이 사건 처분에 관하여 본다.

위 인정사실과 제출된 기록 등에 의하면, 청구인은 피청구인이 불복절차를 고지하지 않았고, 2016. 7. 20. 피청구인에게 '서류전형을 제외한 필기시험, 인성검사 및 1차면접 전형에서 청구인이 획득한 점수 및 합격자 커트라인, 정성적 평가가 이루어졌다면 이에 대한 평가결과를 포함하여 채용 과정에서 작성 및 기록된 청구인에 대한 모든 문서화된 정보' 를 정보공개 청구하였는데 정보공개법 제9조 제1항 제5호 단서에 따라 의사결정과정 또는 내부검토 과정을 이유로 비공개할 경우에는 의사결정과정 및 내부검토과정이 종료되면 청구인에게 정보공개를 하여야함에도 정보공개법 제9조 제1항 제5호를 단서를 제외하고 적용하면서 피청구인이 청구인의 정보공개청구에 대하여 입사지원서만을 부분공개하였으므로 위법 · 부당하다고 주장하고 있다.

이에 대해 살피건대, 먼저 불복절차 고지에 대해서는 피청구인이 '이의가 있는 경우에는 결정통지를 받은 날부터 30일 이내에 해당기관에 이의신청을 할 수 있고, 처분이 있음을 안 날부터 90일 이내에 처분청 또는 재결청에 행정심판을 청구하거나 법원에 행정소송을 제기할 수 있다' 고 기재되어 있는 정보공개법 시행규칙 별지 제7호서식으로 청구인에게 통지하였으므로 청구인의 주장은 이유 없다.

다음으로, 청구인의 청구내용이 정보공개법 제9조 제1항 제5호의 시험에 관한 사항으로서 공개될 경우 업무의 공정한 수행에 현저한 지장을 초래한다고 인정할 만한 상당한 이유가 있는지 여부에 대해 살펴보면, 이 사건 정보는 시험에 관한 정보에 해당하는 것으로서, 청구인이 피청구인에게 정보공개를 청구한 정보는 '필기시험, 인성검사 및 1차면접 전형에서 청구인이 획득한 점수 및 합격자 커트라인, 정성적 평가가 이루어졌다면 이에 대한 평가결과를 포함하여 채용 과정에서 작성 및 기록된 청구인에 대한 모든 문서화된 정보' 로서 모두 합격자를 결정하기 위한 심의와 평가 내용에 관한 정보에 해당하는 바, 이러한 정보가 공개될 경우 단순 수치만으로 계량화할 수 없는 추상적인 평가기준에 따른 주관적인 평가결과 등을 둘러싸고 시시 비비가 발생할 우려가 농후하고 이로써 공정하고 중립적으로 이루어져야 할 신입사원 채용업무와 면접관의 면접평가업무 등의 수행에 현저한 지장을 초래한다고 인정할 만한 상당한 이유가 있다고 할 것이므로, 피청구인이 이 사건 정보를 공개하지 아니하기로 한 것은 적법하고 비례의 원칙에 어긋나는 것으로 볼 수도 없으므로 청구인의 주장은 이유 없다(서울행정법원 2001. 12. 21. 선고 2001구34832 판결 참조). 다만, 청구인의 필기시험 점수는 인성검사결과, 면접점수와 달리 객관적인 평가결과에 해당하여 공개될 경우 업무의 공정한 수행에 현저한 지장을 초래한다고 인정할 만한 정보에 해당한다고 볼 수 없으므로 이 부분에 한하여 공개의 필요성이 인정되고, 따라서 이 부분에 대한 비공개결정은 위법하다.

한편, 청구인은 정보공개법 제9조 제1항 제5호 단서에 따라 의사결정과정 또는 내부검토 과정을 이유로 비공개할 경우에는 의사결정과정 및 내부검토과정이 종료되면 청구인에게 정보공개를 하여야함에도 제9조 제1항 제5호 단서를 적용하지 않고 비공개 결정을 하였다고 주장하므로 이에 대해 살피건대, 정보공개법 제9조 제1항 제5호는 '감사 · 감독 · 검사 · 시험 · 규제 · 입찰계약 · 기술개발 · 인사관리에 관한 사항이나 의사결정 과정 또는 내부검토 과정에 있는 사항 등으로서 공개될 경우 업무의 공정한 수행이나 연구 · 개발에 현저한 지장을 초래한다고 인정할 만한 상당한 이유가 있는 정보. 다만, 의사결정 과정 또는 내부검토 과정을 이유로 비공개할 경우에는 의사결정 과정 및 내부검토 과정이 종료되면 제10조에 따른 청구인에게 이를 통지하여야 한다' 라고 되어 있고, 이 조문 소정의 '감사 · 감독 · 검사 · 시험 · 규제 · 입찰계약 · 기술개발 · 인사관리에 관한 사항' 은 '의사결정 과정 또는 내부검토 과정에 있는 사항' 과 구분되어 정보공개법 제9조 제1항 제5호 단서는 '의사결정 과정 또는 내부검토 과정에 있는 사항' 에 대해서만 적용되는 사항이므로 청구인의 주장은 이유 없다(서울행정법원 2001. 12. 21. 선고 2001구34832 판결참조).

7. 청구 취지

피청구인이 2016. 7. 26. 청구인에 대하여 한 정보부분공개결정처분을 취소하고 정보공개를 이행하라.

8. 재결 요지

청구인이 피청구인에게 정보공개를 청구한 정보 중 인성검사 및 1차면접 전형 자료는 합격자를 결정하기 위한 심의와 평가내용에 관한 정보에 해당하는 바, 이러한 정보가 공개될 경우 단순 수치만으로 계량화할 수 없는 추상적인 평가기준에 따른 주관적인 평가결과 등을 둘러싸고 시시비비가 발생할 우려가 농후하고 이로써 공정하고 중립적으로 이루어져야 할 신입사원 채용업무와 면접관의 면접평가업무 등의 수행에 현저한 지장을 초래한다고 인정할 만한 상당한 이유가 있다.

9. 주 문

1) 피청구인이 비공개한 청구인의 필기시험 점수를 공개한다.
2) 청구인의 나머지 청구를 기각한다.

10. 결 론

그렇다면, 청구인의 주장을 일부 인정할 수 있으므로, 그 범위내에서 청구인의 청구를 받아들이기로 하여 주문과 같이 재결한다.

19. 개발행위허가신청 반려처분 취소청구

사건번호 2016-882
재결일자 2016. 11. 14.
재결결과 인용

1. 사건개요

1) 청구인은 A구 일이동 123-10외 3필지 760.72㎡(제3종 일반주거지역) 지상에 지상5층 규모의 공동주택 신축을 위하여 2016. 4. 15. 피청구인에게 개발행위허가 신청을 하였으나, 피청구인은 2016. 4. 27.자로 청구인에게 ① 신청지 필지 중 일이동 456-10호 토지의 경사도가 22.1도로서 개발행위(토지의 형질변경)허가 기준에 적합하지 않음, ② 신청지에 진입하는 일부구간(일이동 789-10호 및 789-11호 앞)의 도로폭이 3.3m, 3.8m로 협소하여 차량 교행이 어렵고 차량진출입 등 교통소통의 지장 및 문제가 발생할 수 있음을 이유로 개발행위허가신청반려처분(이하 '이 사건 처분'이라 한다.)을 하였다.

> 2) 이후 청구인은 ① 456-10인 토지의 경사도는 19.1도로 허가기준인 21도에 미치지 않고, ② 실제 차량진출입 등 교통소통에 지장이 없고 이 사건 공동주택은 1층은 주차장, 2 ~ 5층은 각층마다 1가구씩 전부 4가구 기준으로 신축할 계획이므로 피청구인의 반려처분은 취소되어야 한다면서 이 건 행정심판을 청구하였다.

2. 청구인 주장

1) 청구인은 이 사건 공동주택 신축을 위하여 일이동 ○○○-○○등 7필지를 매수하여 소유권 이전등기를 마쳤고 합필과 지번변경을 하였는데, 위 토지들은 청구인이 매수하기 전에는 그대로 방치되어 있어 주변 주민들의 생활환경에 부정적인 영향을 미치고 있었으며 공동주택을 신축하는 것이 주민들의 주거환경 개선에도 기여할 것으로 판단하고 피청구인(도시관리과)에게 사전검토 도서를 제출하여 검토를 받았고, 4. 15. 허가신청서류 접수 후, 도시관리과의 요구에 따라 푸른도시과, 건축과 등 관련부서와 협의가 진행되고 있었는데 갑자기 도시관리과에서 이 사건 불허가 처분을 하였다.

2) 피청구인의 불허가 사유 2가지는 모두 사실을 오인한 위법한 처분사유인데 ① 경사도기준과 관련하여, 서울특별시 도시계획조례 시행규칙 제11조 별표4의 방법에 따르면, □□□-□□ 토지의 지형은 가늘고 긴 장방형의 토지로 남서향 경사지이고 남서향 최저점 부근 완경사이고 이어서 북동향 최고점 방향으로 급경사, 완경사, 급경사 다시 완경사로 이어지는 굴곡이 있어 456-10 토지는 일반적인 경우가 아니라 지형이 구간에 따라 변화되는 경우에 해당하여 별표4, 2. (2)의 방법에 의하여 경사도 산정시에 토지의 경사도는 19.1도 정도에 불과하다.

관련전문가인 측량 특급기술자의 진술에 의하면, '이 사건 토지는 긴 장방형의 토지로 전체 등고선의 흐름이 북동에서 남서로 경사진 북남서향 경사지이며, 남서향 최저점에서 약 5m까지 완경사지이고 북동향 최고점 방향으로 급경사, 완경사, 급경사 다시 완경사로 이어지는 굴곡이 있는 지형이다. 피청구인 경사도 성과자료상 1노선, 2노선 경사도 측정 단면은 남동방향에서는 등고선과 직각되게 단면 설정이 되었으나 최고점 방향으로 10m 지점부터는 단면이 등고선과 직각되게 설정되지 않았다. 청구인이 제출한 경사도 산출서 상 line 4, line 5 경사도측정 단면은 등고선과 직각되게 단면을 설정하라는 서울특별시 도시계획조례 시행규칙 제11조[별표4] 경사도 조사방법 관련 규정에 부합되도록 이 사건 토지의 등고선 흐름 또는 지형 굴곡에 따라 단면 설정을 하였고, 청구인의 경사도 조사결과가 피청구인의 경사도 성과자료에 비하여 이 사건 토지의 경사도를 대표할 수 있도록 측정한 것으로 사료된다' 는 의견이 있다.

② 개발행위로 인한 교통소통과 관련하여, 진입도로 주변 주민들의 주차현황 및 실제 교통량을 청구인이 방문 조사한 결과 모두 9대 정도의 주차장이 있으며 차량통행은 하루 종일 매우 한

가로운 상태이고, 이 사건 공동주택의 전용면적이 997.49㎡인 관계로 법정주차대수는 15대이나 실제 신축세대수는 4세대에 불과하여 이를 기준으로 할 때 교통소통에 있어 문제가 발생할 수 있는 소지가 없다.

따라서 피청구인의 이 사건 반려처분은 위법·부당하다 할 것이므로 취소되어야 한다.

3) 청구인은 신청 접수시에 도시계획위원회가 5월 개최 예정이라는 말을 전해 들었는데 접수 후 불과 2주일 만에 이 사건 불허가 처분을 받았고, 주변 주민들의 말을 통해 강남구청장이 이 사건 공동주택부지 인근에 위치한 B아파트 2채를 갖고 있고 그중 1채인 1동 10호에 거주하고 있다는 사실을 확인하였는데, B아파트 제2동 중 1, 2호 라인은 이 사건 토지와 가까이 접하고 있는 세대들이고 거실 창호 등 조망이 이 사건 토지방향으로 되어 있어 이 사건 토지상에 공동주택을 신축하게 되면 구청장이 거주하는 3동 100호의 조망에 부정적인 영향을 줄 수 있다는 판단을 할 수도 있겠다는 생각을 하게 되었고 피청구인 담당자가 이 사건 불허가처분을 한 실질적인 배경내지 원인일 것이라는 강한 의구심을 가지고 있다.

3. 피청구인 주장

1) 개발행위 허가 여부를 판단함에 있어서 행정청은 법령이 규정한 허가의 기준 등에 의하여야 하며, 이러한 기준을 충족하는지 여부에 대하여 관련 부서의 협의를 거치고 현장을 확인 검측하여 정량적인 허가기준에 충족되었다고 판단될 때, 개발행위(토지 형질변경)로 인해 초래되는 녹지 및 경관의 훼손과 주변 유사토지에 미치는 파급효과, 원형유지의 필요성, 교통소통의 문제 등 종합적 검토를 위하여 구 도시계획위원회 심의를 거쳐 해당 신청지역의 개발행위 허가 여부를 결정하게 되며, 토지형질 변경허가는 전형적인 행정처분으로서 대법원은 일관되게 재량행위로 판단하고 있고 국토계획법 제57조 제4항도 이 허가가 재량행위라는 전제하에 규정된 것이다.

2) ① 경사도 허가기준과 관련하여 피청구인 도시관리과 소속, 측량 및 지형공간 정보기사인 개발행위 담당공무원이 조례 시행규칙 제11조의 '지형이 구간에 따라 변화되는 경우'를 적용하여 측량한 가중평균의 경사도 측량값은 21.1도와 23.1도로 확인되었고, 이를 검증하기 위하여 제3의 측량업체 소속의 측량 및 지형공간 정보기사의 측정결과도 21.1도, 22.1도로 확인되었다. ② 교통소통과 관련하여, 이 사건 토지에 진입하는 도로의 폭이 3.3m, 3.8m로 협소하여 서울시 도시계획조례 제24조 별표1의 분야별 검토사항의 마.항, (1)의 기준에 적합하지 않으며, 간선 도로에서 신청지까지 이르는 진입도로는 2개 노선으로 볼 수 있는데, 그 노선 중 일이동 100-10호를 경유하는 진입도로의 폭은 6m, 길이는 약 180m이고 그 구간중 길이 약 15m 구간의 도로폭이 3.8m로 협소하고, 다른 노선인 일이동 100-10호를 경유하는 진입도로의 폭은 6m, 길이는 280m이고 그 구간 중 길이 약 50m 구간의 도로폭이 3.3m로 매우 협소하여 개발

행위 허가시 교통의 소통에 문제가 발생하는 등 진입도로 폭이 3.3m, 3.8m인 현황 여건은 관련 법령에서 정한 교통소통의 도로기준에 적합하지 않은 것으로서 피청구인의 이 사건 처분은 적법하다.

3) 피청구인 구청장이 거주하는 곳이 이 사건 토지 주변인 것은 사실이나, 그 사실과 이 사건 불허가 처분과는 아무런 관계가 없는 것으로서 이 사건 불허가 처분을 한 배경 내지 원인일 것이라는 청구인의 주장은 터무니없고 부당한 주장에 불과하다.

4. 관계 법령

국토의 계획 및 이용에 관한 법률 제56조,

① 다음 각 호의 1에 해당하는 행위로서 대통령령이 정하는 행위(이하 "개발행위"라 한다)를 하고자 하는 자는 특별시장 · 광역시장 · 시장 또는 군수의 허가(이하 "개발행위허가"라 한다)를 받아야 한다. 다만, 도시계획사업에 의하는 경우에는 그러하지 아니하다.

1. 건축물의 건축 또는 공작물의 설치
2. 토지의 형질변경(경작을 위한 토지의 형질변경을 제외한다.)
3. 토석의 채취
4. 토지분할(건축법 제49조의 규정에 의한 건축물이 있는 대지를 제외한다.)
5. 녹지지역 · 관리지역 또는 자연환경보전지역안에 물건을 1월 이상 쌓아놓는 행위

제57조

① 개발행위를 하고자 하는 자는 당해 개발행위에 따른 기반시설의 설치 또는 그에 필요한 용지의 확보 · 위해방지 · 환경오염방지 · 경관 · 조경 등에 관한 계획서를 첨부한 신청서를 개발행위허가권자에게 제출하여야 한다.

제58조

① 특별시장 · 광역시장 · 시장 또는 군수는 개발행위허가의 신청내용이 다음 각 호의 기준에 적합한 경우에 한하여 개발행위허가를 하여야 한다.

1. 용도지역별 특성을 감안하여 대통령령이 정하는 개발행위의 규모에 적합할 것
2. 도시관리계획의 내용에 배치되지 아니할 것
3. 도시계획사업의 시행에 지장이 없을 것
4. 주변지역의 토지이용실태 또는 토지이용계획, 건축물의 높이, 토지의 경사도, 수목의 상태, 물의 배수, 하천 · 호소 · 습지의 배수 등 주변환경 또는 경관과 조화를 이룰 것
5. 당해 개발행위에 따른 기반시설의 설치 또는 그에 필요한 용지의 확보계획이 적정할 것

제59조

① 관계 행정기관의 장은 제56조 제1항 제1호 내지 제3호의 1에 해당하는 행위로서 대통령령이

정하는 행위를 이 법에 의하여 허가하거나 다른 법률에 의하여 인가 · 허가 · 승인 또는 협의를 하고자 하는 경우에는 대통령령이 정하는 바에 따라 중앙도시계획위원회 또는 지방도시계획위원회의 심의를 거쳐야 한다.

제114조

① 중앙도시계획위원회 및 분과위원회의 설치 및 운영에 관하여 필요한 사항은 대통령령으로 정한다.

국토의 계획 및 이용에 관한 법률 시행령 제51조, 제54조, 제56조, 제114조

서울특별시 도시계획조례 제21조, 제24조, 제68조

서울특별시 도시계획조례 시행규칙 제8조

5. 인정사실

청구인과 피청구인이 제출한 행정심판 청구서, 답변서 등의 기재 내용을 종합하여 보면 다음과 같은 사실을 각각 인정할 수 있다.

1) 청구인은 A구 일이동 456-10외 3필지 760.72㎡(제3종 일반주거지역) 지상에 지상5층 규모의 공동주택 신축(1층 주차장, 2층 ~ 4층 각 82.72평 연립주택1채, 5층 75.55평1채)을 위하여 2016. 4. 15. 피청구인에게 개발행위허가 신청을 하였다.
2) 청구인은 위 공동주택 신축을 위하여 2015년 A구 일이동 456-10(대, 165㎡), 789-10(대, 102㎡), 789-11(대, 106㎡), 900-10(대, 79㎡), 산 5-20(임,89㎡), 산 1-10(임, 99㎡), 산 2-10(임, 99㎡) 등 7필지를 매수하여 2015. 12. 21.까지 그 소유권이전등기를 마친 후, 각 456-10, 789-10, 789-11, 900-10으로 합필하여 그 지번을 변경하였다.
3) 청구인 주장에 의하면, 청구인은 이 사건 개발행위 허가를 얻기 위하여 2016년에 다음과 같이 피청구인 부서와 접촉을 하였다.
   - 3. 28. 청구인, 사전검토 도서를 피청구인(도시관리과)에 제출
   - 4. 1. 피청구인, 경사도 및 입목본수도 측정위해 현장 필지 구분 요청
   - 4. 4. 청구인, 현장에 필지구분 표시후 피청구인에 표시 완료 통보
   - 4. 8. 피청구인, 위해방지시설 및 내역서, 입목본수도 및 경사도 산출근거 제출 요구, 사전검토 도서 반환
   - 4. 12. 피청구인, 분야별 관련자 자격증 제출 요구
   - 4. 15. 개발행위(토지형질변경)허가 신청서류 접수
   - 4. 19. 피청구인, 청구인에게 푸른 도시과, 건축과 서류 · 도면 전달 요구
   - 4. 20. 청구인, 푸른도시과, 건축과 서류 · 도면 전달
   - 4. 25. 푸른도시과, 산지전용허가 신청서 요구

- 4. 27. 청구인, 푸른도시과에 산지전용허가 신청서 제출

건축과, 신청지 내 현황도로 이해관계인 동의서 요구

청구인, 건축과에 5. 2.까지 현황보고서 제출하겠다는 의견 제안

피청구인 개발행위(토지형질변경) 불허가 결정, 발송

4) 피청구인은 2016. 4. 27.자로 청구인에 대하여 이 사건 반려처분을 하였는데, 불허가 사유 및 관련근거는 다음과 같다.

(1) 불허가 사유 및 관련 근거

① 신청지 필지 중 일이동 100-10호 토지의 경사도가 22.1도로 검측 확인되어 개발행위(토지의 형질변경) 허가 기준에 적합하지 않음

- 관련근거 : 국토계획법시행령 제56조 별표1의2 분야별 검토사항 가항의 (3)호, 서울특별시 도시계획 조례 제24조 별표 1의 분야별 검토사항의 가항 공통분야에서 정한 경사도 기준(21도 미만)

② 신청지에 진입하는 일부구간(일이동 100-10호 및 일이동 100-30호 앞)의 도로폭이 3.3m, 3.8m로 협소하여 차량교행이 어렵고 차량진출입 등 교통소통의 지장 및 문제가 발생할 수 있음

- 관련근거 : 국토계획법시행령 제56조 별표1의2 분야별 검토사항 마항의 (1)호, 개발행위허가운영 지침(국토교통부)3-2-5의 (1)호, 서울특별시 도시계획조례 제24조 별표 1의 분야별 검토사항의 마항 (1)호에서 정한 규정에 의거 신청지 주변의 교통소통에 지장을 초래하지 아니하여야 함

5) 이 사건 공동주택 신축부지의 북서쪽 50미터 정도의 거리에 일이동 B아파트 ○동 건물이 위치하고 있고, 청구인이 제출한 등기부등본기재사항에 의하면, 일이동 B아파트 제1동 제100호는 2005년 8월 29일부터, 같은 동 제123호는 2004년 7월 20일부터 현재까지 피청구인 구청장 명의로 소유권 등기명의인 표시가 되어 있다.

6) 이 사건 반려처분에 대하여, 청구인외 128인 명의로 '이 사건 공동주택 신축부지는 그 주변은 아파트, 주택 및 다가구 등이 들어섰으나 10년이 넘도록 풀만 무성한 나대지로 방치되어 동네의 흉물이 되었고 100-10필지에는 방치된 폐가까지 있어 조속히 개발되어 동네가 살기 좋은 곳으로 발전되기를 바란다' 는 내용으로 2016. 7. 25. 피청구인에게 탄원서가 제출되었다.

7) 일반건축물대장에 의하면, 이 사건 신축부지 일부인 A구 일이동 100-10번지에는 1971. 11. 30. 사용승인된 연면적 65.29㎡의 1층 주택이 있다.

6. 이 사건 처분의 위법 부당 여부

1) 「국토의 계획 및 이용에 관한 법률」 제56조 제1항에 의하면 개발행위를 하려는 자는 특별시

장 · 광역시장 · 특별자치시장 · 특별자치도지사 · 시장 또는 군수의 허가를 받아야 한다고 되어 있고, 동법 시행령 제51조 제1항 제3호는 법 제56조 제1항에 따라 개발행위허가를 받아야 하는 행위로 "토지의 형질변경"을 정하고 있으며, 동법 제58조 제3항에는 개발행위허가의 기준은 지역의 특성, 지역의 개발상황, 기반시설의 현황 등을 고려하여 용도의 구분에 따라 대통령령으로 정한다고 되어 있고, 동법 시행령 제56조 제1항 및 별표1의2는 법 제58조 제3항에 따른 개발행위허가의 기준을 정하고 있다.

아울러, 법 제59조 제1항 및 동법 시행령 제57조 제1항, 「서울특별시 도시계획 조례」 제21조 제2항에 의하면 토지형질변경 행위허가에 대하여는 시도시계획위원회의 심의를 거쳐야 한다고 되어 있고, 같은 조례 제68조 제1항에 의하면 시장의 권한에 속하는 사무 중 토지의 형질변경 사무는 구청장에게 위임한다고 되어 있고, 「서울특별시 도시계획 조례 시행규칙」 제8조 제2호는 조례 제24조 별표 1의 개발행위 허가 기준에 명백히 위반된 토지는 구도시계획위원회의 심의절차 없이 반려할 수 있다고 정하고 있다.

또한 경사도와 관련한 개발행위허가기준은 조례 제24조 별표1.분야별검토사항.가. (나)에 경사도는 21도 미만인 토지로 규정하고 있고, 조례 시행규칙 제11조 별표4는 경사도 조사방법으로 '대상토지의 굴곡 및 지형여건을 고려하여 측정하되 경사도 측정을 위한 단면은 등고선에 직각되게 설정한다' 고 규정하고 있다.

2) 이 사건 처분에 관하여 본다.

위 인정사실과 제출된 기록 등에 의하면, 청구인의 2016. 4. 27.자 신청에 대한 피청구인의 반려 사유는 이 사건 신청지가 ① 신청지 필지 중 일이동 100-10호 토지의 경사도가 22.1도로서 개발행위(토지의 형질변경)허가 기준에 적합하지 않다는 점과, ② 신청지에 진입하는 일부구간(길동 123-10호 및 123-11호 앞)의 도로폭이 3.3m, 3.8m로 협소하여 차량 교행이 어렵고 차량 진출입 등 교통소통의 지장 및 문제가 발생할 수 있다는 것이었는데, 먼저 반려사유 ①과 관련하여, 경사도 조사방법을 규정한 서울특별시 도시계획 조례 시행규칙 제11조 별표4에 의하면 '대상토지의 굴곡 및 지형여건을 고려하여 측정하되 경사도 측정을 위한 단면은 등고선에 직각되게 설정한다' 고 규정하고 있다. 이 사건 전체 기록과 현장검증 결과, 456-10 지형은 긴 장방형의 토지로서 등고선의 흐름이 북동에서 남서로 경사진 북남서향의 경사지인 바 피청구인은 이러한 지형여건을 고려하여 경사도를 측정하여야 할 것인데 지형여건을 고려하여 조사하였다고 볼만한 사정이 없다. 피청구인은 일이동 100-10 토지의 경사도 방향과 피청구인이 조사한 100-10 경사도 측정 방향이 동일하다고 주장하지만, 100-10 지형과 100-10 지형 여건이 동일하다고 볼 수 없으므로 위 주장은 인정하기 어렵다.

반려사유 ②와 관련하여서는, 이 사건 신청필지 중 100-10호에 이미 주택이 존재하고 있는 점, 이 사건 신청지에 진입하는 도로구간 양쪽 100-20호, 100-30호 등 필지상에 연이어 연립주택, 단독주택 등이 이미 존재하고 있는 점, 이 사건 공동주택 신축예정세대수가 4세대인 점 등에서 차량진출입 등 교통소통의 지장 및 문제가 발생할 수 있다는 피청구인의 반려 사유는 객관성이 부족하다. 개발행위 허가와 관련하여 「서울특별시 도시계획 조례시행규칙 제8조 제2호는 개발행위허가 기준에 명백히 위반된 토지의 경우에 구도시계획위원회의 심의절차 없이 반려할 수 있다고 규정하고 있고, 국토교통부의 「지방도시계획위원회 운영 가이드라인」에 의하면, "토지의 형질변경 또는 채석채취를 위한 개발행위허가의 경우로서 도시·군조례로 정한 표고, 경사도, 임상 등의 개발행위허가기준을 완화하고자 하는 경우" 등은 지방도시계획위원회의 심의 대상이 된다고 적시 하고 있는 점 등을 종합하여 보면, 피청구인이 구도시계획위원회의 심의조차 거치지 않고 청구인의 이 사건 개발행위 허가신청을 반려한 것은 적법한 처분이라고 보기 어렵다.

7. 청구 취지

주문과 같다.

8. 재결 요지

신청필지의 경사도 측정 시 지형여건을 고려하여 조사하였다고 볼만한 사정이 없고, 신청필지 중에 이미 주택이 존재하고 있고, 진입하는 도로구간 양쪽 필지 상에 연이어 연립주택, 단독주택 등이 이미 존재하고 있어 경사도와 교통소통문제가 개발행위허가 기준에 명백히 위반된다고 볼 수 없음에도, 피청구인이 시 도시계획 조례 시행규칙의 개발행위허가 기준에 명백히 위반된 토지의 경우에 구도시계획위원회의 심의절차 없이 반려할 수 있다는 규정을 들어 구도시계획위원회의 심의조차 거치지 않고 청구인의 개발행위 허가신청을 반려한 것은 적법한 처분이라고 보기 어렵다.

9. 주 문

피청구인이 2016. 4. 27. 청구인에 대하여 한 개발행위허가신청 반려처분을 취소한다.

10. 결 론

그렇다면, 청구인의 주장은 이유있다고 인정되므로 청구인의 청구를 받아들이기로 하여 주문과 같이 재결한다.

20. 행정심판의 요건

[송달과 행정심판의 청구기간]

[설문]

다음의 사례에서 행정심판은 적법한 기간 내에 청구된 것인가?

(1) 2013년 9월 6일에 서울특별시 서초구청장은 A에게 대집행영장발부통보처분의 통보서를 등기우편으로 송달하였고, A는 그 송달일로부터 90일 간의 행정심판청구기간이 지난 같은 해 12월 6일에 행정심판을 청구하였다.
그런데 A는 같은 해 9월 6일에 미국에 있는 자신의 아들집에 가 있었으며, 자기 집에 돌아온 것은 9월 10일이었다. 주소지에는 그 동안 아무도 살지 아니하였다.

(2) C는 2013년 2월 1일에 B시장으로부터 건축허가를 받았다. C에 이웃하여 주택을 갖고 있는 D는 그 동안 미국에 머무르다가 2013년 8월 2일 돌아와 이러한 사실을 알게 되었다. D는 C에 대한 건축허가로 자신의 일조권 · 환경권이 침해된다고 보아 같은 해 9월 1일에 건축허가의 취소를 구하는 행정심판을 청구하였다. 주소지에는 그 동안 아무도 살지 아니하였다.

《차례》

Ⅰ. **논점의 정리**

Ⅱ. **행정심판법 제 18조 제1항(알게 된 날)**

1. 의의
2. 설문

Ⅲ. **행정심판법 제27조 제3항(있었던 날)**

1. 의의
2. 설문

Ⅳ. **결론**

◇참고조문◇

행정심판법

제27조(심판청구의 기간)

① 행정심판은 처분이 있음을 알게 된 날부터 90일 이내에 청구

② 행정심판은 처분이 있었던 날부터 180일이 지나면 청구하지 못한다. 다만, 정당한 사유가 있는 경우에는 그러하지 아니하다.

Ⅰ. 논점의 정리

행정심판법 제27조 제1항과 제3항의 기간 중 어느 기간이라도 하나가 경과하면 행정심판은 청구할 수 없다. 따라서 설문에 답하기 위해 양 조항을 모두 검토할 필요가 있다. 행정심판청구기간에 제한을 둔 것은 '국가행정처분을 무제한 또는 장기간 불확정상태에 두는 것은 국가시책에 중대한 영향을 미치게 되므로 불변기간을 경과하면 동 행정처분은 확정되어 관계인으로서는 다시 다툴 수 없는 상태에 두어 행정의 안정을 기하기 위한 것' 이다.

Ⅱ. 행정심판법 제18조 제1항(알게 된 날)

1. 의의

심판청구는 처분이 있음을 알게 된 날부터 90일 이내에 청구하여야 한다. 처분이 있음을 알게 된 날이란 처분이 있음을 현실적으로 안 날을 의미한다(대판 2002. 8. 27. 2002두3850). 달리 말한다면 처분이 있음을 알게 된 날이란 통지 · 공고 기타의 방법에 의하여 당해 처분이 있었다는 사실을 현실적으로 안 날을 의미한다.

2. 설문

(1) 사례 1의 경우

서초구청장의 통지일자가 9월 6일이고, A가 귀국한 날이 9월 10일인데, 이 중에서 알게 된 날이란 A가 귀국한 날로 보아야 한다. 왜냐하면 A가 귀국하기 전에는 현실적으로 알 수가 없었기 때문이다. 민법 제157조의 초일불산입의 원칙에 따라 9월 11일부터 기산하면, A가 행정심판을 제기한 것은 9월의 20일, 10월의 31일, 11월의 30일이 경과하고 12월은 6일째, 즉 처분이 있음을 알게 된 날부터 87일(20+31+30+6)만이므로, A의 행정심판청구는 처분이 있음을 알게 된 날부터 90일 이내에 이루어진 것으로 일단 적법하다.

(2) 사례 2의 경우

D가 귀국한 날인 8월 2일을 D가 건축허가를 알게 된 날로 보아야 한다(대판 1995. 11. 24. 95누11535). 따라서 D가 행정심판을 청구한 9월 1일은 D가 귀국한 날인 8월 2일부터 90일이 경과하지 아니한 것은 분명하다. 일단은 적법하다.

Ⅲ. 행정심판법 제27조 제3항(있었던 날)

1. 의의

심판청구는 처분이 있었던 날부터 180일이 지나면 청구하지 못한다. 처분이 있었던 날이란 상대방 있는 행정행위의 경우에는 특별한 규정이 없는 한 의사표시의 일반적 법리에 따라 그 행정처분이 상대방에게 고지되어 효력을 발생한 날을 의미한다(대판 1990. 7. 13. 90두2284).

한편, 정당한 사유가 있는 경우에는 180일의 제한을 받지 아니한다.

2. 설문

(1) 사례 1의 경우

효력발생일을 서초구청장의 통지일자인 9월 6일로 본다고 하여도 A가 행정심판을 청구한 같은 해 12월 6일은 처분이 있었던 날로부터 180일이 지나기 전임은 분명하다. 제27조 제3항 단서는 문제되지 아니한다.

(2) 사례 2의 경우

D가 행정심판을 청구한 9월 1일은 건축허가처분이 있었던 2월 1일부터 180일이 지난 것임은 분명하다. 그러나 D가 처분의 상대방이 아니라 제3자인 점을 고려할 때, D가 180일의 기간을 준수하지 아니한 데에 정당한 사유가 있다고 볼 것이다. 따라서 D의 행정심판청구는 제27조 제3항 단서에 의해 적법하다.

Ⅳ. 결 론

1) 사례 1의 경우, A의 행정심판청구는 처분이 있음을 알게 된 날부터 90일 이내에 청구된 것이고, 동시에 그것은 처분이 있었던 날부터 180일이 지나기 전에 청구된 것이므로, A의 행정심판청구는 적법한 기간 내에 청구된 것이다.

2) 사례 2의 경우, D의 행정심판청구는 처분이 있었던 날부터 180일이 지난 후에 청구된 것이지만, D는 C에 대한 건축허가처분의 제3자이므로 행정심판법 제27조 제3항 단서에 의해 D의 행정심판청구는 적법하다.

21. 재결과 권리구제에 대하여 논하시오.

> 공익사업 시행자인 甲은 사업인정을 받은 후에 토지소유자 乙과 협의절차를 거쳤으나, 협의가 성립되지 아니 하여 중앙토지수용위원회에 재결을 신청하였다. 그러나 丙이 乙명의의 토지에 대한 명의신탁을 이유로 재결신청에 대해 이의를 제기하자, 중앙토지수용위원회는 상당한 기간이 경과한 후에도 재결처분을 하지 않고 있다. 甲이 취할 수 있는 행정쟁송수단에 대해 설명하시오.

《차례》

Ⅰ. 문제의 제기

Ⅱ. 관련행정작용의 검토

1. 재결의 의의 및 취지

2. 재결의 법적 성질

III. **부작위 해당여부 등의 검토**

1. 문제점

2. 부작위의 해당여부

(1) 신청 및 신청권

(2) 법률상 의무

(3) 상당한 기간과 처분의 부존재

(4) 사안의 경우

IV. **행정쟁송의 검토**

1. 의무이행심판

2. 부작위위법확인소송

3. 의무이행소송의 제기가능성

V. **사안의 해결**

쟁점해설

1. 설문의 쟁점은 중앙토지수용위원회가 상당한 기간이 경과한 후에도 재결처분을 하지 않고 있는 것이 부작위의 개념에 포섭되는가 이다. 설문에서 언급되고 있는 '명의신탁'은 사안해결에 무관하므로 이의 의미해석에 지나치게 시간을 빼겨서는 안 될 것이다.
2. 설문의 물음이 '쟁송수단'이므로 각 쟁송수단을 개념중심으로 설명하되, 현행 법체계하에서의 문제점과 입법적 개선안을 간략히 서술하면 무난할 것이다.

예시답안

Ⅰ. 문제제기

사안은 사업인정을 받은 사업시행자 甲이 협의 불성립을 이유로 중앙토지수용위원회에 재결을 신청하였으나, 丙이 재결신청에 대해 이의를 신청하자 중앙토지수용위원회가 상당한 기간이 경과한 후에도 재결처분을 하지 않고 있다. 이에 사업시행자 甲이 취할 수 있는 행정쟁송수단이 문제된다.

토지보상법의 재결 처분이 없었으므로 행정심판법 및 행정소송법이 적용될 것이므로 관련 행정작용으로서 재결을 검토하고 중앙토지수용위원회가 재결처분을 하지 않은 것이 부작위에 해당하는지 여부와 부작위에 해당된다면 행정쟁송수단으로서 의무이행심판과 부작위위법확인소송 및 의무이행소송을 검토하기로 한다.

II. 관련 행정작용의 검토

1. 재결의 의의 및 취지

재결이란 협의의 불성립 또는 불능의 경우 토지수용위원회가 사업시행자에게 부여된 수용권의 구체적 내용을 결정하고 실행을 완성하는 형성적 행정행위이다. 이는 공공복리의 실현을 위한 수용목적을 달성하고 엄격한 형식과 절차에 의해 공용수용의 최종 간계에서 공·사익의 조화를 기하기 위한 행위이다.

2. 재결의 법적 성질

재결신청이 형식적 요건을 충족하면 구체적으로 일정한 법률효과의 발생을 목적으로 하는 수용재결을 반드시 해야 하는 기속·형성행위이며 양 당사자의 이해관계를 독립된 행정기관인 토지수용위원회가 판단 조정하는 점에서 준사법적인 성격을 갖는다. 또한 제3자효행위이며 보상액에 대하여는 증액재결을 할 수 있다.

III. 부작위 해당행위 등의 검토

1. 문제점

부작위란 행정청이 당사자의 신청에 대하여 상당한 기간 내에 일정한 처분을 하여야 할 법률상 의무가 있음에도 불구하고 이를 하지 아니하는 것을 말한다. 사안의 경우 행정심판법 및 행정소송법에 의거하여 행정쟁송을 제기하기 위해서는 재결처분을 하지않은 것이 부작위에 해당하는지 여부 및 기타 요건에 대한 검토가 필요하다.

2. '부작위' 해당여부 검토

부작위가 되기 위해서는 당사자의 신청이 있고, 행정청이 일정한 처분을 하여야 할 법률상 의무가 있으며, 상당한 기간이 경과되고 처분이 부존재하여야 한다.

(1) 신청 및 신청권

판례 및 다수설은 '당사자의 신청' 이란 법규상·조리상 응답신청권을 의미하는 것으로 개인적 공권과는 다른 일반적 추상적 응답요구권을 말한다. 일부견해는 신청한 사실만으로 충분하다고 본다. 생각건대 신청권의 존부는 단순한 응답받을 추상적 권리로 파악함이 타당하다.

(2) 법률상의무

판례 및 다수설은 행정청에게 기속, 재량행위인지 여부와 상관없이 응답을 하여야 할 법률상 의무가 있어야 한다고 보며, 응답신청권이 있는 경우에는 당연히 응답의무가 존재하게 된다. 일부견해는 통상의 기속행위인 경우 의무가 존재하고, 재량의 경우에도 재량이 0

으로 수축된 경우나 무하자재량행사청구권이 인정되는 경우에 의무가 존재 한다고 본다.

(3) 상당한 기간과 처분의 부존재

부작위가 상당한 기간이 경과하여야 한다. 상당한지 여부는 사회통념에 따르며 처분으로 볼 만한 외관이 존재치 않아야 한다. 무응답자체가 간주거부에 해당되는 경우에는 부작위에 해당하지 않는다.

(4) 사안의 적용

사안에서 재결은 처분에 해당되며 '토지보상법 제28조' 재결신청권에 의해 법규상 신청권이 인정되며, 기속행위로서 응답을 하여야 할 법률상 의무가 있다고 볼 것이다. 또한 설문상 상당한 기간이 경과되었고 처분으로 볼 만한 외관이 존재하지 않으므로 부작위에 해당된다고 볼 것이다.

3. 기타 요건의 검토

부작위에 대한 행정쟁송을 제기하기 위해서는 기타 요건의 검토가 필요한 바, 행정청의 부작위에 대하여 일정한 처분을 구할 법률상 이익이 있는 자이며, 부작위가 계속되는 한 제기기간의 제한은 없다고 할 것이다.

4. 사안의 적용

사안에서 사업시행자 甲에게 토지보상법 제28조에 의한 재결신청권이 인정고, 재결은 기속행위이므로 중앙토지수용위원회는 재결신청에 응답할 법률상 의무가 있으므로 처분의 부작위에 해당된다고 할 것이다. 기타 요건은 충족되었다 볼 것이므로 사업시행자 甲은 행정심판법에 의한 의무이행심판, 행정소송법에 의한 부작위위법확인소송 및 무명항고소송으로서 의무이행소송의 제기를 고려할 수 있는 바, 이하에서 검토하기로 한다.

Ⅳ. 행정소송의 검토

1. 의무이행심판

의무이행심판이란 위법 또는 부당한 거부처분이나 부작위로 인하여 권익의 침해를 당한 자의 청구에 의하여 일정한 처분을 하도록 하는 심판을 말한다. 사업시행자 甲은 의무이행심판을 제기할 수 있다.

2. 부작위위법확인소송

부작위위법확인소송은 행정청이 당사자의 신청에 대하여 상당한 기간 내에 일정한 처분을 하여야 할 법률상 의무가 있음에도 불구하고 이를 하지 아니하는 경우 부작위의 위법성을 확인하는 소송이다. 제소기간의 제한은 있을 수 없고 행정심판은 취소소송과 마찬가지로 임의적 전치주의가 적용된다.

3. 의무이행소송의 제기 가능성

의무이행소송이란 당사자의 행정행위 신청에 대하여 행정청이 거부, 부작위로 대응하는 경우, 법원의 판결에 의하여 행정청으로 하여금 일정한 행위를 하도록 청구하는 소송을 말한다. 이는 행정청의 부작위에 대한 가장 강력한 수단이지만 현행 법상 명문의 규정이 없어서 인정 가능성이 문제된다.

부정설은 권력분립원칙에 반하고 행정소송법 제4조의 항고소송의 유형을 제한적으로 해석하여 인정될 수 없다 보며, 긍정설은 당사자 권리보호측면에서 권력분립원칙에 반하지 않으며 제4조의 유형을 예시적으로 이해하여 인정하고자 한다. 판례는 행정소송법 제4조를 제한적으로 해석하여 의무이행소송을 일관되게 인정하고 있지 않다. 생각건대 국민의 효율적 권리구제를 고려할 때 권력분립원칙에 모순된다고 볼 수는 없으나, 행정소송법 제4조는 제한적으로 이해되어야 할 것인 바, 결국 의무이행 소송은 그 필요성은 인정되지만, 법률의 개정을 통해서만 인정될 수 있을 것으로 판단된다.

Ⅴ. 사례해결

사안은 사업시행자 甲의 재결신청에 대하여 중앙토지수용위원회가 재결 처분을 하지 아니하고 있는 경우로서, 사업시행자 甲에게 토지보상법 제28조의 재결신청권이 인정되고 중앙토지수용위원회는 재결신청에 대한 응답의무를 가지므로 행정쟁송의 대상인 부작위에 해당된다고 볼 것이다.

따라서 사업시행자 甲은 의무이행심판, 부작위위법확인소송을 제기할 수 있을 것이며, 무명항고소송으로 의무이행소송의 가능성이 문제되나 현행 행정소송법하에서는 법률의 개정을 통해서만이 인정될 수 있을 것이다. 다만 최근 행정소송법 개정안에서 권익보호의 장점과 입법적 미비를 반영하여 소송유형의 다양화 측면에서 의무이행소송을 명문화하고 있어 긍정적으로 판단된다 할 것이다.

22. 토지수용의 재결에 대한 불복수단

《차례》

3. 준사법적행위인지
4. 제3자효행위인지

Ⅲ. 재결에 대한 이의신청

1. 이의신청에 대한 의의 및 성격
2. 이의신청의 요건 및 재결의 효과
3. 재결 및 재결의 효과

Ⅳ. 재결에 대한 행정소송

1. 의의 및 유형
2. 제기요건 및 효과
3. 심리 및 판결
4. 판결의 효력

Ⅴ. 보증금증감청구소송

1. 의의 및 취지
2. 소송의 형태
3. 소송의 성질
4. 제기요건 및 효과
5. 심리범위
6. 심리방법
7. 입증책임
8. 판결
9. 취소소송과의 병합

Ⅵ. 결론

쟁점해설

1. 의의

기본적으로 피수용자의 권리가 어떻게 구제될 수 있는가를 묻는 것이다. 이에는 재결에 대한 이의신청, 취소소송, 보상금증감청구소송이 있지만 본래 출제자가 의도한 것은 보상금증감청구소송에 중점이 두어져 있다. 단지 문제의 중요성을 감안하여 기본문제로 구성한다는 것을 원칙으로 할 때 불복수단을 종합적으로 묻는 것이 바람직하다고 판단하여 불복에 대하여 논하라는 문제로 구성하게 된다.

2. 서론

우선 서론에서는 재결의 불복에 대한 의의가 분명히 나타나야 한다. 왜 재결에 대한 불복이 허용되어야 하는가를 밝히지 않고 재결에 대한 불복에 대하여 논한다는 것은 분명히 문제의 의도를 바르게 읽은 것이라 할 수 없다. 그래서 서론에서 파악하고 있는 문제의식을 바탕으로 본론을 정리해 나갈 수 있도록 하는 것이 효과적이다.

3. 이의신청의 내용

이의신청의 내용에 대하여는 수험생들이 비교적 이해를 잘 하고 있다. 그러나 이의 신청에 대한 재결이 있게 되면 이에 불복하여 행정소송을 제기할 수도 있고 그렇지 않은 경우에는 확정된다. 따라서 이의신청의 재결에 대한 효과로서 보상금의 지급 또는 공탁, 행정소송의 제기, 이의신청에 대한 재결의 확정, 재결 확정증명서의 교부에 대한 설명이 어느 정도 언급되어야 할 것이다.

4. 이의신처에 대한 불복

이의신청에 대한 재결의 불복은 토지수용의 효과 그 자체를 다툴 때는 행정처분에 대한 취소소송의 일반원칙대로 토지수용위원회를 피고로 하여 취소소송을 제기할 수 있고, 단지 보상금액에 불복이 있을 때는 사업자와 피수용자 간에 보상금의 증감을 청구할 수 있는 형식적 당사자소송에 의하는 방법이 있다. 따라서 이를 하나로 수험생들은 이를 하나로 묶어 행정소송에서 논할 수도 있고, 양자를 따로 구분하여 논할 수도 있다.

5. 행정소송

행정소송은 이의신청에 대한 중앙토지수용위원회의 재결에 불복하는 경우 제기할 수 있다. 그러나 행정소송의 의의에 대하여 간략하게 언급한 다음 요건은 열거하는 것이 좋을 것이다. 그리고 취소소송의 효과에 대하여도 빠뜨려서는 안 될 것이다.

6. 보상금증감청수소송

보상금증감청구소송에 대하여는 아직 교과서나 수험서에서 구체적으로 소개되고 있지 않다. 그러나 적어도 이 문제에 대한 답안은 제도에 대한 기초적인 이해와 논리적인 쟁점에 대하여 기술할 수 있어야 한다. 먼저 이 제도가 어떠한 연유에서 도입되었는가를 종래의 제도와 비교하여 설명하면서 제도의 의의에 대하여 논할 필요가 있다. 이 제도가 도입(1990. 4. 7.)되기 이전에는 단지 재결에 의한 보상금액에 대해서만 불복하는 경우에도 토지수용위원회를 피고로 재결의 취소소송을 제기하고, 재결이 취소된 뒤 토지수용위원회가 보상금에 대하여 다시 재결하여야 했기 때문에 권리구제가 우회적이었다. 그래서 이해관계인이 이의재결처분의 공정력을 배제하기 위하여 재결취소소송을 제기하는 동시에 관련 청구인의 권리관계(보상금의 증감등)에 관한 당사자소송을 병합하지 않으면 안 되는 불편이 있었다. 그리고 토지수용위원회측도 토지소유자와 기업자간의 재산상 분쟁에 관한 소송에 피고로서 관여하고, 소송비용을 부담하여야 하는 불합리가 있었다. 형식적 당사자소송은 이러한 불편과 불합리를 소송기술적으로 해결하기 위해 제도화된 것이다.

7. 결론

결론에서는 재결에 대한 불복제도가 권리구제 내지는 권리보호의 제도적 장치로서 어떻게 개선되어야 한다는 본인의 의견을 피력할 수 있어야 한다. 사전적 절차의 보장에 대하여는 어떠한 단계에서 어떻게 사전절차적 참여가 이루어져야 하는지에 대하여는 '존속보장' 이나, '성년의 주민' 과 같이 아직 일반화되지 않은 특정용어를 의미도 모르는 상태에서 사용하는 것은 결코 바람직하다고는 할 수 없다. 여기서는 자신이 이 제도에 대하여 가지고 있는 나름의 견해를 정리하는 것이 더 중요할 것이다.

23. 수용에 따른 보상금증감청구소송

식량자원화 시대에 즈음하여, A회사는 비료공장을 건설하고자 공장부지를 매입하려고 하였으나, 여의치 않아 국토교통부장관에게 신청하여 사업인정을 받았다. 그 후 토지보상법상의 협의가 성립되지 못하였고, 중앙토지수용위원회의 재결에 의하여 수용이 행하여졌다. 피수용자인 甲은 사기업을 위한 당해 토지의 수용은 위법하다고 주장하고, 비록 적법하다고 하더라고 보상금이 충분하지 못하다는 이유로 이의신청을 하였지만, 중앙토지수용위원회는 기각재결을 하였다.

이에 甲은 행정소송을 제기하고자 한다.

(2) 甲이 보상금증액을 청구하는 소송을 제기하는 경우, 그 소송의 형태와 성질 등의 내용을 논술하시오.

《차례》

1. 의의 및 취지
2. 소송의 형태
3. 소송의 성질
4. 제기요건 및 효과
5. 심리범위
6. 심리방법
7. 입증책임
8. 판결
9. 취소소송과의 병합

쟁점해설

1. 서론 – 의의 및 취지

보상금증감을 청구하는 소송이란 행정소송 제기 시 그 내용이 보상금에 관한 사항으로 사업시행자가 소 제기시에는 재결청 이외에 토지수용자와 관계인을, 토지소유자와 관계인이 소 제기시에는 재결청 이외에 기업자를 각각 피고로 하는 소송으로서 토지수용법 제75조의 2 규정에 의한 소송으로 이해하고 있다. 종래에는 이의재결중 보상재결부분에만 불복할 경우에 이의재결의 전체를 취소한 후 다시 이의재결에 의하는 등 피수용자의 권리구제가 우회적이었으므로 권리구제의 적정화, 소송경비의 절감 등을 위해 1990년 4월 7일 토지수용법에 신설되었다. 즉, 피수용자의 권리구제의 효율성을 도모하기 위하여 인정된 제도라 할 수 있다.

2. 소송의 형태(형식적 당사자소송인가, 특수한 형태의 소송인가)

(1) 개설

형식적 당사자소송이라 함은 행정청의 처분 등을 원인으로 하는 법률관계에 관한 소송으로서, ① 직접 다투는 것은 아니지만 실질적으로는 처분 등을 다투면서도, ② 행정청을 피고로 하지 않고 그 법률관계의 한쪽 당사자를 피고로 하는 소송이다. 즉, 실질은 항고소송이면서 형식은 당사자소송을 취하고 있다고 할 수 있다. 우리 행정소송법(제3조 제2호)은 당사자소송만을 규정하고 있다. 이 소송의 형태는 분쟁의 실질적인 이해관계자만을 소송당사자로 하고, 행정청을 배제함으로써, 신속한 권리구제를 도모하고 소송절차를 간소화하려는 데에 그 필요성이 있다. 그러나 공정력과의 문제로 개별법과의 명시적 규정이 있는 경우에만 인정될 것이다. 토지수용법상의 보상금증감청구소송이 형식적 당사자소송인지에 대해 논란이 있다. 대법원은 이를 공법상의 당사자소송이라 판시하고 있다.

(2) 형식적 당사자소송으로 보는 견해

① 당해 소송은 형식적 당사자소송으로 단지 소송의 제기에 제결취소소송의 병합이 요구된다고 보거나, ② 소송의 목적물은 보상금의 증감이고, 재결취소청구는 보상금의 증감을 위한 형식적인 전제요건으로 보아 형식적 당사자소송으로 본다.

(3) 특수한 형태의 소송으로 보는 견해

학자들은 이 소송을 항고소송과 실질적 당사자소송이 병합되어 있는 특수한 소송형태, 재결청도 피고로 하고 있다는 점에서 특수한 형태의 항고소송, 항고소송의 요소와 당사자소송의 요소가 결합한 특수한 형태의 소송 등으로 부르고 있다. 살펴 보건데 재결청을 피고로 하고 있는 점에서 보건대 순수한 형태의 형식적 당사자소송이라 보기는 어려우며, 다수의 견해처럼 특수한 형태의 (항고)소송으로 보아야 할 것이다.

*현재는 토지보상법상 재결청을 피고에서 제외하였으므로 형식적 당사자소송으로 본다.

3. 소송의 성질(형성의 소송인가, 확인, 급부의 소송인가)

(1) 의의

행정소송은 일반적인 민사소송의 경우와 같이 그 성질에 따라(또는 청구의 내용에 따라) 형성의 소, 이행의 소, 확인의 소로 분류할 수 있는데 본 소송과 관련하여서는 ① 형성의 소인지, ② 급부, 확인의 소인지의 논의가 있다.

(2) 형성의 소

공정력을 가진 보상재결의 적극적 변경 또는 소극적 변경(증액 또는 감액)을 구하는 소송이다.

(3) 급부, 확인의 소

재결의 취소, 변경과 같은 우회적 절차를 거칠 필요 없이 직접 정당보상액을 확인하고, 부족액의 급부를 구하는 것으로 본다.

(4) 검토

형성소송설은 권력분립에 반할 수 있으며 일회적인 권리구제를 도모하기 위하여 확인, 급부소송으로 보는 것이 타당하다.

4. 소송의 내용

(1) 소송당사자

행정소송이 보상금의 증감(增減)에 관한 소송인 경우 그 소송을 제기하는 자가 토지소유자 또는 관계인일 때에는 사업시행자를, 사업시행자일 때에는 토지소유자 또는 관계인을 각각 피고로 한다.

(2) 제소기간

토지보상법 제85조에서는 이의신청을 거친 경우에는 이의재결서 정본을 받은 날로부터 30일 이내라고 규정하고 있으므로 제소기간은 정본송달일로부터 30일이 된다.

> 제41조(제소기간)
> 당사자소송에 관하여 법령에 제소기간이 정하여져 있는 때에는 그 기간은 불변기간으로 한다.

24. 확장수용에 따른 보상금증감청구소송

> 국토교통부장관은 전국을 철도로 90분 이내에 연결하기 위한 기본계획을 수립하였다. 이 계획에 기초하여 C공단 C이사장은 A지역과 B지역을 연결하는 철도 건설 사업에 대하여 국토교통부장관의 사업인정을 받았다. P는 B-3공구 지역에 임야 3,000제곱미터를 소유하고 장뇌삼을 경작하고 있으며, 터널은 P소유 임야의 한 가운데를 통과한다. C공단 C이사장은 국토교통부장관이 제정한 K지침에 따

라 P에 대하여 "구분지상권"에 해당하는 보상으로 900만 원(제곱미터당 3,000원)의 보상금을 책정하고 협의를 요구하였다. P는 장뇌삼 경작임야에 터널이 건설되고 기차가 지나다닐 경우 농사가 불가능하다고 판단하여 C이사장의 협의를 거부하였다.

1-1) P는 본인 소유 토지의 전체를 C이사장이 수용하여야 한다고 주장한다. 보상에 관한 C이사장의 결정과 P의 주장내용의 정당성을 판단하시오.

1-2) 토지보상법상 P가 주장할 수 있는 권리와 이를 관철시키기 위한 토지보상법상의 권리구제수단에 관하여 논술하시오.

《차례》

문 1-1)

Ⅰ. 쟁점의 정리

Ⅱ. K지침의 대외적 구속력 인정여부

1. 행정규칙의 의의(K지침)
2. 법적 성질
   (1) 학설
   (2) 판례
   (3) 검토
3. 사안에서 K지침의 법규성 인정여부

Ⅲ. 잔여지수용청구의 인정여부

1. 잔여지수용청구의 의의 및 취지
2. 잔여지수용청구의 법적 성질
   (1) 학설 및 판례의 태도
   (2) 판례
   (3) 검토
3. 잔여지수용청구의 요건충족여부
   (1) 토지보상법 제74조 및 동법 시행령 제39조 상 요건
   (2) 사안의 경우

Ⅳ. 설문의 해결

1. C이사장결정의 정당성 판단
2. P 주장 내용의 정당성 판단

문 1-2)

Ⅰ. 쟁점의 정리(P가 주장할 수 있는 권리)

Ⅱ. 토지보상법 제83조의 이의신청

1. 의의 및 성격(특별법상 행정심판, 임의주의)
2. 요건 및 효과(처분청경유주의, 기간특례 등)
3. 결(제84조) 및 재결의 효력(제86조)

Ⅲ. 토지보상법 제85조의 행정소송

1. 소송의 형태
   (1) 학설
   (2) 판례
   (3) 검토
2. 보상금증감청구소송의 의의 및 취지
3. 소송의 성질
4. 제기요건 및 효과(기간특례, 원처분주의 등)
5. 심리범위 및 판결

Ⅳ. 사안의 해결

쟁점해설

1번 문제는 C이사장과 P의 주장의 정당성과 토지보상법상 P의 권리를 보호 할 수 있는 구제수단을 묻고 있다.

1-1)에서는 C이사장의 주장과 관련하여 K지침의 법규성을 P의 주장과 관련하여서는 토지보장법 제74조 및 동법 시행령 제39조의 요건충족이 문제가 된다.

이를 잔여지의 완전수용문제로 보지 않고 손실보상의 일반적 요건인 특별한 희생이나 간접손실로 보고 문제를 풀이한 경우도 상당한 것으로 알려져 있다.

어느 논거를 취하든 각 논거를 꼼꼼하게 포섭했다면 충분한 득점이 이루어진 것으로 알고 있다.

1-2)에서는 토지보상법상 구제수단이라고 문제에서 한정되었으므로 P의 권리를 문제의 소재에서 간략히 언급하고 그제수단에 쟁점을 집중하여 사안을 해결하였다. 이는 토지보상법 제83조 및 토지보상법 제85조에 규정된 내용의 핵심 키워드를 체계적으로 나열하는데 중점을 두었다.

예시답안

문 1-1)

Ⅰ. 쟁점의 정리

1. 보상액 900만 원의 결정은 K지침에 따른 것이므로, K지침의 대외적 구속력 인정여부에 따라 C이사장의 결정의 정당성이 결정된다.
2. 토지보상법 제74조 및 동법 시행령 제39조를 검토하여 확장수용의 대상이 되는지를 살펴보고 P의 주장 내용의 정당성을 검토한다.

Ⅱ. K지침의 대외적 구속력 인정여부

1. 행정규칙의 의의(K지침)

K지침은 국토교통부장관이 보상과 관련된 내부적인 사무처리기준을 정한 것으로 볼 수 있으므로 행정규칙으로 볼 수 있다.

2. 법적 성질

(1) 학설

① 법규성을 부정하는 비법규설, ② 법규성을 인정하는 법규설, ③ 자기구속법리를 매개로 법규성을 인정할 수 있다는 준법규설이 대립된다.

(2) 판례

훈령에 규정된 청문을 거치지 않은 것은 위법하다고 본 판례가 있으나 '일반적으로 행정규칙의 법규성을 인정하지 않는다'.

(3) 검토

행정규칙의 법규성을 인정하는 것은 법률의 법규창조력에 반하여, 자기구속의 법리를 매개로 하는 경우에도 규칙자체에는 법규성이 없다고 보는 것이 타당하므로 비법규설이 타당하다.

3. 사안에서 K지침의 법규성 인정여부

K지침은 보상과 관련된 내부적인 사무처리기준(행정규칙)이므로 판례의 일반적인 태도에 비추어 볼 때 K지침의 법규성은 인정되지 않는다.

Ⅲ. 잔여지수용청구의 인정여부

1. 잔여지수용청구의 의의 및 취지

잔여지수용청구란 일단의 토지 중 편입되지 않은 부분에 대하여 수용을 청구하는 것을 말한다. 이는 피수용자의 권리보호 및 사업의 원활한 시행을 위하여 취지가 인정된다.

2. 잔여지수용청구의 법적 성질

(1) 학설 및 판례의 태도

① 피수용자의 청구와 사업시행자의 동의를 전제를 하는 사법상매매설, ② 청구는 요건일 뿐, 본질이 수용인 공용수용설, ③ 공익사업의 필요범위를 넘는 점에서 공법상 특별행위설이라는 학설이 대립된다.

(2) 판례

잔여지수용청구권은 그 요건을 구비한 때에는 토지수용위원회의 조치를 기다릴 것 없이, 청구에 의하여 수용의 효과가 발생하므로 이는 형성권적 성질을 갖는다고 판시한바 있다.

(3) 검토

잔여지수용의 취지가 피수용자의 권리구제에 있고, 잔여지수용시 사업인정절차가 준용되므로 공용수용으로 봄이 타당하다.

3. 잔여지수용청구의 요건충족여부

(1) 토지보상법 제74조 및 동법 시행령 제39조상 요건

① 동일한 소유자의 토지일 것, ② 일단의 토지 중 일부가 편입될 것, ③ 종래의 목적으로 이용하는 것이 현저히 곤란할 것(영 제39조)을 요건으로 한다. ㉠ 건축 및 영농이 현저히 곤란한 경우, ㉡ 교통이 두절된 경우 등이 해당한다.

(2) 사안의 경우

사안에서 P는 임야에서 장뇌삼을 경작하고 있다. 설문상 구체적인 사실관계가 적시 되지는 않았으나, 터널이 건설되고 기차가 다님으로 인해서 농사가 불가능하다면 이는 보상법 시행령 제39조 제1항 제2호, 제3호, 제4호에 해당할 수 있다.

Ⅳ. 설문의 해결

1. C이사장 결정의 정당성 판단

C이사장이 산정한 보상액 900만 원은 법규성이 없는 K지침에 따른 것으로 볼 수 있다. 설문상 900만 원의 보상액 산정과정이 토지보상법상 규정에 부합하는지가 설시되지 않았으므로, 상기 보상액이 헌법 제23조 및 토지보상법상의 정당한 보상에 부합하지 않는다면 C이사장의 주장은 정당하다고 볼 수 없다.

2. P 주장 내용의 정당성 판단

P는 본인 소유 토지의 전체를 수용할 것을 주장하고 있다. P는 주장대로 P 소유의 임야에 터널이 건설되고 기차가 다님으로 인해서 농사를 할 수 없다면, 이는 토지보상법 제74조에서 규정하고 있는 요건을 모두 충족한다고 볼 수 있다. 따라서 P는 토지보상법 제74조 및 동법

시행령 제39조를 근거로 하여 확장수용을 주장할 수 있다고 판단된다. 즉, P 주장 내용은 정당하다고 판단된다.

문 1-2)

Ⅰ. 쟁점의 정리(P가 주장할 수 있는 권리)

P는 설문상 토지보상법 제74조의 잔여지수용청구의 요건을 갖추었으므로 관할 토지수용위원회에 당해사업의 공사완료일 전까지 잔여지를 수용해줄 것을 청구할 수 있다(토지보상법 제74조).

잔여지수용청구는 피수용자의 권익구제측면에서 취지가 인정되는 것이므로 관할 토지수용위원회가 잔여지수용의 거부재결을 하는 경우, 권리구제 수단이 필연적으로 중요하게 된다.

현행 토지보상법 제83조 및 제85조에서는 이의신청과 행정소송을 규정하고 있으므로 이에 대한 구체적인 검토는 피수용자의 권리보호측면에서 의미있다고 볼 수 있다.

Ⅱ. 토지보상법 제83조의 이의신청

1. 의의 및 성격(특별법상 행정심판, 임의주의)

관할 토지수용위원회 위법, 부당한 재결에 대하여 이의를 신청하는 것으로서 특별법상 행정심판에 해당하며 임의주의 성격을 갖는다. 또한 잔여지취득의 문제는 보상금증액청구의 성격을 갖는다.

2. 요건 및 효과(처분청경유주의, 기간특례 등)

① 양 당사자는 재결서 정본을 받은 날로부터 30일 이내에 처분청을 경유하여 중앙토지수용위원회에 이의를 신청할 수 있다. 판례는 30일의 기간은 수용의 신속을 기하기 위한 것으로 합당하다고 한다. ② 이의신청은 사업의 진행 및 토지의 사용, 수용을 정지시키지 아니한다(토지보상법 제88조).

3. 재결(제84조) 및 재결의 효력(제86조)

① 재결이 위법 · 부당하다고 인정하는 때에는 재결의 전부 · 일부를 취소하거나 보상액을 변경할 수 있다. ② 이의재결이 확정된 경우에는 민사소송법상의 확정판결이 있는 것으로 본다.

Ⅲ. 토지보상법 제85조의 행정소송

1. 소송의 형태

토지보상법 제85조 제1항에서는 항고소송을, 동조 제2항에서는 보상금증감청구소송을 규정하고 있는바 실효적인 쟁송형태가 문제된다.

(1) 학설

① 취소 내지 무효등확인소송을 제기해야 한다는 견해, ② 확장수용은 손실보상의 일환인 바 보상금증감소송을 제기해야 한다는 견해, ③ 청구에 의해 손실보상청구권이 발생하므로 손실보상청구소송을 제기해야 한다는 견해가 있다.

(2) 판례

"잔여지수용청구권은 손실보상책의 일환으로 부여된 권리여서 보상가액을 다투는 방법에 의하여도 행사할 수 있다"고 판시한 바 있다.

(3) 검토

잔여지보상에 관한 소송은 재결의 위법상 여부를 따지는 것이 아니라 보상금과 관련된 사항을 경정하는 것이므로 분쟁의 일회적 해결을 위해서 보상금증감청구소송을 제기하는 것이 타당하다.

2. 보상금증감청구소송의 의의 및 취지

보상금증감에 대한 소송으로서 보상금과 관련된 분쟁을 일회적으로 해결하여 신속한 권리구제에 도모함에 제도적 취지가 있다(재결청을 공동피고에서 제외하여 형식적 당사자소송으로 본다.).

3. 소송의 성질

① 형성소송설, 확인, 급부소송설의 견해가 있으나, ② 〈판례〉는 당해소송을 이의재결에서 정한 보상금이 증액, 변경될 것을 전제로 하여 사업자를 상대로 보상금의지급을 구하는 확인 급부소송을 보고 있다. ③ 〈생각건대〉 형성소송설은 권력분립에 반할 수 있으며 일회적인 권리구제에 비추어 확인, 급부소송설이 차당하다.

4. 제기요건 및 효과(기간특례, 원처분주의 등)

① 제85조에서는 제34조 재결을 소의 대상으로 규정하고 있으므로 원처분을 대상으로, ② 재결서정본 송달일로부터 60일 또는 30일(이의재결시)이내에, ③ 양 당사자는 각각을 피고로 하여, ④ 관할 법원에 소를 제기한다. ⑤ 이는 사업의 진행 및 토지의 사용, 수용을 정지시키지 아니한다(보상법 제88조).

5. 심리범위 및 판결

① 손실보상액의 범위, 보상액과 관련한 보상면적, ② 손실보상의 지급방법(채권보상여부 포함)등이 심리범위이며, 판례는 ③ 자연손해금, 잔여지수용여부, 보상항목간 유용도 심리점위에 해당한다고 본다. 또한 법원이 직접보상금을 결정하며 중앙토지수용위원회는 별도의 처분을 할 필요가 없다.

IV. 사안의 해결

① P는 관할 토지수용위원회에 본인 소유의 토지 전부를 수용해줄 것을 청구할 수 있으며, ② P의 수용청구에 대한 거부재결이 나온다면, 재결서 정본을 받은 날로부터 30일 이내에 이의신청을 청구할 수 있을 것이고, 이의신청을 거치지 않은 경우에도 재결서 정본을 받은 날로부터 60일 이내에 행정소송을 제기할 수 있다. ③ 이 경우 P의 일회적인 구제를 도모하기 위해서 보상금증감청구소송을 제기하는 것이 실효적인 수단이 될 것이다.

25. 수용재결에 대한 행정상 권리구제수단

A군에 사는 甲은 국토의 계획 및 이용에 관한 법률에 따라 지정된 개발제한구역 내에 과수원을 경영하고 있다. 甲은 영농의 편의를 위해 동 과수원 토지 내에 작은 소로(小路)를 개설하고, 종종 이웃 주민의 통행에도 제공해 왔다. A군은 甲의 과수원 부지가 속한 일단의 토지에 폐기물처리장을 건설하고자 하는 乙을 폐기물관리법에 따라 폐기물처리장 건설사업자로 지정하면서 동 처리장 건설사업실시계획을 승인하였다. 甲과 乙 간에 甲 토지에 대한 협의매수가 성립되지 않아 乙은 甲 토지에 대한 수용재결을 신청하고, 관할 지방토지수용위원회의 수용재결을 받았다. 동 수용재결에서는 "사실상의 사도(私道)의 부지는 인근 토지에 대한 평가액의 3분의 1 이내로 평가한다" 고 규정하고 있는 토지 등의 취득 및 보상에 관한 법률 시행규칙(이하 "토지보상법 시행규칙") 제26조 제1항 제2호의 규정에 따라, 甲의 토지를 인근 토지가에 비하여 3분의 1의 가격으로 평가하였다. 이 수용재결에 대하여 이의가 있는 甲은 적절한 권리구제 수단을 강구하고자 한다. 다음의 물음에 답하시오.

(1) 토지보상액에 대해 불복하고자 하는 甲의 행정소송상 권리구제수단을 설명하시오.

(설문 1)의 해결

Ⅰ. 쟁점의 정리

Ⅱ. 이의신청(법 제83조 및 제84조)

1. 이의신청의 개념
2. 요건 및 효과(처분청경유주의, 기간특례 등)
3. 재결(제84조) 및 재결의 효력(제86조)

Ⅲ. 보상금증감청구소송(제85조 제2항)

1. 보상금증감청구소송의 개념
2. 소송의 성질

(1) 형식적 당사자소송

(2) 형성소송인지, 확인, 급부소송인지

3. 소송의 대상

4. 제기요건(기간특례, 원처분주의 등)

5. 심리범위

6. 판결의 효력

7. 관련문제(청구의 병합)

Ⅳ. **사안의 해결(권리구제 수단)**

쟁점해설

설문의 물음이 행정쟁송상 권리구제 수단이므로, 행정쟁송의 유형인 행정심판과 행정소송을 중심으로 기술하되, 토지보상법 제83조 및 제85조의 규정을 중심으로 서술하면 무난할 것이다. 특히 보상액에 대한 구제수단으로는 토지보상법 제85조 제2항에서 보상금증감청구소송인 형식적 당사자소송을 명문으로 규정하고 있기에, 이를 체계적으로 잘 기술하는 것이 득점의 포인트이다.

예시답안

(설문 1)의 해결

Ⅰ. 쟁점의 정리

공용수용이란, 공익사업을 위해 특정 개인의 재산권을 법률의 힘에 의해 근거하여 강제적으로 취득하는 것으로 재산권보장에 대한 중대한 예외적 조치이며, 그 종국적 절차인 재결은 협의 불성립 또는 협의불능의 경우에 사업인정을 통하여 사업시행자에게 부여된 수용권의 구체적인 내용을 결정하고 그 실행을 완성시키는 형성적 행정처분이다. 이러한 재결은 재산권 박탈을 의미하는 '수용재결'과 수용재결의 효과로서 보상금을 결정하는 '보상재결'로 구성되며, 사업시행자에게 보상금 지급을 조건으로 토지소유권을 취득하게 하고, 토지소유자 등에게는 그 권리를 상실시키는 형성적 행정행위로 작용하기 때문에 피수용자가 재결의 취소 또는 변경을 구할 수 있음은 법치주의원리상 당연하다고 볼 수 있다. 토지취득보상법은 재결에 대한 불복절차로서 이의신청(공익사업을 위한 토지 등의 취득 및 보상에 관한 법률(이하 '법') 제83조 및 제84조)과 행정소송(법 제85조)에 대한 규정을 두고 있다. 이에 대한 불복절차에 관하여 토지취득보상법에 규정이 있는 경우를 제외하고는 행정심판법과 행정소송법이 적용될 것이다.

갑은 자신의 토지가 수용된 것을 다투는 것이 아니라 보상액에 대해서만 불복하는 것이다. 따라서, 갑의 이의신청 또는 보상금 증액청구소송을 제기할 수 있다. 이의신청은 보상금증감청구소송의 필요적 전치절차가 아니다.

Ⅱ. 이의신청(법 제83조 및 제84조)

1. 이의신청의 개념

이의신청이란, 토지수용위원회 위법 또는 부당한 재결처분으로 인하여 권리 또는 이익을 침해당한 자가 중앙토지수용위원회에 그 처분의 취소, 변경을 구하는 쟁송을 말한다. 토지수용위원회의 재결은 수용재결과 수용재결과 보상재결로 분리되는데, 이 중 어느 한 부분만에 대하여 불복이 있는 경우에도 토지수용위원회의 재결 자체가 이의신청의 대상이 된다.

2. 요건 및 효과(처분청 경유주의, 기간특례 등)

① 양 당사자는 재결서 정본을 받은 날로부터 30일 이내에 처분청을 경유하여 중앙토지수용위원회 이의를 신청할 수 있다. 판례는 30일의 기간은 수용의 신속을 기하기 위한 것으로 합당하다고 한다. ② 이의신청은 사업의 진행 및 토지의 사용, 수용을 정지시키지 아니하며(보상법 제88조) 행정쟁송법에 의한 집행정지 규정이 적용될 것이다.

3. 재결법 제84조) 및 재결의 효력(법 제86조)

① 재결이 위법 · 부당하다고 인정하는 때에는 재결의 전부 또는 일부를 취소하거나 보상액을 변경할 수 있다. ② 이의재결이 확정된 경우에는 민사소송법상의 확정판결이 있는 것으로 본다. 즉, 사업시행자가 이의재결에서 증액재결한 보상금의 지급을 이행 하지 않는 경우 피수용자는 확정판결의 효력을 바탕으로 재결확정증명서를 받아 강제 집행할 수 있게 된다.

Ⅲ. 보상금증감청구소송(법 제85조 제2항)

1. 보상금증감청구소송의 개념

토지수용위원회의 보상재결에 대하여 토지소유자 및 관계인은 보상금의 증액을 청구하는 소송을 제기할 수 있고 사업시행자는 보상금의 감액을 청구하는 소송을 제기할 수 있다. 이를 보상금증감청구소송이라 한다. 이는 보상금만에 대한 소송을 인정함으로써 분쟁의 일회적 해결, 소송경제, 권리구제의 신속성, 실효성 확보를 도모함에 제도적 취지가 인정된다.

2. 소송의 성질

(1) 형식적 당사자소송

보상금증감청구소송은 기본적으로 보상금액을 다투는 소송이며 소송을 제기함에 있어 재결청을 피고로 하는 것이 아니라 그 법률관계의 일방 당사자를 피고로 하는 소송에 해당하게 되므로 순수한 의미에 형식적 당사자소송이라 할 것이다.

(2) 형성소송인지, 확인, 급부소송인지

형성소송인지, 확인, 급부소송인지 견해의 대립이 있으나, 보상금증감청구소송은 재결청을 제외한 보상당사자만을 피고로 규정하고 있으므로 보상재결의 취소, 변경 없이 헌법상 정상보상조항(헌법 제23조 제3항)에 의하여 당연히 발생, 확정되는 정당보상액을 확인하고, 부족액의 급부를 구하는 확인, 급부소송이 타당하다고 생각한다.

3. 소송의 대상

형식적 당사자소송의 대상은 법률관계이다. 따라서 보상금증감청구소송은 관할 토지수용위원회가 행한 재결로 형성된 법률관계인 보상금의 증감에 관한 것을 소송의 대상으로 삼아야 하며 보상금의 증감에 관한 사항 외에는 소송의 대상이 될 수 없다. 토지보상법은 행정쟁송법 제19조에 입각한 원처분주의를 채택한 것으로 해석되는 바, 이의재결에 고유한 위법이 있는 경우를 제외하고는 원재결로 형성된 법률관계인 보상금의 증감에 관한 것을 소송의 대상으로 삼아야 한다.

4. 제기요건(기간특례, 원처분주의 등)

① 제85조에서는 소의 대상으로 제34조 재결을 규정하고 있으므로 원처분을 소의 대상으로 하고, ② 재결서정본 송달일로부터 60일 또는 30일(이의재결시) 이내에, ③ 양 당사자는 각각을 피고로 하여, ④ 관할 법원에 소를 제기할 수 있다.

5. 심리범위

① 손실보상의 지급방법(채권보상여부포함), ② 손실보상액의 범위, 보상액과 관련한 보상면적 및 ③ 지연손해금, 잔여지수용여부, 보상항목간 유용도 심리범위에 해당한다고 본다(판례).

6. 판결의 효력

보상금증감소송에서 법원은 스스로 보상액의 증감을 결정할 수 있고 토지수용위원회는 별도의 처분을 할 필요가 없다. 법원의 판결이 있게 되면 기판력, 형성력, 기속력이 발생하고, 소의 각하, 기각 또는 취하의 효과로서 법정이율의 가산지급(법 제87조)은 당사자소송에 있어서도 적용되는 것으로 보아야 할 것이다.

7. 관련문제(청구의 병합)

수용자체에 대하여 불복이 있을 뿐만 아니라 보상금액에도 불복이 있는 경우에는 수용재결의 취소소송과 보상금증액청구소송을 별도로 제기할 수 있다. 그런데, 토지소유자는 우선 수용 자체를 다투고 만일 이것이 받아들여지지 않는 경우에는 보상금액의 증액을 청구할 필요가 있을 것이다. 이 경우에 수용재결에 대한 취소소송에서 보상금증액청구소송을 예비적으로 병합하여 제기할 수 있는가 하는 것이 문제된다. 분쟁의 일회적 해결을 위한다는 점에서 청구의 병합을 인정함이 타당하다.

IV. 사안의 해결(권리구제 수단)

甲은 관할 지방토지수용위원회의 재결에 의해 결정된 보상액에 대해서 중앙토지수용위원회에게 이의신청을 제기하거나, 이를 제기함이 없이 공법상 당사자소송으로써 보상금증액청구소송을 제기할 수 있을 것이다.

26. 토지 등의 인도 · 이전에 대한 실효성 확보수단

쟁점해설

인도, 이전의무에 대한 실효성 확보수단으로는 ① 대행, ② 대집행, ③ 기타 실효성 확보수단으로 직접강제 등이 있다. 특히 대집행의 경우 명도의무에 대한 대집행이 가능한지에 대한 논의가 필요하고 직접강제는 가장 침익적인 수단인 바 개별법에 명문의 구정이 있는 경우에만 가능하다고 볼 것이다.

예시답안

I. 서설

수용의 효과로서 인도, 이전의무를 강행규정으로 정한 취지는 공익사업의 원활한 수행을 위함이며, 이의 확보수단으로 대행(제44조), 대집행(제89조), 행정형벌(제97조)을 두고 있다.

II. 인도, 이전의무와 의무이행 확보수단

1. 인도, 이전의무(제43조)

토지소유자 및 관계인 기타 수용 또는 사용할 목적물에 대해 권리를 가진 자는 수용 또는 사용의 개시일까지 당해 토지나 물건을 사업시행자에게 인도하거나 이전하여야 한다.

2. 대행(제44조)

(1) 의의 및 취지

① 토지나 물건을 인도, 이전하여야 할 자가 고의나 과실 없이 그 의무를 수행할 수 없을 때 또는 사업실행자가 과실 없이 토지나 건물의 인도, 이전 할 의무가 있는 자를 알 수 없을 때에 사업시행자의 신청에 의하여 시, 군, 구청장이 대행하는 것으로, ② 사업의 원활한 시행을 위해 인정된다.

(2) 법적 성질

① 행정대집행의 일종으로 보는 견해가 있으나, ② 이는 대집행의 요건 및 절차가 적용되지 않으므로 토지보상법 제89조 요건에 해당하지 않는 부분의 특례로 보는 것이 타당

하다.

(3) 요건 및 절차

① 인도, 이전의무자가 고의, 과실 없이 의무를 이행할 수 없거나, ② 사업시행자가 과실 없이 의무자를 알 수 없을 때, ③ 사업시행자의 신청에 의하여 대행한다.

(4) 대행청구대상의 범위

수용목적물이 아니더라도 사업추진에 방해가 되는 것이면 대행청구의 대상이 된다고 본다.

3. 대집행

(1) 의의 및 취지

공법상 대체적 작위의무의 불이행시 행정청이 그 의무를 스스로 행하거나 제3자로 하여금 행하게 하고 의무자로부터 비용을 징수하는 것으로 토지보상법 제89조에서 규정하고 있다. 이는 공익사업의 원활한 수행을 위한 제도적 취지가 인정된다.

공법상 대체적 작위의무

법률에 의하여 직접 명령되었거나 법률에 의거한 행정청의 명령에 의하여 명하여진 의무로서 타인이 대신행할 수 있는 의무

(2) 요건

1) 신청요건

① 이 법 또는 이 법에 의한 처분으로 생긴 의무를 이행하지 않거나, ② 기간내에 의무를 완료하기 어려운 경우, ③ 의무자로 하여금 의무를 이항하게 함이 현저히 공익을 해한다고 인정되는 경우에 사업시행자는 시, 도지사 및 시 · 군 · 구청장에게 대집행을 신청할 수 있다. 토지보상법 제89조에서는 시, 도지사 및 시 · 군 · 구청장은 정당한 사유가 없는 한 이에 응해야 한다고 규정하고 있다. 단, 사업시행자가 국가나 지방자치단체인 경우에는 행정대집행법에서 정하는 바에 따라 직접 대집행을 할 수 있다.

2) 실행요건(대집행법 제2조)

① 공법상 대체적으로 작위의무의 불이행, ② 다른 수단으로의 이항확보가 곤란하며, ③ 의무불이행방치가 심히 공익을 해한다고 인정될 것, ④ 요건 충족 시에도 대집행권 발동여부는 재량에 속한다.

3) 의무이행자의 보호(제89조 제3항 신설)

국가, 지방자치단체는 의무를 이행해야 할 자의 보호를 위하여 노력하여야 한다. 이는 공익사업현장에서 인권침해 방지를 위한 노력을 강구하고자 하는 입법적 취지가

있다.

(3) 인도, 이전의무가 대집행 대상인지

1) 문제점

인도, 이전의무는 비대체적 작위의무인데 토지보상법 제89조에서는 이 법에 의한 의무로 규정하는 바, 토지보상법 제89조 규정을 대집행법의 특례규정으로 보아 대집행을 실행할 수 있는지가 문제된다. 즉, 토지 등의 인도를 신체의 점유로써 거부하는 경우 이를 실력으로 배제할 수 있는가가 문제된다.

2) 견해의 대립

① 제89조는 수용자 본인이 인도한 것과 같은 법적효과 발생을 목적으로 하므로(합리적, 합목적 해석) 대집행을 긍정하는 견해, ② 제89조의 의무도 대체적 작위의무에 한정된다.

3) 판례

① 도시공원시설인 매점점유자의 점유배제는 대체적 작위의무에 해당하지 않으므로 대집행의 대상이 아니라고 한다(97누157). ② 토지보상법 제89조의 '인도' 에는 명도도 포함되는 것으로 보아야 하고, 이러한 명도의무는 그것을 강제적으로 실현하면서 직접적인 실력행사가 필요한 것이지 대체적작위의무라고 볼 수 없으므로 특별한 사정이 없는한 행정대집행법에 의한 대집행의 대상이 될 수 있는 것은 아닙니다. ③ 철거의무 약정을 하였더라도 그 명도의무는 대집행대상이 아니라고 판시한 바 있다.

명도는 토지나 건물로부터 존치물건을 반출하고 사람을 퇴거시켜 그것을 타인에게 인도하는 것을 말한다.

4) 검토

대집행은 국민의 권익침해의 개연성이 높으므로 토지보상법 제89조의 의무를 법치행정의 원리상 명확한 근거 없이 비대체적 작위의무로까지 확대해석할 수 없다고 할 것이다.

(4) 비대체적 작위의무 불이행의 대책

1) 각국의 예

① 독일은 실력행사를 규정하고, ② 일본은 공무집행방해죄 등을 적용하고 있으며, ③ 우리나라는 실무상 인도불응시에 소유권이전등기 및 명도소송을 활용하고 있다.

2) 대책

토지보상법 제97조에서는 인도, 이전의무 불응시에 200만 원 이하의 벌금을 규정하고 있으나 궁극적으로는 ① 공익사업의 홍보 및 피수용자의 관계개선을 통하여 자발적 참여를 도모하는 것이 중요하고, ② 입법적으로 직접강제 및 새로운 실효성 확보수단의 법적근거를 마련해야 할 것이다.

4. 행정벌

행정벌이란 행정법상 의무위반에 대한 제재로서 행정형벌과 행정질서법이 있다. 제93조 및 제97조는 행정형법의 근거가 되며, 제99조는 행정질서법의 근거가 된다.

III. 결어

토지보상법상 대행, 대집행은 공익목적달성을 위한 실효성확보수단이다. 다만, 이들은 국민의 권리침해의 개연성이 높으므로 법치행정의 원리상 엄격한 법적근거, 요건 및 절차에 따라 이루어져야 할 것이다.

IV. 관련문제(대집행실행시 철거민의 저항에 대한 실력행사의 가부)

1. 문제점

실력행사가 대집행 일부로서 인정되는지가 문제된다.

2. 견해의 대립

① 필요한 한도에서 부득이한 실력행사는 대집행에 수반된 기능으로 보아서 실력행사가 가능하다는 견해와 ② 입법상 명문규정이 없으면 부정되며, 이는 신체에 대한 물리력 행사이므로 대집행에 포함될 수 없고 직접강제의 대상이 된다는 견해가 있다.

3. 검토

이는 행정의 이행확보란 공이고가 국민의 기본권보호라는 사익을 형량하여 해결해야 할 것이다. 최근 토지보상법 제89조 제3항에서는 의무이행자의 보호를 규정하는 바 사익보호성이 강조된다고 본다. 따라서 명문규정이 없으면 부정된다고 사료된다.

A시는 시가지 철도이설사업을 시행하기 위하여 공익사업을 위한 토지 등의 취득 및 보상에 관한 법률 제16조에 따라 주택용지를 협의취득하면서 그에 따른 일체의 보상금을 B에게 지급하였고, B는 해당 주택을 자진철거하겠다고 약정하였다. B가 자진철거를 하지 않을 경우 B의 주택에 대하여 대집행을 할 수 있는지 판단하시오.

27. 정당보상과 생활보상

[손실보상] 손실보상과 정당보상의 의미

택지개발사업이 시행되는 지역에 농지 4,000제곱미터를 소유하고 있던 甲은 보상금으로 사업주변지역에서 같은 면적의 농지를 대토하고자 하였다. 이 지역의 농지가격수준은 사업이 시행되기 이전만 하더라도 주변지역과 같게 형성되고 있었다. 그러나 당해 사업으로 인해 주변지역의 지가가 상승하여

> 甲은 보상금으로 3,000제곱미터 밖에 매입할 수 없었다.
> (1) 甲이 받은 보상은 정당보상에 해당한다고 볼 수 있는가?
> (2) 甲과 사업주변지역 토지소유자와의 불공평관계에서 나타나는 문제점과 개선대책은?

《차례》

1. 쟁점해설

(1) 보상금과 정당보상

① 정당보상에 관한 학설과 보상기준, ② 정당보상 여부의 검토

(2) 피수용자와 사업 주변지역 토지소유자와의 불균등관계(20점)

① 개발이익의 사유화, ② 불균등의 문제점과 해소방안

2. 문제 1의 논점

(1) 설문 1

정당보상 여부가 핵심논점인 바, 이를 논하기 위해서는 정당보상에 관한 학설, 판례와 그 보상기준을 제시하여야 할 것이다.

재산권에 대한 공용침해에 있어서는 손실보상의 원칙보상의 원칙이 인정되며, 우리 헌법도 제23조 제3항에서 정당한 보상을 규정하고 있다. 정당보상의 개념에 대하여는 학설이 나누어진다. 즉, 미합중국 수정헌법을 근거로 피침해재산의 객관적 가치를 완전히 보상하여야 한다는 완전보상설과 바이말 헌법에 근거하여 사회 국가적 기준에 의한 적정보상이면 완전보상을 밑도는 보상을 하여도 족하다고 보는 상당보상설이 대립하고 있다.

그 밖에 완전보상을 원칙으로 하되, 경우에 따라서는 상당보상을 행할 수 있다고 보는 절충설의 입장도 있다. 현재 우리나라의 다수학설은 절충설이다.

우리 헌법재판소와 대법원은 정당한 보상의 개념을 재산권 가치의 완전 회복을 의미하는 완전한 보상의 입장을 취한 바 있다. 따라서 학설과 판례의 입장을 종합하건데 현대 국가의 보상은 사회복리국가 이념의 실현을 위한 보상, 즉 실질적 생활보상이어야 하고 이에는 부대적손실(이전료, 영업보상)도 포함된다고 할 것이다. 설문 1)에서는 정당보상의 여부 검토가 중요논점이라 할 것인 바, 위에서 살펴본 학설과 판례에 입각하여 논술하면 될 것이다.

또 정당보상 여부의 구체적 기준 검토에 있어서는 공시지가 기준과 개발이익배제 문제도 논급되어야 할 것이다.

① 공시지가를 기준으로 한 보상액 산정제도는 토지수용법 제26조 제2항 제1호 및 동조 제3항에서 "협의 취득 또는 수용하여야 할 토지에 대하여는... 공시지가를 기준으로 하되"라고 하고 있는 바, 보상액산정은 우선 공시지가를 기준으로 한다는 실정법적 근거에 입각하고 있다.

또 공시지가 제도는 실정법적 근거 이전에 합리적 지가형성 도모, 국토의 효율적 이용 등을 고려할 때도 이론상 타당하다고 할 것이다.

② 개발이익배제와 관련하여 사업시행으로 인한 주변지가의 상승(개발)이익은 자신의 정당한 노력에 의하지 않은 불로소득이므로 보상액 산정에서 배제함이 정의와 공평의 원칙에 부합된다는 견해를 지지하는 견해와 이를 부정하는 견해가 있다. 대법원은 "개발이익은 객관적 가치에 해당하지 않으므로 피수용자의 손실에 포함되지 않는다."라고 판시하여 개발이익 배제가 정당보상임을 인정하는 입장을 취한 바 있다(90. 6. 25.).

③ 이와 같은 이론을 설문에 적용시켜볼 때, 비록 갑에게 개발이익이 배제되어 3,000제곱미터 밖에 대토할 수 없더라도 정당보상의 원칙이 부정되었다고 할 수는 없을 것이고, 공시지가의 수준을 정당보상에 합치되도록 상향 조정하는 것이 중요한 선결과제라 하겠다.

(2) 피수용자와 사업 주변지역 토지소유자와 불균등관계

이 문제는 ① 개발이익의 사유화 문제와 ② 피수용자와 사업 주변지역 토지소유자와의 불균등 문제, 그리고 그 해소방안에 관한 문제이다.

1) 설문 1)에서 제시한 바와 같이 사업시행으로 발생하는 개발이익을 누구에게 귀속시키느냐

하는 것이 개발사업의 정의와 형평성 확보에 따르는 중요한 문제이다. 설문에서 제시한 바와 같이 주변토지의 지가상승으로 같은 면적의 대토가 불가능하게되면 피수용자에게 상대적 손실이 발생하게 된다. 즉, 피수용자에게 개발이익을 배제하고 사업 주변지역 토지소유자에게 개발이익을 부여하는 것은 개발이익을 사유화하게 되고 정의와 형평의 원칙에 반하게 되는 바, 불균등의 문제가 발생하게 된다. 따라서 그 해소방안이 요구된다.

2) 피수용자와 사업주변지역 토지소유자간에 개발이익이 사유화하면 재산상 불균등의 문제가 발생하며, 그 해소책이 강구되어야 한다. 이러한 불균등문제 해소를 위하여서는 헌법상의 대원칙인 완전보상주의가 충실하게 실현되는 대전자하에 개별법이 채택하고 있는 개발이익환수를 위한 새로운 법제의 도입과 그 보완, 개선이 이루어져야 하겠다. 이러한 대원칙에는 생활보상이 새로운 바람직한 보상개념으로 제시되고 있다. 그 밖에 각종 토지세제의 개선과 현물보상의 확대도 검토할만한 문제이다.

* 최근 토지보상법 제63조에서 현물보상으로 대토보상제도를 도입하였고 공장에 대한 이주대책수립규정도 도입(법 제78조의 2)하여 불균등문제를 입법적으로 해소하고 있다.

28. 이주대책

A시는 도시개발사업을 하면서 주거를 상실하는 주거자에 대한 이주대책을 수립하였다. 이주대책의 주요 내용은 다음과 같다. 이를 근거로 다음 물음에 답하시오.

* 기준일 이전부터 사업구역내 자기 토지상 주택을 소유하고 협의계약 체결일까지 당해 주택에 계속 거주한 자가 보상에 합의하고 자진 이주한 경우 사업구역내 분양아파트를 공급한다.

* 분양아파트를 공급받지 않은 이주자에게는 이주정착금을 지급한다.

* 무허가 건축물 대장에 등록된 건축물 소유자는 이주대책에서 제외한다.

(1) 이주대책의 이론적 및 헌법적 근거를 설명하시오.

(2) 주택소유자 甲이 보상에 합의하고 자진 이주하지 아니한 경우에도 이주대책에 의한 분양아파트의 공급 혹은 이주정착금의 지급을 요구할 수 있는지의 여부를 검토하시오.

(3) 무허가건축물대장에 등록되지 않은 건축물 소유자 乙이 당해 건축물이 무허가 건축물이라는 이유로 이주대책에서 제외된 경우에 권리구제를 위하여 다툴 수 있는 근거와 소송방법에 관하여 설명하시오.

(설문 1)

1. 이주대책의 의의 및 취지
2. 이주대책의 이론적 근거
3. 이주대책의 헌법적 근거

(설문 2)

1. 문제의 소재
2. 갑이 이주대책의 대상자인지 판단
   (1) 이주대책 대상자 요건
   (2) 갑이 이주대책 대상자인지
3. 이주대책 수리내용의 구속성 검토
   (1) 관련 판례의 태도(2008두12610)
   (2) 수립내용의 구속성
   (3) 사안의 경우(특별한 사정의 유무판단)
4. 갑이 분양아파트공급 및 이주정착금을 요구할 수 있는지
   (1) 분양아파트의 공급 가능여부
   (2) 이주정착금 지급을 요구할 수 있는지

(설문 3)

1. 문제의 소재
2. 을이 이주대책의 대상자인지
   (1) 무허가 건축물에 대한 부칙규정
   (2) 을이 이주대책의 대상자인지
3. 을이 다툴수 있는 근거(수분양권의 발생시기 문제)
   (1) 수분양권의 의의
   (2) 수분양권의 법적 성질
   (3) 수분양권의 발생시기
      1) 학설
         가. 이주대책계획수립이전설(법상 취득설)
         나. 이주대책계획수립시설
         다. 확인, 결정시설

2) 판례

3) 검토

4. 을의 권리구제를 위한 소송방법

(1) 판례와 같이 확인, 결정시설을 취하는 경우

(2) 이주대책계획수립이전설(접상취득설)을 취하는 경우

(3) 이주대책계획수립시설을 취하는 경우

쟁점해설

문제 1-1)은 이주대책의 의의와 이론적 헌법적 근거를 간략하게 적시하면 충분할 것으로 생각된다.

문제 1-2)는 갑이 이주대책대상자에 해당하는지를 토지보상법 제78조 및 동법 시행령 제43조를 기준으로 살펴보고, 이주대책의 주요 내용에 구속되는지를 최근 판례의(2008두12610)태도에 비추어 검토하여 해결하면 될 것이다.

문제 1-3)에서 을은 무허가 건축물의 소유자이므로 이와 관련된 부칙규정(89. 1. 24.)을 검토하여 을이 이주대책 대상자인지를 확인한다. 이주대책 대상자에 해당한다면 권리구제를 위하여 수분양권의 권리가 인정되는지를 검토하고, 이주대책 대상자에서 제외된 것을 대상으로 항고소송 및 확인소송이 가능한지를 적시하면 될 것이다.

예시답안

(설문 1)

1. 이주대책의 의의 및 취지

이주대책이란 주거용 건축물을 제공하여, 생활의 근거를 상실하는 자에게 종전생활을 유지시켜주는 일환으로 택지 및 주택을 공급하거나 이주정착금을 지급하는 것을 말한다. 개정된 토지보상법에서는 이주대책의 대상자를 주거용 건축물 제공자에서 공장부지 제공자까지 확대하여 국민의 권리구제를 두텁게 하고 있다.

2. 이주대책의 이론적 그거

이주들에게 종전의 생활상태를 원상으로 회복시키면서 동시에 인간다운 생활을 보장하여 주기위한 이른바 생활 보상의 일환으로 국가의 적극적이고 정책적인 배려에 의하여 마련된 제도이다.

3. 이주대책의 헌법적 근거(생활보상의 법적성격과 관련)

① 다수견해는(헌법 제23조 및 제34조 결합설) 정책배려로 마련된 생활보상의 일환이라고 한다. ② 소수견해는 (제23조설) 정당보상법규내의 손실보상의 일환이라고 한다. ③ 헌법재

판소는 생활보호차원의 시혜적 조치라고 한다. ④ 생각건대 생활보상의 근거는 생존권 보장인점과, 손실보상의 근거는 헌법 제23조 제3항이므로 통합설이 타당하다.

(설문 2)

1. 문제의 소재

갑이 이주대책 수립내용을 따르지 않은 경우에 아파트 공급 및 이주정착금을 요구할 수 있는 지가 문제된다. ① 갑이 이주대책 대상자에 해당하는지를 살펴보고, ② 이주대책 수립내용의 구속성을 검토하여 사안을 해결한다.

2. 갑이 이주대책의 대상자인지 판단

(1) 이주대책 대상자 요건(토지보상법 제78조 및 시행령 제40조)

주거용 건축물 제공, 무허가건축물이 아닐 것, 공고일부터 계약채결일 및 재결일까지 계속 거주할 것을 요건으로 규정하고 있다.

(2) 갑이 이주대책 대상자인지

설문상 명확한 표현은 없으나, 갑이 적법한 주거용 건축물을 제공하고, 기준일 이전부터 협의계약체결일까지 계속 거주했다면 이주대책의 대상자로 볼 수 있을 것이다. 다만 이 경우에 사업시행자가 구체적으로 수립한 이주대책의 내용에 구속되는지 여부에 따라서 분양 아파트를 공급받을 수 있는지가 결정된다.

3. 이주대책 수립내용의 구속성 검토

(1) 관련 판례의 태도(2008두12610)

판례는 사업시행자는 이주대책기준을 정하여 아주대책대상자 중에서 이주대책을 수립, 실시하여야 할 자를 선정하여 그들에게 공급할 택지 또는 주택의 내용이나 수량을 정 할 수 있고, 이를 정하는 데 재량을 가지므로, 이를 위해 사업시행자가 결정한 기준은 그것이 객관적으로 합리적이 아니라거나 타당하지 않다고 볼 만한 다른 특별한 사정이 없는 한 존중되어야 한다.

(2) 수립내용의 구속성

판례의 태도에 비추어 볼 때, 사업의 원활한 진향이 가능한 범위 내에서 신속한 이주대책을 수립, 실시하여 공사익을 도모하여야 하는 것으로 볼 수 있다. 따라서 특별한 사정이 없는 한 사업시행자가 수립한 이주대책의 수립내용은 존중되어야 하므로 이주대책 대상자를 구속한다고 볼 수 있다.

(3) 사안의 경우(특별한 사정의 유무판단)

설문에서는 당해 이주대책의 수립내용이 객관성을 결여하였거나 합리성이 결여되었다는 점이 없고, 타당하지 않다고 볼 만한 특별한 사정이 없는 것으로 보인다. 따라서 당해 수립내용은 이주대책대상자인 갑을 구속한다고 판단된다.

4. 갑이 분양아파트공급 및 이주정착금을 요구 할 수 있는지

(1) 분양아파트의 공급 가능여부

A시는 분양아파트를 공급받기 위해서는 보상에 합의하고 자진 이주할 것을 주요 내용으로 수립하였으며, 이는 특별한 사정이 없는 한 존중되어야 한다. 갑은 보상에 합의하였으나 자진 이주를 하지 않았으므로 분양아파트공급대상자에 해당된다고 볼 수 없다.

(2) 이주정착금 지급을 요구할 수 있는지

갑은 토지보상법의 이주대책 대상자에 해당한다. 따라서 이주대책 수립내용상 분양아파트를 공급받지 않은 이주자에게는 이주정착금을 지급한다고 규정되어 있으므로 갑은 이주정착금의 지급을 요구할 수 있을 것이다.

(설문 3)

1. 문제의 소재

① 을은 무허가 건축물 소유자이므로 을이 이주대책 대상자에 해당되는지를 살펴보고, ② 만약 을이 이주대책대상자에 해당함에도 불구하고 이주대책대상자에서 제외되었다면 이주대책대상자에서 제외됨을 이유로 다툴 수 있는 근거 및 소송방법과 관련하여 을에게 수분양권이 발생했는지가 문제된다.

2. 을이 이주대책의 대상자인지

(1) 무허가 건축물에 대한 부칙규정

토지보상법 시행령 부칙 제6조에서는 89. 1. 24. 이전의 무허가 건축물에 대해서는 이주대책의 대상에 포함된다고 규정하고 있다.

(2) 을이 이주대책 대상자인지

을이 89. 1. 24. 이전에 무허가 건축물을 건축한 경우라면 이주대책의 대상자에 포함된다. 따라서 을은 이주대책 대상자에서 제외된 것에 대하여 다툴 수 있는데, 이에 대한 법적 근거에 따라서 소송방법이 달라지므로 이하에서 구체적으로 검토한다.

3. 을이 다툴 수 있는 근거(수분양권의 발생시기 문제)

(1) 수분양권의 의의

수분양권이란 이주자가 이주대책을 수립, 실시하는 사업시행자로부터 이주대책대상자로 확인, 결정을 받음으로서 취득하게 되는 택지나 아파트를 분양 받을 수 있는 권리를 말한다. 문제는 이주대책대상자에게 언제 수분양권 등 특정한 실체법상의 권리가 취득되는

가 하는 것이다.

(2) 수분양권의 법적 성질

이주대책이 공법적 성격을 가지므로 공법관계이고 판례도 수분양권은 대상자 확인, 결정에 의해 취득하는 공법상 권리라고 한다.

(3) 수분양권의 발생시기

1) 학설

가. 이주대책계획수립이전설(법상 취득설)

토지취득보상법 제78조 및 동법 시행령 제40조의 요건을 충족하는 경우에 실체적 권리인 수분양권이 취득된다고 보는 견해이다(대법원 92다35783 전원합의체 판결에서 반대의견이 이 견해를 채택한 것으로 보인다.).

나. 이주대책계획수립시설

사업시행자가 이주대책에 관한 구체적인 계획을 수립하여 이를 해당자에게 통지 내지 공고한 경우에 이것으로 이주자에게 수분양권이 취득된다고 보는 견해이다(대법원 92다35783 전원합의체 판결에서 반대의견에 대한 보충의견이 이 견해를 취한 것으로 보인다.).

다. 확인, 결정시설

이주대책계획 수립 후 이주자가 이주대책대상자 선정을 신청하고 사업시행자가 이를 받아들여 이주대책대상자로 확인, 결정하여야 비로소 수분양권이 발생한다고 보는 견해이다.

2) 판례

판례는 수분양권의 발생에 관하여 확인, 결정시설을 취하고 있다(대판 전원합의체 1994. 5. 24., 92다35783).

3) 검토

이주대책대상자의 경우 법상의 추상적인 이주대책권이 이주대책계획이 수립됨으로써 구체적 권리로 되는 것이므로 이주대책계획수립시설이 타당하다.

4. 을의 권리구제를 위한 소송방법

(1) 판례와 같이 확인, 결정시설을 취하는 경우

이주대책대상자 선정 신청에 대한 거부는 거부처분이 되므로 이에 대하여 취소소송을 제기하고 부작위인 경우에는 부작위위법확인소송을 제기하여야 한다. 이주대책대상자 선정 신청 및 이에 따른 확인, 결정 등 절차를 밟지 아니하여 구체적인 수분양권을 아직 취득하지도 못한 상태에서 곧바로 분양의무의 주체를 상대방으로 하여 민사소송이나 공법상 당사자소송으로 이주대책상의 수분양권의 확인 등을 구하는 것은 허용될 수 없다.

(2) 이주대책계획수립이전설(법상 취득설)을 취하는 경우

이주대책대상자 선정 신청의 거부나 부작위에 대하여 행정쟁송을 제기할 수 있을 뿐만 아니라 구체적 이주대책계획에서 제외된 이주대책대상자는 자기 몫이 참칭(분수에 넘쳐) 이주대책대상자에게 이미 분양되어 분양신청을 하더라도 거부할 것이 명백한 특수한 경우에는 이주대책대상자로서 분양을 받을 권리 또는 그 법률상 지위의 확인을 공법상 당사자소송으로 구할 수 있다고 보아야 한다.

(3) 이주대책계획 수립시설 취하는 경우

이주대책계획을 수립한 이후에는 이주대책대상자에서 제외된 이주대책대상자는 수분양권에 터잡은 분양신청을 하여 거부당한 경우에는 그 거부의 취소를 구하는 행정쟁송을 제기할 수 있을 것이다. 사업시행자가 실제로 이주대책계획을 수립하기 이전에는 이주자의 수분양권은 아직 추상적인 권리나 법률상의 지위 내지 이익에 불과한 것이어서 그 권리나 지위의 확인을 구할 수 없을 것이나, 이주대책계획을 수립한 이후에는 이주대책대상자의 추상적인 수분양권이 구체적 권리로 바뀌게 되므로 확인판결을 얻음으로써 분쟁이 해결되고 권리구제가 가능하여 그 확인소송이 권리구제에 유효 적절한 수단이 될 수 있는 경우에는 당사자소송으로 수분양권 또는 그 법률상의 지위의 확인을 구할 수 있다고 보아야 한다.

* 이주대책 대상자의 확인, 결정의 처분성 유무

1. 형성처분설(특허)

사업시행자가 하는 확인, 결정은 곧 구체적인 이주대책상의 수분양권을 취득하기 위한 요건이 되는 행정작용으로서 처분이라고 한다. 따라서 이를 단순히 절차상의 필요에 따른 사실행위에 불과한 것으로 평가할 수 없다고 한다. 따라서 사업시행자의 확인, 결정이라는 처분에 의해서 비로소 이주자에게 수분양권이라는 권리가 발생하는 것이므로 이를 형성처분으로 본다.

2. 이행처분설(확인)

이주자가 이미 취득하고 있는 수분양권에 대해 그 의무를 이행한 일련의 이행처분에 불과하고 이는 이주자가 이미 취득하고 있는 수분양권을 구체화시켜주는 과정에 불과하다고 한다. 협의가 성립되거나 재결이 있고 이주대책 수립할 요건에 해당되면 토지보상법 제78조의 규정에 의해서 이주자는 수분양권을 가지게 되므로, 사업시행자의 확인, 결정은 이주대책을 수립, 실시절차를 이행하기 위해서 발하게 되는 이행처분으로 본다.

3. 검토

어느 견해에 의하던 확인, 결정의 처분성은 인정하게 된다. 그러나 수분양권은 법률규정에 의해서 직접 발생하는 것으로 보는 것이 국민의 권리구제에 유리하므로 이행처분설이

타당하다.

[관련판례]

대법원2009. 3. 12. 선고2008두12610판결 [입주권확인]

[공2009상,475]

[판시사항]

[1] 도시개발사업의 사업시행자가 이주대책기준을 정하여 이주대책대상자 가운데 이주대책을 수립, 실시하여야 할 자를 선정하여 그들에게 공급할 택지 등을 정하는 데 재량을 가지는지 여부(적극)

[2] 도시개발사업의 사업시행자가 보상계획공고일을 기준으로 이주대책대상자를 정한 후, 협의계약체결일 또는 수용재결일까지 당해 주택에 계속 거주하였는지 여부 등을 고려하여 이주대책을 수립, 실시하여야 할 자를 선정하여 그들에게 공급할 아파트의 종류, 면적을 정한 이주대책기준을 근거로 한 입주권 공급대상자 결정처분에 재량권을 일탈, 남용한 위법이 없다고 한 사례

[판결요지]

[1] 구 도시개발법(2007. 4. 11. 법률 제8376호로 개정되기 전의 것) 제23조, 공익사업을 위한 토지 등의 취득 및 보상에 관한 법률 제78조 제1항, 동법 시행령 제40조 제3항 제2호의 문언, 내용 및 입법 취지 등을 종합하여 보면, 위 시행령 제40조 제3항 제2호에서 말하는 '공익사업을 위한 관계 법령에 의한 고시 등이 있은 날'은 이주대책대상자와 아닌 자를 정하는 기준이지만 나아가 사업시행자가 이주대책대상자 중에서 이주대책을 수립, 실시하여야 할 자와 이주정착금을 지급하여야 할 자를 정하는 기준이 되는 것은 아니므로, 사업시행자는 이주대책기준을 정하여 이주대책대상자 중에서 이주대책을 수립, 실시하여야 알 자를 선정하여 그들에게 공급할 택지 또는 주택의 내용이나 수량을 정할 수 있고, 이를 정하는 데 재량을 가지므로, 이를 위해 사업시행자가 설정한 기준은 그것이 객관적으로 합리적이 아니라거나 타당하지 않다고 볼 만한 다른 특별한 사정이 없는 한 존중되어야 한다.

[2] 도시개발사업의 사업시행자가 보상계획공고일을 기준으로 이주대책대상자를 정한 후, 협의계약체결일 또는 수용재결일까지 당해 주택에 계속 거주하였는지 여부 등을 고려하여 이주대책을 수립, 실시하여야 할 자를 선정하여 그들에게 공급할 아파트의 종류, 면적을 정한 이주대책기준을 근거로 한 입주권 공급대상자 결정처분에 재량권을 일탈, 남용한 위법이 없다고 한 사례

29. 손실보상에 있어서 경계이론 및 분리이론

손실보상에 있어서 사회적 제약과 특별한 희생의 구별기준에 관하여 경계이론과 분리이론의 입장을 설명하시오.

《차례》

쟁점해설

경계이론은 침해의 강도 등을 중심으로, 분리이론은 입법자의 의사에 따라서 사회적 제약과 특별한 희생의 구별기준이 달라짐을 헌법 제23조의 규점해석과 관련하여 서술하면 무난할 것이다.

예시답안

Ⅰ. 서설(분리, 경계이론의 논의배경)

우리나라의 경우 구 도시계획법 제21조에 규정된 개발제한구역제도의 위헌성의 여부와 관련한 헌법재판소 판례를 계기로 논의가 본격화 되었고 독일의 경우 자갈채취판결(독일연방헌법재판소는 자갈채취사건판결(BVerfGE58,300. 1981. 7. 15)에서 통상재판소가 전통적으로 취하고 있는 수용유사침해론을 취하지 아니하였다)을 통해 이루어지기 시작했다. 또한 경계이론과 분리이론을 택하였을 때 손실보상여부가 달라짐으로 논의의 실익이 있다 하겠다.

Ⅱ. 분리이론과 경계이론의 개념

1. 분리이론

입법자의 의사에 따라 공용침해와 재산권의 사회적 재한의 설정이 분리된다는 이론을 말한다. 따라서 입법자가 공용침해(수용, 사용, 제한)를 규정한 것이 아니라 재산권의 사회적 제한을 규정하는 경우에는 원칙적으로 보상을 요하지 않는다. 그러나 입법자가 공용침해를 규정하였음에도 보상규정이 없다면 보상의 문제를 가져오는 것이 아니라, 위헌의 문제만을 가져온다는 견해이다. 분리이론은 우리의 헌법재판소가 취하는 입장이다.

2. 경계이론

재산권의 사회적 제한과 공용침해는 별개의 제도가 아니고, 양자간에는 정도의 차이가 있을 뿐이며, 사회적 제한의 경계를 벗어나면 보상의무가 있는 공용침해로 전환한다는 이론을 말한다. 즉, 재산권의 사회적 제한을 벗어나는 재산권규제는 특별한 희생으로서 보상규정의 유무를 불문하고 보상이 따라야 한다는 논리이다. 우리나라의 다수견해이고 대법원의 견해이다.

Ⅲ. 경계이론을 취할 경우 구별기준

1. 형식적 기준설

침해행위가 일반적인 것이냐 아니면 개별적인 것이냐라는 형식적 기준에 의하여 특별한 희생과 사회적 제한을 구별하려는 견해이다.

2. 실질적 기준설

공용침해의 실질적 내용 즉 침해의 본질적 및 강도를 기준으로 하여 특별한 희생과 사회적 제한을 구별하려는 견해이다. 이는 보호가치설, 수인한도설(수인기대가능성설), 사적효용설, 목적위배설, 상황구속설 등이 있다.

3. 검토(절충설)

우리나라의 통설은 형식적 기준설과 실질적 기준설이 일면의 타당성만을 갖는다고 보고 형식적 기준설과 실질적 기준설을 종합하여 특별한 희생과 사회적 제약을 구별하여야 한다고 본다.

Ⅳ. 분리이론을 취할 경우 구별기준

1. 헌법 제23조 제1항, 제2항규정(재산권의 내용 한계규정)

재산권의 사회적 제한과 공용침해규정은 별개의 규정이고 재산권의 사회적 제한규정(내용

규정)은 재산권의 내용적 제한이 재산권에 내재하는 사회적 제약을 넘어 과도한 제한이 되는 경우에는 비례의 원칙, 평등의 원칙, 신뢰보호의 원칙에 반하게 된다. 이 경우에는 재산권의 내용적 제한이 과도한 제한이 되지 않도록 즉 비례원칙 위반으로 인한 위헌성을 해소하기 위하여 조정조치가 필요하다. 입법자는 비례원칙 위반을 시정하여 재산권 제한을 합헌적으로 하여야 할 의무를 지는데 이 의무를 조정의무라고 한다. 조정조치로는 우선 비금전적 구제가 행해져야 하고 이러한 구제조치들이 어려운 경우 제2차적으로 손실보상, 매수청구 등 금전적 보상이 주어져야 한다.

2. 헌법 제23조 제3항(공용침해규정)

공용침해는 공공필요, 보상 등 헌법 제23조 제3항이 스스로 정하고 있는 조건하에서만 허용된다.

[관련판례]

1. 대법원 판례 : 경계이론의 입장

도시계획법 제21조 제1항, 제2항의 규정에 의하여 개발제한구역 안에 있는 토지의 소유자는 재산상의 권리행사에 많은 제한을 받게 되고 그 한도 내에서 일반 토지소유자에 비하여 불이익을 받게 되었음은 명백하지만 '도시의 무질서한 확산을 방지하고 도시주변의 자연환경을 보전하여 건전한 생활환경을 확보하기 위하여, 또는 국방부장관의 요청이 있어 보안상 도시의 개발을 제한할 필요가 있다고 인정되는 때에 한하여 가하여지는 위와 같은 제한은 공공복리에 적합한 합리적인 제한이라고 볼 것이고, 그 제한으로 인한 토지소유자의 불이익은 공공의 복리를 위하여 감수하지 아니하면 안 될 정도의 것이라고 인정되므로 이에 대하여 손실보상의 규정을 하지 아니하였다 하여 도시계획법 제21조 제1항, 제2항의 규정을 헌법 제23조 제3항이나 제37조 제2항에 위배되는 것이라고 할 수 없다(대결 1990. 5. 8., 89부2).

2. 헌법재판소 판례 : 분리이론의 입장

도시계획법 제21조에 규정된 개발제한구역제도 그 자체는 원칙적으로 합헌적인 규정인데, 다만 개발제한구역의 지정으로 말미암아 일부 토지소유자에게 사회적 제약의 범위를 넘는 가혹한 부담이 발생하는 예외적인 경우에 대하여 보상규정을 두지 않은 것에 위헌성이 있는 것이다.

(헌재 1998. 12. 24. 89헌마214.90헌바78(병합)

30. 영업손실보상과 토지 등의 보상평가 기준

공부상 지목이 과수원(果)으로 되어 있는 토지의 소유자 甲은 토지상에 식재되어 있던 사과나무가 이미 폐목이 되어 과수농사를 할 수 없는 상태에서 사과나무를 베어내고 인삼밭(田)으로 사용 하여 왔다. 또한 甲은 이 토지의 일부에 토지의 형질변경허가 및 건축허가를 받지 않고 2005년 8월 26일 임의로 지상 3층 건물을 건축하고, 영업허가 등의 절차 없이 식당을 운영하고 있다.

(1) 2007년 5월 25일 甲의 토지를 대상으로 하는 공익사업이 인정되어 사업시행자가 甲에게 토지의 협의매수를 요청하였지만 甲은 식당영업에 대한 손실보상을 추가로 요구하면서 이를 거부하고 있다. 甲의 식당영업손실 보상에 관한 주장이 타당한지에 대하여 논하시오.

(2) 위 토지 및 지장물에 대한 보상평가기준에 대하여 설명하시오.

(설문 1)의 해결

Ⅰ. 쟁점의 정리

Ⅱ. 영업손실보상의 요건 등

1. 영업손실보상의 의의 및 보상의 성격
2. 법적근거
3. 영업손실의 보상대상인 영업(시행규칙 제45조)

Ⅲ. 사안의 해결(甲 주장의 타당성)

1. 시행규칙 제45조 1호의 해당여부
2. 시행규칙 제45조 2호의 해당여부
3. 甲 주장의 타당성

(설문 2)의 해결

Ⅰ. 개설

Ⅱ. 토지에 대한 보상평가기준

1. 일반적인 토지보상평가기준
   (1) 공시지가 기준보상법 제70조 제1항)
   (2) 현황평가 및 일반적 이용방법에 의한 객관적 상황기준 등(법 제70조 제2항)
   (3) 개발이익 배제(법 제67조 제2항)
2. 인삼밭(田)에 대한 토지보상평가기준

3. 형질변경허가 및 건축허가를 받지 않은 토지
   (1) 불법형질변경 토지인지 무허가건축물부지인지 여부)
   (2) 무허가건축물 부지의 보상평가기준
   (3) 사안의 경우

Ⅲ. 지장물에 대한 보상평가기준

1. 일반적인 지장물에 대한 보상평가기준법(법 제75조)
2. 무허가건축물의 보상평가기준
3. 인삼의 보상평가기준

쟁점해설

설문 1의 쟁점은 甲의 주장에 대한 타당성의 검토이므로, 토지보상법 시행규칙 제45조상의 영업조상 대상요건을 구체적으로 검토하면 된다. 설문에서는 영업장소가 무허가건축물이므로 적법한 장소에 해당하지 않으며, 허가 등의 절차 또한 없었으므로 보상대상이 아님을 밝혀주면 된다.

설문 2의 경우는 토지 및 지장물에 대한 보상평가기준으로서 토지보상법상 관련 규정을 설명하면 된다. 논의의 전제로서 정당보상원칙을 간략히 업급하고 서술하면 될 것이다.

예시답안

(설문 1)의 해결

Ⅰ. 쟁점의 정리

설문에서는 무허가건축물에서의 무허가영업에 대한 영업손실보상의 인정여부가 문제되는 바, 토지보상법 시행규칙 제45조의 요건을 검토하여 甲 주장의 타당성을 검토한다.

Ⅱ. 영업소실보상의 요건 등

1. 영업손실보상의 의의 및 보상의 성격

영업손실의 보상이란 공익사업의 시행으로 인하여 영업을 폐지하거나 휴업함에 따른 영업손실에 대하여 영업이익과 시설의 이전비용 등에 대하여 보상하는 것을 말한다.

영업손실의 보상은 주로 재산권보상 중에서 일실손실의 보상이며, 생활보상을 광의로 해석하는 견해에 따르는 경우 생활보상의 성격을 갖는 것으로 볼 수 있다.

2. 법적근거

영업손실보상은 토지보상법 제77조제1항에 근거하며, 동조 제4항의 위임에 따라 동법시행규칙 제45조에서 영업손실보상 대상, 제46조에서 영업폐지에 대한 손실, 제47조에서 영업의 휴업에 대한 손실의 평가에 대해 규정하고 있다.

3. 영업손실의 보상대상인 영업(시행규칙 제45조)

① 사업인정고시일 등 전부터 적법한 장소에서 인적 · 물적 시설을 갖추고 계속적으로 행하고 있는 영업일 것(다만, 무허가건축물 등에서 임차인 영업하는 경우에는 그 임차인이 사업인정고시일 등 1년 이전부터 사업자등록을 하고 행하고 있는 영업). ② 영업을 행함에 있어서 관계 법령에 의한 허가 등을 필요로 하는 경우에는 사업인정고시일 등 전에 허가 등을 받아 그 내용대로 행하고 있는 영업일 것을 규정하고 있다.

III. 사안의 해결(甲 주장의 타당성)

1. 시행규칙 제45조 1호의 해당여부

甲은 사업인정 고시일 등 이전부터 인적 · 물적 시설을 갖추고 계속적으로 영업을 행하고 있지만, 건축허가를 받지 않고 임의로 건축한 건물에서 영업을 하고 있어 적법한 장소의 요건에 해당되지 않는다. 단서의 요건인 사업인정 고시일인 2012년 5월 25일부터 1년 이전인 2010년 8월 26일부터 영업을 행하고 있지만, 임차인이 아닌 소유자이므로 역시 요건에 해당되지 않는다.

2. 시행규칙 제45조 2호의 해당여부

또한 식당영업은 식품위생 관련 법령에 의한 인허가 등을 받아야 함에도 불구하고 이를 받지 않고 식당을 운영하고 있으므로, 2호의 요건에도 해당되지 않는다.

3. 甲 주장의 타당성

영업손실보상의 되기 위해서는 시행규칙 제45조 각 호의 요건에 모두 해당되어야 함에도 불구하고 각 호의 요건에 모두 해당되지 않으므로 甲 주장의 타당성은 없다.

(설문 2)의 해결

I. 개설

'전' 으로 이용되는 부분과 불법형질변경 후 허가 없이 건축물을 건축한 토지 지상의 무허가 건축물에 대하여 토지보상법 제70조 이하의 규정을 중심으로 보상평가기준을 설명하도록 한다.

II. 토지에 대한 보상평가기준

1. 일반적인 토지보상평가기준

(1) 공시지가 기준보상(토지보상법 제70조 제1항)

공시지가를 기준으로 하여 보상하되, 그 공시기준일부터 가격시점까지의 관계 법령에 따른 그 토지의 이용계획, 해당 공익사업으로 인한 지가의 영향을 받지 아니하는 지역의 대통령령으로 정하는 지가변동률, 생산자물가상승률과 그 밖에 그 토지의 위치, 형상, 환경, 이용상황 등을 고려하여 평가한 적정가격으로 보상하여야 한다.

(2) 현황평가 및 일반적 이용방법에 의한 객관적 상황기준 등(토지보상법 제70조 제2항)

토지에 대한 보상액은 가격시점에서의 현실적인 이용상황과 일반적인 이용방법에 의한 객관적 상황을 고려하여 산정하되, 일시적인 이용상황과 토지소유자나 관계인이 갖는 주관적 가치 및 특별한 용도에 사용할 것을 전제로 한 경우 등은 고려하지 아니한다. 토지에 건축물 등이 있는 때에는 그 건축물 등이 없는 상태를 상정하여 토지를 평가한다(시행규칙 제22조 제2항).

(3) 개발이익 배제(토지보상법 제67조 제2항)

보상액 산정에 있어서 공시지가의 적용과 당해 공익사업으로 인한 영향이 없는 지역의 지가변동률의 적용 및 공시지가의 선택제한 등을 통하여 당해 공익사업으로 인한 개발이익을 배제하고 취득하는 토지에 대한 보상액을 산정한다.

2. 인삼밭(田)에 대한 토지보상평가기준

일반적인 토지보상평가기준에 따라 보상하며, 토지소유자가 정당하게 자신의 토지를 이용하고 있는 경우라 하더라도, 지적공부상의 지목과 현실의 지목이 항상 일치하는 것은 아니므로, 지목과 실제 현황이 다른 경우에는 공부상 지목보다는 실제 현황을 기준으로 하여 평가하여야 함이 원칙이라는 판례의 태도에 비추어 과수원이 아닌 田을 기준으로 보상평가하여야 한다.

3. 형질변경허가 및 건축허가를 받지 않은 토지

(1) 불법형질변경 토지인지 무허가건축물부지인지 여부

양자의 구별은 지상건축물의 존재 여부에 따라 결정하며, 이때 유의할 것은 무허가건축물 등 부지는 1989년 1월 24일, 불법형질변경 토지는 1995년 1월 7일 공특법 개정으로 규정되었기 때문에, 무허가건축물 등의 부지에 해당하면 불법형질변경 토지 규정은 적용되지 않는다. 따라서 사안의 경우에는 불법형질변경 후 무허가건축물을 건축하여 사용중인바, 무허가건축물 부지로 판단된다.

⑵ 무허가건축물 부지의 보상평가기준

시행규칙 제24조에서는 무허가건축물 등의 부지에 대하여 당해 토지에 무허가건축물 등이 건축될 당시의 이용상황을 상정하여 평가하도록 규정하고 있다. 다만, 89. 1. 24. 이전에 건축된 무허가건축물 등의 부지는 현실적 이용상황을 기준으로 평가한다.

⑶ 사안의 경우

甲의 건물은 89년 1월 24일 이후인 2010년 8월 26일 건축한 무허가 건축물인 바, 건축될 다이의 이용상황인 '전'을 기준하여 일반적인 토지보상평가기준에 따라 보상평가하여야 할 것이다.

Ⅲ. 지장물에 대한 보상평가기준

1. 일반적인 지장물에 대한 보상평가기준(토지보상법 제75조)

지장물이란 공익사업시행지구 내의 토지에 정착한 건축물이 당해 공익사업의 수행을 위하여 직접 필요하지 아니한 것을 말한다(시행규칙 제2조 제3호). 지장물은 이전비로 보상하여야 한다. 다만, ① 건축물 등의 이전이 어렵거나 그 이전으로 인하여 건축물 등을 종래의 목적대로 사용할 수 없게 된 경우, ② 건축물 등의 이전비가 그 물건의 가격을 넘는 경우 물건의 가격으로 보상하되 원가법으로 평가한다(시행규칙 제33조).

2. 무허가건축물의 보상평가기준

당해 무허가건축물이 보상대상인지 여부가 1차적으로 문제되나, 판례가 사업인정고시전에 건축한 건축물은 그 건축물이 적법하게 허가를 받아 건축한 것인지, 허가를 받지 아니하고 건축한 무허가 건축물인지 여부와 관계없이 손실보상의 대상이 된다고 함에 따라 甲의 건물은 사업인정고시 전에 건축한 바, 보상대상에 해당한다. 따라서 이전비로 보상하되, 일정한 경우 원가법에 의한 가격으로 보상할 수 있다.

3. 인삼의 보상평가기준

토지보상법 제25조에 따라 사업인정 이전에 식재된 인삼의 경우에만 이전비로 보상한다. 인삼밭의 인삼이 사업인정 이전에 식재된 경우이나, 농작물을 수확하기 전이라면, 농작물의 종류 및 성숙도 등을 종합적으로 고려하여 평가한다.

Six

제 6 장 행정소송제도

1. 행정소송(administrative litigation, Suit)의 의의

행정소송이란 행정상 쟁송 중의 정식쟁송으로서, 행정상의 법률관계(행정법규의 적용)에 관하여 분쟁이 있는 경우에 '당사자의 청구에 의하여 독립적인 지위를 가진 제3자적 기관(법원)이, 구두변론 등 신중한 절차(소송절차)를 거쳐 심판을 하는 절차를 말한다.

결국, 행정소송은 국민의 권익보호를 주된 목적으로 하는 제도이다.

2. 행정소송의 법원

1) 일반법

행정소송의 일반법원으로서는 헌법의 규정에 의거하여 행정소송에 관한 특례를 규정한 것이 바로 행정소송법이며, 행정소송법에 특별한 규정이 없는 사항에 대하여는 대법원조직법과 민사소송법이 적용된다. 행정소송법은 국가를 당사자로 하는 소송에 관한 법으로 '국가를 당사자로 하는 법률' 이라고 할 수 있다.

2) 특별법

행정소송의 특별법으로서는 객관적 소송(광의에서의 행정소송)인 민중소송 · 기관소송에 관한 법에는 각종 선거법 · 지방자치법 · 교육법 등이 있으며, 특수한 소송인 특허소송에 관한 법으로 특허법이 있다.

3. 재판관할

행정소송은 구 행정소송법상의 전속 관할제를 폐지하고, 또한 항고소송과 당사자소송의 관할 법원을 모두 행정법원으로 하였다. 관할 법원을 행정법원으로 통일한 것은 관련 청구소송의 이송·병합을 용이하게 하려는 취지로 해석되지만, 당사자소송은 시심적 쟁송이라는 점에서 볼 때 이론적으로는 문제가 있다.

4. 행정소송의 3심제화

법원조직법 중 개정법률은 지방법원급의 행정법원을 신설하여(동법 제3조), 당해 법원을 행정사건에 관한 제1심 관할 법원으로 함으로써(행정소송법 제9조 1항), 행정소송을 3심제로 하고 있다.

5. 행정소송의 종류

1) 행정소송법상 분류

(1) 법적 성질에 의한 분류

① 형성의 소 — 형성의 소(Gestaltungsklage, Suit)는 행정법상의 법률관계를 발생·변경 또는 소멸시키는 판결을 구하는 소이다. 따라서 형성판결은 형성요건의 존재를 확정하여 새로운 법률관계를 발생시키거나, 기존의 법률관계를 변경 또는 소멸시키는 판결이다.

② 이행의 소 — 이행의 소(Leistungsklage, Suit)는 이행청구권의 확정과 피고에 대한 이행명령을 구하는 소이다. 이 소송은 다툼이 있거나 불확실한 권리를 확정받음과 동시에 피고에 대한 이행명령의 선고를 받아 확정된 권리를 실현시키는 명령형의 소이다.

③ 확인의 소 — 확인의 소(Feststellungsklage, Suit)는 권리 또는 법률관계의 존재 또는 부존재의 확정·선언을 구하는 소이다. 따라서 원칙적으로 권리 또는 법률관계만이 이 소의 대상이 된다.

(2) 실질적 내용에 의한 분류

① 항고소송

항고소송은 "행정청의 처분 등이나 부작위에 대하여 제기하는 소송" 이다(행정소송법 제3조 1호). 즉, 행정청의 위법한 공권력의 행사 또는 불행사로 인하여 권리·이익이 침해된 경우에, 그 위법상태를 배제하여 권익구제를 받기 위하여 제기하는 소송이다. 항고소송의 종류로서, 취소소송·무효등확인소송·부작위위법확인소송의 세 가지 유형이 있다(행정소송법 제4조).

㉠ 취소소송

취소소송은 행정청의 위법한 처분 또는 재결의 취소 또는 변경을 구하는 소송을 말한다(동법 제4조 1호). 즉, 행정행위 기타 공권력의 행사 또는 이에 준하는 작용이나 재결에 의하여 그 권익이 침해된 자가 당해 행위의 위법을 이유로 그 취소를 구하는 소송을 말한다.

㉡ 무효등확인소송

무효등확인소송은 행정청의 처분이나 재결의 "효력 유무 또는 그 존재 여부를 확인하는 소송"으로서(동법 제4조 2호) 처분 등의 무효확인소송 · 유효확인소송 · 부존재확인소송 · 존재확인소송 · 실효확인소송 등이 이에 속한다.

㉢ 부작위위법확인소송

부작위위법확인소송은 행정청의 부작위가 위법하다는 것을 확인하는 소송을 말한다(동법 제4조 3호). 행정청이 상대방의 신청에 대하여 일정한 처분을 하여야 할 의무가 있는 데도 불구하고 이를 방치하고 있는 경우에, 이러한 부작위가 위법한 것임을 확인하는 소송이다.

② 당사자소송

당사자소송은 "행정청의 처분 등을 원인으로 하는 법률관계에 관한 소송, 그 밖에 공법상의 법률관계에 관한 소송으로서 그 법률관계의 한쪽 당사자를 피고로 하는 소송"을 말한다(동법 제3조 2호).

③ 민중소송

민중소송이란 국가 또는 공공단체의 기관이 법률에 위반되는 행위를 한 때에, 사인이 직접 자기의 법률상 이익과 관계 없이 그 시정을 구하기 위하여 제기하는 소송을 말한다(동법 제3조 3호). 민중소송은 자기의 구체적인 권리 · 이익의 침해와는 무관하게, 다만, 행정법규의 적정한 적용을 확보하기 위한 소송이라는 점에서 객관적 소송에 해당한다. 이러한 민중소송은 법률적 쟁송에는 해당하지 않으므로, 법률에 명시적 규정이 있는 경우에만 허용된다(동법 제45조). 일반 선거인이 제기하는 선거소송(공직선거 및 선거부정방지법 제222조)고 일반 투표인이 제기하는 국민투표무효소송(국민투표법 제92조)이 그 예이다. 그리고 주민투표법상 주민투표소송(동법 제25조 2항)이 있다.

④ 기관소송

기관소송이란 공공단체의 기관 상호간에 있어서의 권한의 존부 또는 그 행사에 관한 다툼이 있을 때에 제기하는 소송을 말한다(행정소송법 제3조 4호). 이 기관소송은 법률에 명문의 규정이 있는 경우에만 허용된다(제3조 4호). 지방자치법 제98조 3항과 제159조 3항에서 지방자치단체의 장이 지방의회의 재의결 사항이 법령에 위배되는 것임을 이유로 의회를 피고로 하여 대법원에 제소할 수 있도록 규정하고 있는 것이 그 예이다.

6. 행정소송의 당사자 등

1) 행정소송의 원고

(1) 항고소송의 원고

항고소송의 원고는 위법한 행정처분으로 권리를 침해받은 자가 제기한다. 여기에 권리란 엄격한 의미의 권리에 한하지 않고 이익의 침해까지 포함된다. 즉, 이익의 침해인 경우에는 법률상 보호해야 할 정당한 이익을 말한다.

반면 사실상 · 간접적 · 정신적 이익도 포함되어 반사적 이익의 침해를 받음에 불과한 경우에도 행정소송을 제기할 수 있다.

따라서 행정소송에서 소의 이익이란 개념은 국가(법원)로부터 재판을 받을 만한 가치가 있는 이익을 말하며, 이를 소송실무와 학문상으로는 ① 소송의 대상이 되는 행위는 어떠한 행위인가 하는 소의 대상문제, ② 누가 소송상 원고가 될 수 있는가 하는 원고적격문제, ③ 개별사건에 있어서 본안판결을 받을 이익이 있는가 하는 권리보호의 필요문제 등을 내포하는 개념이다.

① 취소소송의 원고적격

취소소송에 있어서의 원고는 행정청의 위법한 처분이나 재결의 취소 또는 변경을 구할 법률상 이익이 있는 자에 그 적격이 인정되고 있다(행소법 제12조).

② 무효등확인소송의 원고적격

무효등확인소송은 처분 등의 효력의 유무 또는 존재 여부의 확인을 구할 법률상 이익이 있는 자가 제기할 수 있다.

③ 부작위위법확인소송

부작위위법확인소송은 처분의 신청을 한 자로서 부작위의 위법의 확인을 구할 법률상 이익이 있는 자가 제기할 수 있다.

(2) 당사자소송의 원고적격

당사자소송은 대등한 당사자 사이에 있어서 권리보호의 이익 또는 법률상 이익이 있는 자(행정소송법 제8조 2항)가 원고적격을 가진다.

(3) 객관적 소송의 원고적격

① 민중소송의 원고적격

민중소송은 당사자의 권익(법률상 이익) 보호를 주안으로 하는 것이 아니라, 법규의 정당한 적용을 확보하는 데 있기 때문에 그 원고적격에는 권리보호의 이익(법률상 이익)을 요구하지 않는 것이 특색이다. 그러므로 민중소송의 원고적격은 개별법에서 정하는 바에 의한다(예 국회의원선거에 의한 선거소송은 선거인; 공직선거법 제222조).

② 기관소송의 원고적격

기관소송의 원고도 민중소송의 경우와 같이 기관소송을 인정하는 법률에서 규정하는 바에 의한다. 일반적으로는 국가 또는 공공단체의 기관이 원고적격을 가진다(예 지방자치법에 의한 기관소송은 당해 지방자치단체 제157조).

당사자의 권익보호를 주안으로 하지 않고 법규의 정당한 적용을 확보하려는 선거인 · 주민 · 지방자치단체의장 · 교육위원회 · 교육장 등이 원고가 되어 법률에 특별히 규정되어 있다.

2) 행정소송의 피고

(1) 항고소송의 피고

항고소송에 있어서의 피고는 법률에 특별한 규정이 없는 한 처분을 행한 행정청이 피고가 된다(행정소송법 제13조 1항). 이와 같이 원칙으로 처분청을 피고로 한 것은 재판의 신속 · 정확을 기한다는 기술적 이유에 기인한다. 즉, 이론적으로 보면 행정처분의 취소 · 변경을 구하는 소송은 국가 또는 공공단체의 처분의 효력을 다투는 것이므로 국가 또는 공공단체를 피고로 해야 할 것이지만, 처분청을 당사자로 하여 공격 · 방어를 하게 하는 것이 훨씬 재판의 신속 · 정확을 기할 수 있기 때문인 것이다.

① 행정청 — 널리 국가 · 공공단체의 기관으로서(행정조직법상의 개념이 아님) 국가 · 공공단체의 우월한 의사를 결정 · 표시하는 기관을 말하는 바, 국가의 행정관청과 지방자치단체의 집행기관이 그 예이다. 따라서 국가나 공공단체 자체 또는 관서는 피고가 되지 않으나(예 과세처분에 대한 취소청구소송의 피고는 세무서가 아니라 세무서장이다), 의원징계에 관한 지방의회 · 사법행정처분에 대한 법원의 기관 · 국회사무기관 · 공법인(공공조합 · 영조물법인)은 포함된다. 그리고 보조기관도 행정청이 위임한 사무를 처리하는 범위 안에서는 행정청의 지위에 있게 되므로 항고소송의 피고가 된다.

② '처분'을 행한 행정청

㉠ 소송의 전치절차로서 행정심판의 재결을 구하고 그 재결에 불복이 있어서 출소하는 경우(재결이 원행정처분을 시인하였음을 불복사유로 하는 경우에는) 처분청 · 재결청 어느 쪽을 피고로 해도 무방하다.

㉡ 권한이 위임된 경우(예 서울특별시장이 구청장에게 취득세부과처분을 위임한 경우)에는 수임청이 피고가 된다.

③ 법률에 특별한 규정이 있는 경우

대통령이 공무원에 대하여 징계 기타 불이익 처분을 행한 경우

㉠ 일반 공무원에 대하여 처분을 행한 경우 — 소청결정을 거쳐 행한 경우에는 소청심사위원회 위원장을, 그것을 거치지 아니하고 처분을 행한 경우에는 소속장관을 피고로 한다.

㉡ 교육공무원에 대하여 처분을 행한 경우 — 교육부장관이 피고가 된다.

㉢ 경찰공무원에 대하여 처분을 행한 경우 — 행정안전부장관이 피고가 된다.

④ 선거에 관한 소송에 있어서 낙선자가 제기하는 당선소송(당선의 효력만 다투는 소송)에 있어서는 당선인을 피고로 한다.

(2) 당사자소송의 피고

국가 · 공공단체 등 권리주체가 피고가 된다.

(3) 객관적 소송의 피고

선거인단 등이 제기하는 선거소송(선거자체의 효력을 다투는 소송)에서는 지역구 선거관리위원회 위원장을 피고로 하고, 기관소송에서는 지방의회를 피고로 하는 등 특별한 규정이 있다.

3) 참가인

행정소송에 있어서 이해관계를 가지는 자의 구제를 위해서, 혹은 그 자에게도 판결의 효력을 미치게 하기 위해서 필요한 것이 소송에의 참가 제도인 바, 이는 제3자의 권익보호를 위해 인정하는 제도이다(예 복효적 행정행위, 취소판결의 제3자 효력). 항고소송에 규정된 소송참가 제도는 당사자소송과 민중소송 및 기관소송에도 준용된다(동법 제16조, 제17조, 제38조, 제4조 제1항, 제46조).

4) 출소기간

행정소송에 있어서 행정처분과 그로 인한 권리관계를 너무 오랫동안 불확정상태(취소될 수 있는 상태)에 두지 않도록 하기 위하여 행정소송법은 출소기간을 제한하고 있다.

(1) 심판을 제기한 사건

행정심판전치주의가 적용되는 경우(행소법 제18조 제1항), 그 밖에 행정심판청구를 할 수 있는 경우 또는 행정청이 행정심판청구를 할 수 있다고 잘못 알린 경우에 행정심판청구가 있는 때에는 심판재결서의 정본 또는 등본을 받은 날로부터 90일 내에 제기하여야 한다(동법 제20조 제1항).

(2) 심판을 거치지 아니한 사건

행정심판을 거치지 아니한 취소소송은 당사자가 처분 등이 있음을 안 날로부터 90일 이내에 처분 등이 있은 날로부터 1년 이내에 제기해야 한다(동법 제20조 제1항, 2항; 대판, 1991. 6. 28., 90누 6521).

그런데 여기의 '위법임을 안 날' 이란 '행정처분을 받은 사실을 안 날' 로 해석되고 있으며, '있은 날' 이란 '효력발생일' 을 의미하는 것으로 이해된다. 그리고 위의 (1) · (2)의 출소기간은 불변기간(신축할 수 없는 기간)이다.

7. 행정소송제기의 효과

1) 소송계속(소송법적 효과와 실체법적 효과)

행정소송이 제기되면 소송계속의 효과가 발생한다. 소송계속의 효과로는 소송법적인 효과로서는 중복소송이 금지되고, 소송참가가 가능하고, 관련청구의 이용이 인정된다. 실체법적 효과로서는 법률상 기간 준수 효과가 발생하여(동법 제20조) 소장을 법원에 제출한 때(소송계속의 발생시기는 소장 송달시에 발생) 발생하고 항고소송의 제기에 의하여 처분 등의 효력에 영향을 미치지 아니한다. 즉, 집행행위는 정지되지 아니한다는 집행부정지원칙이 적용된다.

2) 법원의 심리 · 재결의무

항고소송이 제기되면 그 사건은 법원에 계속되며, 법원은 이를 심리 · 판결할 의무를 진다(법원의 심리의무). 그리고 당사자는 동일사건에 대하여 다시 소를 제기하지 못한다(중복제소 금지). 또한 제3자는 당해 소송의 결과에 따라 권익의 침해를 받을 경우에는 소송에 참가할 수 있다.

3) 가구제제도

행정소송에 있어서 가구제제도란 본안판결의 실효성을 확보하기 위하여 분쟁있는 행정작용이나 공법상의 권리관계에 가정적인 임시의 효력관계나 지위를 정함으로써 본안판결이 확정될 때까지 잠정적으로 권리구제를 도모하는 것을 말한다. 이는 민사소송에 있어서 보전소송[2]에 해당

---

2) 보전소송이란 가압류(假押留) 및 가처분(假處分)의 총칭을 말한는 것으로 강제집행의 보전을 목적으로 하는 특별 민사소송절차로서 집행보전절차(執行保全節次)라고도 한다. 집행보전절차는 전체적으로 보면 강제집행의 부수적인 절차이지만, 그 절차는 다시 신청의 당부를 심리하여 보전명령을 판단하는 재판절차와 보전명령을 집행권원으로 강제실현하는 집행절차로 나누어진다. 전자가 보전소송에 속하고, 후자는 보전집행이다.

3) 행정소송법 제23조 제2항은 "취소소송이 제기된 경우에 처분 등이나 그 집행 또는 절차의 속행으로 인하여 생길 회복하기 어려운 손해를 예방하기 위하여 긴급한 필요가 있다고 인정할 때에는 본안이 계속되고 있는 법원은 당사자의 신청 또는 직권에 의하여 처분 등의 효력이나 그 집행 또는 절차의 속행의 전부 또는 일부의 정지를 결정할 수 있다. 다만, 처분의 효력정지는 처분 등의 집행 또는 절차의 속행을 정지함으로써 목적을 달성할 수 있는 경우에는 허용되지 아니한다" 고 하여, 집행정지에 관해 규정하고 있다.

한다. 행정소송의 가구제에는 집행정지[3]와 가처분(가명령)[4]이 있다.
행정소소송의 제기에 의하여 그 사건은 법원에 계속되며 법원은 심리 · 판결할 구속을 받는다(의무를 진다).

4) 행정청에 대한 효과

항고소송이 제기되더라도 처분청 또는 그 감독청은 소송의 제기와는 관계없이 그 처분을 취소 · 변경하거나 그 집행을 정지할 수 있다.

8. 행정소송의 심리

1) 의의

행정소송의 심리란 소에 대한 판결을 하기 위하여 그 기초가 되는 소송자료를 수집하는 절차를 말하는데 원칙적으로 민사소송법 규정에 의하나(행소법 제8조), 행정소송의 특수성과 관련하여 공공복리에 필요한 한도에서 특례를 인정한다.

(1) 처분권주의

처분권주의는 소송의 개시 · 종료 또는 재판대상의 결정권은 당사자만이 특히 원고가 진다.

(2) 직권탐지주의와 변론주의

재판의 기초가 되는 자료의 수집 · 제출을 당사자의 권능과 책임으로 한다. 직권탐지주의와 변론주의는 '누가 판결에 중요한 사실의 탐구에 책임을 부담하는가' 의 문제와 관련한다. 직권탐지주의는 법원이 판결에 중요한 사실을 당사자의 신청 여부와 관계 없이 직접 조사할 수 있는 원칙을 말한다. 한편, 변론주의는 당사자의 주장과는 상관없이 법원이 적극적으로 사실과 증거를 조사하는 직권주의와 대립되는 개념으로써, 행정소송법이 변론주의를 원칙으로 하면서 행정소송법 제26조를 근거로 하여 사실자료에 대한 직권탐지도 할 수 있다.

(3) 자유심증주의

자유심증주의란 증거에 대한 절차의 전 과정을 통하여 법관이 획득한 확신에 따른다. 자유심증주의는 증명력의 판단에 관하여 외부적인 법률적 제한을 가하지 않는다는 것이다. 그러므로 증거의 취사선택은 전적으로 법관에 일임한다는 것, 즉 증거능력 있는 증거라 할지라도 증명력이 없다고 하여 이를 채택하지 않을 수도 있으며, 또 상호 모순된 증거가 있는 경우에는 어느 것을 채택할 것인가의 자유도 이에 일임한다는 것이다. 이는 법관의 자의에 일임한다

4) 가처분이란 금전 이외의 급부를 목적으로 하는 청구권의 집행을 보전하거나 다툼이 있는 법률관계에 관하여 잠정적으로 임시의 지위를 보전하는 것을 내용으로 하는 가구제제도이다. 행정소송법은 이에 관한 명문의 규정이 없고 다만 집행정지만을 규정하고 있다.

는 것이 아니라, 법관의 자유로운 이성에 일임하는 것이다[5].

(4) 공개주의

소송절차나 심판은 일반인이 방청할 수 있도록 공개적으로 진행되어야 한다. 즉 재판절차는(심리, 판결)는 공개적으로 진행되어야 한다는 원칙을 말한다(헌법 제109조 1문).

(5) 구두변론주의

구두변론주의란 변론 및 증거조사 등 소송행위를 구술로 해야 한다는 원칙을 말한다.

(6) 당사자주의

당사자주의는 소송절차에서 당사자에게 주도권을 부여한다는 원칙이다(직권주의에 대응된다).

그 외에도 행정소송법상 채택하고 있는 특수성으로는 법원이 판결에 중요한 사실을 직접 조사할 수 있는 직권탐지주의, 직권으로 소송절차를 진행시키는 직권주의를 들 수 있다.

2) 심리의 내용

(1) 요건심리

요건심리는 당해 소가 소송요건을 갖춘 적법한 것인지의 여부를 심리하는 것이다. 심리의 결과 제기요건을 갖추지 못하면 부적법한 것으로 소를 각하한다. 소송요건의 존부 판단시기는 원칙으로 변론종결시이다. 그러므로 소송요건은 사실심의 구두변론종결시까지 갖추면 된다.

(2) 본안심리

본안심리는 요건심리의 결과 당해 소송이 소송요건을 충족하였을 때에는, 그 소에 의한 청구를 인용 또는 기각할 것인지를 판단하기 위하여 사건의 본안에 대한 실체적 심리를 하는 것을 말한다.

3) 심리의 범위

(1) 불고불리의 원칙과 예외

"법원은 원칙적으로 필요하다고 인정할 때에는 직권으로 증거조사를 할 수 있고, 당사자가 주장하지 아니한 사실에 대하여도 판단할 수 있다" 고 하여 직권증거조사와 직권심리주의를 채택하여 사건의 심리에 있어서 행정소송의 공익성에 비추어 특례를 인정하고 있다(동법 제26조). 이에 관하여 판례는 당사자가 청구한 범위를 넘어 인용할 수 있다는 의미가 아니라, 청

---

5) 현행 형사소송법 제308조는 '증거의 증명력은 법관의 자유판단에 의한다' 고 규정하여 자유심증주의를 천명하고 있다.

구의 범위를 유지하면서 청구이외의 사실에 대해서도 직권으로 탐지하여 참작할 수 있다는 것에 불과하다고 본다(대판, 1986. 6. 24., 85누321).

(2) 자유재량의 심리

자유재량에 속하는 것은 원칙으로 심리대상이 될 수 없다고 하는 것이 종래의 통설이었다. 신 행정소송법은 "행정청의 재량에 속하는 처분이라도 재량권의 한계를 넘거나 그 남용이 있는 대에는 법원은 이를 취소할 수 있다(행소법 제27조)" 고 규정하여 남용 · 유월의 여부를 심리하여야 한다. 그러므로 자유재량행위도 본안심리 대상이 되는 것이다.

(3) 사실문제

법원은 행정사건의 심리에 있어서 당해 소송의 대상이 된 처분 등의 실체면 · 절차면 및 법률문제 · 사실문제의 모든 점에 걸쳐 완전히 재심사할 수 있는 것이 원칙이다. 사실의 인정문제 역시 법원의 심리대상이고, 또한 특정사실이 법률요건에 해당하는가의 판단도 법원의 심리대상이 된다. 다만, 판단여지의 문제가 되는 경우도 있다.

4) 심리의 절차

행정소송사건의 심리에 있어서도 공익을 위하여 민사소송과 법원조직법이 준용된다(동법 제2조 제2항).

(1) 심리의 일반원칙

① 공개심리주의 – 심판을 일반인이 방청할 수 있는 제도로써 비공개주의에 대비된다.

② 구술심리주의 – 변론 및 증거조사 등 소송행위를 구술로 행하는 제도로써 서면심리주의에 대비된다.

③ 변론주의 – 증거의 수집 · 제출책임은 당사자에게 있고, 당사자가 수집 · 제출한 소송자료만을 재판의 기초로 하는 제도로써 직권심리 또는 직권탐지주의에 대비된다.

④ 처분권주의 – 절차의 개시, 심판의 대상 및 절차의 종결을 당사자(특히 원고)의 의사에 맡기는 주의다. 소송물에 대한 처분의 자유를 뜻하는 것으로써 행정소송절차에서도 이 원칙이 적용된다.

⑤ 직접심리주의 – 판결을 행하는 법관이 변론의 청취 및 증거조사를 직접 행하는 것을 말한다(민소법 제189조).

⑥ 쌍방심리주의 – 소송의 심리에 있어 당사자 쌍방에게 주장을 진술할 기회를 평등하게 부여하는 것을 말한다. 당사자대등 또는 무기대등원칙[6]이라고도 한다.

---

6) 무기대등 : 법정에서 (재판정에서) 법률에 능통한 (준법관)검사에 비해 피고인의 방어권을 보장하기 위해 권리로 변호사 선임(묵비권, 변호사선임 등)

(2) 심리의 특별원칙

① 직권증거조사주의, 직권심리주의 — 법원은 필요하다고 인정할 때에는 직권으로 증거조사를 할 수 있고, 당사자가 주장하지 아니한 사실에 대하여도 판단할 수 있다(행소법 제26조).

② 행정심판기록제출명령 — 법원은 당사자의 신청이 있는 때에는 결정으로 재결을 행한 행정청에 대하여 행정심판에 관한 기록의 제출을 명할 수 있고, 이 제출명령을 받은 재결청은 지체없이 당해 행정심판에 관한 기록을 법원에 제출하여야 한다(행소법 제25조).

③ 선결문제의 심리 — 처분 등의 효력 유무 또는 존재여부가 민사소송의 선결문제로 되어 민사소송의 수소법원이 심리 · 판단하는 경우 당해 수소법원은 그 처분 등을 행한 행정청에게 그 선결문제로 된 사실을 통지해야 한다(행소법 제11조).

5) 입증책임

(1) 의의

입증책임이란 소송상 권리나 법률관계의 존부를 판단하는데 요구되는 사실에 관하여 소송에 나타난 모든 증거자료에 의하여도 법원이 그 존부 어느 것으로도 확정할 수 없는 경우에 법원은 이것을 어느 당사자에게 불리하게 가정하여 판단하게 되는 데, 이러한 가정을 할 경우 당사자의 일방이 받는 불이익을 말한다. 즉, 입증책임은 소송상 요건사실의 존부가 확정되지 않는 경우에 불리한 법적 판단을 받게 되는 일방당사자의 불이익 내지 위험을 말한다.

(2) 취소소송에 있어서의 입증책임

행정행위에는 공정력이 있어 적법성 추정을 받는 것이므로 행정행위의 위법을 주장하는 자(원고)가 그 위법행위에 대한 입증책임을 언제나 진다고 한다. 그러나 오늘날 행정행위의 공정력은 적법성 추정이 아니라 사실상 통용력을 의미하며, 또한 소송에 있어서 적법성 추정을 부정한다고 하여도 행정행위의 집행에는 영향력이 없는 것이다. 따라서 일반 원칙에 따라 처분청이 그 행정행위가 적법이라는 것을 입증해야 하는 것이다.

(3) 무효등확인소송에 있어서의 입증책임

취소소송의 경우와 다를 바가 없는 것으로 피고인 행정청이 당해 처분의 유효요건에 대한 입증책임을 진다는 것이다. 즉 무효등확인소송이 항고소송의 일종으로 다투어지면 취소소송과 다를 것이 없으므로 전술한 취소소송에 있어서 입증책임의 이론이 여기에도 적용되어야 할 것이다. 즉 피고가 처분 등의 적법성에 대해 입증책임을 져야 한다.

(4) 부작위위법확인소송에 있어서의 입증책임

부작위위법확인소송은 행정청의 부작위, 즉 행정청이 당사자의 신청에 대하여 상당한 기간 내에 일정한 처분을 해야 할 법률상 의무가 있음에도 불구하고 이를 하지 아니한 것이 위법하다는 것을 확인하는 소송이므로 일정한 처분의 신청을 한 자만이 원고적격을 가진다(행소법 제36조). 그러므로 일정한 처분의 신청을 한 것에 대하여는 원고가 입증책임을 진다. 처분을 해야 할 '법률상 의무' 의 존부 및 '상당한 기간' 의 판단은 구체적 사실에 따르는 법률판단문제라 하겠으나, '상당한 기간' 을 경과하게 된 것을 정당화할 만한 특별한 사유에 대하여는 피고(행정청)가 입증책임을 진다.

9. 행정소송의 판결

1) 판결의 종류

판결은 민사소송에서와 같이 중간판결(심리도중의 쟁점을 해결하기 위한 판결)과 종국판결(소송을 종료시키는 판결)로 나눌 수 있고 종국판결은 다시 소송판결(소의 제기요건에 흠이 있기 때문에 본안(실체)을 심리하지 않고 끝내는 판결)과 본안판결(본안을 심리해서 끝내는 판결)로 나눌 수 있다. 그리고 본안판결에는 청구기각판결과 청구인용판결이 있다.

(1) 청구기각판결

기각판결은 본안심리결과 원고의 주장을 배척하는 판결로서 다음과 같은 사유가 있을 때에 한다.

① 소송흠결시

계쟁처분이 적법한 경우, 부당에 그치는 경우, 법률상 이익이 없는 경우

② 소송목적물의 멸실

제소 후 소의 대상이나 소의 이익이 소멸된 경우, 행정청이 처분 등을 자진 취소하거나 무효를 인정하는 경우 등에는 기각 판결한다(예 행정청이 처분을 취소하거나 무효임을 인정하는 경우).

③ 사정판결

사정판결이란 원고의 청구가 이유있는 경우(처분 등이 위법한 경우)라도 당해 처분 등을 취소, 변경함이 현저하게 공공복리에 적합하지 아니하다고 인정되는 경우에는 이유있는 원고의 청구를 기각하는 판결이다(동법 제28조 1항). 그러나 이 사정판결은 행정처분의 효력을 그대로 지속시키는 것에 불과하고, '위법' 인 것을 치유시키는 것은 아니다. 그리하여

행정소송법은 사정판결을 할 때에는 피고에게 제해시설의 설치 · 손해배상 기타 적당한 방법을 명할 수 있게 하였다.

(2) 청구인용판결

청구인용판결은 원고의 청구(주장)가 이유있다고 인정하여 그 청구의 전부 또는 일부를 인용하는 판결이다. 인용판결은 청구의 대상에 따라 처분(거부처분포함)의 취소판결과 변경판결, 재결의 취소판결과 변경판결, 그리고 무효선언으로서의 취소판결이 있다.

① 확인판결

확인판결은 특정한 권리관계 또는 법률사실의 존부에 대한 확인을 내용으로 하는 판결로서 당사자소송에 그 예가 많다. 행정처분의 무효확인소송에 대한 판결도 이 확인판결의 형식에 의하며, 부작위위법확인소송에 있어서도 인용판결은 형식상 확인판결이다.

② 형성판결

확인판결은 일정한 법률관계를 형성(변경 · 소멸)시키는 판결이다. 취소소송에서의 인용판결이 이에 해당한다. 항고소송에서는 직접적인 이행판결은 인정되지 않는다. 그리고 무효인 행정처분에 대하여도 무효선언으로서의 '취소' 청구소송이 제기되었을 때에는 그 취소판결에 의한다.

그리고 적극적 형성판결(행정처분을 취소하고 그에 갈음하는 새 처분을 하는 판결)은 인정되지 않는다는 것이 판례 · 통설이며, 행정소송법에서 '취소 또는 변경'이라 할 때의 변경에는 소극적 변경(일부 취소)만이 포함된다는 것은 앞에서 설명한 바와 같다.

③ 이행판결(급부판결)

이행판결은 피고(국가 · 공공단체 · 기타 행정청)에 대하여 일정한 행위를 할 것을 명하는 판결이다. 이는 당사자소송에 그 예가 많다. 항고소송에 있어서는 이행판결이 인정되지 않는다고 보는 것이 통설 · 판례이다.

4) 판결의 효력

(1) 기속력(행정기관에 대한 효력)

기속력은 판결이 확정됨으로써 그 내용에 따라 당사자와 관계인을 기속(구속)하는 효력을 말한다.

행정소송법은 '확정판결은 당해 사건에 관하여 관계 행정기관을 기속한다'고 하여 행정청에 관하여는 명문의 규정까지 두고 있다(예 재결청을 피고로 하여 제기한 소송에 있어서 그 재결을 취소한 경우에는 그 소송에 참가하지 않은 원처분청도 이에 기속된다).

(2) 형성력(제3자에 대한 효력)

형성력이란 취소판결의 확정(형성력의 발생시기는 판결선고시가 아니고 확정시이다)은 처분청의 취소를 기다릴 것 없이 당해 처분은 당연히 효력을 소급하여 상실하면 처음부터 처분이 없었던 것과 같은 상태로 되는 효력이다. 예컨대, 파면처분을 받은 공무원은 법원으로부터 그 취소판결이 있게 되면 소급하여 공무원의 신분을 회복하게 된다. 법률상태의 형성(발생, 변경, 소멸)의 효과를 가져온다.

(3) 확정력(당사자에 대한 효력)

확정력이란 판결이 더 이상 보통의 불복수단으로는 다툴 수가 없는 상태가 되면(형식적으로 확정하면) 형식적 확정력(더 이상 다툴 수 없는 효력)이 생기며, 실체적 확정력(실질적 확정력)도 발생한다. 즉, 동일 사항이 소송상 문제가 되더라도 법원은 이에 배치되는 판단을 할 수 없고, 당사자도 이에 반하는 주장을 할 수 없다. 이것을 기판력 혹은 일사부재리라고도 한다.

(4) 집행력(행정기관에 대한 효력)

집행력이란 판결로 명한 이행의무를 강제집행절차에 의하여 실현할 수 있는 효력인 데 확정된 이행판결에서 인정되는 효력을 말한다.

5) 판결에 의하지 아니한 소송의 종료

(1) 소의 취하

소의 취하는 원고가 제기한 소의 전부 또는 일부를 철회하는 법원에 대한 의사표시를 말한다. 판결이 확정되기 전까지는 언제나 철회할 수 있다. 다만, 피고가 본안에 대하여 준비서면을 제출하거나 준비절차에서 진술하거나 변론을 한 때에는 피고의 동의를 요한다(민사소송 제239조 2항).

(2) 청구의 포기 및 인낙

청구의 포기와 인낙이란 변론 또는 준비절차에서 원고가 자신의 소송상 청구가 이유 없음을 자인하는 법원에 대한 일방적인 의사표시를 청구의 포기라 하고, 반대로 원고의 청구가 이유 있음을 자인하는 피고의 법원에 대한 의사표시를 청구의 인낙이라 한다[7].

---

7) 청구의 포기라 함은 변론 또는 변론준비기일에서 원고가 자기의 소송상의 청구가 이유 없음을 자인하는 법원에 대한 일방적 의사표시이며, 청구의 인낙이라 함은 피고가 원고의 소송상의 청구가 이유 있음을 자인하는 법원에 대한 일방적 의사표시이다. 변론조서 또는 변론준비기일조서에 기재하면 확정판결과 동일한 효력이 생기며 이에 의하여 소송은 종결된다. 청구의 포기와 인낙은 의사표시의 주체는 각각 다르다 하여도 소송상의 청구에 관해 한쪽 당사자에만 불리한 진술이라는 점에서는 공통이다. 다만 실무상 청구의 일부포기는 있어도 전부포기는 드물다(민사소송법 제126조).

(3) 소송상 화해

소송상 화해란 소송계속 중 당사자 쌍방이 소송물인 권리관계에 관한 주장을 서로 양보하여 소송을 종료시키기로 하는 합의를 소송상 화해라 한다. 제소전 화해와 함께 재판상 화해라 불리운다[8).

10. 소송비용

1) 원 칙

행정소송의 비용은 민사소송법의 일반원칙에 따라 패소자의 부담으로 한다(민사소송법 제89조). 행정청이 패소한 경우에는 그 행정청에 의하여 대표되는 국가 또는 공공단체의 부담으로 한다(행정소송법 제32조).

2) 예 외

사정재판, 또는 피고의 처분취소 등으로 원고의 청구가 기각된 경우에는(원고의 패소에도 불구하고)피고의 부담으로 한다(동법 제32조).

---

8) '소송상 화해' 라 함은 소송의 계속 중에 수소법원 · 수명법관 또는 수탁판사 앞에서 당사자가 소송물인 권리 또는 법률관계에 관하여 상호 그 주장을 양보함에 의하여 다툼을 해결하는 소송상 합의를 말한다. 화해가 성립되어 당사자 쌍방의 일치된 진술을 조서에 기재한 때에는 확정판결과 동일한 효력이 있으므로(민소 제220조), 화해가 이루어진 소송물 범위 내에서 소송은 당연히 종료한다.

당사자가 소송 외에서 행하는 합의 · 타협 등은 사법상의 화해계약(민법 제731조)에 불과하여 그에 의하여 직접 소송종료의 효과가 생기는 것은 아니므로 소송상 화해는 아니다.

소송상 화해는 소송 제기 전에 지방법원 또는 시 · 군법원에 화해를 신청하여 해결하는 제소전화해(민소 제385조 내지 제389조, 법원조직법 제34조 제1항 2호)와 더불어 재판상 화해라 불리우는데, 그 성립의 시기나 처리방식에서 차이가 있으나 성질과 효력은 동일하다.

Seven

제 7 장 행정소송 사례

1. 군인 등의 국가배상 특례

> 서울특별시 종로경찰서 소속 경찰관 A, B, C는 폭력사건 발생신고를 받고 C가 운전하는 경찰차량을 타고 사건현장으로 출동하게 되었다. 그런데 C가 한눈을 팔면서 부주의하게 운전을 하였던 관계로 앞서 가던 차량을 미처 발견하지 못하고 추돌하여 운전석 옆에 동승해 있던 A가 그 자리에서 사망하게 되었고, A는 순직으로 처리되었다.
>
> (1) A의 유족들은 국가를 상대로 국가배상청구를 할 수 있는가.
>
> (2) A의 유족들은 C를 상대로 민법상 손해배상청구를 할 수 있는가.
>
> (3) 국가가 A의 유족들에 대하여 국가유공자등 예우 및 지원에 관한 법률에 의하여 보상을 한 경우, 국가는 C에게 국가배상법상의 구상권을 행사할 수 있는가.

처분당시의 법령

〈국가배상법〉

제2조(배상책임)

① 국가나 지방자치단체는 공무원 또는 공무를 위탁받은 사인(이하 "공무원"이라 한다)이 직무를 집행하면서 고의 또는 과실로 법령을 위반하여 타인에게 손해를 입히거나, 「자동차손해배상 보장법」에 따라 손해배상의 책임이 있을 때에는 이 법에 따라 그 손해를 배상하여야 한다. 다만, 군인·군무원·경찰공무원 또는 예비군대원이 전투·훈련 등 직무 집행과 관련하여 전사(戰死)·순직(殉職)하거나 공상(公傷)을 입은 경우에 본인이나 그 유족이 다른 법령에 따라 재해보상금·유족연금·상이연금 등의 보상을 지급받을 수 있을 때에는 이 법 및 「민법」에 따른 손해배상을

청구할 수 없다. 〈개정 2009. 10. 21., 2016. 5. 29.〉

② 제1항 본문의 경우에 공무원에게 고의 또는 중대한 과실이 있으면 국가나 지방자치단체는 그 공무원에게 구상(求償)할 수 있다.

〈국가유공자 등 예우 및 지원에 관한 법률〉

제4조(적용대상 국가유공자)

① 다음 각 호의 어느 하나에 해당하는 국가유공자, 그 유족 또는 가족(다른 법률에서 이 법에 규정된 예우 등을 받도록 규정된 사람을 포함한다)은 이 법에 따른 예우를 받는다. 〈개정 2015. 12. 22.〉

1. 순국선열 : 「독립유공자예우에 관한 법률」 제4조 제1호에 따른 순국선열
2. 애국지사 : 「독립유공자예우에 관한 법률」 제4조 제2호에 따른 애국지사
3. 전몰군경(戰歿軍警) : 군인이나 경찰공무원으로서 전투 또는 이에 준하는 직무수행 중 사망한 사람(군무원으로서 1959년 12월 31일 이전에 전투 또는 이에 준하는 직무수행 중 사망한 사람을 포함한다.)
4. 전상군경(戰傷軍警) : 군인이나 경찰공무원으로서 전투 또는 이에 준하는 직무수행 중 상이를 입고 전역(퇴역 · 면역 또는 상근예비역 소집해제를 포함한다. 이하 같다)하거나 퇴직(면직을 포함한다. 이하 같다)한 사람(군무원으로서 1959년 12월 31일 이전에 전투 또는 이에 준하는 직무수행 중 상이를 입고 퇴직한 사람을 포함한다)으로서 그 상이정도가 국가보훈처장이 실시하는 신체검사에서 제6조의 4에 따른 상이등급(이하 "상이등급"이라 한다)으로 판정된 사람
5. 순직군경(殉職軍警) : 군인이나 경찰 · 소방 공무원으로서 국가의 수호 · 안전보장 또는 국민의 생명 · 재산 보호와 직접적인 관련이 있는 직무수행이나 교육훈련 중 사망한 사람(질병으로 사망한 사람을 포함한다.)

제12조(보상금)

① 다음 각 호에 해당하는 사람에게는 보상금을 지급한다. 다만, 이 법 또는 다른 법률에 따라 보상금지급 대상에서 제외되는 사람은 그러하지 아니하다. 〈개정 2011. 9. 15., 2012. 2. 17.〉

1. 전상군경, 공상군경, 4 · 19혁명부상자, 4 · 19혁명공로자 및 특별공로상이자
2. 재일학도의용군인 및 그가 사망한 경우 그 유족 중 선순위자 1명

Ⅰ. 국가배상법상 경찰관의 보상특례 적용 여부 [설문 (1)의 해결]

1. 문제점

공무원의 직무집행 중의 고의나 과실로 법령을 위반하여 타인에게 손해를 가하여 국가배상

을 하는 경우에, 손해를 입은 타인은 가해공무원을 제외한 모든 자를 말하므로 사안에서 가해공무원의 동료경찰관인 A 역시도 타인에 해당된다. 따라서 A의 유족들은 국가를 상대로 배상청구를 할 수 있다. 그런데 국가배상법은 군인이나 경찰관 등 위험업무에 종사하는 공무원에 대하여는 국가배상청구를 제한하는 보상특례 규정을 두고 있다. 그러므로 사망한 A가 보상특례규정의 적용을 받게 되는지 여부를 검토할 필요가 있다.

2. 군인 등에 대한 보상특례

가. 의의

군인, 군무원, 경찰공무원 기타 법률이 정하는 자가 전투훈련 등 직무집행과 관련하여 받은 손해에 대하여는 법률이 정하는 보상 외에 국가 또는 공공단체에 공무원의 직무상 불법행위로 인한 배상은 청구할 수 없다. 이는 헌법규정에 근거하여 국가배상법도 동일한 규정을 두고 있다. 군인, 군무원,경찰공무원 또는 향토예비군대원이 전투훈련 등 직무집행과 관련하여 전사 순직하거나 공상을 입은 경우에 본인이나 그 유족이 다른 법령에 따라 재해보상금, 유족연금, 상이연금 등의 보상을 지급받을 수 있을 때에는 이 법 및 민법에 따른 손해배상을 청구할 수 없다. 이를 군인 등의 이중배상(배제)금지의 원칙이라고 한다.

나. 연혁

군인 등에 대한 보상특례 규정은 헌법의 근거 없이 1967년 국가배상법에 최초로 규정되었다. 대법원은 1971년 '국가배상법 제2조 제1항 단행은 헌법 제26조에서 보장된 국민의 기본권인 손해배상청구권을 헌법 제32조 제2항의 질서유지 또는 공공복리를 위하여 제한할 필요성이 없이 제한한 것이고, 또 헌법 제9조의 평등의 원칙에 반하여 군인 또는 군속인 피해자에 대하여서만 그 권리를 부인함으로써 그 권리자체의 본질적 내용이며, 기본권 제한의 범주를 넘어 권리 자체를 박탈하는 규정이므로, 이는 헌법 제26조, 제8조, 제9조 및 제32조 제2항에 위반한다 할 것이다' 라는 위헌판결을 하였다. 그 후 1972년 유신헌법에 위 규정을 신설하여 위헌시비를 차단한 가운데 오늘에 이르고 있다.

다. 입법취지

이같은 특례는 위험성이 높은 직무종사자에게 사회보장적 위험부담으로서의 보상제도를 별도로 마련하고, 그것과 경합되는 이중배상청구를 배제하려는 취지이다. 판례는 '군인 등의 동일한 피해에 대하여 국가 등의 보상과 배상이 모두 이루어짐으로 인하여 발생할 수 있는 과다한 재정지출과 피해군인 등 사이의 불균형을 방지하고, 또한 가해자인 군인 등 피해자인 군인 등의 직무상 잘못을 따지는 쟁송이 가져올 폐해를 예방하려는 것' 이라고 밝히고 있다.

라. 문제점

군인 등의 보상특례는 국가가 지급하는 재해보상금 등 보상금에 의하여 실질적으로 국가배생을 받게 된다는 것을 전제로 하고 있는데, 보상금이 손해배상액에 미치지 못할 때에는 균형상 문제가 있다. 현재 국가유공자 등 예우 및 지원에 관한 법률에 의한 재해보상금, 유족연금, 상이연금 등은 그 액수에 있어서 국가배상액에 훨씬 못 미치고 있다. 이는 국가에 봉직하다 특별한 희생을 입은 사람들에 대한 배려를 등한시하는 태도라 하지 않을 수 없다. 따라서 헌법 제29조 제2항은 장차 폐지되어야 할 것이다.

마. 적용요건

(1) 피해자가 군인, 군무원, 경찰공무원 또는 향토예비군대원이어야 한다. 헌법은 권인, 군무원,경찰공무원 기타법률이 정하는 자인데, 국가배상법은 향토예비군대원을 추가하고 있다. 헌법재판소는 향토예비군대원을 국가배상법에 추가한 것은 합헌이라고 한 바 있다. 판례는 교도소 경비교도대원과 공익근무요원은 군인에 해당되지 않는다고 하였지만, 전투경찰순경은 경찰공무원에 해당한다고 하였다.

(2) 전투, 훈련 등 직무집행과 관련하여 전사, 순직하거나 공상을 입었어야 한다. 종전 국가배상법 제2조 제1항 단서 중 전투, 훈련 기타 직무집행과 관련하거나 국방 또는 치안유지의 목적상 사용하는 시설 및 자동차, 함선, 항공기 기타 운반기구 안에서 전사로 광범위하게 규정하였던 내용을 2005년에 전투 훈련 등 직무집행과 관련하여 전사한 경우로 그 범위를 제한하는 내용으로 개정하였다. 오늘날 경제여건이 향상된 현실을 감안하여 군인 등에 대한 특례규정을 제한적으로 해석하여 가능하면 국가배상을 받을 수 있도록 배려할 필요가 있다. 판례 역시 이와 같은 취지에서 경찰관이 숙직실에서 연탄가스로 순직한 사건에서, 경찰서 지서의 숙직실은 국가배상법 제2조 제1항 단서에서 말하는 전투훈련에 관련된 시설이라고 볼 수 없으므로, 위 숙직실에서 순직한 경찰공무원의 유족들은 국가배상법 제2조 제1항 본문에 의하여 국가배상법 및 민법의 규정에 의한 손해배상을 청구할 권리가 있다고 해석하여 유족들의 국가배상청구를 인용하였다.

(3) 본인이나 그 유족이 다른 법령에 따라 재해보상금, 유족연금, 상이연금 등의 보상을 지급받을 수 있어야 한다. 국가유공자 등 예우 및 지원에 관한 법률 및 군인연금법의 보상규정은 국가배상법 제2조 제1항 단서 소정의 다른 법령의 규정에 해당한다. 따라서 위 법률에 의하여 유족연금 등을 수령하는 경우에는 국가배상청구를 할 수 없다. 다른 법령에 따라 재해보상금 등 보상을 받을 수 있음을 전제로 하므로, 그것을 받을 수 없을 때에는 국가배상법과 민법에 의한 배상청구를 할 수 있다.

3. 사안의 해결

가. 사망한 A의 법적 지위(순직경찰관)

사안의 A는 경찰공무원으로서 강도사건 발생신고를 받고 현장으로 출동하는 직무집행 중에 동료경찰관 C의 과실로 야기된 교통사고로 사망하게 되었다. 따라서 직무수행 중 사망한 A는 국가유공자등 예우 및 지원에 관한 법률 제4조 제1항이 정하는 바에 따른 순직경찰관에 해당되어 순직처리가 되었다. 그러므로 A는 국가배상법 제2조 제1항 단서의 군인 등의 보상특례 규정의 적용대상자이다.

나. 국가배상청구의 부적법 각하

A의 유족들은 국가유공자등 예우 및 지원에 관한 법률 제12조에서 정하는 보상금을 지급받을 수 있으므로, 국가배상법 제2조 제1항 단서 다른 법령에 따라 보상금을 지급 받을 수 있는 경우에 해당된다. 따라서 대한민국은 A의 유족들에 대한 국가배상책임이 면제된다. 그러므로 A의 유족들은 국가유공자등 예우 및 지원에 관한 법률에 따른 보상을 청구할 수 있을 뿐이며, 만약 대한민국을 상대로 국가배상청구를 한다면 이는 부적법한 소에 해당되어 각하될 것이다.

III. A 유족들의 가해공무원 C를 상대로 한 손해배상청구권 여부

1. 문제점

불법행위를 한 공무원은 고의나 중대한 과실이 있으면 국가나 지방자치단체에 구상책임을 지게 된다. 공무원이 고의나 중대한 과실로 불법행위를 하였으면 국가 등에 대한 구상책임 외에 피해자에 대하여서도 직접 손해배상책임을 부담하는지 문제된다. 만약 피해자에 대하여서도 직접 손해배상책임을 진다면, 사안에서 A의 유족들은 국가배상법에 의한 국가배상청구를 하지 않고 교통사고를 낸 C를 상대로 민법상 손해배상청구를 할 수 있게 된다.

2. 국가배상책임의 법적 성질

가. 대위책임설

원래 가해공무원이 부담하여야 할 배상책임을 국가 등이 갈음하여 지는 대위책임이며, 국가 등의 자기책임을 아니라고 한다. 이 견해는 국가기관인 공무원은 국가의 대리인이며, 따라서 수권에 위반하여 행한 대리인의 행위가 수권자의 행위로 될 수 없는 것과 마찬가지로, 공무원의 위법행위는 국가의 행위로 될 수 없으므로 국가가 직접 책임을 질 수 없다는 데 근거를 둔다.

나. 자기책임설

국가 등의 자기책임이며, 가해공무원이 져야 할 배상책임을 국가 등이 갈음하여지는 대위책임은 아니라고 한다. 이 견해는 국가 등은 그의 기관의 지위에 있는 공무원을 통하여 행위를 하는 것이기 때문에, 그의 기관인 공무원의 행위의 효과는 적법한 경우는 물론, 위법한 경우에도 국가 등에게 귀속되는 것이므로 국가 등이 직접 책임을 져야 한다는 데 근거를 둔다. 자기책임설은 그 내용에 따라 공무원의 직무상 불법행위는 기관의 불법행위가 되므로 국가는 행정기관인 공무원의 불법행위에 대하여 직접 자기책임을 진다는 기관이론에 입각한 자기책임설, 위법하게 행사될 위험성이 있는 행정권을 공무원에게 수권한 국가는 그러한 행정권이 잘못 행사되어 초래된 손해에 대하여도 책임을 져야 한다는 '위험책임설적 자기책임설' 로 나누어진다.

다. 중간설(절충설)

고의, 중과실에 의한 행위는 국가 등의 기관행위로 볼 수 없으므로 대위책임이지만, 경과실에 의한 행위는 기관행위로 볼 수 있으므로 자기책임이라고 한다. 국가배상법 제2조 제2항이 고의 또는 중과실의 경우에만 공무원에 대한 구상권을 인정하고, 경과실의 경우에는 인정하지 않고 있음을 논거로 한다.

라. 판례

판례는 절충설의 입장이다. 공무원의 경과실로 인하여 타인에게 손해를 입힌 경우에는 그 직무수행상 통상 예기할 수 있는 흠에 불과하므로, 이러한 공무원의 행위는 여전히 국가 등의 기관의 행위로 볼 수 있으므로 자기책임에 해당되고, 공무원의 고의 · 중과실에 의한 행위는 기관행위로서의 품격을 상실하여 국가 등에게 그 책임을 귀속시킬 수 없으므로 공무원 개인에게 불법행위로 인한 손해배상책임을 부담시키되, 다만 피해자인 국민을 보호하기 위하여 국가 등이 공무원 개인과 중첩적으로 배상책임을 부담하는 대위책임으로 보는 입장을 취하고 있다.

마. 소결

국가배상법이 과실책임주의를 채택하여 공무원이...고의 또는 과실로 타인에게 손해를 가한 경우에 국가 등이 배상하도록 한 점, 국가 등이 배상한 경우에 공무원에 대한 구상권을 행사하도록 한 점, 연혁적으로 볼 때 국사배상책임제도는 대위책임에서 자기책임으로 발전하여 가는 것이 일반적 추세인 데, 국가배상법이 일거에 자기책임제도를 인정하였다고는 볼 수 없다는 점에서 대위책임설이 타당하다고 본다.

3. 피해자의 가해공무원에 대한 선택적 청구 여부

가. 실정법상 근거 유무

가해공무원이 직접 피해자에게 손해배상책임을 지는가에 관하여 국가배상청구권을 규정한 헌법 제29조와 국가배상법 제2조에는 가해공무원에 대한 선택적 청구를 할 수 있다는 명문의 규정은 없다. 따라서 이 문제는 학설과 판례에 따라 해결해야 할 사항에 속한다.

나. 학설

(1) 선택적 청구를 부정하는 견해

대위책임설의 입장에서 공무원은 직접 피해자에게 배상책임을 부담하지 않는다고 한다. 이 견해는 헌법 제29조 제1항 단서의 이 경우 공무원 자신의 책임은 면제되지 아니한다는 뜻은 국가 등의 구상에 응하는 책임이라 한다.

(2) 선택적 청구를 긍정하는 견해

자기책임설의 입장에서 공무원은 피해자에게 직접 책임을 진다고 한다. 이 견해는 헌법 제29조 제1항 단서의 뜻을 피해자의 청구에 직접 응하는 책임의 뜻으로 본다.

(3) 경과실에 의한 행위의 경우에는 선택적 청구를 부정하고, 고의 · 중과실에 의한 행위의 경우에는 선택적 청구를 긍정하는 견해

중간설의 입장에서 공무원의 경과실로 인한 행위는 국가 자신의 행위로 보아 선택적 청구를 부정한다. 반면, 공무원의 고의 · 중과실로 인한 행위의 경우에는 국가 자신의 행위로 볼 수 없고 공무원 개인의 행위로 보아야 할 것이나 국가배상법이 피해자인 국민을 보호하기 위하여 국가에게 배상책임을 인정하였으나, 공무원 자신의 행위로서의 품격을 잃는 것은 아니므로 공무원 개인에게도 선택적으로 청구할 수 있다고 한다. 이 견해는 헌법 제29조 제1항 단서의 뜻을 공무원이 피해자의 청구에 응하는 책임의 뜻으로 본다.

다. 판례

판례의 입장은 변천을 거듭하여 왔다. 종전에는 선택적 청구를 긍정하는 견해를 취하였다가, 그 판례를 변경하여 부정하는 입장을 취하였고, 1996년 전원합의체 판결을 통하여 고의 · 중과실로 인한 행위의 경우에는 선택적 청구를 긍정하는 견해를 취하였다.

(1) 선택적 청구를 긍정한 판례

공무원의 직무상 불법행위로 손해를 받은 국민은 공무원 자신에 대하여도 직접 그의 불법행위를 이유로 민사상의 손해배상을 청구할 수 있다고 하여 국가와 공무원에 대한 선택적 청구를 인정하였다. 즉, 공무원의 직무상 불법행위로 손해를 받은 국민이 국가 또는 공공단체에 배상을 청구하는 경우 국가 또는 공공단체에 대하여 그의 불법행위를 이유로 손해배상을 구함은 국가배상법이 정한 바에 따른다 하여도 이 역시 민사상 손해배상책임을 특별법인 국가배상법이 정한데 불과하며, 헌법 제29조 단서는 국가 또는 공공단체가 불법행위로 인한 손해배상책임을 지는 경우 공무원 자신의 책임은 면제되지 아니한다고 규정하여, 공무원의 직무상 불법행위로 손해를 받은 국민이 공무원 자신에게 대하여도 직접 그의 불법행위를 이유로 손해배상을 청구할 수 있음을 규정하여 국가

배상법의 공무원 자신의 책임에 관한 규정 여하를 기다릴 것 없이 공무원 자신이 불법행위를 이유로 민사상의 손해배상액임을 져야할 법리임에도 불구하고, 원 판결이 피고 1에게는 공공단체로서 불법행위로 인한 손해배상책임이 있어도 직무를 행함에 당하여 불법행위를 한 피고 2, 3에게 대하여는 민사상의 손해배상을 청구할 수 있다는 취지의 판단을 하였음은 위 헌법 제26조 단서 규정을 오해한 위법이 있다 할 것이다.

(2) 선택적 청구를 부정한 판례

공무원의 직무상 불법행위로 인하여 손해를 받은 사람은 국가 또는 공공단체를 상대로 손해배상을 청구할 수 있고, 이 경우에 공무원에게 고의 또는 중대한 과실이 이는 때에는 국가 또는 공공단체는 그 공무원에게 구상할 수 있을 뿐, 피해자가 공무원 개인을 상대로 손해배상을 청구할 수 없다.

(3) 선택적 청구를 긍정하는 판례

(가) 다수의견

공무원이 직무수행 중 불법행위로 타인에게 손해를 입힌 경우에 국가 등이 국가배상책임을 부담하는 외에 공무원 개인도 고의 또는 중과실이 있는 경우에는 불법행위로 인한 손해배상책임을 진다고 할 것이지만, 공무원에게 경과실뿐인 경우에는 공무원 개인은 손해배상책임을 부담하지 아니한다고 해석하는 것이 헌법 제29조 제1항 본문과 단서 및 국가배상법 제2조의 입법취지에 조화되는 올바른 해석이다.

(나) 별개의견

공무원의 직무상 경과실로 인한 불법행위의 경우에도 공무원 개인의 피해자에 대한 손해배상책임은 면제되지 아니한다고 해석하는 것이, 우리 헌법의 관계 규정의 연혁에 비추어 그 명문에 충실한 것일 뿐만 아니라 헌법의 기본권보장 정신과 법치주의의 이념에도 부응하는 해석이다.

(다) 반대의견

공무원이 직무상 불법행위를 한 경우에 국가 또는 공공단체만이 피해자에 대하여 국가배상법에 의한 손해배상책임을 부담할 뿐, 공무원 개인은 고의 또는 중과실이 있는 경우에도 피해자에 대하여 손해배상책임을 부담하지 않는 것으로 보아야 한다.

라. 소결

생각건대 피해자의 구제와 공무수행상의 능률의 조화라는 관점에서 보아 선택적 청구를 부정하는 입장이 타당하다고 본다. 만약 공무원 개인의 외부적 책임을 인정할 경우에는 손해배상의 두려움 때문에 공무원의 직무수행의 의욕은 현저히 떨어지며, 급한 결정이 요구되는 시점에 필연적으로 업무지체를 초래하게 된다. 또한 공무원에 대한 선택적 청구권을 인정하는 경우 피해자의 권리구제에 유리한 것 같지만, 지불능력이 없는 공무원을 상대로 승소판결을 받더라도 개인의 권리구제에 얼마나 도움이 될지 의문스럽다.

4. 사안의 해결

가. 선택적 청구의 긍정

사안에서 C가 한눈을 팔면서 운전을 하였던 것은 운전자로서 준수하여야 할 주의의무를 소홀히 한 것으로 중대한 과실이라고 할 수 있다. 그 결과 선행 차량을 추돌하여 동승한 동료 경찰관 A를 사망하게 하게 하였으므로, 중간설과 판례에 의하면 피해자인 A의 유족들은 중과실을 범한 가해공무원 C를 직접 상대로 민법상 불법행위로 인한 손해배상청구를 할 수 있다. 만약 C에게 변제자력이 충분하다면 A의 유족들은 국가배상청구를 하는 것보다 많은 배상을 받을 수 있는 가능성이 크다.

나. 다른 법률에서 보상받지 못한 부분의 청구 문제

가해공무원을 상대로 직접 손해배상청구를 할 수 있다고 할 때 군인 등의 보상특례가 인정되는 사안에서 국가배상법이 아닌 다른 법률에서 정한 보상금이 민법상의 배상금에 미치지 못하는 금액을 가해공무원을 상대로 추가로 청구할 수 있는지 문제된다. 가해공무원도 피해자의 직접 청구의 대상이 되기 때문에 피해자가 배상받지 못한 금액에 대하여 책임이 있다고 보는 견해가 있을 수 있다. 그리고 국가배상법이 군인 등의 보상특례 규정을 둔 규정을 실효화시키는 결과를 초래할 수 있어 부정하는 견해도 있을 수 있다. 생각건대 군인 등의 보상특례 규정은 국가의 재정적인 부담뿐만 아니라 가해공무원의 근무의욕 저하를 방지하기 위한 목적도 있다 할 것이므로 부정하는 것이 타당하다. 그러므로 이 경우 피해자는 처음부터 가해공무원을 상대로 손해배상청구를 하여야 할 것이다.

III. 국가의 C에 대한 구상권 행사 가능 여부

1. 문제점

가해공무원에게 고의나 중대한 과실 있으면 국가나 지방자치단체는 그 공무원에게 구상할 수 있다. 사안에서 A의 유족들은 군인 등의 특례규정에 따라 국가배상법이 정하는 배상은 받을 수 없고, 국가유공자등 예우 및 지원에 관한 법률이 정하는 보상을 받게 된다. 이 경우 국가의 구상권이 국가배상법에 의한 배상이 이루어진 경우에만 인정되는 것인지, 아니면 보상특례에 따른 다른 법률에서 정하는 보상이 이루어진 때에도 인정되는지 문제된다.

2. 구상권의 법적성격

가. 일종의 부당이득반환청구권으로 보는 견해

대위책임설에 의하면 본래 공무원이 부담할 책임을 국가가 갈음하여 지는 것이므로 본래의 책임자인 공무원에게 구상하는 것은 당연하며, 그 성질은 부당이득반환청구권에 유사한 것이다.

나. 채무불이행책임으로 보는 견해

자기책임설에 의하면 공무원은 국가에 대하여 직무상 의무위반에 대하여 책임을 져야 할 지위에 있으므로, 공무원이 구상권의 행사를 당하는 것은 당연하다고 할 것이며, 그 관계는 채무불이행과 유사한 관계라 하겠다.

다. 소결

공무원이 고의나 중대한 과실로 직무를 집행하는 것은 공무원의 행위로서의 품격을 잃은 것이므로, 그로 인한 손해를 직접 피해자에게 배상해야 할 의무가 있다. 그런데 피해자가 국가를 상대로 배상책임을 청구한 우연한 사실 때문에 내부적으로 구상책임을 지는 것으로 보아야 한다. 다만, 경과실의 경우에는 구상을 할 수 없는데, 그것은 공무원에게 가혹함은 물론 집무 의욕의 저하와 사무정체를 방지하기 위한 정책적 견지에서이다.

3. 구상권 행사의 요건

가. 공무원의 고의 또는 중과실의 존재

공무원의 직무상의 위법행위로 인하여 국가 또는 지방자치단체의 손해배상책임이 인정된 경우 그 위법행위가 고의 또는 중대한 과실에 기한 경우에는 국가 또는 지방자치단체는 당해 공무원에 대하여 구상할 수 있다 할 것이나, 이 경우 공무원의 중과실이라 함은 공무원에게 통상 요구되는 정도의 상당한 주의를 하지 않더라도 약간의 주의를 한다면 손쉽게 위법, 유해한 결과를 예견할 수 있는 경우임에도 만연히 이를 간과함과 같은 거의 고의에 가까운 현저한 주의를 결여한 상태를 의미한다.

나. 국가나 지방자치단체가 배상금 지급

가해공무원이 소속한 국가나 지방자치단체가 피해자에게 배상금을 지급하였어야 한다. 즉, 행정기관의 장은 소속공무원의 가해행위 또는 영조물의 설치 관리의 하자로 인하여 국가 또는 지방자치단체가 배상금을 지급한 때에는 구상권 행사를 위한 조치를 할 수 있다. 여기서 배상금은 국가배상청구에 대한 배상으로서의 금액을 말한다.

다. 배상범위

국가 등이 피해자에게 지급한 배상금과 법률에 의해 정해지는 이자가 구상권의 대상이 된다. 국가 등은 당해 공무원의 직무내용, 당해 불법행위의 상황, 손해발생에 대한 당해 공무원의 기여정도, 당해 공무원의 평소 근무태도, 불법행위의 예방이나 손실분산에 관한 국가 또는 지방자치단체의 배려의 정도 등 제반사정을 참작하여 손해의 공평한 분담이라는 견지에서 신의칙상 상당하다고 인정되는 한도 내에서만 당해 공무원에 대하여 구상권을 행사할 수 있다고 봄이 상당하다. 예컨대, 피고들이 경사 및 순경으로서 군인들과 함께 대간첩작전을 수행 중 수차례에 걸친 간첩신고를 받고도 출동을 하지 않아 간첩과 승강이를 하던 민간인이 간첩이 쏜 탄환에 맞아 사망함으로써 국가가 사망자의 유족에게 금 3,258,111원을 손해로 배상한 경우에, 국가가 피고들에게 구상할 수 있는 금액은 위 금원 중 1/10이 상당하다고 본 판례도 있다.

4. 국가배상법상 구상권을 행사하기 위한 배상금 지급의 근거 법률

국가는 A의 유족들에게 국가배상법이 정하는 배상을 하지 아니하고, 국가유공자등 예우 및 지원에 관한 법률상의 보상금을 지급하였다. 따라서 가해공무원 C의 중과실로 국가는 보상금을 지급하는 의무를 지게 되었으므로, 그 금액에 대한 구상권 행사를 할 수 있을지 문제되는 것이다. 생각건대 국가배상법이 정한 구상권 행사는 국가배상법상의 배상금을 지급하였을 때 발생하는 것으로 보아야 할 것이다. 국가가 군인 등의 보상특례를 두어 국가배상법이 아닌 다른 법률에 따라 보상을 한 경우에는, 그 다른 법률에 구상권 행사에 관한 별도의 규정이 있을 때에는 그에 따라야 할 것이다. 사안에서 A의 유족들이 순직경찰관의 유족에게 보상금의 지급을 정하는 국가유공자등 예우 및 지원에 관한 법률에는 가해공무원에 대한 구상권 행사의 규정이 없으므로, 국가는 이 경우에 C에게 구상권을 행사할 수 없다고 보아야 한다.

5. 사안의 해결(결론)

국가가 경찰관 C에게 구상권을 행사하기 위해서는 국가배상법이 정하는 배상금을 피해자에게 지급한 경우에 가능하고, 국가배상법이 아닌 다른 법률에 의한 보상을 한 경우에는 구상권을 행사할 수 없다고 할 것이다.

2. 영조물의 기능적 하자로 인한 손해배상

국가는 1997년경 공군비행장(공군기지)을 설치하여 공군의 F16 전투기 비행훈련장으로 사용하고 있으며, A는 1991년경부터 위 공군기지 활주로 북쪽 끝으로부터 약 4.5KM 떨어진 곳의 양돈장에 모돈 약 100두, 육성돈 약 900두를 사육하면서 양돈업에 종사하여 왔다.

그런데 위 공군기지에서는 수개의 비행대대가 편성되어 매일 수십 회에 걸쳐 비행훈련을 하는데, 전투기가 정상이륙할 때에는 A의 양돈장 상공을 1,800 내지 2,000M의 고도로 비행하고 전술이륙할 때에는 이보다 낮은 고도로 비행하고 있다. 이로 인하여 양돈장의 순간최대소음도가 항공기 이륙시에는 76 내지 96DB, 착륙시에는 74 내지 84DB, 선회시에는 73 내지 83DB(데시벨)에 이르렀고, 항공기 소음평가 추정치는 75WECPNL(웨클)에 이르렀다.

위 공군기지에는 소음방치벽과 방음정비고가 설치되어 있으나 지역 및 거리특성상 위 양돈장에는 방음효과가 없는 것으로 나타났다. A가 사육장인 모돈은 순간최대소음도 84 내지 96DB 정도의 소음 스트레스를 받을 경우 20 ~ 30% 정도 유산을 일으킬 가능성이 있는데, 실제로 공군기지에서 군항공기가 이착륙할 때에 발생하는 허용치를 넘는 소음 때문에 모돈 19두의 유산이 있었다.

A가 피해를 당한 해의 축산물 생산비 조사결과에 따르면 모돈 1두당 연간수익은 815,000원이다.

Ⅰ. 영조물책임이 성립하는지 여부

1. 문제점

도로 하천, 그 밖의 공공의 영조물의 설치나 관리에 하자가 있기 때문에 타인에게 손해를 발생하게 하였을 때에는 국가나 지방자치단체는 그 손해를 배상하여야 한다. 이 규정에 의한 국가 등의 배상책임은 민법 제758조 공작물책임과 유사하다. 공군비행장과 전투기가 국가배상 제5조 공공의 영조물에 해당하는지, 전투기의 이착륙으로 인한 소음발생이 공군비행장의 설치 관리의 하자에 해오는지 여부에 따라, A가 입은 손해에 대하여 국가배상청구를 할 수 있는지 여부가 결정된다. 특히 사안의 경우 군용비행장에서 발생하는 소음 때문에 손해가 발생한 경우에도 영조물의 설치 또는 관리에 하자가 있다고 할 수 있는지 문제된다. 전투기의 이착륙 때 발생하는 소음은 군용비행장과 전투기의 아주 정상적인 상태를 말해주는 것이기 때문에, 종래 영조물의 하자를 통상 갖추어야 할 안정성을 결여한 것으로 보는 관점과는 달리 접근하여 검토할 필요가 있다.

2. 영조물책임의 성립요건

가. 공공의 영조물일 것

영조물이란 공적목적을 달성하기 위한 인적 물적 종합체를 말하는 것이 보통이나, 국가배상법 제5조의 영조물은 학문적 의미에서의 공물, 즉 행정주체가 직접 공적 목적을 달성하기 위하여 제공한 유체물을 말한다. 여기의 유체물에는 관용차와 같은 개개의 유체물 뿐만 아니라 도로 · 하천 · 항만 · 상하수도 · 관공서청사 · 국공립학교 교사와 같이 물건의 집합체인 유체적 설비도 포함된다. 그리고 공작물에 한하지 아니하므로 자동차 · 항공기(전투기) · 경찰견 · 경찰마 등 동산도 포함된다. 따라서 사안의 군용비행장과 전투기는 공공의 영조물에 해당된다. 하급심판결은 김포공항은 국토교통부장관의 지휘 감독을 받는 한국공항공사에 의하여 관리 운영되어 온 영조물이라고 하였다.

나. 설치나 관리에 하자가 있을 것

(1) 설치 관리의 하자 개념

(가) 전통적인 개념

일반적으로 하자란 그 물건이 본래 갖추어야 할 성질 또는 설비를 결여한 것을 말한다. 과실은 인간의 행위에 관한 문제인데, 하자는 사물의 상태에 관한 개념이다. 영조물의 설치의 하자란 당해 공물이 성립 당초부터 설계의 불비, 불량재료의 사용 등 설계 건조가 불완전 하는 등 원시적으로 안전성을 결여하고 있는 것을 말하고, 관리의 하자란 그 후의 유지 수선이나 보존이 불완전하여 후발적으로 안정성이 결여된 것을 말한다.

(나) 사회적 기능적 하자(공용관련 하자)

(1) 하자개념의 확대 변용

영조물이 그 용도에 따라 통상 갖추어야 할 안정성을 갖추지 못한 상태를 하자로 이해하는 종전의 개념으로는, 교통공해를 야기하는 도로나 공항에 어떤 하자가 있다고 설명하기가 어렵다. 도로나 공항 자체는 흠이 없기 때문이다. 공항소음이란 공항에 이륙 착륙하는 항공기로부터 발생하는 소음을 말한다. 공항이나 도로소음을 야기한다는 것 자체가 공항이나 도로의 기능이 정상적으로 작동되고, 그 시설 자체가 정상적으로 기능하고 있음을 반증하기 때문이다. 따라서 공항이나 도로의 소음 등으로 인한 손해를 구제하기 위한 이론으로 고안된 개념이 사회적 기능적 하자 또는 공용관련 하자이다.

(2) 특징

사회적 기능적 하자를 구성하는 특징으로는 영조물 자체에는 물적 결함이 존재하지 않는다는 점, 영조물의 공용목적과 합치하는 점, 계속적으로 발생하는 환경피해라는 점, 공용에 수반하는 손해의 불가피한 성격을 가진다는 점을 들 수 있다.

(3) 내용

공항의 소음공해에 대하여 최초로 국가배상법 제5조 적용여부가 쟁점이 되었던 사건은 일본의 대판공항소음 공해소송으로 영조물책임을 인정한 바 있다. 즉, 영조물의 설치 또는 관리의 하자란 영조물이 갖추어야 하는 안정성을 결여한 상태를 말하는 것이지만, 여기에서 말하는 안정성의 결여, 즉 타인에 위해를 미칠 위험성 있는 상태란 다만 당해 영조물을 구성하는 물적 시설 자체에 존재하는 물리적, 외형적인 결함 내지 불비에 의하여 일반적으로 위와 같은 위해를 발생시키는 위험성이 있는 경우 뿐만 아니라, 그 영조물이 공용목적에 따라 이용되는 것과 관련하여 위해를 발생시킬 위험성이 있는 경우도 포함되고, 또한 그 위해는 영조물의 이용자에 대하여서 뿐만 아니라 이용자 이외의 제 3자에 대한 것도 포함하는 것으로 해석해야 한다고 판시하여, 사회적 기능적 하자 개념을 도입하였다. 우리 판례 역시 도로의 하자를 판단함에 있어 당해 영조물을 구성하는 물적 시설 그 자체에 있는 물리적 외형적 흠결이나 불비로 인하여 그 이용자에게 위해를 끼칠 위험성이 있는 경우 뿐만 아니라 그 영조물이 공공의 목적에 이용됨에 있어 그 이용 상태 및 정도가 일정한 한도를 초과하여 제3자에게 사회통념상 참을 수 없는 피해를 입히는 경우까지를 하자로 판단하여 사회적 기능적 하자 개념을 수용하고 있다.

(2) 학설

설치 관리의 하자는 영조물이 통상 갖추어야 할 안정성을 결여한 경우를 말한다. 여기서 안정성의 결여 상태를 판단함에 있어 관리책임자인 공무원의 귀책사유를 아울러 고려할 것인지의 여부를 둘러싸고 견해가 대립된다.

(3) 판례

국가배상법 시행 초기의 판례는 대체로 객관설의 입장에서 해석하였다. 영조물 설치의 하자라 함은 영조물의 축조에 불완전한 점이 있어 이 때문에 영조물 자체가 통상 갖추어야 할 안정성을 갖추지 못한 상태에 있음을 말한다 할 것이고 영조물 설치의 하자 유무는 객관적 견지에서 본 안정성의 문제이고, 재정사정이나 사용목적에 의한 사정은 안정성을 요구하는 데 대한 정도 문제로서의 참작사유에는 해당할지언정, 안정성을 결정지을 절대적 요건에는 해당하지 아니한다고 보았다. 그 후 영조물책임에 관한 소송이 증가하면서 영조물 관리자의 안전확보의무 내지 손해방지의무 위반을 요구하는 주관설 내지 절충설의 입장도 보이고 있다. 도로 등 영조물의 하자가 객관적으로 발생한 것만으로 국가 등의 배상책임을 인정할 수 없고 공물관리자가 그러한 하자의 발생을 예견할 수 있었는지 또는 하자가 발생하여 그것을 제거할 시간적인 여유가 존재하였는가 하는 제반 여건을 고려하여 공물의 하자 여부를 판단하여야 한다고 판시하고 있다.

(4) 소결

객관설이 전통적으로 일반적인 견해이며, 종래의 판례의 주류적 태도이다. 그러나 오늘날은 주관설을 취하는 학설과 판례도 많아지고 있지만, 객관설이 타당하다고 생각한다. 그것은 국가배상법 제5조에서 '설치나 관리에 하자' 라고만 표현되어 있고, 제2조에서와 같이 고의 또는 과실이라는 표현이 없는데도 제5조의 책임을 과실책임에 가깝게 새기는 것은 타당한 해석이라고 보기 어려우며, 가해자인 국가의 입장만을 중시하고 피해자인 국민의 입장은 가볍게 보는 것이라고 하겠다.

(5) 하자의 입증책임

원고(피해자)가 입증하여야 한다. 그러나 영조물의 설치 관리의 하자로 인한 국가 등의 배상책임의 경우에도 일응 추정이론을 도입하여 영조물에 의하여 손해가 발생한 것이 입증되면 설치관리의 하자는 추정된다고 할 것이다. 판례 역시 같은 입장이다. 고속도로의 보존상의 하자의 존재에 관한 입증책임은 피해자에게 있으나, 일단 그 하자있음이 인정되는 이상 고속도로의 점유관리자는 그 하자가 불가항력에 인한 것이거나 손해의 방지에 필요한 주의를 해태하지 아니하였다는 점을 주장 입증하여야 비로소 그 책임을 면할 수가 있다고 한다.

다. 위법성(수인한도)

위법성을 결정하는 기준은 수인한도가 된다. 수인한도는 사회생활에 있어 타인에게 손해나 불편을 끼치는 경우에 어느 정도까지는 이를 서로 인용하지 않으면 안되고, 그것이 인용해야할 일정한 범위 한도를 넘어설 때에만 위법성을 띠게 된다. 수인한도의 기준을 정함에 있어서는 일반적으로 침해되는 권리나 이익의 성질과 침해의 정도뿐만 아니라, 침해행위가 갖는 공공성의 내용과 정도, 그 지역 환경의 특수성, 공법적인 규제에 의하여 확보하려고 하는 환경기준, 침해를 방지 또는 경감시키거나 손해를 회피할 방안의 유무 및 그 난이정도 등 여러 사정을 종합적으로 고려하여 구체적인 사정에 따라 개별적으로 결정하여야 한다. 판례는, 원심은 설령 피고(대한민국)가 김포공항을 설치 관리함에 있어 항공법령에 따른 항공기 소음 기준 및 소음대책을 준수하려는 노력을 경주하였다고 하더라도, 김포공항이 항공기 운항이라는 공공의 목적에 이용됨에 있어 그와 관련하여 배출하는 소음 등의 침해가 인근주민인 선정자들에게 통상의 수인한도를 넘는 피해를 발생하게 하였다면 김포공항의 설치 관리상에 하자가 있다고 보아야 할 것이라고 판시한 다음, 그 판시와 같은 여러 사정을 종합적으로 고려하면 이 사건 김포공항 주변지역의 소음과 관련하여서는 항공법 시행규칙 제271조상의 공항소음피해예상지역으로 분류되는 지역 중 85WECPNL(웨클) 이상의 소음이 발생하는 경우에는 사회생활상 통상의 수인한도를 넘는 것으로서 위법성을 띠는 것으로 봄이 상당하다고 할 것인데, 이 사건 선정자들의 거주지역이 이에 해당하므로 김포공항을 설치 관리하는 국가는 이에 대하여 손해를 배상할 책임이 있다고 판단하였다.

라. 타인에게 손해를 발생하게 하였을 것

영조물 설치 관리의 하자로 타인에게 손해가 발생하여야 한다. A는 소음으로 인하여 모돈의 유산으로 인한 재산상 손해와 함께 수면방해나 TV 시청장해 등의 정신적 고통을 겪었을 것이 예상된다. 하자와 손해 간에는 상당인과관계가 있어야 하며, 그 입증은 피해자가 하여야 한다. 하자가 손해의 발생 또는 확대와 상당 인과관계가 있는 한 자연현상 또는 제3자나 피해자의 행위가 그 손해의 원인으로서 가세되었더라도 국가 등의 배상책임은 성립한다. 공무원도 영조물의 하자로 손해를 입은 때에는 여기의 타인에 해당된다. 국가배상법은 공무원 중에서 군인 · 군무원 · 경찰공무원 · 향토예비군대원에 대하여는 특례를 인정하고 있다.

마. 영조물책임의 감면사유

영조물책임에 있어서는 다음과 같은 사유가 책임의 면책사유 또는 감면사유로 문제된다.

(1) 불가항력

불가항력이란 천재지변과 같이 인간의 능력으로는 예견할 수 없거나 예견할 수 있어도 회피할 수 없는 외부의 힘에 의하여 손해가 발생한 경우를 말한다. 국가배상법 제5조에는 특별한 규정이 없지만, 불가항력이 면책사유가 되는 점에 대해서는 판례와 학설이 일치하고 있다. 물론 이 경우에도 영조물이 통상적으로 요구되는 물적 안전성은 갖추고 있어야 한다는 것이 통설이다. 불가항력은 하자와 별개로 존재하는 것은 아니다. 판례는 전화취급소에서 전화를 걸던 중, 낙뢰가 전화선을 강타하여 송수전기가 파괴됨과 동시에 그 수화기에 귀를 대고 있던 사람이 고막천공 등의 상해를 입은 경우에, 국가가 값이 비싸다는 이유로 외국에서 사용하고 있는 환전한 보안기를 사용하지 않고, 값이 싼 불완전한 보안기를 사용했기 때문에 위 낙뢰사고가 발생한 것이라면, 그것을 국가가 책임질 수 없는 불가항력에 의한 사고라고는 할 수 없다고 하였다.

(2) 예견가능성

홍수 등의 위험발생의 예견가능성은 영조물 관리주체의 결과 회피조치의 전제로서 요구된다. 여기서 말하는 예견가능성이란 통상적으로 위험을 예측하는 것이 가능하다는 것을 말한다. 여기서 예상되는 위험의 개념은 공공의 영조물 그 자체의 구조와 성질 등의 위험과, 이것을 이용하는 자 또는 이에 접근하는 자 등과의 사이에 있어서 관리자측이 예견하고 회피해야 하는 의무의 범위를 구분하는 것이다. 이것은 넓은 의미의 예견가능성의 내용 중의 하나라 할 수 있다.

(3) 결과회피조치의 가능성

위험발생의 예견가능성이 있으면 그 다음으로 결과회피조치의 가능성이 문제된다. 회피가능성이 없으면 영조물 관리책임을 인정하기 어렵기 때문에 회피가능성의 존재는 관리자의 책임을 인정하기 위한 하나의 요건이라고 할 수 있다. 회피가능성은 오로지 기술적 견지에서 손해의 발생이 회피가능 하였다는 것을 의미하는 경우와 기타 사정(예컨대, 손해회피조치를 위한 비용)을 고려하여 회피가능하다는 것을 의미하는 경우가 있다.

(4) 예산부족

영조물의 안정성 확보를 위한 예산부족으로 설치 관리의 하자가 발생한 경우에 면책사유가 될 수 있는지가 문제된다. 도로나 하천을 안전한 상태로 유지 관리하는 데에는 막대한 예산이 소요된다. 재정지출이 일반적으로 예상되는 위험과 비교하여 객관적으로 사회통념상 기대가능성이 없을 정도로 과다하고, 현실적으로 생긴 손해와 관련지어 보더라도 그러한 재정지출을 요구하는 것이 가혹하다고 판단되는 경우에는 면책사유는 되지 못하여도 참작사유는 될 수 있다. 판례는 예산부족은 절대적인 면책사유는 되지 않는다고 보고 있다.

(5) 영조물의 하자와 면책사유의 경합

영조물의 설치 관리의 하자와 천재라고도 할 수 있는 불가항력적인 자연력이 경합하여 사고가 발생했다고 여겨지는 경우 국가의 배상책임이 인정될 것인가(손해배상책임의 성립여부), 또한 책임이 인정되면 그 책임의 범위를 일정 한도로 제한하여야 하는 것인지(손해배상책임의 범위 또는 손해배상액 결정의 문제) 문제된다. 그 손해가 통상 예측할 수 없는 불가능한 자연력에 의하여 발생하고 당해 영조물의 설치 관리하자가 부정되거나 혹은 하자가 인정되었다 하여도, 손해와의 인과관계가 부정되는 등 대개 설치 관리라는 사람의 행위영역 외의 사건으로 평가될 수 있는 경우에는 불가항력으로 면책을 인정하는 것이 일반적이다. 판례는 불가항력과 영조물의 하자가 손해의 발생에 있어서 경합된 경우에는 영조물의 설치 또는 관리상의 하자가 손해발생의 공동원인의 하나가 된 이상 그 손해는 영조물의 설치 또는 관리상 하자에 의하여 발생한 것이라고 보지만, 그 손해의 범위는 영조물의 하자로 인하여 손해가 확대된 한도 내에서 책임을 진다고 보여 진다.

바. 국가배상법 제2조와의 관계

(1) 양자의 경합문제

국가배상법 제2조의 책임은 조문상 '고의 또는 과실' 을 요하는 과실책임이며, 제5조의 책임은 단지 하자라고만 되어 있어 무과실책임이라고 해석하였다. 그러나 제2조의 과실의 요건이 판례상 객관화되고 있는 반면, 제5조의 하자를 주관적 요소를 포함시켜 구성하므로 양자의 책임성질이 유사하게 되었다. 한편, 국가배상법 제2조의 공무원의 직무행위는 공권력작용 이외에 비권력적 작용인 관리작용도 포함하고 있어 영조물의 설치 관리를 규율하는 국가배상법 제5조와 공통적인 면도 있을 뿐만 아니라 양자가 경합되는 사례도 있다.

(2) 국가배상법 제2조와 제5조의 경합의 처리

물적인 하자는 없는데 영조물의 관리행위의 하자로 인하여 손해를 입은 경우에 제2조와 제5조 중 어느 규정에 의하여 배상을 청구할 것인가가 문제된다. 객관설은 제5조 책임을 영조물의 물적 흠에 의한 책임인 상태책임으로 보고 제2조의 책임을 행위책임으로 보기 때문에, 영조물의 물적 하자로 인한 손해배상의 문제는 제5조가 적용될 문제라고 한다. 그런데 물적 결함이 없다면 책임이 없게 된다. 그리고 영조물 관리자의 관리의무 위반으로 인한 손해배상은 제2조가 적용될 문제로 본다. 주관설은 제5조 책임의 근거를 제2조의 책임과 같이 영조물 관리자의 관리행위에 있어서 관리의무 위반에 있다고 보기 때문에, 양자의 경우에 모두 제5조가 적용된다고 보게 될 것이다. 절충설은 제5조의 영조물의 설치 관리의 하자라는 것은 영조물 자체의 객관적 하자뿐만 아니라 관리자의 관리의무 위반도 포함된다고 보기 때문에, 양자의 경우에 모두 제5조의 적용을 받게 된다고 보게 될 것이다. 최근 주관설 내지 절충설의 입장에 선 판례에 따르면 제5조의 적용을 받게 된다.

3. 사안의 해결

가. 영조물의 하자의 존재

국가가 설치하여 사용 중인 공군비행장과 전투기는 모두 영조물에 해당된다. 공군비행장과 전투기 자체는 하자 없이 설계되어 정상적으로 기능하고 있기 때문에 설치상의 하자는 없어 보인다. 전투기에서 발생하는 소음을 공군비행장의 관리상의 하자로 인정하여 A가 입은 손해를 배상할 의무가 있는지 문제된다. 도로에서의 자동차 소음과 같이 공항에서의 항공기 소음으로 인하여 피해가 발생한 경우 이를 사회적 · 기능적 하자로 보아 국가배상법 제5조를 적용하게 된다. 이는 결국 비행장의 소음을 영조물의 관리의 하자로 인정하는 것이 된다. 이 사건 공군기지에는 소음방지벽과 방음정비고가 설치되어 있지만, A의 양돈장의 손해발생을 방지할 만한 방음효과는 없어 하자를 인정하는데 어려움이 없다.

나. 손해의 발생

A가 사육중인 모돈은 순간 최대소음도 84 내지 96데시빌 정도의 소음 스트레스를 받을 경우 20 ~ 30% 정도 유산을 일으킬 가능성이 있다. 이 사건 공군비행장에서 전투기가 이륙시에는 76 내지 96 데시벨, 착륙시에는 74 내지 84 데시벨 선회시에는 73내지 83데시벨에 이르렀고, 항공기 소음평가 추정치는 75WECPNL에 이르렀다. 그러므로 수인한도를 넘는 소음 때문에 A가 모돈 19두의 유산이 있었다. 그런데 모돈 1두당 연간 수익은 815,000원이므로 A는 국가를 상대로 위 손해에 대한 국가배상을 청구할 수 있다. 국가의 영조물책임을 감면하거나 감경할 만한 면책사유는 보이지 아니한다.

다. 위험에의 접근이론 적용문제

A가 공항소음으로 인한 위해상태를 이용하기 위하여 이주하였다는 등의 특별히 비난할 만한 사유가 있을 때에는 그 위험을 용인한 것이므로 보아 손해배상액을 감면하는 등 불이익을 주어야 한다는 위험에의 접근이론 또는 선주성이론이 있다. 그러나 설문상 A의 양돈장이 공군비행장 설치 전부터 존재하여 왔다고 보인다. 만약, A가 뒤늦게 양돈장을 군용공항 주변에 설치하여 소음피해를 입었다면, 배상액의 산정에 있어서 형평의 원칙상 과실상계에 준하여 위자료의 감액 사유가 될 수 있다.

II. 공항공해로 인한 소음피해를 구제받기 위한 권리구제 수단

1. 권리구제 수단의 개괄

공항소음으로 인한 환경피해의 구제수단으로는 사법적으로는 피해에 대한 손해배상청구와 계속되는 환경침해의 방지를 구하는 유지청구가 있다. 그리고 공법적으로는 환경오염을 야기하는 사업자와 피해를 보는 이웃주민 및 당해 사업을 허가한 행정청 간의 분쟁이 있을 수 있다. 이 때 이웃주민은 사업자에 대한 허가의 취소를 행정청을 상대로 구하는 항고소송을 제기할 수 있다. 그리고 국가배상법 제5조 영조물책임을 물을 수 있다. 또한 환경분쟁조정법에 의한 준사법적 분쟁해결기구인 중앙환경분쟁조정위원회에 분쟁조정신청을 할 수도 있다.

2. 사법적 구제수단

가. 손해배상청구

손해배상은 민법 제750조의 일반불법행위, 제758조의 공작물 책임 및 제760조의 공동불법행위책임 등에 의하여 청구할 수 있다. 사안처럼 공항공해로 불법행위가 성립하기 위하여는 민법 제750조의 불법행위책임이 과실책임이지만, 환경정책기본법은 환경오염의 피해에 대하여 무과실책임을 인정하고 있다. 사업장 등에서 발생되는 환경오염으로 인하여 피해가 발생한 때에는 당해 사업자는 그 피해를 배상하여야 한다. 여기서 사업자는 개인적인 사업활동에 종사하는 자를 말하고, 국가나 지방자치단체는 해당되지 않는다고 할 것이므로 사안의 경우에서 군용비행장을 설치 관리하는 국가는 환경정책기본법이 정하는 무과실책임을 지는 것은 아니다.

나. 유지청구

유지청구는 민법 제205조, 제206조, 제214조 등의 물권적 청구권 및 제217조의 상린관계 규정에 의하여 청구할 수 있다. 판례도 도로에서 발생하는 소음피해를 막기 위한 유지청구를 인정하고 있다. 유지청구의 구체적 내용으로는 방제시설의 설치, 시설의 개선, 조업방법의 변경 등의 청구 외에 극단적인 경우에는 조업활동의 일부 또는 전부의 금지를 구하는 것을 들 수 있다. 공항공해로 인한 유지청구의 내용으로는 공해를 야기하는 공항에 대한 특정 시간대에 전투기의 이착륙을 금지시키는 것을 고려할 수 있다. 고속도로로부터 발생하는 소음이 피해주민들 주택을 기준으로 일정 한도를 초과하여 유입되지 않도록 하라는 취지의 유지청구는 소음발생원을 특정하여 일정한 종류의 생활방해를 일정 한도 이상 미치게 하는 것을 금지하는 것으로 청구가 특정되지 않은 것이라고 할 수 없고, 이러한 내용의 판결이 확정될 경우 민사집행법 제261조 제1항에 따라 간접강제의 방법으로 집행을 할 수 있으므로, 이러한 청구가 내용이 특정되지 않거나 강제집행이 불가능하여 부적법하다고 볼 수는 없다. 그러나 유지청구가 허용될지라도 실제로 유지청구가 인용되기 위해서는 소음으로 인한 피해와 전투기의 이착륙이라는 국방의 요청 등 여러 요소를 형량하여 검토될 수 있을 것이다.

3. 공법적 수단

가. 항고소송에 의한 구제

헌법 제35조가 국민의 기본권으로 보장한 환경권 및 소음규제에 관하여 규정한 소음진동규제법을 기초로 행정청이 소음규제권은 발동하지 아니한 경우에, 그 소음피해자는 소음규제권의 발동을 청구할 수 있다. 그 같은 소음규제권의 발동청구에도 행정청이 부작위 상태를 유지한다거나 거부처분을 한 경우에는, 그 거부처분취소송이나 부작법위법확인소송을 제기할 수 있다. 이처럼 환경소송에서 제3자의 원고적격이 널리 인정되고 있다. 사안에서 A는 공항소음으로 직접적인 재산상 피해를 입고 있는 당사자이기 때문에 직접적인 원고적격이 인정되지만, 현실적으로 행정청을 상대로 항고소송을 제기할 여지는 많지 않다.

나. 환경분쟁조정법에 의한 구제

소송구조가 갖는 한계를 극복하기 위하여 환경분쟁에 관한 한 행정규제 기타 행정기관의 제3자적 역할, 예컨대 조정제도 기타 유사제도가 그 보완수단으로 중요한 의미를 갖게 된다. 환경분쟁조정법에 의한 조정제도는 당사자 간의 합의가 공정하게, 또한 현실에 부응하는 합리적 범위 내에서 이루어질 수 있도록 독립성 · 전문성 · 공정성을 구비한 행정기관의 제3자적 역할을 기대하는 제도라 할 수 있다. 이 법에 따라 재정을 행한 경우에 재정문서의 정본이 당사자에게 송달된 날부터 60일 이내에 당사자 쌍방 또는 일방으로부터 그 재정의 대상인 환경피해를 원인으로 하는 소송이 제기되지 아니하거나 그 소송이 철회된 때에는 해당 재정문서는 재판상 화해와 동일한 효력이 있다.

다. 국가배상법에 의한 구제

설문 (1)에서 살펴본 바와 같이, 국가배상법 제5조 영조물책임의 법리에 따라 손해배상을 청구할 수 있다. 그러나 우리 법원에서는 국가배상청구 사건을 사법상 청구사건으로 보아 통상의 민사소송사건으로 다루고 있다.

4. 사안의 해결(결론)

A가 모돈의 유산피해를 배상받기 위해서는 민법상 불법행위 법리에 의하여 대한민국을 상대로 손해배상청구를 하는 것이 현재의 실무이다. 다만, 환경분쟁조정법에 의한 분쟁조정신청을 하는 것이 유리할 수도 있다. 소음으로 인한 피해액을 구체적으로 직접 입증하지 않아도 되는 점과 저렴함 비용과 신속한 구제에 도움이 되는 장점이 있다. 그리고 A로서는 과거의 손해를 보상받을 뿐만 아니라 장차 계속되는 소음피해를 방지하기 위하여 유지청구를 할 수 있

는데, 그 청구의 인용은 쉽지 않을 것으로 보인다.

3. 공익사업으로 인한 행정상 손실보상청구

A 등은 국가에서 공익사업으로 시행한 부산신항만개발사업의 시행일인 1997. 10. 31. 이전에 적법한 절차에 의하여 신고를 마친 후 신고어업인 나잠어업에 종사하여 왔다. 그런데 국가에서 위 공공사업을 시행함으로 인하여 당해 공공사업시행지구 인근에서 어업을 하여 왔던 A 등은 큰 피해를 입게 되었다.

그럼에도 국가는 A 등이 입은 피해에 대한 보상을 하거나 그들의 동의를 얻지 아니한 채 위 개발사업에 착수하여 완공하게 되었다.

그런데 관련 법령에는 A 등의 피해회복을 위한 직접적인 보상규정은 존재하지 않고 있다.

처분당시의 법령

〈 수산업법 〉

제37조(어촌계 등의 어장관리)

① 어촌계가 가지고 있는 어업권은 제38조에 따른 어장관리규약으로 정하는 바에 따라 그 어촌계의 계원이 행사한다. 다만, 마을어업권의 경우에는 계원이 아닌 자도 다음 각 호의 요건을 모두 갖춘 경우에는 마을어업권을 행사할 수 있다.

1. 해당 어촌계의 관할 구역에 주소를 두고 있을 것
2. 마을어업권의 행사에 대한 어촌계 총회의 의결이 있을 것
3. 제47조에 따른 어업의 신고를 마쳤을 것

② 지구별수협이 가지고 있는 어업권은 대통령령으로 정하는 경우 외에는 제38조에 따른 어장관리규약으로 정하는 바에 따라 그 어장에 인접한 지역을 업무구역으로 하는 어촌계의 업무구역에 주소를 두고 있는 그 지구별수협의 조합원이 행사한다.

③ 제1항과 제2항에 따른 어업권의 행사방법과 행사의 우선순위, 어촌계별 · 어촌계원별 · 조합원별 시설량 또는 구역의 조정(調整), 그 밖에 어장관리에 필요한 사항은 해양수산부령으로 정한다.

제81조(보상)

① 다음 각 호의 어느 하나에 해당하는 처분으로 인하여 손실을 입은 자는 그 처분을 행한 행정관청에 보상을 청구할 수 있다.

1. 제34조 제1항 제1호부터 제6호까지 또는 제35조 제6호(제34조 제1항 제1호부터 제6호까지의 규정에 해당하는 경우를 말한다)에 해당하는 사유로 인하여 이 법에 따른 면허 · 허가를 받거나 신고한 어업에 대하여 제한 등의 처분을 받았거나 제14조에 따른 어업면허의 유효기간 연

장이 허가되지 아니한 경우. 다만, 제34조 제1항 제1호부터 제3호까지의 규정(제49조 제1항과 제3항에서 준용하는 경우를 말한다)에 해당하는 사유로 허가를 받거나 신고한 어업이 제한되는 경우는 제외한다.

2. 제72조 제2항에 따른 측량 · 검사에 장애가 되는 물건에 대하여 이전명령이나 제거명령을 받은 경우

② 제1항의 보상의 원인이 된 처분으로 이익을 받은 자(이하 "수익자"라 한다)가 있으면 그 처분을 한 행정관청은 수익자에게 그가 받은 이익의 범위에서 보상액의 전부 또는 일부를 부담하게 할 수 있다. 이 경우 수익자가 부담하도록 결정된 금액을 내지 아니하면 국세 체납처분의 예에 따라 징수한다.

③ 수익자는 제1항에 따라 보상을 청구할 수 있는 자에게 미리 보상을 하지 아니하면 손실에 영향을 미치는 행위나 공사에 착수할 수 없다. 다만, 보상을 청구할 수 있는 자의 동의를 받은 경우에는 그러하지 아니하다.

④ 제1항에 따른 보상의 기준, 지급방법, 그 밖에 보상에 필요한 사항은 대통령령으로 정한다.

〈 공익사업을 위한 토지 등의 취득 및 보상에 관한 법률 〉

제61조(사업시행자 보상)

공익사업에 필요한 토지 등의 취득 또는 사용으로 인하여 토지소유자나 관계인이 입은 손실은 사업시행자가 보상하여야 한다.

Ⅰ. 손실보상청구권이 성립하는지 여부 [설문 (1)의 해결]

1. 문제점

공공필요에 의한 공익사업으로 사인이 특별한 희생을 입어 손해가 발생하였으면 그 사업시행자는 손해를 보상하여야 한다. 그런데 사안에서 A 등은 행정상 손실보상청구권의 성립요건을 구비하였는지 여부를 살펴보아야 하고, 관련 법령에 보상규정이 흠결되어 있을 때 어떻게 권리구제를 하여야 할 것인지도 검토할 필요가 있다.

2. 행정상 손실보상의 의의

행정상손실보상이란 적법한 공권력 행사로 사유재산에 가하여진 특별한 희생에 대하여 사유재산의 보장과 공평부담의 견지에서 행정주체가 이를 조정하기 위하여 행하는 조절적인 재산적 보상을 말한다.

(1) 적법행위로 인한 손실의 보상

토지수용 징발 등과 같이 행벙법규가 상대방에게 손실을 발생시킬 권한을 행정기관에 부여한 경우에, 그 권한이 적법하게 행사된 결과 생긴 손실, 즉 법규가 처음부터 예측한 손

실의 보상이다. 이 점에서 공무원의 위법한 직무집행행위 또는 국가나 공공단체의 공공의 영조물의 설치 관리의 하자로 인하여 개인에게 재산상의 손해를 가한 경우에 국가나 공공단체가 그 손해를 배상하는 국가배상제도와 구별된다.

(2) 공권력 행사로 인한 손실의 보상

공권력 행사로 인한 손실의 보상은 공법적 성질을 가진다. 구체적으로는 공권력 행사로서의 법적행위에 의한 경우에만 대상이 되므로, 비권력적 행정작용이나 통상적인 사실행위는 손실보상에서 제외된다. 그러므로 사법상계약에 의한 반대급부, 예컨대 공공용지의 협의에 의한 취득으로 인한 임의매수대가 등과 구별된다. 그러나 헌법재판소는 협의취득이 법형식상으로는 당사자의 의사에 바탕을 둔 사법상 매매계약의 형태를 취하고 있을지라도 그 배후에는 토지수용법에 의한 강제취득방법이 사실상의 후속조치로 남아 있어 토지 등의 소유자로서는 협의에 불응하면 바로 수용을 당하게 된다는 심리적 강박감으로 인하여 실제로는 그 의사에 반하여 협의에 응하는 경우가 많기 때문에, 이 법은 형식상은 사법의 형태를 취하고 있으나 실질적으로는 토지수용법과 비슷한 공법적 기능을 수행하고 있는 것이다. 따라서 이 법에 의한 협의취득은 그 법적 성격이 사법상의 매매계약이라 할지라도 그 실질적, 기능적 측면을 보면 공용수용과 별로 다를 바가 없다고 보아야 할 것이라고 한다.

(3) 특별한 희생에 대한 조절적 보상

공공의 수요에 충당하기 위하여 특정개인이 입은 재산상의 특별한 희생을 국민전체의 부담으로 전가시켜서 공적 부담을 모든 국민 간에 고르게 조절하여 주는 보상이다. 일반적인 부담 또는 재산권 그 자체에 내재하는 사회적 제약에 대하여는 보상의 문제가 생기지 않는다.

(4) 재산권 침해에 대한 보상

손실보상은 재산권의 수용, 사용 또는 제한(공용침해)에 대한 보상이다. 여기서 재산권이란 경제적 가치가 있는 공사법상의 모든 권리를 포함하는 것으로 보는 것이 일반적 견해이다. 이 점에서 적법하게 강제된 전시 인력동원에 대하여 재산권 침해에 준하여 주어지는 대상과 구별된다. 최근에는 예방접종의 부작용으로 인한 사망 또는 상해의 경우와 같이 공익상 적법하게 국민의 재산권 이외의 생명 또는 신체에 대한 침해가 가해질 수 있게 되었다. 그러한 경우에 보상이 필요한데도 종전의 손실보상 법리로는 보상을 할 수 없기 때문에, 생명 또는 신체에 대한 적법한 침해로 인한 손실도 손실보상의 대상으로 보아야 한다는 견해도 제기되고 있다. 헌법재판소 역시 국가유공자예우 등에 관한 법률에 따라 국가가 국가유공자에게 지급할 보상수급권은 생명 또는 신체의 손상이라는 특별한 희생에 대한 국가 보상적 내지 국가 보훈적 성격을 띠는 한편, 그 성질상 경제적 재산적 가치가 있는 공법상의 권리라 할 것이므로, 보상금수급권은 헌법조항들에 의하여 보호받는 재산권의 하나로 보아야 할 것이라고 하여, 생명 신체의 손상에 대한 특별한 희생을 손실보상의 법리로 해석하고 있다. 전통적인 입장에서 손실보상은 토지나 건물의 수용보상 등과 관련된 것이었으나, 오늘날은 공무원연금법상의 연금수급권, 의료보험법상의 보험급여 등의 권리행사의 제한에 대하여도 손실보상의 법리에 따라 보호를 하고 있어 손실보상 개념이 확장되고 있음을 볼 수 있다.

3. 행정상 손실보상의 근거

가. 이론적 근거

(1) 프랑스에서는 1789년의 인권선언 제13조에 근거를 둔 공적부담 앞의 평등이라는 평등부담설도 있었다.

(2) 그러나 사유재산제를 인정하고 있는 경우에도 공공필요를 위하여 재산권 그 자체에 내재하는 사회적 자연적 제약을 넘어서 사유재산에 대하여 특별한 희생을 강요하지 않으면 안 되는 경우가 있다. 그러나 사유재산제를 전제로 하는 이상, 그와 같은 특별한 희생에 대하여 전체국민의 부담으로 전가하여 전체적인 공평부담의 견지에서 조절적 보상을 행하는 것이 당연하다. 헌법 제11조의 평등원칙은 공적부담에 대한 평등도 그 내용으로 하기 때문이다. 그리하여 특별한 희생에 대한 보상을 통하여, 비로소 공적부담 앞의 평등이란 이상을 실현 할 수 있으며, 공익과 사익의 조절을 도모할 수 있고, 법률생활의 안정을 기할 수 있다. 따라서 특별희생설이 통설 판례이다.

나. 실정법적 근거

손실보상에 관한 실정법적 근거로는, 공공필요에 의한 재산권의 수용, 사용 또는 제한 및 그에 대한 보상은 법률로써 하되, 정당한 보상을 지급하여야 한다는 헌법 제23조 제3항이 있다. 그런데 국가배상의 경우와는 달리 이 헌법규정에 근거하여 보상의 기준과 방법 등에 관하여 정한 일반법은 없고, 각 개별법에서 이를 정하고 있다.

다. 보상규정 흠결시의 권리구제

공공필요에 의한 재산권의 수용, 사용 또한 제한이 행하여졌는데, 당해 법률에서 그에 대한 손실보상에 관하여 정하지 아니한 경우에 공용침해를 당한 국민은 헌법 제23조 제3항을 근거로 하여 보상을 청구할 수 있는지 여부에 대하여 견해가 대립된다.

(1) 학설

(가) 입법지침설(방침규정설)

손실보상에 관한 헌법규정은 입법지침에 지나지 않으므로 재산권을 침해 당한자에 대한 보상여부는 입법자가 자유로이 정할 수 있으며, 입법자가 보상불요로 판단하여 보상규정을 두지 않았으면 보상을 청구할 수 없다고 한다. 이러한 견해는 헌법이 규정하고 있는 재산권보장의 원칙에 맞지 아니하며, 따라서 오늘날 이러한 견해를 취하는 자는 없다.

(나) 입법자에 대한 직접효력설(위헌무효설)

헌법규정은 재산권을 침해당한 국민에게 직접 그 규정에 근거한 손실보상청구권을 부여한 것은 아니나, 입법자에 대하여는 국민의 재산권을 침해하는 입법을 할 때에는 반드시 보상에 관한 규정도 두도록 구속하는 효력을 가진다고 한다. 따라서 법률이 재산권 침해를 규정하면서 보상에 관하여 규정하지 않으면 그 법률은 위헌무효이며, 그 법률에 근거한 재산권 침해 행위는 불법행위가 되고, 손실보상은 청구할 수 없으나, 손해배상은 청구할 수 있다고 한다. 현재 다수설의 견해이지만, 국가배상법 제2조의 공무원의 직무상 불법행위에 대한 배상청구권은 고의 과실을 전제로 하고 있는 반면 공무원이 법률에 따라 개인의 재산권에 대하여 불이익 처분을 한 후에 당해 법률이 위헌으로 판정되어 무효가 되는 경우에는 비록 직무행위의 위법성을 인정할 수가 있으나 공무원의 고의나 과실을 인정하기 어렵기 때문에 국가배상청구권이 성립하기가 어렵다는 비판을 받는다.

(다) 국민에 대한 직접효력설

손실보상에 관하여 규정한 헌법규정은 국민에 대하여 직접 효력을 가지므로 재산권을 침해당한 국민은 직접 손실보상청구권을 행사할 수 있다고 한다. 이 견해는 헌법 제23조 제3항은 입법권이 정당한 보상의 범위 내에서 구체적인 보상의 기준과 방법만을 정하도록 한 것이라고 해석한다. 그러므로 재산권을 침해당한 자는 직접 헌법규정을 근거로 하여 민사소송으로 보상청구를 할 수 있다고 한다.

(라) 유추적용설(간접효력규정설)

법률이 재산권 침해를 규정하면서 보상에 관하여 규정하지 않으면 그 법률은 위헌위법이 된다. 따라서 헌법 제23조 제3항을 직접 적용하여 보상을 청구할 수는 없으나 헌법 제23조 제1항 및 제11조에 근거하여 헌법 제23조 제3항 및 관계규정을 유추적용하여 손실보상을 청구할 수 있다고 한다. 이 견해는 그 의미가 명백하지는 않으나, 독일 판례상 인정된 수용유사침해의 법리를 도입하여 문제를 해결하려고 한다. 이 견해는 적법한 재산권에 대한 공용침해가 보상된다면, 위법한 공용침해에 대하여는 당연히 보상하여야 한다는 형평관념을 논거로 한다.

(2) 판례

(가) 판례 중에는 어떤 법률이 재산권 침해를 규정하면서 보상에 관하여서는 명문의 규정을 두지 아니한 경우에, 유사한 재산권 침해를 규정하면서 보상에 관하여 규정한

관계 법률의 보상규정을 유추적용하여 보상청구를 인정한 것이 있다. 제외지는 하천구역에 속하는 토지로서 법률의 규정에 의하여 당연히 그 소유권이 국가에 귀속된다고 할 것인데, 하천법에는 제외지의 소유자에 대하여 그 손실을 보상한다는 직접적인 보상규정이 없으나, 하천법 제74조의 공용부담 등으로 인한 손실보상에 관한 규정은 보상사유를 예시적으로 정하고 있다고 볼 것이므로 동 규정을 유추적용하여 관리청은 그 손실을 보상하여야 한다고 보았다.

(나) 이러한 판례는 마치 유추적용설이 주장하는 유추적용으로 혼동할 우려가 있으나, 이들 판례에서의 유추적용은 일반적인 법의 해석원리에 따른 유추적용으로서 유추적용설에서 주장하는 유추적용과는 차원이 다른 것이다. 유추적용설에서는 재산권 침해규정을 두면서 보상규정을 두지 아니한 경우에 일반적으로 헌법 제23조 제3항의 규정을 유추적용하여 공법상 당사자소송으로 보상을 청구할 수 있다는 것이고, 판례가 인정하고 있는 유추적용은 재산권 침해규정을 두면서 보상규정을 두지 아니한 경우에 한정된 것이 아니고, 일반적인 법의 해석원리에 따라 재산권 침해를 규정하면서 보상에 관한 규정을 두지 아니한 경우에 개별적으로 검토하여 유사한 재산권 침해규정을 두면서 보상규정을 둔 관계 법률의 규정을 유추적용 한다는 것이다.

(3) 소결

(가) 입법지침설은 사유재산제를 보장한 우리헌법의 원칙에서 보아 받아들일 수 없다. 국민에 대한 직접 효력설은 헌법이 정당한 보상을 지급하여야 한다라는 문구에만 역점을 두고 보상은 법률로서 하되 라는 문구는 보상의 구체적 내용이나 방법만을 법률로 정하도록 하는 의미밖에 없는 것으로 해석하려는 것은 찬성하기 어렵다. 유추적용설은 적법한 공행정작용에 대한 손실보상제도를 국가배상제도가 적용되어야 할 위법한 공행정작용의 영역에 무리하게 확대 적용함으로써 보상 제도로 이원화 되어 있는 현행 국가보상제도의 체계적인 발전을 저해할 우려가 있다. 따라서 유추적용설은 독일에서와 같은 판례법이나 관습법으로서의 희생보상청구권의 법리의 발전이 없는 우리나라에서는 인정하기가 어렵다고 하겠다.

(나) 결국 헌법규정에 대하여 어떠한 효력을 갖게 할 것인가는 헌법정책의 문제라 할 것이다. 따라서 헌법은 입법자에 대한 직접효력설을 취한 것이라고 하겠다. 따라서 보상에 관한 규정을 두지 아니한 경우에는 손실보상은 청구할 수 없다고 할 것이다. 판례도 제7차 개정헌법에 의하여 보상을 법률로 정하도록 개정한 이후에는 일관되게 이 같은 입장을 취하고 있으며, 헌법재판소도 도시계획법 제21조에 대한 헌법소원사건에서 개발제한구역의 지정에 따라 생기게 되는 가혹한 부담의 정도 및

이에 따른 구체적인 보상의 기준과 방법은 헌법재판소가 일률적으로 확정할 수 없고 개개의 토지에 대하여 구체적이고 객관적인 사정을 종합하여 입법자가 판단할 사항이다고 판시하여 입법이 선행되어야 보상을 청구할 수 있음을 분명히 하였다.

(다) 따라서 재산권에 대한 특별한 희생에 해당하는 제한을 가하면서, 보상에 관한 규정을 두지 않은 경우에는 손실보상은 청구할 수 없고 재산권의 제한을 당한 자는 당해 법률에 근거한 재산권 침해행위의 취소를 구하는 취소소송을 제기하고 그 취소소송에서 당해 법률에 대한 위헌심판제청을 신청하여 헌법재판소에서 위헌결정이 된 경우에는 침해행위의 취소판결에 의하여 재산권 자체의 회복을 기하도록 하고 침해행위의 존속기간 중의 손해배상청구를 인정하되 과실을 완화하여 모든 경우에 배상이 가능하도록 하여야 할 것이다.

4. 행정상 손실보상의 원인

가. 공공필요

공공필요의 뜻에 대하여는 특정 공익사업을 위한 필요, 공공복리를 위한 필요 또는 널리 공공목적을 위한 필요로 이해하는 견해가 있다. 결국 공용침해를 필요로 하는 공익과 침해되는 사익을 형량하여 공공필요에의 해당여부를 결정하여야 할 것이다. 공익사업을 위한 토지 등의 취득 및 보상에 관한 법률은 수용의 전제가 되는 사업이 공익사업이기만 하면 행정주체는 물론 사인도 토지를 수용할 수 있도록 하고 있다. 그것은 공익사업의 수행은 행정주체만이 독점하는 것이 아니기 때문이다.

나. 재산권의 수용, 사용 또는 제한(공용침해)

재산권의 공용수용 공용사용 공용제한을 공용침해라고 한다.

(1) 공용수용

공용수용이라 함은 공익사업을 위하여 타인의 특정한 재산권을 법률의 힘에 의하여 강제적으로 취득함을 말한다. 공용징수라고도 한다. 공용수용은 특정한 재산권을 공익사업을 위하여 취득하는 것으로 공익사업을 위한 토지 등의 취득 및 보상에 관한 법률 제4조와 각 개별 법률에 열거되어 있다.

(2) 공용사용

공용사용이란 특정한 공익사업을 위하여 그 사업자가 타인의 소유에 속하는 토지 기타의 재산권에 대하여 공법상의 사용권을 취득하고, 상대방인 소유자 기타의 권리자가 공익사업을 위한 사용을 수인할 공법상 의무를 부담하는 경우를 말한다. 사용제한이라고도 한다. 측량 실지조사 공사 등을 위하여 일시 타인의 토지에 출입하여 사용하는 경우와 비상재해의 경우에 그 방지 또는 구호를 위하여 응급적 부담으로 토지 또는 기타의 물건을 사용하는 경우가 있다.

(3) 공용제한

공용제한은 전통적인 의미에서 특정한 공익사업의 수요를 충족시키기 위하여 특정한 재산권에 가하여지는 공법상의 제한으로 이해되어 왔다. 예컨대 특정한 도로 사업을 위하여 그 접도구역에서의 일정한 행위가 제한되는 것과 같이 공용제한의 원인인 사업 및 사업주체가 특정되어 있다. 그러나 오늘날에는 공용제한이 특정한 공익사업을 위한 것이라기보다는 국토의 합리적인 이용을 직접적이고 본래적인 목적으로 하는 제도로 발전하고 있다. 제한을 받는 재산권의 특정성도 희박하여 전 국토 또는 지역전체를 그 대상으로 예정하고 있다. 그러므로 이와 같은 관점에서 새롭게 공용제한을 정의하면, 특정한 공익사업 기타의 복리행정상의 목적을 위하여 또는 물건의 효용을 보존하기 위하여 재산권에 가하여지는 공법상의 제한이라고 할 수 있다. 이와 같은 개념의 정의는 경계이론에 입각한 견해라고 할 수 있다. 경계이론에 의하면 공공필요를 위한 재산권의 제한은 널리 공용제한이라 본다.

다. 특별한 희생

공익사업을 충당하기 위하여 특정개인이 입은 재산상의 희생을 특별한 희생이라고 할 수 있는데, 구체적인 경우에 어떤 손해가 특별한 희생에 해당하는지, 재산권에 내재하는 사회적 제약에 해당하는 지 명확하지 않은 경우가 많다. 그 구별의 기준에 관한 견해가 대립된다.

(1) 형식적 표준설

재산권에 대한 침해행위가 일반적인 것인지, 개별적인 것인지를 표준으로 하여 특정인 또는 한정된 범위의 사람에 대한 침해만을 특별한 희생으로 보는 견해이다.

(2) 실질적 표준설

재산권을 침해하는 실질적 내용에 따라 공용수용의 개념을 규정하려고 하는 이론으로, 침해가 재산권의 본질을 침해하는 강도의 것인가의 여부를 표준으로 하는 견해이다. 실질적 표준설에서는 재산권을 보호할만한 가치 있는 것과 그렇지 않는 것으로 구분하여, 전자에 대한 침해만이 보상을 요한다는 보호가치설, 재산권의 본체인 배타적 지배성을 침해하지 아니하는 범위 안의 침해는 사회적 제약이지만, 재산권의 본질적 내용을 침해하는 것은 그 침해에 대한 수인을 기대할 수 없기 때문에 특별한 희생이라는 수인한도설, 사적효용의 원리를 존중하여 재산권의 기능에 적합한 이용을 확보하기 위하여 행하여지는 침해는 사회적 제약이고, 사저효용의 원리를 본질적으로 침해하는 것은 특별한 희생이라는 사적효용설 재산권에 대한 침해가 종래부터 인정되어 온 이용목적이나 기능에 위배되는 경우에는 특별한 희생이고 종래부터의 이용목적이나 재산권의 기능에 적합한 이용을 확보하기 위한 침해는 사회적 제약이라는 목적위배설, 토지는 그 위치 성질 경관 등으로 인하여 일정한 이용을 제한받게 되며 그러한 제약은 사회적 제약이지만 당해 재산권이 처한 지정학적 상황을 경제적 관찰방법으로 고찰하여 조리상 인정되는 당해 재산권의 효용이 거부되거나 본질적으로 제약당하는 경우에는 특별한 희생이라는 상황적 구속설, 독일의 연방행정재판소가 취하는 견해로 침해의 중대성과 범위를 기준으로 하여 침해의 중대성과 범위에 비추어 사인이 수인할 수 없는 제한에 대하여서만 보상이 주어져야 한다는 중대설이 있다.

(3) 절충설(복수기준설)

형식적 표준설과 실질적 표준설이 각각 일면적 타당성만을 갖는다는 전제 아래서 형식적 표준과 실질적 표준을 아울러 기준으로 하는 견해이며, 우리나라의 통설적 견해이다.

(4) 소결

(가) 생각건대 통설인 절충설이 타당하다. 공권력작용이 국민전체에 대하여 일반적으로 발동되고 그 결과 모든 자에게 균등하게 손실이 생긴 경우에는 공평부담의 원칙에 의한 보상이 행하여질 이유가 없다. 따라서 특정인 또는 특정범위의 사람에 대하여 생긴 손실에 대하여서만 보상의 문제가 생기는 바, 이러한 손실도 모두 보상의 대상이 되는 것이 아니고 재산권의 실질적 본질적 제한에 대한 손실만이 보상의 대상이 된다.

그리고 실질적 본질적 제한의 유무는 위의 실질설이 주장하는 목적위배, 기능에 적합한 이용, 상황적 구속성 등의 기준을 종합적으로 고려하여 판단하여야 할 것이다. 이러한 추상적 기준의 실제적용에 있어서 어려운 점이 많다. 예컨대 국토의 계획 및 이용에 관한 법률에 의하여 지정된 개발제한구역 안에서의 토지이용의 제한으로 인한 손실은 보상의 대상이 되는 특별한 희생에 해당하는가 하는 것 등이다.

5. 사안의 해결

A 등은 국가의 부산신항만 개발사업이라는 공공필요로 시행하였던 공익사업으로 생업으로 종사하여 왔던 재산권에 해당하는 어업을 계속할 수 없는 피해를 입게 되었다. 따라서 A 등은 국가의 공익사업으로 인하여 받게 된 손해는 특별한 사정이 없는 한 적법한 공권력의 행사로 가하여진 재산상의 특별한 희생으로서 손실보상의 대상이 된다고 볼 수 있다. 따라서 A 등은 법령에 손실보상에 관한 명문의 규정은 없을지라도 헌법 제23조 제3항의 공공필요에 의한 재산권의 수용, 사용 또는 제한 및 그에 관한 보상은 법률로써 하되 정당한 보상을 지급하여야 한다는 규정과 구 공공용지의 취득 시 손실보상에 관한 특례법 제3조 제1항의 공공사업을 위

한 토지 등의 취득 또는 사용으로 인하여 토지 등의 소유자가 입은 손실은 사업시행자가 이를 보상하여야 한다는 규정 및 구 수산업법 제81조 제1항 제1호는 일정한 사유로 인하여 면허 허가 또는 신고한 어업에 대한 처분을 받았거나 어업면허의 유효기간 연장이 허가되지 아니함으로써 손실을 입은 자는 그 처분을 행한 행정관청에 대하여 보상을 청구할 수 있다는 규정 및 신고어업자의 손실보상액 산정에 관한 수산업법 시행령 제62조의 규정을 유추적용하여 손실보상을 청구할 권리가 있다고 할 것이다.

Ⅱ. 행정상 손실보상청구권의 법적 성질 [설문 (2)의 해결]

1. 문제점

A 등이 국가의 공익사업의 시행으로 입게 된 손해를 전보받기 위하여 행사하게 되는 손실보상청구권을 공권으로 이해하면 그에 관한 소송은 행정소송에 의하게 될 것이다. 반면에 사권으로 보면 사법상의 채권채무관계로 인한 민사소송 절차를 거쳐야 할 것이다. 따라서 이에 관한 법적 성질을 고찰할 필요와 실익이 있다.

2. 손실보상청구권의 법적 성질

가. 학설

(1) 공권설

손실보상은 그 원인행위인 권력작용과 일체성의 관계에 있으므로 손실보상의무의 이행관계는 공법관계라고 한다. 통설이다. 손실보상청구권을 공권으로 볼 때에는 그에 관한 소송을 행정소송인 당사자소송에 의하게 된다.

(2) 사권설

손실보상의 원인행위가 비록 공법적인 것이라 할지라도, 이에 대한 손실보상은 당사자의 의사 또는 직접 법률의 규정에 의거한 사법상의 채권채무이기 때문에 사권으로 보아 민사소송에 의하게 된다.

나. 판례

(1) 구 수산업법 제81조의 손실보상청구권의 법적 성질 및 그 행사 방법(민사소송)

종전의 판례는 손실보상의 원인이 공법상 법률관계에서 비롯된 것일지라도 손실의 내용이 사인에게 초래된 사권이기 때문에 손실보상은 민사소송에 의하여야 한다는 입장이었다. 어업면허에 대한 처분 등이 행정처분에 해당된다 하여도 이로 인한 손실은 사법상의 권리인 어업권에 대한 손실을 본질적 내용으로 하고 있는 것으로서 그 보상청구권은 공법상의 권리가 아니라 사법상의 권리이고, 따라서 수산업법 제81조 제1항 제1호 소정의 요건에 해당한다고 하여 보상을 청구하려는 자는 행정관청이 그 보상청구를 거부하거나 보상금액을 결정한 경우라도 이에 대한 행정소송을 제기할 것이 아니라 면허어업에 대한 처분을 한 행정관청(또는 그 처분을 요청한 행정관청)이 속한 권리 주체인 지방자치단체(또는 국가)를 상대로 민사소송으로 직접 손실보상금지급청구를 하여야 한다고 보았다.

(2) 하천법상 손실보상청구권의 법적 성질과 쟁송절차(행정소송)

하천법상 손실보상청구권은 종전에는 민사소송의 대상으로 보았으나, 행정소송법상 당사자소송이라고 판례를 변경하였다. 즉, 법률 제3782호 하천법 중 개정법률 부칙 제2조의 규정에 의한 보상청구권의 소멸시효가 만료된 하천구역 편입토지 보상에 관한 특별조치법 제2조 규정들에 의한 손실보상청구권은 모두 종전의 하천법 규정 자체에 의하여 하천구역으로 편입되어 국유로 되었으나 그에 대한 보상규정이 없었거나 보상청구권이 시효로 소멸되어 보상을 받지 못한 토지에 대하여, 국가가 반성적 고려와 국민의 권리구제 차원에서 그 손실을 보상하기 위하여 규정한 것으로서, 그 법적 성질은 하천법 본칙이 원래부터 규정하고 있던 하천구역에의 편입에 의한 손실보상청구권과 하등 다를 바가 없는 것이어서 공법상의 권리임이 분명하므로 그에 관한 쟁송도 행정소송절차에 의하여야 한다.

(3) 행정청이 공익사업을 시행하는 경우의 손실보상금증감소송(행정소송)

도시계획법 제23조 등에 의하여 국토교통부장관이나 시장 · 군수 등의 행정청이 토지를 수용 또는 사용할 수 있는 공익사업을 시행하는 경우에도 손실보상금의 증감에 관한 행정소송은 행정청이 속하는 권리 · 의무의 주체인 국가나 지방공공단체를 상대로 제기하여야 하고, 그 기관에 불과한 행정청을 상대로 제기할 수는 없다.

다. 소결

행정상의 손실보상은 그에 상응하는 민사상의 손해배상제도가 있으나, 행정상의 손실보상은 권력작용의 원인 또는 결과로서 밀접하게 관련되어 있는 것으로 공법에 특유한 제도이며 따라서 손실보상청구권은 공권이고 그에 관한 소송은 당사자소송이라 할 것이다.

3. 사안의 해결

A 등은 신고어업에 종사하여 오던 중에 국가의 공공사업 시행으로 피해를 입게 되어 취득한 손실보상청구권은 공권이므로 행정소송에 의하여야 하는 것이 논리적이기는 하지만, 사안에서는 판례에 따라 민사소송절차에 따른 손해배상청구를 하여 인용되었다.

4. 행정소송의 관할 법원

[이주대책에 따른 이주자택지 공급계약체결의 거부처분]

[설 문]

한국토지주택공사가 택지개발사업을 시행하면서 공익사업을 위한 토지 등의 취득 및 보상에 관한 법률(토상법)에 따른 이주대책을 실시함에 있어, A는 이주자로서 한국토지주택공사에 대하여 이주자택지분양 신청을 하고 전산추첨의 결과 당첨이 되어 한국토지주택공사와 이주자택지공급계약을 체결하려 하였다.

그러나 한국토지주택공사는 A에게 보상계획공고일 현재 거주하지 아니한 결격사유가 있다는 이유로 위 계약체결을 거부하였다.

이에 A는 거부처분을 다투려고 한다. 이 경우에 제기하려는 소의 제1심 관할 법원은 민사법원인가, 아니면 행정법원인가? 단, 한국토지주택공사는 국가의 위임에 의해 공공사업을 수행하는 자이다.

《차례》

◇참고조문◇

법원조직법

제40조의 4(심판권)

행정법원은 행정소송법에서 정한 행정사건과 다른 법률에 의하여 행정법원의 권한에 속하는 사건을 제1심으로 심판한다.

행정소송법

제9조(재판관할)

① 취소소송의 제1심 관할 법원은 피고의 소재지를 관할하는 행정법원으로 한다.

공익사업을 위한 토지 등의 취득 및 보상에 관한 법률

제2조(정의)

이 법에서 사용하는 용어의 정의는 다음과 같다.

3. '사업시행자' 라 함은 공익사업을 수행하는 자를 말한다.

제78조(이주대책의 수립 등)

① 사업시행자는 공익사업의 시행으로 인하여 주거용 건축물을 제공함에 따라 생활의 근거를 상실하게 되는 자를 위하여 대통령령이 정하는 바에 따라 이주대책을 수립 · 실시하거나 이주정착금을 지급하여야 한다.

Ⅰ. 논점의 정리

1) 행정청의 행위가 행정소송의 대상인가, 민사소송의 대상인가의 구별은 그 행위의 내용과 방법 및 분쟁이 일어났을 때에 그 해결에 관한 특별규정이 있는지의 여부 등을 고려하여 결정하여야 한다(대판 1961. 10. 5. 4292행상125). 개별 법령에 소송의 대상이 되는 처분의 성질에 관해 특별한 규정이 없다면, 관련 법령의 종합적인 해석을 통해 판단할 수밖에 없다.

2) 설문과 관련 있는 법률인 공익사업을 위한 토지 등의 취득 및 보상에 관한 법률(토상법)에는 관할 법원 등에 관한 특별한 규정이 없다. 따라서 설문에 답하기 위해 토상법상 이주대책의 취지부터 검토한 후, 한국토지주택공사의 A에 대한 거부처분(이주대책대상자 제외처분)이 행정소송법상 처분개념에 해당하는지, 취소소송의 본질에 비추어 취소소송의 대상으로서 문제가 없는지의 여부를 살펴보기로 한다.

Ⅱ. '토상법' 상 이주대책

1. 이주대책의 취지(생활보상)

토상법 제78조 제1항의 이주대책은 공익사업의 시행에 필요한 토지 등을 제공함으로 인하여 생활의 근거를 상실하게 되는 이주자들을 위하여 사업시행자가 기본적인 생활시설이 포함된 택지를 조성하거나 그 지상에 주택을 건설하여 이주자들에게 이를 그 투입비용 원가만의 부담 하에 개별공급하거나 이주정착금을 지급하는 것이다. 이는 이주자들에 대하여 종전의 생활상태를 원상으로 회복시키면서 동시에 인간다운 생활을 보장하여 주기 위한 이른바 생활보상의 일환으로 국가의 적극적이고 정책적인 배려에 의하여 마련된 제도이다.

2. 이주대책의 성질(공법작용)

토상법상 이주대책은 공익사업의 시행을 직접적인 목적으로 하는 것이므로, 공법적 작용이다. 토상법 제78조 제1항의 표현에 비추어 이주대책은 사업시행자가 일방적으로 수립 · 실시하는 것으로 판단된다. 따라서 이주대책대상자의 선정 · 확인뿐만 아니라, 이주대책대상자의 제외처분 등 모든 조치는 시행자의 일방적인 결정에 의한다. 이상을 종합적으로 보면, 토상법상 이주대책은 공법적 성질의 작용이다.

III. 행정소송법상 처분개념과 한국토지주택공사의 거부처분

1. 처분개념의 구성요소

행정소송법상 취소소송은 처분과 재결을 대상으로 한다(행정소송법 제19조). 그리고 처분은 행정청이 행하는 구체적 사실에 관한 법집행으로서의 공권력의 행사 또는 그 거부와 그 밖의 이에 준하는 행정작용으로 정의되고 있다(행정소송법 제2조 제1항 제1호). 그런데 설문의 이주대책 대상자 제외처분은 소극적인 거부작용이므로 처분개념 중 '행정청이 행하는 구체적 사실에 관한 법집행으로서의 공권력의 행사의 거부' 부분만을 검토하기로 한다. 이 부분은 ① 행정청, ② 구체적 사실, ③ 법집행, ④ 소극적 공권력 행사를 구성요소로 한다.

2. 행정청

1) 행정소송법상 처분은 행정청이 행하는 공권력 행사이다. 행정청에는 법령에 의하여 행정권한의 위임 또는 위탁을 받은 행정기관, 공공단체 및 그 기관 또는 사인이 포함된다(행정소송법 제2조 제2항). 행정청은 행정조직법상 행정청과 일치하는 것이 아니다. 행정소송법상 행정청의 개념은 기능적 의미에서의 행정청으로 이해된다.
2) '한국토지주택공사는 국가의 위임에 의해 공공사업을 수행하는 자' 이므로 한국토지주택공사는 행정소송법상 행정청에 해당한다.

3. 구체적 사실

1) 행정소송법상 처분은 구체적 사실에 관한 공권력 행사이다. 구체적 사실이란 기본적으로 관련자가 개별적이고 규율대상이 구체적인 것을 의미한다. 일반 · 추상적 사실에 대한 규율은 입법을 의미한다. 관련자가 일반적이고 규율사건이 구체적인 규율은 일반처분이라

하는데 이것 역시 처분에 해당한다.

2) A에 대한 한국토지주택공사의 거부처분은 특정인에 대한 것이고 내용이 구체적이므로, 구체적 사실의 요건을 구비한다.

4. 법집행

1) 행정소송법상 처분은 법집행으로서의 공권력 행사이다. 법집행행위라는 점에서 처분과 사법(관결)은 유사한 면을 갖는다. 처분은 법집행행위이므로 법정립행위인 입법과는 구별된다.

2) 설문의 한국토지주택공사의 거부처분은 토상법 제78조 제1항에 근거하여 이루어지는 것이므로 법집행의 요건도 구비하였다.

5. 공권력 행사

1) 행정소송법상 처분은 적극적 또는 소극적 공권력 행사이다. 공권력 행사란 공법에 근거하여 행정청이 우월적 지위에서 일방적으로 행하는 일체의 행정작용으로 이해된다. 따라서 행정청이 행하는 사법작용이나 사인과의 대등한 관계에서 이루어지는 공법상 계약 등은 여기서 말하는 공권력 행사에 해당하지 아니한다. 한편, 공권력 행사의 거부는 공권력 행사의 소극적 유형으로서 당연히 공권력 행사에 포함된다.

2) 토상법상 이주대책의 성질에서 본 바와 같이 한국토지주택공사의 거부처분은 공법인 토상법에 근거한 일방적인 행위로서 소극적인 것인 바, 공권력 행사의 거부에 해당한다.

Ⅳ. 취소소송의 본질과 한국토지주택공사의 거부처분

1. 취소소송의 본질

취소소송의 본질은 일반적으로 위법성의 소급적 제거에 있는 것으로 이해되고 있다. 사실적인 것은 소급적인 제거가 불가능하지만, 법적 행위의 위법성은 소급적으로 제거할 수 있으므로, 취소소송의 대상이 되는 공권력 행사(처분)는 법적 행위에 한정된다.

2. 판례의 태도

판례는 항고소송의 대상이 되는 행정처분이라 함은 행정청의 공법상의 행위로서 특정사항에 대하여 법규에 의한 권리의 설정 또는 의무의 부담을 명하거나 기타 법률상 효과를 발생하게 하는 등 국민의 구체적인 권리·의무에 직접적 변동을 초래하는 행위를 말하는 것이고, 행정권 내부에서의 행위나 알선, 권유, 사실상의 통지 등과 같이 상대방 또는 기타 관계자들의 법률상 지위에 직접적인 법률적 변동을 일으키지 아니하는 행위 등은 항고소송의 대상이 될 수 없다고 한다. 판례의 태도도 취소소송의 대상이 되는 공권력 행사는 법적 행위에 한정된다는 것을 의미한다.

3. 법적 행위

법적 행위란 외부적으로 직접적인 법효과를 의도하는 의사표시를 말한다. ① 법적 행위는 행정조직 내부를 넘어서 개인에 대해 직접적으로 권리 · 의무에 발생 · 변경 · 소멸 등의 법적 효과를 가져오는 행위를 말한다. 행정조직 내부행위는 법적 행위가 아니다. ② 법적 행위는 당해 행위로 직접 법적 효과를 가져오는 행위이다. 법적 효과 없는 도로청소 등 순수사실행위나 행정지도는 법적 행위가 아니다. ③ 법적 행위는 행정법상 의사표시를 주된 요소로 하고, 그에 따라 일정한 효과가 주어지는 행위이다.

4. 한국토지주택공사의 거부처분의 처분성

한국토지주택공사의 거부처분은 ① 사인에 대한 것이고, ② 법적 효과의 부여를 거부하는 행위로서 법적 행위이고, ③ 한국토지주택공사의 의사표시를 요소로 하는 행위인 바, 전체로서 취소소송의 대상이 될 수 있는 법적인 행위에 해당한다.

V. 결론

한국토지주택공사의 거부처분은 행정소송법 제2조 제1항 제1호에서 말하는 처분개념에 해당할 뿐만 아니라 취소소송의 대상이 될 수 있는 법적 행위에 해당한다(대판 1994. 10. 25. 93다46919). 따라서 법원조직법 제40조의 4, 행정소송법 제3조 제1호, 그리고 행정소송법 제9조 제1항 본문이 정하는 바에 의하여 한국토지주택공사의 A에 대한 거부처분의 취소를 구하는 소의 관할 법원은 행정법원이다.

5. 행정처분에 대한 지역주민의 원고적격

(제3자) [화장장의 설치와 주민의 권리침해]

[설문]

A시는 시설노후와 인근에의 주택밀집 등을 이유로 기존의 공설화장장을 폐쇄하고, 대체화장장을 설치하기 위해 A시가 소유자로서 운영하고 있는 공설묘지인 B공원 내에 부지를 선정하였다.

이 부지는 A시의 C구 · D구의 일부지역에 급수되는 E수원지에 인접한 곳으로서 수도법 제5조에 의거 상수원보호구역으로 지정되어 있는 곳이다.

A시는 일련의 법정절차를 거쳐 그 부지를 상수원보호구역에서 제외시키는 상수원보호구역 변경처분을 하고 이어서 그 부지상에 기반시설의 하나인 화장장을 설치하기로 하는 도시관리계획을 결정하였다.

B공원으로부터 300미터의 거리에 살고 있는 주민 F 등은 이러한 A시의 처분을 다툴 수 있는 법률상 이익을 갖는가?

《차례》

◇참고조문◇

행정소송법

제12조(원고적격)

취소소송은 처분 등의 취소를 구할 법률상 이익이 있는 자가 제기할 수 있다….

제17조(묘지 등의 설치제한)

다음 각 호의 어느 하나에 해당하는 지역에는 묘지·화장시설·봉안시설 또는 자연장지를 설치·조성할 수 없다.

2. [수도법] 제7조 제1항에 따른 상수원보호구역. 다만, 기존의 사원 경내에 설치하는 봉안시설 또는 대통령령으로 정하는 지역주민이 설치하거나 조성하는 일정규모 미만의 개인, 가족 및 종중·문중의 봉안시설 또는 자연장지인 경우에는 그러하지 아니하다.

수도법

제7조(상수원보호구역 지정 등)

① 환경부장관은 상수원의 확보와 수질 보전을 위하여 필요 하다고 인정되는 지역을 상수원 보호를 위한 구역(이하 "상수원보호구역"이라 한다)으로 지정하거나 변경할 수 있다.

국토의 계획 및 이용에 관한 법률

제2조(정의)

이 법에서 사용하는 용어의 뜻은 다음과 같다.

6. '기반시설' 이라 함은 다음 각목의 시설로서 대통령령이 정하는 시설을 말한다.

바. 화장시설·공동묘지·봉안시설 등 보건위생시설

제43조(도시계획시설의 설치 · 관리)

① 지상 · 수상 · 공중 · 수중 또는 지하에 기반시설을 설치하고자 하는 때에는 그 시설의 종류 · 명칭 · 위치 · 규모 등을 미리 도시관리계획으로 결정하여야 한다….

Ⅰ. 논점의 정리

향정소송법 제12조는 '취소소송은 처분 등의 취소를 구할 법률상 이익이 있는 자가 제기할 수 있다' 고 규정하고 있으므로, 설문에 답하기 위해 먼저 행정소송법 제12조의 의미를 '법률상 이익' 과 '있는 자' 로 나누어서 검토한 후, 주민 F 등이 행정소송법 제12조가 정하는 법률상 이익을 갖는지의 여부를 검토하기로 한다.

Ⅱ. 행정소송법 제12조(원고적격)

1. 취소소송의 본질(법률상 이익의 의미)

법률상 이익의 개념은 취소소송의 본질 내지 기능을 어떻게 이해하느냐에 따라 달리 파악된다. 취소소송의 본질 내지 기능에 관한 학설로 권리구제설, 법률상 보호이익설, 보호가치 있는 이익설, 적법성 보장설이 있다. ① 권리구제설은 취소소송의 목적이 위법한 처분으로 인해 침해된 권리의 회복에 있다고 보아 권리가 침해된 자만이 취소소송을 제기할 수 있다는 입장이다. ② 법률상 보호이익설은 법이 보호하는 이익이 침해된 자도 취소소송을 제기할 수 있다는 입장이다. ③ 보호가치 있는 이익설은 법에 의해 보호되는 이익이 아니라도 그 이익의 실질적인 내용이 재판상 보호할 가치가 있다고 판단되면, 그러한 이익이 침해된 자도 취소소송을 제기할 수 있다는 입장이다. ④ 적법성 보장설은 침해된 이익의 성질이 아니라 그릇된 행정처분의 시정 내지 적법성 확보에 가장 밀접한 이해관계가 있는 자가 원고적격을 갖는다는 입장이다. 생각건대 법원은 입법기관이 아닌 점에 비추어 보호가치 있는 이익설은 채택하기 어렵고, 행정소송은 주관적인 소송임에 비추어 적법성 보장설도 채택하기 어렵다. 권리개념을 넓게 이해하면 권리구제설과 법률상 보호이익설의 내용에는 차이가 없고, 이 견해가 가장 합리적이다.

2. 법률상 이익의 성립

법률상 이익은 헌법 · 법률 등 성문법규에 의해 성립하기도 하고, 관습법에 의해 성립하기도 한다. 행정의 법률적합성의 원칙상 가장 중요한 것은 법률에 의한 성립의 경우이다. 법률에 의해 개인적 공권이 인정되기 위해서는 ① 관련 법령이 행정청에게 의무를 부과하고, ② 동시에 관련 법령이 사익보호를 목적으로 하고 있어야 한다. 사익보호성의 판단은 헌법의 정신하에 관련 법규의 객관적인 평가에 따라야 한다. 관련 법령은 처분의 상대방이 아닌 제3자의 보호를 목적으로 하는 경우도 있을 수 있다. ③ 재판청구권은 헌법상 기본권으로서 일반적으로 보장되고 있으므로, 소구가능성이 관련 법령에서 개별적으로 규정되어야만 하는 것은 아니다.

3. 법률상 이익이 있는 '자'(者)

행정소송법 제12조에서 말하는 '자' 에는 자연인 외에 법인이 포함되며, 경우에 따라서는 다수인도 여기의 '자' 에 해당한다(공동소송). 상대방 외에 제3자도 포함된다. 특히 제3자효를 수반하는 행정행위에 대한 행정심판청구에 있어서, 그 청구를 인용하는 내용의 재결로 인하여 비로소 권리이익을 침해 받게 되는 자는 재결의 당사자가 아니라고 하더라도 그 인용재결의 취소를 구하는 소를 제기할 수 있다. 그러나 행정심판의 피청구인인 행정청은 여기서 말하는 '자' 에 해당하지 아니한다. 왜냐하면 인용재결의 경우에 피청구인인 행정청은 재결의 기속력에 의해 취소소송을 제기할 수 없기 때문이다.

판례상 제3자에게 법률상 이익이 있는 것으로 인정된 예로 여객자동차운송사업법상 운소사업면허의 경우, 경원관계에 있는 경우(예 동일지역에서 도로 점용허가의 경우), 건축법상 이웃소송(인인소송)의 경우, 그리고 접견권의 경우 등을 들 수 있다.

III. 화장장설치와 법률상 이익

1. 인근주민의 이익의 성질

(1) 수도법과 인근주민의 이익

상수원보호구역설정의 근거가 되는 수도법 제5조 제1항이 보호하고자 하는 것은 상수원의 확보와 수질보전일 뿐이고, 그 상수원에서 급수를 받고 있는 지역주민들이 가지는 상수원의 오염을 막아 양질의 급수를 받을 이익은 직접적이고 구체적으로는 보호하고 있지 않음이 명백하다는 입장이다. 따라서 위 지역주민(F 등)이 가지는 이익은 상수원의 확보와 수질보호라는 공공의 이익이 달성됨에 따라 반사적으로 얻게 되는 이익에 불과하므로 F 등은 상수원보호구역변경처분의 취소를 구할 법률상 이익을 갖고 있지 않다. 또한 도시관리계획결정의 근거는 국토의 계획 및 이용에 관한 법률 제43조 제1항인데 동법상 도시계획시설 인근주민들의 이익을 배려하는 규정은 찾아볼 수 없으므로, 결정처분이 장사 등에 관한 법률 제17조 제2호를 위배하였다 하더라도 장사 등에 관한 법률은 결정처분의 근거법률이 아니어서 도시관리계획결정시 고려하여야 할 사항에 불과하다고 한다.

따라서 도시관리계획결정에 관하여 인근주민들이 가지는 이익은 사실적 · 경제적 이익에 불과한 바, F 등은 도시관리계획결정처분에 대하여 취소를 구할 법률상의 이익을 가지지 못한다고 본다.

(2) 국토의 계획 및 이용에 관한 법률 · 장사 등에 관한 법률과 인근주민의 이익

도시관리계획의 내용이 화장장의 설치에 관한 것일 때에는 국토의 계획 및 이용에 관한 법률 제43조뿐만 아니라 장사 등에 관한 법률 제17조 제2호 역시 그 근거 법률이 된다고 보아야 할 것이다(대판 2004. 8. 16. 2003두2175 법률신문 2004. 9. 9.).

그리고 장사 등에 관한 법률이 상수원보호구역에 화장장의 설치를 제한하고 있는 것은 국민보건상 위해를 끼칠 우려가 있는 지역에 공설화장장 설치를 금지함으로써 공공의 이익을 확보함과 아울러 그 구역의 주민들의 식수의 보호와 쾌적한 생활환경의 보호 등 생활상의 이익을 도모하려는 것인 바, F 등의 이익은 도시관리계획결정처분의 근거 법률에 의하여 보호되는 법률상 이익이라고 보는 입장이다.

(3) 소결

법률상 이익설이 원고적격의 확대화 현상 및 반사적 이익의 공권화 경향에 부합하므로 타당하다.

2. 인근주민과 법률상 이익이 있는 '자'(者)

F 등은 처분의 직접 상대방이 아닌 제3자에 해당하지만, 자연인이자 다수인으로서 당연히 행정소송법 제12조에서 말하는 '자'에 해당한다.

Ⅳ. 결 론

국토의 계획 및 이용에 관한 법률 제43조 및 장사 등에 관한 법률 제17조 제2호 등에 비추어 F 등이 갖는 이익은 반사적 이익이 아니라 법률상 이익이고, F 등은 공동소송의 주체로서 당사자적격을 갖는 권리주체임이 분명하므로, F 등은 A시의 처분을 다툴 수 있는 법률상 이익이 있는 자에 해당한다.

6. 한국토지주택공사의 피고적격

[한국토지주택공사와 행정청]

[설문]

한국토지주택공사는 정부투자기관의 회계관련 규정에 의거하여 A에게 2014년 6월 7일부터 2014년 12월 7일까지 입찰참가 자격을 제한하는 내용의 부당업자 제재처분을 하였다.

이에 A가 한국토지주택공사를 상대로 제재처분의 취소를 구하는 행정소송을 제기하려고 한다.

부당업자 제재처분을 행한 한국토지주택공사는 행정소송법상 행정청에 해당하는가?

Ⅰ. 논점의 정리

설문에 답하기 위해 행정소송법상 행정청의 개념을 분석하고, 이어서 한국토지주택공사가 행정청에 해당하는지의 여부를 검토하기로 한다. 행정법학에서 행정청의 개념은 다양하게 사용되고 있으나, 기본적으로 조직법상 의미와 기능상 의미로 구분된다.

Ⅱ. 행정조직법상 행정청의 개념

1. 의의

행정조직법상 행정청의 의미는 전통적 행정(관)청개념과 포괄적 행정(관)청개념으로 구분된다. 전통적으로 행정청이란 의사기관, 즉 행정에 관한 행정주체의 의사를 결정하고 표시하는 권한을 가진 기관(예 법무부장관)으로 이해하여 왔다.

한편, 다수의 직으로 구성되는 조직상의 단일체(예 법무부)를 포괄적 행정청이라 부르기도 한다. 포괄적 행정청개념에서 그 우두머리가 전통적 의미의 행정청에 해당한다. 행정조직법상 행정청의 개념은 일반적으로 직접 국가행정조직에서의 개념이며, 간접 국가행정조직에서 사용되고 있는 개념은 아니다.

2. 행정소송법 제2조 제1항 제1호의 행정청

행정소송법 제2조 제1항 제1호에서 말하는 행정청은 행정소송법 제2조 제2항에 비추어 행정조직법상 행정청의 개념에 해당한다.

Ⅲ. 기능상 행정청의 개념

1. 의의

기능상 의미의 행정청이란 외부관계에서 공법상 구체적인 행정상 처분을 행할 수 있는 모든 기관을 의미한다. 조직법상 의미와 행정법은 기관개념에 해당하지만, 조직법상 의미의 행정청이 아니라고 하여도 위임 틀에 의해 행정행위를 발하거나 기타 공법상의 개별처분을 외부에 가하는 기관도 기능상 의미의 행정청에 해당한다.

2. 행정소송법 제2조 제2항의 행정청

행정소송법 제2조 제2항은 '이 법을 적용함에 있어서 행정청에는 법령에 의하여 행정권한의 위임 또는 위탁을 받은 행정기관, 공공단체 및 기관 또는 사인이 포함된다' 고 규정하여 공공기관이나 사인까지도 행정청이 될 수 있음을 규정하고 있다.

본 조항의 행정청은 기능상 의미의 행정청에 해당한다. 위임, 위탁을 받는 행정기관, 공공단체 및 그 기관 또는 사인에는 특별한 제한이 없다.

본 조항에서 말하는 행정권한이란 공법상의 권한만을 의미하고 사법상의 권한은 포함되지 아니한다. 왜냐하면 행정소송은 공법상 분쟁의 절차이기 때문이다.

본 조항은 법령에 의해 권한이 위임 또는 위탁된 경우에만 적용되는 것이고, 내부위임과 같이 사실로서의 위임의 경우에는 적용되지 않는다.

Ⅳ. 한국토지주택공사와 행정청의 개념

1. 행정조직법상 행정청개념과 한국토지주택공사

국가의 행정은 자신의 조직, 즉 직접 국가행정조직으로 이루어지는 것이 원칙이다. 그러나 국가는 행정임무의 효율성, 전문성, 기술성 등을 고려하여 국가로부터 독립된 기구(공법인)를 설치하고 그로 하여금 행정임무를 수행하게 하기도 한다. 그러한 기구를 간접 국가행정조직이라 한다. 한국토지주택공사는 이러한 간접 국가행정조직의 한 부분이며, 간접 국가행정조직은 행정조직법상 행정청의 개념에 해당하지 아니한다.

실정법상 한국토지주택공사를 행정청으로 규정(또는 간주)하는 법률도 없다. 또한 한국토지주택공사에 대해 직무권한(행정권한)으로서 '부당업자 제재처분권'을 시원적으로 부여하는 법률도 찾아볼 수 없다. 말하자면 실정법상으로도 부당업자 제재와 관련되는 한 한국토지주택공사를 행정청으로 규정하는 법률은 없다.

2. 기능상 의미의 행정청과 한국토지주택공사

한국토지주택공사가 기능적 의미의 행정청에 해당하기 위해서는 법령에 의하여 행정권한을 위임 또는 위탁을 받아야 한다.

그러나 현재로서는 행정권한으로서 '부당업자 제재처분'의 권한을 한국토지주택공사에 위임하는 법령은 찾아볼 수 없다.

따라서 한국토지주택공사의 부당업자 제재처분의 권능은 위임 · 위탁에 따른 것이 아니므로, 설문에서의 한국토지주택공사를 기능상 의미의 행정청으로 볼 수도 없다.

Ⅴ. 결 론

한국토지주택공사는 간접 국가행정조직에 해당할 뿐 직접 국가행정조직에 속하는 것이 아니므로 행정조직법상 행정청의 개념에 해당하지 아니한다.

또한 한국토지주택공사는 법령상 부당업자 제재처분의 행정권한을 위임, 위탁받은 바도 없다. 따라서 한국토지주택공사는 행정소송법 제2조 제2항의 의미 내지 기능상 의미의 행정청으로 볼 수 없다.

결국 한국토지주택공사는 행정소송법상 행정청에 해당하지 아니한다.

7. 취소소송의 대상

[취소재결 후에 발령된 취소처분의 성격]

[설 문]

> 2013. 3. 21 보건복지부장관은 A제약에 대하여 B의 약품제조품목허가처분을 하였다.
> 2013. 5. 21 제3자인 C제약이 위의 허가처분은 이미 자신에게 허가한 의약품과 동일 · 유사한 명칭을 사용하는 의약품에 대한 허가이어서, 위법함을 이유로 중앙행정심판위원회에 행정심판을 제기하였다.
> 2013. 9. 11 중앙행정심판위원회는 심의 · 의결을 거쳐 위 허가에 관한 보건복지부장관의 위처분을 취소하는 내용의 취소재결을 하였다.
> 2013. 11. 23 보건복지부장관은 다시 A제약에 대하여 의약품제조품목 허가처분을 취소하였다. 위의 9월 11일자 처분과 11월 23일자 처분은 취소소송의 대상이 되는가?

Ⅰ. 논점의 정리

9월 11일자 처분은 재결처분이고, 11월 23일자 처분은 재결처분의 내용을 반복하는 처분이다. 따라서 설문은 9월 11일자 재결처분이 취소소송의 대상이 되는지의 여부와 재결처분의 내용을 반복하는 11월 23일자 처분이 취소소송의 대상이 되는지의 여부를 묻고 있다.

9월 11일자 재결처분은 재결소송의 문제가 되고, 11월 23일자 처분은 처분 개념과 관련을 갖는다. 나누어서 살피기로 한다.

Ⅱ. 9월 11일자 재결처분의 취소소송 대상 여부

1. 인용재결의 종류

행정심판위원회는 취소심판의 청구가 이유가 있다고 인정하면 처분을 취소 또는 다른 처분으로 변경하거나 처분을 다른 처분으로 변경할 것을 피청구인에게 명한다. 따라서 취소심판의 인용재결에는 취소재결 · 변경재결 · 변경명령재결이 있다.

2. 취소재결의 형성력

취소심판의 인용재결 중 행정심판위원회가 처분을 다른 처분으로 변경할 것을 피청구인에게 명하는 경우에는 피청구인인 처분청이 처분을 하여야만 기존 법률관계의 변동을 가져오지만, 행정심판위원회가 스스로 처분을 취소하거나 다른 처분으로 변경하면, 그것만으로 기존 법률관계의 변동을 가져온다. 말하자면 형성력을 갖는다.

3. 재결소송

취소소송은 처분 외에 행정심판에 대한 재결도 대상으로 한다. 재결이란 행정심판법상의 재결만을 뜻하는 것은 아니다. 당사자심판이나 이의신청에 대한 재결도 포함된다. 그런데 현행 행정소송법은 원처분 중심주의를 택하고 있는 바, 재결취소소송은 재결 자체에 고유한 위법이 있음을 이유로 하는 경우에 한한다. 따라서 재결에 고유한 위법이 없는 한 원처분을 다투어야 한다. 재결 자체에 고유한 위법이란 재결 자체에 주체 · 절차 · 형식 또는 내용상의 위법이 있는 경우를 말한다.

4. 설문에 적용

(1) 형성재결

9월 11일자 '중앙행정심판위원회는 심의 · 의결을 거처 위 허가에 관한 보건복지부장관의 위 처분을 취소하는 내용의 취소재결을 하였다' 는 표현 중에 '보건복지부장관이 위 처분을 취소하는 내용의 취소재결을 하였다' 는 부분은 중앙행정심판위원회의 재결이 취소재결임을 의미한다. 여기의 취소재결은 행정소송법 제2조 제1항 제1호에서 말하는 행정심판의 재결에 해당한다. 따라서 9월 11일차 중앙행정심판위원의 재결은 당연히 취소소송의 대상이 된다.

(2) 고유한 위법

원처분의 상대방이 아닌 제3자인 C가 행정심판을 청구하여 중앙행정심판위원회가 원처분을 취소하는 형성재결을 한 경우에 그 원처분의 상대방인 A는 그 재결에 대하여 항고소송을 제기할 수밖에 없다. 이 경우 재결은 원처분과 내용을 달리하는 것이어서 재결의 취소를 구하는 것은 원처분에 없는 재결 고유의 위법을 주장하는 것이 된다. 따라서 9월 11일자 취소재결은 원처분의 상대방인 A와 관련하는 한 취소소송이 대상이 된다.

III. 11월 23일자 처분의 취소소송 대상 여부

1. 행정소송법상 처분개념

행정소송법 제19조는 취소소송은 처분을 대상으로 한다고 규정하고 있다. 그리고 동법 제2조 제1항 제1호에 의하면 처분은 행정청이 행하는 구체적 사실에 관한 법집행으로서의 공권력의 행사 또는 그 거부와 그 밖에 이에 준하는 행정작용으로 정의되고 있다. 이를 분설하면 다음과 같다.

(1) 행 정 청

행정소송법상 처분은 행정청이 행하는 공권력 행사이다. 동법 제2조 제2항에 따라 행정청에는 법령에 의하여 행정권한의 위임 또는 위탁을 받은 행정기관, 공공단체 및 그 기관 또는 사인이 포함된다. 여기서 말하는 행정청의 개념은 기능적으로 이해된다.

(2) 구체적 사실

행정소송법상 처분은 구체적 사실에 관한 공권력 행사이다. 구체적 사실이란 기본적으로 관련자가 개별적이고 규율대상이 구체적인 것을 의미한다. 일반 · 추상적 사실에 대한 규율은 입법을 의미한다. 관련자가 일반적이고, 규율사건이 구체적인 경우의 규율은 일반처분이라 할 수 있는데, 역시 처분에 해당한다.

(3) 법 집 행

행정소송법상 처분은 법집행으로서의 공권력 행사이다. 처분은 기본성격, 판단의 내용, 판단기관의 성격, 절차 효과 등에서 판결과 차이를 갖지만, 처분과 사법은 법집행행위라는 점에서 유사한 면을 갖는다. 그러나 처분은 법집행행위이므로 법정립행위인 입법과는 구별된다.

(4) 공권력 행사

행정소송법상 처분은 공권력 행사이다. 공권력 행사의 의미는 분명하지 않지만, 여기서 공권력 행사란 공법에 근거하여 행정청이 일방적으로 행하는 일체의 행정작용으로 이해된다. 따라서 행정청이 행하는 사법작용이나 사인과의 대등한 관계에서 이루어지는 공법상 계약 등은 여기서 말하는 공권력 행사에 해당하지 아니한다. 한편, 공권력 행사의 거부는 공권력 행사의 소극적 유형으로서 당연히 공권력 행사에 포함된다.

(5) 그 밖에 이에 준하는 행정작용

현재로서 '그 밖에 이에 준하는 행정작용' 의 의미는 분명하지 않다. 논자에 따라서는 권력행사로서의 사실행위, 행정입법, 구속적 행정계획 등을 그 예로 들기도 한다. 그러나 취소소송을 소송으로 이해하는 한, 권력행사로서의 사실행위가 순수 사실행위라면 처분에 해당할 수 없고, 행정입법은 규범이므로 처분에 속한다고 보기 어려우며, 구속적 행정계획은 행정계획마다 그 성질을 달리하므로 한마디로 단언할 수는 없다. 다만 집행행위를 요함이 없이 바로 국민의 권리 · 의무를 발생시키는 법규명령은 이에 해당한다고 볼 수 있다.

2. 취소소송의 본질과 처분개념

(1) 취소소송의 본질

취소소송의 본질은 일반적으로 위법성의 소급적 제거에 있는 것으로 이해되고 있다. 그런데 사실적인 것은 소급적인 제거가 불가능하지만, 법적 행위에 존재하는 위법성은 소급적으로 제거할 수 있으므로, 취소소송의 대상이 되는 공권력 행사는 법적 행위에 한정된다.

(2) 판례의 입장

판례가 '항고소송의 대상이 되는 행정처분이라 함은 행정청의 공법상의 행위로서 특정

사항에 대하여 법규에 의한 권리의 설정 또는 의무의 부담을 명하거나 기타 법률상 효과를 발생하게 하는 등 국민의 구체적인 권리 · 의무에 직접적 변동을 초래하는 행위를 말하는 것이고, 행정권 내부에서의 행위나 알선, 권유, 사실상의 통지 등과 같이 상대방 또는 기타 관계자들의 법률상 지위에 직접적인 법률적 변동을 일으키지 아니하는 행위 등은 항고소송의 대상이 될 수 없다' 고 하는 것도 취소소송의 대상이 되는 행위는 법적 행위이어야 함을 의미한다.

(3) 법적 행위의 의의

법적 행위란 외부적으로 직접적인 법효과를 의도하는 의사표시를 말한다. ① 법적 행위는 행정조직 내부를 넘어서 개인에 대해 직접적으로 권리 · 의무의 발생 · 변경 · 소멸 등의 법적 효과를 가져오는 행위를 말한다. 행정조직 내부행위는 법적 행위가 아니다. ② 법적 행위는 당해 행위로써 직접 법적 효과를 가져오는 행위이다. 도로청소와 행정지도 등은 사실행위로서 법적 효과가 없는 행위이므로 법적 행위가 아니다. ③ 법적 행위는 행정법상 의사표시를 주된 요소로 하고, 그에 따라 일정한 효과가 주어지는 행위이다. 단순히 어떠한 사실을 알리는 것 역시 법적 행위가 아니다. 처분은 의사표시이므로 외부에 알려져야만 효력을 발생한다.

3. 설문에 적용

(1) 송달행위

행정심판법 제48조 제4항은 "처분의 상대방이 아닌 제3자가 심판청구를 한 경우 위원회는 재결서의 등본을 지체없이 피청구인을 거쳐 처분의 상대방에게 송달하여야 한다" 고 규정하고 있음에 비추어 설문의 11월 23일자 보건복지부장관의 처분은 중앙행정심판위원회의 재결을 송달한 것으로 볼 수 있다.

(2) 사실행위

11월 23일에 보건복지부장관이 다시 A제약에 대하여 의약품제조품목 허가처분을 취소한 것은 9월 11일자 취소재결의 상대방이 아니어서 취소재결의 내용을 모르고 있는 A에게 취소재결의 내용을 단순히 알려주는 사실행위에 불과하다. 왜냐하면 하나의 행위를 두 번 취소할 수는 없는 것이기 때문이다. 11월 23일자 취소처분은 단순한 사실행위에 불과하므로 취소소송의 대상이 되지 않는다.

(3) 소 결

행정소송법 제2조 제1항 제1호의 처분개념과 항고소송의 대상이 되는 행정처분이라 함은 행정청의 공법상의 행위로서 특정사항에 대하여 법규에 의한 권리의 설정 또는 의무의 부담을 명하거나 기타 법률상 효과를 발생하게 하는 등 국민의 구체적인 권리 · 의무에 직접적 변동을 초래하는 행위를 말하는 것이라는 판례의 입장에 비추어 11월 23일자 취소처분은 9월 11일자 취소재결의 형성력으로 인해 A제약에 한 B의약품 제조품목 허가처분이 실효하였음을 A제약에 알려 주는 단순한 사실행위에 불과하기 때문에 법적인 행위를 대상으로 하는 취소소송의 대상이 아니다.

Ⅳ. 결 론

1) 9월 11일자 취소재결은 형성재결인 취소심판의 인용재결로서 행정소송법 제2조 제1항 제1호에서 말하는 행정심판의 재결에 해당한다. 아울러 A는 그 재결에 대하여 항고소송을 제기할 수밖에 없고, 이 경우 재결은 원처분과 내용을 달리하는 것이어서 재결의 취소를 구하는 것은 원처분에 없는 재결 고유의 위법을 주장하는 것이 되어 행정소송법 제19조 단서에도 부합한다, 따라서, 9월 11일자 취소재결은 원처분의 상대방인 A와 관련하는 한 취소소송의 대상이 된다.
2) 11월 23일자 취소처분은 9월 11일자 취소재결의 형성력으로 인해 A제약에 한 B의약품 제조품목 허가처분이 실효하였음을 A제약에게 알려 주는 단순한 사실행위에 불과하기 때문에 법적인 행위를 대상으로 하는 취소소송의 대상이 아니다.

8. 취소소송의 원고적격

[도로점용허가거부처분취소소송과 도로점용의 권리]

[설 문]

A는 도로에 가판대를 설치하기 위해 도로법이 정하는 바의 요건을 갖추어 도로점용허가를 신청하였다. 권한 행정청인 B는 도로점용허가를 일체 하지 말라는 감독청의 지시를 이유로 점용허가를 거부하였다.

이에 A는 취소소송을 제기하고자 한다.

(1) A는 원고적격을 갖는가?

(2) 갖는다면 그 내용은?

Ⅰ. 논점의 정리

1) 제1문의 해결을 위해서는 A가 원고적격에 관한 조항인 행정소송법 제12조 제1문이 규정하는 바에 해당하는가의 여부를 검토할 필요가 있다. 한편, 거부처분을 다투는 경우 원고적격에 관한 판례의 접근방식은 다소 상이하다. 즉, 판례는 거부처분취소소송에 있어서 처분성과 관련

하여 신청권의 존재를 요건으로 하고 있는 바, 이에 대한 검토도 필요하다.

2) 법률상 이익에는 ① 접견권과 같이 헌법에서 바로 구체적인 기본권으로 인정되는 경우, ② 헌법 제37조 제2항에 따른 법률에 의해 제한을 받으나, 일정한 요건을 구비하면 회복되는 기본권의 경우, ③ 헌법상 추상적 권리로 규정된 것이 법률에 의해 구체적인 권리로 승인되는 경우, 그리고 ④ 개별 법률에 의해 비로소 법률상 이익이 창설되는 경우 등이 있다. 특히 ③, ④의 경우에는 법률상 이익의 유무의 판단과 관련하여 2요소론이 중요하다. 제2문은 도로점용의 자유, 즉 도로상에서 영업을 위한 도로점용의 자유와 관련된 사안으로서 ②에 해당한다. 시각에 따라서는 ②가 아니라 ④의 경우에 해당한다고 볼 수도 있다. 뿐만 아니라 도로점용허가는 재량행위이므로 소위 무하자재량행사청구권에 관해서도 검토하기로 한다.

Ⅱ. 원고적격의 구비 여부(제1문)

1. 행정소송법 제12조 제1문

(1) 규정내용

행정소송법 제12조 제1항 제1문은 취소소송은 처분 등의 취소를 구할 법률상 이익이 있는 자가 제기할 수 있다고 규정하고 있다. 여기서 원고적격의 개념요소로서 법률상 이익의 의미와 자의 의미가 문제된다.

(2) 법률상 이익

1) 취소소송의 본질과 관련하여 권리 구제설, 법률상 보호이익설, 보호가치 있는 이익설, 적법성 보장설 등이 언급되고 있으나, 오늘날에는 권리구제설, 법률상 보호이익설이 일반적으로 지지되고 있다. 권리개념을 넓게 새기면 권리구제설과 법률상 보호이익설은 내용상 같은 것으로 이해된다. 이러한 일반적 견해에 따르면 취소소송은 법률상 이익의 구제를 목적으로 하는 소송인 바, 취소소송의 원고적격의 의미에서 법률상 이익이란 법률상 보호되는 이익으로 이해된다. 여기서 법률이란 넓은 의미로 이해된다.

2) 법률상 이익에는 헌법상 보장되는 기본권 외에 법률 · 법규명령 · 자치법규 등 법규에 의해 보호되는 것도 있다. 법규에 의해 법률상 이익이 인정되기 위해서는 2요소, 즉 행정청의 의무의 존재와 사익보호성이 필요하다.

(3) 자(者)

'자' 는 법률상 이익의 주체를 의미한다. 법률상 이익의 주체에는 자연인과 법인, 그리고 상대방과 제3자가 포함된다. 다수인도 법률상 이익의 주체가 될 수 있다. 그러나 현재로서 단체소송은 인정되지 아니한다.

2. 거부처분취소소송과 신청권

1) 판례는 한결같이 거부처분을 다투는 소송에서 국민의 신청에 대한 행정청의 거부행위가 항고소송의 대상이 되는 행정처분에 해당하기 위하여는 국민이 행정청에 대하여 그 신청에 따른 행정행위를 하여 줄 것을 요구할 수 있는 법규상 또는 조리상의 권리가 있어야 한다는 입장을 견지하고 있다.

2) 신청권은 신청의 대상이 되는 행위를 할 수 있는 권리의 존재와 그러한 권리의 자유로운 행사에 대한 제한을 전제로 한다. 신청의 대상이 되는 행위를 할 수 있는 권리가 사인에게 존재하지 아니한다면, 신청권이라는 개념은 무의미하다. 이 때문에 신청권이라는 개념은 그 자체가 독자적인 권리가 아니다. 신청권은 신청의 대상이 되는 특정한 행위를 할 수 있는 권리의 실현을 위한 절차적인 것이므로, 신청권은 신청의 대상이 되는 특정한 행위를 할 수 있는 권리의 한 부분이 된다.

3) 신청권을 신청의 대상이 되는 특정한 행위를 할 수 있는 권리의 한 부분으로 본다면, 신청권을 처분성의 문제로 접근하기보다는 원고적격의 문제로 접근하는 것이 보다 논리체계적이다. 여기에 판례의 입장은 문제점을 갖는다.

3. 소 결

1) A의 이익은 가판대 설치를 위한 도로점용의 이익이다. A는 헌법 제10조의 인간의 존엄가치권과 제15조의 직업의 자유에 근거하여 영업을 위해 도로에서 가판대를 설치하고 이를 이용하여 영업을 할 수 있는 자유를 갖는다. 그러므로 A가 가판대의 설치를 위해 도로를 점용하는 이익은 기본권으로서 법률상 이익이다. 논자에 따라서는 A가 갖는 이익이 법률에 의해 비로소 창설되는 법률상 이익이라 주장할 수도 있다.

2) A는 자연이므로 당연히 권리주체가 되는 것이고, 따라서 도로점용 허가거부처분의 상대방으로서 A가 법률상 이익의 주체가 된다고 함에는 아무런 의문이 없다.

3) 따라서 A는 행정소송법 제12조에서 말하는 법률상 이익을 갖는 자에 해당하는 바, 원고적격을 갖는다.

Ⅲ. 원고적격의 내용(제2문)

1. 도로점용의 자유권(기본권의 제한과 금지된 자유의 회복, 상기 ②의 입장)

(1) 도로점용의 자유와 제한

모든 국민은 인간으로서의 존엄과 가치를 가지며, 행복을 추구할 권리를 가진다. 도로와 관련하여 행복을 추구할 권리에는 도로에서의 통행의 자유뿐만 아니라 상업목적의 도로점용의 자유도 포함된다. 또한 상업목적의 도로점용의 자유는 헌법 제37조 제1항에 의해서도 보장된다. 그러나 국민의 모든 자유와 권리는 국가안전보장 · 질서유지 또는 공공복리를 위하여 필요한 경우에 한하여 법률로써 제한할 수 있으며, 제한하는 경우에도 자유와 권리의 본질적인 내용을 침해할 수 없다. 질서유지 · 공공복리 등을 위한 기본권제한의 가능성은 도로의 이용 내지 점용의 경우에도 예외는 아니다.

(2) 도로법 제38조 제1항에 의한 제한

헌법 제37조 제2항에 근거하여 도로상에서의 자유와 제한, 그리고 그 제한의 해제 등을 규정하기 위하여 도로법이 제정되어 있다. 도로법은 교통의 발달과 공공복리의 향상에 기여함을 목적으로 한다. 도로법은 일반의 교통과 관련하여서는 원칙적으로 특별한 제약을 가하고 있지 않다. 그러나 도로의 구역 안에서 공작물, 물건, 기타의 시설을 신설 · 개축 · 변경 또는 제거하거나 기타의 목적으로 도로를 점용하고자 하는 경우에는 관리청의 허가를 받도록 하고 있다. 설문에서 A의 점용허가신청도 도로법 제38조 제1항에 따른 것이다.

(3) 도로점용의 자유의 회복

권한행정청이 A에게 점용허가를 하게 되면, A는 도로법에 의해 제한되었던 도로점용의 자유를 회복하게 된다. 따라서 A의 점용허가신청은 기본권의 회복을 위한 것이고, 그 기본권은 바로 원고적격의 내용을 구성한다. 다만 도로점용의 자유의 회복가능성은 도로법 제38조 제1항에서 말하는 허가가 기속행위인가 아니면 재량행위인가의 여부에 따라 다르다.

2. 도로점용의 지위보장(법률에 의한 지위보장. 상기 ④의 입장)

(1) 문 제 점

도로상에서 상업목적을 위한 도로점용의 자유는 헌법상 기본권으로 보장되는 것이 아니라는 입장에 서면, 설문상 도로점용의 허가신청과 관련하여 문제되는 도로점용의 이익의 성질을 규명하기 위해 도로법의 관련규정에 대한 검토를 요한다. 말하자면, 이러한 경우에는 법률에 의한 개인적 공권의 창설 여부가 문제되고, 2요소론이 문제된다.

(2) 행정청의 의무의 존재

개인적 공권이 성립하기 위해서는 우선 행정청에 의무가 존재하여야 한다. 행정청의 의무는 기속행위뿐만 아니라 재량행위에도 존재한다. 물론 의무의 내용은 양자간에 다소 상이하다. 임의규정이 아닌 한, 행정청은 행위의무를 부담한다. 그런데 설문상 A의 도로점용허가신청의 근거가 된 도로법 제38조 제1항은 도로상 공공복리의 실현을 위해 반드시 적용되어야 하는 강행규정으로 이해되는 바, 권한행정청은 점용허가신청에 대하여 어떠한 처분을 하여야 할 의무를 부담한다. 따라서 개인적 공권성립에 요구되는 제1의 요소는 구비되었다.

(3) 사익보호성의 존재

개인적 공권이 성립하기 위해서는 또한 사익보호성이 인정되어야 한다. 사익보호성의 유무의 판단은 관련 법령의 합리적인 해석의 문제가 된다. 도로법 제38조 제1항은 무분별한 도로점용으로부터 나타날 수 있는 도로의 유지 · 관리의 어려움을 방지하고, 아울러 도로이용의 효율성을 증대하기 위하여 도로점용허가제를 규정한 것으로 이해되는 바, 도로법 제38조 제1항은 공익실현을 주된 목적으로 하는 규정이다. 그러나 또 한편으로 공익에 특별한 지장을 주지 아니하는 범위 안에서 도로청은 도로법 제38조 제1항에 근거하여 사인에게 독점적인 도로점용의 지위를 부여할 수도 있다고 판단된다. 설문의 경우, A가 가판대를 설치하기 위하여 도로점용허가를 신청한 것도 독점적인 도로점용의 지위를 부여받기 위한 것이므로, 이러한 범위 안에서 도로법 제38조 제1항은 사익보호성을 갖는다.

(4) 소결

도로법 제38조 제1항으로부터 도로청의 행위의무와 A에 대한 사익보호성이 추론되는 바, 도로법 제38조 제1항에 근거하여 A는 도로점용과 관련하여 법률상 이익을 갖는다.

3. 무하자재량행사청구권

(1) 문 제 점

개인적 공권은 기속행위는 물론 재량행위에 있어서도 성립된다. 그러나 법률상 이익의 구체적인 내용 내지 행정청의 구체적이 의미의 내용은 상이하다. 특히 재량행위와 관련하여 무하자재량행사청구권이 문제되고 있다.

(2) 도로법 제38조 제1항의 성질(재량행위)

도로법 제38조는 도로점용허가의 성질에 관해 명시적으로 규정하는 바가 없다. 기속행위 · 재량행위의 구별에 관한 명시적인 규정이 없는 경우와 관련하여 학설로 요건재량설 · 효과재량설 등이 언급되고 있다. 판례는 원칙적으로 관련 법령에 대한 종합적인 판단을 전제로 기속행위와 재량행위를 구별하는 방식을 취한다. 종합설이 타당하다. 그러나 종합설에 따라서도 기속행위와 재량행위의 구별이 명백하지 아니하다면 우리 헌법상 근본규범인 헌법 제10조 및 그에 상응하는 헌법 제37조 제2항을 기준으로 하여야 한다. 그리하여 기본권의 보장이 보다 강하게 요구되는 영역에서는 기본권의 최대한의 보장의 관점에서 공익의 실현이 보다 강하게 요구되는 영역에서는 공익의 효과적인 실현의 관점에서 판단되어야 한다. 도로법 제38조 제1항은 공익의 실현이 보다 강하게 요구되는 경우인 바, 효과적인 공익실현을 위해 도로법 제38조 제1항에 의한 도로점용허가는 재량행위로 볼 것이다.

⑶ 무하자재량행사청구권의 의의

사인이 요건을 구비하여 신청하면, 기속행위의 경우에는 특정한 행위를 할 의무가 행정청에 존재하지만, 재량행위의 경우에는 특정한 행위가 아니라 재량행사 그 자체를 하여야 할 의무가 행정청에 생긴다. 달리 말한다면, 요건을 구비하여 신청하면, 기속행위의 경우에는 사인이 행정청에 대하여 특정한 행위를 구할 권리를 갖지만, 재량행위의 경우에는 특정한 행위가 아니라 무하자재량행사를 전제로 특정한 행위를 구할 수 있는 권리를 갖는 것으로 이해된다. 여기서 재량행위의 경우에는 문제되는 무하자재량행사를 전제로 특정한 행위를 구할 수 있는 권리가 소위 무하자재량행사청구권이라 불리고 있다.

⑷ 무하자재량행사청구권의 독자성의 문제

학설상 무하자재량행사청구권은 소권을 가져다 주는 독자적인 법률상 이익이다라는 견해가 상당히 지지되고 있다. 그러나 판례가 이러한 입장을 명시적으로 취한 예를 찾아볼 수는 없다. 일설은 판례가 무하자재량행사청구권을 인정하였다고 하나, 동 판례가 인정한 것은 독자적인 권리로서 무하자재량행사청구권이 아니라 실질적인 권리로서 검사임용신청에 대한 응답을 받을 권리이다. 검사임용신청에 대한 응답을 받을 권리는 헌법 제10조의 인간의 존엄가치권과 행복추구권, 헌법 제15조의 직업선택의 자유, 헌법 제25조의 공무담임권, 국가공무원법 제26조 및 검찰청법 제34조 등의 관련규정으로부터 나오는 권리이다. 독일의 경우에도 무하자재량행사청구권이 소권을 부여하는 독자적인 권리로 승인된 판례는 없다.

무하자재량행사청구권은 재량행위에 있어서 나타나는 개인적 공권의 특성에 초점을 맞춘 표현일 뿐, 그 자체가 독자적인 권리는 아니다. 말하자면 재량행위의 경우에도 개인적 공권은 성립한다는 점, 특정한 행위를 의무적으로 발령한다는 것이 아니라 특정행위의 발령 여부를 선택적으로 결정하여야 한다는 점, 그리고 재량행사에는 하자가 없어야 한다는 점 등을 포괄적으로 관념하기 위해 사용되는 개념이 바로 무하자재량행사청구권이다.

4. 여 론

도로점용의 권리가 위법하게 침해되었다는 것은 도로청의 재량행사에 하자가 있었음을 뜻한다. 말하자면 도로점용허가는 재량행위임에도 불구하고 도로청이 도로점용허가를 일체 하지 말라는 감독청의 지시를 이유로 점용허가를 거부한 것은 도로청이 재량행사를 전혀 하지 아니한 잘못, 즉 재량불행사의 하자가 있음을 뜻한다. 재량하자의 유무는 본안판단에서 다루어질 사항이다.

Ⅳ. 결 론

1) A는 행종소송법 제12조의 법률상 이익을 갖는 자에 해당하므로 원고적격을 가진다.

2) A의 원고적격은 도로법에서 제한되었던 도로점용의 자유 등 기본권의 회복을 내용으로 한다. 다만, 개인적 공권의 성립요건과 관련하여 도로법 제38조 제1항으로부터 추론되는 B의 행위의무와 사익보호성을 그 내용으로 볼 수 있다. 한편, 도로점용허가는 재량행위이므로 A의 법률상 이익은 무하자재량행사를 전제로 한 도로점용의 권리를 내용으로 한다.

9. 개별공시지가와 행정소송

[개별공시지가와 표준지 공시지가의 성격]

[설문]

K구청장은 서울 K구 Y동 B번지의 2010년도 개별공시지가(㎡당 가격)를 다음과 같이 산정하였다. 즉 표준지는 서울 K구 Y동 C번지이고 표준지의 지가는 420만 원이다. 조정률을 1.11로 평가하였다. 그리하여 표준지의 지가에 조정률을 곱한 금액인 산정지가 466만 원을 산정하였고, 최종적으로 510만 원으로 조정하였다. 그리하여 K구청장은 서울 K구 Y동 B번지의 2010년도 개별공시지가를 510만 원으로 결정 · 고시하였다.

이에 B번지의 소유자 D는 전년도에 비해 아무런 토지가격변동요인(지역요인 · 개발요인)이 없음에도 불구하고 개별공시지가가 오른 것은 위법이라 하여 다투고자 한다.

(1) 개별공시지가는 항고소송의 대상인가?

(2) 개별공시지가를 다투는 쟁송의 특징은?

(3) 개발부담금부과처분 취소소송에서 개별공시지가의 위법을 주장할 수 있는가?

(4) 개별공시지가결정 취소소송에서 표준지공시지가의 위법을 주장할 수 있는가?

《차례》

4. 개별공시지가의 쟁송방식

III. 개별부담금부과처분 취소소송과 개별공시지가의 위법

1. 문 제 점

2. 승계 여부의 판단기준

3. 개별공시지가와 개발부담금부과처분

IV. 개별공시지가결정 취소소송과 표준지공시지가의 위법

1. 문 제 점

2. 승계 여부

◇참고조문◇

부동산 가격공시 및 감정평가에 관한 법률

제8조(표준지공시지가에 대한 이의신청)

① 표준지공시지가에 대하여 이의가 있는 자는 표준지공시지가의 공시일부터 30일 이내에 서면으로 국토교통부장관에게 이의를 신청할 수 있다.

제11조(개별공시지가의 결정 · 공시 등)

① 시장 · 군수 또는 구청장은 「개발이익환수에 관한 법률」에 의한 개발부담금의 부과 그 밖의 다른 법령이 정하는 목적을 위한 지가산정에 사용하도록 하기 위하여 제20조의 규정에 의한 시 · 군 · 구 부동산평가위원회의 심의를 거쳐 매년 공시지가의 공시기준일 현재 관할구역안의 개별토지의 단위면적당 가격(이하 "개별공시지가"라 한다)을 결정 · 공시하고, 이를 관계 행정기관 등에 제공하여야 한다. 다만, 표준지로 선정된 토지, 조세 또는 부담금 등의 부과대상이 아닌 토지 그 밖에 대통령령이 정하는 토지에 대하여는 개별공시지가를 결정 · 공시하지 아니할 수 있다. 이 경우 표준지로 선정된 토지에 대하여는 당해토지의 공시지가를 개별공시지가로 본다.

제12조(개별공시지가에 대한 이의신청)

① 개별공시지가에 대하여 이의가 있는 자는 개별공시지가의 결정공시일로부터 30일 이내에 서면으로 시장 · 군수 또는 구청장에게 이의를 신청할 수 있다.

I. 개별공시지가의 처분성

1. 관련개념의 정리

(1) 개별공시지가의 의의

시장 · 군수 또는 구청장은 「개발이익환수에 관한 법률」에 의한 개발부담금의 부과 그 밖의 다른 법령이 정하는 목적을 위한 지가산정에 사용하도록 하기 위하여 제20조의 규정

에 의한 시 · 군 · 구부동산평가위원회의 심의를 거쳐 매년 공시지가의 공시기준일 현재 관할구역 안의 개별토지의 단위 면적당 가격(이하 이를 '개별공시지가' 라 한다)을 결정 · 공시하고, 이를 관계 행정기관 등에 제공하여야 하는데(부동산 가격공시 및 감정평가에 관한 법률(부감법) 제11조 제1항), 여기서 말하는 개별토지의 단위면적당 가격을 개별공시지가라 부른다. 개별공시지가는 개별토지를 대상으로 하는 바, 표준지를 대상으로 하는 표준지 공시지가와 구별된다.

(2) 행정소송법상 처분개념

항고소송은 처분 등이나 부작위를 대상으로 한다(행정소송법 제2조 제1호). 여기서 처분 등이라 함은 처분과 행정심판에 대한 재결을 말하고, 처분은 행정청이 행하는 구체적 사실에 관한 법집행으로서의 공권력의 행사 또는 그 거부와 그 밖에 이에 준하는 행정작용을 말한다(행정소송법 제2조 제1항 제1호). 이러한 처분개념은 ① 행정청이 행하는, ② 구체적 사실에 관한, ③ 법집행으로서의, ④ 공권력 행사 또는 그 거부와 ⑤ 그 밖에 이에 준하는 행정작용을 요소로 한다. 한편, 항고소송의 대상인 처분은 또한, ⑥ 법적 행위로 이해된다. 항고소송은 법적 행위를 다투는 소송이므로 사실행위는 항고소송의 대상이 되지 아니한다. 여기서 말하는 법적 행위란 외부적으로 직접적인 법효과를 의도하는 의사표시를 뜻한다.

2. 학 설

(1) 긍 정 설

1) 개별공시지가의 처분성을 긍정하는 견해는 개별공시지가도 법적 규율성을 가지므로 행정행위로 평가될 수 있다는 입장이다. 즉 법적 규율성의 여부는 당해 행위나 근거행위가 이를 기초로 하는 다른 행정기관의 후속행위에 대해 어느 정도 구속력이 있는가에 의해 결정하는 것이 타당하다고 하면서, 시장 · 군수 · 구청장에 의해 결정되는 개별공시지가가 이에 기초하여 세무기관이 산정하는 토지관련 세금에 있어서 구속력을 가지고 적용된다는 점을 부정할 수 없으므로, 이에 따라 개별공시지가에 대해서는 직접적인 법적 규율성이 인정된다고 보아야 한다는 입장이다. 요컨대 개별공시지가는 취소소송의 대상이 되는 물적 행위로서 일반처분에 해당한다는 것이다.

2) 그러나 법적 규율성을 사인과의 관계에서 독립적으로 판단하는 것, 즉 개별공시지가가 특정 사인에 대하여 갖는 직접적인 법적 규율성이 아니라, 행정청의 타행위와의 관련하에서 판단하는 것, 즉 개별공시지가가 토지관련 세금을 부과하는 세무당국에 대해 갖는 법적 규율성으로 판단하는 논리가 행정행위의 개념인식에 반드시 타당한 것인지는 의문이다.

(2) 부정설

1) 개별공시지가의 처분성을 부정하는 견해는 특정의 행정작용이 항고소송의 대상인 처분이 되기 위해서는 행정소송법상 정의되고 있는 처분개념의 요소를 모두 구비하여야 하고 항고소송에 적합한 것이어야 한다는 논리를 전제로 한다. 이러한 관점에서 보면, ① 개별공시지가를 결정하는 시장·군수 또는 구청장이 행정청이고, ② 개별공시지가는 관련자의 범위는 일반적이지만 규율대상인 사건은 개별토지의 단위면적당 가격이므로 구체적 사실에 관한 것이고(물적 행정행위로서의 일반처분의 경우와 유사), ③ 개별공시지가는 지가법 제10조의 2의 집행을 위한 것이므로 법집행이고, ④ 개별공시지가의 결정은 시장·군수 또는 구청장이 공법상 우월한 지위에서 행하는 일방적인 작용이므로 공권력 행사에 해당한다. 따라서 행정소송법상 처분개념에 해당한다.

2) 그러나 취소소송의 본질이 위법성의 소급적인 제거에 있다고 보는 한, 취소소송의 대상은 법적인 행위에 한정된다. 그런데 ⑤ 개별공시지가결정 그 자체는 특정사인에게 직접 권리·의무를 발생시키는 의사표시로서의 법적 행위는 아니다. 오히려 개별공시지가는 '특정인에게 직접 권리·의무를 발생시키는 의사표시로서의 법적 행위인 개발부담금의 부과' 등의 전 단계를 구성하는 행위일 뿐이다. 따라서 개별공시지가는 직접 법적 효과를 가져오는 법적 행위가 아니므로 행정소송법상 처분으로 보기 어렵다는 것이다.

3. 판례

판례는 '…개발이익환수에 관한 법률 및 각 시행령이 각 소정의… 도는 개발부담금을 산정함에 있어서 기초가 되는 각 토지의 가액을 시장·군수 또는 구청장이 (구)지가 공시 및 토지 등의 평가에 관한 법률 및 그 시행령에 의하여 정하는 개별공시지가를 기준으로 하여 산정한 금액에 의하도록 규정하고 있고, 시장·군수 또는 구청장이 산정하여 한 개별토지가액의 결정은… 개발부담금산정 등의 기준이 되어 국민의 권리·의무 내지 법률상 이익에 직접 관계된다고 할 것이고, 따라서 이는 행정소송법 제2조 제1항 제1호 소정의 행정청이 행하는 구체적 사실에 관한 법집행으로서의 공권력 행사이어서 행정소송의 대상이 되는 행정처분으로 보아야 할것이다' (대판 1993. 1. 15., 92누12407)라고 하였다.

4. 사 견

부정설이 보다 논리적이고 타당하다고 본다.

II. 개별공시지가를 다투는 쟁송의 특징

1. 필요적 행정심판의 전치

부감법은 '개별공시지가에 대하여 이의가 있는 자는 개별공시지가의 결정·공시일부터 30

일 이내에 서면으로 시장 · 군수 또는 구청장에게 이의를 신청할 수 있다' (지가법 제12조 제1항)고 규정하고 있다. 여기서 동 조항이 필요적 행정심판의 전치를 규정한 것인가의 문제가 있다. 개별공시지가의 신속한 안정이라는 요청의 면에서 볼 때, 필요적 전치로 보아야 할 것이다. 이 조항은 행정소송법에서 채택되고 있는 임의적 전치주의의 예외에 해당한다. 판례도 개별공시지가에 대한 이의절차와 유사한 표준지공시지가에 대한 이의 절차를 필요적 전치절차로 보았다(대판 1995. 3. 28., 94누12920).

2. 행정심판의 청구기간

행정심판법상 행정심판의 청구는 처분이 있음을 안날부터 90일 이내(행정심판법 제18조 제1항), 정당한 사유가 없는 한 처분이 있은 날부터 180일 이내에 제기하여야 한다(행정심판법 제18조 제3항). 그러나 현행부감법은 개별지가를 다투는 이의신청의 경우와 관련하여 '개별공시지가에 대하여 이의가 있는 자는 개별공시지가의 결정 · 공시일로부터 30일 이내에 서면으로 시장 · 군수 또는 구청장에게 이의를 신청할 수 있다' (지가법 제10조의 3 제1항)고 하여 특별규정을 두고 있다. 부감법상 이의신청기간의 기산점은 개별공시지가를 안 날이 아니라 개별공시지가를 결정 · 공시한 날이다.

3. 원처분중심주의

부감법은 행정소송의 대상에 관해 규정하는 바가 없다. 따라서 행정소송법이 정하는 일반원칙에 따를 수 밖에 없다. 행정소송법은 '…다만, 재결취소소송의 경우에는 재결 자체에 고유한 위법이 있음을 이유로 하는 경우에 한한다' (행정소송법 제19조 단서)고 하여 원처분중심주의를 택하고 있는 바, 개별공시지가를 다투는 경우에도 원처분중심주의가 적용된다.

4. 개별공시지가의 쟁송방식

판례는 "부동산 가격공시 및 감정평가에 관한 법률 제12조, 행정소송법 제20조 제1항 행정심판법 제3조 제1항의 규정 내용 및 취지와 아울러 부동산 가격공시 및 감정평가에 관한 법률에 행정심판의 제기를 배제하는 명시적인 규정이 없고 부동산 가격공시 및 감정평가에 관한 법률에 따른 이의신청과 행정심판은 그 절차 및 담당 기관에 차이가 있는 점을 종합하면, 부동산 가격공시 및 감정평가에 관한 법률이 이의신청에 관하여 규정하고 있다고 하여 이를 행정심판법 제3조 제1항에서 행정심판의 제기를 배제하는 '다른 법률에 특별한 규정이 있는 경우' 에 해당한다고 볼 수 없으므로 개별공시지가에 대하여 이의가 있는 자는 곧바로 행정소송을 제기하거나 부동산가격공시 및 감정평가에 관한 법률에 따른 이의신청과 행정심판법에 따른 행정심판청구 중 어느 하나만을 거쳐 행정소송을 제기할 수 있을 뿐 아니라, 이의신청을 하여 그 결과 통지를 받은 후 다시 행정심판을 거쳐 행정소송을 제기할 수도 있다고 보아야 하고, 이 경우 행정소송의 제소기간은 그 행정심판 재결서 정본을 송달받은 날부터 기산한다" 고 한다(대판 2010. 1. 28., 2008두19987).

Ⅲ. 개발부담금 부과처분 취소소송과 개별공시지가의 위법

1. 문 제 점

개발부담금 부과처분은 개별공시지가를 근거로 이루어지는 것이고, 아울러 개별공시지가에 대한 이의신청기간이 경과하게 되는 경우에 개발부담을 부과처분을 다투는 소송에서 개별공시지가의 위법을 다툴 수 있는가의 문제가 현실적으로 발생할 수 있다. 설문은 선행행위인 개별공시지가의 결정 · 공시의 위법이 후행행위인 개발부담금 부과처분에 승계되는가의 문제이다.

2. 승계 여부의 판단기준

(1) 전통적 견해와 판례

전통적인 견해와 판례에 따르면, 선행행위와 후행행위가 상호 관련적이지만 별개의 목적으로 행하여지는 경우에는 선행행위의 위법석이 후행행위에 승계되지 아니하지만, 선행행위와 후행행위가 일련의 절차를 구성하면서 하나의 효과를 목적으로 하는 경우에는 선행행위의 위법성이 후행행위에 승계된다고 한다. 판례상 승계가 인정된 경우로 계고처분과 대집행영장발부통보처분의 경우가 있고(대판 1996. 2. 9., 95누12507), 부인된 경우로 사업인정과 수용재결의 경우가 있다(대판 1990. 1. 23., 87누947).

(2) 수인성의 원칙

판례는 '선행처분과 후행처분이 서로 독립하여 별개의 효과를 목적으로 하는 경우에도 선행처분의 불가쟁력이나 구속력이 그로 인하여 불이익을 입게 되는 자에게 수인한도를 넘는 가혹함을 가져오며, 그 결과가 당사자에게 예측가능한 것이 아닌 경우에는 국민의 재판을 받을 권리를 보장하고 있는 헌법의 이념에 비추어 선행처분의 후행처분에 대한 구속력은 인정될 수 없다(대판 1994. 1. 25., 93누8542)' 고 한다. 이것은 수인성의 원칙을 적용한 결과이다. 판례의 태도는 다양하다.

(3) 규준력설

행정행위의 하자의 승계문제를 행정행위 규준력 또는 구속력의 문제로 파악하려는 견해도 있다. 즉, 둘 이상의 행정행위가 동일한 법적 효과를 추구하고 있는 경우, 선행행위는 후행행위에 대하여 일정한 범위 안에서 구속력을 갖는다고 하고, 그 구속력이 미치는 범위 안에서 후행행위에 있어서 선행행위의 효과와 다른 주장을 할 수 없다는 것이다. 그리고 그 구속력의 한계로서 사항적 한계, 대인적 한계, 시간적 한계를 든다.

그러나 이 견해에 대해서는 핸정행위의 승계문제와 행정행위의 선행행위의 후행행위에 대한 구속력의 문제의 상호관계에 대한 분명한 해명 없이 행정행위의 하자의 승계문제를 행정행위의 선행행위의 후행행위에 대한 구속력의 문제로 대체하는 것은 위험한 논리라는 비판이 가해진다. 왜냐하면 선행행위의 후행행위에 대한 구속력의 문제는 하자의 승계문제가 해결된 후에 발생하는 문제로 보이기 때문이다.

3. 개별공시지가와 개발부담금부과처분

(1) 목적의 상이성

판례에 따르면 개별공시지가의 결정은 행정처분이고, 개발부담금 부과처분은 물론 행정행위이므로 양자 모두 행정행위에 해당한다. 따라서 양자 간에는 '행정행위의 하제의 승계' 가 문제될 수 있는 전제를 갖추고 있다. 그러나 개별공시지가의 결정 · 공시는 개별지가의 결정 그 자체를 목적으로 하는 것이고, 개발부담금부과처분은 납세의무를 발생시키는 것이므로 양자는 목적을 달리한다. 따라서 개별공시지가의 위법을 개발부담금부과처분 취소청구소송에서 주장할 수는 없다.

(2) 수인성의 원칙과 적용

종전의 판례에 따르면 개별공시지가의 결정과 토지초과이득세부과처분 사이에는 수인성의 원칙이 적용되어 하자가 승계된다고 하였다. 즉, 판례는 '개별공시지가결정은 이를 기초로 한 과세처분 등과는 별개의 독립된 처분으로서 서로 독립하여 별개의 법률효과를 목적으로 하는 것이나 위법한 개별공시지가의 결정에 대하여 그 정해진 시정절차를 통하여 시정하도록 요구하지 아니하였다는 이유로 위법한 개별공시지가를 기초로 한 과세처분 등 후행행정처분에서 개별공시지가결정의 위법을 주장할 수 없도록 하는 것은 수인한도를 넘는 불이익을 강요하는 것으로서 국민의 재산권과 재판을 받을 권리를 보장한 헌법의 이념에도 부합하는 것이 아니라고 할 것이므로, 개별공시지가결정에 위법이 있는 경우에는 그 자체를 행정소송의 대상이 되는 행정처분으로 보아 그 위법 여부를 다툴 수 있음은 물론 이를 기초로 한 과세처분 등 행정처분의 취소를 구하는 행정소송에서도 선행처분인 개별공시지가결정의 위법을 독립된 위법사유로 주장할 수 있다' (대판 1994. 1. 25. 93누8542)고 하였다.

IV. 개별공시지가결정 취소소송과 표준지공시지가의 위법

1. 문 제 점

표준지 공시지가는 개별공시지가의 결정에 기준이 되는 것이고, 아울러 표준지 공시지가에 대한 이의신청기간이 경과하게 되는 경우에 개별공시지가를 다투는 소송에서 표준지 공시지가의 위법을 다툴 수 있는 가의 문제가 현실적으로 발생할 수 있다. 여기서 선행행위인 표준지 공시지가의 결정 · 고시에 승계되는가의 여부가 바로 논점이다.

2. 승계 여부

판례에 따르면 표준지 공시지가와 개별공시지가의 결정 모두 행정행위이므로 양자간에는 '행정행위의 하자의 승계'가 문제될 수 있는 전제를 갖추고 있다. 그러나 양자가 하나의 목적을 위한 것이라고 보기는 어렵다. 따라서 표준지 공시지가의 위법을 개별공시지가결정의 취소를 구하는 소송에서 주장할 수는 없다. 이와 관련하여 판례도 '표준지로 선정된 토지의 공시지가에 대하여 불복하기 위하여는 (구)지가공시 및 토지 등의 평가에 관한 법률 제8조 1항 소정의 이의절차를 거쳐 처분청을 상대로 그 공시지가 결정의 취소를 구하는 행정소송을 제기하여야지, 그러한 절차를 밟지 아니한 채 개별 토지가격결정을 다투는 소송에서 그 개별토지가격결정의 기초가 된 표준지공시지가의 위법성을 다툴 수는 없다(대판 1995. 3. 28., 94누12920)' 고 하였다.

10. 무효확인청구의 소와 의결효력정지신청

집행정지 [지방의회의원 제명 의결]

[설 문]

2012. 6. 27 신청인 A는 B시의회 의원으로 당선되었다.
2014. 4. 14 B시의회는 지방자치법이 정한 바에 따라 A의 제명을 의결하였다.
2014. 4. 15 B시의회는 7월 14일자 의결내용을 A에게 통지하였다.
2014. 4. 17 A는 C법원에 의원제명의결무효확인청구의 소를 제기한 후, 본안이 계속중인 동 법원에 이유소명과 함께 제명의결의 효력정지를 구하는 신청을 제기하였다.
이 경우에 C법원은 A의 신청을 기각하여야 하는가?

《차례》

Ⅰ. 논점의 정리

Ⅱ. 집행정지의 요건

1. 본안이 계속될 것
2. 처분이 존재할 것
3. 회복하기 어려운 손해를 예방하기 위한 것일 것
4. 긴급한 필요가 있을 것
5. 당사자의 신청이 있을 것

[사례 49] 집행정지 [지방의회의원제명의결 무효확인청구의 소와 …]

6. 이유소명이 있을 것

7. 공공복리에 중대한 영향이 없을 것

8. 본안 청구의 이유 없음이 명백하지 않을 것

Ⅲ. 결 론

◇참고조문◇

지방자치법

제88조(징계의 종류 및 의결)

① 징계의 종류는 다음과 같다.

4. 제명

행정소송법

제23조(집행정지)

② 취소소송이 제기된 경우에 처분 등이나 그 집행 또는 절차의 속행으로 인하여 생길 회복하기 어려운 손해를 예방하기 위하여 긴급한 필요가 있다고 인정할 때에는 본안이 계속되고 있는 법원은 당사자의 신청 또는 직권에 의하여 처분 등의 효력이나 그 집행 또는 절차의 속행의 전부 또는 일부의 정지(이하 '집행정지' 라 한다)를 결정할 수 있다. 다만, 처분의 효력정지는 처분 등의 집행 또는 절차의 속행을 정지함으로써 목적을 달성할 수 있는 경우에는 허용되지 아니한다.

③ 집행정지는 공공복리에 중대한 영향을 미칠 우려가 있을 때에는 허용되지 아니한다.

④ 제2항의 규정에 의한 집행정지의 결정을 신청함에 있어서는 그 이유에 대한 소명이 있어야 한다.

Ⅰ. 논점의 정리

1) A의 청구가 인용되기 위해서는 행정소송법 제23조 제2항 · 제3항 · 제4항이 규정하는 집행정지의 요건인 ① 본안이 계속될 것, ② 처분이 존재할 것, ③ 회복하기 어려운 손해를 예방하기 위한 것일 것, ④ 긴급한 필요가 있을 것, ⑤ 당사자의 신청이 있을 것, ⑥ 이유 소명이 있을 것, ⑦ 공공복리에 중대한 영향이 없을 것, ⑧ 본안청구의 이유 없음이 명백하지 않을 것을 구비하여야 한다. ① 내지 ⑥은 적극적 요건이고, ⑦과 ⑧은 소극적 요건이다.

2) 설문에서는 효력정지가 문제되는 바, 처분 등의 집행 또는 절차의 속행정지는 검토할 필요가 없다. 또한 집행정지의 신청은 그 신청에 대해 법률상 직접적이고 구체적인 이익을 가진 자만이 할 수 있는데, A가 신청인적격을 가지는 것은 분명하다. 따라서 이하에서는 1)에서 언급한

요건을 검토한다.

II. 집행정지의 요건

1. 본안이 계속 될 것

1) 효력정지의 신청은 본안소송의 계속을 전제로 한다(대결 1980. 4. 30., 79두 10). 효력정지는 본안에 대한 판결이 확정되기까지의 잠정적인 권리보호제도이기 때문에 본안에 대한 판결이 확정되기까지의 잠정적인 권리보호제도이기 때문에 본안을 다투지 않는 한 집행정지는 인정할 필요가 없기 때문이다. 본안에 이유 있음을 요하는 것은 아니다. 그러나 본안청구 그 자체는 적법한 것이어야 한다(판례).

2) 설문의 경우, 본안이 계속중임은 분명하고 아울러 본안청구 그 자체의 위법 여부는 문제되고 있지 아니하므로 '본안이 계속될 것' 이라는 요건을 구비하고 있다.

2. 처분이 존재할 것

1) 효력정지를 신청하기 위해서는 처분이 존재하여야 한다. 그 이유는 처분이 존재하지 않는다면, 집행정지의 대상이 없기 때문이다. 처분이란 행정소송법상 처분개념을 뜻한다. 행정소송법상 처분개념은 '행정청이 행하는 구체적 사실에 관한 법집행으로서의 공권력의 행사 또는 그 거부와 그 밖에 이에 준하는 행정작용' 으로 정의되고 있다(동법 제2조 제1항 제1호).

2) 설문의 경우, ① A에 대한 제명의결이 구체적 사실에 대한 법집행으로서의 공권력 행사이다. ② 제명의결의 주체인 지방의회는 일종의 행정기관이다. 왜냐하면 지방자치단체는 궁극적으로 집행권에 귀속되는데, 지방의회는 그러한 지방자치단체의 한 구성부분이기 때문이다. ③ 제명의결은 행정처분이다. 왜냐하면 제명의결은 (ㄱ) 행정청(지방의회)이 행하는 구체적 사실에 관한 법집행으로서의 공권력 행사이고, (ㄴ) 공권력 행사로서의 합의제기관인 지방의회의 일방적(합성적)인 의사표시이고, (ㄷ) A의 의원직의 박탈이라는 법적효과를 가져오는 바, 제명의결은 권력적 단독행위로서 행정행위의 성격을 갖는다고 볼 것이기 때문이다. 설문은 처분의 존재라는 요건을 구비하였다.

3. 회복하기 어려운 손해를 예방하기 위한 것일 것

1) 집행정지는 '처분 등이나 그 집행 또는 절차의 속행으로 인하여 생길 회복하기 어려운 손해를 예방하기 위한 것' 이어야 한다. 회복하기 어려운 손해란 판례상 '특별한 사정이 없는 한 금전으로 보상할 수 없는 손해로서 이는 금전보상이 불능인 경우 내지는 금전보상으로

는 사회관념상 행정처분을 받은 당사자가 참고 견딜 수 없거나 또는 참고 견디기가 현저히 곤란한 경우의 유형 · 무형의 손해' 로 이해되고 있다(대결 2010. 5. 14., 2010무 48).

2) 지방의회의원의 직무상 활동은 금전적으로 환산되거나 금전으로 평가될 수 있는 성질의 것이 아니다. 제명처분의 효력이 정지되지 아니한 채 본안소송이 진행되고, 또한 본안소송에서 원고가 승소한다면, 원고는 승소시까지 주민의 대표자로서의 지방의회의원의 직분을 수행하지 못하는데, 이와 같이 원고가 받게 되는 손해는 회복하기 어려운 손해에 해당한다.

4. 긴급한 필요가 있을 것

1) 집행정지가 인용되기 위해서는 본안판결까지 기다릴 수 없는 긴급한 필요가 있어야 한다. 긴급이란 시간적 절박성과 손해발생 가능성에 관련된 개념이다.

2) 설문의 경우, A가 배제된 가운데 의사절차가 진행되고 그 후 A가 승소한다고 하여 이미 이루어진 의사절차를 다시 할 수는 없는 것이므로, 본안판결이 내려지기까지 모든 절차에 A를 참여시키는 것이 필요하기 때문에 A의 신청은 그 손해를 예방하여야 할 긴급한 필요성을 갖는다.

5. 당사자의 신청이 있을 것

1) 집행정지결정절차는 당사자의 신청 또는 법원의 직권에 의해 개시된다.

2) 설문의 경우, A가 효력정지신청을 하고 있음이 분명하다.

6. 이유소명이 있을 것

1) 집행정지결정을 신청함에 있어서는 그 이유에 대한 소명이 있어야 한다.

2) 설문의 경우, A가 이유소명을 하였음은 분명하다.

7. 공공복리에 중대한 영향이 없을 것

1) 집행정지는 공공복리에 중대한 영향을 미칠 우려가 있을 때에는 허용되지 아니한다.

2) 설문의 경우, 효력정지가 공공복리에 중대한 영향을 미칠 우려가 있어 보이지 아니한다. 왜냐하면 A에 대한 제명처분의 효력정지가 바로 지방의회의 활동 내지 기능행사에 장해를 가져온다고 볼 수 도 없고, 또한 그것이 지방의회에 대한 주민의 신뢰에 중대한 영향을 미친다고 보기도 어렵기 때문이다.

8. 본안청구의 이유 없음이 명백하지 않을 것

1) 행정소송법상 명문의 규정이 없지만, 판례는 본안청구의 이유의 유무, 즉 본안으로 다투는 처분의 적법여부는 집행정지신청을 다루는 재판부의 판단대상이 아니라고 하면서도, 본안청구의 이유 없음이 명백하지 않을 것을 집행정지의 또 하나의 요건으로 하고 있다(대결

[사례 49] 집행정지 [지방의회의원제명의결 무효확인청구의 소와 …]

1002. 8. 7., 92두 30). 왜냐하면 본안소송에서 처분의 취소가능성이 없음에도 불구하고 처분의 효력정지나 집행정지를 인정하는 것은 제도의 취지에 반하기 때문이라는 것이다. 본안에서 승소할 가능성이 전혀 없는 경우까지 효력정지를 인정할 수는 없는 이치이므로 판례의 태도는 정당하다.

2) 설문의 경우, '본안소송이 이유 없음' 이 분명하지 아니하다.

Ⅲ. 결 론

설문상 A는 행정소송법 제23조 제2항 · 제3항 · 제4항이 규정하고 있는 집행정지의 요건, 즉 '① 본안이 계속될 것, ② 처분이 존재할 것, ③ 회복하기 어려운 손해를 예방하기 위한 것일 것, ④ 긴급한 필요가 있을 것, ⑤ 당사자의 신청이 있을 것, ⑥ 이유소명이 있을 것, ⑦ 공공복리에 중대한 영향이 없을 것, ⑧ 본안청구의 이유 없음이 명백하지 않을 것' 을 모두 구비하였으므로 C 고등법원은 신청인의 신청을 인용하여 집행정지를 결정하여야 한다.

11. 행정지도

[설 문]

(1) B는 A시장의 권고를 받아 B가 건물을 신축하였으나, 건축토지가 그러한 건물을 신축 할 수 없는 개발제한구역인 경우, B에 대한 처벌이 가능한가?

(2) A시장은 주민건강보호를 위해 B회사의 C상품이 주민의 건강을 해칠 수 있다고 경고함으로써 B회사가 도산하게 된 경우, B회사는 국가배상을 청구할 수 있는가?

(3) A시장이 B에게 이발요금을 인하할 것을 계속 종용하는 경우, B가 취소소송을 제기하면 승소할 수 있는가?

《차례》

[사례 49] 집행정지 [지방의회의원제명의결 무효확인청구의 소와 …]

Ⅳ. 위법한 지도와 국가배상(제2문)

Ⅴ. 위법한 지도와 취소소송(제3문)

Ⅵ. 결 론

◇참고조문◇

행정절차법

제2조(정의)

이 법에서 사용하는 용어의 정의는 다음과 같다.

3. '행정지도' 라 함은 행정기관이 그 소관사무의 범위 안에서 일정한 행정목적을 실현하기 위하여 특정인에게 일정한 행위를 하거나 하지 아니하도록 지도 · 권고 · 조언 등을 하는 행정작용을 말한다.

제48조(행정지도의 원칙)

① 행정지도는 그 목적달성에 필요한 최소한도에 그쳐야 하며, 행정지도의 상대방의 의사에 반하여 부당하게 강요하여서는 아니 된다.

② 행정기관은 행정지도의 상대방이 행정지도에 따르지 아니하였다는 것을 이유로 불이익한 조치를 하여서는 아니 된다.

개발제한구역의 지정 및 관리에 관한 특별조치법

제12조(개발제한구역에서의 행위제한)

① 개발제한구역에서는 건축물의 건축 및 용도변경, 공작물의 설치, 토지의 형질변경, 죽목의 벌채, 토지의 분할, 물건을 쌓아놓는 행위 또는 국토의 계획 및 이용에 관한 법률 제2조 제11호에 따른 도시계획사업(이하 '도시계획사업' 이라 한다)의 시행을 할 수 없다. 다만, 다음 각 호의 어느 하나에 해당하는 행위를 하고자 하는 자는 특별자치도지사 · 시장 · 군수 또는 구청장의 허가를 받아 이를 행할 수 있다.

제31조(벌칙)

다음 각 호의 어느 하나에 해당하는 자는 3년 이하의 징역 또는 3천만 원 이하의 벌금에 처한다.

1. 제12조 제1항 단서 또는 제13조에 따른 허가를 받지 아니하거나 허가의 내용을 위반하여 건축물의 건축 또는 용도변경, 공작물의 설치, 토지의 형질변경, 죽목 벌채, 토지분할, 물건을 쌓아놓는 행위 또는 도시계획사업의 시행을 한 자.

[사례 49] 집행정지 [지방의회의원제명의결 무효확인청구의 소와 …]

국가배상법

제2조(배상책임)

① 국가나 지방자치단체는 공무원 또는 공무를 위탁받은 사인(이하 "공무원"이라 한다)이 직무를 집행하면서 고의 또는 과실로 법령을 위반하여 타인에게 손해를 입히거나, 자동차손해배상 보장법에 따라 손해배상의 책임이 있을 때에는 이 법에 따라 그 손해를 배상하여야 한다. 다만, 군인·군무원·경찰공무원 또는 향토예비군대원이 전투·훈련 등 직무 집행과 관련하여 전사·순직하거나 공상을 입은 경우에 본인이나 그 유족이 다른 법령에 따라 재해보상금·유족연금·상이연금 등의 보상을 지급받을 수 있을 때에는 이 법 및 민법에 따른 손해배상을 청구할 수 없다.

행정소송법

제2조(정의)

① 이 법에서 사용하는 용어의 정의는 다음과 같다.

1. '처분 등'이라 함은 행정청이 행하는 구체적 사실에 관한 법집행으로서의 공권력의 행사 또는 그 거부와 그 밖에 이에 준하는 행정작용(이하 '처분'이라 한다) 및 행정심판에 대한 재결을 말한다.

제19조(취소소송의 대상)

취소소송은 처분 등을 대상으로 한다….

Ⅰ. 논점의 정리

설문은 모두 A시장의 권유행위에 따른 B의 행위와 관련이 있다. 설문에 답하기 위해서는 먼저 A시장의 권유행위의 의미를 검토하고, 다음으로 권유에 따른 B의 행위의 성질을 검토할 필요가 있다. 특히 (1)은 B의 행위의 위법성조각여부, (2)는 국가배상법 제2조의 요건의 구비 여부, (3)은 A시장의 권유행위의 처분성에 관해 검토를 요한다.

Ⅱ. 권고의 성질(행정지도)

1. 권고의 의의

행정지도란 행정기관이 그 소관사무의 범위 안에서 일정한 행정목적을 실현하기 위하여 특정인에게 일정한 행위를 하거나 하지 아니하도록 지도·권고·조언 등을 하는 행정작용을 말한다(행정자치법 제2조 제3호). 설문의 권고·경고·종용 모두 특정한 행위를 지도하고 권장하는 행위이므로 행정지도에 해당한다.

[사례 49] 집행정지 [지방의회의원제명의결 무효확인청구의 소와 …]

2. 비권력적 행위

행정지도는 국민의 임의적인 협력을 전제로 하는 비권력적인 작용이다. 행정기관은 행정지도의 상대방의 의사에 반하여 부당하게 강요하여서는 아니 된다(행정절차법 제48조 제1항 본문). 그리고 행정기관은 행정지도의 상대방이 행정지도에 따르지 아니하였다는 것을 이유로 불이익한 조치를 하여서는 아니 된다(행정절차법 제48조 제2항). 설문의 권고 · 경고 · 종용 역시 비권력적인 행위이다. B가 따르지 않는다고 하여도 A시장은 강제할 수 없다.

3. 사실행위

행정지도는 일정한 법적 효과의 발생을 목적으로 하는 의사표시가 아니다. 그것은 단지 상대방의 임의적인 협력을 통해 사실상의 효과를 기대할 뿐이다. 설문의 B에 대한 A시장의 권고 · 경고 · 종용 역시 사실행위이다. 따라서 A시장의 권고 · 경고 · 종용으로써 A시장과 B 사이에 법률관계가 형성되는 것은 아니다.

Ⅲ. 위법한 지도와 가벌성(제1문)

1) 행정지도는 강제가 아니라 상대방의 임의적인 협력을 기대하는 행위이다. 사인이 행정지도를 따른다고 하여도, 그것은 사인의 자발적인 행위이지 강제된 행위는 아니다. 따라서 명문의 규정이 없는 한 위법한 행정지도에 따른 행위일지라도 위법성이 조각된다고 할 수는 없다(대판 1994. 6. 14., 93도3247).
2) 따라서 설문의 경우, A시장의 권고가 개발제한구역의 지정 및 관리에 관한 특별조치법 제11조 제1항에 위반되어 위법하므로 B가 A시장의 권고를 받아 건물을 신축하였다고 하여도 그 범법행위가 정당화될 수 없다. 따라서 동법 제30조 제1호에 의하여 B에 대한 처벌이 가능하다.

Ⅳ. 위법한 지도와 국가배상(제2문)

1) 국가배상청구의 가능 여부는 국가배상법 제2조가 정하는 요건의 구비 여부에 의존한다. 국가배상법 제2조가 정하는 요건은 '공무원, 직무를 집행함에 당하여, 고의 또는 과실, 법령에 위반, 타인, 손해' 로 구성된다.
2) A시장은 공무원이고, A시장의 경고는 주민건강보호를 위한 것으로서 지방자치법 제9조 제2항 제2호 항목 등에서 정하는 직무를 집행함에 당하여 이루어진 것이고, A시장의 경고는 고의에 의한 것이며, B회사는 타인에 해당하고, 도산은 손해에 해당한다. 그리고 B회사의 도산이 A시장의 경고에 의한 것이므로 손해와 경고 사이에 인과관계가 존재한다.

그러나 A시장의 경고가 법령에 위반된 것인지의 여부는 설문상 불분명하다. 법령에 위반된다면 B는 국가배상청구권을 갖는다.

Ⅴ. 위법한 지도와 취소소송(제3문)

1) 취소소송은 처분 등을 대상으로 한다(행정소송법 제19조). 처분 등이란 행정청이 행하는 구체적 사실에 관한 법집행으로서의 공권력의 행사 또는 그 거부와 그 밖에 이에 준하는 행정작용(이하 '처분' 이라 한다) 및 행정심판에 대한 재결을 말한다(행정소송법 제2조 제1항 제1호). 또한 취소소송은 위법성의 소급적인 제거를 목적으로 하므로 취소소송의 대상은 법적 행위이어야 한다.
2) 판례는 '항고소송의 대상이 되는 행정처분이라 함은 행정청의 공법상의 행위로서 특정사항에 대하여 법규에 의한 권리의 설정 또는 의무의 부담을 명하거나 기타 법률상 효과를 발생하게 하는 등 국민의 구체적인 권리 · 의무에 직접적 변동을 초래하는 행위를 말하는 것이고, 행정권 내부에서의 행위나 알선, 권유, 사실상의 통지 등과 같이 상대방 또는 기타 관계자들의 법률상 지위에 직접적인 법률적 변동을 일으키지 아니하는 행위 등은 항고소송의 대상이 될 수 없다' (대판 1995. 11. 21., 95누9099)고 한다.
3) A시장이 B에게 이발요금을 인하할 것을 종용하는 것은 단순한 권유일 뿐, 아무런 법적 효과도 가져오지 아니한다(대판 1996. 3. 22., 96누433). 따라서 B는 권유행위를 대상으로 취소소송을 제기하여도 각하를 면하기 어렵다. 그러므로 B는 승소할 수 없다.

Ⅵ. 결 론

1) 위법한 행정지도에 의한 행위일지라도 위법성이 조각되지 아니한다. 따라서 B는 개발제한구역의 지정 및 관리에 관한 특별조치법 제11조 제1항 위반을 이유로 처벌을 면하기 어렵다.
2) B는 국가배상법 제2조가 정하는 요건 중 '법령위반' 요건을 제외하고 모든 요건을 구비하였다. A시장의 경고의 내용이 법령위반인지의 여부는 불분명하나, 만약 법령에 위반된다면 B는 국가배상청구권을 갖는다.
3) A시장의 권유행위는 사실행위에 불과하다. 따라서 B가 A시장의 권유행위를 대상으로 취소소송을 제기하면 각하를 면하기 어렵다.

[사례 53] 부작위위법확인소송 [시행령의 미제정과 항고소송]

12. 부작위위법확인소송

[시행령의 미제정과 항고소송]

[설 문]

'저수지개발촉진법(가상의 법률임)'이 2010년 1월 1일부터 시행중에 있다. 동법은 '① 국가 또는 지방자치단체의 저수지개발로 인해 농지 · 임야 · 가옥 등이 수몰되거나 기타의 손실을 받은 자가 있을 때에는 국토교통부장관은 대통령령이 정하는 바에 의하여 적정한 보상을 하여야 한다. ② 대단위 저수지 부근 1Km 내의 토지 위에는 건축을 할 수 없다'는 것을 주요 내용으로 하고 있다. 현재까지 동법시행령은 마련되어 있지 않다.

한편, 국토교통부는 2014년 3월 3일 A의 토지가 접한 지역에 대단위 저수지를 개발하였다. 이로 인해 A의 토지의 이용이 제한을 받게 되었는 바, A는 같은 날 국토교통부장관에게 손실보상을 청구하였으나, 국토교통부장관은 시행령이 제정되지 않았다는 이유로 손실의 보상을 거부하였다. 이에 A는 대통령을 피고로 하여 시행령을 제정하지 아니한 것은 헌법 제23조 제3항에 위반된다고 주장하면서 행정소송법이 정하는 바에 따라 2014년 9월 3일 행정입법부작위위법확인소송을 제기하였다. 이러한 A의 판단은 타당한가? 부작위개념을 중심을 검토하라.

《차례》

[사례 53] 부작위위법확인소송 [시행령의 미제정과 항고소송]

◇참고조문◇

헌 법

제23조(재산권의 보장과 제한)

① 모든 국민의 재산권은 보장된다. 그 내용과 한계는 법률로 정한다.

③ 공공필요에 의한 재산권의 수용·사용 또는 제한 및 그에 대한 보상은 법률로써 하되, 정당한 보상을 지급하여야 한다.

행정소송법

제2조(정의)

① 이 법에서 사용하는 용어의 정의는 다음과 같다.

1. '처분 등' 이라 함은 행정청이 행하는 구체적 사실에 관한 법집행으로서의 공권력의 행사 또는 그 거부와 그 밖에 이에 준하는 행정작용(처분) 및 행정심판에 대한 재결을 말한다.
2. '부작위' 라 함은 행정청이 당사자의 신청에 대하여 상당한 기간 내에 일정한 처분을 하여야 할 법률상 의무가 있음에도 불구하고 이를 하지 아니하는 것을 말하다.

제4조(항고소송)

항고소송은 다음과 같이 구분한다.

3. 부작위위법확인소송 : 행정청의 부작위가 위법하다는 것을 확인하는 소송

제36조(부작위위법확인소송의 원고적격)

부작위위법확인소송은 처분의 신청을 한 자로서 부작위의 위법의 확인을 구할 법률상 이익이 있는 자만이 제기할 수 있다.

Ⅰ. 논점의 정리

설문은 보상에 관한 시행령을 장기간 제정하지 아니한 것이 헌법 위반임을 전제로 하여, 행정입법부작위가 위법하다는 확인을 구하는 사안인 바, ① (특히 보상과 관련하여) 시행령을 제정하지 않은 것이 헌법에 위반하는 것인가, 그리고 ② 만약 헌법 위반이라면, 행정입법부작위위법확인소송을 행정소송법상 부작위위법확인소송의 한 종류로서 다툴 수 있는가의 여부를 쟁점으로 한다.

Ⅱ. 시행령 미제정의 위헌 여부(헌법적 문제)

1. 보상규정의 유무

1) 헌법 제23조 제3항은 '공공필요에 의한 재산권의 수용·사용 또는 제한 및 그에 대한 보상

은 법률로서 하되, 정당한 보상을 지급하여야 한다' 고 규정하고 있다. 설문의 내용을 헌법이 예정하고 있는 손실보상의 요건인 '공공필요 · 재산권 · 적법침해 · 보상규정', 그리고 해석상 요건인 '특별희생' 과 관련하여 볼 때, 설문에서는 보상규정문제 외에 특별희생 여부가 문제된다. 논의의 편의상, 특별희생의 요건은 구비된 것으로 보기로 한다.

2) 보상에 관한 구체적인 내용을 시행령에 위임하였지만, 스스로 보상에 관한 규정을 두고 있다는 점에서 설문의 저수지개발촉진법은 일단 보상에 관한 규정을 갖고 있다. 그러나 동 법률의 위임에 관한 규정방식이 과연 헌법의 원리에 합당한가의 문제가 있다.

2. 위임입법의 문제(보상규정위임의 합헌성 여부)

1) 헌법 제23조 제3항은 '보상은 법률로써 하되' 라고 규정하고 있다. 여기서 '보상은 법률로써 하라' 는 것이 보상에 관한 모든 사항을 법률로 정하라는 것인지 아니면 적어도 중요한 사항만은 법률로 정하라는 것인지 분명하지 않다. 그러나 법률유보론의 원리에 따를 때, 후자로 새기는 것이 온당하다(중요사항유보설). 그런데 저수지개발촉진법은 적정보상이라는 중요사항만 규정할 뿐 다른 중요사항인 보상시기 · 보상방법 등에 관해서는 규정하고 있지 않다. 따라서 '저수지개발촉진법' 그 자체에 위헌의 가능성이 있다. 그러나 본 설문과 관련하여 이 점은 논외로 한다.

2) 중요사항이 아닌 사항을 위임한다고 하여도, 위임은 언제나 구체적인 위임이어야 한다. 포괄적인 위임은 입법권의 포기를 의미하기 때문이다. 그러나 설문상 저수지개발촉진법의 규정내용은 구체적 위임이 아니라 포괄적 위임의 방식을 취한 것으로 보이고, 따라서 헌법 위반의 가능성이 있다.

3. 설문에의 적용

공용침해시에 보상에 관한 규정을 두어야 함은 헌법상 명백하다. 법률보상에 관한 사항의 규율을 행정입법에 위임할 수 있으나, 중요사항은 위임할 수 없고, 또한 위임하는 경우에도 구체적 위임이어야 한다. 이러한 입장에서 볼 때, 설문의 저수지개발촉진법의 규정태도에는 의문이 있다. 문제는 헌법 위반이 언제나 행정소송의 제기가 가능함을 뜻하는 것은 아니라는 점에 있다.

III. 시행령 미제정(행정입법부작위)과 부작위(행정법적 문제)

1. 부작위위법확인소송의 요건 개관

행정소송법상 부작위위법확인소송을 제기하기 위해서는 부작위가 존재하여야 한다. 행정

[사례 53] 부작위위법확인소송 [시행령의 미제정과 항고소송]

소송법상 부작위는 '행정청이 당사자의 신청에 대하여 상당한 기간 내에 일정한 처분을 하여야 할 법률상 의무가 있음에도 불구하고 이를 하지 아니하는 것을 말한다' (행정소송법 제2조 제1항 제2호).

따라서 행정소송법이 말하는 부작위가 성립하기 위해서는 ① 당사자의 신청이 있고, ② 상당한 기간이 경과하고, ③ 행정청에 일정한 처분을 하여야 할 법률상 의무가 있어야 하고, 또한 ④ 행정청이 아무런 처분도 하지 않았어야 한다.

2. 당사자의 신청

(1) 신청의 내용

① 처분에 대한 신청이 있어야 한다. ② 신청의 내용이 질서행정상의 것이거나 복리행정상의 것이거나를 가리지 않는다. ③ 신청의 내용이 되는 처분은 행정소송법 제2조 제1항 제1호에서 의미하는 처분을 말한다(대판 1991. 11. 8., 90누 9391).

(2) 신청의 적법성

신청은 반드시 적법한 것일 필요는 없다고 본다. 부적법한 신청이면 그에 상응하게 응답하여야 할 의무가 행정청에 있다고 볼 것이기 때문이다.

(3) 신청권의 유무

1) 학 설

당사자의 신청이 있다고 하기 위해서는 당사자에게 신청권이 요구된다는 견해(적극설)와 요구되지 아니한다는 견해(소극설)로 나뉜다. 적극설은 신청의 근거는 명문으로 규정된 경우뿐만 아니라 법령의 해석상 신청권이 있는 것으로 판단되는 경우도 포함된다는 입장이다. 적극설이 다수설이다.

2) 판 례

적극설을 취하는 판례의 입장에서 보면, 당사자에게 처분을 구할 수 있는 신청권은 있어야 한다. 이때 신청의 근거는 명문으로 규정된 경우뿐만 아니라 법령의 해석상 신청권이 있는 것으로 판단되는 경우도 포함된다. 이러한 권리에 의하지 아니한 신청을 행정청이 받아들이지 아니하였다고 해서, 이 때문에 신청인의 권리나 법적 이익에 어떤 영향을 준다고 할 수 없다. 즉 이러한 행위는 위법한 부작위가 아니라는 것이다(대판 1990. 5. 25., 89누 5768, 대판 1990. 12. 7., 97누 17568). 엄밀히 말해 판례는 신청권의 존부의 문제를 대상적격의 문제로 보는 동시에 원고적격의 문제로 보기도 한다.

[참고]

판례는 신청권이라는 용어를 사용하고 있지만, 신청권의 의미내용에 관해서는 분명히 밝히

[사례 53] 부작위위법확인소송 [시행령의 미제정과 항고소송]

는 바가 없다. 생각건대 신청권에는 2종류, 즉 ① 실체상의 권리의 법적 실현을 위한 절차의 첫 단계로서 인정되는 권리로서 신청권(예 헌법과 식품위생법에 의해 인정되는 단란주점영업의 자유(권)의 실현을 위한 단란주점영업허가의 신청권. 여기서 요건을 구비하였다면, 허가는 필요적이다)과 ② 실체상의 권리의 법적 실현과 관련이 없이 다만 신청 그 자체를 권리로 관념하는 경우의 신청권(예 청원의 권리, 도시계획의 책정에 필요한 아이디어 제출의 의미에서 도시계획신청권. 여기서 의견반영은 필요적인 것이 아니다)이 있다.

3) 사 견

행정소송법은 부작위의 개념에 신청권의 유무에 관해 언급하는 바가 없다. 그럼에도 신청권의 유무를 부작위개념의 요소로 보는 것은 부작위 개념을 해석상 제한하는 것으로서 사인의 권리 보호의 확대의 이념에 반하는 것이 된다. 신청권의 유무의 문제는 원고적격의 문제로 보는 것이 타당하다. 일정한 처분을 신청한 것으로 신청은 존재한다고 볼 것이다.

4) 소 결

A의 신청은 손실보상금의 신청이지 처분의 신청이 아니다. 따라서 신청요건은 미비되었다.

3. 상당한 기간의 경과

1) 상당한 기간이란 어떠한 처분을 함에 있어 통상 요구되는 기간을 의미한다. 상당한 기간의 판단에는 처분의 성질 · 내용 등이 고려되어야 한다. 업무의 폭주, 인력의 미비같은 점은 고려될 성질의 것이 아니다.

2) 설문의 경우, 모법의 제정이 2010년의 일이고, 설문의 소송이 2014년에 제기되었는 바, 동법시행령은 상당한 기간이 경과하도록 제정되고 있지 아니하다. 그러나 행정소송법상 상당한 기간이란 당사자의 신청 후부터의 상당기간을 말한다. 따라서 설문의 경우에 상당한 기간이 경과하였는가의 여부는 당연히 2013년 3월 3일을 기준으로 하여 판단하여야 한다. 따라서 상당한 기간의 경과라는 요건은 미비되었다.

4. 행정청의 처분의무

1) 부작위는 행정청이 처분을 하여야 할 법률상 의무가 있음에도 처분을 하지 않는 경우에 문제되므로, 처분개념이 무엇인지가 문제된다. 행정소송법상 처분은 '행정청이 행하는 구체적 사실에 관한 법집행으로서의 공권력의 행사 또는 그 거부와 그 밖에 이에 준하는 행정작용' 을 말한다(행정소송법 제2조 제1항 제1호). 이러한 처분개념과 부작위위법확인소송

에서 말하는 처분개념이 동일한가 하는 문제이다. 생각건대 행정소송법 제2조 제1항이 '이 법에서 사용하는 용어의 정의는 다음과 같다' 고 하고 있는 점, 그리고 특별한 사유가 없는 한 동일한 법률에서 동일한 용어는 동일하게 새기는 것이 타당하다는 점에서 양자는 동일한 개념으로 볼 것이다(판례도 동일한 개념으로 본다).

2) 문제는 설문에서 말하는 시행령의 미제정이 처분에 해당하는가의 여부이다. 문면상으로는 '행정소송법상 처분개념' 이 '실체법상 행정행위개념' 보다 넓지만, 현재로서 항고소송과 관련하는 한 행정소송법상 처분개념과 실체법상 행정행위개념 사이에 별 차이가 없다. 행정입법과 행정행위는 다른 법형식이므로 행정입법인 시행령의 제정은 행정소송법상 처분개념에 해당하지 않는다.

3) 그러나 처분 '의무' 의 문제는 사정이 다르다. 말하자면 대통령은 동법시행령 제정의 의무를 부담한다고 볼 것이다. 왜냐하면 우리 헌법상 기본권, 특히 재산권의 보장을 위해 공용침해시에 보상규정을 두도록 한 것은 단순히 선언적인 것이 아니라 규범적인 것인 까닭에 입법자는 반드시 이를 준수하여야 할 의무가 있는 것이며, 따라서 입법자로부터 시행령의 제정을 위임받은 행정입법권자 역시 이를 준수하여야 할 의무를 진다고 보아야 하기 때문이다.

5. 처분의 부존재

1) 행정청이 인용처분을 하거나 거부처분을 하였다면 부작위의 문제는 생기지 아니한다. 거부처분이 있었다면 취소소송을 제기하여야 한다.

2) 설문의 경우, 시행령의 제정이 없다는 것은 분명하다. 그렇지만 A의 신청이 시행령의 제정이 아니라 손실보상금의 신청이라는 점을 유의하여야 한다. 따라서 처분의 부존재의 요건도 미비되었다.

Ⅲ. 결 론

시행령의 제정은 행정소송법상 처분개념에 해당하지 아니하고, A가 신청한 것은 시행령의 제정이 아니라 보상금의 지급이며, 또한 신청권의 요건과 상당한 기간의 요건도 미비되었는 바, A가 부작위위법확인의 소로 시행령 미제정을 다투는 것은 부적법하다.

[사례 53] 부작위위법확인소송 [시행령의 미제정과 항고소송]

13. 무명항고소송

[건축허가절차상 단계별 권리구제방법]

[설문]

갑은 건축법령상 고도제한으로 자기소유의 대지상에 2층 건물밖에 지을 수 없다는 것을 알고 속이는 방법으로 고도기준선을 낮춰 잡아 관할 행정청에 3층 건물에 대한 건축허가를 신청하였다.

이에 위 대지의 바로 북쪽에 가옥을 소유하고 있는 을은 위 건물이 완공될 경우 일조권이 침해되므로 위 건물에 대한 건축허가와 공사를 막고자 한다.

을이 그 구제방법으로 생각할 수 있는 항고소송에는 어떤 것이 있으며 그러한 항고소송이 현행 법상 허용되는지 여부를 아래 단계별로 논하시오

가. 건축허가가 나오기 전 단계

나. 갑이 신청한 대로 건축허가가 나온 단계

다. 갑이 신청한 대로 건축허가가 나와 그에 따라 건축공사가 완료된 단계

《차례》

1. 논점의 정리

2. 건축허가의 전단계

① 무명항고소송으로서 예방적 소송

② 예방적 부작위소송

③ 예방적 의미의 거부처분을 구하는 소송.

④ 예방적 확인소송

⑤ 소 결

3. 건축허가가 나온 단계

① 행정소송법 제12조

② 을과 취소소송의 원고적격

③ 소 결

4. 건축허가 후 건축공사가 완료된 단계

① 건축허가취소송

② 갑의 사용승인신청에 대하여 을이 행정청에 거부처분을 할 것을 구하는 소송.

③ 을의 시정명령신청에 대하여 행정청이 거부하는 경우, 을이 거부처분의 취소를 구하는 소송.

④ 소 결

5. 결 론

◇참고조문◇

건축법

제11조(건축허가)

① 건축물을 건축하거나 대수선하려는 자는 특별자치도지사 또는 시장 군수 구청장의 허가를 받아야 한다. 다만, 21층 이상의 건축물 등 대통령령으로 정하는 용도 및 규모의 건축물을 특별시나 광역시에 건축하려면 특별시장이나 광역시장의 허가를 받아야 한다.

제22조(건축물의 사용승인)

① 건축주가 제11조, 제14조 또는 제20조 제1항에 따라 허가를 받았거나 신고를 한 건축물의 건축공사를 완료[하나의 대지에 둘 이상의 건축물을 건축하는 경우 동별 공사를 완료한 경우를 포함한다]한 후 그 건축물을 사용하려면 제25조 제5항에 따라 공사감리자가 작성한 감리완료보고서(같은 조 제1항에 따른 공사감리자를 지정한 경우만 해당된다)와 국토교통부령으로 정하는 공사완료도서를 첨부하여 허가권자에게 사용승인을 신청하여야 한다.

② 건축주는 제2항에 따라 사용승인을 받은 후가 아니면 건축물을 사용하거나 사용하게 할 수 없다. 다만, 다음 각 호의 어느 하나에 해당하는 경우에는 그러하지 아니하다.

1. 허가권자가 제2항에 따른 기간 내에 사용승인서를 교부하지 아니한 경우
2. 사용승인서를 교부받기 전에 공사가 완료된 부분이 건폐율, 용적률, 설비, 피난, 방화 등 국토교통부령으로 정하는 기준에 적합한 경우로서 기간을 정하여 대통령령으로 정하는 바에 다라 임시로 사용의 승인을 한 경우

제60조(건축물의 높이 제한)

① 허가권자는 가로구역[도로로 둘러싸인 일단의 지역을 말한다]을 단위로 하여 대통령령으로 정하는 기준과 절차에 따라 건축물의 최고 높이를 지정, 공고할 수 있다. 다만, 특별자치도지사 또는 시장,군수,구청장은 가로구역의 최고높이를 완화하여 적용할 필요가 있다고 판단되는 대지에 대하여는 대통령령으로 정하는 바에 따라 건축위원회의 심의를 거쳐 최고높이를 완화하여 적용할 수 있다.

② 특별시장이나 광역시장은 도시의 관리를 위하여 필요하면 제1항에 따른 가로구역별 건축물의 최

[사례 53] 부작위위법확인소송 [시행령의 미제정과 항고소송]

고 높이를 특별시나 광역시의 조례로 정할 수 있다.

제61조(일조 등의 확보를 위한 건축물의 높이 제한)

① 전용주거지역과 일반주거지역 안에서 건축하는 건축물의 높이는 일조 등의 확보를 위하여 정북 방향의 인접 대지경계선으로부터의 거리에 따라 대통령령으로 정하는 높이 이하로 하여야 한다.

제81조(기존의 건축물에 대한 안전점검 및 시정명령 등)

① 특별자치도지사 또는 시장, 군수, 구청장은 기존 건축물이 국가보안상 이유가 있거나 제4장(제40조부터 제47조까지)을 위반하여 대통령령으로 정하는 기준에 해당하면 해당건축물의 철거, 개축, 증축, 수선, 용도변경, 사용금지, 사용제한, 그 밖에 필요한 조치를 명할 수 있다.

행정소송법

제4조(항고소송)

항고소송은 다음과 같이 구분한다.

1. 취소소송 : 행정청의 위법한 처분 등을 취소 또는 변경하는 소송
2. 무효등확인소송 : 행정청의 처분 등의 효력 유무 또는 존재여부를 확인하는 소송
3. 부작위위법확인소송 : 행정청의 부작위가 위법하다는 것을 확인하는 소송

Ⅰ. 논점의 정리

형행 행정소송법 제4조는 항고소송으로 ① 행정청의 위법한 처분 등을 취소 또는 변경하는 소송인 취소소송, ② 행정청의 처분 등의 효력 유무 또는 존재 여부를 확인하는 소송인 무효등확인소송, ③ 행정청의 부작위가 위법하다는 것을 확인하는 소송인 부작위위법확인소송의 세가지를 규정하고 있다. 따라서 설문에 답하기 위해서는 각 단계별로 행정소송법이 정하는 항고소송이 활용될 수 있는지, 만약 활용될 수 없다면 무명항고소송이 인정될 수 있는지의 여부에 관하여 검토를 요한다.

Ⅱ. 건축허가의 전단계

1. 무명항고소송으로서 예방적 소송

건축허가가 나오기 전 단계에서 을이 생각할 수 있는 구제방법은 관할행정청이 갑에 대하여 건축허가를 발령하지 못하게 하는 소송을 제기하는 방법이다. 그런데 현행 행정소송법은 이러한 소송형식을 규정하는 바가 없다. 따라서 이 단계에서는 행정소송법에 정함이 없는 무명항고소송으로서 예방적 부작위소송, 예방적 의미의 거부처분을 구하는 소송과 예방적 확인소송의 인정 여부에 대해 검토한다.

[사례 53] 부작위위법확인소송 [시행령의 미제정과 항고소송]

2. 예방적 부작위 소송

1) 예방적 부작위소송이란 장래에 있을 특정의 행정행위의 발동을 방지하는 것을 구하는 소송이다. 설문의 경우에는 예방적 목적으로 관할 행정청의 갑에 대한 건축허가의 저지를 위해 관할 행정청의 부작위를 구하는 소송이다.

2) 학설로는 ① 행정소송법 제5조의 소송의 종류는 예시적인 것으로 이해하고, 사인의 권리보호의 확대를 위해 예방적 부작위소송을 긍정하는 견해, ② 행정소송법 제4조의 소송의 종류는 한정적인 것으로 이해하고, 아울러 행정작용에 대한 일차적 판단권이 행정권에 있다는 시각에서 예방적 부작위소송을 부정하는 견해, ③ 권력분립의 원칙 및 행정청의 1차적 판단권의 존중의 관점에서 일반적으로 인정할 수는 없으나 일정한 요건 하에서 예외적으로 인정하는 견해가 있다. 즉 첫째 처분이 행해질 개연성이 현저하고, 둘째 처분요건이 임의적으로 규정되어 있으며 셋째 미리 구제하지 않으면 회복할 수 없는 손해발생의 우려가 있고, 넷째 다른 구제수단이 없는 경우에는 예외적으로 이를 인정할 수 있다는 견해이다.

④ 판례는 신축건물의 준공처분을 하여서는 아니 된다는 내용의 부작위를 구하는 원고의 예비적 청구는 행정소송에서 허용되지 않는 것이므로 부적법하다(대판 1987. 3. 24. 86누182)고 하여 부정적인 입장이다. ⑤ 예방적 부작위소송을 무명항고소송이 아닌 당사자소송으로 실현하는 것이 무리가 없다는 견해도 있다. ⑥ 생각건대 헌법상 기본권인 국민의 재판청구권을 실효성 있게 보장한다는 관점에서 ①의 견해가 타당하다. ①과 ③은 실제상 별 차이가 없어 보인다.

3. 예방적 의미와 거부처분을 구하는 소송

1) 예방적 의미의 거부처분을 구하는 소송이란 장래에 있을 특정의 위협적인 행정행위의 발동을 방지하기 위해 거부처분을 발령을 구하는 소송이다. 설문의 경우에는 예방적 목적으로 관할 행정청이 갑의 건축허가신청에 대하여 거부처분을 할 것을 구하는 소송이다.

2) 예방적 부작위소송을 긍정하는 견해의 논거와 동일한 논거로 예방적 의미의 거부처분을 구하는 소송을 극히 제한적으로 긍정할 필요가 있다. 판례는 이러한 소송형태와 관련하여 직접적으로 판시한 바는 없다.

4. 예방적 확인소송

1) 예방적 확인소송이란 행정청은 장래에 있을 처분을 발령하거나 부작위한 권한이 없다 '는 확인을 구하는 소송이다. 예방적 확인소송에는 현재의 법률관계의 존재가 필요하다. 여기서 법률관계란 구체적인 법률관계를 말한다. 예방적 확인소송의 한 경우로서' 행정청은 장

[사례 53] 부작위위법확인소송 [시행령의 미제정과 항고소송]

래에 특정의 행정행위를 발령하여야 하는 의무를 부담한다 '는 법률관계의 확인을 구하는 소송형태가 주장되기도 한다. 행정청에 거부하여야 할 의무의 존재확인을 구하는 소송도 예방적 확인소송의 하나로 생각될 수 있다.

2) 사인의 권리보호의 확대라는 관점에서 권한의 부존재의 확인이나 의무존재의 확인을 구하는 소송형태가 필요하다고 보지만, 현행 행정소송법상 항고소송은 모두 처분과 재결을 대상으로 하는 바, 권한의 부존재의 확인이나 의무존재의 확인을 구하는 소송형태를 인정하기는 어렵다.

5. 소 결

건축허가의 전 단계에서 을은 해석상 무명항고소송으로 예방적 부작위소송, 예방적 의미의 거부처분을 구하는 소송을 제기할 수 있다고 본다. 다만, 판례가 이러한 소송형태를 인정한 선례는 없다.

III. 건축허가가 나온 단계

1. 행정소송법 제12조

행정소송법 제12조는 '취소소송은 처분 등의 취소를 구할 법률상 이익이 있는 자가 제기 할 수 있다' 고 규정하고 있다. 동조의 해석상 법률상 이익이 있다면 제3자도 취소소송을 제기할 수 있다.

(1) 취소소송의 본질

법률상 이익의 개념은 취소소송의 본질 내지 기능을 어떻게 이해하느냐에 따라 다르게 파악된다. 취소소송의 본질 내지 기능에 관한 학설로 권리구제설, 법률상 보호이익설, 보호가치 있는 이익설, 적법성 보장설이 있다. 법원은 입법기관이 아닌 점에 비추어 보호가치 있는 이익설은 채택하기 어렵고, 행정소송은 주관적인 소송임에 비추어 적법성 보장설도 채택하기 어렵다. 권리개념을 넓게 이해하면, 권리구제설과 법률상 보호이익설의 내용에는 차이가 없고, 이 견해가 합리적이다.

(2) 법률상 이익의 성립

법률상 이익은 헌법, 법률 등 성문법규에 의해 성립하기도 하고, 관습법에 의해 성립하기도 한다. 법률에 의해 개인적 공권이 인정되기 위해서는 ① 관련 법령이 행정청에 의무를 부과하고, ② 동시에 관련 법령이 사익보호를 목적으로 하고 있어야 한다. 사익보호성의 판단은 헌법의 정신 하에 관련 법규의 객관적인 평가에 따라야 한다. 관련 법령이 제3

자의 보호를 목적으로 하는 경우도 있다. ③ 재판청구권은 헌법상 기본권으로서 일반적으로 보장되고 있으므로, 소구 가능성이 관련 법령에서 개별적으로 규정되어야만 하는 것은 아니다.

(3) 법률상 이익이 있는 '자'

행정소송법 제12조에서 말하는 '자' 에는 자연인 외에 법인이 포함되며, 경우에 따라서는 다수인도 여기의 '자' 에 해당한다(공동소송). 상대방 외에 제3자도 포함된다. 특히 제3자효를 수반하는 행정행위에 대한 행정심판청구에 있어서 그 청구를 인용하는 내용의 재결로 인하여 비로소 권리 · 이익을 침해받게 되는 자는 재결의 당사자가 아니라고 하더라도 그 인용재결의 취소를 구하는 소를 제기할 수 있다. 판례상 제3자에게 법률상 이익이 있는 것으로 인정된 예로 여객자동차운수사업법상 운송사업면허, 경원관계에 있는 경우(예 도일지역에서 도로점용허가의 경우), 건축법상 이웃소송(인인소송), 그리고 접견권 등을 볼 수 있다.

2. 을과 취소송의 원고적격

건축법 제60조와 제61조 등에 비추어 일조권도 법률상 이익에 해당한다고 볼 것이고, 을이 제3자이지만 원고적격의 주체가 될 수 있다는 점을 고려할 때 을은 원고적격을 갖는다.

3. 소 결

을은 갑의 위법한 허가신청에 근거한 관할 행정청의 건축허가의 취소를 구하는 소송을 제기하면 승소할 수 있다.

Ⅳ. 건축허가 후 건축공사가 완료된 단계

1. 건축허가취소소송

건축허가가 나온 단계에서 검토한 바와 같이 을은 건축허가처분의 취소를 구하는 소송을 제기할 수 있다. 그러나 건축공사가 완료된 단계에서는 건축물의 철거가 불가피하게 요청되는 경우가 아니라면 을은 권리보호의 필요(협의의 소의 이익)의 결여로 승소하기 어렵다. 판례도 건축공사가 완료된 이후에 제기한 건축허가취소소송에서 취소를 구할 법률상 이익이 없다고 하였다(대판 1992. 4. 24. 91누11131) 말하자면 이 단계에서 을이 취소소송을 활용하기 위해서는 을의 일조권의 이익과 갑의 건축물의 이익을 형량할 때 을의 이익이 보다 커야 한다.

2. 갑의 사용승인신청에 대하여 을이 행정청에 거부처분을 할 것을 구하는 소송

1) 건축법 제22조 제1항에 의거하여 건축주는 건축허가를 받은 건축물의 건축공사를 완료한

[사례 53] 부작위위법확인소송 [시행령의 미제정과 항고소송]

후 그 건축물을 사용하고자 하는 경우에는 허가권자에게 사용승인을 신청하여야 한다. 따라서 을은 갑이 사용승인을 신청하는 경우에 행정청이 거부처분을 할 것을 구하는 소송형태를 생각할 수 있다.

2) 예방적 의미의 거부처분을 구하는 소송과 마찬가지로 행정청에 대하여 승인거부처분을 할 것을 구하는 소송형태를 극히 제한적으로 긍정할 필요가 있다. 판례에서 이러한 소송형태가 직접 언급된 경우는 없다.

3. 을의 시정명령신청에 대하여 행정청이 거부하는 경우, 을의 거부처분의 취소를 구하는 소송

시정명령에 관해 규정하는 건축법 제81조는 오로지 공익을 위한 규정이지 사익을 보호하기 위한 규정으로 보기 어렵다. 따라서 을에게 시정명령을 요구할 수 있는 개인적 공권(법률상 이익)이 있다고 보기 어렵다. 따라서 을의 시정명령신청에 대하여 관할 행정청이 거부하는 경우, 을이 거부처분의 취소를 구하는 것은 어렵다.

4. 소 결

① 권리보호의 필요의 요건이 구비되는 한 을은 갑에 대한 건축허가취소소송의 제기를 통해 일조권의 침해를 회복할 수 있다. ② 판례는 인정하지 아니하지만, 이론상 갑의 사용승인신청에 대하여 을이 행정청에 거부처분을 할 것을 구하는 소송의 제기도 예외적으로 가능하다. 그러나 ③ 을의 시정명령신청에 대하여 관할 행정청이 거부하는 경우, 을이 거부처분의 취소를 구하는 것은 어렵다.

Ⅴ. 결 론

1. 건축허가의 전 단계에서 을은 해석상 무명항고소송으로 예방적 부작위소송과 예방적 의미의 거부처분을 구하는 소송을 제기할 수 있다고 본다. 다만, 판례가 이러한 소송형태를 인정한 선례는 없다. 예방적 확인소송은 인정하기 어렵다.
2. 건축허가가 나온 단계에서는 을은 갑의 위법한 허가신청에 근거한 관할 행정청의 건축허가의 취소를 구하는 소송을 제기하면 승소할 수 있다.
3. 건축허가 후 건축공사가 완료된 단계에서는 권리보호의 필요의 요건이 구비되는 한 을은 갑에 대한 건축허가취소소송의 제기를 통해 일조권의 침해를 회복할 수 있다. 판례는 인정하지 아니하지만, 이론상 갑의 사용승인신청에 대하여 을이 행정청에 거부처분을 할 것을 구하는 소송의 제기도 예외적으로 가능하다. 그러나 을의 시정명령신청에 대하여 관할 행정청이 거부하는 경우, 을이 거부처분의 취소를 구하는 것은 어렵다.

[사례 53] 부작위위법확인소송 [시행령의 미제정과 항고소송]

14. 조례와 기관소송

[수수료징수조례 중 개정조례안과 무효확인소송]

[설문]

다음은 대판 1998. 6. 9 98추26 사건이다. 이 사건을 소재로 하여 기관소송의 특징을 말하라.

1998. 2. 27 피고(강원도 횡성군의회)는 횡성군 제증명 등 수수료 징수조례 중 개정 조례안(조례안)을 의결하여 횡성군수에게 이송하였다[주요 내용 : 입찰참가신청과 수의계약신청 또는 견적에 대하여는 건당 10.000원의 수수료를 징수한다.].

1998. 3. 17 횡성군수는 원고(강원도지사)로부터 재의요구를 받았다.

1998. 3. 19 횡성군수는 '조례안 중 수의계약 신청 및 견적에 대하여 수수료를 징수하도록 한 부분은 특정인을 위한 사무가 아닌 사무를 수수료 징수의 대상으로 한 것이어서 지방자치법 제137조 제1항의 규정에 위반됨'을 이유로 재의결을 요구하였다.

1998. 5. 2 피고는 원의결과 같은 내용으로 재의결을 하였다.

1998. 5. 4 피고는 재의결된 것을 횡성군수에게 이송하였다.

1998. 5. 25 원고는 횡성군수에게 제소지시를 하였으나 제소하지 않았다.

1998. 6. 8 원고는 직접 이 사건 소를 제기하였다. 청구취지는 다음과 같다.

[청구취지 : 피고가 1998. 5. 2에 한 횡성군 제증명 등 수수료 징수조례 중 개정 조례안에 대한 재의결은 효력이 없다. 소송비용은 피고부담으로 한다.]

《차례》

[사례 53] 부작위위법확인소송 [시행령의 미제정과 항고소송]

4. 기관소송의 제소사유(법령위반)

1. 법령의 범위
2. 법령의 의의
3. 설문과 법령위반 여부

5. 기관소송상 판결의 범위(전부무효, 일부무효)

1. 조례안의 경우
2. 기타 재의결 사항의 경우

◇참고조문◇

제22조(조례)

지방자치단체는 법령의 범위 안에서 그 사무에 관하여 조례를 제정할 수 있다. 다만, 주민의 권리 제한 또는 의무 부과에 관한 사항이나 벌칙을 정할 때에는 법률의 위임이 있어야 한다.

제107조(지방의회의 의결에 대한 재의요구와 제소)

① 지방자치단체의 장은 지방의회의 의결이 월권이거나 법령에 위반되거나 공익을 현저히 해친다고 인정되면 그 의결 사항을 이송받은 날부터 20일 이내에 이유를 붙여 재의를 요구할 수 있다.

② 제1항의 요구에 대하여 재의한 결과 재적의원 과반수의 출석과 출석의원 3분의 2 이상의 찬성으로 전과 같은 의결을 하면 그 의결 사항은 확정된다.

③ 지방자치단체의 장은 제2항에 따라 재의결된 사항이 법령에 위반된다고 인정되면 대법원에 소를 제기할 수 있다. 이 경우에는 제172조 제3항을 준용한다.

제137조(수수료)

1. 지방자치단체는 그 지방자치단체의 사무가 특정인을 위한 것이면 그 사무에 대하여 수수료를 징수할 수 있다.

제139조(사용료의 징수조례 등)

① 사용료, 수수료 또는 분담금의 징수에 관한 사항은 조례로 정한다. 다만 국가가 지방자치단체나 그 기관에 위임한 사무와 자치사무의 수수료 중 전국적으로 통일할 필요가 있는 수수료에 관한 사항은 다른 법령의 규정에도 불구하고 대통령령으로 정하는 기준에 따라 조례로 정한다.

제172조(지방의회 의결의 재의와 제소)

① 지방의회의 의결이 법령에 위반되거나 공익을 현저히 해친다고 판단되면 시, 도에 대하여는 주무부장관이, 시 군 및 자치구에 대하여는 시, 도지사가 재의를 요구하게 할 수 있고, 재의요구를 받은 지방자치단체의 장은 의결 사항을 이송받은 날부터 20일 이내에 지방의회에 이유를 붙여 재의

를 요구하여야 한다.

② 제1항의 요구에 대하여 재의의 결과 재적의원 과반수의 출석과 출석의원 3분의 2 이상의 찬성으로 전과 같은 의결을 하면 그 의결 사항은 확정된다.

③ 지방자치단체의 장은 제2항에 따라 재의결된 사항이 법령에 위반된다고 판단되면 재의결된 날부터 20일 이내에 대법원에 소를 제기할 수 있다. 이 경우 필요하다고 인정되면 그 의결의 집행을 정지하게 하는 집행정지결정을 신청할 수 있다.

④ 주무부장관이나 시, 도지사는 재의결된 사항이 법령에 위반된다고 판단됨에도 불구하고 해당 지방자치단체의 장이 소를 제기하지 아니하면 그 지방자치단체의 장에게 제소를 지시하거나 직접 제소 및 집행정지결정을 신청할 수 있다.

⑤ 제4항에 따른 제소의 지시는 제3항의 기간이 지난 날부터 7일 이내에 하고, 해당 지방자치단체의 장은 제소지시를 받은 날부터 7일 이내에 제소하여야 한다.

⑥ 주무부장관이나 시, 도지사는 제5항의 기간이 지난 날부터 7일 이내에 직접 제소할 수 있다.

Ⅰ. 기관소송의 관념

1. 기관소송의 개념

기관소송의 개념에 관해 견해는 나뉘고 있다. 본서는 현행 행정소송법 제3조 제4호에서 말하는 기관소송을 '동일한 법주체(권리주체)의 내부에서의 기관간의 소송' 으로 이해된다. 이러한 입장에서 보면, 지방자치법 제107조 제3항에 따라 지방자치단체의 장이 제기하는 소송이 전형적인 기관소송의 예에 해당한다 일설은 법인격을 달리하는 기관간의 소송도 기관소송으로 본다. 만약 이러한 입장이 법인격을 달리하는 기관간의 소송은 모두 기관소송이라 하는 것인지는 불분명하다.

2. 특수한 소송

대상판결의 원고는 피고(강원도 횡성군의회)에 대응하는 강원도 횡성군수가 아니라 횡성군수에 대한 감독기관인 강원도지사이다. 따라서 본서의 입장에서 보면 대상판결에서는 감독청이 원고이므로 설문의 소송을 기관소송으로 보기는 어렵고, 지방자치법 제172조 제4항이 인정한 특수한 소송으로 본다. 이 소송을 특수한 소송으로 본다고 하여도, 적용법조에 있어서는 제172조 제3항에 따른 기관소송, 즉 조례를 제정한 의회에 대응하는 집행기관(설문의 경우는 횡성군수)이 조례를 제정한 의회를 상대로 하여 제기하는 소송과 별다른 차이는 없다.

[사례 53] 부작위위법확인소송 [시행령의 미제정과 항고소송]

Ⅱ. 기관소송의 대상

1. 원의결 사항, 재의결 사항

1) 조례소송 내지 기관소송에서 소송의 대상은 원의결인가 아니면 재의결인가의 문제가 있다. 그런데 지방자치법 제172조 제4항은 명시적으로 '재의결된 사항이 법령에 위반된다고 판단됨에도 당해 지방자치단체의 장이 소를 제기하지 아니하는 때' 라고 표현하고 있는 바, 재의결 사항이 소송의 대상이 된다.

2) 소송의 대상이 '재의결' 인가 아니면 '재의결된 사항' 인가의 여부도 문제이다. 마약 전자라면 '재의결된 사항의 무효' 가 재판의 대상이 된다. 따라서 판결의 주문도 전자의 경우에는 '...재의결은 효력이 없다' 의 방식이 될 것이고, 후자의 경우에는 '재의결된 조례안은 효력이 없다' 의 방식이 된다. 실제상의 효과에 있어서 양자간에 차이는 있어 보이지 아니한다.

그러나 지방자치법 제172조 제4항의 표현에 비추어 기관소송의 대상은 '재의결 그 자체' 가 아니라 '재의결된 사항' 으로 보아야 할 것이다. 그러나 판례는 '재의결 그 자체' 를 기관소송의 대상으로 보고 있다.

[참고]

대법원은 주무에서 '피고가 1996년 7월 12일에 한 A조례 중 개정 조례안에 대한 재의결은 효력이 없다' 는 방식을 취한다.

2. 일반조항, 개별조항

재의결 사항은 원의결 사항을 전제로 하는 바, 원의결 사항의 범위가 바로 재의결 사항의 범위가 된다, 그런데 지방자치법은 지방의회의 의결 사항과 관련하여 일반조항(지방자치법 제39조 제1항)과 개별조항(예 지방자치법 제39조 2항)을 두고 있는 바, 양자 모두 기관소송의 대상이 될 수 있다. 그리고 조례에 관한 의결 역시 지방의회의 의결 사항에 포함됨은 물론이다.

다만 지방의회가 의결(결의)하였다고 하여도 성질상 소송의 대상으로 삼을 수 없는 사항(예 지방자치단체의 장에 대한 지방의회의 단순한 권고결의안)은 지방자치법 제172조에서 말하는 재의결 사항에는 해당하지 않는다. 따라서 조례안이 재의결 사항임은 의문의 여지가 없다.

[사례 53] 부작위위법확인소송 [시행령의 미제정과 항고소송]

Ⅲ. 기관소송의 관할 법원, 제소기간

1. 기관소송의 관할 법원

지방자치법 제107조 제3항에 따른 기관소송이나 대상판결의 소송과 같이 지방자치법 제172조 제4항에 따른 특수한 소송도 관할 법원은 대법원이다. 여기서 관할 법원을 대법원으로 한 것은 기관간의 분쟁은 가능한 한 조속히 매듭지워져야 한다는 데 기인한 것으로 보인다.

2. 기관소송의 제소기간

1) 지방자치법 제107조에 따른 기관소송의 경우, 제소기간은 제172조 제3항이 준용되고 있다(지방자치법 제98조 제3항 단서). 제172조 제3항에 따르면 당해 지방자치단체의 장은 재의결된 날부터 20일 이내에 대법원에 소를 제기할 수 있다.

2) 한편 제172조 제4항에 따른 특수한 소송의 경우에는 당해 지방자치단체의 장이 재의결된 날부터 20일 이내에 대법원에 소를 제기하지 아니한 경우에 문제되며, 이 경우에 감독청(대상판결의 경우는 강원도지사)은 재의결된 날부터 20일이 경과된 날부터 7일 이내에 당해 지방자치단체의 장에게 제소지시를 하고, 당해 지방자치단체의 장이 제소지시를 받은 날부터 7일 이내에 제소하지 아니하면 그 7일이 경과한 날부터 7일 이내에 제소할 수 있다(지방자치법 제172조 제5항) 본건소송이 이에 해당함은 물론이다.

Ⅳ. 기관소송의 제소사유(법령위반)

1. 법령의 범위

지방자치단체는 법령의 범위 안에서 그 사무에 관하여 조례를 제정할 수 있고, 특히 주민의 권리제한 또는 의무부과에 관한 사항이나 벌칙을 조례로 정할 때에는 법률의 위임이 있어야 한다(지방자치법 제22조), 그리고 행정안전부장관 또는 시, 도지사는 재의결된 사항이 법령에 위반된다고 판단됨에도 당해 지방자치단체의 장이 소를 제기하지 아니하는 때에는 당해 지방자치단체의 장에게 제소를 지시하거나 직접 제소 및 집행정지결정을 신청할 수 있다(지방자치법 제172조 제4항) 여기서 '법령의 범위 안'의 의미가 문제가 된다. 조례는 법률의 우위의 원칙에 반할 수 없을 뿐만 아니라, 침해행정의 경우에는 법률유보의 원칙도 적용을 받는다는 것이 지방자치법 제22조 및 제172조 제4항의 취지이다.

[참고] 법률과 조례의 관계

1) 법령에 규정이 없는 경우, 조례제정은 지방자치법 제15조에 따른다.

2) 법령에 규정이 있는 경우

[사례 53] 부작위위법확인소송 [시행령의 미제정과 항고소송]

1. 입법목적이 상이하다면 조례제정은 지방자치법 제15조에 따른다.
2. 입법목적이 동일하다면
   ① 법령상 규정대상 이외의 사항을 조례로 정하는 경우(추가조례), 수익적 행정의 경우에는 제정법상 문제가 없으면 일반적으로 조례로 규율이 가능하지만 침익적 행정의 경우에는 지방자치법 제15조 단서에 따라야 한다.
   ② 침해행정에서 법령상 요건을 넘어선 사항을 조례로 정하는 경우(초과조례) 그러한 조례제정을 인정할 수는 없다. 다만 법령상 요건이 최저기준이라면 조례제정을 인정할 수 있다. 이러한 경우는 법령에 근거가 있는 것이고, 법령상 요건을 넘어선 경우가 아니다.

2. 법령의 의의

1) 지방자치법 제22조 및 제172조 제4항 등에서 말하는 법령이란 헌법, 법률, 명령, (상위)조례 (상위)규칙 등 일체의 성문법뿐만 아니라, 관습법 외에 행정법의 일반원칙까지도 포함하는 개념이다. 그리고 법령에는 실체적 조항뿐만 아니라 절차적 조항까지도 포함된다.
2) 설문의 경우는 '횡성군 제증명 등 수수료 징수 조례 중 개정조례안' (조례안)의 내용이 지방자치법 제137조 제1항의 규정에 위반되는가의 여부가 쟁점이다. 이에 관해서는 대법원의 입장을 아래에서 옮기기로 한다.

3. 설문과 법령위반 여부

(지방자치법 제137조 제1항, 제139조 제1항, 제22조에 비추어) 이 사건 개정조례안 중 수의계약신청 또는 견적에 대하여 10,000원의 수수료를 징수하도록 한 부분은 주민의 의무부과에 관한 사항으로서 지방자치법 제139조 제1항의 규정에 의한 위임이 있으므로 그 부분이 수수료를 징수할 수 있는 경우를 규정한 지방자치법 제137조 제1항의 규정에 위반되지 아니하다면 적법한 것이다.

그런데 지방자치법 제137조 제1항의 취지는 지방자치단체의 사무가 특정인만을 위한 사무인 경우에 한정하여 수수료를 징수할 수 있도록 하는 것이 아니라 당해 사무가 특정인을 위한 사무인 동시에 지방자치단체 자신을 위한 사무인 경우에도 수수료를 징수할 수 있도록 하는데 있다고 할 것인 바, 지방자치단체가 사경제 주체로서 주민 등과 계약을 체결함에 있어서 그 계약 상대방을 결정하는 사무는 전체적으로 보아 지방자치단체 자신을 위한 사무라고 할 것이지만 지방자치단체가 그 계약 상대방을 결정하기 위한 방법으로서 경쟁입찰의 경우에 입찰에 참가하고자 하는 자로부터 입찰참가신청을 수리하는 사무나 수의계약의 경우에 수의계약을 체결하고자 하는 자로부터 수의계약신청 또는 견적서를 제출받는 사무는 지방자치단체 자신을 위한 사무인 동시에 입찰에 참가하고자 하는 자 또는 수의계약을 체결하고자 하는 자를 위한 사무라고 할 것이므로 이 사건 개정조례안 중 수의계약신청 또는 견적서 제출에 대하여 건당 10,000원의 수수료를 징수하도록 한 부분은 지방자치법 제137조 제1항에 위반되지 아니한다(대판 1998. 9. 8., 98추26).

Ⅴ. 기관소송상 판결의 범위(전부무효, 일부무효)

1. 조례안의 경우

조례안의 재의요구의 경우, 지방자치법은 일부재의의 요구를 금지하는바(동법 제26조 3항) 지방자치단체의 장은 지방의회의 재의결의 일부만을 대상으로 하여 제소할 수는 없다. 이에 관련하여 재의결의 내용 전부가 아니라 그 일부만이 위법한 경우에도 의결 전부의 효력을 부인할 수 밖에 없다는 것이 판례의 입장이다(대판 1994. 5. 10. 93추144, 대판 2000. 11. 10., 2000추36) 그러나 이러한 판례의 태도에는 의문이 있다.

2. 기타 재의결 사항의 경우

조례안을 제외한 기타 지방의회 의결 사항의 경우에는 일부재의 요구를 금하는 바가 없으므로 일부재의 요구와 일부무효의 판결이 불가하다고 단언하기 어렵다. 오히려 조례안을 재의한 기타 지방의회 의결 사항의 경우에는 일부재의 요구와 일부무효의 판결이 가능하다고 한다.

15. [점포시설개선지원금과 경쟁자의 보호]

보조금과 법률유보

[설문]

정부(지식경제부장관)는 전국적으로 시 · 군 · 구마다 1개소의 모범적인 재래식 상점을 선정하여 점포시설의 개선을 위한 비용의 일부를 지원해주기로 하였다. 그리하여 A시의 경우 신청자 중에서 B상점을 모범상점으로 선정하고 보조금을 교부하기로 결정하였다.

이에 B에 이웃하며 편의점을 경영하는 제3자인 E는 정부가 B에게 보조금을 지급하는 것은 위법하다고 하여 B에 대한 보조금교부 결정의 취소를 법원에 청구하였다. E는 승소할 수 있는가? 단, 점포시설개선에 대한 보조금에 관한 특별한 법률은 없는 것으로 한다.

[사례 53] 부작위위법확인소송 [시행령의 미제정과 항고소송]

《차례》

Ⅰ. 논점의 정리

설문은 E의 승소 가능성을 묻고 있는 바, 본안 전 요건으로서 B에 대한 보조금교부 결정이 항고소송의 대상이 되는지에 관한 것과 E가 원고적격이 인정될 수 있는지 그리고, 보조금에 관한 특별한 법률이 없는 점에서 과연 법률의 근거가 없이 보조금을 지급하는 것이 법률유보의 원칙에 반하는 것이 아닌가를 논하여야 한다.

Ⅱ. 보조금교부결정의 처분성

1. 행정소송법상 처분개념

행정소송법상 취소소송은 처분과 재결을 대상으로 한다(행정소송법 제19조). 그리고 처분은 ① 행정청이 행하는, ② 구체적 사실에 관한, ③ 법집행으로서의, ④ 공권력의 행사 또는 그 거부와 ⑤ 그 밖에 이에 준하는 행정작용으로 정의된다(행정소송법 제2조 제1항 제1호).

[사례 53] 부작위위법확인소송 [시행령의 미제정과 항고소송]

2. 취소소송의 본질과 처분개념

취소소송의 본질은 일반적으로 위법성의 소급적 제거에 있는 것으로 이해하므로 취소소송의 대상이 되는 공권력 행사(처분)는 법적 행위에 한정된다. 판례도 '항고소송의 대상이 되는 행정처분이라 함은 행정청의 공법상의 행위로서 특정 사항에 대하여 법규에 의한 권리의 설정 또는 의무의 부담을 명하고 기타 법률상의 효과를 발생케 하는 등 국민의 권리 · 의무에 직접적 변동을 초래하는 행위를 가리키는 것으로서 행정권 내부에서의 행위나 사실상의 통지 등과 같이 상대방 또는 기타 관계자들의 법률상 지위에 직접적인 법률적 변동을 일으키지 아니하는 행위는 항고소송의 대상이 될 수 없다' 고 하여 같은 입장이다.

3. 보조금교부결정이 항고소송의 대상이 되는 처분인지의 여부

설문의 보조금의 교부는 당사자의 신청에 의해 장관의 결정으로 이루어진 것이므로 협력을 요하는 행정행위로 보아야 할 것이고, 또한 행정소송법 제2조 제1항 제1호의 처분에도 해당하며, 국민의 권리 · 의무에 직접적 변동을 초래하는 법적 행위이므로 항고소송의 대상이 되는 처분이다.

III. E의 원고적격 인정 여부

1. 소극적 경쟁자소송

보조금지원제도는 일반적으로 경쟁관계에 있는 자에 대해서도 영향을 미치므로 제3자효를 가진다. 따라서 자금지원행정에서 자금지원을 받지 못한 자가 경쟁자로서 수혜자에 대한 보조금지급의 위법성을 주장하는 경우를 이른바 '소극적 경쟁자소송' 이라고 한다. 이러한 소송에서도 원고적격이 인정되기 위해서는 그러한 제3자를 보호하는 규범이 있어야 하며, 이는 곧 원고적격의 문제이다.

2. 법률상 이익의 의의

1) 행정소송법 제12조는 '취소소송은 처분 등의 취소를 구할 법률상 이익이 있는 자가 제기할 수 있다' 고 규정하고 있으므로 법률상 이익이 있는 자에게 원고적격이 인정될 것이지만 이러한 법률상 이익의 개념에 대한 논의 이전에 취소소송의 본질 또는 기능에 대한 논의가 선행되어야 한다.

2) 취소소송의 본질(기능)에 관해 ① 취소소송의 목적은 위법한 처분으로 야기된 개인의 권리침해의 회복에 있으므로 권리가 침해된 자만이 소송을 제기할 수 있다는 권리구제설, ② 위법한 처분으로 권리뿐 아니라 법에 의해 보호되는 이익을 침해당한 자도 처분을 다툴 수

있다는 법률상 보호이익설, ③ 법에 의해 보호되는 이익이 아니더라도 그 이익이 실질적으로 재판상 보호할 가치가 있다고 판단되는 경우에는 그러한 이익이 침해된 자도 소송을 제기할 수 있다는 보호가치 있는 이익설, ④ 처분의 적법성 확보에 가장 이해관계가 있는 자는 원고적격을 갖는다는 적법성보장설이 있지만, 법률상 보호이익설이 통설과 판례의 입장이다.

3) 행정소송법 제12조의 법률상 이익의 개념에 관해 전통적인 견해는 이를 전술한 법률상 보호이익과 같은 개념으로 보고 이는 권리보다 넓은 개념으로 본다. 하지만 논리적으로 볼 때 권리와 법률상 이익을 동일시하는 견해가 타당하다. 하지만 판례는 이익을 권리보다 더 넓은 개념으로 본다.

3. 법률상 이익이 있는 자의 분석

(1) '법률'의 범위(사익보호성의 판단기준)

1) 학설

학설은 ① 처분의 근거가 되는 당해 법률의 규정과 취지만을 기준으로 해야 한다는 견해, ② 당해 법률의 규정과 취지 외에 관련 법률의 규정과 취지도 고려해야 한다는 견해, ③ 당해 법률의 규정과 취지와 관련 법률의 규정과 취지 외에도 기본권 규정도 고려해야 한다는 견해로 나누어지는데, ③의 견해가 일반적이며 타당하다.

2) 판례

판례는 '법률상 이익이란 처분의 근거 법률에 의하여 직접 보호되는 구체적인 이익을 말한다' 고 하여 기본적으로 당해 처분의 근거가 되는 법률만을 고려한다. 그러나 최근에는 근거 법률 외에 관련 법률까지 고려하는 판례가 있다. 또한 기본권(예 접견권)을 고려하는 듯한 판례도 있다. 그리고 거부처분취소소송이나 부작위위법확인소송의 경우 조리를 활용하기도 한다.

(2) 법률상 이익이 '있는'의 의미

법문상 법률상 이익이 '있는' 이라고 규정하므로 법률상 이익이 있을 가능성으로는 부족하고 법률상 이익의 존재가 인정되어야 한다. 하지만 원고적격에서의 법률상 이익이 있다는 의미를 법률상 이익침해의 가능성으로 보는 견해도 유력하다.

(3) 법률상 이익이 있는 '자'의 의미

법률상 이익이 있는 자만이 취소소송을 제기할 수 있으므로 자연인과 법인, 그리고 다수인도 공동소송의 형태로 제기가 가능하다. 처분의 상대방이 아닌 제3자도 포함된다.

[사례 53] 부작위위법확인소송 [시행령의 미제정과 항고소송]

4. E의 법률상 이익

일반적으로는 보조금지원의 경우 경쟁관계에 있는 제3자는 법률상 이익의 침해를 주장할 수 없을 것이다. 왜냐하면 제3자를 보호하는 규범이 존재하기 어렵기 때문이다. 따라서 보조금의 지원으로 경쟁관계에 있는 자에게 영향을 미치더라도 이는 반사적 효과에 지나지 않는다. 그러나 설문의 B 등에게만 지원되는 보조금은 다른 경쟁자에게 불리하게 시장의 자유경쟁을 왜곡하는 측면이 있다. 따라서 E는 경쟁의 자유, 평등권, 영업의 자유, 직업의 자유 등의 침해를 이유로 법률상 이익이 있다고 볼 수도 있다.

IV. 보조금교부결정의 위법성

1. 보조금의 법적 근거(법률유보)

1) 보조금이란 경제촉진을 목적으로 반대급부 없이 기업에 주어지는 금전을 말하는데, 이러한 보조금의 지원에 명문의 규정이 있는 경우는 문제없으나, 명문의 규정이 없는 경우 법적 근거가 필요한지에 대해 학설의 대립이 있다.
2) 보조금 기타 자금지원행정은 법적인 근거가 없어도 예산상의 근거와 행정규칙으로도 가능하다는 견해와 예산에만 근거하여 자금지원을 하는 것은 법률유보의 원칙에 반하는 것이며, 따라서 자금지원이 이러한 침해효과를 가지는 경우에 있어서는 법률유보가 적용된다는 견해가 대립된다. 예산은 단지 숫자만을 내용으로 하는 것은 아니며 일정한 목적에 일정한 금전을 사용할 것을 의회가 정부에 수권하는 것이라고 보면 전자의 견해가 타당하다.

2. 설문의 해결

보조금(자금)지원의 경우 예산상의 근거가 있는 경우에는 법적인 근거가 없더라도 적법하게 행해질 수 있으므로 B에 대한 보조금지급은 적법하다. 다만, 설문에서 명확하지 않지만 평등원칙이나 행정의 자기구속원칙 혹은 비례원칙에 위반될 여지는 있다.

V. 결론

1) 지식경제부장관의 보조금교부결정은 행정소송법 제2조 제1항 제1호의 처분에도 해당하며, 국민의 권리 · 의무에 직접적 변동을 초래하는 법적 행위이므로 항고소송의 대상이 되는 처분이다.
2) 보조금지원의 경쟁자를 보호하는 규범이 일반적으로는 없을 것이지만, E는 경쟁의 자유, 평등권, 영업의 자유, 직업의 자유 등의 침해를 이유로 법률상 이익이 있다고 볼 수도 있다.
3) 보조금(자금)지원의 경우 예산상의 근거가 있는 경우에는 법적인 근거가 없더라도 적법하게 행해질 수 있으므로 정부의 B에 대한 보조금지급은 적법하다. 따라서 E는 승소할 수 없다.

[사례 51] 주장 · 입증책임 [자료제출명령불응과 위법판단]

16. 주장 · 입증책임

[자료제출명령불응과 위법판단]

[설 문]

도시관리계획결정 취소청구소송에서 원심법원은 A도시관리계획결정이 그 입안과정에서의 기초조사의 흠결로 위법하다고 판단하였다.

그런데 원고는 원심 변론절차에서 그러한 기초조사의 흠결에 관하여 아무런 주장을 하지 아니하였음에도 불구하고 원심법원이 직권으로 피고(B시장)에 대하여 그에 대한 자료 제출을 명하였다가 그 자료 제출이 없다는 이유로 위와 같은 판단을 하였다.

본건 상고심에서 대법원은 원심의 조치는 원고가 아무런 주장을 하지 아니한 처분의 위법사유에 관하여 석명을 구한 후 그에 대한 판단을 하기에 이른 것이어서 변론주의의 원칙에 위배되고 석명권 행사의 한계를 일탈한 것이라고 아니할 수 없다고 하였다.

대법원의 판단을 논평하여라.

《차례》

Ⅰ. 논점의 정리

Ⅱ. 행정소송법 제26조의 성질

1. 입 법 례
2. 판 례
3. 사 건

Ⅲ. 주장책임과 입증책임

Ⅳ. 입증책임의 분배

1. 학 설
2. 검 토
3. 입증책임분배설에 따른 입증책임의 분배

◇참고조문◇

행정소송법

제8조(법적용예)

[사례 51] 주장 · 입증책임 [자료제출명령불응과 위법판단]

② 행정소송에 관하여 이 법에 특별한 규정이 없는 사항에 대하여는 법원조직법과 민사소송법 및 민사집행법의 규정을 준용한다.

제26조(직권심리)

법원은 필요하다고 인정할 때에는 직권으로 증거조사를 할 수 있고, 당사자가 주장하지 아니한 사실에 대하여도 판단할 수 있다.

Ⅰ. 논점의 정리

행정소송에 관하여 행정소송법에 특별한 규정이 없는 사항에 대하여는 법원조직법과 민사소송법의 규정이 준용되는바(행정소송법 제8조 제2항), 행정소송에도 민사소송법상 원칙인 변론주의가 적용된다. 변론주의란 재판의 기초가 되는 사실의 주장과 증거의 제출의 책임을 당사자가 부담하고 법원은 다만 당사자가 제출한 사실관계와 증거만을 재판의 기초로 하는 소송법상의 원칙을 말한다. 변론주의하에서 분쟁의 중요한 사실관계를 주장하지 아니하는 당사자는 그러한 사실관계가 존재하지 않는 것으로 판단되는 불이익을 부담하게 된다. 이러한 불이익을 부담하지 않기 위하여 당사자가 사실관계를 주장하여야 할 책임을 주장책임이라 부른다.

그런데 행정소송법 제26조는 '법원은 필요하다고 인정할 때에는 직권으로 증거조사를 할 수 있고, 당사자가 주장하지 아니한 사실에 대하여도 판단할 수 있다' 고 하여 직권탐지주의를 규정하고 있다. 여기서 변론주의와 직권탐지주의의 관계가 문제된다.

Ⅱ. 행정소송법 제26조의 성질

1. 입 법 례

행정소송상 소송자료의 수집에 대한 책임분배의 원칙으로서 변론주의를 택할 것인가 아니면 직권탐지주의를 택할 것인가는 입법정책적으로 정할 문제이다. 입법례로는 변론주의를 채택하면서 민사소송법상 보충적 직권증거조사를 인정하는 경우(일본 행정사건소송법 제23조 제1문 : 재판소는 필요하다고 인정하는 때에는 직권으로 증거조사를 할 수 있다.)와 직권탐지주의를 인정하는 경우(독일 행정법원법 제86조 1항 1문 : 법원은 사실관계를 직권으로 탐지한다.)가 있다.

2. 판 례

대법원은 종래부터 '법원의 석명권행사는 사안을 해명하기 위하여 당사자에게 그 주장의 모순된 점이나 불완전, 불명료한 부분을 지적하여 이를 정정 · 보충할 수 있는 기회를 주고, 또 계쟁사실에 대한 증거의 제출을 촉구하는 것을 그 내용으로 하는 것이며 당사자가 주장하지도 않는 법률효과에 관한 요건사실이나 공격방어의 방법을 시사하여 그 제출을 권유함과 같은 행위는 변론주의의 원칙에 위배되는 것으로 석명권행사의 한계를 일탈하는 것이 된다' (대판 1990. 4. 27., 89다카 756301; 대판 2005. 1. 14., 2002두 7234)고 하여 행정소송법상 직권탐지주의를 변론주의와의 관계에서 보충적인 것으로 새겨왔다.

3. 사 견

1) 법원은 변론주의의 원칙하에서(이 점에서 직권탐지주의를 취하는 독일과 다르다) 행정소송법 제26조를 근거로 하여 사실자료에 대한 직권탐지도 할 수 있고(이 점에서 보충적 직권증거조사만을 인정하는 일본과 다르다), 행정소송법 제8조 제2항에 의하여 준용되는 민사소송법 제292조(법원은 당사자가 신청한 증거에 의하여 심증을 얻을 수 없거나, 그 밖에 필요하다고 인정한 때에는 직권으로 증거조사를 할 수 있다)의 보충적 직권증거조사를 넘어서서 독자적으로 직권으로 증거조사를 할 수도 있다. 요컨대 행정소송법 제26조는 소송자료에 대한 책임을 일차적으로 당사자에게 인정하면서 동시에 공익을 고려하여 직권으로 탐지할 수 있도록 하고 있는바. 일본과 독일의 절충형을 취하고 있다.
2) 확실히 행정소송은 공익과 직결된 소송이므로 직권탐지주의의 적용이 필요한 것도 사실이다. 그러나 당사자가 분쟁대상 및 소송절차의 개시와 종료에 대하여 결정할 수 있다는 소송법상 원칙인 처분권주의가 행정소송을 지배하는 원칙으로 이해되는 한, 직권탐지주의는 처분권주의를 침해하지 않는 범위에서 인정되어야 한다. 이 때문에 직권탐지주의는 처분권주의의 연장선상에 놓이는 변론주의가 갖는 한계를 보충하는 범위 안에서만 허용된다고 볼 수밖에 없다. 따라서 판례의 태도는 정당하다.

III. 주장책임과 입증책임

대법원은 취소소송과 관련하여 주장책임과 입증책임(어떠한 사실관계에 대한 명백한 입증을 하지 아니함으로 인해 불이익을 부담하지 않기 위하여 증거를 제출하여야 할 책임)의 주체에 관한 입장도 밝히고 있다. 즉, ① 행정처분의 위법을 들어 그 취소를 청구함에 있어서는 직권조사사항을 제외하고는 그 취소를 구하는 자가 위법사유에 해당하는 구체적인 사실을 먼저 주장하여야 하고, 다음으로는 ② 특단의 사정이 있는 경우를 제외하면 당해 행정처분의 적법성에 관하여는 당해 처분청이 이를 주장 · 입증하여야 한다는 것이다. 이러한 대법원의 입장은 종래부터 유지되어 온 것이다(대판 1981. 6. 23., 80누 510).

[사례 51] 주장 · 입증책임 [자료제출명령불응과 위법판단]

IV. 입증책임의 분배

1. 학 설

입증책임과 관련하여 학설로 ① 행정행위에는 공정력이 있어서 처분의 적법성이 추정되므로 입증책임은 원고에 있다는 원고책임설, ② 법치행정의 원리상 국가행위의 적법성은 국가가 담보하여야 하므로, 행위의 적법성의 입증책임은 국가가 진다는 피고책임설, ③ 특별한 규정이 없는 한 민사소송법상의 입증책임분배의 원칙에 따라야 한다는 입증책임분배설이 있다.

2. 검 토

공정력은 처분의 내용의 적법성의 추정이 아니라 정책적 견지에서 인정되는 절차상의 통용력에 불과하므로(즉 공정력은 처분의 내용의 적법성과는 무관한 개념이므로) 원고책임설은 타당하지 않다. 또한 입증책임을 피고가 전담한다는 피고책임설 역시 타당하지 않다. 왜냐하면 입증책임을 오로지 피고에게만 전담시키는 것은 원고의 보호에는 유익할 수 있으나, 실체적 진실(적법과 위법)의 발견에는 오히려 지장을 초래할 수 있기 때문이다.

따라서 입증책임을 원고와 피고에게 모두 적정하게 부과하여 원고와 피고가 모두 진실의 발견에 참여토록 하는 입증책임분배설이 타당하다. 대상판결도 이러한 입증책임분배설에 따른 것으로 판단된다.

3. 입증책임분배설에 따른 입증책임의 분배

입증책임분배설에 따른다고 하여도 원고와 피고 중에서 누구에게 먼저 어떠한 입증책임을 부담토록 할 것인가의 문제가 있다. 이와 관련하여 판례는 ① 행정처분의 위법을 들어 그 취소를 청구함에 있어서는 직권조사사항(직권조사사항은 법원이 직권으로 밝혀야 할 사항이지, 원고 또는 피고가 적법 · 위법의 입증을 부담하는 문제는 아니다)을 제외하고는 그 취소를 구하는 자가 위법사유에 해당하는 구체적인 사실을 먼저 주장하여야 하고(대판 2001. 1. 16., 99두 8107; 대판 2001. 10. 23., 99두 3423), 다음으로 ② 특단의 사정이 없는 한 당해 행정처분의 적법성에 관하여는 당해 처분청이 이를 주장 · 입증하여야 한다는 입장을 취한다(대판 1986. 4. 8., 86누 107). 이러한 판례의 입장에 특별한 문제점을 발견하기는 어렵다. 한편, ③ 만약 원고가 행정처분의 적법성에 관한 당해 처분청의 주장 · 입증에 이의를 가지면, 처분청의 주장 · 입증에 대한 반대의 주장 · 입증을 하면 될 것이다.

[사례 51] 주장 · 입증책임 [자료제출명령불응과 위법판단]

17. 의무이행소송

집행정리

[설 문]

국내 프로 야구선수로 활약하고 있는 미국인 A는 국내에서의 체류기간을 연장하기 위하여 체류기간 만료 전에 출입국관리법 제25조에 따라 법무부장관 K에게 체류기간 연장허가신청을 하였으나 거부당하였다. 그런데 체류기간이 경과하게 되면 강제퇴거를 당할 우려가 있으므로 A는 법원에 주위적으로 체류기간 연장허가 발급을 명하는 취지의 재판을 청구함과 동시에 같은 내용의 가처분을 하여 줄 것을 신청하고, 예비적으로 K의 거부행위에 대한 취소소송을 제기하면서 그의 집행정지를 신청하였다면 수소법원은 어떠한 판결을 내려야 하는가?

구성

Ⅰ. 쟁점정리

A는 주위적으로 체류기간 연장허가의 발급을 구하고 예비적으로 거부행위에 대한 취소를 구하고 있는 바, 이것이 예비적 병합의 요건을 구비한 것인지 여부가 우선 문제된다.

다음으로 A는 주위적 청구[9]로서 법무부장관의 체류기간 연장허가의 발급을 명하는 의무이행소송을 제기하면서 이의 가처분 신청도 구하고 있으므로, 현행 항고소송에서 가처분이 인정되는지 여부와 의무이행소송이 인정되는지 여부에 대하여 검토해야 한다.

끝으로 A는 예비적 청구로서 법무부장관의 거부처분에 대해 취소소송을 제기하면서 이의 집행정지를 신청하고 있는데, 이러한 집행정지 신청이 행정소송법 소정의 집행정지 요건을 충족하는지 여부와 취소소송의 적법요건과 이유요건을 충족한 것인지 여부가 문제된다.

Ⅱ. 예비적 병합의 적법성

1. 병합의 모습

청구의 병합에는 단순병합, 선택적 병합, 예비적 병합이 있다. 단순병합이란 원고가 수 개의 청구를 병렬적으로 심판을 구하는 행태의 병합을 말하고, 선택적 병합이란 원고가 수 개의 청구 중 그 어느 하나가 택일적으로 인용될 것을 해제조건으로 하여 다른 청구에 대하여 심판

9) 민사소송에서 여러개의 청구를 하면서 제1차적청구(주위적청구)가 기각 각하될때를 대비하여 제2차적 청구(예비적청구)에 대하여 심판을 구하는 경우 예비적병합이라고 한다.

을 구하는 형태의 병합을 말하며, 예비적 병합이란 양립되지 않는 수개의 청구를 하면서 제1차적 청구(주위적 청구)가 기각, 각하될 때를 대비하여 제2차적 청구(예비적 청구)에 대하여 심판을 구하는 형태의 병합을 말한다.

2. 병합의 요건

단순병합의 경우에는 각 청구 사이에 견련관계를 요하지 않으나, 선택적 병합과 예비적 병합의 경우에는 병합된 청구 사이에 견련성이 있을 것을 요하는 바, 선택적 병합의 경우 각 청구는 논리적으로 양립 가능해야 한다. 그리고 예비적 병합의 경우에는 예비적 청구는 주위적 청구와의 사이에서 ① 양립되지 않는 관계에 있고(불양립, 배척관계) 심판순서에 있어 후순위일 것을 요하며, ② 기초되는 사실관계가 견련되어 있지 않으면 안 된다.

3. 사안의 경우

사안에서 A의 두 청구인 법무부장관의 처불을 구하는 의무이행소송과 거부처분에 대한 취소소송은 그 기초되는 사실관계가 A의 체류기간 연장허가와 관련되어 있으므로 견련관계가 있음은 분명하다. 그러나 의무이행을 청구하는 것과 거부처분 취소를 구하는 청구는 서로 배척되는 불양립관계가 아니고 동일한 법률 목적을 위한 양립되는 청구에 불과하므로 예비적 병합의 요건을 충족하지 않는다.

다만, 양립할 수 있는 여러 개의 청구를 선택적 병합의 형태가 아닌 예비적 병합의 형태로 청구한 경우에 실무는 예비적 병합과 동일하게 취급하여 당사자가 구하는 순서대로 판단해주고 있다. 그러므로 아래에서는 주위적청구 및 그에 대한 가처분 신청부터 판단하도록 하겠다.

Ⅲ. 가처분 신청 및 주위적 청구의 인용가능성

1. 가처분 신청의 인용가능성 - 항고소송상 가처분의 인정 여부

(1) 가처분의 의의

가처분이라고 함은 금전 이외의 특정한 급부를 목적으로 하는 청구권의 집행보전을 도모하거나 쟁의 있는 권리관계에 관하여 임시의 지위를 정함을 목적으로 하는 보전처분제도를 말한다. 민사집행법은 가처분으로서 ① 계쟁물에 관한 가처분과, ② 쟁의 있는 권리관계에 대하여 임시의 지위를 정하기 위한 가처분을 인정하고 있다.

(2) 인정 여부

1) 문제의 소재

행정소송법은 가처분적 성질을 갖는 처분 등의 집행정지는 규정하고 있으나, 가처분제도에 관해서는 아무런 언급을 하고 있지 않다. 그리하여 행정소송법 제8조 제2항에 따라 행정소송에도 민사집행법상의 가처분규정이 준용될 수 있느냐에 대하여 소극설과 적극설이 대립하고 있다.

2) 학설

A. 소극설

① 법원이 행정처분에 대한 가처분을 하는 것은 사법권의 범위를 벗어나 권력분립원칙에 반한다는 점, ② 행정소송법상의 집행정지규정은 민사집행법상의 가처분에 대한 특별규정이라는 점, ③ 본안소송으로서의 의무이행소송이나 예방적 부작위소송 등이 인정되고 있지 않다는 점을 근거로 행정소송상 가처분을 허용할 수 없다는 견해이다.

B. 적극설

① 위법한 행정작용으로부터 국민의 권익구제를 목적으로 함과 동시에 법치행정의 확보를 도모하려는 사법의 본질에 반하지 않는다는 점, ② 행정소송법은 가처분에 관하여 아무런 규정도 두고 있지 않으므로 행정소송법 제8조 제2항에 의하여 민사집행법상의 가처분규정을 준용할 수 있다는 점을 근거로 행정소송상 가처분을 긍정하는 견해이다.

3) 판례

"행정소송법 제14조가 동법에 특별한 규정이 없는 사항은 민사소송법이 정하는 바에 의한다고 하였어도 무제한으로 적용한다는 뜻이 아니고 그 성질이 허용되는 한도에서만 민사소송법의 규정에 의한다는 뜻으로 해석할 것인 바, 항고소송에 대하여는 민사소송법 중 가처분에 관한 규정이 적용된다고 인정할 수 없다."고 판시하여 소극설의 입장을 취하고 있다.

4) 검토

행정소송법이 보전처분으로서 집행정지제도를 인정하고 있기 때문에, 동 제도를 통해 목적을 달성할 수 있는 한 민사집행법상의 보전조치에 관한 규정이 적용될 여지는 없다고 봄이 타당하다. 그러나 이러한 보전처분으로써는 목적을 달성할 수 없는 경우에는 가처분제도를 활용하여 행정처분에 따르는 불이익을 잠정적이나마 배제할 필요가 있다고 본다.

(3) 사안의 경우

사안의 경우에는 가처분의 본안소송이 의무이행소송이므로 집행정지만으로는 가구제의 목적을 달성할 수 없어 가처분을 허용해야 할 것이다. 그러나 이는 의무이행소송이 현행

[사례 51] 주장 · 입증책임 [자료제출명령불응과 위법판단]

법상 인정됨을 전제로 하는 것이다. 따라서 본안소송인 의무이행소송의 인정 여부에 따라 가처분의 피보전권리의 존부가 결정되는 것이므로, 우선 의무이행소송이 현행 법상 인정될 것인지 여부가 선결되어야 한다.

2. 주위적 청구의 인용가능성

(1) 의무이행소송의 의의

의무이행소송이란 일정한 행정행위를 청구하였는데 거부된 경우 또는 아무런 응답이 없는 경우에, 행정청에 대하여 그 거부된 또는 방치된 행정행위를 행하여 줄 것을 구하는 내용의 행정소송을 말한다.

(2) 의무이행소송의 인정 여부

1) 학설

A. 적극설

권력분립주의의 참뜻은 권력 상호간의 견제와 균형을 도모함으로써 권력의 남용을 막고 개인의 권리를 보장하려는 데 있다는 점, 행정소송법 제1조가 '공권력의 행사 또는 불행사 등으로 인한 국민의 권리 또는 이익의 침해를 구제하고' 라고 명시하고 있는 점에 비추어 행정소송법 제4조 제1호의 '변경' 을 적극적인 변경의 의미로 해석하는 견해이다.

B. 제한적 허용설

의무이행소송을 원칙적으로 부정하면서도 ① 행정청에게 제1차적 판단권을 행사하게 할 필요가 없을 정도로 처분요건이 일의적으로 정하여져 있고, ② 사전에 구제하지 않으면 회복할 수 없는 손해가 있으며, ③ 다른 구제방법이 없는 경우에만 의무이행소송이 인정된다는 견해이다.

C. 소극설

권력분립원칙에 입각하여 행정에 대한 제1차적 판단권은 행정권에게 귀속시켜야 한다는 입장에서 의무이행소송은 허용되지 않는다고 보거나, 또는 의무이행소송이 국민의 권리보호를 위하여 필요하며 권력분립원칙과도 모순되는 것은 아니나, 현행 행정소송법이 행정심판법과는 달리 부작위위법확인소송만을 인정하였으므로 의무이행소송은 부인될 수 밖에 없으며, 행정소송법 제4조 제1호의 '변경' 은 소극적 변경, 즉 일부취소를 의미하는 것으로 보는 견해이다.

2) 판례

"행정청에 대하여 행정상의 처분의 이행을 구하는 청구는 특별한 규정이 없는 한 행정소송의 대상이 될 수 없다"고 판시하여, 소극설을 따르고 있다.

3) 검토

생각건대, 헌법상 기본권을 보장하기 위한 이념적 기초로서의 법치국가원리, 이러한 이념을 관철하기 위한 헌법 제27조 제1항 소정의 재판청구권, 이를 행정소송의 영역에서 구체화한 행정소송법 제1조의 취지에 비추어 공백없는 권리구제가 요구되므로 행정소송법 제4조는 행정소송의 주된 유형을 예시적으로 열거한 규정으로 이해된다.

그러나 현행 행정소송법이 의무이행소송을 받아들이지 않고 소극적이고도 우회적인 부작위위법확인소송을 제도화하면서 그 실효성확보를 위한 간접강제제도를 강구함으로써 의무이행소송이 채택된 것과 다름없는 효과를 거두고자 하고 있다는 점에 비추어 적극설은 입법자의 의사에 반하는 해석이라 할 것이다.

한편, 제한적 허용설에 대하여는 원칙과 예외를 나누는 실정법의 해석상 근거를 찾을 수 없다는 점에서 부당하다고 본다. 따라서 소극설에 찬성한다. 그러므로 의무이행소송을 제기하면 각하판결이 내려져야 할 것이다.

3. 소결

A의 체류기간연장허가의 발급을 구하는 주위적 청구는 의무이행소송인 바, 이러한 소송유형은 현행 법상 인정될 수 없으므로 부적법하여 각하판결이 내려질 것이고, 가처분 역시 본안소송이 인정되지 않는 이상 피보전권리의 적격이 없어 기각결정이 내려질 것이다.

Ⅳ. 집행정지 신청 및 예비적 청구의 인용가능성

1. 집행정지 신청의 인용가능성

(1) 집행정지의 요건

집행정지 신청이 인용되기 위해서는 적극적 요건으로 ① 적법한 본안소송의 계속, ② 처분 등의 존재, ③ 회복하기 어려운 손해예방의 필요, ④ 긴급한 필요 등이 있어야 하고, 소극적 요건으로 ⑤ 집행정지가 공공복리에 중대한 영향을 미칠 우려가 없어야 한다.

(2) 개별 요건의 충족 여부

1) 문제점

사안상 집행정지의 대상이 되는 것은 거부행위이므로 과연 이러한 거부행위도 집행정지의 대상이 될 수 있는가가 문제되는 바, 그 전제문제로서 거부행위에 대한 본안소송이 적법하게 계속되었는가를 해결해야 할 것이다.

[사례 51] 주장 · 입증책임 [자료제출명령불응과 위법판단]

이에 따라 결국 그 충족 여부가 문제되는 것은 적극적 요건으로서의 본안소송의 계속 여부, 회복하기 어려운 손해예방의 필요 유무, 긴급한 필요 유무와 소극적 요건으로서의 집행정지가 공공복리에 중대한 영향을 미칠 우려가 없을 것 등이다. 그리고 집행정지의 요건 중에 본안이 이유 있음을 요하는가에 관한 논의가 있는데, 이러한 요건이 추가적으로 필요할 것인지에 대한 판단이 필요하다.

2) 본안소송의 계속 여부

A. 문제점

집행정지가 인정되기 위해서는 적법한 본안소송이 계속되고 있어야 한다, 이 점에서 본안소송제기 전에 신청이 가능한 민사소송에 있어서의 가처분과 차이가 있다. 따라서 사안의 경우에도 취소소송의 적법요건 구비 여부를 검토할 필요가 있다. 그런데 거부행위의 경우에는 판례가 그 처분성과 관련하여 특이한 이론을 전개하고 있으므로 이에 대해 검토할 필요가 있다.

B. 체류기간 연장허가 발급거부행위의 처분성

(a) 거부행위의 처분성에 대한 판례의 입장

대법원은 행정청이 국민으로부터 어떤 신청을 받고도 그 신청에 따른 내용의 행위를 함이 없이 신청을 반려한 행위가 항고소송의 대상인 거부처분이 되기 위하여는 국민이 행정청에 대하여 그 신청에 따른 행정행위를 해줄 것을 요구할 수 있는 법규상 또는 조리상의 권리가 있어야 한다고 하여 처분성을 인정하기 위하여 신청권을 요구한다.

(b) 검토

판례의 입장에 대하여 검토하기 위하여는 대법원이 신청권의 의미를 어떻게 이해하고 있는지를 밝혀야 한다. 대법원은 검사임용신청에 대한 임용 여부에 관하여 어떠한 내용의 응답을 할 것인지는 임용권자의 자유재량에 속하지만 원고에게는 재량권의 한계일탈이나 남용이 없는 적법한 응답을 요구할 권리 가 있으므로 거부처분이 행정소송의 대상이 된다고 판시하였고, 또한 거부처분의 처분성을 인정하기 위한 전제요건이 되는 신청권의 존부는 구체적 사건에서 신청인이 누구인가를 고려하지 않고 관계 법규의 해석에 의하여 일반 국민에게 그러한 신청권을 인정하고 있는가를 살펴 추상적으로 결정되는 것이고, 신청인이 그 신청에 따른 단순한 응답을 받을 권리를 넘어서 신청의 인용이라는 만족적 결과를 얻을 권리를 의미하는 것은 아니라고 판시하여, 신청권은 형식상의 단순한 응답요구권의 의미로 이해

[사례 51] 주장 · 입증책임 [자료제출명령불응과 위법판단]

하고 있음을 분명히 하였다. 이와 같이 신청권을 형식적 의미로 이해하고, 그것을 소송의 대상, 즉 처분성 인정의 문제로 보는 대법원의 입장은 타당하다.

다만, 처분을 공권력의 행사로서 신청인의 권리나 법적 이익에 영향을 미치는 행위로 이해하는 한, 신청의 대상이 처분에 해당하나, 그에 대한 형식적 신청권은 항상 긍정된다고 볼 수 있다. 따라서 신청의 대상이 처분에 해당하는지를 검토하는 이외에 별도로 형식적 신청권을 요구할 필요는 없다.

(c) 사안상 거부행위의 처분성

사안상 신청의 대상이 된 행위인 체류기간 연장허가는 국내에 체류하고자 하는 자에게 소정의 기간 동안 체류할 수 있는 권리를 부여하는 특허행위로서 행정행위이므로 이를 대상으로 하는 거부행위 역시 처분성이 인정된다.

C. 소결

체류기간 연장허가 거부행위의 처분성이 인정되고, 이러한 거부처분으로 인하여 A는 자신의 직업의 자유 및 거주의 자유를 침해받을 가능성이 있으므로 원고적격이 인정되며 그 밖에 별다른 적법요건의 불비를 의심할 소지가 없는 것으로 판단되므로 본안소송은 적법하게 계속되었다고 할 것이다.

3) 거부처분의 집행정지 대상적격

A. 학설

(a) 부정설

행정처분의 집행정지는 행정처분이 없었던 것과 같은 상태를 만드는 것을 의미하며, 그 이상으로 행정청에게 처분을 명하는 등 적극적인 상태를 만드는 것은 그 내용이 될 수 없으므로 거부처분은 집행정지의 대상이 될 수 없다는 것이 일반적인 견해이다.

(b) 예외적 긍정설

거부처분의 집행정지에 의하여 거부처분이 행하여지지 아니한 상태로 복귀됨에 따라 신청인에게 어떠한 법적 이익이 있다고 인정되는 경우가 있을 수 있고, 그러한 경우에는 예외적으로 집행정지신청의 이익이 있다는 견해이다.

B. 판례

국립대학의 불합격처분에 관하여 당해 처분을 집행정지 하더라도 이로 인하여 소관 행정청에 입학을 명하는 것이 되는 것이 아니고 또 당연히 입학이 되는 것도 아니므로, 집행정지의 대상이 되지 않는다고 판시한 바 있다.

[사례 51] 주장 · 입증책임 [자료제출명령불응과 위법판단]

C. 검토

생각건대, 거부처분의 집행정지에 의하여 거부처분이 행하여지지 아니한 상태로 복귀함에 따라 신청인에게 어떠한 법적 이익이 있다고 인정되는 경우에는 예외적으로 집행정지신청을 인정하여야 할 것이다.

사안과 같이 외국인의 체류기간 연장허가의 거부처분의 경우에는 그 효력이 정지되더라도 체류 외국인이 허가 없이 국내에 체류하는 권리를 취득하는 것은 아니나, 신청인이 체류기간 경과 후에도 불법체류자로서 문책당하지 않으므로 당장에 추방되지는 않게 된다는 점에서 거부처분의 집행정지 대상적격이 인정된다고 본다.

4) 회복하기 어려운 손해예방의 필요 유무

회복하기 어려운 손해는 사회통념상 금전보상이나 원상회복이 불가능하다고 인정되는 손해를 의미하는 바, 이는 금전보상이 불능인 경우뿐만 아니라 금전보상으로는 사회관념상 행정처분을 받은 당사자가 참고 견딜 수 없거나 또는 참고 견디기가 현저히 곤란한 경우의 유형 무형의 손해를 말한다.

법무부장관의 체류기간 연장허가 없이는 A는 국내에서 프로야구 선수로서 전혀 활동할 수 없으므로 자신의 시즌 성적에 큰 영향을 받게 될 뿐만 아니라 그 동안 야구팬들에게 쌓아 놓은 인기를 계속 유지하지 못하게 될 것인 바, 이는 금전보상으로는 회복하기 현저히 곤란한 손해로 보이므로 동 요건도 충족한 것으로 보인다.

5) 긴급한 필요 유무

긴급한 필요는 집행정지의 필요성이 절박하다는 것, 환언하면 회복하기 어려운 손해의 발생이 절박하여 본안판결을 기다릴 여유가 없음을 의미한다.

앞에서 살펴본 바와 같이 A는 법무부장관의 허가 없이는 국내에서 잔류하여 프로야구 선수생활을 계속할 수 없으므로 집행정지의 필요성의 절박함이 인정되어 동 요건을 충족한다고 본다.

6) 공공복리에 중대한 영향을 미치는지 여부

이 요건은 집행정지가 공공에 미치는 영향과 처분의 집행이 신청인에게 가하는 손해를 비교형량하여 결정할 일이다. 사안의 경우에는 A에게 허가를 발급한다고 하여 공공복리에 영향을 줄 수 있는 사정이 엿보이지 않으므로 동 요건도 충족된 것으로 보인다.

7) 본안의 이유유무의 필요성 여부

A. 문제점

일본 행정사건소송법은 본안에 대하여 이유가 없다고 보일 때에는 집행정지를 할

[사례 51] 주장 · 입증책임 [자료제출명령불응과 위법판단]

수 없다고 하여 집행정지의 소극적 요건의 형식으로 규정하고 있는 데 비해, 우리 행정소송법은 이에 대해 명시적으로 규정하지 않고 있어 본안의 이유유무, 즉 승소가능성을 어느 정도 고려해야 하는지가 문제된다.

B. 판례의 태도

대법원은 "행정처분의 효력정지를 구하는 신청사건에 있어서는 행정처분 자체의 적법 여부는 원칙적으로 판단할 것이 아니고 그 행정처분의 효력이나 집행을 정지할 것인가에 대한 행정소송법 제23조 제2항 소정의 요건의 존부만이 판단의 대상이 되나, 본안청구가 이유 없음이 명백할 때에는 행정처분의 효력정지나 집행정지를 명할 수 없다."고 판시하여 본안의 이유유무는 집행정지의 요건이 될 수 없다고 보면서도 이유 없음이 명백한 경우에는 이를 고려하여 판단하여야 한다는 태도를 취하고 있다.

C. 검토

집행정지제도는 신청인이 본안소송에서 승소판결을 받을 때까지 그 지위를 보호함과 동시에 후에 승소판결을 무의미하게 하는 것을 방지하려는 것이므로 본안소송의 승소가능성, 즉 처분에 취소나 무효사유의 하자가 있을 가능성이 있어야 함은 당연하다. 그러나 자칫 집행정지 절차의 본안소송화를 초래하여 집행정지제도의 취지를 몰각할 우려가 있으므로 본안청구의 승소가능성이 명백히 없음에 대한 판단은 신청인의 주장 자체에 의하더라도 위법하다고 볼 수 없거나 행정청이 적극적으로 적법함을 소명하여 피보전권리가 없음이 명백한 경우에만 하여야 할 것이다.

(3) 소결

앞에서 살펴본 바와 같이 집행정지의 적극적 요건은 모두 충족된다. 이러한 요건의 구비는 A가 스스로 소명하여야 한다. 또한 A의 집행정지를 인정한다고 하여 공공복리에 중대한 영향을 미칠 것이라고 판단되지 않으므로 결국 소극적 요건도 존재하지 않는다. 따라서 A의 집행정지신청은 인용되어야 할 것이다.

2. 취소소송의 인용가능성

(1) 문제점

위에서 살펴본 바와 같이 취소소송은 적법요건을 구비하였으므로 본안의 이유유무가 문제되겠는데, 이는 결국 법무부장관의 체류기간 연장허가 거부처분의 위법성 유무로 귀착될 것이다. 그리고 당해 처분의 위법성은 당해 처분의 법적 성질과 연관성을 갖는다. 왜냐하면 기속행위보다는 재량행위의 경우에 사법적 통제밀도가 완화되기 때문이다.

(2) 체류기간 연장허가의 법적 성질

1) 기속행위와 재량행위의 구별기준

과거에는 요건재량설과 효과재량설의 대립이 있었으나 현재는 이러한 학설의 대립을 지양하고 먼저 관계법 규정의 해석을 통하여 밝혀져야 하지만 당해 법률의 규정이 당해 처분에 대하여 재량권을 부여하고 있는지 여부가 명확하지 않은 경우에는 당해 행위의 당사자와의 관계, 특히 헌법상의 기본권과의 관련성을 고려하여 재량행위와 기속행위를 구별하는 입장을 취하고 있다.

2) 사안의 경우

체류기간 연장허가의 근거 법률인 출입국관리법 제25조가 법무부장관에게 재량권을 수권한 것인지 여부는 명확하지 않다. 그러나 외국인의 체류기간 연장허가는 외국인이 국내에 체류하였을 때 발생하는 행정의 여러 가지 공익적 요소들을 행정청인 법무부장관이 종합적으로 고려하여 결정해야 할 것이므로 재량행위로 봄이 타당하다.

(3) 소의 이유유무

법무부장관의 체류기간 연장허가는 재량행위이므로 법무부장관이 A가 한 신청에 대하여 거부처분을 하였다고 하더라도 일단 적법하다고 볼 수 있다. 다만, 재량의 일탈, 남용에 해당하는 것으로 판단되는 사실이 존재한다면 이는 위법한 재량행위로 평가될 수도 있다. 결국 재량의 일탈, 남용에 해당할 경우에는 인용판결이 내려질 것이고, 그렇지 않다면 기각판결이 내려질 것이다.

Ⅴ. 사례의 해결(결론)

A의 병합청구는 양 청구가 불양립관계에 있지는 않으므로 진정한 예비적 병합에 해당하지는 않으나, 당사자가 순서를 붙여 판단을 구하는 경우에는 실무상 그 순서에 따라 청구의 당부를 판단한다. 따라서 사안의 경우에도 주위적 청구의 당부부터 판단하여야 할 것이다.

A의 가처분 신청에 대하여는 본안소송으로서의 의무이행소송이 현행 법상 인정되지 않는 이상 피보전권리적격 상실로 기각결정이 내려질 것이며, 주위적 청구로서의 의무이행소송은 각하판결이 내려질 것이다.

A의 집행정지 신청에 대하여는 집행정지의 요건을 모두 충족하므로 인용결정이 내려질 것이다. 예비적 청구로서의 법무부장관의 거부처분에 대한 취소소송은 적법하나 연장허가가 재량행위이므로 재량의 일탈, 남용이 없을 경우에는 기각판결이 내려질 것이다. 다만, 재량의 일탈, 남용이 인정된다면 인용판결이 내려질 것이다.

[사례 51] 주장 · 입증책임 [자료제출명령불응과 위법판단]

18. 예외적 허가

공원보호구역 내 건축허가거부처분

[설 문]

갑은 K국립공원의 보호구역에 1,000m²의 토지를 가지고 있는데, 그 토지 위에 2층 건물을 건축하려고 하여, 자연공원법 제23조에 따라 그 허가신청을 하였다. 이에 대하여 환경부장관으로부터 그 권한을 위임 받은 도지사 을은 이를 불허하였다.

그런데 공원보호구역에서의 건축허가에 대하여는 환경부장관이 훈령으로 건축물의 면적, 위치, 건축방법 등에 관한 기준을 정하고 이러한 기준에 합치하는 건축물의 건축신청은 이를 허가하도록 정하고 있다. 실제 인근에서는 이러한 훈령상의 기준에 합치하는 건축은 이를 허가한 사례가 다수 있었다.

이러한 사안에서 다음의 문제를 검토하라.

(1) 갑은 도지사의 불허처분은 위 훈령에 반하는 것이어서 위법한 것이라고 주장하고 있다. 이 주장은 타당한가?

(2) 갑이 위의 도지사의 불허처분의 위법을 주장할 수 있는 다른 근거는 있는가?

[논 점]

자연공원법상 건축허가의 법적 성질

건축허가기준으로서의 훈령의 법적 성질

[참조조문]

☞ **자연공원법**

제1조(목적)

이 법은 자연공원의 지정, 보전 및 관리에 관한 사항을 규정함으로써 자연생태계와 자연 및 문화경관 등을 보전하고 지속 가능한 이용을 도모함을 목적으로 한다.

제23조(행위허가)

① 공원구역에서 공원사업 외의 다음 각 호의 1에 해당하는 행위를 하고자 하는 자는 대통령령이 정하는 바에 따라 공원관리청의 허가를 받아야 한다.

1. 건축물 기타 공작물을 신축, 증축, 개축, 재축 또는 이축하는 행위

② 공원관리청은 다음 각 호에 해당하는 경우에 한하여 제1항의 규정에 의한 허가를 할 수 있다.

1. 제18조 제2항의 규정에 의한 용도지구에서 허용되는 행위의 기준에 맞을 것

2. 공원사업의 시행에 지장을 주지 아니할 것

3. 보전이 필요한 자연생태에 영향을 미치지 아니할 것
4. 공중의 이용에 현저한 지장을 주지 아니할 것

제25조(공원보호구역)

① 공원관리청은 자연공원의 보호를 위하여 필요한 배후지 또는 진입도로 주변의 일정구역을 공원위원회의 심의를 거쳐 공원보호구역으로 지정할 수 있다. ③ 공원보호구역 안에서 제23조 제1항 제1호 내지 제5호의1에 해당하는 행위를 하고자 하는 자는 대통령령이 정하는 바에 의하여 공원관리청의 허가를 받아야 한다.

1. 문제의 소재

이 사례에서 검토되어야 하는 사항은 대체로 다음과 같다. 먼저 공원보호구역 안에서 건축허가의 성질이 문제된다. 다음에 이 구역에서의 건축기준 등을 정하고 있는 환경부장관의 훈령의 성질이 문제된다. 끝으로 이것은 제 2의 문제의 결론과 관련된 것이나, 갑이 당해 거부처분의 위법성을 주장할 수 있는 다른 법적 논거가 있는지의 문제를 검토하여야 한다.

2. 자연공원법 제23조에 의한 건축허가의 성질

건축법에 의한 일반적 건축허가는 기속행위의 성질을 가진다고 보는 것이 학설, 판례의 공통적 입장이라 할 수 있다. 건축법은 그 목적으로서 "이 법은 건축물의 대지, 구조 등 설비의 기준과 건축물의 용도 등을 정하여 건축물의 안전, 기능 및 미관을 향상시킴으로써 공공복리의 증진에 이바지함을 목적으로 한다" 고 규정하고 있다.

자신의 소유인 토지 위에 건물을 건축하는 것은 그 소유권의 행사의 내용의 일부를 이루는 것으로서, 사인은 자신의 토지 위에 자유로이 건축을 할 수 있다고 보아야 할 것이다. 그러나 이러한 소유권의 행사로서의 건축행위는 절대적인 것은 아닌 것으로서, 공익상의 관점에서 그에는 일정한 제한이 부과될 수 있는 것이다. 건축법이 건축물의 대지, 구조 등에 대하여 일정한 요건을 규정하고 있는 것은 건축물의 안전, 기능, 미관의 향상이라는 공익목적을 확보하기 위한 것이라 할 것이다. 이러한 관점에서는 관계인의 건축계획이 건축법이 정하는 요건을 충족하는 경우에는 행정청은 당연히 당해 건축의 허가를 하여야 한다고 할 것이라는 결론에 도달하게 된다. 이것은 건축허가는 기속행위라는 것을 의미한다.

〈판례〉

대법원은 "건축허가신청이 건축법, 도시계획법 등 관계 법규에서 정하는 건축허가 제한 사유에 해당하지 않는 이상 법규상 아무런 근거가 없는 농촌지역의 향락과 퇴폐분위기 확산 등의 이유를 들

[사례 51] 주장 · 입증책임 [자료제출명령불응과 위법판단]

어 숙박시설건축을 불허할 수 없다."(大判 1996. 2. 13., 95누10594)고 하여, 건축허가가 기속행위임을 밝히고 있다.

전술한 바와 같이 건축법상의 건축허가가 기속행위의 성질을 가진다고 하여, 자연공원법 제23조에 의한 건축허가도 당연히 같은 성질을 가진다고 할 것은 아니고, 그 법적 성질은 자연공원법의 관계규정의 구체적 내용에 따라 판단되어야 할 것이다.

이 법은 "자연공원의 지정, 보전 및 관리에 관한 사항을 규정함으로써 자연생태계와 자연 및 문화경관 등을 보전하고 지속 가능한 이용을 도모함을 목적으로 한다"고 규정하고 있다. 동법 제25조 제3항은 "공원보호구역 안에서 제23조 제1항 제1호 내지 제5호의 1에 해당하는 행위를 하고자 하는 자는 대통령령이 정하는 바에 의하여 공원관리청의 허가를 받아야 한다." 고 규정하고 동조 제4항은 "제23조 제2항, 제3항의 규정과 제24조의 규정은 공원보호구역의 점용 및 사용에 관하여 이를 준용한다"고 규정하고 있다.

한편 동법 제23조 제1항 제1호는 허가를 요하는 행위로서 건축물 기타 공작물을 신축, 증축, 개축, 재축 또는 이축행위를 들고 있고, 동조 제2항은 위의 행위의 허가의 요건으로서, ① 제18조 제2항의 규정에 의한 용도지구에서 허용되는 행위의 기준에 맞을 것, ② 공원사업의 시행에 지장을 주지 아니할 것, ③ 보전이 필요한 자연상태에 영향을 미치지 아니할 것, ④ 공중의 이용에 현저한 지장을 주지 아니할 것을 들고 있다. 동법 제18조는 공원을 자연보존지구, 자연환경지구, 자연마을지구, 밀집마을지구, 집단시설지구의 5개의 용도지구로 지정하도록 규정하고 있는 바, 자연마을지구에서는 환경부령이 정하는 규모 이하의 주거용 건축물의 설치가 허용되는 것으로 규정하고 있다.

이러한 공원보호구역에서의 건축허가와 관련된 규정을 종합하여 보면, 당해 허가를 기속행위로 보기는 어렵다고 할 것이다. 즉 이 지구에서의 건축은 제1조상의 자연생태계와 자연풍경지의 보호 목적에 반하지 아니하는 한도에서 허용되는 것이고, 보다 구체적으로는 동법 제23조 제2항이 정하는 것으로서 공원사업의 시행에 지장을 주지 아니하고, 보전을 요하는 자연상태에 영향을 미치지 아니하고, 공원의 공공이용에 현저한 영향을 미치지 아니하는 것으로 판단되는 경우에만 이를 할 수 있는 것으로 되어 있는 바, 그러한 점에서는 당해 허가는 이른바 예외적 허가의 성질을 가진다고 할 것으로서, 이러한 허가에 있어서의 당해 건축행위의 자연공원법의 목적 내지는 그 허가요건에의 적합성 여부에 대한 판단에 있어서는 공원관리청인 도지사에 상당한 정도의 전문적 판단권이 인정될 수 밖에 없다고 본다.

전술한 바를 종합하면 자연공원법 제23조 또는 제25조에 의한 허가는 재량행위라는 결론에 도달하게 된다.

3. 훈령의 법적 성질 내지 효력

전술한 바에 따라 자연공원법 제23조에 기한 공원보호구역 안에서의 건축허가가 재량행위라고 보는 경우에는 도지사에게 그 허가 여부에 대한 독자적 판단권 즉 재량권이 인정되므로, 갑이 건축허가를 신청한 지점이 일단 당해 건축행위가 허용되는 지역이라 하여도, 당해 신청에 대하여 도지사가 그 재량권의 행사로서 행한 불허처분은 원칙적으로 적법한 처분이라 할 것이다.

그러나 이 사례에선 특별한 사유가 개재하고 있다. 즉 공원보호구역 안에서의 건축허가에 대하여 환경부장관이 훈령으로 건축물의 면적, 위치, 건축방법 등에 관한 기준을 정하고 이러한 기준에 합치하는 건축물의 건축신청은 이를 허가하도록 정하고 있다는 점이다. 이 사례의 내용에 비추어 보면, 갑의 건축허가신청은 이러한 훈령상의 기준에 합치되는 것으로 보인다. 그럼에도 불구하고 도지사는 그 불허결정을 한 것으로서, 갑은 도지사의 불허처분은 전술한 환경부장관의 훈령에 반하는 것으로서 위법한 처분이라고 주장하고 있는 것이다. 이 문제의 해결은 훈령의 성질, 보다 구체적으로는 당해 훈령에 법규성이 인정되는지 여부에 따라 결정되게 될 것이다.

행정규칙이 법규성을 가지는가의 문제는 행정규칙 일반에 대하여도 논의될 수 있다. 그러나 행정규칙에는 조직규칙, 간소화지침, 규범해석규칙, 재량준칙 등 그 성격이 각기 상이한 여러 유형이 내포되어 있으므로, 이러한 이질적인 요소들을 내용으로 하는 행정규칙 일반에 대하여 그 법규성 여부를 논하여도, 그 경우에는 하나의 구체적이거나 논리적으로 설득력 있는 결론에는 도달하기 어렵다고 본다.

기본적으로는 이러한 이유에 따라 행정규칙의 법규성 여부의 문제는 그 각 유형별로 이를 검토하는 것이 타당한 것이라 할 것이며, 또한 이것이 현재의 학설의 일반적 입장이라고 할 수 있다. 따라서 여기서도 이러한 관점에서 재량준칙으로서의 당해 훈령에 법규성이 인정될 수 있는지의 문제를 검토하기로 한다.

(1) 법규성설

이것은 행정권에도 나름대로의 민주적 정당성이 인정되고 그 한도에서는 행정권에도 일정 한도의 입법권은 인정된다는 전제하에서, 재량준칙은 행정청이 스스로의 재량권의 내용을 일반적으로 제한하기 위한 의사행위로서의 행정권의 고유한 법으로서, 그에는 법규성이 인정된다고 보는 견해이다. 이것은 현재 독일에서 오센뷜, 베켄페르데 등이 주장하고 있는 것이다.

그러나 이 설에는 현대 헌법의 기본원리은 삼권분립원칙과의 관계에서 그 기본적인 문제점이 있는 것으로 지적되고 있다. 즉 현대 헌법에 있어서는 삼권분립의 원칙에 따라 입법권은

[사례 51] 주장 · 입증책임 [자료제출명령불응과 위법판단]

국회에 속한다는 것이 그 기본원칙이 되고 있는 것이고 보면, 이러한 원칙에 대한 예외는 헌법 그 자체에서 인정하고 있는 것이어야 하고, 단지 행정권에도 나름대로의 민주적 정당성이 있다는 것만으로는 이러한 원칙에 대한 예외를 인정하기에는 불충분한 것이라고 보는 것이다. 기본적으로는 이러한 이유에 따라 전술한 내용의 법규성설은 독일에서는 소수설에 그치고 있는 것으로 보인다.

우리나라의 경우에도 훈령 등의 행정규칙에 법규성을 인정할 수 있는 실정 제도상의 근거는 찾기 어려운 것으로서, 현재 재량준칙을 포함한 행정규칙자체에 대하여 법규성을 인정하는 견해는 없다.

(2) 준법규성설

이 설은 재량준칙 그 자체에 대하여 법규성을 인정할 수는 없으나, 일정한 조건하에서는 이 준칙과 평등원칙과의 결합에 의한 행정의 자기구속원리에 따라 재량준칙에는 법규에 준하는 효력이 인정된다고 보는 바, 그 내용을 보다 구체적으로 설명하면 다음과 같다.

재량처분에 있어 행정청이 그 재량권을 동일한 방향으로 계속 행사하여 그 행사에 관한 관행이 형성되어 있는 경우에는, 행정청은 동일한 사안에 있어서는 종전의 관행에 따른 처분을 하여야 할 법적 구속을 받는다고 본다. 왜냐하면, 정당한 이유가 없음에도 불구하고 종전의 관행과 다른 불리한 처분을 하는 것은 헌법적 원리인 평등원칙에 반하는 것으로 되기 때문이다. 이것은 재량행위에 있어서는 행정청에는 그 처분의 내용에 대한 독자적 판단권, 즉 재량권이 인정되고 있음에도 불구하고 그 재량권의 행사에 관한 관행이 형성되어 있는 경우에는, 행정청은 헌법상의 평등원칙에 따라 스스로의 관행에 구속되게 되는 것을 의미하는 것으로, 그러한 점에서 이 법리를 행정의 자기구속원리하고 한다.

이러한 행정의 자기구속원리와 재량준칙을 결합하면, 다음의 이론이 성립되게 한다. 즉 재량준칙을 결합하면, 다음의 이론이 성립되게 된다. 즉 재량준칙이 일정 기간 적용되어 그에 따른 행정관행이 형성되면, 행정은 동일한 사안에 있어서는 평등원칙에 따라 행정청은 그를 정당화할 만한 특별한 사유가 없는 한 이러한 관행과 다른 불리한 처분을 할 수는 없게 된다. 즉 그 자체로서는 국민에 대하여 법적 효력이 없는 재량준칙이 평등원칙을 매개로 하여 법적 구속력이 인정되게 되는 바, 이러한 한도에서 재량준칙에는 준법규성이 인정되는 것이다.

재량준칙에 따른 관행이 형성되지 아니한 경우, 즉 재량준칙의 제 1차적 적용에 있어서의 그 법적 효력의 문제가 제기된다. 이 문제에 대하여 독일의 판례는 당해 재량준칙을 일종의 기속행위으로 보아서 그에 위반하는 처분도 위법한 것으로 보고 있다. 이 문제에 대하여 '마우러' 는 차후에 실제 재량준칙에 따른 행정관행이 실제 형성되는 경우에 한하여, 판례상의

[사례 51] 주장 · 입증책임 [자료제출명령불응과 위법판단]

예기관행이론의 타당성이 인정될 수 있다고 하고 있다.

이상이 독일 행정법상의 통설인 재량준칙의 준법규성설의 내용인 바, 이 설이 타당하다고 보며, 이러한 독일의 통설적 견해는 우리나라에서의 당해 문제의 판단에 있어서도 타당하게 적용될 수 있다고 본다. 왜냐하면 우리나라에서도 평등원칙은 헌법상의 원칙으로 되어 있고, 또한 우리나라에서의 재량준칙도 그 내용에 있어 독일의 그것과 다르지 아니한 것이기 때문이다.

그러나 이 문제에 대한 우리 판례의 입장은 소극적이라고 할 수 밖에 없는 것으로 보인다. 먼저 우리 판례의 입장은 소극적이라고 할 수 밖에 없는 것으로 보인다. 우리 판례는 행정규칙의 일반에 대하여 그 법규성을 부인하고 있기 때문이다.

〈판례〉

"훈령이란 행정조직 내부에 있어서 그 권한의 행사를 지휘, 감독하기 위하여 발하는 행정명령으로서, 훈령, 예규, 통첩, 지시, 고시, 각서 등 그 사용명칭 여하에 불구하고 공법상의 법률관계 내부에서 준거할 준칙 등을 정하는 데 그치고 대외적으로는 아무런 구속력도 가지는 것이 아니다(大判 1983. 6. 14., 83누54)."라고 판시한 바 있다.

〈판례〉

대법원은 재량준칙에 대하여도 다른 행정규칙과 마찬가지로, 특히 그 준법규성의 인정 여부에 대한 검토도 하지 아니하고, 그 외부적 효력을 부인하고 있다. 즉 대법원은 구 자동차운수사업법 제31조 등에 기한 처분기준에 관한 건설교통부장관의 훈령에 대하여,

"자동차운수사업법 제31조 등에 관한 처분 요령 별표 2에 논지와 같은 행정처분의 기준이 정하여져 있더라도 이는 훈시적인 규정에 지나지 아니하는 것으로서, 관계 행정청의 재량권을 기속하는 것이라고 할 수 없음은 물론, 법원을 기속하는 성질의 것도 아니다(大判 1983. 9. 13., 82누285)."라고 판시하였다.

〈판례〉

대법원은 더 나아가 부령의 형식으로 규정되어 있는 관계법상의 재량처분의 기주에 대하여도 그 법규성을 부인하고 있다. 즉 대법원은 "자동차운수사업법 제31조 등의 규정에 의한 사업면허의 취소 등의 처분에 관한 규칙(1982. 7. 31. 교통부령 제724호)은 부령의 형식으로 되어 있으나 그 규정의 성질과 내용상 자동차운수사업면허의 취소처분 등에 관한 사무처리기준과 처리절차

등 행정청 내의 사무처리기준을 규정한 것에 불과한 것이므로, 이는 건설교통부장관이 관계 행정기관 및 직원에 대하여 그 직무권한행사의 지침을 정하여 주기 위하여 발한 행정조직 내부에 있어서의 행정명령의 성질을 가지는 것이다(大判 1984. 2. 28., 83누551)."라고 판시한 바 있다.

〈판례〉
다만 대법원은 1993. 6. 29., 선고 93누5635 판결에서는 식품위생법 제53조 및 [별표 15]로 정한 그 처분기준에 대하여, 당해 '행정처분기준은 행정기관 내부의 사무처리준칙을 규정한 것에 불과' 하다고 하여 종래의 입장을 반복하면서도, "특별한 사유가 없는 한 행정청은 당해 위반사항에 대하여 위 처분기준에 따라 행정처분을 함이 보통이라 할 것이므로, 행정청이 이러한 처분기준을 과도하게 초과하는 처분을 한 경우에는 재량권의 한계를 일탈하였다고 볼 여지가 있다"고 하여, 재량준칙의 준법규성의 인정가능성을 시사하여 일단 주목을 끌었다. 그러나 이후의 판결에서는 대법원은 여전히 재량준칙(그것이 훈령의 형식이든 명령의 형식이든 간에)에 대하여는 그 준법규성 인정 여부에 대한 판단도 하지 아니한 채, 그것은 행정청 내의 사무처리기준에 불과한 것이라는 종래의 입장을 반복하고 있고 보면, 위의 판결례는 구체적 타당성을 고려한 이른바 1회용 재판례에 불과한 것으로 보인다.
이에 대하여 내용적으로는 재량처분의 기준을 정하고 있는 것이나, 그것이 대통령령의 형식으로 되어 있는 것인 때에는, 판례는 그에 법규성을 인정하고 있다. 즉 대법원은 주택건설촉진법 제7조 제1항상의 재량처분의 기준을 정하고 있는 대통령령인 동법시행령 제10조의 3 제1항 [별표 1]은, "주택건설촉진법 제7조 제2항의 위임에 터잡은 규정형식상 대통령령이므로 그 성질이 부령인 시행규칙이나 또는 지방자치단체의 규칙과 같이 행정조직내부에 있어서의 행정명령에 지나지 않는 것이 아니라 대외적으로 국민이나 법원을 구속하는 힘이 있는 법규명령에 해당한다(大判(全) 1997. 12. 26., 97누15418)."고 판시하였다.

이상에서 기술한 것이 행정규칙으로서의 재량준칙의 법적 성질 및 이에 관한 우리 대법원의 관련 판례의 개괄적인 검토이다.

전술한 바를 배경으로 하여 이 사례의 제 1에 대하여 살펴보면, 훈령은 내용적으로는 재량준칙인 행정규칙에 해당하는 것으로서, 그에는 독자적 법규성을 인정할 수 있는 실정법적 또는 이론적 근거는 없다. 따라서, 도지사의 불허처분이 환경부장관의 훈령에 위반하였다는 이유만으로 동 처분이 위법하다고는 볼 수 없으므로, 이 점에 대한 갑의 주장은 타당하지 않다고 할 것이다.

[사례 51] 주장 · 입증책임 [자료제출명령불응과 위법판단]

4. 재량준칙의 준법규성

이 사례의 제 2문은 갑이 도지사의 불허처분의 위법성을 주장할 수 있는 다른 논거가 있는가의 문제이다. 이것은 전술한 재량준칙의 준법규성의 이론과 관련된 것임은 쉽게 간파할 수 있을 것이다.

이 사례에서는 환경부장관이 훈령으로 공원보호구역에서의 건축물의 면적, 위치, 건축방법 등에 관한 기준을 정하고 있고, 실제 갑의 인근에서는 이러한 훈령상의 기준에 합치하는 건축허가신청에 대하여는 이를 허가한 사례가 다수 있었다. 이 경우 환경부장관의 훈령은 재량처분으로서의 공원보호구역에서의 건축허가에 대한 기준을 설정한 것이므로, 행정규칙으로서의 재량준칙에 해당한다는 점은 기술한 바와 같다.

그런데 실제 갑의 인근에서는 이러한 재량준칙으로서의 환경부장관의 훈령상의 기준에 합치하는 건축허가신청에 대하여는 이를 허가한 사례가 다수 있었던 것으로 보면, 일단 재량준칙인 훈령에 따른 행정관행도 형성되어 있었다고 볼 것이다.

그러하다면 갑의 건축허가신청이 당해 훈령상의 기준에 합치하는 한에서는 갑의 건축허가신청에 대하여만 이를 불허하는 것은 평등원칙에 반하는 것으로서 위법하다고 할 것이다. 따라서 갑은 이러한 위법사유를 들어 당해 불허처분의 취소를 구할 수 있다고 할 것이다.

그러나 기술한 바와 같이, 우리 판례상으로는 재량준칙의 준법규성도 인정되고 있지 아니하고 있는 실정이고 보면, 실제 소송에서 갑의 취소청구가 인용될 가능성은 적다고 할 것이다.

19. 사인의 공법행위

[설문]

乙은 징역형의 집행을 종료한 후 2년이 지나기 전에 서울시 성북구청의 공무원으로 임용되어 식품위생법상의 신고에 관한 사무를 다년간 담당해오던 중 甲이 동법 제25조 제3항 소정의 유흥주점 영업자지위승계신고서를 제출하자 시설이 낙후되어 위 법 소정의 시설기준에 부합하지 않는다는 이유로 시설교체를 조건으로 이를 수리하였다. 이에 甲은 당해 조건을 대상으로 하여 취소소송을 제기하였다. 이 경우 수소법원은 어떠한 판결을 내려야 하는가?

◇참조조문◇

지방공무원법

제31조(결격사유)

[사례 51] 주장 · 입증책임 [자료제출명령불응과 위법판단]

다음 각 호의 1에 해당하는 자는 공무원이 될 수 없다.

3. 금고 이상의 형을 받고 그 집행이 종료되거나, 집행을 받지 아니하기로 확정된 후 5년이 경과하지 아니한 자

식품위생법

개정(2000. 1. 12.) 전

제23조(조건부 영업허가)

① 식품의약품안전청장, 시 도지사, 시장 · 군수 또는 구청장은 제22조 제1항의 규정에 의한 허가를 함에 있어 대통령령이 정하는 영업에 대하 여는 보건복지부령이 정하는 기간 내에 제21조의 규정에 의한 시설을 갖출 것을 조건으로 이를 허가할 수 있다.

② 식품의약품안전청장, 시 · 도지사, 시장 · 군수 또는 구청장은 제1항의 규정에 의하여 허가를 받은 자가 정당한 사유 없이 그 기간 내에 시설을 갖추지 아니 한 때에는 그 허가를 취소하여야 한다.

제24조(영업허가 등의 제한)

① 다음 각 호의 1에 해당하는 때에는 제22조 제1항의 규정에 의한 영업허가를 할 수 없다.

1. 당해 영업의 시설이 제21조의 규정에 의한 시설기준에 적합하지 아니한 때. 다만. 제23조의 규정에 의한 조건부 영업허가의 경우에는 그 러하지 아니하다.

개정(2000. 1. 12.) 후

제23조(삭제)

제24조(영업허가 등의 제한)

① 다음 각 호의 1에 해당하는 때에는 제22조 제1항의 규정에 의한 영업허가를 할 수 없다.

1. 당해 영업의 시설이 제21조의 규정에 의한 시설기준에 적합하지 아니한 때

Ⅰ. 쟁점정리

설문상 甲은 유흥주점 내의 시설들을 교체할 것을 내용으로 하는 조건을 대상으로 하여 취소소송을 제기하였다. 이에 대하여 수소법원이 어떠한 판결을 내려야 할 것인가의 문제는 우선 소의 적법성으로부터 출발해야 할 것인 바, 이는 조건의 처분성을 해명함으로써 판명되어야 할 것이다. 사안상 그 외에 문제되는 적법요건은 없는 것으로 보이기 때문이다.

그리고 조건의 처분성은 조건의 법적 성질을 탐구함으로써 밝혀질 것이고, 조건의 법적 성질은 본체인 행정작용의 법적 성질을 규명함으로써 판명될 것으로 보인다. 왜냐하면 乙의 수리행위가 행정행위가 아니라면 조건 역시 강학상 거론되고 있는 부관에 해당한다고 볼 수는 없기 때

문이다.

결국 사안상 수리행위의 법적 성질에 대한 규명을 통해 조건이 부관인지 여부를 결정함으로써 부관에 해당하는 경우 취소소송을 통하여 하자있는 부관 부분만을 별도로 다툴 수 있는가 또는 이러한 부관이 부가되어 있는 행위 전체를 다투어야 하는가의 문제가 발생하는 바, 이것이 바로 부관의 독립쟁송가능성의 문제인 것이다.

그리고 만일 부관만의 독립쟁송이 가능하다고 보는 경우 그 부관의 위법성 여부가 문제되며, 이러한 부관의 위법성이 인정되는 경우 그 위법성의 정도 및 이에 따른 주된 행정행위의 효력이 문제된다.

Ⅱ. 소의 적법성

1. 영업자지위승계신고 수리행위의 행정행위성

⑴ 문제점

행정행위는 직접적 · 구체적인 규율성을 그 본질적 표지로 하는 바, 사안상의 수리행위의 경우 직접성과 구체성 표지의 충족 여부는 문제가 없으나 규율성이 있는 것인지 여부는 규명을 요한다. 그런데 영업자지위승계신고는 사인의 공법행위[10)]이므로, 결국 이러한 행위가 어떠한 공법적 효과를 미치는 것인지를 탐색함으로써 문제에 대한 실마리를 얻게 될 것이다.

⑵ 효과에 따른 사인의 공법행위의 종류

형식적 요건을 갖추고 있는 한 행정기관에 접수됨과 더불어 효력을 발생하며, 그에 따라 행정기관에 의한 수리를 요하지 않는 자기완결적 행위와 사인의 공법행위가 행해지면 행정기관은 일반적으로 그것을 수리하고 적절히 처리할 의무를 지고 그 밖에 어떠한 법적 효과를 발생하는가는 상대방으로서의 행정기관의 행위가 어떠한 성질을 가지는가에 따라 달라지는 행위요건적 행위가 있다[11)].

자기완결적 행위에 속하는 대표적 행위가 신고이다. 본래적 의미의 신고는 행정기관에 도달함으로써 그의 효과가 발생하는 점에서 수리를 요하는 허가 · 특허 등과 구별된다.

이와 관련하여 행정절차법 제40조는 전형적인 자기완결적 의미의 신고에 관하여 규정하고 있다. 즉 동 규정에 의하면 "행정청에 대하여 일정한 사항을 통지함으로써 의무가 끝나는 신고"에 있어서 적법한 요건을 갖춘 신고가 행정기관에 도달하면 신고의 의무가 이행

10) 사인의 공법행위란 공법관계에서의 사인의 행위로서 공법적 효과를 발생시키는 일체의 행위를 말한다.
11) 김남진 · 김연태, 행정법 I, 125 ~ 131쪽.

[사례 51] 주장 · 입증책임 [자료제출명령불응과 위법판단]

된 것으로 본다. 행정청의 수리행위가 있어야 신고에 따른 효력이 발생하는 것이 아니다.

〈참고〉

차고의 증축은 건축법 제9조 제1항에 규정된 신고사항에 해당하여 건축주인 참가인이 건축법에 의한 신고를 한 이상 참가인은 피고의 수리 여부에 관계없이 이 사건 토지상에 차고를 증축할 수 있으므로 피고가 참가인의 증축신고를 수리한 행위가 참가인은 물론 제3자인 원고 등의 구체적인 권리 의무에 직접 변동을 초래하는 행정처분이라고 할 수 없다(대판 1999. 10. 22., 98두18435).

한편, 행정법상 신고에는 전형적인 신고(자기완결적 신고) 이외에 수리를 요하는 변형적인 신고가 있음이 일반적으로 인정되고 있다. 수리를 요하는 신고의 경우에는 요건을 갖춘 신고가 있다 하더라도 수리되지 않으면 신고의 효력이 발생하지 않는 점에서 자기완결적 신고와 다르다.

(3) 영업자지위승계신고의 법적 성질

식품위생법 제25조 제3항에 의한 영업양도에 따른 지위승계신고를 수리하는 허가관청의 행위는 단순히 양도 · 양수인 사이에 이미 발생한 사법상의 사업양도의 법률효과에 의하여 양수인이 그 영업을 승계하였다는 사실의 신고를 접수하는 행위에 그치는 것이 아니라, 영업허가자의 변경이라는 법률효과를 발생시키는 행위라고 할 것(대판 1995. 2. 24. 94누9146)이므로 영업지위자승계신고는 행위요건적인 사인의 공법행위에 해당한다.

〈참고〉

대법원 판례에 나타난 수리를 요하는 신고는 지위승계의 신고와 등록적 성격의 신고로 유형화할 수 있다.

「등록적 성격의 신고에 대한 판례」

건축주 명의변경 신고수리 거부행위는 행정청이 허가대상 건축물 양수인의 건축주 명의변경 신고라는 구체적인 사실에 관한 법집행으로서 그 신고를 수리하여야 할 법령상의 의무를 지고 있음에도 불구하고 그 신고의 수리를 거부함으로써, 양수인이 건축공사를 계속하기 위하여 또는 건축공사를 완료한 후 자신의 명의로 소유권보존등기를 하기 위하여 가지는 구체적인 법적 이익을 침해하는 결과가 되었다고 할 것이므로 비록 건축허가가 대물적 허가로서 그 허가의 효과가 허가대상 건축물에 대한 권리변동에 수반하여 이전된다고 하더라도 양수인의 권리의무에 직접 영향을 미치는 것으로서 취소소송의 대상이 되는 처분이라고 하지 않을 수 없다(대판 1992. 3. 31., 91누4911).

[사례 51] 주장 · 입증책임 [자료제출명령불응과 위법판단]

(4) 乙의 수리행위의 행정행위성

위에서 살펴본 바와 같이 영업지위승계 신고는 행위요건적인 사인의 공법행위로서 그 수리행위는 영업허가자의 변경이라는 법률효과를 발생시키는 행위라는 점에서 규율성의 표지도 충족되므로 행정행위성이 인정된다.

2. 사안상 조건의 부관에의 해당 여부

사안상 乙이 부가한 조건의 경우에는 본체인 수리행위가 행정행위로서 이러한 행정행위에 부수하여 부가된 종된 규율이라는 점에서 부관에 해당한다. 따라서 아래에서는 부관의 독립쟁송가능성에 대하여 살펴보기로 하겠다.

3. 부관의 독립쟁송가능성

(1) 학 설

1) 부담에 한하여 독립쟁송가능성을 인정하는 견해

부관 중 부담은 그 자체로서 특정한 의무를 명하는 행정처분으로서의 성질을 가지므로 부담만을 독립적으로 다툴 수 있으나, 그 밖의 부관(조건, 기한, 철회권의 유보)은 그 자체로서 독자적인 처분성을 갖지 못하고 주된 행정행위의 한 부분으로서의 성격을 갖는 부관이므로 전체로서의 부관부 행정행위를 다투어야 한다는 입장이다.

2) 모든 부관에 대해 독립쟁송가능성을 인정하는 견해

이 견해는 부관에 위법성이 존재하는 한 그 종류를 불문하여 소의 이익이 있다면 모든 부관에 대하여 독립하여 행정쟁송을 제기할 수 있다고 보면서, 그 논거로서 부관의 본체인 행정행위와의 불가분성은 쟁송을 이유 있게 하는 것과 관계되는 것이지 쟁송의 허용성과 관계되는 것은 아니라는 점을 들고 있다.

3) 분리가능성이 있는 부관만의 독립쟁송가능성을 인정하는 견해

부관의 독립쟁송가능성 여부의 문제는 법원에 의한 부관의 독자적인 취소 가능성 문제의 전제조건으로서의 성격을 갖는다고 볼 수 있으므로, 부관만의 독립취소가 법원에 의하여 인정될 정도의 독자성(즉 주된 행정행위와의 분리가능성)을 갖고 있는가에 달려 있다고 한다. 따라서 분리가능성이 없는 부관의 경우에는 독립쟁송가능성은 부인된다고 한다.

(2) 판 례

"행정행위의 부관 중에서도…부담의 경우에는 다른 부관과는 달리 행정행위의 불가분적인 요소가 아니고 그 존속이 본체인 행정행위의 존재를 전제로 하는 것일 뿐이므로 부담

그 자체로서 행정쟁송의 대상이 될 수 있다"(대판 1992. 2. 21., 91누1264)고 판시하여, 부담에 한하여 독립하여 행정쟁송의 대상이 될 수 있다는 입장을 취하고 있다.

⑶ 검 토

부관의 독립쟁송가능성은 당사자가 부관을 주된 행정행위와는 독립하여 취소소송으로 다툴 수 있는가의 문제로서, 이것은 부관이 독립적으로 취소소송의 대상이 되는가의 문제이다. 따라서 처분성이 긍정되는 부담의 경우 부담만의 취소를 구하는 소송을 제기할 수 있으며, 처분성이 인정되지 않는 부관의 경우에는 전체 행정행위를 대상으로 소송을 제기하여야 할 것이다.

분리가능성 여부로 판단하는 견해에 대해서는 주된 행정행위와의 분리가능성의 문제는 부관의 독립취소가능성의 문제로 보아야 한다는 점에서 비판이 가능하다. 즉 분리가능성 여부는 쟁송을 이유 있게 하는 것, 즉 부관의 독립취소 가능성과 관련된 것이지 쟁송의 허용성(독랍쟁송가능성)의 문제와 관계되는 것은 아니다.

결국 설문에서 甲이 유흥주점 내의 시설들을 교체하여야 한다는 부관만을 다투기 위하여는 이러한 부관의 법적 성질에 대한 해명이 있어야 할 것이므로 아래에서는 이에 대하여 살펴보기로 하겠다.

4. 설문상 조건의 법적 성질

⑴ 부관의 유형

① 행정행위의 효력의 발생 또는 소멸을 장래의 불확실한 사실에 의존시키는 부관인 조건, ② 행정행위의 효력의 발생 · 소멸 또는 계속을 시간적으로 정한 부관인 기한, ③ 행정행위의 주된 내용에 부가하여 그 행정행위의 상대방에게 작위 · 부작위 · 급부 등의 의무를 부과하는 부관을 의미하는 부담(이는 주로 허가 · 특허 등과 같은 수익적 행정행위에 붙여진다), ④ 행정청이 일정한 경우에 행정행위를 철회하여 그의 효력을 소멸시킬 수 있음을 정한 부관인 철회권의 유보, ⑤ 법률이 행정행위에 부여하는 효과의 일부를 배제하는 내용의 부관인 법률효과의 일부배제 등이 있다.

⑵ 사안의 경우

사안상의 부관은 식품위생법상의 영업자지위승계신고 수리를 하면서 식품위생법상 유흥주점영업을 영위하는 자가 갖추어야 할 물적 시설들을 확보하기 위한 뜻에서 유흥주점 내의 시설을 교체하여야 한다는 내용인 바, 이는 본체인 행위와는 독립된 작위의무를 부과하는 것이므로 '부담'에 해당한다.

[사례 51] 주장 · 입증책임 [자료제출명령불응과 위법판단]

5. 소결

사안상의 조건은 위에서 살펴본 바와 같이 부관의 유형 중에서 부담에 해당한다. 따라서 부담에 한정하여 독립쟁송가능성을 인정하는 견해에 따른다면 이 경우 당해 조건만을 대상으로 하여 그것만의 취소(진정일부취소소송)를 구할 수 있게 된다. 결국 甲이 제기한 소는 적법하다.

Ⅲ. 소의 이유유무

1. 문제점

소의 이유유무와 관련하여 우선 문제되는 것은 사안상 甲에게 징역형의 전과가 있음으로 인하여 乙의 수리행위 및 부관 부가가 무권한자의 행위로서 무효인지 여부이다.

그리고 부관의 부가가능성과 관련하여 사안상의 수리행위의 법적 성질에 대한 해명이 필요하다. 왜냐하면 기속행위의 경우에도 부관의 부가가 가능한지 여부에 대하여는 견해가 대립되고 있기 때문이다.

다음으로 부관의 경우에도 법률유보(특히 '법률효과의 일부배제' 의 경우)가 적용되는 경우가 있고, 법률우위원칙이 적용되어야 하며, 평등원칙, 비례성원칙, 부당결부금지원칙 등 법의 일반원칙에 적합하여야 한다. 만일 이에 반하는 경우에는 그 부관은 위법하게 되는 바, 사안의 경우에 이러한 부관의 한계를 일탈한 것인지 여부가 문제된다.

2. 부관의 위법 여부

(1) 주체면에서의 위법성

1) 문제점

이 문제에 대한 해답을 얻기 위해서는 乙에게 공무원의 임용결격사유가 있는 것인지 여부와, 그렇다고 할 경우 결격사유가 있어 위법한 공무원 임용행위의 효력에 대하여 검토할 필요가 있다. 이를 위해 무효 · 취소의 구별기준에 관한 탐색이 선행되어야 할 것이다.

그런데 이러한 하자의 정도를 규명하기 위하여 우선적으로 탐색해야 할 점은 임용행위의 처분성이다. 왜냐하면 행정소송법 소정의 처분에 해당하는 경우에만 당해 행정작용의 하자를 취소사유와 무효사유로 구분할 수 있기 때문이다. 따라서 공무원 임용행위의 법적 성질에 대한 탐색을 요한다.

이에 따라 임용행위의 처분성이 인정되어 乙에 대한 임용행위의 하자를 취소사유로

[사례 51] 주장 · 입증책임 [자료제출명령불응과 위법판단]

보는 경우에는 그 임용행위는 유효할 것이므로 乙은 식품위생법상의 신고에 관한 사무를 담당할 수 있는 유효한 권한이 있으나, 임용행위를 무효로 보는 경우에는 乙이 그동안 공무원으로 임용되어 수많은 식품위생법상의 신고에 관한 사무를 담당해 왔을 것인데, 이제 와서 이를 무권한자의 행위로서 무효라고 할 수 있을 것인지가 관건이다. 이와 관련하여 제시되는 것이 사실상 공무원의 이론인 바, 아래에서는 이러한 점들에 대하여 살펴봄으로써 문제에 대한 해결책을 모색해 보기로 하겠다.

2) 공무원 임용결격사유 유무

A. 임용의 요건

공무원의 임용은 소극적으로 법정의 결격사유(국가공무원법 제33조, 지방공무원법 제31조)가 없고, 적극적으로 공개채용시험에 의해 능력을 검증받아 일정한 자격(국가공무원법 제26조, 지방공무원법 제31조)을 갖춘 자를 임용권자가 임용해야 유효하다.

B. 사안의 경우

사안의 경우 乙은 징역형의 집행을 종료하고 2년 내에 성북구청의 공무원으로 근무하고 있으므로 지방공무원법 제31조 제3호 소정의 임용결격자에 해당 한다. 따라서 임용행위는 위법하다.

3) 임용행위의 효력 - 임용행위의 하자의 정도

A. 공무원 임용행위[12)]의 법적 성질

이에 관하여는 쌍방적 행정행위로 보는 견해와 공법상 계약으로 보는 견해로 나누어져 있다. 생각건대, 계약직공무원에 있어서와 같이 계약(공법상 계약)에 의하여 임용되는 공무원도 있지만, 대부분의 공무원은 행정행위를 통하여 임용된다고 보아야 할 것이다. 통상적인 임용행위에 있어서는 행정주체와 당사자가 그 내용을 구체적으로 합의하여 결정하기보다는 행정주체가 일방적으로 미리 결정하고 사인이 이를 포괄적으로 수락함으로써 성립하는 것이므로 공법상의 계약과는 다른 특성이 인정되어야 할 것이다.[13)]

이와 같이 임용행위에는 상대방의 동의가 필요한 것이므로 쌍방적 행정행위로 보는 견해가 타당하다. 다만, 용어표현상 쌍방적 행정행위보다는 동의에 의한 행정행위가 낫다고 생각한다.

---

12) 임용은 공무원관계를 발생, 변경, 소멸하게 하는 일체의 행위로서 이 개념은 신규채용, 전직, 휴직, 정직, 해임 및 파면 등을 포함하는 넓은 개념이나, 임용을 좁은 의미로 사용할 때에는 임명을 의미하는 것으로 해석된다(류지태, 행정법신론, 664 ~ 665쪽).

13) 류지태, 행정법신론, 665쪽.

[사례 51] 주장 · 입증책임 [자료제출명령불응과 위법판단]

따라서 사안의 경우 임용행위는 행정행위로서 행정소송법 소정의 처분에 해당하므로 그 효력과 관련하여서는 임용행위의 하자의 정도에 대한 검토가 필요하다.

B. 무효와 취소의 구별기준

(a) 논의의 지평

하자있는 행정행위는 통설 · 판례에 의하면 무효인 행위와 취소할 수 있는 행위로 나누어지고 있다. 행정의 실효성 확보 내지 법적 안정성의 요청을 강조하게 되면 무효사유를 엄격하게 볼 것이고, 당사자의 권리구제의 요청을 강조하게 되면 무효사유를 완화하게 된다. 그런데 이 양자의 요청 중 어느 것도 경시할 수 없으므로 무효와 취소의 구별기준에 관한 논의는 이 양자의 요청을 어떻게 합리적으로 조정할 것인가로 귀결된다.

(b) 학 설

a) 중대설

중대한 하자가 있으면 그것이 명백하지 않더라도 행정행위는 무효가 된다는 견해이다. 또한 법규를 ① 능력규정과 명령규정, ② 강행규정과 비강행규정으로 나누어, 전자에 위반하는 행위는 무효, 후자에 위반하는 행위는 취소할 수 있는 것이라고 보는 견해를 중대설이라고 부르기도 한다[25].

b) 중대 · 명백설

하자가 중대하고 명백한 경우에는 무효인 행정행위로 보며 그 밖의 경우(그 중 어느 한 요소 또는 둘 전부를 결여한 경우)에는 취소할 수 있는 행정행위로 보는 견해이다. 여기서 하자의 중대성을 판단함에 있어서는 위반된 법규의 성질 · 기능뿐만 아니라, 그 위반의 정도도 고려하여야 하며, 하자의 명백성은 당사자나 법률전문가의 관점에서가 아니라 통상적인 인식능력을 가진 일반인의 관점에서 객관적으로 판단되어야 한다고 한다.

c) 명백성보충요건설

행정행위의 무효를 논함에 있어 하자의 중대성은 필수적 요건으로 보고, 명백성의 요건은 행정의 법적 안정, 국민의 신뢰보호의 요청이 있는 경우에만 가중적으로 요구되는 요건이라고 보는 견해이다.

(c) 판 례

"하자있는 행정처분이 당연무효가 되기 위하여는 그 하자가 법규의 중요한 부

25) 김동희, 행정법 I , 323쪽.

[사례 51] 주장 · 입증책임 [자료제출명령불응과 위법판단]

분을 위반한 중대한 것으로서 객관적으로 명백한 것이어야 하며, 하자가 중대하고 명백한 것인지 여부를 판별함에 있어서는 그 법규의 목적, 의미, 기능 등을 목적론적으로 고찰함과 동시에 구체적 사안 자체의 특수성에 관하여도 합리적으로 고찰함을 요한다"(대판 1995. 7. 11., 94누4615)고 판시하여 중대 · 명백설을 취하고 있다.

(d) 헌법재판소 결정례

헌법재판소는 위헌법률에 근거한 행정처분의 효력과 관련하여, 원칙적으로 중대 · 명백설에 따라 처분의 근거법규가 위헌이었다는 하자는 중대하기는 하나 명백한 것이라고는 할 수 없다는 의미에서 그 행정처분은 당연무효가 되지 않는다고 하면서, 다만 그 행정처분을 무효로 하더라도 법적 안정성을 크게 해치지 않는 반면에 그 하자가 중대하여 그 구제가 필요한 경우에 대하여서는 그 예외를 인정하여 이를 당연무효사유로 보아야 할 것이라는 입장을 취하고 있다(헌재 1994. 6. 30., 92헌바23). 즉 법적 안정성의 요구에 비하여 권리구제의 필요성이 큰 경우에는 중대 · 명백설의 예외를 인정하고 있다.

(e) 검 토

생각건대, 무효 · 취소의 구별기준에 관한 논의는 궁극적으로 법적 안정성, 제3자의 신뢰보호, 행정의 원활한 수행 및 권리구제의 요청을 조화시키려는 것이다.
하자가 중대하고 객관적으로 명백한 경우에만 처음부터 아무런 효력을 발생하지 않는 무효인 행정행위로 보고, 그 이외의 경우에는 권한 있는 기관에 의하여 취소되어야만 비로소 처분의 효력을 상실하게 할 수 있는 취소사유로 보는 중대 · 명백설은 이러한 요청을 적절히 조화시키는 이론이라 할 것이다.
다만, 법적 안정성 및 제3자의 신뢰보호에 비하여 처분의 침해로부터 상대방을 보호할 필요가 강하게 요구되는 경우에는 예외적으로 하자가 중대하기만 하면 무효로 보는 것이 권리보호의 요청에 부합하고 불합리한 결과를 피하는 방법이 될 것이다.

C. 사안의 경우

(a) 판 례

판례는 국가가 공무원임용결격사유가 있는 자에 대하여 결격사유가 있는 것을 알지 못하고 공무원으로 임용하였다가 사후에 결격사유가 있는 자임을 발견하고 공무원임용행위를 취소하는 것은 당사자에게 원래의 임용행위가 당초부터 당연

[사례 51] 주장 · 입증책임 [자료제출명령불응과 위법판단]

무효이었음을 통지하여 확인시켜 주는 행위에 지나지 아니하는 것이라고 판시하여(대판 1987. 4. 14., 86누459), 결격사유 있는 자를 임용하는 행위를 당연무효사유로 보고 있다.

(b) 사 견

헌법 제7조 제2항에 의해 공무원의 신분은 보장되고 이를 구체화하는 것이 국가공무원법 제8장 이하의 규정이며, 같은 장의 제69조는 공무원으로 임용된 후 결격사유에 해당하는 경우만을 규정하고 있어 임용당시에 결격사유가 있는 자에 대한 임용에 대해서는 그 하자정도에 대한 입법적 판단이 내려지지 않고 있어 그 하자의 정도는 해석론에 의해 해결할 수밖에 없다고 본다.

우선 다수설과 판례의 입장인 중대 · 명백설에 따라 판단해 보건대, 중대성이란 법규 위반의 정도의 문제인 바, 사안상 甲은 징역형을 선고받았다는 점, 임용요건으로서의 형집행종료 후 5년 경과에 훨씬 못 미치는 2년 이내에 공무원으로 임용되었다는 점 등을 고려할 때 사안상의 임용행위의 법규 위반은 중대하다고 볼 수 있으며, 신원확인을 통해 그 하자는 충분히 밝혀질 수 있다는 점에서 객관적으로 명백하므로 임용행위는 무효이다.

또한 예외적인 경우 하자의 중대성만으로 무효 여부를 판단하는 견지에서도, 사안의 경우에는 처분의 상대방보다는 법적 안정성 내지 제3자의 신뢰를 보호할 필요가 강하게 요청된다는 점에서 예외적인 경우에 해당한다고 볼 수 없으므로 동일한 결론에 이르게 된다.

4) 사실상 공무원이론과 乙의 지위

A. 의 의

공무원임명에 있어서 요구되는 능력요건이나 성적요건 등을 결한 경우에는 당해 공무원임명행위는 무효이거나 취소할 수 있는 행위가 된다.

공무원임명이 무효 또는 취소되더라도 상대방의 신뢰를 보호하고 법적 안정성 등을 이유로 당사자가 행한 행위의 효력을 유효한 것으로 인정해야 할 필요성이 있다. 이 때의 공무원 개념을 사실상 공무원이라고 한다.

B. 논의의 자리매김

사실상 공무원이론에 대하여는 이를 하자치유의 한 경우로 보는 견해[14]가 있으나, 위에서 살펴본 바와 같이 결격사유 있는 자의 공무원임용행위가 당연무효라고 판단

14) 김동희, 행정법 I, 333쪽.

[사례 51] 주장 · 입증책임 [자료제출명령불응과 위법판단]

될 수 있는데, 당연무효인 행정행위의 경우 하자의 치유가 인정될 수 없다는 견지에서 이를 하자치유의 한 경우로 보는견해는 문제가 있다고 본다. 도리어 이는 신뢰보호의 견지에서 예외적 법적 효과로서 논의될 성질의 문제라고 보아야 할 것이다.

C. 사안의 경우

사안상 乙의 임용행위가 무효라고 하더라도 乙은 외부적으로는 공무원으로서 행정업무를 수행하여 왔다. 일반 시민들은 이와 같이 외관상 공무원으로서 행동한 사람을 신뢰하여 서로 법적 관계를 형성하게 된다. 따라서 이러한 시민들의 신뢰보호와 행정질서의 안정 및 계속성의 보장의 관점에서 乙은 사실상 공무원으로서 사실상 유효하게 식품위생법상의 신고에 관한 수리 및 불수리행위를 해 온 것으로 보아야 할 것이다. 따라서 사안상 乙의 불수리행위를 무권한자의 행위로서 무효라고 할 수는 없다.

(2) 부관의 부가가능성

1) 수리행위의 기속행위성 여부

A. 재량행위와 기속행위의 구별기준에 관한 학설

과거에는 요건재량설과 재량설의 대립이 있었으나, 현재는 이러한 학설의 대립을 지양하고 먼저 관계법 규정의 해석을 통하여 밝혀져야 하지만 당해 법률의 규정이 당해 처분에 대하여 재량권을 부여하고 있는지 여부가 명확하지 않은 경우에는 당해 행위의 당사자와의 관계, 특히 헌법상의 기본권과의 관련성을 고려하여 재량행위와 기속행위를 구별하는 입장을 취하고 있다.

B. 사안의 경우

사안에 있어서 신고수리의 근거규정인 식품위생법 제25조 제3항은 영업자 지위를 승계한 자는 1월 이내에 식품의약품안전처장, 시 · 도지사, 시장 · 군수 또는 구청장에게 신고를 하여야 한다고 규정하고 있을 뿐, 요건을 충족하는 경우의 신고수리의 의무성 여부는 나타나 있지 않다.

따라서 이 경우에는 당해 행위의 당사자와의 관계, 특히 헌법상의 기본권 관련성 정도에 따라 판단해 보아야 하는 바, 영업자 지위승계 신고수리는 국민의 직업의 자유(헌법 제15조)와 밀접한 관련을 맺고 있으므로, 만일 당사자가 위 규정에 따른 요건을 충족하였음에도 수리를 해주지 않는다면 국민의 직업의 자유를 침해하는 것이 된다. 따라서 신고수리는 기속행위로 보아야 할 것이다.

[사례 51] 주장 · 입증책임 [자료제출명령불응과 위법판단]

2) 부관의 가능성

A. 문제점

재량행위가 대상인 경우에 부관을 붙일 수 있다는 사실에 대해서는 이론의 여지가 없다. 다만 사안의 경우와 같은 기속행위의 경우에는 부관의 부가가능성에 대하여 견해가 대립한다.

B. 학 설

(a) 종래의 견해(부정설)

기속행위의 경우 행정청은 법규에 엄격히 기속되어 그것을 기계적으로 집행하는데 그치므로, 행정청이 법규가 정한 효과를 임의로 제한할 수 없으므로 기속행위에는 부관을 붙일 수 없다는 견해이다.

(b) 새로운 견해

종래의 통설과 판례가 기속행위(또는 기속재량행위)에는 절대로 부관을 붙일 수 없다고 하는 것은 행정행위의 효과를 제한하는 것만이 부관의 기능인 것으로 오해한 데서 비롯된 것이라고 비판하면서 부관은 행정행위의 효과를 제한하는 것만이 아니라 장래에 있어서의 법률요건을 충족할 필요가 있다고 판단되는 때에도 부관을 붙일 수 있는 바(법률요건 충족적 부관), 기속행위의 경우에도 법률효과 제한적 부관은 붙일 수 없으나 법률요건 충족적 부관은 붙일 수 있고 또한 법령에 부관을 붙이는 것이 허용되는 경우에도 부가가 가능하다고 본다.

C.판 례

"기속행위에 대해서는 법령상의 특별한 근거가 없는 한 부관을 붙일 수 없고 가사 부관을 붙였다 하더라도 무효라 할 것이다"(대판 1993. 7. 27. 92누13998)라고 판시하여 기속행위에 대한 부관의 부가가능성을 부정하고 있다.

D. 검 토

기속행위 · 기속재량행위에는 절대로 부관을 붙일 수 없고, 가령 붙였다 하더라도 무효인 것으로 보는 판례 및 그에 동조하는 견해는 부관의 다양한 기능 내지 현상을 전혀 고려하지 않고 있다는 점에서 새로운 견해가 옳다고 본다.

E. 사안의 경우

사안에서의 조건이 요건충족적 부관에 해당하는지 여부를 살펴보면, 乙은 유흥주점 영업을 하는 자가 일정한 시설을 갖추어야 신고수리의 요건이 충족된다고 판단한 것이라 볼 수 있으므로 이는 요건충족적 부관에 해당한다. 따라서 수리행위가 기속행위

[사례 51] 주장 · 입증책임 [자료제출명령불응과 위법판단]

라 할지라도 사안상의 부관이 요건충족적 부관인 이상 그 부가가 가능하다 할 것이다.

(3) 부관의 한계 일탈 여부 – 법률우위의 원칙 위반 여부

부관은 법령에 위배되지 않는 한도에서 붙일 수 있다. 즉 여기에도 법률우위의 원칙이 지배한다. 판례도 부관의 내용은 적법하여야 한다고 판시한 바 있다(대판 1985. 2. 6. 83누625).

영업자지위승계신고수리는 실질상 영업허가에 해당한다. 그런데 사안의 경우 부관의 내용은 시설교체를 조건으로 하는 것인 바, 개정 전의 식품위생법에 의하면 법이 요구하는 시설을 갖출 것을 부관으로 부가하고 부관의 내용을 이행하지 아니하는 경우 허가를 취소(강학상의 철회)할 수 있도록 규정하였으나(구 식품위생법 제23조,제24조 참조), 위 법이 개정되어 이러한 규정들을 삭제하고 시설기준에 적합하지 않은 경우 아예 영업허가를 할 수 없는 것으로 규정하고 있다(식품위생법 제24조 참조). 따라서 당해 조건은 이러한 현행 법상의 규정에 반하여 위법하다.

(4) 소결

乙은 사실상 공무원으로서 당해 조건을 부가할 권한이 있으며, 사안상의 수리행위는 기속행위이나 당해 조건이 요건충족적 부관이므로 그 부가가 가능하다. 그러나 당해 조건의 내용이 현행 법상의 규정에 반한다는 점에서 위법하다.

3. 위법성의 정도

(1) 기속행위에 대해서는 부관을 붙일 수 없다는 견해에 따르는 경우

다수설과 판례의 입장인 중대 · 명백설에 의할 때 이는 하자가 중대하고 명백한 경우에 해당하여 무효사유에 해당한다 할 것이다. 그리고 사안의 경우 법적 안정성 및 제3자의 신뢰보호보다는 당해 조건을 부가받은 상대방을 보호할 필요가 크다는 점에서 하자의 중대성만으로 하자의 정도를 판단할 수 있다는 견지에서도 같은 결론에 이른다.

(2) 새로운 견해에 따르는 경우

요건충족적 부관으로 부관의 부가는 가능하다는 입장에서는 부관의 부가 자체만으로 위법한 것은 아니나 그 부관이 법률우위의 원칙에 위배되는 위법이 되므로, 다수설과 판례의 입장인 중대 · 명백설에 의할 때 이는 그 하자가 중대할 뿐만 아니라 객관적으로 명백하다고 볼 수 있다. 따라서 무효사유에 해당 한다. 그리고 사안의 경우 예외적인 경우에는 하자의 중대성만으로 하자의 정도를 판단할 수 있다는 견지에서도 마찬가지이다.

[사례 51] 주장 · 입증책임 [자료제출명령불응과 위법판단]

4. 수소법원이 내려야 할 판결

(1) 문제점

위에서 살펴본 바와 같이 어떤 견해를 취하더라도 당해 조건은 무효라고 판단되는 바, 이와 같이 부관이 무효인 경우에 이것이 본체인 행정행위에 어떠한 영향을 미치는지의 문제가 발생한다.

(2) 무효인 부관이 붙은 행정행위의 효력

1) 학 설

이에 대해서는 ① 부관만이 무효가 될 뿐 본체인 행정행위에 대하여는 아무런 영향을 미치지 않는다는 견해, ② 부관이 붙은 행정행위 전체가 무효로 된다는 견해, ③ 무효인 부관이 본체인 행정행위의 중요 요소를 이루는 경우(부관이 없게 되면, 주된 행위를 하지 않았을 것이라고 판단되는 경우)에 한하여 본체인 행정행위를 무효로 만든다고 보는 견해 등이 제시되고 있다.

2)검 토

부관과 본체인 행정행위의 관계는 일률적으로 규정될 수 없고, 사안에 따라 부관이 본체인 행정행위의 중요 요소를 이루는 경우도 있고, 그렇지 않은 경우도 있다는 점에서, 이러한 개별적 판단을 가능하게 하는 이론적 구성이 적절할 것으로 판단된다. 따라서 ③설에 찬성한다.

3) 사안의 경우

사안의 경우 영업자지위승계를 위하여 시설의 교체가 요구되는 것으로 볼 수 있으므로, 乙은 당해 조건이 없었다면 주된 행위인 수리행위를 하지 않았을 것이라고 판단된다. 즉 조건이 본체인 행정행위의 중요 요소를 이루는 경우이므로 수리행위까지 무효로 된다.

(3) 수소법원의 판결

당해 조건이 무효인 이상 수소법원으로서는 당해 조건에 대해 무효를 선언하는 의미에서의 취소판결을 선고해야 할 것이다. 이 경우 수소법원이 주된 행위인 수리행위의 무효까지 판단할 수 있는지 여부가 문제되는 바, 이는 甲이 주된 행위를 소송의 대상으로서 삼지 않았다는 점에서 수소법원이 주된 행위에 대하여까지 심리하여 판결을 내린다면 처분권주의(행정소송법 제8조 제2항, 민사소송법 제203조)에 위반되므로 수리행위 무효판결까지 선고할 수는 없다. 다만, 본체인 행위의 중요 요소를 이루는 당해 조건이 수소법원의 판결에 의해 무효로 확인되면 본체인 행정행위도 무효로 될 것이다.

[사례 51] 주장 · 입증책임 [자료제출명령불응과 위법판단]

Ⅳ. 사례의 해결(결론)

사안상 영업자지위승계신고는 행위요건적인 사인의 공법행위이므로 그 수리행위는 행정행위에 해당하고, 당해 조건은 본체인 행정행위에 부수하여 甲에게 일정한 작위의무를 부과한다는 점에서 부관 중 부담에 해당한다.

부관에 대한 쟁송의 허용성과 관련하여 부담에 한정하여 독립쟁송가능성을 인정하는 견해가 타당하다는 견지에서만은 당해 조건에 대하여 독립하여 취소소송을 제기할 수 있다.

부관의 위법성과 관련하여 우선 당해 조건을 부가한 乙은 사실상 공무원으로서의 지위를 가진다는 점에서 부관을 부가한 주체면에서의 위법성은 없다. 다음으로 사안상의 수리행위는 기속행위에 해당하는 바, 기속행위에는 부관을 부가할 수 없다는 입장을 취한다면, 이는 하자가 중대하고 명백한 경우에 해당하여 무효사유에 해당하고, 예외적으로 하자의 중대성만으로 무효 여부를 판단하는 견지에서도 마찬가지이다. 그러나 사안에서의 부관은 요건충족적 부관으로 주된 행정행위가 기속행위라 하더라도 부관의 부가는 가능하다고 보아야 하며, 다만 부관이 법률우위의 원칙에 위배되는 하자가 있는 바, 이는 그 하자가 중대할 뿐만 아니라 객관적으로 명백하므로 무효사유에 해당한다. 이는 하자의 중대성만으로 무효 여부를 판단하는 견지에서도 마찬가지이다.

사안의 경우 당해 조건은 부담에 해당하므로 독립쟁송가능성이 인정된다. 그리고 당해 조건은 무효이므로 수소법원은 당해 조건에 대해 무효를 선언하는 의미에서의 취소판결을 선고해야 할 것이며, 이로 인해 주된 행위인 수리행위도 무효로 될 것이다.

20. 도시관리계획결정에 대한 취소소송

〈설문〉

서울시 A의 관할 구역 내에 있는 B도시공원을 찾는 등산객이 증가하고 있다. 등산객들이 공원입구를 주차장처럼 이용하여 공원의 경관과 이미지를 훼손하고 있다. 이에 관할 행정청 A의 이곳에 휴게광장을 조성하여 주민들에게 만남의 장소를 제공하고, 도시 경관을 향상시키기 위해 C의 토지를 포함한 일단의 지역에 대해서 광장의 설치를 목적으로 하는 도시관리계획을 입안 · 결정하였다. 그런데 행정청 A는 지역 발전에 대한 의욕이 앞선 나머지 인구, 교통, 환경, 토지이용 등에 대한 기초조사를 하지 않고 도시관리계획을 입안 · 결정하였다.

C는 자신의 토지 전부를 광장에 포함시키는 A의 도시관리계획 입안 · 결정이 법적으로 문제가 있다고 보고, 위 도시관리계획결정의 취소를 구하는 소송을 제기하였다.

1. 위 취소소송에서 C의 청구는 인용될 수 있는가?

[사례 51] 주장 · 입증책임 [자료제출명령불응과 위법판단]

2. C의 청구가 인용된 경우에 행정청 A는 동일한 내용의 도시관리계획결정을 할 수 있는가?

[참조조문]

국토의 계획 및 이용에 관한 법률 제13조 [광역도시계획의 수립을 위한 기초조사]
동법 제27조 [도시관리계획의 입안을 위한 기초조사 등]

II. 논점 1에 대하여

1. 문제의 제기

당해 취소소송에 있어서 C의 취소소송이 적법한가를 검토하여야 한다. 이에 C에게 대상적격이 있는가를 판단하여야 하며 해당 소의 이유유무에 대하여 논해야 한다.

2. 소의 적법성

(1) 대상적격

(가) 행정계획의 법적 성질

(ⅰ) 학설

행정입법설, 행정행위설, 독자성설, 혼합행위설, 복수기준설 등이 대립한다. 행정입법설은 행정계획이 일반적이고 추상적으로 규율되는 경우가 있다는 점을 논거로 하고 있고, 행정행위설은 행정계획을 통하여 국민의 권리와 의무를 직접적으로 제한하는 경우가 있다는 점을 논거로 하며, 독자성설은 종래의 행정작용과는 다른 이물질이라고 보며, 혼합행위설은 입법행위와 행정행위가 혼합된 것이라 한다.

생각건대, 최근에는 계획의 궁극적인 목적달성을 위하여 다양한 수단이 동원되며, 따라서 행정계획의 다양한 수단별로 성질을 검토하는 복수기준설이 최근의 다수설과 판례의 입장으로서 타당하다.

(ⅱ) 판례

판례도 그린벨트와 관련된 도시계획결정사건에서는 처분성을 긍정하지만, 도시기본계획에 불과한 경우는 처분성을 부정함으로써 복수성질설을 취하고 있다고 평가된다.

(나) 설문의 도시관리계획결정의 경우

사안에서 등산객들의 주차공간으로서 만남의 장소를 제공하게 됨으로써 갑의 토지 전부에 대한 권리를 직접적으로 침해하게 되므로 처분성이 긍정된다. 또한 사안의 경

[사례 51] 주장 · 입증책임 [자료제출명령불응과 위법판단]

우 휴게광장안의 다수인의 재산권을 침해하게 되는 경우 일반처분의 성질을 가진다고 할 것이다.

(2) 원고적격

사안의 경우 도시관리계획결정에 의하여 C의 재산권을 직접적으로 제한하게 되었으므로 행정의 상대방인 C는 행정소송법 제12조 제1문의 법률상 이익이 침해되고 있어 원고적격이 인정된다.

【판결요지】

【도시계획시설변경입안의제안거부처분취소】

구 도시계획법(2002. 2. 4. 법률 제6655호 국토의 계획 및 이용에 관한 법률 부칙 제2조로 폐지)은 도시계획의 수립 및 집행에 관하여 필요한 사항을 규정함으로써 공공의 안녕질서를 보장하고 공공복리를 증진하며 주민의 삶의 질을 향상하게 함을 목적으로 하면서도 도시계획시설결정으로 인한 개인의 재산권행사의 제한을 줄이기 위하여, 도시계획시설부지의 매수청구권, 도시계획시설결정의 실효에 관한 규정과 아울러 도시계획 입안권자인 특별시장 · 광역시장 · 시장 또는 군수로 하여금 5년마다 관할 도시계획구역 안의 도시계획에 대하여 그 타당성 여부를 전반적으로 재검토하여 정비하여야 할 의무를 지우고, 도시계획입안 제안과 관련하여서는 주민이 입안권자에게 '1. 도시계획시설의 설치 · 정비 또는 개량에 관한 사항 2. 지구단위계획구역의 지정 및 변경과 지구단위계획의 수립 및 변경에 관한 사항'에 관하여 '도시계획도서와 계획설명서를 첨부' 하여 도시계획의 입안을 제안할 수 있고, 위 입안제안을 받은 입안권자는 그 처리결과를 제안자에게 통보하도록 규정하고 있는 점 등과 헌법상 개인의 재산권 보장의 취지에 비추어 보면, 도시계획구역 내 토지 등을 소유하고 있는 주민으로서는 입안권자에게 도시계획입안을 요구할 수 있는 법규상 또는 조리상의 신청권이 있다고 할 것이고, 이러한 신청에 대한 거부행위는 항고소송의 대상이 되는 행정처분에 해당한다(대법원 2004. 4. 28. 선고 2003두1806 판결).

(3) 나머지 소송요건구비 여부

나머지 소송요건인 소의 이익, 제소기간, 행정심판전치주의 등은 특별히 문제가 없어 보인다.

(4) 소결

수소법원은 갑의 취소소송에 대하여 각하판결을 하여서는 아니 될 것이다.

[사례 51] 주장 · 입증책임 [자료제출명령불응과 위법판단]

3. 소의 이유유무

(1) 도시관리계획결정의 구체적인 성질

(가) 계획재량

위 도시계획결정은 기속행위가 아니라 공익과 행정계획의 특성을 고려하여 행정계획에 대한 광범위한 형성의 자유가 인정되는 것으로 보인다. 설문의 경우 휴게광장을 위한 도시계획결정은 계획재량이 인정된다. 이러한 계획재량이 일반적인 재량과 동일한 것인지 논의가 있다.

(나) 일반재량과 계획재량의 구별여부

(ⅰ) 질적 차이 구별긍정설

① 계획재량은 계획법규의 규범구조가 목적과 수단의 구조로 이루어져 있고, ② 형량명령을 준수할 것을 요구하므로 일반적인 재량과 질적으로 다르다고 한다.

(ⅱ) 질적 차이 구별부정설

그러나 유력설은 ① 광범위한 형성의 자유가 계획재량에 인정되어 있어 양적으로 일반적인 행정재량보다 많을 뿐이고, ② 형량명령도 계획재량에만 인정되는 특이한 법리가 아니라 비례의 원칙의 적용에 불과하다고 한다.

(ⅲ) 판례

판례는 계획재량과 관련된 사안에서 형량명령의 법리를 검토하고는 있으나 재량의 일탈 · 남용으로서 판시한다. 이러한 판례의 입장에 대하여는 형량명령을 부정하는 것이라는 평석과 그 취지상 형량명령을 인정하고 있다는 평석이 있다.

(ⅳ) 검토

일반적인 재량의 근거 법규의 구조와 형량명령의 구조상의 차이를 인정하고 형량명령의 특수성을 인정하는 다수설이 타당하다. 다만 유력설이 주장하는 바와 같이 계획재량과 일반재량이 완전히 다른 것은 아니며 양자 사이에 연관성도 있음을 부정할 수는 없다.

(2) 행정청 A의 도시관리계획결정의 위법성

(가) 절차상의 위법성 여부

(ⅰ) 도시계획수립을 위한 기초조사의 절차요건 해당여부

(ㄱ) 적법절차의 유형

행정행위를 발급함에 있어서는 행정절차법과 개별법상의 적법절차를 준수할 것이 요구된다. 이에는 청문, 공청회, 환경영향평가 등 법령에 규정이 있어야만

[사례 51] 주장 · 입증책임 [자료제출명령불응과 위법판단]

적법요건이 되는 유형과 사전통지, 약식청문, 이유부기 등 법령의 규정을 불문하고 적법요건이 되는 유형이 있다.

(ㄴ) 사안의 경우

① 사안의 경우 국토의 계획 및 이용에 관한 법률 제13조 제1항과 제27조에서 광역도시계획의 수립과 도시관리계획의 입안을 위해서는 반드시 기초조사를 하도록 규정되어 있거나 준용하도록 규정되어 있다. 따라서 도시계획에 필요한 사항에 대한 기초조사는 국토법에서 규정하고 있는 절차요건에 해당한다고 볼 수 있다.

② 설사 국토의 계획 및 이용에 관한 법률에서 기초조사를 적법요건으로 규정하지 않고 있다고 하더라도 적어도 도시관리계획입안시 중요하고 기본적인 사항에 대하여 공고하거나 고시하고 부수적인 사항에 대하여는 공람하도록 하여 국민들에게 도시계획입안 제안을 할 수 있도록 하여야 하며, 이는 국토법상 절차요건에 해당함은 법률의 규정으로 보나, 판례상으로 보나 명백하다. 그런데, 이러한 필수적인 도시관리계획입안이 기초조사조차 거치지 않고서 행해진 것은 도시관리계획입안이 제대로 이루어 지지 않은 것을 의미하며, 이른바 '열린 정부' 의 모습을 보이지 못하고, '협조적 법치주의' 를 구현하지 못하고 있다.

(ii) 절차하자의 독자적 위법성 사유 여부

(ㄱ) 논의의 실익

설문의 경우와 관련하여 과거에는 기속행위의 경우 절차하자의 독자성 논의를 할 필요가 있다고 보고 견해가 대립되고 있었다. 그런데 최근에는 기속행위이든 재량행위이든 내용상의 하자는 없고 절차상의 하자만이 있는 경우에 독자성의 논의의 실익이 있다고 보는 경향이다. 독자성 긍정설은 재량과 기속을 불문하고 절차중시의 사고와 행정소송법 제30조 제3항을 입법자가 별도로 두고 있는 취지 등을 강조하여 독자적인 위법성사유로서 취소할 수 있다고 보고 있다. 독자성 부정설은 행정능률과의 조화를 강조하는 입장이다. 생각건대, 절차는 내용상의 요건 못지않게 중요한 의미를 대등하게 가지며, 절차하자만으로도 전체 행정행위를 위법하게 만든다고 보는 것이 타당하다.

(ㄴ) 사안의 경우

사안의 경우는 후술하는 바와 같이 행정청 A가 지역발전에 대한 공익만을 사

[사례 51] 주장 · 입증책임 [자료제출명령불응과 위법판단]

익에 비하여 지나치게 크게 고려하였다는 사정이 있으므로 일견 내용상 형량명령을 그르친 것으로도 보인다. 따라서 사안은 절차하자의 독자성에 관한 논의를 할 실익은 적지만 절차하자의 중요성이 내용상의 하자의 중요성에 비하여 결코 뒤지지 않는다는 관점에서 절차하자의 독자성은 긍정되어야 할 것이다.

(iii) 위법성의 정도

(ㄱ) 위법성의 정도에 관한 기준들

위법성의 정도에 관하여는 중대설, 중대 · 명백설, 명백성보충요건설, 조사의무위반설, 구체적 가치형량설 등이 논의되고 있다. 그러나 비판에도 불구하고 법적 안정성과 구체적 타당성을 조화하는 중대 · 명백설이 타당하다고 볼 것이다.

(ㄴ) 사안의 경우

설문에서 ① 적법절차원리를 강조하고, 절차의 중요성을 부각시키고자 하는 입장에서는 무효설을 주장하기도 하나, ② 적법절차와 행정능률의 조화, 법적 안정성과 구체적 타당성의 조화를 강조하는 입장에서 취소설을 취하는 것이 타당하다.

(iv) 하자치유여부

사안의 경우 행정청 A가 도시관리계획을 제대로 입안하기 위한 기초조사를 다시 실시하였다는 사정이 없으므로 기초조사에 관한 절차의 하자는 치유되지 않았고, 여전히 위법하다.

(나) 내용상의 위법성 여부

(i) 형령명령의 전제로서의 사전조사의 의미발견

사안의 경우 이해관계나 중요한 사항들에 대한 기초조사를 결여하고 있고, 이는 필연적으로 도시계획을 설정하기 위한 이해관계의 비교형량을 제대로 하지 못했다는 점을 의미하게 된다. 왜냐하면 형량명령의 준수는 철저한 이해관계와 중요한 사항의 기초조사를 전제로 하는 것이기 때문이다. 따라서 사안의 경우는 단순히 기초조사절차의 하자에 그치는 것이 아니라 나아가서 도시관리계획과 관련된 이해관계를 잘못 형량하는 오류와 연결되어 있고, 기초조사와 형량명령은 '단계구조와 표리의 관계' 를 가지고 있어 양자의 오류는 연결되고 중첩되게 된다.

(ii) 사안의 경우

행정청 A가 이러한 기초조사조차 하지 않고서 일방적으로 만남의 장소설치 및 도시 경관의 향상과 지역발전이라는 공익을 과대평가하여 도시계획결정을 하고 있다. 이는 C가 재산권이라는 사익 및 인구 · 교통 · 환경 · 토지이용 등에 관한 제3자의 정당한 이익이나 다른 공익과 전혀 비교형량을 하지 않은 형량의 해태, 또는 이들 다른 이익을 누락한 형량의 흠결, 또는 이해관계들 간의 평가나 비교 자체를 잘 못한 오형량 등에 모두 해당할 수 있다. 특히 사안에서 행정청 을의 행위는 극단적인 경우를 상정하지 않는다면 오형량에 해당한다고 볼 여지가 많다.

Ⅲ. 논점 2에 대하여

1. 문제의 제기

C의 청구가 인용된 경우에 행정청 A가 동일한 내용의 도시관리계획결정을 할 수 있는가에 대하여 그에 대한 기속력이 인정되는가를 검토하여야 한다.

2. 기속력에 관한 이론적 검토

(1) 기속력의 의의

처분 등을 취소하는 인용판결이 확정되는 경우 당사자인 행정청과 그 밖의 관계 행정청이 판결의 취지를 존중하여야 실체법상의 의무를 발생시키는 효력을 기속력이라고 한다(행정소송법 제30조 제1항). 학설은 기속력을 기판력과 동일하다고 보는 기판력설도 있으나, 기판력은 판결의 모순을 방지하기 위한 소송법적 효력이나 기속력은 이와 달리 행정청으로 하여금 판결의 취지를 존중하도록 하는 실체법상의 효력으로서 양자를 구별하는 특수효력설이 타당하다.

(2) 기속력의 인정범위와 요건

(가) 객관적 요건

(ⅰ) 판결의 주문과 그 전제가 된 이유

기속력은 판결의 주문과 그 근거가 되는 판결이유상의 판단에 미친다. 이러한 점에서 판결주문에만 효력이 미치는 기판력과 구별된다. 이러한 기판력의 객관적인 범위에 대한 판단에 대하여 판례는 기본적 사실관계의 동일성이라는 기준을 활용한다. 이는 기속력과 처분사유의 추가 · 변경이 표리의 관계에 있는 것이며, 기본적 사실관계가 동일하지 않은 별개의 사유는 소송물을 달리하게 하는 것이기 때문이다. 본 설문들에 있어서도 이러한 판단기준을 활용하여야 할 것이다.

[사례 51] 주장 · 입증책임 [자료제출명령불응과 위법판단]

(ii) 기본적 사실관계의 동일성

설문을 해결하는데 있어서 이에 대한 판례들을 원용하고 참고하는 것이 필요하다. ① 북한산공원 주변의 건축허가를 위한 대지변경시인 신청사건에서 미수립으로 인한 유보사유와 국립공원환경보전 사이에는 기본적 사실관계의 동일성이 있다고 판시하였다. ② 또한 법인의 이익금이 임원 또는 주주에게 사외 유출되었다는 대표이사나 출자자에게 현실적 소득으로 귀속되었다는 주장 간에는 위 동일성이 있다고 판시하였다. 또한 ③ 액화석유가스판매사업허가거부의 사유인 허가기준 위반과 이격거리 기준 위반 사이도 위 동일성이 인정된다고 하였다. 그러나 ① 자동차사업관리사업 불허처분의 사유로서 거리제한규정 저촉사실과 최소 주차용지 미달사실은 기본적 사실관계가 다르다고 판시하였으며, ② 주류판매주식회사에 대한 주류도매면허취소사유로서 무자료주류 판매금액 한도초과 사유와 무면허 판매업자에 대한 판매사유는 다르다고 판시한 바 있다.

(나) 주관적 요건

기속력은 당사자인 행정청과 그 밖의 관계 행정청을 기속한다. 이러한 점에서 기판력이 당사자 및 그 승계인과 수소법원에 미치는 것과 차이가 있다.

(다) 시적 요건

기속력은 처분시를 기준으로 한다. 따라서 처분시 이후에 발생한 사유로 동일한 처분, 또는 동일한 거부처분을 하여도 기속력에 반하는 것이 아니라는 것이 판례의 입장이다. 왜냐하면 처분의 위법성 판단의 기준시가 판결시설이 아니라 처분시설이 법원의 사후적이고 객관적인 역할을 잘 파악하는 것이기 때문이다.

(3) 기속력의 효력

(가) 반복금지효

반복금지효란 당사자인 행정청은 물론이고 그 밖의 관계 행정청도 확정판결에 저촉되는 처분을 할 수 없음을 의미하는 소극적 관점에서의 기속력이다. 그러나 확정판결에서 적시된 위법사유를 보완하여 행한 처분은 확정판결에 의하여 취소된 종전의 처분과는 구별되는 별개의 처분으로서 반복금지효에 반하지 않는다.

(나) 재처분의무

(i) 의의

재처분의무란 행정청이 판결의 취지에 따른 처분을 하여야 함을 의미하는 적극적 관점에서의 기속력이다. 이에는 거부처분의 경우에 대한 재처분의무와 절차위반에

[사례 51] 주장 · 입증책임 [자료제출명령불응과 위법판단]

대한 재처분의무 두 가지가 있다.

(ⅱ) 거부처분취소의 경우

판결에 의하여 거부처분이 취소되는 경우에는 처분청은 판결의 취지에 따라 이전의 신청에 대한 재처분을 하여야 한다(행정소송법 제30조 제2항). 이때 재처분은 당사자의 신청 없이 당연히 하여야 하는 것이고, 재처분의 내용은 원고의 신청 내용이 아니라 판결의 취지에 따라 하여야 한다. 따라서 판례는 원거부처분의 이유와 다른 이유로 원고의 신청을 거부하는 것은 재처분의무에 반하지 않는다고 한다. 재량행위의 경우에는 신청에 대한 하자 없는 재량을 행사하여야 하고, 기속행위의 경우에는 신청대로 특정행위를 하여야 한다.

(ⅲ) 절차위법이 이유인 경우

신청에 따른 처분이 절차의 위법을 이유로 취소되는 경우에도 행정청에 재처분의무가 부과된다(행정소송법 제30조 제3항). 따라서 절차상의 하자가 아닌 사유를 들어 거부하는 것은 재처분의무에 반하지 않는다. 행정소송법 제30조 제2항의 규정 이외에 절차위반의 경우에 대비하여 별도의 제30조 제3항을 규정한 것은 절차중시의 사고를 입법화한 것으로 보인다.

(다) 결과제거의무

행정심판의 경우 인용재결이 있게 되면 기속력의 효과로서 행정청은 결과제거의무를 부담한다. 이에 대응하여 원고는 결과제거청구권을 가지며, 행정소송법 제30조 제1항을 공법상 결과제거청구권의 근거로 보기도 한다. 행정소송법 개정안에서는 결과제거의무를 명문으로 규정하는 방향으로 반영되고 있다.

(4) 기속력 위반의 효과

(가) 위법성의 정도에 관한 학설과 판례

위법성의 정도에 관한 기준에 관하여 중대설, 명백설, 중대 · 명백설, 명백성보충설, 구체적 가치형량설 등이 있으나, 법적 안정성과 구체적 타당성을 조화하기 위하여 중대 · 명백설을 취하는 것이 타당하다고 생각된다.

(나) 기속력에 위반한 효과

취소판결의 기속력에 반하는 처분은 위법한 행위로서 하자가 중대하고 명백하다고 볼 수 있으므로 무효라고 보아야 한다는 것이 다수설과 판례의 입장이다. 판례는 최근 부산시 해운대구청장의 갑인건설에 대한 주택사업승인신청거부에 대한 취소판결이 확정된 경우에 다시 거부처분을 한 것은 취소판결의 기속력에 저촉되어 무효라고 판시한 바 있다(대판2002무22).

(다) 기속력의 담보수단으로서의 간접강제

취소판결은 형성판결에 해당하고 의무이행판결이 아니므로 집행력이 인정되지 않는다. 다만, 거부처분취소판결의 확정시에 행정청에 부과되는 재처분의무(행정소송법 제30조 제2항)의 이행을 확보하기 위하여 간접강제제도를 도입하고 있다. 이때 법원은 당사자의 신청에 의하여 결정으로써 상당한 기간을 정하고 그 기간 내에 이행하지 아니하는 때에는 그 지연기간에 따라 일정한 배상을 명하거나, 즉시 손해배상을 할 것을 명할 수 있다(행정소송법 제34조).

궁극적으로는 입법론으로 의무이행소송의 인정과 판결문의 집행력부여가 필요하다.

3. 사안의 적용

행정청 A가 동일한 내용의 도시계획결정을 하더라도 기속력에 반하지 않는지 여부에 대하여 기속력이란 원고가 원하는 결과가 반드시 실현되는 것을 의미하는 것이 아니라 '판결의 취지'를 존중하는 것을 말하고 따라서 판결의 취지를 존중하는지 여부는 법원에서 무엇을 판결이유에서 판결의 주문을 끌어내기 위해서 지적하였는지에 달려 있으므로 이하에서 상론하기로 한다.

(1) 절차하자를 보완한 후 재차 동일한 결정을 내리는 경우(행정소송법 제30조 제3항)

행정소송법 제30조 제3항은 법원에서 인용판결의 이유로 제시한 절차를 보완하여 재처분의무가 있음을 규정하고 있다. 입법자가 행정소송법 제30조 제3항을 제2항의 재처분의무규정 이외에 추가한 것은 절차의 독자성과 중요성을 강조하기 위한 것으로 보인다. 사안의 경우 법원에서 인용판결의 이유로서 도시관리계획의 기초조사절차를 흠결하였다고 제시하였다면, 행정청 A는 철저하게 기초조사를 시행하고 이에 터 잡아서 재차 동일한 내용의 도시관리계획결정을 하더라도 행정소송법 제30조 제1항의 반복금지효나 동법 제30조 제3항의 절차에 관한 재처분의무에 위반하는 것이 아니다.

(2) 형량명령을 제대로 행한 뒤 재차 동일한 결정을 내리는 경우(행정소송법 제30조 제1항)

법원에서 인용판결의 주문을 끌어낸 판결이유가 형량명령을 제대로 이행하지 아니한 계획재량의 하자에 있다면, 행정청 A는 형량의 해태나 형량의 흠결, 오형량 등의 위법사항들을 시정하여 도시관리계획결정을 발급하면 될 것이다. 이때에는 행정소송법 제30조 제1항의 반복금지효에도 반하지 않으며, 행정소송법 제30조 제2항의 재처분의무는 거부에 대한 것이지만 이를 확장하여 적용하더라도 이에 위반되지 않는다.

[사례 51] 주장 · 입증책임 [자료제출명령불응과 위법판단]

Ⅳ. 결 론

(1) 사안의 경우 A 행정청은 절차상 기초조사를 흠결하였을 뿐만 아니라 형량명령을 제대로 이행하지 않고 있어 내용상의 하자도 동시에 존재한다. 형량명령이 제대로 이루어지기 위해서는 철저한 이해관계와 중요사항에 대한 조사가 전제되어야 하기 때문에, 양자의 문제를 별도로 볼 수 없는 의미를 함축한다. 판례는 국토이용계획이나 도시계획변경신청을 거부하는 행위 등은 모두 관계 법령이나 조리상 주민에게 신청권이 인정되어 있는 것이 아니므로, 이러한 신청은 모두 행정청의 직권발동을 촉구하는데 지나지 않아, 항고소송의 대상인 거부처분에 해당하지 않는다(판례 7-12, 1995. 4. 28. 선고 95누627 판결 등).

그러나, 도시계획 등의 변경이 허가처분 등의 전제요건이고, 계획변경을 불허하는 결정이 실질적으로 당해 허가처분 등을 거부하는 결과가 되는 경우에는 허가 등 신청권에 계획변경신청권이 포함되어 있다고 보아야 할 것이고. 최근 판례도 이러한 입장을 취하고 있다(판례 7-13). 또한, 판례는 도시계획구역 내 토지 등을 소유하고 있는 주민에게 도시계획입안권자에게 도시계획입안을 요구할 수 있는 법규상 또는 조리상의 신청권이 있다고 보고 있다(판례 7-14).

따라서 행정청 A의 도시관리계획결정은 위법하고 위법성의 정도는 취소사유라고 보아 취소소송에서 인용될 수 있을 것이다. 다만, 절차하자의 중요성을 강조하여 무효라고 파악하는 입장에서는 무효사유임에도 불구하고 취소소송을 제기한 경우 처분권주의상 대는 소를 포함하므로 '무효선언을 구하는 의미의 취소판결' 을 내리게 될 것이다.

(2) 사안은 절차상의 하자와 내용상의 하자가 기초조사와 형량명령의 하자간의 표리의 관계로 연결되어 있는 구조이다. 결국, 원처분과 이에 대한 재결은 모두 행정청의 공권력적 행위로서 다같이 항고소송의 대상이 될 수 있다 할 것인데, 아무런 제한 없이 양자를 모두 소송의 대상으로 허용할 경우 판결의 저촉이나 소송경제에 반하는 등의 문제가 발생한다.

그래서 원칙적으로 원처분만을 소송의 대상으로 허용하거나 또는 재결에 대하여만 소를 허용하는 등의 제한이 필요하게 되었는 바, 원처분주의와 재결주의가 그것이다.

원처분주의라고 하는 것은 원처분과 재결에 대하여 다 같이 소를 제기할 수 있도록 하되, 원처분의 위법은 원처분취소(무효)소송에서만 주장할 수 있고, 재결취소(무효)의 소에 있어서는 원처분의 하자가 아닌 재결에 고유한 하자에 대하여만 주장할 수 있도록 하는 제도를 말하고, 재결주의라고 하는 것은 원처분에 대하여는 제소 자체가 허용되지 아니하고 재결에 대하여서만 제소를 인정하되, 재결 자체의 위법 뿐만 아니라 원처분의 위법도 재결취소(무효)소송에서 주장할 수 있도록 하는 제도를 말한다.

[사례 51] 주장 · 입증책임 [자료제출명령불응과 위법판단]

그런데 재결주의는 위법한 처분으로 인하여 권리 · 이익을 침해받았음에도 그에 대하여는 제소하지 못하고, 재결을 기다려 비로소 소를 제기하여야 하는 점에서 권리구제에 충실하지 못할 뿐만 아니라 재결의 위법과 원처분의 위법을 아울러 다투는 경우의 심리 판단의 순서, 판결의 구속력의 범위 등 곤란한 문제가 발생한다. 따라서 우리 행정소송법 제19조 단서, 제38조는 원처분과 아울러 재결에 대하여도 취소소송이나 무효등확인소송 등 항고소송을 제기할 수 있도록 하면서, 단지 재결에 대한 소송에 있어서는 원처분의 위법을 이유로 할 수 없고, 재결자체에 고유한 위법이 있음을 이유로 하는 경우에 한하도록 하여 원칙적으로 원처분주의를 택하고 있다. 다만 예외적으로 개별 법률이 재결주의를 택하고 있는 경우가 있다.

소송의 대상이 된 인용재결은 원처분과는 내용을 달리하는 것으로, 그 인용재결의 취소를 구하는 소는, 원처분에는 없는 재결 자체의 위법을 주장하는 셈이 되고, 이러한 인용재결은 항고소송의 대상이 된다(판례 7-20). 원처분 취소와는 별도로 재결취소의 소를 인정한 실익은 이러한 복효적 행정행위에 있어서 인용재결로 인하여 비로소 권리를 침해당한 자로 하여금 권리구제를 받을 수 있게 하려는 데에 있다.

인용재결에는 재결청 스스로가 직접 처분을 취소 또는 변경하는 형성적 재결과 처분청에 대하여 취소 또는 변경을 명하는 명령적 재결 내지 이행적 재결의 두 종류가 있다(행정심판법 제32조 제3항).

재결로 인하여 피해를 입은 자가 그 효력을 다투고자 하는 경우 형성적 재결에 대하여는 그 재결 외에 그에 따른 행정청의 별도의 처분이 있지 않기 때문에(원행정청이 그 재결에 따라 변경된 처분의 내용을 다시 관계인에게 통지하는 경우가 있으나 이는 법률적인 효력이 없는 은혜적 조치에 불과하다 할 것이다), 재결 자체를 쟁송의 대상으로 하여야 한다(대법원 1997. 12. 23. 선고 96누10911 판결 등).

따라서 만일 법원이 양자를 모두 지적한 취지의 판시를 하였다면 행정청 A는 철저히 인구, 교통, 환경, 토지이용, 갑의 재산권 등을 조사한 뒤 관련된 제반 이해관계를 비교형량하여 도시관리계획결정을 내려야 할 것이며, 그 결과 동일한 내용의 도시관리계획결정이 내려지더라도 기속력에 위반되지 아니하고 발급이 가능하다.

21. 표준지공시지가와 개별공시지의 비교

표준지공시지가와 개별공시지가를 비교하라.

《차례》

쟁점해설

① 논점은 표준지공시지가와 개별공시지가의 의의를 설명하고, 표준지 공시지가와 개별공시지가와의 조사·산정절차, 이의신청절차, 적용범위의 차이, 법적 성질, 공시지가와 개별공시지가의 관계 등을 언급하여야 할 것이다.

② 구체적 이·동점의 문제로서 표준지공시지가와 개별공시지가의 조사·산정방법, 절차, 기간, 공시사항의 차이점 및 이의신청절차, 개별공시지가의 검증, 확인 절차 등을 언급하고 적용범위 내지 효력에 있어서 지가공시법 제3조(효력), 제9조, 제10조, 제10조의 2 제1항의 차이점을 설명하여야 할 것이다.

표준지 공시지가의 법적 성질과 개별공시지가의 법적 성질 문제에 관하여 행정계획설, 입법행위설, 사실행위설, 행정행위설 등의 견해의 대립을 보이고 있는 바, 이는 행정소송법은 항고소송을 "행정청의 처분 등이나 부작위에 대하여 제기하는 소송"이라고 하며(행정소송법 제3조 제1호), 처분 등을 "행정청이 행하는 구체적 사실에 관한 법집행으로서의 공권력의 행사 또는 그 거부와 그 밖에 이에 준하는 행정작용 및 행정심판에 대한 재결"이라하고(동법 제4조 제1호), 이는 "처분 등의 취소를 구할 법률상 이익이 있는 자가 제기할 수 있다."라고 규정하고 있다(동법 제12조 전단). 따라서 위법한 공시지가에 대한 사법심사가 가능한가에 관하여 추상적 규범통제가 허용되지 않고 있는 우리의 현행법제에서 공시지가를 처분 등으로 볼 수 있는가에 대하여 의문이 제기되기 때문이다. 따라서 이에 관한 학설을 소개함과 아울러 우리나라 대법원의 견해도 밝혀야 할 것이다.

마지막으로 표준지공시지가와 개별공시지가를 다룰 수 있는 단계의 문제로서 하자의 승계 문제가 관련된다. 하자의 승계에 관한 법리적 이론으로서 선행행위와 후행행위가 서로 결합하여 하나의 효과를 발생하는 경우와 서로 다른 효과를 발생하는 경우로 나누어 전자의 경우에만 선행행위의 하자가 후행행위에 승계된다고 하는 전통적 이론과, 하자의 승계문제를 불가쟁력이 발생한 선행행위의 후행행위에 대한 구속력을 미치며 그의 한계는 무엇인가의 문제로 다루는 견해로 나누어져 있다. 판례는 표준지공시지가와 개별공시지가의 승계 문제는 인정치 아니하되 개별공시지가와 과세처분에는 이를 인정하고 있음을 밝혀야 한다.

예시답안

Ⅰ. 개설

표준지공시지가라 함은 국토교통부장관이 조사·평가하여 공시한 표준지의 단위면적당 가격을 말하고(부공법 제2조 제5호), 개별공시지가란 시·군·구청장이 공시지가를 기준으로 산 정한 개별토지의 단위당 가격을 말한다.

이하에서는 표준지공시지가와 개별공시지가의 조사·산정방법, 절차, 기간, 이의신청절차, 개별공시지가의 검증, 확인 절차 등을 중심으로 설명한다.

Ⅱ. 공통점

1. 제도의 취지상 같은 점

① 표준지공시지가는 적정가격을 공시하여 적정한 가격형성을 도모하고 국토의 효율적 이용 및 국민경제발전, 조세형평성을 향상시키기 위함이고, ② 개별공시지가는 조세 및 부담금 산정의 기준이 되어 행정의 효율성제고에 취지가 인정된다(부공법 제11조). 따라서 각각의 공지제도는 조세제도의 형평성을 도모함에 공통적인 취지가 인정된다.

2. 법적 성질

표준지공시지가와 개별공시지가의 처분성 인정여부에 대해서 견해의 대립이 있으나, 양자 모두 보상평가 및 조세의 기준이 되므로 조기에 이를 다툴 수 있게 함이 합당하므로 처분성을 인정함이 타당하다. 판례도 표준지공시지가와 개별공시지가의 처분성을 인정하고 있다.

3. 의견청취제도의 존재

공시지가가 결정된 때에는 그 타당성에 대해서 토지소유자의 의견을 들어야 하고 토지소유자가 의견을 제시한 때에는 그 평가가격의 적정여부를 재검토하여야 한다.

4. 권리구제상 공통점

표준지공시지가와 개별공시지가에 이의가 있는 자는 각 공시일로부터 30일 이내에 이의를 신청할 수 있으며, 각 공시제도의 처분성이 인정되므로 행정쟁송을 제기할 수 있다. 최근 이와 관련하여 대법원은 개별공시지가의 이의신청을 거친 후에도 행정심판을 제기할 수 있다고 하여, 국민의 권리구제의 방법이 넓어지는 측면에서 합당하다고 판단된다.

III. 차이점

1. 제도의 취지상 차이점

개별공시지가는 주로 부담금이나 조세부과의 형평성을 도모하나 표준지공시지가는 조세는 물론 적정가격의 공시를 통하여 다양한 지가정보를 제공하고 국민경제발전에 이바지함을 목적으로 한다. 따라서 표준지공시지가의 제도적 취지가 개별공시지가의 취지를 포괄하여 더 넓은 것으로 볼 수 있겠다.

2. 공시주체의 차이점

표준지공시지가는 국토교통부장관이 공시(부공법 제3조)하는 반면에 개별공시지가는 시 · 군 · 구청장이 공시(부공법 제11조)한다.

3. 산정절차의 차이점

① 표준지공시지가는 국토교통부장관이 '표준지 선정 및 관리지침' 에 따라 선정된 표준에 대하여 공시일 현재의(시행령 제4조 1/1) 적정가격을 조사 · 평가하고 중앙부동산평가위원회의 심의를 거쳐 공시해야 한다. ② 개별공시지가는 시 · 군 · 구청장이 지가를 산정하고, 그 타당성에 대하여 업자의 검증을 받고 토지소유자 기타 이해관계인의 의견을 들은 후 시 · 군 · 구 부동산평가위원회의 심의를 거쳐 공시한다.

4. 효력 및 적용범위의 차이점

표준지공시지가는 ① 토지시장의 지가정보제공, 일반적인 토지거래의 지표, 행정기관이 지가산정시 및 감정평가업자가 개별적으로 토지평가 시 기준이 되고, ② 업자의 토지평가기준(제10조, 제21조) 및 개별공시지가 산정기준이(제11조) 된다. 또한 행정목적을 위한 산정기준(제9조)이 되는데 이 경우 가감조정이 가능하다.

개별공시지가는 ① 국세, 지방세, 부담금 산정기준의 과세표준이 되고, ② 행정목적의 지가산정기준이 된다.

5. 적정성 확보방안의 차이점

표준지공시지가는 의견청취, 이의신청, 행정쟁송 및 규정된 절차를 거침으로써 적정성을 확보할 수 있으며 개별공시지가는 이에 검증제도(제11조 제4항) 및 정정제도(제13조) 가 부공법에 규정되어 있다.

6. 그 외(이의신청의 청구 대상)

상기의 차이점 외에도 이의신청과 관련하여 표준지공시지가는 국토교통부장관에게 신청하나 개별공시지가는 시 · 군 · 구청장에게 신청하는 차이점이 있다.

Ⅳ. 관련문제(하자승계)

① 사업인정과 재결, 표준지공시지가와 개별공시지가의 경우에는 하자승계를 부정한다.

② 개별공시지가와 과세처분의 경우, 별개의 법률효과를 목적으로 하지만 개별공시지가가 개별통지되지 않은 경우에는 하자승계를 인정한 바 있으나, 개별공시지가에 대해서 불복할 수 있었음에도 이를 하지 않은 경우에는 부정한 바 있다.

③ 최근 표준지공시지가와 재결에서는(보상금증감청구소송) 별개의 효과를 목적으로 하는 경우에도 예측가능성과 수인가능성이 없는 경우에 선행행위의 위법성을 다투지 못하게 하는 것이 수인한도를 넘는 불이익을 강요하는 것이 되는 경우에 한하여 하차승계를 긍정한 바 있다.

22. 개별공시지가에 대한 행정심판과 재산세취소소송에 있어서의 하자승계 여부

뉴타운 개발이 한창인 A지역 인근에 주택을 소유한 P는 자신의 주택에 대하여 전년도 대비 현저히 상승한 개별공시지가를 확인하고 향후 부과될 관련 세금의 상승 등을 우려하여 부공법 12조에 따른 이의신청을 하였으나 기각되었다. 이에 P는 확정된 개별공시지가에 대하여 다시 행정심판을 제기하였으나 행정심판위원회는 그 청구를 받아들이지 않았다. 그 후 P는 자신이 소유한 주택에 대하여 전 년도보다 높은 재산세(부동산부유세)를 부과 받게 되었다.

2-1) P가 이의신청과 행정심판을 모두 제기한 것은 적법한지에 대하여 설명하시오.

2-2) P가 소유 주택에 대하여 확정된 개별공시지가가 위법합을 이유로, 그 개별공시지가를 기초로 부과된 재산세에 대한 취소청구소송을 제기 할 수 있는지에 대하여 논술하시오.

문 2-1)

Ⅰ. 쟁점의 정리

Ⅱ. 이의신청이 특별법상 행정심판인지 여부

1. 부공법 제12조의 이의신청의 의의 및 취지

2. 이의신청의 법적 성질

(1) 학설

(2) 판례

3. 검토

Ⅲ. 사안의 해결

문 2-2)

Ⅰ. 쟁점의 정리

Ⅱ. 하자승계의 개관

1. 의의 및 논의 배경
2. 전제요건
3. 하자승계 해결논의
   (1) 학설
   (2) 판례
   (3) 검토

Ⅲ. 사안의 해결

1. 하자승계의 요건충족여부
2. 하자승계 인정여부
   (1) 별개의 효과인지
   (2) 예측가능성
   (3) 수인한도성
3. 사안의 해결

쟁점해설

문제 2-1)에서는 최근 판례의 태도에 따라서 이의신청과 행정심판의 관계를 포섭하는데 중점을 두었다. 판례의 태도에 따라서 국민의 권리구제에 유리하도록 부공법상 이의신청은 강학상 이의신청으로 판단하였다.

문제 2-2)에서는 하자승계가 논점이다. 하자승계의 쟁점은 하자승계를 인정한 판례의 요지이다. 따라서 예측가능성과 수인한도성의 구체적인 포섭이 쟁점이다.

예시답안

문 2-1)

Ⅰ. 쟁점의 정리

행정심판법 제51조는 심판청구에 대한 재결이 있는 경우에는 당해 재결 및 동일한 처분 또는 부작위에 대하여 다시 심판청구를 제기할 수 없다고 하여 재심판청구를 금지하고 있다.

부동산가격공시법 제12조에서 규정하고 있는 이의신청을 특별법상 행정심판으로 볼 수 있는지 여부에 따라서 결과가 달라지므로 이하에서 구체적으로 살펴본다.

Ⅱ. 이의신청이 특별법상 행정심판인지 여부

1. 부공법 제12조의 이의신청의 의의 및 취지

개별공시지가에 이의 있는 자가 시 · 군 · 구청장에게 이의를 신청하고 심사하는 제도로(제12조) 개별공시지가의 객관성을 확보하여 공신력을 높이는 취지가 인정된다.

2. 이의신청의 법적 성질

(1) 학설

1) 심판기관기준설

이 견해는 심판과 이의신청을 심판기관으로 구별하는 견해이다. 즉, 이의신청은 처분청 자체에 제기하는 쟁송이고, 행정심판은 행정심판위원회에 제기하는 쟁송이라고 본다.

2) 쟁송절차기준설

이 견해는 쟁송절차를 기준으로 행정심판과 '행정심판이 아닌 이의신청' 을 구별하는 견해이다. 즉, 헌법 제107조 제3항은 행정심판절차는 사법심판절차가 준용되어야 한다고 규정하고 있는 점에 비추어 개별 법률에서 정하는 이의신청 중 준사법절차가 보장되는 것만을 행정심판으로 보고, 그렇지 않은 것은 행정심판이 아닌 것으로 본다.

(2) 판례

최근 판례는 ㉠ 가격공시법에 행정심판의 제기를 배제하는 명시적 규정이 없고, ㉡ 가격공시법상 이의신청과 행정심판은 그 절차 및 담당기관에 차이가 있는 점을 종합하면 "다른 법률에 특별한 규정이 있는 경우" 에 해당한다고 볼 수 없으므로 이의신청을 거친 경우에도 행정심판을 거쳐 소송을 제기할 수 있다고 판시한 바 있다.

3. 검토

부공법은 이의신청절차를 준사법적 절차로 하는 명시적 규정을 두고 있지 않은바 권리구제에 유리하도록 강학상 이의신청으로 봄이 타당하다.

Ⅲ. 사안의 해결

P가 제기한 이의신청은 강학상 이의신청으로 봄이 P의 권리구제에 유리하다. 또한 부공법상 · 행정심판법상 행정심판을 배제하는 규정이 없으므로 이의신청을 거쳤다 하더라도 행정심판에 의한 구제수단을 활용할 수 있다고 보아야 할 것이다. 따라서 P가 이의신청과 행정심판을 모두 제기한 것은 적법하다고 판단된다.

문 2-2)

Ⅰ. 쟁점의 정리

P가 개별공시지가의 위법함을 이유로 재산세에 대한 취소소송을 제기 할 수 있는지에 대하여 묻고 있다. 개별공시지가와 과세처분간의 하자승계와 관련된 판례의 태도에 따라 "예측가능성"과 "수인가능성"의 측면에서 사안을 논술하고자 한다.

Ⅱ. 하자승계의 개관

1. 의의 및 논의 배경

하자승계란 둘 이상의 행정행위가 일련하여 동일한 법률효과를 목적으로 하는 경우에 선행행위의 하자를 이유로 후행행위를 다툴 수 있는지의 문제를 말한다. 이는 법적 안정성의 요청과(불가쟁력) 국민의 권리구제의 조화문제이다.

2. 전제요건

① 선 · 후행행위는 처분일 것, ② 선행행위에의 취소사유의 위법성, ③ 후행행위의 적법성, ④ 선행행위에 불가쟁력이 발생할 것을 요건으로 한다.

3. 하자승계 해결논의

(1) 학설

1) 전통적 견해(하자승계론)

선 · 후행행위가 〈일련의 절차〉를 구성하면서 동일한 법률효과 즉, 〈하나의 효과〉를 목적으로 하는 경우에는 하자승계를 인정한다.

2) 새로운 견해(구속력론)

선행행위의 불가쟁력이 대물적(목적), 대인적(수범자), 시간적(사실, 법률관계의 동일성) 한계와 예측 · 수인가능성 한도 내에서는 후행행위를 구속하므로 하자승계가 부정된다.

(2) 판례

개별공시지가와 과세처분의 경우, 별개의 법률효과를 목적으로 하지만 개별공시지가가 개별 통지되지 않은 경우에는 하자승계를 인정한 바 있으나, 개별공시지가에 대해서 불복할 수 있었음에도 이를 하지 않은 경우에는 부정한 바 있다.

(3) 검토

전통적 견해는 형식을 강조하여 구체적 타당성을 확보하지 못하는 경우가 있을 수 있으므로, 판례의 태도에 따라 전통적 견해의 형식적 기준을 원칙으로 하되 개별사안에서 예측 · 수인가능성을 판단하여 구체적 타당성을 기함이 타당하다.

Ⅲ. 사안의 해결

1. 하자승계의 요건충족여부

(1) 선 · 후행행위는 처분일 것

개별공시지가는 과세산정에 직접적인 구속력을 갖고, 인적범위의 특정성과 상관없는 물적행정행위로서 일반처분에 해당하는바 처분성이 인정된다. 또한 재산세 부과도 납세의무를 부과하므로 처분성이 인정된다.

(2) 선행행위에의 취소사유의 위법성

설문상 P가 주장하는 바를 전제로 하므로, 특별히 문제되지 않는 것으로 본다.

(3) 후행행위의 적법성

설문상 재산세 부과는 적법한 것으로 본다.

(4) 선행행위에 불가쟁력이 발생할 것

설문상 개별공시지가에 대하여 이의신청을 제기하였으나 기각되었다. 이후 행정소송을 제기할 수 있었으나 이에 대한 사실관계가 적시되지 않았으므로 행정소송을 제기하지 않아서 불가쟁력이 발생한 것으로 보고 사안을 해결하고자 한다.

2. 하자승계 인정여부

(1) 별개의 효과인지

개별공시지가는 개별지가 산정목적이고, 과세처분은 금전납부 부과의무의 상이한 목적을 갖는다.

(2) 예측가능성

일반적으로 토지소유자, 이해관계인에게 개별고지 되도록 되어 있는 것이 아니어서 개별공시지가 결정내용을 알고 있다고 전제하기 곤란하고 결정된 개별공시지가가 자신에게 유리할지 불리할지 쉽사리 예견할 수 없으므로 예측가능성이 결여된다.

〈사안에서는〉 P가 처음부터 향후 부과될 관련 세금의 상승 등을 우려하고 있으므로 전년도 보다 높은 재산세를 부과 받을 것을 예측할 수 있다고 판단된다.

(3) 수인한도성

판례는 '소유자 등으로 하여금 장차 과세처분이 이루어질 것에 대비하여 항상 토지가격을 주시하고 개별공시지가 결정이 잘못된 경우에 정해진 시정절차를 통해서 시정하도록 요구하는 것은 부당하게 높은 주의의무를 지우는 것으로 볼 수 있다.' 고 판시한 바 있으나, 〈사안에서는〉 P당사자의 부주의로 소송을 제기하지 않은 경우라면 이는 P가 수인하여야 할 범위 내의 것이라고 판단된다.

3. 사안의 해결

P는 당초부터 전년도 대비 현저히 상승한 개별공시지가로 인해서 관련 세금이 높게 부과될 것을 염려하였고, 확정된 개별공시지가의 위법함을 행정소송으로 다툴 수 있었을 것이다. 또한 P가 자신의 부주의로 개별공시지가의 위법함을 다투지 않은 경우라면, 그로 인한 재산세 부과는 P가 감수해야 할 수인한도성이 인정된다고 볼 수 있다. 따라서 P는 확정된 개별공시지가가 위법함을 이유로, 그 개별공시지가를 기초로 부과된 재산세에 대한 취소청구소송을 제기할 수 없다고 판단된다.

23. 개별공시지가 결정에 있어서의 토지가격비준표 문제

토지에 대한 개별공시지가 결정을 다투려고 하는 경우 다음 각각의 사안에 대하여 논술하시오.

(1) 甲은 A시장이 자신의 소유 토지에 대한 개별공시지가를 결정함에 있어서 부동산 가격 공시 및 감정평가에 관한 법률 제9조 제2항에 의하여 국토교통부장관이 작성한 토지가 격비준표를 고려하지 않았다고 주장한다. 이에 A시장은 토지가격비준표를 고려하지 않은 것은 사실이나, 동법 제11조 제4항의 규정에 따른 산정지가검증이 적정하게 행해졌으므로, 甲소유의 토지에 대한 개별공시지가결정은 적법하다고 주장한다. A시장 주장의 타당성에 대하여 검토하시오.

(2) 乙은 A시장이 자신의 소유 토지에 대한 개별공시지가를 결정함에 있어서 부동산 가격 공시 및 감정평가에 관한 법률 제11조 제4항에 의하여 받아야 하는 산정지가검증을 거치지 않았다는 이유로 개별공시지가결정이 위법하다고 주장하였다. A시장은 乙의 주장이 있자 산정지가검증을 보완하였다. 乙이 검증절차의 위법을 이유로 개별공시지가 결정을 다투는 소송을 제기하려는 경우 그 방법 및 인용가능성은?

《차례》

1. 의의 및 취지
2. 인정여부
   (1) 학설
   (2) 판례
   (3) 검토
3. 인정범위
4. 인정시기(시적한계)
   (1) 학설
   (2) 판례
   (3) 검토
5. 하자치유의 효과

Ⅲ. (설문 1) A시장 주장의 타당성

1. 개별공시지가 산정의 내용
   (1) 개별공시지가의 의의 및 취지
   (2) 법적 성질
   (3) 개별공시지가의 결정절차
2. 개별공시지가 산정의 위법성 정도
   (1) 비준표의 의의 및 성질
   (2) 비준표의 대외적 구속력 논의
   (3) 비준표 활용상 하자에 대한 판 례의 태도
   (4) 사안의 경우(위법성 정도)
3. A시장 주장의 타당성

Ⅳ. (설문 2) 소송의 제기방법 및 인용가능성

1. 개별공시지가결정의 위법성 정도
   (1) 지가산정검증을 거치지 않은 것이 절차상 하자인지
   (2) 지가산정검증을 거치지 않은 절차상 하자의 독자적 위법성 인 정여부
      1) 문제점
      2) 학설
      3) 판례
      4) 검토
      5) 사안의 경우

(3) 절차상 하자의 정도

2. 소송의 제기 방법

3. 인용가능성

Ⅴ. **사안의 해결**

쟁점해설

2번 문제는 개별공시지가 산정과 관련된 하자치유의 가능성과 관련된 문제이다.

따라서 하자치유에 대한 일반론을 적시한 후, 설문 1과 2의 하자의 유형을 구분하여 판례의 태도를 기준으로 구체적으로 포섭하는 문제로 볼 수 있다.

비준표를 적용하지 않은 것은 내용상 하자로 보고, 산정지가검증절차를 거치지 않은 것은 절차상 하자로 보아 내용상 하자와 절차상 하자에 대한 하자치유 논리를 전체적으로 묻는 질문이다.

예시답안

Ⅰ. 쟁점의 정리

설문은 개별공시지가를 결정함에 있어서 발생된 하자가 치유될 수 있는지와 관련된 사안이다. 설문의 해결을 위하여 하자 치유에 대한 일반법리를 살펴본 후, 이를 적용하여 설문을 검토한다.

Ⅱ. 하자치유의 개관

1. 의의 및 취지

하자의 치유란 행정행위의 성립당시 하자를 사후에 보완하여 그 행위의 효력을 유지시키는 것을 말한다. 이는 행정행위의 무용한 반복을 피하는 소송경제와 권리구제요청의 조화 문제이다.

2. 인정여부

(1) 학설

① 행정의 능률성 측면에서 긍정하는 견해와 ② 행정결정의 신중성 확보 및 사인의 신뢰보호측면에서 부정하는 견해 및 ③ 원고의 공격 방어권을 침해하지 않는 범위에서 제한적으로 긍정하는 견해가 있다.

(2) 판례

행정행위의 무용한 반복을 피하고 당사자의 법적 안정성을 위해서, 국민의 권리나 이익을 침해하지 않는 범위 내에서 구체적 사정에 따라 합목적적으로 인정해야 한다고 판시한 바 있다(2001두10684).

(3) 검토

하자의 치유는 하자의 종류에 따라서, 하자의 치유를 인정함으로써 달성되는 이익과 그로 인하여 발생하는 불이익을 비교형량하여 개별적으로 결정하여야 한다.

3. 인정범위

판례는 절차, 형식상의 하자 중 취소사유만 인정한다. 이에 대해 내용상 하자에도 적용된다는 견해도 있다. 또한 하자치유는 행정행위의 존재를 전제로 하여 그 흠을 치유하여 흠이 없는 행정행위로 하는 것이므로 무효인 행정행위의 치유는 인정될 수 없다는 부정설이 통설이며 판례의 입장이다.

4. 인정시기(시적한계)

(1) 학설

① 하자치유는 쟁송제기 전까지 가능하다는 견해와 ② 행정심판은 행정의 내부통제인바 행정소송제기 전까지 가능하다는 견해, ③ 소송경제를 위하여 판결시까지 가능하다는 견해가 있다.

(2) 판례

판례는 이유제시의 하자를 치유하려면 늦어도 처분에 대한 불복여부의 결정 및 불복신청에 편의를 줄 수 있는 상당한 기간 내에 하여야 한다고 하고 있다(82누420).

(3) 검토

하자의 치유의 기능(행정경제 및 법적 안정성)을 고려하고 절차상 하자있는 행위의 실효성 통제를 위해서 쟁송제기 이전까지 가능하다고 본다.

5. 하자치유의 효과

행정행위의 하자가 치유되면 당해 행정행위는 처분시부터 하자가 없는 적법한 행정행위로 효력을 발생하게 된다.

III. (설문 1) A시장 주장의 타당성

1. 개별공시지가 산정의 내용

(1) 개별공시지가의 의의 및 취지

개별공시지가란 시 · 군 · 구청장이 공시지가를 기준으로 산정한 개별토지의 단위당 가격을 말한다. 이는 조세 및 개발부담금산정의 기준이 되어 행정의 효율성제고를 도모함에 제도적 취지가 인정된다(부공법 제11조).

(2) 법적 성질

개별공시지가는 과세산정에 직접적인 구속력을 갖고, 인적범위의 특정성과 상관없는 물적 행정행위로서 일반처분에 해당하는 바, 처분성이 인정된다고 본다. 따라서 조기에 법률관계를 확정하여 법적 안정을 도모할 필요가 있다.

(3) 개별공시지가의 결정절차

시 · 군 · 구청장은 당해 토지와 유사하다고 인정되는 하나 또는 둘 이상의 표준지 공시지가를 기준으로 비준표를 사용하여 지가를 산정하고 그 타당성에 대하여 감정평가업자의 검증을 받아야 한다. 그 후, 시 · 군 · 구 부동산평가위원회의 심의를 거쳐 결정 · 공시하게 된다.

2. 개별공시지가 산정의 위법성 정도

(1) 비준표의 의의 및 성질

토지가격비준표는 표준지와 개별토지의 지가형성요인에 관한 표준적인 비교표로서, 행정목적을 위한 지가산정시, 비용절감 및 전문성을 보완함에 제도적 취지가 인정된다. 또한 부공법 제9조 제2항의 위임에 따라 법령내용을 보충하는 행정규칙의 성질을 갖는다.

(2) 비준표의 대외적 구속력 논의

판례는 토지가격비준표는 집행명령인 개별토지가격 합동조사지침과 더불어 법령보충적 구실을 하는 법규적 성질을 가지고 있는 것으로 보아야 한다고 판시한 바 있다. 이처럼 법령의 위임에 따라 법령내용을 보충하는 경우에는 대외적 구속력이 인정된다고 보아야 할 것이다.

(3) 비준표 활용상 하자에 대한 판례의 태도

판례는 비교표준지와 개별토지의 특성을 비교하여 비준표상의 가격배율을 모두 적용하여야 하며, 이를 일부만 적용한 것은 위법하다고 판시하였다. 즉, 비준표상의 내용을 준수하지 않은 경우는 위법하다고 보고 있다.

(4) 사안의 경우(위법성 정도)

설문상 A시장이 개별공시지가를 산정함에 있어서 비준표를 고려하지 않은 것은 내용상 하자를 구성한다. 이는 중요 법률내용에 반하는 것이기는 하나, 일반인의 견지에서 외관상 명백하지 않으므로 취소사유로 볼 수 있다.

3. A시장 주장의 타당성

A시장이 비준표를 고려하지 않은 것은 개별공시지가 결정과정상 내용상 하자에 해당된다. 따라서 내용상 하자는 하자치유의 대상이 아니라고 보는 견해에 따르면, 산정지가검증이 적정하게 행해졌다 하더라도 비준표를 적용하지 않은 내용상 하자의 치유는 인정될 수 없다. 따라서 A시장의 주장은 타당하지 못하게 된다.

Ⅳ. (설문 2) 소송의 제기방법 및 인용가능성

1. 개별공시지가결정의 위법성 정도

(1) 지가산정검증을 거치지 않은 것이 절차상 하자인지

부공법 제11조 제4항에서는 개별공시지가를 산정한 후, 감정평가업자에게 검증을 받도록 규정하고 있다. 따라서 검증을 거치지 않은 경우에는 부공법상 제 절차를 준수하지 않은 절차상 하자가 존재하게 된다.

(2) 지가산정검증을 거치지 않은 절차상 하자의 독자적 위법성 인정여부

1) 문제점

법원이 당해 처분의 실체법상의 위법 여부를 따지지 않고 또는 실체법상 적법함에도 불구하고 절차상의 위법만을 이유로 취소 또는 무효확인을 할 수 있는지가 문제된다.

2) 학설

① 적법절차 보장 관점에서 독자적 위법사유가 되며, 특히 행정소송법 제30조 제3항에서 절차하자로 인한 취소의 경우에도 기속력을 인정한다는 점을 논거로 하는 긍정설과 ② 절차는 수단에 불과하며, 적법한 절차를 거친 동일한 처분을 다시 받게 되어 행정경제상 불합리하다는 점을 논거로 하는 부정설이 대립한다. ③ 또한 기속, 재량을 구분하는 절충설이 있다.

3) 판례

대법원은 ① 기속행위인 과세처분에서 이유부기하자를, ② 재량행위인 영업정지 처분에서 청문절차를 결여한 것은 절차적 하자를 구성한다고 판시한 바 있다.

4) 검토

내용상 하자만큼 절차적 적법성을 지키는 것이 필요하며, 현행 행정소송법 제30조 제3항에서 절차하자로 인한 취소의 경우에도 기속력을 준용하고 있으므로 독자적 위법사유가 된다고 보는 긍정설이 타당하다.

5) 사안의 경우

절차상 하자의 독자적 위법성이 인정되므로, 검증절차를 거치지 않은 A시장의 개별공시지가 결정은 위법하게 된다.

(3) 절차상 하자의 정도

검증제도의 취지는 시 · 군 · 구청장에 의해 산정되는 개별공시지가의 적정성을 검토함에 있으므로 이를 결여한 것은 중요 법률내용에 반하는 것으로 볼 수 있으나, 일반인의 견지에서 명백하지 않으므로 취소사유로 볼 수 있다.

2. 소송의 제기 방법

행정소송법에서는 행정심판 임의주의를 규정하고 있으므로, 이에 따를 때 을은 부공법상 이의신청이나 행정심판을 거치지 않고도 개별공시지가 취소소송을 제기할 수 있으며, 이의신청이나 행정심판을 거쳐 개별공시지가 취소소송을 제기할 수도 있다.

3. 인용가능성

하자의 치유시기와 관련하여 쟁송제기 이전까지만 가능하다는 견해에 따를 경우, 을이 행정쟁송을 제기하기 이전에 A시장이 검증절차를 보완하였으므로 하자의 치유가 인정될 수 있다. 따라서 을의 주장은 기각될 것이다.

Ⅴ. 사안의 해결

1. (설문 1)에서 비준표를 적용하지 않은 것은 개별공시지가 산정의 내용상 하자를 구성하여 산정지가검증이 적정하게 행해졌다고 하더라도 치유될 수 없으므로 A시장의 주장은 타당하지 못하게 된다.
2. (설문 2)에서 산정지가검증을 거치지 않은 절차상 하자는 을의 행정쟁송 이전에 보완되었는바, 을이 개별공시지가 취소소송을 제기하더라도 을의 주장은 인용될 수 없을 것이다.

24. 개별공시지가의 검증 문제

개별공시지가의 검증에 대하여 논하시오.

출제자 쟁점해설

① 논점은 검증의 의의를 설명하고, 검증절차 및 그 성질에 대하여 구체적으로 언급하고 검증제도에 대한 종합적인 평가를 함에 있다.

② 검증이란 감정평가업자가 시장 · 군수 또는 구청장이 산정한 개별토지가격의 타당성에 대하여 전문가적 입장에서 검토하는 것을 말하며, 이는 개별토지가격의 객관적 타당성을 부여하여 그의 공적 신뢰성을 제고하기 위한 제도라는 점을 언급하는 것으로 족하며, 절차와 관련해서는 검증의 종류, 검증의뢰기관, 검증기관, 검증기간, 토지소유자 등의 의견청취 등에 관하여 언급하고, 검증의 성질은 검증절차를 누락한 절차하자를 지닌 개별공시지가의 효력에 미치는 영향을 중심으로 검토하여야 할 것이나, 검증제도의 문제점 및 개선방안을 언급하는 것도 무방하다고 할 것이다.

③ 검증은 행정처분으로 보는 경우도 있고, 행정조사로 보거나 사실행위로 보는 경우도 있다. 검증은 개별토지가격의 타당성에 대하여 전문가적 입장에서 검토하는 것이고 그것은 개별공시지가의 객관적 타당성을 부여하고 공적 신뢰성을 제고하기 위한 것이기 때문에 국민의 권리 · 의무관

계를 직접적으로 규율하는 것이 아니므로 처분이 아니다. 또한, 검증절차를 누락한 개별공시지가의 효력을 논하는 것이 논점이며 타당하다.

예시답안

1. 의의 및 취지(부공법 제11조 제4항)

개별공시지가의 검증이란 감정평가업자가 시·군·구청장이 산정한 개별공시지가의 타당성에 대하여 전문가적 입장에서 검토하는 것으로서, 부동산 가격공시법 제11조 제4항에 근거한다. 이는 개별공시지가 산정의 전문성을 보완하고 개별공시지가의 신뢰성과 객관성을 확보함에 취지가 인정된다.

2. 법적 성질

개별공시지가의 검증은 검증자체로는 법률효과의 발생이 없으며, 개별공시지가 산정에 대한 적정성을 단순히 확인하고 의견을 제시하는 것이므로 사실행위로 볼 수 있다.

3. 내용

(1) 주체 및 책임(시행령 제19조)

검증의 주체는 감정평가업자이며 시·군·구청장은 당해지역의 표준지공시지가를 조사하고 평가한 감정평가업자나, 실적이 우수한 감정평가업자를(① 2년 연속 표준지공시지가 조사 및 ② 2년간 업무정지가 3회 이상이 아닌 경우) 지정할 수 있으며 검증업무를 수행하는 감정평가업자는 공무원으로 의제된다.

(2) 약식검증(산정지가검증)

1) 의의(부공법 제11조 제4항 및 시행령 제17조)

약식검증이란 시·군·구청장이 개별공시지가를 산정한 후, 개별공시지가에 대한 타당성을 감정평가업자에게 검증받는 것을 말한다. 이는 산정지가검증이라고도 하며 지가현황도면 및 지가조사자료를 기준으로 하여 개별공시지가 산정대상의 전체 필지에 대하여 행하여진다.

2) 검증 실시 및 생략사유(시행령 제17조 제3항)

개발사업이 있거나 용도지역·지구가 변경된 경우에는 반드시 검증해야 하며, 개별 토지의 지가변동율과 시·군·구의 연평균 지가변동의 차이가 작은 순으로 검증을 생략할 수 있다.

3) 검증내용(시행령 제17조 제2항)

① 비교표준지선정, ② 가격산정의 적정성, 비준표적용, ③ 인근 토지 지가와의 균형 및 ④ 공시지가와의 균형 등을 검증해야 한다.

4) 검증을 결한 개별공시지가의 효력

검증을 임의적으로 생략했거나, 하자있는 검증은 개별공시지가의 효력에 영향을 미치게 되며 하자의 정도에 따라 무효 또는 취소할 수 있는 행위가 된다.

(3) 정밀 검증(시행령 제18조 제4항, 시행령 제21조 제2항)

의견제출 검증과 이의신청 검증이 있다. ① 의견제출검증은 토지 소유자 등이 의견을 제출한 토지만을 대상으로 하여 현장조사를 하며, 개별공시지가의 결정 공시 전에 행하게 된다. ② 이의신청 검증은 이의신청된 토지를 대상으로 현장 조사를 하며, 개별공시지가가 결정 공시 된 이후에 이루어진다.

5. 문제점 및 개선방향

① 검증기간이 부족하므로 검증을 통한 적정성 확보가 어려운 바, 적정한 검증기간이 필요하다. ② 방대한 양의 공적자료의 충분한 제시가 요구되므로 관련 공무원의 협조요청이 필요하다. ③ 검증수수료의 현실화 및 예산집행의 실효성 확보가 필요하다.

25. 감정평가업자의 의무이행확보수단

감정평가업자의 성실의무와 그 의무이행확보수단을 기술한 후 이들 각 수단의 법적 성질을 비교 · 검토하시오.

《차례》

Ⅰ. 논점의 정리(개정법령의 취지)

Ⅱ. 감정평가업자의 성실의무와 그 의무이행확보수단

1. 부공법 제37조 성실의무
2. 그 의무이행확보수단
   (1) 행정상 의무이행확보수단
   (2) 형사상 의무이행확보수단
   (3) 민사상 의무이행확보수단
3. 소결

Ⅲ. 의무이행확보수단간 법적 성질 비교

1. 민사상 수단과 형사상 수단간 비교
2. 형사상 수단과 행정상 수단간 비교
3. 민사상 수단과 행정상 수단간 비교

4. 소결

Ⅳ. 결어

1. 부공법상 성실의무가 갖는 문제점

2. 의무이행확보수단의 강화와 남겨진 문제

쟁점해설

문제를 출제하게 된 배경은 최근 부공법 개정 취지와 관련된 것으로 보인다. 즉 허위 · 부실 감정평가에 따른 문제를 해소하고 감정평가에 대한 신뢰를 제고하기 위하여 감정평가사 자격등록제도를 도입하고, 감정평가법인이 하는 회계처리의 투명성과 객관성을 높이기 위하여 감정평가법인의 회계처리방식에 대한 기준을 마련하는 한편, 감정평가사에 대한 징계의 공정성을 확보하기 위하여 감정평가사에 대한 징계절차를 신설하고, 그 밖에 현행 제도의 운영상 나타난 일부 미비점을 개선 · 보완하려는 것이다.

다시말하면 부실감정 내지 허위감정이 늘어나면서 감정평가업자 및 감정평가사에 대한 처벌규정을 강화하고 감정평가에 대한 신뢰를 높이기 위해 최근 부공법을 개정하였고 그에 대한 문제로 생각된다.

이에 대하여 감정평가사의 성실의무를 규정한 취지와 최근에 법 개정 취지를 아울러 설명해 주면 좋을 것이며 구체적으로 그 의무이행 확보수단을 적시하면 될 것이다.

의무이행확보수단은 민사상, 형사상, 행정상 수단으로 나뉘며 각각의 수단의 법적 성질을 비교 검토하면 될 것이다.

예시답안

Ⅰ. 논점의 정리(개정법령의 취지)

감정평가사제도는 허위 · 부실 감정평가에 따른 문제를 해소하고, 감정평가에 대한 신뢰를 제고하기 위하여 감정평가사 자격등록제도가 도입되었다. 또한 감정평가사에 대한 징계절차 등을 신설하여 공정하고 투명한 행정절차를 명시함으로써 감정평가제도의 국민적 신뢰를 쌓아가고 있다. ① 이에 부동산가격공시 및 감정평가에 관한 법률상 감정평가업자의 성실의무(법 제37조)와 그 의무이행확보수단의 고찰은 매우 의미가 크다. ② 또한 의무이행확보수단의 법적 성질을 비교, 검토하고 이와 아울러 권리구제상의 상이점 등을 논의함으로써 감정평가제도의 대국민적 중요성과 신뢰성을 제고할 수 있다. ③ 특히 개정법령 등의 현실적 한계는 없는지 여부도 함께 고찰하여 봄으로써 감정평가업계의 향후 남겨진 과제 등도 논의하기로 한다.

Ⅱ. 감정평가업자의 성실의무와 그 의무이행확보수단

1. 부공법 제37조 성실의무

부공법 제37조에서는 감정평가업자의 성실의무로써 ① 품위유지의무, ② 신의성실의무, ③ 양도대여금지의무, ④ 불공정평가금지의무, ⑤ 비밀누설금지의무, ⑥ 금품수수금지 및 이중소속금지의무 등을 규정하고 있다. 이외에도 감정평가규칙 제2조 등에서는 감정평가업자의 기본윤리 등을 정하고 있지만 규범성은 미약하다.

2. 그 의무이행확보수단

(1) 행정상 의무이행확보수단

부공법 제38조 등록취소 등의 규정에서 성실의무 위반에 대하여 행정처분으로써 징계처분이 명시되어 있다. 의무위반정도에 따라 ① 업무정지, ② 등록 및 설립인가 취소, ③ 자격취소처분 등을 구분하여 규정하고, 동법시행령 제77조에서 정상참작 등을 규정하고 있다.

(2) 형사상 의무이행확보수단

부공법 제43조 이하에서는 성실의무위반시에 징역 또는 벌금형에 처하도록 규정하고 있다.

특히 최근 개정법령 동법 제42조의 2는 징계조항을 신설하고, 징계위원회 등을 두도록 한 조치는 감정평가제도 질서 확립을 위한 강력한 입법조치로 보여진다.

(3) 민사상 의무이행확보수단

부공법 제36조에서는 감정평가업자의 손해배상책임 등을 규정하여 성실의무위반시에 그 의무이행확보수단을 두고 있다.

3. 소결

부공법상 성실의무(법 제37조)위반에 대한 행정상, 형사상, 민사상 의무이행확보수단을 둔 것은 역설적으로 감정평가의 중요성을 대변한다고 볼 수 있다. 또한 징계절차 및 과징금의 신설은 감정평가업자의 대국민서비스의 투명성과 신뢰성을 제고하기 위함으로 평가된다.

Ⅲ. 의무이행확보수단간 법적 성질 비교

1. 민사상 수단과 형사상 수단간 비교

① 민사상 의무이행확보수단은 감정평가업자와 의뢰인 또는 제3자 사이의 손해배상채권에 대한 민사소송 등이 주를 이루게 된다.

② 형사상 의무이행확보수단과 중요한 관련 쟁점은 민사합의가 되더라도 반의사 불벌죄에서 제외되며, 오히려 법 제46조에서는 양벌규정을 두고 있다.

2. 형사상 수단과 행정상 수단간 비교

① 행정상업무정지, 등록취소, 자격취소처분은 행정소송법 제2조상 처분의 성질을 지니며, 이에 대한 권리구제는 부공법 이외에도 행정쟁송법에 의하여 일정한 쟁송절차에 의하게 된다.

② 형사상 처벌이 되는 경우에는 형벌로써 이는 형법과 형사소송법이 정하는 절차에 의하여 권리구제가 가능하다.

3. 민사상 수단과 행정상 수단간 비교

① 행정상 징계는 행정청이 행하는 처분행위로, 이러한 경우에는 의견청위, 청문절차 등 사전적 권리구제도 마련되어 있다.

② 민사상 의무이행확보수단인 손해배상책임은 특별법상 손해배상책임에 대한 견해의 대립이 있으나, 대체로 민사소송에 의해 권리구제가 가능하다.

4. 소결

성실의무위반에 따른 의무이행확보수단이 최근 강화된 근본적인 이유는 감정평가업자의 평가행위가 국민에게 미치는 영향이 중대하기 때문이다. 평가전문가의 잘못된 판단은 국민생활에 직접적인 영향을 미치므로, 입법정책적으로 부공법령을 강화하여 실효성을 높이기 위한 입법자의 고충이 그대로 반영된 것이라 보여진다.

Ⅴ. 결론

1. 부공법상 성실의무가 갖는 문제점

부공법 제37조상에는 감정평가업자의 성실의무를 나름대로 상세히 규정하고 있다. 그러나 법령규정이 추상적이기도 하며, 명확히 행정상, 민사상, 형사상 의무로써 구분되어 있지 아니하고 나열식으로 규정된 측면이 있다. 좀 더 입법정책적으로 명확히 규정하여 감정평 가업자의 대국민 신뢰를 향상시키는 것이 중요하리라 생각된다.

2. 의무이행확보수단의 강화와 남겨진 문제

최근 징계위원회의 신설과 과징금 제도의 도입으로 인하여 평가현장에서 많은 이해관계의 조율사 역할을 하는 감정평가업자의 행동반경이 매우 축소될 우려가 있다.

토지보상법이나 부공법 등 관계 법령에 충실하여 평가하더라도 본의 아니게 성실의무위반을 하는 경우에는 충분히 정상이 참작되고, 징계절차에 있어서도 공정한 징계의 기준과 근거가 마련될 때 감정평가업계의 신뢰적 질서 확립이 정립되리라 보여진다.

26. 감정평가업자에 대한 법적 제재

> 감정평가업자 P와 건설업자 Q는 토지를 평가함에 있어 친분관계를 고려하여 Q에게 유리하게 평가하였다. 국토교통부장관은 P의 행위가 부공법을 위반하였다고 판단하여 과징금, 벌금, 또는 과태료의 부과를 검토하고 있다.
>
> 3-1) 과징금, 벌금, 과태료의 법적 성질을 비교하여 설명하시오.
>
> 3-2) 국토교통부장관은 과징금과 벌금을 중복하여 부과하고자 한다. 중복 부과처분의 적법성에 관하여 판단하시오.

《차례》

Ⅰ. 개설

Ⅱ. (물음1) 각 개념의 법적 성질 비교

1. 과징금의 의의 및 법적 성질
   (1) 본래적 의미의 과징금
   (2) 부공법 42조의 3의 과징금(변형된 의미의 과징금)
   (3) 법적 성질
2. 벌금
   (1) 의의
   (2) 성질
3. 과태료(행정질서벌)
   (1) 의의
   (2) 성질

Ⅲ. (물음2) 중복 부과의 적법성 판단

1. 문제점
2. 적법성 판단
   (1) 견해의 대립
   (2) 판례
3. 검토

쟁점해설

설문의 쟁점은 행정의 실효성 확보수단 중, 행정벌과 새로운 실효성 확보수단인 과징금제도를 묻고 있다. 따라서 이들의 법적 성질을 형법적용 여부 등을 중심으로 검토하고, 각 수단의 목적과 취지에 비추어 중복 부과 할 수 있는 것인지를 설명하면 무난할 것이다.

예시답안

Ⅰ. 개설

감정평가의 업무영역이 확대되고 면접사업이 증대되는 등 공공성이 강화됨에 따라 공적 업무수행역할의 중요성도 증대하였다. 따라서 공적 업무수행시에(표준지, 표준주택 가격조사 등) 업무정지처분을 받는 경우에 공적 업무에 지장을 초래할 수 있으므로 이를 개선하기 위하여 과징금제도를 도입하였다. 이와 관련하여 설문을 해결하고자 한다.

Ⅱ. (물음1) 각 개념의 법적 성질 비교

1. 과징금의 의의 및 법적 성질

⑴ 본래적의미의 과징금

과징금은 행정법상 의무위반 행위로 얻은 경제적 이익을 박탈하기 위한 금전상 제재금을 말한다. 과징금은 의무이행확보수단으로 가해지는 점에서 의무위반에 대한 벌인 과태료와 구별된다.

⑵ 부공법 제42조의 3의 과징금(변형된 의미의 과징금)

부공법상 과징금은 계속적인 공적 업무수행을 위하여 업무정지처분에 갈음하여 부과되는 것으로 변형된 과징금에 속한다. 이는 인허가 철회나 정지처분으로 인해 발생하는 국민생활 불편이나 공익을 고려함에 취지가 인정된다.

⑶ 법적 성질

과징금 부과는 금전상의 급부를 명하는 〈급부하명〉으로서 처분에 해당한다.

2. 벌금

⑴ 의의

벌금은 행정상 중한 의무를 위반한 경우에 주어지는 행정형벌을 말한다. 행정형벌은 행정 목적을 달성하기 위해 행정법규가 의무를 정해놓고 이를 위반한 경우의 제재수단이다.

⑵ 성질

형법총칙이 적용되므로 형사상 책임에 해당한다.

3. 과태료(행정질서벌)

(1) 의의

행정질서벌이란 행정상 경미한 의무를 위반한 경우에 주어지는 벌로서 그 내용은 과태료 처분이다.

(2) 성질

행정질서벌은 형법총칙이 적용되지 않는다는 점에서 행정형벌과는 구별되며 행정상 책임에 해당한다.

III. (물음2) 중복 부과의 적법성 판단

1. 문제점

P의 행위가 부공법에 위반된 경우 국토교통부장관이 과징금과 벌금을 중복 부과할 수 있는지가 과잉금지 및 일사부재리의 원칙과 관련하여 문제된다. 이하에서 학설 및 판례의 태도를 살펴보고 본 사안을 해결한다.

2. 적법성 판단

(1) 견해의 대립

① 동일한 사안에 대해서 과징금과 벌금을 중복 부과 하는 것은 모두 금전적 제재라는 점에서 동일하며, 동일한 사안에 대하여 2번의 제재를 가하는 것이므로 이는 과잉금지(최소침해) 및 일사부재리에 비추어 정당하지 못하다. ② 과징금과 벌금의 취지가 적정한 행정의무이행과 공익보호에 있으므로 과징금과 벌금의 중복 부과는 정당하다는 견해가 있다.

(2) 판례

판례는 벌금과 과태료는 그 성질과 목적을 달리하는 것이므로 양자를 병과할 수 있으며 일사부재리의 원칙이 적용되지 않는다고 판시한 바 있다.

또한 과징금은 행정상 제재이고 범죄에 대한 국가의 형벌권의 실행으로서 과벌이 아니므로 행정법규위반에 대하여 벌금이나 범칙금을 부여하는 것은 이중처벌금지원칙에 반하지 않는다고 판시한 바 있다(92헌바38).

3. 검토

과징금과 벌금이 법적으로는 그 목적 및 성격이 구분되지만 위반행위에 대한 금전적 제재라는 점에서 형식 및 기능이 유사하며 중복 부과할 경우 국민의 입장에서는 이중의 제재를 받게 돼 과도한 제재로 볼 수 있다고 판단된다. 따라서 과징금과 벌금의 중복 부과처분은 정당하지 않다고 사료된다.

27. 감정평가업자의 손해배상 책임

부동산 가격공시 및 감정평가에 관한 법률 제36조 제1항의 규정에 의한 감정평가업자의 손해배상책임에 대하여 설명하시오.

쟁점해설

부동산가격공시법 제36조에서는 감정평가업자에 대한 손해배상을 규정하고 있는데, 이는 부당한 감정으로 인한 의뢰인 등의 손해를 방지하여 올바른 평가질서를 확립함에 제도적 취지가 인정되고 있다. 따라서 동 규정이 민법상 손해배상규정의 특칙인지를 검토한 후, 해당 규정의 요건을 판례의 태도와 함께 체계적으로 기술하면 무난할 것이다.

예시답안

Ⅰ. 손해배상책임의 의의 및 취지(부공법 제36조)

손해배상이란 감정평가업자가 고의 또는 과실로 감정평가 당시의 적정가격과 현저한 차이가 있게 평가하여 의뢰인 등에게 손해가 발생한 경우 이를 배상하는 것을 말하며 ① 선의의 평가의뢰인이 불측의 피해를 입지 않도록 하기 위함이며, ② 또한 토지 등의 적정가격을 올바르게 평가하여 국토의 효율적인 이용과 국민경제의 발전을 도모하기 위함에 그 취지가 있다.

Ⅱ. 감정평가의 법률관계

1. 논의의 실익

공법관계인지 사법관계인지에 따라서 법체계상 소송절차의 선택 및 적용법규 등에 있어서 차이가 있을 수 있다.

2. 공법관계인지 사법관계인지

감정평가의 의뢰는 상호 대등한 관계에서 행해지는 것이므로 사법관계의 성질을 갖는다고 볼 수 있다. 다만 감정평가의 사회성 · 공공성에 비추어 공법적 성질도 내포하고 있다고 볼 수 있다. 단, 공적 업무를 위탁받은 경우는 공법상 관계이다. 사법관계로 보는 경우 어떠한 계약관계인지가 문제된다.

3. 도급계약인지 위임계약인지

① 일의 완성을(감정평가) 목적으로 수수료지급을 약정하는 도급계약이라는 견해와 ② 일정한 사무처리를 위한 통일적 노무의 제공을 목적으로 하는 유상특약의 위임계약이라는 견해가 있다. ③ 생각건대 업무수행시 독립성이 인정되고, 업무 중단 시까지 수행한 부분에 대한

보수청구가 인정되므로 위임계약으로 봄이 타당하다.

III. 부공법 제36조와 민법 제390조 및 제750조와의 관계

1. 논의의 실익

위임계약으로 보면 선관의무에 따라 사무를 처리할 채무를 지게 된다. 따라서 감정평가 결과가 부당하고 의뢰인이 그 결과 손해를 본 경우 ① 의뢰인에 대하여는 채무불이행 중 불완전이행의 법리에 따라 손해배상책임을 지고, ② 선의의 제3자에게는 민법 제750조의 불법행위 책임을 지게 된다.

따라서 위임계약으로 보면 부공법 제36조의 규정이 없어도 손해배상책임이 인정되므로 부공법 제36조규정이 민법상 손해배상 책임을 배제하는 특칙인지가 문제된다.

2. 견해의 대립

(1) 특칙이라는 견해(면책설)

이 견해는 감정평가의 경우 적정가격 산정이 어렵고, 평가수수료에 비해 배상의 범위가 넓으므로 부공법 제36조를 감정평가업자를 보호하기 위한 특칙으로 본다.

(2) 특칙이 아니라는 견해(보험관계설)

이 견해는 부공법 제36조 제1항은 제2항의 보험이나 공제에 관련하여 처리되는 감정평가업자의 손해배상책임의 범위를 한정한 것이므로 특칙이 아니라고 한다.

3. 판례

'감정평가업자의 부실감정으로 인하여 손해를 입게 된 경우 감정평가의뢰인이나 선의의 제3자는 지가공시법상의 손해배상책임과 민법상 불법행위로 인한 손해배상책임을 함께 물을 수 있다.' 고 판시하여 특칙이 아니라고 보았다(97다36293).

1. 특칙이라는 견해(면책설)

① 부공법 제36조 문언의 반대해석상 감정평가업자에게 고의과실이 있더라도 감정평가결과가 적정가격과 현저한 차이가 없는 한 손해배상책임을 지지 않도록 하는 것이 이 법의 입법취지라는 점, ② 감정평가업자의 주관적 견해에 따라 감정평가액에 어느 정도의 차이가 발생하는 것이 불가피(객관적으로 적정가격을 알아내기 어렵다는 점)하므로 현저한 차이가 있을 경우에만 위법성이 있다고 보는 것이 상당한 점, ③ 소액의 감정수수료를 받는 감정평가업자가 손쉽게 막대한 손해배상책임을 진다거나 빈번한 배상책임을 추궁 당하도록 하면 감정평가제도의 존속 자체가 위태로울 수 있다는 점, ④ 감정평가업의 사회성 · 공공성측면에서 위법성을 인정하기 곤란한 바, 감정평가업자를 보호하기 위한 규정으로 감정평가업자의 책임을 경감하는 취지로 이해한다. 따라서 부공법 제36조는 민법 제750조 및 제390조의 특칙으

로 부공법 제36조가 적용되는 범위 내에서는 민법 제750조가 적용되지 않고 제36조 규정 외에는 민법 제750조가 보충 적용된다.

2. 특칙이 아니라는 견해(보험관계설)

부공법 제36조는 감정평가업자의 책임을 제한하거나 경감하여 주기 위한 것이 아니라, 오히려 감정평가업자의 손해배상책임을 부과하여 이를 위한 보험가입 등의 조치를 취하도록 하기 위한 규정으로 본다(즉, 부공법 제36조 제1항은 같은 조 제2항의 보험이나 공제에 관련하여서 규정된 것으로서 보험이나 공제로 처리되는 감정평가업자의 손해배상책임의 범위를 한정한 것일 뿐, 일반 채무불이행이나 불법행위책임을 배제하는 규정은 아니라고 본다).

4. 검토

① 적정가격의 산정이 어려움에도 손해배상책임을 널리 인정하면 평가제도가 위태로울 수 있고, ② 특칙이 아니라고 보면 부공법 제36조 제1항 규정의 의미가 무색해지므로 특칙으로 봄이 타당하다.

IV. 손해배상 책임의 요건

1. 타인의 의뢰

부공법 제36조에 의한 손해배상책임이 인정되기 위해서는 금융기관 등, 타인의 의뢰가 있어야 한다.

2. 고의 또는 과실

① 고의란 부당한 감정평가임을 알고 있는 것을 말하며, ② 과실이란 감정평가를 함에 있어서 통상 주의의무를 위반한 것을 말한다. 입증책임을 주장하는 자에게 있다. 판례는 ① 고의 또는 과실에 대하여 감정평가업자의 통상적인 추상적 경과실로 보고 있다. ② 부동산공시법과 감정평가규칙의 기준을 무시하고 자의적인 방법에 의하여 토지를 감정평가한 것은 고의·중과실에 의한 부당한 감정평가로 볼 수 있다. ③ 사전자료 준비부주의, 평가절차부주의, 윤리규정부주의, 평가방식적용부주의를 과실의 예로 들고 있다. 또한 판례는 ④ 임대차사항을 상세히 조사할 것을 약정한 경우, 업자로선 협약에 따라 성실하고 공정하게 주택에 대한 임대차관계를 조사하여 금융기관이 불측의 손해를 입지 않도록 협력하여야 할 의무가 있다고 판시한 바 있다. 단순히 다른 조사기관의 전화조사로만으로 확인된 실제와는 다른 임대차관계 내용을 기재한 임대차확인조사서를 제출한 사안에서 협약에 따른 조사 의무를 다하지 아니한 과실이 있다고 판시한 바 있다. ⑤ 금융기관의 신속한 감정평가요구에 따라 그의 양해아래 건물소유자를 통해 임대차관계를 조사한 경우에는 과실이 없다고 판시한 바 있다.

3. 부당한 감정평가

(1) 적정가격과의 현저한 차이

판례는 공시지가결정(1.3배), 보상액결정(1.3배 : 현행1.1배)의 1.3배가 유일한 판단기준이 될 수 없고 부당감정에 이르게 된 업자의 귀책사유를 고려하여 사회통념에 따라 탄력적으로 판단하여야 하므로 현저한 차이는 고의와 과실의 경우를 다르게 보아야 한다고 한다.

> 표준지공시지가를 정하거나 공공사업에 필요한 토지의 보상가를 산정함에 있어서 2인 이상의 감정평가업자에 평가를 의뢰하였는데 평가액 중 최고평가액이 최저평가액의 1.3배를 초과하는 경우에는 국토교통부장관이나 사업시행자가 다른 2인의 감정평가업자에게 대상 물건의 평가를 다시 의뢰할 수 있다는 것뿐으로서 여기서 정하고 있는 1.3배의 격차율이 바로 지가공시 및 토지 등의 평가에 관한 법률 제26조 제1항이 정하는 평가액과 적정 가격 사이에 '현저한 차이'가 있는가의 유일한 판단기준이 될 수 없다(96다52427).
>
> 부당 감정과 과실에 의한 부당 감정의 경우를 한데 묶어서 그 평가액이 적정 가격과 '현저한 차이'가 날 때에는 감정평가업자는 감정의뢰인이나 선의의 제3자에게 손해배상책임을 지도록 정하고 있는 바, 고의에 의한 부당 감정의 경우와 과실에 의한 부당 감정의 경우를 가리지 아니하고 획일적으로 감정평가액과 적정 가격 사이에 일정한 비율 이상의 격차가 날 때에만 '현저한 차이'가 있다고 보아 감정평가업자의 손해배상책임을 인정한다면 오히려 정의의 관념에 반할 수도 있으므로, 결국 감정평가액과 적정 가격 사이에 '현저한 차이'가 있는지 여부는 부당 감정에 이르게 된 감정평가업자의 귀책사유가 무엇인가 하는 점을 고려하여 사회통념에 따라 탄력적으로 판단하여야 한다(96다52427).

(2) 거짓의 기재

물건의 내용, 산출근거, 평가액의 거짓기재로써 가격변화를 일으키는 요인을 고의, 과실로 진실과 다르게 기재하는 것을 말한다.

> 감정업에 종사하는 자는 그 직무를 수행함에 있어서 고의로 진실을 숨기거나 허위의 감정을 하였을 때 처벌하도록 규정하고 있으므로 위 법조에 따른 허위감정죄는 고의범에 한한다 할 것이고 여기서 말하는 허위감정이라 함은 신빙성이 있는 감정자료에 의한 합리적인 감정결과에 현저히 반하는 근거가 시인되지 아니하는 자의적 방법에 의한 감정을 일컫는 것이어서 위 범죄는 정당하게 조사수집하지 아니하여 사실에 맞지 아니하는 감정자료임을 알면서 그것을 기초로 감정함으로써 허무한 가격으로 평가하거나 정당한 감정자료에 의하여 평가함에 있어서도 합리적인 평가방법에 의하지 아니하고 고의로 그 평가액을 그르치는 경우에 성립된다(87도853).

4. 의뢰인 및 선의의 제3자에게 손해가 발생할 것

손해라 함은 주로 재산권적 법익에 관하여 받은 불이익을 말한다.

선의의 제3자 범위와 관련하여 판례는 ① '선의의 제3자는 감정내용이 허위 또는 적정가격과 현저한 차이가 있음을 인식하지 못한 것뿐만 아니라 타인이 사용할 수 없음이 명시된 경우에도 그러한 사용사실까지 인식하지 못한 제3자를 의미한다. 다만, 입증책임은 선의의 제3자에게 있으며 입증하지 못한 경우에는 상당한 인과관계에 있다고 할 수 없다' 고 한다. ② 사용주체가 달라도 동일한 목적에 사용된 경우에는 상당한 인과관계를 인정한 바 있다.

5. 인과관계

부당한 감정평가가 없었더라면 손해가 발생하지 않았을 것을 요한다. 판례는 감정평가의 잘못과 낙찰자의 손해사이에는 상당인과관계가 있는 것으로 보아야 한다고 판시한바 있다.

6. 위법성이 필요한지 여부

① 긍정설은 민법상 채무불이행의 경우도 별도의 규정은 없으나 위법성을 요구하고 있으므로 부공법상 손해배상에서도 위법성이 요구된다고 한다. ② 이에 부정설은 고의 또는 과실에 위법성의 개념이 포함되거나, 부당감정에 포함되어 있다고 본다. ③ 생각건대 부공법 제36조는 민법에 대한 특칙으로 보는 것이 타당하므로 위법성 요건은 불필요하다고 보며 이는 부당감정개념에 포함된 것으로 봄이 합당하다.

Ⅴ. 손해배상책임의 내용

1. 손해배상범위

불법행위로 인한 재산상 손해는 위법한 가해행위로 인하여 발생한 재산상 불이익, 즉 위법행위가 없었더라면 존재하였을 재산 상태와 위법행위가 가해진 현재의 재산 상태와의 차이가 되며, 계약의 체결 및 이행경위와 당사자 쌍방의 잘못을 비교하여 종합적으로 판단하여야 한다(과실상계인정).

판례는 ① 부당한 감정가격에 의한 담보가치와 정당한 감정가격에 의한 담보가치의 차액을 한도로 하여 실제로 정당한 담보가치를 초과한 부분이 손해액이 된다고 판시한바 있다. ② 대출금이 연체되리라는 사정을 알기 어려우므로 대출금이 연체되리라는 사정을 알았거나 알 수 있었다는 특별한 사정이 없는 한 연체에 따른 지연손해금은 부당한 감정으로 인하여 발생한 손해라고 할 수 없다.

2. 임대차조사내용

판례는 ① 금융기관의 양해아래 임차인이 아닌 건물소유자를 통해 임대차관계를 조사한 경우는 과실이 없으므로 손해배상책임을 인정하지 않는다. ② 임대차조사내용은 감정평가 범위는 아니지만 고의 · 과실로 임대차관계에 관한 허위의 기재를 하여 손해를 발생케 한 경우에는 손해를 배상할 책임이 있다.

3. 손해배상책임의 보장

감정평가업자의 손해배상책임을 보장하기 위하여 부공법에서는 ① 보험 또는 공제사업에의 가입 및 ② 손해배상충당금적립(한국감정원)을 규정하고 있다.

Ⅵ. 관련문제

1. 민법상 소멸시효규정이 적용된다고 본다. 따라서 손해배상청구권은 손해를 안 날로부터 3년, 있은 날로부터 10년 이내에 행사해야 한다.
2. 법인은 사용자책임을 지며 당해 평가사에게 구상권을 행사할 수 있다.
3. 허위감정죄와의 관계

부공법 제43조에 의하면 고의로 잘못된 평가를 한자에 대해서 허위감정죄로 처벌하도록 규정하고 있다. 따라서 부당감정평가와 허위감정죄가 동시에 성립되는 경우에 손해가 없더라도 고의로 잘못된 평가만 있으면 허위감정죄에 대한 처벌이 가능할 것이다.

Ⅶ. 결 론

1. 부당한 감정인 경우에는 감정평가업자는 의뢰인이나 제3자에게 손해배상을 하여야 한다.
2. 부당한 감정은 아니지만 민법 제390조(채무불이행) 및 민법 제750조(불법행위)에 해당하는 경우에, 부공법 제36조 규정을 특칙으로 본다면 손해배상을 청구할 수 없지만 특칙으로 보지 않는다면 민법상 손해배상을 청구할 수 있을 것이다.
3. 개선안

부당한 감정인지를 사전에 검토하여 의뢰인이나 제3자가 피해를 보는 경우를 줄일 수 있을 것이다. 따라서 평가검토를 명문으로 도입하여 사전타당성을 강화하는 방안이 요구된다.

28. 감정평가업자의 구제 (1)

감정평가업자 甲은 「부동산 가격공시 및 감정평가에 관한 법률」 제37조의 성실의무 위반을 이유로 동법 제38조 제1항 제9호에 의하여 2006년 2월 1일 국토교통부장관으로부터 등록취소처분을 통보 받았다. 이에 甲은 국토교통부장관이 등록취소 시 동법 제39조에 의한 청문을 실시하지 않은 것을 이유로 2006년 8월 1일 등록취소처분에 대한 무효확인소송을 제기하였다.

甲의 소송은 인용될 수 있는가?

사무소개설등록 규정이 개정되기 전의 법조문을 적용하는 문제임.

*개정 전 법조문

제27조(사무소 개설등록)

① 감정평가사가 감정평가업을 영위하고자 할 때에는 국토교통부장관에게 감정평가사사무소의 개설등록을 하여야 한다.

제37조(성실의무 등)

생략

제38조(등록취소 등)

① 국토교통부장관은 감정평가업자가 다음 각 호의 1에 해당하는 경우에는 그 등록 또는 설립인가를 취소하거나 1년 이내의 범위에서 기간을 정하여 업무의 정지를 명할 수 있다. 다만, 제1호 · 제2호 · 제5호 또는 제10호에 해당하는 경우에는 그 등록 또는 설립인가를 취소하여야 한다.

9. 제37조의 규정을 위반한 경우

제39조(청문)

국토교통부장관은 다음 각 호의 1에 해당하는 처분을 하고자 하는 경우에는 청문을 실시하여야 한다.

1. 제26조 제1항의 규정에 의한 감정평가사의 자격취소
2. 제38조 제1항의 규정에 의한 개설등록 또는 설립인가의 취소

《차례》

Ⅰ. 논점의 정리

Ⅱ. 무효확인소송의 소송요건 검토

1. 문제점
2. 등록취소의 처분성
3. 제소기간여부
4. 기타의 요건 검토

Ⅲ. 무효확인소송의 본안요건 검토

1. 문제점
2. 청문절차 흠결이 절차상 하자인지
3. 청문절차 흠결의 독자적 위법성 논의
   (1) 문제점
   (2) 학설 및 판례
   (3) 검토 및 사안의 경우

4. 청문절차 흠결의 위법성정도

(1) 무효와 취소의 구별기준

(2) 사안의 경우(취소사유)

Ⅳ. 사안의 해결(관련문제 : 취소소송으로의 소변경가능성)

쟁점해설

Ⅰ. 청문

1. 청문의 의의 및 취지

청문은 행정청이 어떤 처분을 하기에 앞서 처분의 상대방 등의 의견을 직접 듣고 증거를 조사하는 절차를 말한다. 이는 어떠한 처분에 앞서 자기방어의 기회를 주어 사전적 권리구제를 가능하게 함에 취지가 인정된다.

2. 필수적 절차여부

청문에 대한 명문규정이 있거나 행정청이 필요하다고 인정하는 경우에만 필수적 규정이고, 행정절차법 제21조 제4항(사전통지 생략사유) 및 당사자의 포기의사가 있는 경우는 생략가능하다.

3. 관련판례

(1) 청문서 도달기간을 준수하지 않은 청문의 효력

① 의견진술통지기간의 불준수로 의견진술 준비기간이 법정기간보다 조금 모자라지만 자기 방어를 위한 큰 준비에 곤란한 점이 없었다면 의견진술통지 기간의 불준수의 하자는 치유된다고 보아야 한다.

② 대법원은 청문서 도달기간을 지키지 않았다면 이는 청문의 절차적 요건을 준수하지 아니한 것이므로 이를 바탕으로 한 행정처분은 위법하다고 판시하였다. 다만 청문서 도달기간을 다소 어겼다 하더라도 당사자가 이의를 제기하지 아니하고 스스로 청문기일에 출석하여 충분한 방어기회를 가졌다면 청문서 도달기간을 준수하지 않은 하자는 치유되었다고 봄이 상당하다고 판시하였다(자기방어가 충분하지 않았다면 청문을 거쳤어도 위법하다).

(2) 협의에 의한 청문배제 가능성

1) 학설

① 계약자유원칙에 따라 협약은 유효하다는 긍정설과, ② 청문취지상 이를 배제하는 협약은 위법이라는 부정설이 대립된다.

2) 판례

행정청이 당사자와 사이에 관계 법령 및 행정절차법에 규정된 청문의 실시 등 의견청취 절차를 배제하는 협약을 체결하였다 하여도 청문을 실시하지 않아도 되는 예외적인 경우에 해당한다고 할 수 없다고 한다.

3) 검토

적법절차원리 준수 및 절차취지를 고려할 때 판례가 타당하다.

4. 사안의 경우

사안에서 청문을 실시하지 않아도 되는 예외적 사유에 해당하는 지를 검토하고, 청문을 실시하여야 한다면 청문서 도달일을 준수하였는지, 협의에 의하여 배제하였는지 등을 검토하여 구체적인 사실관계를 바탕으로 사안 포섭을 하면 된다.

II. 취소사유를 무효등확인소송으로 제기한 경우의 판결

1. 소변경필요설

무효확인청구는 취소청구를 포함한다고 보지만 법원은 석명권을 행사하여 무효확인소송을 취소소송으로 변경하도록 한 후 취소소송의 소송요건을 충족한 경우 취소판결을 하여야 한다고 보는 견해이다.

2. 취소소송포함설

무효확인청구에는 취소청구를 포함한다고 보고, 법원은 취소소송요건을 충족한 경우 취소판결을 하여야 한다는 견해이다.

3. 판례

"일반적으로 행정처분의 무효확인을 구하는 소에는 원고가 그 처분의 취소를 구하지 아니한다고 밝히지 아니한 이상 그 처분이 만약 당연무효가 아니라면 그 취소를 구하는 취지도 포함되어 있는 것으로 보아야 하므로 계쟁처분의 무효확인청구에 그 취소를 구하는 취지도 포함된 것으로 보아 계쟁처분에 취소사유가 있는지 여부에 관하여 심리 판단하여야 한다(94누477)."고 판시한 바 있다.

4. 결어

소송상 청구는 원고가 하며 법원은 원고의 청구에 대해서만 심판해야 하므로 법원이 일방적으로 변경할 수 없다. 따라서 법원은 석명권을 행사하여 취소소송으로 변경하도록 한 후 취소판결을 하여야 하는 것으로 보는 소변경필요설이 타당하다.

29. 감정평가업자의 구제 (2)

감정평가업자 甲은 감정평가를 함에 있어 감정평가준칙을 준수하지 아니하였음을 이유로 국토교통부장관으로부터 2월의 업무정지처분을 받았다. 이에 甲은 처분의 효력발생일로부터 2월이 경과한 후 제소기간 내에 국토교통부장관을 상대로 업무정지처분 취소소송을 제기하였다. 甲에게 소의 이익이 있는지의 여부를 판례의 태도에 비추어 설명하시오(「부동산가격공시 및 감정평가에 관한 법률 시행령」 제77조 제2항 업무정지처분을 받은 감정평가사가 1년 이내에 다시 업무정지의 사유에 해당하는 위반행위를 한 때에는 가중하여 제재처분을 할 수 있도록 규정하고 있다).

《차례》

쟁점해설

종래 법규명령형식의 행정규칙에 가중처벌규정을 둔 경우 판례가 시행령형식인 경우에는 이를 법규명령으로 보고 협의의 소익을 인정하고 시행규칙으로 규정한 경우 협의의 소익을 부정하는 태도를 취하였고 이에 대한 학설의 비판이 있었다. 그러나 최근 대법원은 판례(2003두1684)를 변경하여 협의의 소익 유무를 가중법규의 법적 성질이 법규명령이냐 행정규칙이냐 라는 형식적 기준에 의하여 판단하지 않고 구체적인 사안별로 관계 법령의 취지를 살펴서 현실적으로 권리보호의 필요성이 있느냐를 기준으로 판단하고 있다.

1. 종전 판례

> 가중요건을 정한 시행규칙이 행정규칙이므로 구속력이 없고 따라서 가중적인 제재처분을 받을 불이익은 직접적 구체적 현실적인 것이 아니고, 가중처벌의 위법 여부는 당해 시행규칙이 아니라 처분의 근거 법률에 비추어 판단되는 것이므로 당초의 제재처분의 위법 여부는 당초의 제재처분을 가중사유로 고려한 후의 제재처분의 위법 여부를 다투는 경우에 다툴 수 있다(94누14148).

2. 변경된 판례(2003두1684) 영업정지처분취소

제재적 행정처분의 가중사유나 전제요건에 관한 규정이 행정규칙의 형식으로 되어 있다고 하더라도, 그러한 규칙이 법령에 근거를 두고 있는 이상 관할 행정청이나 담당공무원은 이를 준수할 의무가 있으므로 이들이 그 규칙에 정해진 바에 따라 행정작용을 할 것이 당연히 예견되어 후행처분의 위험은 구체적이고 현실적인 것이고, 선행 제재처분의 취소를 구하여 가중 제재처분을 막는 것이 보다 실효적인 권리구제이므로 소의 이익을 인정하여야 한다고 본다.

> 제재적 행정처분의 가중사유나 전제요건에 관한 규정이 법령이 아니라 규칙의 형식으로 되어 있다고 하더라도, 그러한 규칙이 법령에 근거를 두고 있는 이상 그 법적 성질이 대외적 일반적 구속력을 갖는 법규명령인지 여부와는 상관없이, 관할 행정청이나 담당공무원은 이를 준수할 의무가 있으므로...... 선행처분을 받은 상대방이 그 처분의 존재로 인하여 장래에 받을 불이익, 즉 후행처분의 위험은 구체적이고 현실적인 것이므로, 상대방에게는 선행처분의 취소소송을 통하여 그 불이익을 제거할 필요가 있다.
>
> ...비록 그 처분에서 정한 제재기간이 경과하였다 하더라도 그 처분의 취소소송을 통하여 그러한 불이익을 제거할 권리보호의 필요성이 충분히 인정된다고 할 것이므로, 선행처분의 취소소송을 구할 법률상 이익이 있다고 보아야 한다.

> 전원합의체 판결의 별개의견
>
> 이 견해는 부령형식의 행정규칙의 법규성을 인정하면서 이 경우에 가중된 제재처분을 받을 불이

익을 제거하기 위하여 정지기간이 지난 정지처분의 취소를 구할 이익이 있다고 한다.

예시답안

Ⅰ. 쟁점의 정리

취소소송이란 위법한 행정 처분의 취소나 변경을 구하는 형성소송이므로, 처분의 효력이 소멸한 경우에는 원칙적으로 소의 이익이 부정될 것이지만 행정소송법 제12조 후문에서는 '처분 등의 효력이 소멸한 경우에도 취소소송을 제기할 수 있다' 고 규정하고 있다. 설문에서는 갑이 '장래에 가중처벌을 받을 수 있다는 위험' 이 있음을 이유로, 효력이 소멸한 업무정지처분을 대상으로 취소소송을 제기할 수 있는지를 관련판례의 태도에 비추어 설명하고자 한다.

Ⅱ. 협의의 소익의 개관(권리보호의 필요)

1. 협의의 소익의 의의 및 취지

협의의 소익은 본안판결을 받을 현실적 필요성을 의미한다(소송법 제12조 2문). 협의소익은 원고적격과 함께 소송요건이 되며 이는 남소방지와 충실한 본안심사를 통해 소송경제를 도모함에 취지가 인정된다.

2. 원고적격과의 구별

동 규정을 원고적격으로 보는 견해가 있으나 통상 협의의 소익규정으로 보며, 개정안에서는 별도로 규정하고 있다.

3. 소송법 제12조2문의 회복되는 법률상 이익의 의미

행정소송법 제12조 후문의 법률상 이익은 취소를 통하여 구제되는 기본적인 법률상 이익뿐만이 아니라 부수적인 이익도 포함된다고 보는 것이 다수견해이나, 판례는 처분의 근거 법률에 의해 보고되는 직접적이고 구체적인 이익을 말한다고 한다. 구체적 사안 별로 권리보호의 현실적 필요성이 있는지를 검토함이 타당하므로 명예, 신용의 이익도 경우에 따라서는 소의 이익이 인정될 수 있을 것이다.

4. 취소소송에서의 협의의 소익

① 처분의 효력이 소멸한 경우(처분이 외형상 잔존함으로 인하여 어떠한 법률상 이익이 침해되고 있다고 볼 만한 특별한 사정이 있는 경우에는 그 처분의 취소를 구할 소의 이익이 있다), ② 원상회복이 불가능한 경우, ③ 처분 후의 사정에 의해 이익침해가 해소된 경우, ④ 보다 간이한 구제방법이 있는 경우에는 소의 이익이 없는 것으로 보아야 한다.

Ⅲ. 가중처벌의 가능성을 규정한 관련 법규의 법적 성질

1. 문제점

가중처벌의 기준은 법규명령의 형식으로 제정되었으나 그 실질이 행정규칙의 내용을 갖는 경우이므로, 이에 대한 대외적 구속력이 인정되는지가 문제된다.

2. 법적 성질

(1) 학설

① 규범의 형식과 법적 안정성을 중시하여 법규명령으로 보는 견해와 ② 규범의 실질과 구체적 타당성을 중시하여 행정규칙으로 보는 견해, ③ 상위법의 수권유무로 판단하는 수권 여부기준설이 대립한다.

(2) 판례

대법원은 ① 구)식품위생법 시행규칙상 제재적 처분기준은 행정규칙으로 보며, ② 구)청소년보호법 시행령상 과징금처분기준을 법규명령으로 보면서 그 처분기준은 최고한도로 보아 구체적 타당성을 기한 사례가 있다.

(3) 검토

대통령령과 부령을 구분하는 판례의 태도는 합리적 이유가 없으므로 타당성이 결여된다.

또한 부령의 경우에도 법규명령의 형식을 갖는 이상 법제처의 심사에 의해 절차의 정당성을 확보하고, 공포를 통한 예측가능성이 보장된다는 점에서 부령인 경우도 법규성을 긍정함이 타당하다.

(4) 사안의 경우

시행령 제77조에서 규정하고 있는 제재적 처분기준은 그 형식이 대통령령이며, 상위 법률인 부공법의 처분기준을 각 사유마다 세분화하여 규정하여 개별사안에서 구체적 타당성을 기여하고 있다. 따라서 법규명령의 성질을 갖는 것으로 볼 수 있다.

Ⅳ. 가중처벌과 관련된 제재적 처분기준에 관한 판례

1. 종전판례의 태도

제재적 처분기준이 대통령령형식인 경우에는 소의 이익이 있다고 보았으나 부령형식의 경우에는 소의 이익이 없다고 보았다.

2. 최근 판례의 태도

(1) 다수견해

① 법규명령여부와 상관없이 행정청은 처분기준을 준수할 의무가 있으므로, 상대방이 장래에 받을 수 있는 가중처벌규정은 구체적이고 현실적인 것이므로 "그 불이익을 제거할 필요가 있다"고 하여 제재적 처분이 부령형식이라도 협의소익을 인정한다. 또한 ② 후에

동일내용을 다투는 경우 이중의 노력과 비용이 소모되고 ③ 시간의 경과로 인한 증거자료의 일실의 문제가 발생할 수 있는 측면에서도 협의소익을 인정한다.

(2) 소수견해

제재적 처분기준을 정한 부령인 시행규칙은 헌법 제95조에 의한 위임명령이므로 이의법규성을 인정하는 이론적 기초 위에서 그 법률상 이익을 긍정함이 더욱 합당하다고 한다.

3. 검토

부령 형식으로 제정된 경우에도 법규성을 인정하는 논리적 기초 위에서 가중처벌에 따른 불이익의 위험을 제거함이 타당하다고 판단된다.

V. 갑에게 소익이 있는지 여부(사안의 해결)

설문에서는 업무정지처분의 이력이 남아있으므로, 만약 갑이 감정평가준칙을 준수하지 않는다면 이는 가중처벌의 사유가 된다. 이러한 가중처벌을 규정한 제재적 처분기준의 대외적 구속력이 인정되므로, 갑은 효력이 소멸한 업무정지처분에 대한 취소를 구하여(장래에) 가중처벌을 받을 수 있는 불이익한 상태를 제거할 현실적인 필요성이 인정된다고 볼 수 있다.

30. 감정평가업자의 구제 (3)

다음 각각의 사례에 대하여 답하시오.

(1) 국토교통부장관은 감정평가업자 甲에 대하여 법령상 의무 위반을 이유로 6월의 업무정지처분을 하였다. 甲은 업무정지처분취소소송을 제기하였으나 기각되었고 동 기각판결은 확정되었다. 이에 甲은 위 처분의 위법을 계속 주장하면서 이로 인한 재산상 손해에 대해 국가배상청구소송을 제기하였다. 이 경우 업무정지처분취소소송의 위법성 판단과 국가배상청구소송의 위법성 판단의 관계를 설명하시오.

(2) 감정평가업자 乙은 국토교통부장관에게 감정평가사 갱신등록을 신청하였으나 거부당하였다. 그런데 乙은 갱신등록거부처분에 앞서 거부사유와 법적 근거, 의견제출의 가능성 등을 통지받지 못하였다. 위 갱신등록 거부처분의 위법성 여부를 검토하시오.

(설문 1)의 해결

Ⅰ. 개설

Ⅱ. 양 소송에서의 위법성 개념

1. 업무정지처분취소소송에서의 위법성 개념

2. 국가배상청구소송에서의 위법성 개념

(1) 견해의 대립

1) 결과불법설

2) 협의의 행위위법설

3) 광의의 행위위법설

4) 상대적 위법성설

(2) 판례

(3) 결어(광의의 행위위법설)

Ⅲ. 양 소송의 위법성 판단의 관계

1. 문제점

2. 기판력의 의의 및 범위

3. 기판력 부정설

4. 제한적 긍정설

5. 기판력 긍정설

6. 검토(개별적 판단설)

Ⅳ. 관련문제(국가배상소송의 기판력이 발생한 후의 취소소송)

(설문 2)의 해결

Ⅰ. 쟁점의 정리

Ⅱ. 거부처분이 사전통지의 대상인지 여부

1. 의견제출절차의 개념 및 근거규정

2. 거부처분이 사전통지 및 의견제출 절차의 대상이 되는지 여부

(1) 적극설

(2) 소극설

(3) 판례

3. 검토

Ⅲ. 절차의 하자의 독자적 취소사유성

1. 문제점

2. 소극설

3. 적극설

4. 절충설

5. 판례의 태도

6. 검토

Ⅳ. **사안의 해결**

쟁점해설

(설문 1)의 쟁점은 취소판결이 확정된 경우, 이의 내용에 후소법원이 기속되는가의 문제인 기판력이다. 따라서 각 소송에서의 위법성 개념을 설명하고 이에 기초하여 기판력이 인정되는지를 포섭하면 될 것이다.

(설문 2)의 쟁점은 거부처분이 사전통지의 대상이 되는가이다. 행정절차법 제21조에서는 '권익을 제한' 하는 처분을 하는 경우에는 처분에 대한 불복방법 등을 사전에 통지하도록 규정하고 있는데, 거부처분을 '권익을 제한' 하는 행위로 볼 수 있는지에 대한 학설과 판례의 태도를 중심으로 서술하면 무난할 것이다.

예시답안

(설문 1)의 해결

Ⅰ. 개설

설문에서 甲은 국토교통부장관의 6월의 업무정지처분에 대하여 업무정지처분취소소송을 제기하였으나 기각되어 동 판결이 확정되었다. 따라서 甲은 더 이상 업무정지처분에 대하여 항고소송을 제기할 수 없을 것이나, 이와 별도로 국가배상을 청구할 수는 있을 것이다.

이 경우 국가배상청구소송의 위법성 판단과정에서 업무정지처분취소소송의 확정판결의 기판력이 미치는지가 문제된다. 논의의 전제로서 양 소송의 위법성 개념을 살펴본다.

Ⅱ. 양 소송에서의 위법성 개념

1. 업무정지처분취소소송에서의 위법성 개념

취소소송은 위법한 처분으로 침해당한 법률상 이익을 보호하는 기능을 갖는데, 이때의 위법이란 외부효를 갖는 법규위반을 의미한다. 행정처분의 위법 여부는 공무원의 고의나 과실과는 관계없이 객관적으로 판단되어야 한다.

2. 국가배상청구소송에서의 위법성 개념

(1) 견해의 대립

1) 결과불법설

결과불법설은 국가배상법상의 위법을 가해행위의 결과인 손해가 결과적으로 시민법상의 원리에 비추어 수인되어야 할 것인가의 여부가 그 기준이 된다고 한다.

2) 협의의 행위위법설

협의의 행위위법설은 국가배상법상의 위법성을 항고소송에서의 위법성과 같이 공권력 행사자체의 '법' 위반으로 이해한다.

3) 광의의 행위위법설

광의의 행위위법설은 국가배상법상의 위법을 행위 자체의 법에의 위반뿐만 아니라, 행위의 태양(방법)의 위법, 즉 명문의 규정이 없더라도 공권력 행사의 근거법규(특히 권한 근거규정), 관계법규 및 조리를 종합적으로 고려할 때 인정되는 공무원의 '직무상의 손해방지의무(안전관리의무)' 의 위반을 포함하는 개념으로 이해하는 견해이다.

4) 상대적 위법성설

상대적 위법성설은 국가배상법상의 위법성을 행위의 적법, 위법뿐만 아니라, 피침해이익의 성격과 침해의 정도 및 가해행위 태양 등을 종합적으로 고려하여 행위가 객관적으로 정당성을 결여한 경우를 의미한다고 보는 견해이다. 상대적 위법성설은 피해자와의 관계에서 상대적으로 위법성을 인정한다.

(2) 판례

판례는 원칙상 행위위법설을 취하고 있는 것으로 보인다. 즉, 원칙상 가해 직무행위의 법에의 위반을 위법으로 보고 있다. 다만, 최근 판례 중 상대적 위법성설을 지지한 것으로 보이는 판결이 있다.

(3) 결어(광의의 행위위법설)

① 법률에 의한 행정의 원리의 실질적 내용을 이루는 인권보장의 측면에서 볼 때 공무원에게 직무상의 일반적 손해방지의무를 인정하는 것이 타당하므로, ② 국가배상에 있어서는 행위자체의 관계 법령에의 위반뿐만 아니라 행위의 태양의 위법, 즉 피침해이익과 관련하여 요구되는 공무원의 '직무상 손해방지의무 위반' 으로서의 위법도 국가배상법상 위법이 된다고 보는 것이 타당하다.

III. 양 소송의 위법성 판단의 관계

1. 문제점

취소소송판결의 국가배상소송에 대한 기판력은 국가배상법상의 위법과 항고소송의 위법의 이동에 좌우된다. 즉, 국가배상법상의 위법과 항고소송의 위법이 동일하다면 취소소송판결의 기판력은 국가배상소송에 미치고, 동일하지 않다면 취소소송판결의 기판력이 국가배상소송에 미치지 않는다고 보아야 한다.

2. 기판력의 의의 및 범위

기판력은 일단 재판이 확정된 때에는 소송당사자는 동일한 소송물에 대하여는 다시 소를 제기할 수 없고 설령 제기되어도 상대방은 기판사항이라는 항변을 할 수 있으며 법원도 일사부재리의 원칙에 따라 확정판결과 내용적으로 모순되는 판단을 하지 못하는 효력을 말한다. 일반적으로 기판력은 판결의 주문에 포함된 것에 한하여 인정된다.

3. 기판력 부정설

결과불법설 또는 상대적 위법성설에 따르는 경우에는 국가배상소송에서의 위법은 항고소송에서의 위법에 대하여 독자적인 개념이 된다. 따라서 최소소송 판결의 기판력이 당연히 국가배상소송에 미치게 되는 것은 아니라고 본다.

4. 인용판결과 기각판결 구별설

국가배상법상의 위법을 항고소송의 위법보다 넓은 개념(광의의 행위위법설)으로 본다면 취소소송판결 중 인용판결의 기판력은 국가배상소송에 미치지만 기각판결의 기판력은 국가배상소송에 미치지 않는다.

5. 기판력 긍정설

협의의 행위위법설을 따르는 경우에는 국가배상법상의 위법성을 항고소송에서의 위법과 달리 볼 아무런 근거가 없고, 따라서 취소소송 판결의 기판력은 당연히 국가배상소송에 미친다고 본다.

6. 검토(개별적 판단설)

광의의 행위위법설을 따르는 경우에는 국가배상소송에서 행위자체의 위법이 문제된 경우에는 항고소송의 판결의 기판력이 당연히 미치지만, 공무원의 직무상 손해방지의무 위반으로서의 위법, 즉 행위의 태양의 위법이 문제되는 경우에는 항고소송상의 위법과 판단의 대상과 내용을 달리 하므로 항고소송판결의 기판력이 이 경우에는 미치지 않는다.

Ⅳ. 관련문제(국가배상소송의 기판력이 발생한 후의 취소소송)

국가배상청구소송의 기판력은 취소소송에 영향을 미치지 아니한다. 왜냐하면 국가배상청구소송은 국가배상청구권의 존부를 소송물로 한 것이지 위법 여부를 소송물로 한 것은 아니기 때문이다. 국가배상소송에 있어서의 위법성의 판단은 판결이유 중의 판단이고, 판결이유 중의 판단에는 기판력이 미치지 않기 때문이다.

(설문 2)의 해결

Ⅰ. 쟁점의 정리

갱신등록거부처분에 앞서 거부사유와 법적근거 및 의견제출의 가능성 등을 통지하지 않은 국토교통부장관의 거부처분이 절차상 하자를 구성하는지가 문제된다. 설문의 해결을 위하여 거부처분이 사전통지 및 의견제출절차의 대상인지를 검토한다.

Ⅱ. 거부처분이 사전통지의 대상인지 여부

1. 의견제출절차의 개념 및 근거규정

의견제출절차란 “행정청이 어떠한 행정작용을 하기에 앞서 당사자 등이 의견을 제시하는 절차로서 청문이나 공청회에 해당하지 아니하는 절차”를 말한다. 사전통지는 의견제출의 전치절차이다. 행정절차법은 권익을 제한하는 경우에 대해서 사전통지(제21조)와 의견청취(제22조)를 하도록 규정하고 있다.

2. 거부처분이 사전통지 및 의견제출절차의 대상이 되는지 여부

(1) 적극설

당사자가 신청을 한 경우, 신청에 따라 긍정적인 처분이 이루어질 것을 기대하며 거부처분을 기대하지는 아니하고 있으므로 거부처분의 경우에도 사전통지 및 의견진술의 기회가 필요하다고 한다.

(2) 소극설

신청에 대한 거부처분은 그것이 불이익 처분을 받는 상대방의 신청에 의한 것이므로 성질상 이미 의견진술의 기회를 준 것으로 볼 수 있으므로 의견진술의 기회를 줄 필요가 없다고 한다.

(3) 판례

신청에 따른 처분이 이루어지지 아니한 경우에는 아직 당사자에게 권익이 부과되지 아니 하였으므로 특별한 사정이 없는 한 신청에 대한 거부처분이라고 하더라도 직접 당사자의 권익을 제한하는 것은 아니어서 사전통지 대상이 된다고 할 수 없다고 판시한 바 있다(2003두674).

3. 검토

거부처분을 권익을 제한하거나 의무를 부과하는 처분으로 볼 수 없고, 거부처분의 전제가 되는 신청을 통하여 의견제출의 기회를 준 것으로 볼 수 있으므로 소극설이 타당하다. 다만, 인・허가의 갱신과 관련된 거부는 종전에 발부된 인・허가의 권익을 제한하는 처분으로 보아 사전통지와 의견진술의 기회부여의 대상이 된다고 보아야 한다.

III. 절차의 하자의 독자적 취소사유성

1. 문제점

절차의 하자란 행정행위가 행해지기 전에 거쳐야 하는 절차 중 하나를 거치지 않았거나 거쳤으나 절차상 하자가 있는 것을 말한다. 행정처분에 절차상 위법이 있는 경우에 절차상 위법이 당해 행정처분의 독립된 위법사유(취소 또는 무효사유)가 되는가. 달리 말하면, 법원은 취소소송의 대상이 된 처분이 절차상 위법한 경우 당해 처분의 실체법상의 위법 여부를 따지지 않고 또는 실체법상 적법함에도 불구하고 절차상의 위법만을 이유로 취소 또는 무효확인할 수 있는지가 문제된다.

2. 소극설

소극설은 법원이 절차상 하자를 이유로 취소하더라도 행정청은 절차의 하자를 치유하여 동일한 내용의 처분을 다시 할 수 있으므로 절차상의 하자만을 이유로 취소하는 것은 행정상 및 소송상 경제에 반한다고 한다.

3. 적극설

행정소송법상 취소판결 등의 기속력이 절차의 위법을 이유로 취소되는 경우에 준용되고(절차법 제30조 제3항), 소극설을 취하는 경우에는 절차적 규제가 유명무실해질 우려가 있다.

따라서 행정절차의 실효성을 보장하기 위하여는 절차상의 하자를 독립된 취소사유로 보아야 한다고 한다.

4. 절충설

절차의 하자가 독립된 무효 또는 취소사유가 될 수 있는가에 관하여 경우에 따라서 독립된 취소사유로 보거나 보지 않는 절충적 견해가 있다.

5. 판례의 태도

대법원은 기속행위인 과세처분에서 이유부기 하자를, 재량행위인 영업정지 처분에서 청문절차를 결여한 것은 절차적 하자를 구성한다고 판시한 바 있다.

6. 검토

현행 행정소송법이 절차의 위법을 이유로 한 취소판결을 인정하고 있으므로 현행 법상 소극설은 타당하지 않다. 또한 행정기관의 절차경시의 사고가 강한 현재의 상황하에서 절차의 하자를 독립된 취소사유로 봄으로써 절차중시행정을 유도하는 것이 타당하므로 적극설이 타당하다.

IV. 사안의 해결

감정평가업자 乙의 갱신등록 신청에 대한 국토교통부장관의 거부는 종전에 발부된 자격증 등록의 효과를 제한하는 처분으로 볼 수 있다. 또한 절차의 하자를 독자적 취소사유로 보는 것이 타당하므로 거부사유와 법적 근거 및 의견제출의 가능성 등을 통지하지 않은 국토교통부장관의 거부처분은 위법하다.

31. 보상 환매권

A도는 2008년 5월경 국토교통부장관으로부터 관계 법령에 따라 甲의 농지 4,000㎡를 포함한 B시와 C시에 걸쳐있는 토지 131,000㎡에 '2009 세계엑스포' 행사를 위한 문화시설을 설치할 수 있도록 하는 공공시설입지승인을 받았다. 그 후 A도는 편입토지의 소유자들에게 보상협의를 요청하여 甲으로부터 2008년 12월 5일 「공익사업을 위한 토지 등의 취득 및 보상에 관한 법률」에 의하여 위 甲의 농지를 협의 취득하였다. A도는 취득한 甲의 토지 중 1,600㎡를 2009년 5월 31일부터 2011년 4월 30일까지 위 세계엑스포행사 및 기타 행사를 위한 임시주차장으로 이용하였다가 2012년 3월 31일 농지로 원상 복구하였다. 그 후 위 1,600㎡의 토지는 인근에서 청소년수련원을 운영하는 제3자에게 임대되어 청소년들을 위한 영농체험 경작지로 이용되고 있다.

1) 甲은 농지로 원상 복구된 토지 1,600㎡에 대한 환매권을 행사하려고 한다. 甲의 권리구제방법에 대하여 설명하시오.
2) A도는 환매권 행사 대상 토지의 가격이 현저히 상승된 것을 이유로 증액된 환매대금과 보상금상당액의 차액을 선이행하거나 동시이행할 것을 주장하려 한다. 환매대금 증액을 이유로 한 A도의 대응수단에 대하여 설명하시오.

(설문 1)의 해결

Ⅰ. 쟁점의 정리

설문은 2009 세계엑스포를 위해 취득된 甲토지에 대한 환매권 행사와 관련된 사안으로서, 이의 해결을 위하여 갑이 환매권을 행사할 수 있는 요건을 충족하였는지(특히 갑의 토지가 당해 사업에 필요 없게 되었는지) 여부 및 환매권의 법적 성질을 검토하여 갑의 권리구제방법에 대하여 설명한다.

Ⅱ. 환매권의 의의, 취지, 근거 및 법적 성질

1. 환매권의 의의 및 취지

환매권이라 함은 수용의 목적물인 토지가 공익사업의 폐지 · 변경 기타의 사유로 인해 필요 없게 되거나, 수용 후 오랫동안 그 공익사업에 현실적으로 이용되지 아니할 경우에, 수용 당시의 토지소유자 또는 그 포괄승계인이 원칙적으로 보상금에 상당하는 금액을 지급하고 수용의 목적물을 다시 취득할 수 있는 권리를 말한다. 이는 재산권의 존속보장 및 토지소유자의 소유권에 대한 감정존중을 도모한다.

2. 환매권의 근거

오늘날 환매권의 이론적 근거를 재산권보장, 보다 정확히 말하면 재산권의 존속보장에서 찾는 것이 유력한 견해가 되고 있다. 대법원은 환매권을 공평의 원칙상 인정되는 권리로 보면서도 재산권보장과의 관련성을 인정하고 있다. 토지보상법 제91조와 제92조에 개별 법률상 근거를 갖는다.

3. 환매권의 법적 성질

(1) 문제점

환매권이 형성권인 점에서 학설, 판례가 일치하거나 공 · 사권에 대한 견해의 나뉨이 있다. 논의의 실익은 환매권에 대한 다툼이 있는 경우 적용법규와 쟁송형태에 있다.

(2) 학설

1) 공권설

환매권은 공법적 원인에 의해 상실된 권리를 회복하는 제도이므로 공권력주체에 대해 사인이 가지는 공법상 권리라고 한다.

2) 사권설

환매권은 피수용자가 자기의 이익을 위하여 일방적으로 행사함으로써 환매의 효과가 발생하는 형성권으로서 사업시행자의 동의를 요하지 않고, 이 권리는 공용수용의 효과로 발생하기는 하나 사업시행자에 의해 해제처분을 요하지 않는 직접매매의 효과를 발생하는 것으로 사법상 권리라고 한다.

(3) 판례

대법원은 원소유자가 환매권의 행사에 의하여 일방적으로 사법상 매매를 성립시키고 행정청의 공용수용해제처분을 요하지 않으므로 사법상권리로 보아 환매권에 기한 소유권이전등기청구소송을 민사소송으로 다루고 있다.

(4) 검토

공법상 수단에 의하여 상실한 권리를 회복하는 제도로서, 공법상의 주체인 사업시행자에 대하여 사인이 가지는 권리이므로 공법상 권리로 볼 수 있다.

III. 환매권의 행사요건

1. 문제점(환매권의 성립시기)

환매권은 수용의 효과로서 수용의 개시일에 법률상 당연히 성립 취득하는 것이므로 토지보상법상 요건은 이미 취득 성립된 환매권을 현실적으로 행사하기 위한 행사요건 검토가 필요하다.

2. 환매권의 행사요건

(1) 당사자 및 목적물

당사자는, 환매권자는 토지소유자 또는 그 포괄승계인이고 상대방은 사업시행자 또는 현재의 소유자이다. 환매목적물은 토지소유권에 한한다. 단 잔여지의 경우 접속된 부분이 필요 없게 된 경우가 아니면 환매는 불가하다.

(2) 사업의 폐지 · 변경 기타의 사유로 필요 없게 된 때(토지보상법 제91조 제1항)

토지의 협의취득일 또는 수용의 개시일부터 10년 이내에 당해 사업의 폐지 · 변경 또는 그 밖의 사유로 취득한 토지의 전부 또는 일부가 필요 없게 된 경우, 그 토지의 전부 또는 일부가 필요 없게 된 때부터 1년 또는 그 취득일부터 10년 이내에 그 토지에 대하여 받은 보상금에 상당하는 금액을 사업시행자에게 지급하고 그 토지를 환매할 수 있다.

'필요 없게 되었을 때'란 사업시행자의 주관적 의도가 아닌 당해 사업의 목적과 내용, 협의취득의 경위와 범위, 당해 토지와 사업의 관계, 용도 등 여러 사정에 비추어 객관적 · 합리적으로 판단하여야 한다(2010다30782).

(3) 취득한 토지의 전부를 사업에 이용하지 아니한 때(토지보상법 제91조 제2항)

취득일부터 5년 이내에 취득한 토지의 전부를 해당 사업에 이용하지 아니하였을 때에는, 취득일부터 6년 이내에 환매권을 행사할 수 있다.

(4) 제91조 제1항과 제2항 행사요건의 관계

그 요건을 서로 달리하고 있으므로, 어느 한쪽의 요건에 해당되면 다른 쪽의 요건을 주장할 수 없게 된다고 할 수 없고, 양쪽의 요건에 모두 해당된다고 하여 더 짧은 제척기간을 정한 제2항에 의하여 제1항의 환매권의 행사가 제한된다고 할 수도 없을 것이므로, 제2항의 규정에 의한 제척기간이 도과되었다 하여 제1항의 규정에 의한 환매권 행사를 할 수 없는 것도 아니라고 할 것이다.

3. 환매권행사의 제한(토지보상법 제91조 제6항)

국가, 지방자치단체 또는 공공기관이 사업인정을 받아 공익사업에 필요한 토지를 협의취득 또는 수용한 후 당해 공익사업이 제4조 제1호 내지 5호에 규정된 다른 사업으로 변경된 경우 환매기간은 관보에 변경을 고시한 날로부터 기산하도록 하는 것을 말한다. 이 경우 국가 · 지방자치단체 또는 정부투자기관은 변경사실을 환매권자에게 통지하도록 하고 있다.

IV. 사안의 해결(갑의 권리구제 방법)

1. 환매권 행사요건 충족여부

설문에서 당초사업은 세계엑스포 행사와 관련된 사업이며, 갑 토지는 2009 세계엑스포 행사를 위한 임시주차장 등으로 사용되다가 2012년 3월 31일 농지로 원상 복구된 후 제3자에게 임대되어 영농체험 경작지로 이용되는 점 등을 고려할 때, 갑의 토지는 당초사업에 필요 없게 되었다고 판단된다. 또한 설문상 공익사업의 변환 등의 사유는 보이지 않으므로 갑은 환매권 행사요건을 충족한다.

2. 갑의 권리구제 방법

갑은 사업시행자를 상대로 환매권을 행사할 수 있으며, 사업시행자가 이를 거부하는 경우 환매권의 법적 성질을 공권으로 보면 공법상 당사자소송으로 소유권이전등기를 청구할 수 있을 것이다. 판례는 실무상 민사소송으로 해결하고 있다.

(설문 2)의 해결

Ⅰ. 쟁점의 정리

A도는 환매권 행사 대상 토지가격이 현저하게 상승함을 이유로 증액된 환매대금과 보상금 상당액 차액을 선이행 또는 동시이행할 것을 주장하고 있다. 환매권이 형성권의 성질을 갖는지 여부 및 환매권 행사의 절차 등을 검토하여 A도의 대응수단에 대하여 설명한다.

Ⅱ. 환매권이 형성권인지 여부 및 행사절차

1. 환매권이 형성권인지 여부

대법원은 환매권은 재판상이든 그 제척기간 내에 이를 일단 행사하면 그 형성적 효력으로 매매의 효력이 생기는 것으로 보고 있다(92다4666).

2. 환매절차

(1) 사업시행자의 통지 등(토지보상법 제92조)

사업시행자는 환매할 토지가 생겼을 때 지체 없이 환매권자에게 통지하거나 사업시행자의 과실 없이 환매권자를 알 수 없는 경우 이를 공고해야 한다.

(2) 환매권의 행사

환매권자는 환매의사 표시와 함께 사업시행자와 협의 결정한 보상금을 선지급함으로써 행사한다. 환매권은 형성권이므로 사업시행자의 승낙·동의 없이도 그 환매의 효과가 발생한다. 사업시행자는 소로써 법원에 환매대금의 증액을 청구할 수 있을 뿐 환매권 행사로 인한 소유권이전등기 청구소송에서 환매대금 증액청구권을 내세워 증액된 환매대금과 보상금 상당액의 차액을 지급할 것을 선이행 또는 동시이행의 항변으로 주장할 수 없다(2006다49277).

(3) 환매금액

환매금액은 원칙상 환매대상토지 및 그 토지에 대한 소유권 이외의 권리에 대해 사업시행자가 지급한 보상금에 상당한 금액이며, 정착물에 대한 보상금과 보상금에 대한 법정이자는 불포함된다. 다만, 가격변동이 현저한 경우에 양 당사자는 법원에 그 금액의 증감을 청구할 수 있다(토지보상법 제91조 제4항). "토지의 가격이 취득일 당시에 비하여 현저히 변동된 경우"라 함은 환매권 행사당시의 토지가격이 지급한 보상금에 환매당시까지의 당해 사업과 관계없는 인근 유사토지의 지가변동률을 곱한 금액보다 초과되는 경우를 말한다(토지보상법 시행령 제48조).

III. 사안의 해결(A도의 대응수단)

환매권은 형성권이므로 사업시행자의 승낙 · 동의 없이도 그 환매의 효과가 발생하므로, A도는 토지가격이 상승되었다는 이유로 환매금액과 보상금상당액 차액을 선이행 또는 동시이행을 청구할 수 없을 것이다. A도는 토지보상법 제91조 제4항에 따라 당사자간 협의를 통하거나, 환매권의 법적 성질을 공권으로 본다면 당사자소송의 형식으로 법원에 그 금액의 증감을 청구하여야 할 것이다.

관련판례

1. 대법원 2011. 5. 13. 선고 2010다6567 판결 [소유권이전등기]

[판시사항]

[1] 공익사업을 위한 토지 등의 취득 및 보상에 관한 법률 제91조 제1항에서 정한 '해당 사업'의 의미 및 협의취득 또는 수용된 토지가 필요 없게 되었는지 여부의 판단 기준

[2] 갑 지방자치단체가 '세계도자기엑스포' 행사를 위한 문화시설 설치사업을 위하여 을에게서 병 토지를 협의취득하였는데, 병 토지가 위 행사용 임시주차장 등으로 사용되다가 농지로 원상 복구된 이래 제3자에게 임대되어 영농체험 경작지 등으로 이용되기도 하다가 현재는 밭, 구거, 주차장 부지로 이용되고 있는 사안에서, 여러 사정에 비추어 병 토지는 더 이상 협의취득의 목적이 되는 '해당 사업'에 필요 없게 되었으므로, 을의 환매권 행사를 인정한 원심판단을 수긍한 사례

2. 대법원 2006. 12. 21. 선고 2006다49277 판결 [소유권이전등기]

[판시사항]

공익사업을 위한 토지 등의 취득 및 보상에 관한 법률 제91조에서 정한 환매권의 행사 방법 및 그 환매권 행사로 인한 소유권이전등기 청구소송에서 사업시행자가 환매대금 증액청구권을 내세워 선이행 또는 동시이행의 항변을 할 수 있는지 여부(소극)

[판결요지]

공익사업을 위한 토지 등의 취득 및 보상에 관한 법률 제91조에 의한 환매는 환매기간 내에 환매의 요건이 발생하면 환매권자가 지급받은 보상금에 상당한 금액을 사업시행자에게 미리 지급하고 일방적으로 의사표시를 함으로써 사업시행자의 의사와 관계없이 환매가 성립하고, 토지 등의 가격이 취득 당시에 비하여 현저히 변경되었더라도 동법 제91조 제4항에 의하여 당사자 간에 금액에 관하여 협의가 성립하거나 사업시행자 또는 환매권자가 그 금액의 증감을 법원에 청구하여 법원에서 그 금액이 확정되지 않는 한, 그 가격이 현저히 등귀한 경우이거나 하락한 경우이거나를 묻지 않고 환매권을 행사하기 위하여는 지급받은 보상금 상당액을 미리 지급하여야 하고 또한 이로써 족한 것이며, 사업시행자는 소로써 법원에 환매대금의 증액을 청구할 수 있을 뿐 환매권 행사로 인한 소유권이전등기 청구소송에서 환매대금 증액청구권을 내세워 증액된 환매대금과 보상금 상당액의 차액을 지급할 것을 선이행 또는 동시이행의 항변으로 주장할 수 없다.

32. 토지수용에 의한 손실보상청구

한국수자원공사는 「한국수자원공사법」 제9조 및 제10조에 근거하여 수도권 광역상수도사업 실시계획을 서립하여 국토교통부장관의 승인을 얻은 후, 1필지인 甲의 토지 8,000㎡ 중 6,530㎡를 협의취득하였다. 협의취득 후 甲의 잔여지는 A지역 495㎡, B지역 490㎡, 그리고 C지역 485㎡로 산재하고 있다.

1) 甲은 위 잔여지의 토지가격의 감소를 이유로 손실보상을 청구하려고 한다. 이 경우 잔여지의 가격감소에 대한 甲의 권리구제방법을 설명하시오.

2) 호텔을 건립하기 위해 부지를 조성하고 있던 甲은 자신의 잔여지를 더 이상 종래의 사용목적대로 사용할 수 없게 되자 사업시행자와 매수에 관한 협의를 하였으나, 협의가 성립되지 아니하였다. 이에 甲은 관할 토지수용위원회에 잔여지의 수용을 청구하였지만 관할 토지수용위원회는 이를 받아들이지 않았다. 이 경우 잔여지수용청구의 요건과 甲이 제기할 수 있는 행정소송의 형식을 설명하시오.

(설문 1)의 해결

Ⅰ. 쟁점의 정리

갑은 잔여지의 토지가격 감소를 이유로 토지보상법 제73조에서 규정하고 있는 손실보상을 청구하려고 한다. 토지보상법 제73조에서는 손실보상청구와 관련하여 동법 제9조 제6항(협의) 및 제7항(재결)을 준용하고 있으므로 이를 검토하여 갑의 권리구제 방법을 설명한다.

Ⅱ. 잔여지 가격감소에 대한 손실보상 청구

1. 잔여지 가격감소에 대한 손실보상 청구의 의의 및 취지

잔여지란 동일소유자의 일단의 토지 중, 공익사업을 위하여 취득되고 남은 잔여토지를 말하는데 잔여지는 형상, 도로접면 등의 조건 등이 일단의 토지보다 열악한 경우가 많다. 잔여지가격감소에 대한 손실보상이란 상기 제 원인으로 인한 가격감소분을 보상하는 것을 말하며 재산권에 대한 정당보상을 실현함에 제도적 취지가 인정된다.

2. 손실보상의 청구(토지보상법 제73조 제1항)

토지보상법 제73조 제1항에서는 사업시행자는 동일한 소유자에게 속하는 일단의 토지의 일부가 취득되거나 사용됨으로 인하여 잔여지의 가격이 감소하거나 그 밖의 손실이 있을 때에는 그 손실을 보상하되, 동법 제2항에서는 손실의 보상은 해당 사업의 공사완료일부터 1년이 지난 후에는 청구할 수 없다고 규정하고 있다. 따라서 이에 근거하여 잔여지 가격감소에 대한 손실보상을 청구할 수 있을 것이다.

3. 손실보상의 청구절차(토지보상법 제73조 제4항)

토지보상법 제73조 제4항에서는 손실의 보상은 사업시행자와 손실을 입은 자가 협의하여 결정하되(보상법 제9조 제6항), 협의가 성립되지 아니하면 사업시행자나 손실을 입은 자는 대통령령으로 정하는 바에 따라 제51조에 따른 관할 토지수용위원회(이하 "관할 토지수용위원회"라 한다)에 재결을 신청할 수 있다(제9조 제7항)고 규정하고 있다. 따라서 당사자간 협의 및 재결 통하여 보상액이 결정될 것이다.

4. 손실보상 재결에 대한 불복방법

재결의 내용이 수용 등을 수반하지 않는 경우에는, 보상원인이 되는 재산권 침해행위와 보상결정 행위가 서로 분리하여 존재하기 때문에 그에 대한 불복도 분리하여 행하여야 한다.

따라서 보상재결의 처분성을 부정한다면 공법상 당사자소송에 의할 것이나, 처분성을 인정한다면 항고소송을 통한 구제가 이루어 져야 할 것이다. 토지보상법에서는 재결에 대한 불복규정을 두고 있으므로 이에 따라 이의신청(제83조)과 행정소송(제85조 제2항)을 제기하는 것이 타당하다.

Ⅲ. 사안의 해결

갑은 자신의 잔여지 가격감소에 대해서 사업시행자와 협의하되, 협의가 불성립의 경우에는 관할 토지수용위원회에 보상재결을 신청할 수 있을 것이다. 이때 재결에 의한 보상금액에 불복하는 경우에는 토지보상법 제83조 및 제85조에 따라 불복이 가능하다. 잔여지의 가격 감소분이 잔여지의 가격보다 큰 경우에는 사업시행자는 그 잔여지를 매수할 수 있다.

(설문 2)의 해결

Ⅰ. 쟁점의 정리

설문은 갑의 잔여지 수용청구의 거부에 대한 행정소송의 형식을 묻고 있다. 이의 해결을 위하여 갑에게 잔여지수용청구 요건이 충족되었는지와, 갑이 재결취소소송을 제기해야 하는지 보상금의 증액을 구하는 소송을 제기해야 하는지 검토한다.

Ⅱ. 잔여지수용청구의 요건

1. 의의 및 취지(토지보상법 제74조)

'잔여지수용' 이란 동일한 토지소유자에 속하는 일단의 토지의 일부를 수용함으로 인하여 잔여지를 종전의 목적에 사용하는 것이 현저히 곤란할 때에, 토지소유자의 청구에 의하여 그 잔여지도 포함하여 전부를 수용하는 것을 말한다. 토지보상법 제74조에 근거규정을 두고 있다.

2. 잔여지수용청구권의 법적 성질

잔여지수용청구권은 형성권적 권리로 보는 견해와, 손실보상책임의 일환으로 인정된 권리로 보는 견해가 있다. 판례는 형성권적 권리로 본다.

3. 잔여지수용청구의 요건

(1) 내용상 요건(토지보상법 시행령 제39조)

토지보상법 제74조에서는 '잔여지를 종래의 목적에 사용하는 것이 현저히 곤란한 경우'를 요건으로 규정하고 있다. 즉, ① 대지로서 면적의 과소 또는 부정형 등의 사유로 인하여 건축물을 건축할 수 없거나 건축물의 건축이 현저히 곤란한 경우, ② 농지로서 농기계의 진입과 회전이 곤란할 정도로 폭이 좁고 길게 남거나 부정형 등의 사유로 인하여 영농이 현저히 곤란한 경우, ③ 공익사업의 시행으로 인하여 교통이 두절되어 사용 또는 경작이 불가능하게 된 경우, ④ 그 밖에 이와 유사한 정도로 잔여지를 종래의 목적대로 사용하는 것이 현저히 곤란하다고 인정되는 경우가 해당된다(토지보상법 시행령 제39조).

(2) 절차상 요건(토지보상법 제74조 제1항)

당해 토지소유자는 사업시행자에게 일단의 토지의 전부를 매수할여 줄 것을 청구할 수 있으며, 협의가 불성립된 경우에는 관할 토지수용위원회에 그 사업의 공사완료일까지 수용을 청구할 수 있다. 협의가 필수적 전치규정인지에 대해서는 견해가 대립하나 잔여지수용 청구제도의 취지상 임의적 전치규정으로 봄이 타당하다(토지보상법 제74조 제1항).

4. 사안의 경우

설문상 사업시행자와의 협의가 불성립되었으며, 갑의 잔여지를 더 이상 종래의 사용 목적대로 사용할 수 없는 사유가 토지보상법 시행령 제39조상의 이유로 인한 것이라면 갑은 잔여지수용청구의 요건을 충족한 것으로 볼 수 있다.

Ⅲ. 갑이 제기할 수 있는 행정소송의 형식

1. 문제점

확장수용의 결정은 토지수용위원회의 재결에 의해서 결정되므로 재결에 대한 일반적인 불복수단이 적용될 것이다. 이 경우 제85조 제2항의 보상금증감청구소송의 심리범위에 손실보상의 범위가 포함되는지에 따라 실효적인 쟁송형태가 달라지게 된다.

2. 행정소송형태

(1) 학설

1) 취소소송설 및 무효등확인소송설

보상금증감청구소송은 문언에 충실하게 '보상금액의 다과' 만을 대상으로 하며, 확장수용은 수용의 범위 문제인 바, 먼저 재결에 대해 다투어야 하므로 취소 내지 무효등확인소송을 제기해야 한다고 한다.

2) 보상금증감청구소송설

확장수용은 손실보상의 일환으로서 보상금증감청구소송의 취지가 권리구제의 우회방지이고, 손실보상액은 손실보상 대상의 범위에 따라 달라지므로 손실보상의 범위도 보상금증감 소송의 범위에 포함된다고 본다.

3) 손실보상청구소송설

확장수용청구권은 형성권인 바 이에 의해 손실보상청구권이 발생하고, 확장수용청구권의 행사에 의해서 수용의 효과가 발생하므로 이를 공권으로 본다면 공법상 당사자소송으로 손실보상청구를 하여야 한다고 본다.

(2) 판례

대법원은 '잔여지수용청구권은 토지소유자에게 손실보상책의 일환으로 부여된 권리이어서 이는 수용할 토지의 범위와 그 보상액을 결정할 수 있는 토지수용위원회에 대하여 토지수용의 보상가액을 다투는 방법에 의하여도 행사할 수 있다' 고 판시한 바 있다.

(3) 검토

잔여지보상에 관한 소송은 위법성 여부를 따지는 것이 아니라 보상금과 관련된 사항이므로 분쟁의 일회적 해결을 위해서 보상금증감청구소송이 타당하다.

3. 사안의 경우

손실보상금은 수용목적물의 범위에 따라 달라지므로 보상금증감청구소송의 심리범위에는 수용목적물의 범위판단도 포함된다. 따라서 갑은 보상금증감청구소송을 통하여 잔여지수용청구에 대한 구제를 받을 수 있을 것이다.

Ⅳ. 사안의 해결

갑의 잔여지는 더 이상 종래의 목적대로 사용할 수 없으므로 잔여지수용청구요건을 충족하고, 관할 토지수용위원회가 이의 수용을 받아들이지 않은 경우에는 분쟁의 일회적 해결을 위하여 토지보상법 제85조 제2항에서 규정하고 있는 보상금증감청구소송을 통해서 권리구제를 받을 수 있다.

33. 감정평가법인설립인가 취소에 대한 집행정지 신청

> 20년 이상 감정평가업에 종사하고 있는 감정평가사 甲은 2년 전에 국토교통부장관 乙의 인가를 받아 50명 이상의 종업원을 고용하는 감정평가법인을 설립하였다. 그 후 乙은 甲이 정관을 거짓으로 작성하는 등 부정한 방법으로 감정평가법인의 설립인가를 받았다는 이유로 「부동산 가격공시 및 감정평가에 관한 법률」 제38조 제1항 제6호에 따라 설립인가를 취소하였다. 甲은 乙의 인가취소가 잘못된 사실관계에 기초한 위법한 처분이라는 이유로 취소소송을 제기하면서 집행정지신청을 하였다. 甲의 집행정지신청의 인용여부를 논하시오.

Ⅰ. 쟁점의 정리

설문에서 갑은 인가취소에 대한 취소소송을 제기하면서 집행정지를 신청하였다. 갑의 집행정지 신청이 인용되기 위해서는 집행정지 요건을 모두 충족해야 하는 바, 이하에서 검토한다.

Ⅱ. 집행정지의 요건 및 절차 등

1. 의의(집행부정지원칙과 예외적인 집행정지) 및 근거(행정소송법 제23조 제1항 및 제2항)

집행부정지 원칙은 취소소송의 제기는 처분 등의 효력이나 그 집행 또는 절차의 속행에 영향을 주지 아니함을 말한다. 단, 처분이 진행되는 등의 사정으로 회복되기 어려운 손해가 발생할 경우 예외적으로 집행정지를 인정한다.

2. 요건

(1) 신청요건(형식적 요건 : 미충족시 각하결정)

1) 정지대상인 처분 등이 존재할 것

행정소송법상 집행정지는 종전의 상태, 즉 원상을 회복하여 유지시키는 소극적인 것이므로 침해적 처분을 대상으로 한다.

2) 적법한 본안소송이 계속 중일 것

행정소송법상의 집행정지는 민사소송에서의 가처분과는 달리 적법한 본안소송이 계속 중일 것을 요하며, 계속된 본안소송은 소송요건을 갖춘 적법한 것이어야 한다.

3) 신청인적격 및 신청이익

집행정지를 신청할 수 있는 자는 본안소송의 당사자이다. 신청인은 '법률상 이익'이 있는 자이어야 한다. 또한 집행정지결정의 현실적 필요성이 있어야 한다.

(2) 본안요건(실체적 요건 : 기각결정 또는 인용결정(집행정지결정))

1) 회복하기 어려운 손해

판례는 금전보상이 불가능하나 사회통념상 참고 견디기가 현저히 곤란한 유·무형 손해(적소는 요건 아님)와 중대한 경영상의 위기를(아람마트 사건) 회복하기 어려운 손해로 보고 있다. 이에 대한 소명책임은 신청인에게 있다.

2) 긴급한 필요의 존재

회복하기 어려운 손해의 발생이 절박하여 손해를 회피하기 위하여 본안판결을 기다릴 여유가 없을 것을 말한다(93두79).

3) 공공복리에 중대한 영향이 없을 것

처분의 집행에 의해 신청인이 입을 손해와 집행정지에 의해 영향을 받을 공공복리간 이익형량을 하여 공공복리에 중대한 영향을 미칠 우려가 없어야 한다(99무42).

4) 본안청구가 이유 없음이 명백하지 아니할 것

집행정지는 인용판결의 실효성을 확보하기 위하여 인정되는 것이며 행정의 원활한 수행을 보장하며 집행정지신청의 남용을 방지할 필요도 있으므로 본안청구가 이유 없음이 명백하지 아니할 것을 집행정지의 소극적 요건으로 하는 것이 타당하다는 것이 일반적 견해이며 판례도 이러한 입장을 취하고 있다(92두30).

3. 절차

본안이 계속된 법원에 당사자의 신청 또는 직권에 의하여 처분 등의 효력이나 그 집행 또는 절차의 속행의 전부 또는 일부의 정지를 결정할 수 있다.

4. 내용

① 처분의 효력을 존재하지 않는 상태에 놓이게 하는 처분의 효력정지, ② 처분의 집행을 정지하는 집행정지, ③ 여러 단계의 절차를 통하여 행정목적이 달성되는 경우에 절차의 속행을 정지하는 절차속행의 정지를 내용으로 한다.

Ⅲ. 사안의 해결

설문상 인가취소는 감정평가업무를 더 이상 수행하지 못하도록 하는 처분이며, 이에 대한 취소소송은 적법하게 계속 중인 것으로 보인다. 취소소송의 인용판결이 있을 때까지 업무 수행을 하지 못하여 발생한 손실은 금전적으로 배상이 가능할 것으로 보이나, 갑 법인의 명예나 주요 거래처와의 신뢰악화 등의 중대한 경영상의 위험은 회복되기 어려운 손해로 예상된다. 따라서 법원은 집행정지결정을 해야 할 것이며 국토교통부장관은 이에 대하여 즉시 항고 할 수 있다(행정소송법 제23조 제5항).

34. 감정평가의 적법성

> 甲은 S시에 600㎡의 토지를 소유하고 있다. S시장 乙은 2002년 5월 「국토의 계획 및 이용에 관한 법률」에 의거하여 수립한 도시관리계획으로 甲의 토지가 포함된 일대에 대하여 공원구역으로 지정하였다가 2006년 5월 민원에 따라 甲의 토지를 주거지역으로 변경지정하였다. 乙은 2010년 3월 정부의 녹색도시조성 시책에 부응하여 도시근린공원을 조성하고자 甲의 토지에 대하여 녹지지역으로 재지정하였다. 다음 물음에 답하시오.
>
> (1) 甲은 乙이 2010년 3월 그의 토지에 대하여 녹지지역으로 재지정한 것은 신뢰보호의 원칙에 위배될 뿐만 아니라 당해 토지 일대의 이용 상황을 고려하지 아니한 결정이었다고 주장하며, 녹지지역 지정을 해제할 것을 요구하고자 한다. 甲의 주장이 법적으로 관철될 수 있는가에 대하여 논하시오.
>
> (2) 乙은 공원조성사업을 추진하기 위하여 甲의 토지를 수용하였는데, 보상금산정시 녹지지역을 기준으로 감정평가한 금액을 적용하였다. 그 적법성여부를 논하시오.

(설문 1의 해결 : 1안 답안)

Ⅰ. 쟁점의 정리

설문에서 갑은 녹지지역 지정을 해제할 것을 요구하고자 한다. 녹지지역 지정의 해제요구는 도시계획의 변경신청 및 변경청구를 의미하도록 갑에게 이러한 신청권이 인정되는 지가 문제된다.

설문의 해결을 위하여 갑의 주장대로 녹지지역의 재지정이 신뢰보호원칙에 반하는 지와 계획재량권 행사의 정당성을 살펴보고, 갑에게 계획보장청구권이 인정될 수 있는지를 검토한다.

Ⅱ. 녹지지역 지정이 신뢰보호원칙에 반하는지 여부

1. 녹지지역 지정행위의 법적 성질

녹지지역은 지연환경 · 농지 및 산림의 보호와 도시의 무질서한 확산을 방지하기 위하여 녹지의 보전이 필요한 지역으로서 도시관리계획으로 결정 · 고시된 지역을 말하며, 도시관리계획은 특별시 · 광역시 · 시 또는 군의 개발 · 정비 및 보전을 위하여 수립하는 공간구조와 발전

방향에 대한 행정계획을 말한다.

2. 신뢰보호원칙의 의의 및 요건 등

(1) 의의 및 근거(효력)

행정법상의 신뢰보호의 원칙이라 함은 행정기관의 어떠한 적극적 또는 소극적 언동에 대해 국민이 신뢰를 갖고 행위를 한 경우 그 국민의 신뢰가 보호가치 있는 경우에 그 신뢰를 보호하여 주어야 한다는 원칙을 말한다. 행정절차법 제4조 제2항 및 국세법 제18조 제3항에 실정법상 근거를 두고 있다. 신뢰보호의 원칙에 반하는 행정권 행사는 위법하다.

(2) 요건

① 행정청이 개인에 대하여 신뢰의 대상이 되는 공적인 견해표명을 하여야 하고, ② 행정청의 견해표명이 정당하다고 신뢰한 데에 대하여 그 개인에게 귀책사유가 없어야 하며, ③ 그 개인이 그 견해표명을 신뢰하고 이에 상응하는 어떠한 행위를 하였어야 하고, ④ 행정청이 위 견해표명에 반하는 처분을 함으로써 그 견해표명을 신뢰한 개인의 이익이 침해되는 결과가 초래되어야 한다.

(3) 한계(공익과의 형량, 판례는 소극적 요건으로 본다)

신뢰보호의 원칙은 법적 안정성을 위한 것이지만, 법치국가원리의 또 하나의 내용인 행정의 법률적합성의 원리와 충돌되는 문제점을 갖는다. 결국 양자의 충돌은 법적 안정성(사익보호)과 법률적합성(공익상요청)의 비교형량에 의해 문제를 해결해야 한다(비교형량설).

또한 신뢰보호의 이익과 공익 또는 제3자의 이익이 상호 충돌하는 경우에는 이들 상호간에 이익형량을 하여야 한다.

3. 사안의 경우

설문상 갑의 토지를 주거지역으로 변경 지정한 행위를 공적 견해표명으로 볼 수 있는지가 문제되는데, 판례는 "용도지역을 결정한 것만으로는 용도지역을 종래와 같이 유지하거나 변경하지 않겠다는 취지의 공적인 견해표명을 한 것이라고 볼 수 없다" 고 판시한 바 있다.

이러한 판례의 태도에 따를 때, 신뢰보호의 요건은 충족되지 않는다.

Ⅲ. 녹지지역 재지정과 계획재량의 하자유무

1. 계획재량의 의의

행정계획을 수립, 변경함에 있어서 계획청에게 인정되는 재량을 말한다. 계획재량은 행정목표의 설정이나 행정목표를 효과적으로 달성할 수 있는 수단의 선택 및 조정에 있어서 인정된다.

2. 재량과의 구분

① 계획재량은 목적과 수단의 규범구조이므로 요건과 효과인 재량과 상이하고 형량명령 이론이 존재하므로 구분되어야 한다는 견해(질적 차이 긍정설)와 ② 재량의 범위인 양적 차이만 있고 형량명령은 비례칙이 행정계획분야에 적용된 것이라는 견해(질적 차이 부정설)가 있다. ③ 생각건대 규범구조상 계획재량은 목적프로그램에서, 행정재량은 조건프로그램에서 문제되며 전자는 절차적 통제가 중심적이나, 후자는 실체적 통제도 중요한 문제가 되므로 양자의 적용범위를 구분하는 것이 합당하다. 그러나 다 같이 행정청에게 선택의 자유를 인정하는 것이므로 질적인 면에서 차이가 있다고 보는 것은 타당하지 않다.

3. 형량명령(계획재량에 대한 사법적 통제)

(1) 의의

형량명령이란 행정계획을 수립함에 있어서 관련된 이익을 정당하게 형량하여야 한다는 원칙을 말한다.

(2) 형량하자

판례는 행정주체가 행정계획을 입안, 결정함에 있어서 ① 이익형량을 전혀 행사하지 아니하거나(형량의 해태), ② 이익형량의 고려 대상에 마땅히 포함시켜야 할 사항을 누락한 경우(형량의 흠결), ③ 또는 이익형량을 하였으나 정당성과 객관성이 결여된 경우에는(형량의 오형량) 그 행정계획결정은 형량에 하자가 있어서 위법하게 된다고 판시한 바 있다.

4. 사안의 경우

설문상 용도지역의 지정 및 변경에 대한 제 요인이 설시되지 않은 바, S시가 용도지역 지정 및 변경시에 관계된 제이익을 종합적으로 고려하지 못한 경우라면 당해 행정계획결정은 위법하다고 볼 수 있을 것이나, 그렇지 않은 경우라면 당해 계획은 정당한 결정이라고 볼 수 있을 것이다.

Ⅳ. 갑에게 계획보장청구권이 인정되는 여부

1. 계획보장청구권의 의의

행정계획에 대한 이해관계인의 신뢰보호를 위해 이해관계인에게 인정되는 행정주체에 대한 권리를 총칭하여 계획보장청구권이라고 한다. 계획보장청구권은 특정행위청구권, 즉 계획존속청구권, 계획이행청구권, 계획변경청구권 등의 상위개념으로 정의하는 것이 일반적이다.

2. 계획보장청구권의 근거

계획보장청구권을 인정하는 법령의 규정이 있는 경우에는 법령에 근거하여 계획보장청구권을 인정할 수 있을 것이며, 계획보장청구권의 이론적 근거로는 계약의 법리, 법적 안정성, 신뢰보호의 원칙, 재산권 보장 등이 주장되고 있다.

3. 계획보장청구권의 인정 요건

계획보장청구권은 개인적 공권의 일종인 바, 그 성립요건으로는 ① 공법상 법규가 국가 또는 그 밖의 행정주체에 행정의무를 부과할 것, ② 관련 법규가 오로지 공익실현을 목표로 하는 것이 아니라 적어도 개인의 이익의 만족도에도 기여하도록 정해질 것이 요구된다.

4. 관련판례의 태도

대법원은 "구 국토이용관리법상 주민이 국토이용계획의 변경에 대하여 신청을 할 수 있다는 규정이 없을 뿐만 아니라, 국토건설종합계획의 효율적인 추진과 국토이용질서를 확립하기 위한 국토이용계획은 장기성, 종합성이 요구되는 행정계획이어서 원칙적으로는 그 계획이 일단 확정된 후에 어떤 사정의 변동이 있다고 하여 그러한 사유만으로는 지역주민이나 일반 이해관계인에게 일일이 그 계획의 변경을 신청할 권리를 인정하여 줄 수는 없다"고 판시한 바 있다(2001두10936).

5. 사안의 경우

설문상 도시관리계획(녹지지역 지정)을 입안·결정하는 것은 행정청의 의무로 판단되나, 도시관리계획이 사익을 위한 것이라는 취지의 규정을 찾아볼 수 없을 뿐만 아니라, 도시관리계획은 해석상 공익실현을 위한 것이지 사익을 위한 것으로 보기는 어렵다. 따라서 갑에게는 계획보장청구권(신청권)이 인정되지 않는다고 볼 것이다.

Ⅴ. 사안의 해결(도시계획의 변경으로 인한 권리구제 방안)

S시장의 도시관리계획변경결정은 신뢰보호원칙상 선행조치로 볼 수 없으며, 설문상 특별한 형량하자도 보이지 않는다. 또한 갑이 녹지지역 지정을 해제할 것을 요구하려면 갑에게 개인적 공권, 즉 계획변경청구권이 인정되어야 하나, 국토계획법의 관련규정에서 공권성립요건 중 사익보호성을 도출해 낼 수 없기에 갑에게 계획보장청구권을 인정할 수 없을 것이다.

다만, 적법한 도시계획의 변경으로 인하여 특별한 희생이 발생하였다면 갑은 손실보상을 청구할 수 있을 것이다. 그런데, 통상 계획의 변경으로 인한 손실에 대하여 법률에 보상규정을 두고 있지 않은 경우가 많으므로 이 경우 보상규정이 결여된 손실보상의 문제가 되고, 이는 헌법 제23조 제3항에 대한 논의로 해결해야 할 것이다.

(설문 1의 해결 : 2안 답안)

Ⅰ. 쟁점의 정리

설문에서 갑이 녹지지역 지정을 해제할 것을 요구하기 위해서는 갑에게 계획보장청구권(계획변경신청권)이 인정되어야 한다. 계획보장청구권은 일반적으로 행정계획의 변경이나 폐지가 이루어질 경우에 그 계획의 존속에 대한 신뢰가 법적으로 보호될 정도의 경우에 주장되어질 수 있는 권리를 말한다. 행정계획이 변경 또는 폐지된다면 국민은 불이익을 받게 되는데 이를 당사자가 감수하도록 하는 것은 신뢰보호의 원칙에 반하는 결과를 가져오게 되기 때문에 행정계획의 변경 또는 폐지에 있어서 행정계획을 신뢰함으로써 받게 되는 불이익을 구제해 줄 필요성에서 계획보장청구권이론이 형성된 것이다. 이러한 계획보장청구권은 법치국가의 원리의 하나인 신뢰보호의 원칙의 구체적인 실현을 담보하는 권리라 할 수 있으며, 계획보장청구권의 내용에 관하여는 계획존속청구권, 계획이행청구권, 손실보상청구권 등이 들어지고 있다.

Ⅱ. 갑에게 계획보장청구권(계획변경청구권)이 인정될 수 있는지 여부

1. 계획보장청구권의 의의

행정계획에 대한 이해관계인의 신뢰보호를 위해 이해관계인에게 인정되는 행정주체에 대한 권리를 총칭하여 계획보장청구권이라고 한다. 계획보장청구권은 특정행위청구권, 즉 계획존속청구권, 계획이행청구권, 계획변경청구권 등의 상위개념으로 정의하는 것이 일반적이다.

2. 계획보장청구권의 근거

계획보장청구권을 인정하는 법령의 규정이 있는 경우에는 법령에 근거하여 계획보장청구권을 인정할 수 있을 것이며, 계획보장청구권의 이론적 근거로는 계약의 법리, 법적 안정성, 신뢰보호의 원칙, 재산권 보장 등이 주장되고 있다.

3. 계획보장청구권 인정여부에 대한 학설

(1) 적극설

일설은 도시계획변경에 관한 신청권을 부인하게 되면 도시계획변경거부의 처분성을 인정할 수 없어 취소소송의 제기가 불가능하게 되므로, 도시계획변경 거부결정의 위법성 여부에 대한 재판청구권을 보장할 필요가 있다고 보고 있다. 또 다른 견해는 국토이용계획법상 '도시계획입안 제안권'을 근거로 법규상 또는 조리상 신청권 등을 통해 도시계획변경거부의 처분성을 인정할 수 있다고 본다. 그리고 도시계획변경신청거부에 의해 제3자의 기본권이 침해받게 되는 경우에 예외적으로 도시계획변경거부를 인정할 수 있다거나, 그 밖에 장기미집행 도시계획시설의 경우에 대해서 신청권을 인정할 수 있다는 견해도 있다. 적극설의 주요 논거는 당사자의 권리구제를 위해 도시계획변경신청권을 인정하자는 것으로 압축될 수 있다.

(2) 소극설

소극설은 도시계획수립 및 변경에 있어서 일반적으로 계획행정청에 광범위한 형성의 자유가 보장되어 있으므로, 계획수립청구권 및 계획변경신청권을 허용할 수 없다고 보고 있다. 소극설이 다수설이다.

(3) 검토

개별 법령에서 특별규정을 두고 있거나, 특별한 사정이 없는 한, 변화하는 행정의 탄력적 운용 측면에서 이러한 권리들은 인정되기 어려울 것이다. 그러나 예외적으로 법규상 또는 조리상 계획변경신청권이 인정되는 경우에는 당해 계획의 변경을 청구할 수 있을 것이다.

4. 관련판례의 입장

(1) 원칙적 부정

대법원은 소극설의 입장에 서서 원칙적으로 국민에 행정계획의 변경신청권을 인정하지 않고, 도시계획변경신청에 대한 거부행위도 행정처분으로 보고 있지 않다. 즉 판례는 행정계획이 일단 확정된 후에는 일정한 사정변동이 있다고 하여 지역주민에게 일일이 그 계획의 변경 또는 폐지를 청구할 권리를 인정해 줄 수 없다고 하여, 행정계획의 변경신청권을 원칙적으로 부인하고 있다. 특히 국토이용계획변경신청 불허처분 취소사건에서 대법원은 "구 국토이용관리법상 주민이 국토이용계획의 변경에 대하여 신청을 할 수 있다는 규정이 없을 뿐만 아니라, 국토건설종합계획의 효율적인 추진과 국토이용질서를 확립하기 위한 국토이용계획은 장기성, 종합성이 요구되는 행정계획이어서 원칙적으로는 그 계획이 일단 확정된 후에 어떤 사정의 변동이 있다고 하여 그러한 사유만으로는 지역주민이나 일반 이해관계인에게 일일이 그 계획의 변경을 신청할 권리를 인정하여 줄 수는 없다"고 판시한 바 있다(2001두10936).

(2) 예외적으로 계획변경청구권을 인정한 판례

판례는 원칙적으로 국토이용계획의 변경을 신청할 권리를 인정할 수 없다고 보면서도, 장래 일정한 기간 내에 관계 법령이 정하는 시설 등을 갖추어 일정한 행정처분을 구하는 신청을 할 수 있는 법률상 지위에 있는 자가 행한 국토이용계획변경신청이 거부되는 것을 실질적으로 당해 행정처분 자체를 거부하는 결과가 된다고 보고, 이러한 경우에는 예외적으로 그 신청인에게 국토이용계획 변경신청권을 인정하고 있다. 한편, 대법원은 문화재보호구역의 지정해제신청에 대한 거부회신에 대해 처분성을 인정한 바 있다.

5. 사안의 경우

도시계획수립 및 변경에 있어서 일반적으로 계획행정청에 광범위한 형성의 자유가 보장되어 있으므로, 갑에게 계획수립청구권 및 계획변경신청권을 허용할 수는 없을 것이다.

계획행정청은 도시계획결정을 함에 있어서 광범위한 형성의 자유를 가질 뿐만 아니라, 관련된 공사익을 형량하여야 한다. 이러한 계획의 특성으로 인해 계획재량의 사법적 통제에는 어려움이 따른다. 따라서 행정청이 형량을 함에 있어서 형량 그 자체를 전혀 행하지 않았거나(형량의 불행사), 형량을 해야 할 관련된 제 이익의 요소 중 일부를 누락하였거나(형량의 흠결), 또는 그러한 제 이익의 형량을 잘못한 경우(오형량), 그리고 형량의 결과가 비례원칙에 위반되는 경우(형량의 불비례)에는 형량에 하자가 있는 경우에 형량의 하자를 인정할 수 있고, 당해 도시계획결정은 위법하게 된다.

Ⅲ. 사안의 해결(및 권리구제 수단 등)

녹지지역 지정행위인 도시관리계획은 특별시 · 광역시 · 시 또는 군의 개발 · 정비 및 보전을 위하여 수립하는 공간구조와 발전방향에 대한 행정계획이며, 이러한 계획에는 광범위한 형성의 자유가 인정된다. 따라서 갑에게는 당해 녹지지역의 지정을 변경 및 해제할 신청권은 허용되지 않는다고 볼 것이다.

다만, 적법한 도시계획의 변경으로 인하여 특별한 희생이 발생하였다면 갑은 손실보상을 청구할 수 있을 것이다. 그런데, 통상 계획의 변경으로 인한 손실에 대하여 법률에 보상규정을 두고 있지 않은 경우가 많으므로 이 경우 보상규정이 결여된 손실보상의 문제가 되고, 이는 헌법 제23조 제3항에 대한 논의로 해결해야 할 것이다.

(설문 2의 해결)

Ⅰ. 쟁점의 정리

설문은 공원조성사업의 시행을 위하여 수용된 갑 토지의 보상금과 관련된 사안이다. 보상금 산정시에 당해 사업시행을 위하여 변경된 용도지역을 기준하여 보상금이 산정된 바, 토지보상 평가기준과 관련하여 "공법상 제한을 받는 토지의 평가기준(시행규칙 제23조)"을 검토하여 당해 보상금의 적법성 여부를 논하고자 한다.

Ⅱ. 공법상 제한을 받는 토지의 평가기준(시행규칙 제23조)

1. 공법상 제한의 의의 및 종류

공법상 제한받는 토지라 함은 관계 법령에 의해 가해지는 토지 이용규제나 제한을 받는 토지로서, 이는 국토공간의 효율적 이용을 통해 공공복리를 증진시키는 수단으로 기능한다. 그 제한사항은 일반적 제한과 개별적 제한으로 구분된다.

(1) 일반적 제한

일반적 제한이란 제한 그 자체로 목적이 완성되고 구체적 사업의 시행이 필요하지 않은 경우를 말한다. 그 예로는 국토의 이용 및 계획에 관한 법률에 의한 용도지역, 지구, 구역의 지정, 변경 기타 관계 법령에 의한 토지이용계획 제한이 있다.

(2) 개별적 제한

개별적 제한이란 그 제한이 구체적 사업의 시행을 필요로 하는 경우를 말한다.

2. 공법상 제한을 받는 토지의 평가기준

(1) 일반적 제한의 경우(시행규칙 제23조 제1항)

일반적 제한의 경우에는 제한 그 자체로 목적이 완성되고 구체적 사업의 시행이 필요하지 않은 경우이므로 그 제한 받는 상태대로 평가한다.

(2) 개별적 제한의 경우(시행규칙 제23조 제1항 단서)

개별적 제한이 당해 공익사업의 시행을 직접 목적으로 가해진 경우에는 제한이 없는 상태로 평가한다. "당해 공익사업의 시행을 직접 목적으로 하여 가하여진 경우" 에는 당초의 목적사업과 다른 목적의 공익사업에 취득 · 수용 또는 사용되는 경우를 포함한다. 이는 공익사업의 시행자가 보상액을 감액하기 위하여 고의적으로 다른 사유로 사권에 제한을 가하고 그와 다른 사업을 시행하면 토지소유자는 불이익을 받게 되는 바, 이러한 실체적인 불합리성을 방지하기 위한 것이다.

(3) 당해 사업으로 인해 용도지역이 변경된 경우(시행규칙 제23조 제2항)

용도지역 등 일반적 제한일지라도 당해 사업 시행을 직접 목적으로 하여 변경된 경우에는 변경되기 전의 용도지역을 기준으로 하여 평가한다. 이는 개발이익의 배제 및 피수용자의 보호에 목적이 있다. 그러나 그러한 제한이 당해 공익사업의 시행을 직접 목적으로 하여 가하여진 것이 아닌 경우에는 그러한 공법상 제한을 받는 상태대로 손실보상액을 평가하여야 한다.

3. 관련 판례의 태도

(1) 일반적 제한의 경우

당해 공공사업의 시행 이전에 이미 당해 공공사업과 관계없이 도시계획법에 의한 고시 등으로 일반적 계획제한이 가하여진 상태인 경우 그러한 제한을 받는 상태 그대로 평가하여야 하며, 도시계획법에 의한 개발제한구역의 지정은 위와 같은 일반적 계획제한에 해당하므로 당해 공공사업의 시행 이전에 개발제한구역 지정이 있었을 경우 그러한 제한이 있는 상태 그대로 평가함이 상당하다(대판 1993. 10. 12., 93누12527).

(2) 당해 사업을 위해 용도지역이 변경된 경우

① 공원조성사업의 시행을 직접 목적으로 일반주거지역에서 자연녹지지역으로 변경된 토지에 대한 수용보상액을 산정하는 경우, 그 대상 토지의 용도지역을 일반주거지역으로 하여 평가하여야 한다(2006두11507).

② 당해 사업인 택지개발사업에 대한 실시계획의 승인과 더불어 그 용도지역이 주거지역으로 변경된 토지를 그 사업의 시행을 위하여 후에 수용하였다면 그 재결을 위한 평가를 함에 있어서는 그 용도지역의 변경을 고려함이 없이 평가하여야 한다(98두13850).

③ 공법상 제한을 받는 토지에 대한 보상액을 산정할 때에 해당 공법상 제한이 구 도시계

획법에 따른 용도지역 · 지구 · 구역의 지정 또는 변경과 같이 그 자체로 제한목적이 달성되는 일반적 계획제한으로서 구체적 도시계획사업과 직접 관련되지 아니한 경우에는 그러한 제한을 받는 상태 그대로 평가하여야 하지만, 도로 · 공원 등 특정 도시계획시설의 설치를 위한 계획결정과 같이 구체적 사업이 따르는 개별적 계획제한이거나 일반적 계획제한에 해당하는 용도지역 · 지구 · 구역의 지정 또는 변경에 따른 제한이더라도 그 용도지역 · 지구 · 구역의 지정 또는 변경이 특정 공익사업의 시행을 위한 것일 때에는 당해 공익사업의 시행을 직접 목적으로 하는 제한으로 보아 위 제한을 받지 아니하는 상태를 상정하여 평가하여야 한다(2012두1020).

Ⅲ. 사안의 해결

을은 공원조성사업을 추진하기 위하여 갑의 토지를 수용하였으며, 갑의 토지는 공원조성사업을 추진하는 과정에서 주거지역에서 녹지지역으로 용도지역에 변경된 바, 시행규칙 제23조 제2항에 근거하여 변경 전 용도지역을 기준하여 보상금이 산정되었어야 한다. 따라서 녹지지역을 기준으로 평가된 보상금은 적정하지 않은 것으로 판단된다.

35. 개별공시지가산정에 대한 손해배상 문제

S시에 임야 30,000㎡를 소유하고 있다. S시장은 甲소유의 토지에 대하여 토지의 이용 상황을 실제 이용되고 있는 '자연림'으로 하여 개별공시지가를 산정한 다음 A감정평가법인에 검증을 의뢰하였는데, A감정평가법인이 그 토지의 이용 상황을 '공업용'으로 잘못 정정하여 검증지가를 산정하고, 시(市) 부동산평가위원회가 검증지가를 심의하면서 그 잘못을 발견하지 못하였다. 이에 따라 甲소유 토지의 개별공시지가가 적정가격보다 훨씬 높은 가격으로 결정 · 공시되었다. B은행은 S시의 공시지가를 신뢰하고, 甲에게 70억 원을 대출하였는데, 甲이 파산함에 따라 채권회수에 실패하였다. 다음 물음에 답하시오.

(1) B은행은 S시를 대상으로 국가배상을 청구하였다. S시의 개별공시지가 결정행위가 국가배상법 제2조상의 위법행위에 해당하는가에 관하여 논하시오.

(2) S시장은 개별공시지가제도의 입법목적을 이유로 S시 담당공무원들의 개별공시지가 산정에 관한 직무상 행위와 B은행의 손해사이에 상당인과관계가 없다고 항변한다. S시장의 항변의 타당성에 관하여 논하시오.

(설문 1의 해결)

Ⅰ. 쟁점의 정리

B은행은 갑 토지의 개별공시지가를 신뢰하고 갑에게 70억 원을 대출하였으나, 개별공시지가는 이용 상황이 잘못 적용되어 적정가격보다 훨씬 높은 가격으로 공시되었었다. 이후, 갑이 대출금을 상환하지 못한 것에 대하여 B은행이 S시에 국가배상을 청구하였는데, S시의 개별공시지가 결정행위가 국가배상법 제2조상의 위법행위에 해당하는지가 문제된다. 이의 해결을 위하여 개별공시지가의 산정절차를 살펴보고, 산정절차상 이용 상황의 오류를 발견하지 못한 직무의무 위반이 국가배상법 제2조상 위법행위에 해당되는지를 검토한다.

Ⅱ. 개별공시지가의 산정절차 및 지가산정 담당 공무원 등의 직무상 의무

1. 개별공시지가의 의의 및 취지(부동산가격공시법 제11조)

개별공시지가란 시 · 군 · 구청장이 공시지가를 기준으로 산정한 개별토지의 단위당 가격을 말한다. 이는 조세 및 개발부담금산정의 기준이 되어 행정의 효율성제고를 도모함에 제도적 취지가 인정된다(부공법 제11조).

2. 개별공시지가의 법적 성질

판례는 "개별토지가격결정은 관계 법령에 의한 토지초과이득세 또는 개발부담금 산정의 기준이 되어 국민의 권리나 의무 또는 법률상 이익에 직접적으로 관계되는 것으로서 항고소송의 대상이 되는 행정처분에 해당한다(93누111)" 고 하여 처분성을 인정하고 있다.

3. 개별공시지가의 산정절차

개별공시지가를 산정하여 결정 · 공시함에 있어 시장 · 군수 또는 구청장은 당해 토지와 유사한 이용가치를 지닌다고 인정되는 하나 또는 둘 이상의 표준지의 공시지가를 기준으로 토지가격비준표를 사용하여 지가를 산정하되, 당해 토지의 가격과 표준지공시지가가 균형을 유지하도록 하여야 하고(법 제11조 제3항), 산정한 개별토지 가격의 타당성에 대하여 원칙적으로 감정평가업자의 검증을 받고 토지소유자 그 밖의 이해관계인의 의견을 들어야 하며(법 제11조 제4항), 시 · 군 · 구 부동산평가위원회의 심의를 거쳐야 한다(법 제11조 제1항, 제20조 제1항).

4. 담당 공무원 등의 직무상 의무

개별공시지가 산정업무를 담당하는 공무원으로서는 당해 토지의 실제 이용 상황 등 토지특성을 정확하게 조사하고 당해 토지와 토지이용상황이 유사한 비교표준지를 선정하여 그 특성을 비교하는 등 법령 및 '개별공시지가의 조사 · 산정 지침' 에서 정한 기준과 방법에 의하여 개별공시지가를 산정하고, 산정지가의 검증을 의뢰받은 감정평가업자나 시 · 군 · 구 부동산평가위원회로서는 위 산정지가 또는 검증지가가 위와 같은 기준과 방법에 의하여 제대로 산정된 것인지 여부를 검증 · 심의함으로써 적정한 개별공시지가가 결정 · 공시되도록 조치할 직무상의 의무가 있다.

III. 공무원의 위법행위로 인한 국가배상책임 요건(국가배상법 제2조)

1. 개념

국가의 과실책임이란 공무원의 과실 있는 위법행위로 인하여 발생한 손해에 대한 배상책임을 말한다. 국가배상법 제2조에 근거규정을 둔다.

2. 국가배상 청구요건(국가배상법 2조)

국가배상법 제2조에 의한 국가배상책임이 성립하기 위하여는 ① 공무원이 직무를 집행하면서 타인에게 손해를 가하였을 것, ② 공무원의 가해행위는 고의 또는 과실로 법령에 위반하여 행하여졌을 것, ③ 손해가 발생하였고, 공무원의 불법한 가해행위와 손해 사이에 인과관계(상당인과관계)가 있을 것이 요구된다.

(1) 공무원

국가배상법 제2조상의 '공무원'은 국가공무원법 또는 지방공무원법상의 공무원뿐만 아니라 널리 공무를 위탁(광의의 위탁)받아 실질적으로 공무에 종사하는 자를(공무수탁사인) 말한다. 달리 말하면 국가배상법 제2조 소정의 공무원은 실질적으로 공무를 수행하는 자, 즉 기능적 공무원을 말한다. 또한 그것은 최광의 공무원개념에 해당한다.

(2) 직무행위

국가배상법 제2조가 적용되는 직무행위에 관하여 판례 및 다수설은 공권력 행사 외에 비권력적 공행정작용을 포함하는 모든 공행적작용을 의미한다고 본다. 또한 '직무행위'에는 입법작용과 사법작용도 포함된다.

(3) 직무를 집행하면서(직무관련성)

공무원이 불법행위에 의한 국가의 배상책임은 공무원의 가해행위가 직무집행행위인 경우뿐만 아니라 그 자체는 직무집행행위가 아니더라도 직무와 일정한 관련이 있는 경우, 즉 '직무를 집행하면서' 행하여진 경우에 인정된다.

(4) 법령위반(위법)

1) 학설

① 결과불법설

손해배상소송이 손해전보를 목적으로 하는 것이라는 전제하에, 국민이 받은 손해가 시민법상 원리로부터 수인될 수 있는지를 기준으로 위법성 여부를 판단하는 견해이다.

② 상대적 위법성설

행위자체의 위법, 적법뿐만 아니라 피침해이익의 성격과 침해의 정도, 가해행위의 태양등을 고려하여 위법성 여부를 판단하자는 견해이다.

③ 행위위법설

법률에 의한 행정의 원리 또는 국가배상소송의 행정통제기능을 고려하여 가해행위가 객관적인 법규범에 합치되는지 여부를 기준으로 위법성 여부를 판단하는 견해이다(다수설).

④ 직무의무위반설

국가배상법상의 위법을 법에 부합하지 않는 당해 행정처분으로 인해 법익을 침해한 공무원의 직무의무의 위반으로 보는 견해로 취소소송의 위법성은 행정작용의 측면에서만 위법 여부를 판단하지만 국가배상책임에서의 위법성은 행정작용과 행정작용을 한 자와의 유기적 관련성 속에서 위법 여부를 판단한다. 즉 전자가 처분의 전체 법질서에 대한 객관적 정합성을 무게중심으로 하는 반면, 후자는 불법한 처분의 주관적 책임귀속을 무게중심으로 한다고 한다.

2) 판례

① 판례는 원칙상 행위위법설을 취하고 있는 것으로 보인다. 즉, 원칙상 가해 직무행위의 법에의 위반을 위법으로 보고 있다. 그리고 명문의 규정이 없는 경우에도 일정한 경우 공무원의 손해방지의무를 인정하고 있다(대판 2000. 11. 10., 2000다26807). ② 다만, 최근 판례 중 상대적 위법성설을 지지한 것으로 보이는 판결이 있다.

3) 결어

① 법률에 의한 행정의 원리의 실질적 내용을 이루는 인권보장의 측면에서 볼 때 공무원에게 직무상의 일반적 손해방지의무를 인정하는 것이 타당하므로, ② 국가배상에 있어서는 행위자체의 관계 법령에의 위반뿐만 아니라 행위의 태양의 위법, 즉 피침해이익과 관련하여 요구되는 공무원의 '직무상 손해방지의무 위반' 으로서의 위법도 국가배상법상 위법이 된다고 보는 것이 타당하다.

(5) 고의 또는 과실

주관설은 과실을 '당해 직무를 담당하는 평균적 공무원이 통상 갖추어야 할 주의의무를 해태한 것' 으로 본다. 과실이 인정되기 위하여는 위험 및 손해 발생에 대한 예측가능성과 회피가능성(손해방지가능성)이 있어야 한다. 이 견해가 다수설과 판례의 입장이다.

(6) 위법과 과실의 관계

위법과 과실은 개념상 상호 구별되어야 한다. 행위위법설에 의할 때 위법은 '행위' 가 판단대상이 되며 가해행위의 법에의 위반을 의미하는 것이며, 과실은 '행위의 태양' 이 직접적 판단대상이 되며 판례의 입장인 주관설에 의하면 주의의무 위반(객관설에 의하면 국가작용의 흠)을 의미한다.

(7) 손해

공무원의 불법행위가 있더라도 손해가 발생하지 않으면 국가배상책임이 인정되지 않는다. 국가배상책임으로서의 '손해'는 민법상 불법행위책임에 있어서의 그것과 다르지 않다.

(8) 인과관계

공무원의 불법행위와 손해 사이에 인과관계가 있어야 한다. 국가배상에서의 인과관계는 민법상 불법행위책임에서의 그것과 동일하게 상당인과관계가 요구된다.

Ⅳ. 사안의 해결

개별공시지가 산정업무를 담당하는 공무원으로서는 당해 토지의 실제 이용상황 등 토지 특성을 정확하게 조사하고 당해 토지와 토지이용상황이 유사한 비교표준지를 선정하여 그 특성을 비교하는 등 법령 및 「개별공시지가의 조사 · 산정지침」에서 정한 기준과 방법에 의하여 개별공시지가를 산정하고, 산정지가의 검증을 의뢰받은 감정평가업자나 시 · 군 · 구 부동산평가위원회로서는 위 산정지가 또는 검증지가가 위와 같은 기준과 방법에 의하여 제대로 산정된 것인지 여부를 검증, 심의함으로써 적정한 개별공시지가가 결정 · 공시되도록 조치할 직무상의 의무가 있고, 이러한 직무상 의무는 단순히 공공 일반의 이익을 위한 것이거나 행정기관 내부의 질서를 규율하기 위한 것이 아니고 전적으로 또는 부수적으로 국민 개개인의 재산권 보장을 목적으로 하여 규정된 것이라고 봄이 상당하다. 따라서 개별공시지가 산정업무 담당공무원 등이 그 직무상 의무에 위반하여 현저하게 불합리한 개별공시지가가 결정되도록 함으로써 국민개개인의 재산권을 침해한 경우에는 그 손해에 대하여 상당인과관계 있는 범위 내에서 그 담당공무원 등이 소속된 지방자치단체가 배상책임을 지게 된다고 할 수 있다.

인과관계가 인정되는지에 관해서는 설문 2에서 구체적으로 논하고자 한다.

(설문 2의 해결)

Ⅰ. 쟁점의 정리

S시장은 개별공시지가산정상 직무행위와 B은행의 손해사이에는 인과관계가 없다고 항변하고 있다. 설문의 해결을 위하여 개별공시지가의 산정목적 범위 및 개별공시지가가 은행업무 등 사적인 부동산거래의 직접적인 평가근거로 활용될 수 있는지를 검토한다.

Ⅱ. 개별공시지가의 산정목적 범위 등

1. 개별공시지가의 산정목적 범위

개별공시지가는 그 산정 목적인 개발부담금의 부과, 토지 관련 조세 부과 등 다른 법령이 정하는 목적을 위해 지가를 산정하는 경우에 그 산정 기준이 되는 범위 내에서는 납세자인 국민 등의 재산상 권리·의무에 직접적인 영향을 미칠 수 있다.

2. 개별공시지가가 사적 부동산 거래에 있어서 구속력을 갖는지 여부

부동산가격공시법 제1조에서 이 법의 목적이 토지, 주택 등 부동산의 적정가격을 공시하여 부동산 가격산정의 기준이 되게 하는데 있다고 규정함과 아울러, 법 제10조에서 표준지공시지가가 토지시장의 지가정보를 제공하고 일반적인 토지거래의 지표가 된다고 규정하고 있는 취지는, 일반 국민에 대한 관계에서 토지에 관하여 합리적으로 평가한 적정가치를 제시함으로써 토지를 거래하는 당사자의 합리적인 의사결정의 지표가 될 만한 지가정보를 제공한다는 의미에 불과할 뿐 표준지공시지가 또는 그에 기초한 개별공시지가를 지표로 거래해야 한다는 법적 구속력을 부여하는 의미라고 보기 어렵다. 따라서 개별공시지가는 그 산정 목적인 개발부담금의 부과, 토지 관련 조세 부과 등 다른 법령이 정하는 목적을 위해 지가를 산정하는 경우에 그 산정 기준이 되는 범위 내에서는 납세자인 국민 등의 재산상 권리·의무에 직접적인 영향을 미칠 수 있지만, 이에 더 나아가 개별공시지가가 당해 토지의 거래 또는 담보제공을 받음에 있어 그 실제 거래가액 또는 담보가치를 보장한다거나 어떠한 구속력을 미친다고 할 수는 없다(2010다13527).

Ⅲ. 사안의 해결

공시지가는 행정기관이 사용하는 지가를 일원화하여 일정한 행정목적을 위한 기준으로 삼음으로써 국토의 효율적인 이용과 국민경제의 발전에 기여하려는 목적과 기능이 있으므로, 개별공시지가가 당해 토지의 거래 또는 담보제공을 받음에 있어 그 실제 거래가액 또는 담보가치를 보장한다거나 어떠한 구속력을 미친다고 할 수는 없다. 따라서 담당공무원 등의 개별공시지가 산정에 관한 직무상 위반행위와 위 손해 사이에 상당인과관계가 있다고 보기 어려울 것으로 보이므로 S시장의 항변의 타당성이 인정된다.

36. 감정평가에 대한 취소소송의 이익

乙은 감정평가사 甲이 감정평가업무를 행하면서 고의로 잘못된 평가를 하였다는 것을 이유로, 「부동산 가격공시 및 감정평가에 관한 법률」 제38조 제1항 제12호 및 동법시행령 제77조에 따라 6개월의 업무정지처분을 하였고, 乙은 이에 불복하여 취소소송을 제기하였다. 소송의 계속 중에 6개월의 업무

정지기간이 만료하였다. 甲은 위 취소소송을 계속할 이익이 인정되는가?

Ⅰ. 쟁점의 정리

설문은 업무정지취소소송 중 업무정지기간이 만료된 경우 당해 취소소송을 계속할 소의 이익이 있는지를 묻고 있다. 6월의 업무정지 처분의 효력이 소멸한 이후에 가중처벌의 불이익을 제거하기 위하여 취소소송을 계속할 소의 이익이 있는지를 묻는 것이므로 ① 당해 제재적 처분기준인 부공법 시행령 제77조의 법적 성질이 법규성을 갖는지를 살펴보고, ② 처분의 효력이 소멸했음에도 갑에게 취소소송의 본안판결을 받을 현실적 필요성이 인정되는지를 협의소익과 관련하여 검토한다.

Ⅱ. 제재적 처분기준의 법적 성질

1. 문제점

제재적 처분기준이 법규명령의 형식으로 제정되었으나 그 실질이 행정규칙의 내용을 갖는 경우, 대외적 구속력이 문제된다.

2. 법적 성질

(1) 학설

① 규범의 형식과 법적 안정성을 중시하여 법규명령으로 보는 견해와 ② 규범의 실질과 구체적 타당성을 중시하여 행정규칙으로 보는 견해, ③ 상위법의 수권유무로 판단하는 수권여부기준설이 대립한다.

(2) 判例

대법원은 ① 구)식품위생법 시행규칙상 제재적 처분기준은 행정규칙으로 보며, ② 구)청소년보호법 시행령상 과징금처분기준을 법규명령으로 보면서 그 처분기준은 최고한도로 보아 구체적 타당성을 기한 사례가 있다.

(3) 검토

대통령령과 부령을 구분하는 判例의 태도는 합리적 이유가 없으므로 타당성이 결여된다. 또한 부령의 경우에도 법규명령의 형식을 갖는 이상 법제처의 심사에 의해 절차의 정당성을 확보하고, 공포를 통한 예측가능성이 보장된다는 점에서 부령인 경우도 법규성을 긍정함이 타당하다.

국민의 시각에서 형식에 따라 대외적 구속력을 예측하는 것이 일반적일 것이므로 법규명령으로 봄이 타당하다.

(4) 사안의 경우

시행령 제77조의 별표2는 형식이 대통령령이며 상위 법률인 부공법의 처분기준을 각 사유마다 세분화하여 규정하였으며 가감규정을 두어 개별사안에서 구체적 타당성을 기여하고 있다. 따라서 법규명령의 성질을 갖는 것으로 볼 수 있다.

III. 처분의 효력이 소멸한 경우의 협의소익 인정여부

1. 문제소재

처분 등의 효력이 소멸한 경우에는 원칙적으로 소의 이익이 없으나, 예외적으로 권리보호를 위해 소의 이익이 인정될 수 있는바 이하 검토한다.

2. 협의의 소익의 의의 및 취지

협의의 소익은 본안판결을 받을 현실적 필요성을 의미한다(행정소송법 제12조 제2문). 협의소익은 원고적격과 함께 소송요건이 되며 이는 남소방지와 충실한 본안심사를 통해 소송경제를 도모함에 취지가 인정된다. 동 규정을 원고적격으로 보는 견해가 있으나 통상 협의의 소익규정으로 본다.

3. 행정소송법 제12조 제2문의 회복되는 법률상 이익의 의미

(1) 학설

① 〈소극설〉은 행정소송법 제12조 전문의 법률상 이익과 동일하다고 본다. ② 〈적극설〉은 이에 명예, 신용등 이익도 포함된다. ③ 〈정당한 이익설〉은 경제, 사회, 문화적 이익까지 포함한다고 본다.

(2) 判例

처분의 근거 법률에 의해 보호되는 직접적이고 구체적인 이익을 말하며, 간접적이고 사실적인 이익은 해당하지 않는다고 한다.

(3) 검토

구체적 사안별로 권리보호의 현실적 필요성이 있는지를 검토함이 타당하다. 따라서 명예, 신용의 이익도 경우에 따라서는 소의 이익이 인정될 수 있을 것이다.

4. 가중처벌과 관련된 제재적 처분기준에 관한 판례

(1) 종전判例

제재적 처분기준이 대통령령 형식인 경우에는 소의 이익이 있다고 보았으나 부령형식의 경우에는 소의 이익이 없다고 보았다.

(2) 최근判例

1) 다수견해

① 법규명령여부와 상관없이 행정청은 처분기준을 준수할 의무가 있으므로, 상대방이

장래에 받을 수 있는 가중처벌규정은 구체적이고 현실적인 것이므로 "그 불이익을 제거할 필요가 있다"고 하여 제재적 처분이 부령형식이라도 협의소익을 인정한다. 또한 ② 후에 동일내용을 다투는 경우 이중의 노력과 비용이 소모되고, ③ 시간의 경과로 인한 증거자료의 일실의 문제가 발생할 수 있는 측면에서도 협의소익을 인정한다.

2) 소수견해

제재적 처분기준을 정한 부령인 시행규칙은 헌법 제95조에 의한 위임명령이므로 이의 법규성을 인정하는 이론적 기초 위에서 그 법률상 이익을 긍정함이 더욱 합당하다고 한다.

(3) 검토

부령 형식으로 제정된 경우에도 법규성을 인정하는 논리적 기초 위에서 가중처벌에 따른 불이익의 위험을 제거함이 타당하다고 판단된다.

5. 사안의 경우

갑에 대한 6월의 업무정지처분의 효력은 기간의 도과로 효력이 소멸하였지만, 후에 갑이 업무정지 사유에 해당하게 되면 제재적 처분기준의 법적 성질을 어느 것으로 보더라도 가중처벌을 받을 위험이 존재한다. 따라서 갑은 이러한 가중처벌의 위험을 제거할 현실적인 필요성이 인정된다.

Ⅳ. 사안의 해결

부공법 시행령 제77조의 제재적 처분기준은 법규명령으로써 대외적 구속력이 인정되므로 갑이 2회 이상의 법규위반을 하게 되면 가중처벌을 받을 위험이 존재하게 된다. 따라서 업무정지처분의 효력은 소멸하였지만 가중처벌을 받을 현실적인 위험을 제거하기 위하여 갑에게 협의의 소익이 인정된다.

37. 표준지공시지가의 위법성

「공익사업을 위한 토지 등의 취득 및 보상에 관한 법률」상 보상금 증액청구소송을 하면서 해당재결에 대한 선행처분으로서 수용대상 토지가격 산정의 기초가 된 표준지공시가격 결정이 위법함을 독립한 사유로 다툴 수 있는가에 관하여 논하시오.

Ⅰ. 쟁점의 정리

설문은 보상금 증액청구소송을 하면서 해당 재결에 대한 선행처분으로서 수용대상 토지 가격 산정의 기초가 된 표준지공시가격 결정이 위법함을 독립한 사유로 다툴 수 있는지를 묻고 있다.

이의 해결을 위하여 하자승계를 검토한다.

Ⅱ. 하자승계의 인정논의

1. 하자승계의 의의 및 취지

하자승계문제란 행정행위가 일련의 단계적 절차를 거치는 경우에 선행행위의 위법을 후 행행위의 단계에서 주장할 수 있는가의 문제이다. 이와 같은 하자승계의 문제는 법적 안정성의(불가쟁력) 요청과 행정의 법률적합성의 요청과(재판받을 권리)의 조화의 문제이다.

2. 하자승계 전제요건

① 두 행정작용이 모두 처분에 해당하여야 하고, ② 선행행위에 취소사유의 하자가 있고, 후행행위는 적법하여야 하고, ③ 선행행위에 불가쟁력이 발생하여야 한다. 사안에서 표준지공시지가결정과 재결은 모두 처분이며, 그 밖의 제 요건은 문제되지 않는 것으로 보인다.

3. 하자승계의 판단기준

(1) 학설

1) 전통적 하자승계론

선행처분과 후행처분이 결합하여 하나의 법효과를 완성하는 경우에 하자가 승계된다고 본다.

2) 선행행위의 구속력이론

2 이상의 행정행위가 동일한 법적 효과를 추구하고 있는 경우에는 선행행위는 일정한 조건하에서 판결의 기판력에 준하는 효력을 가지므로 후행행위에 대하여 구속력을 가지게 된다고 한다. 그리고 이러한 구속력이 미치는 한도 내에서는 후행행위에 대하여 선행행위의 효과(내용상 구속력)와 다른 주장을 할 수 없다고 한다.

(2) 판례

판례는 기본적으로 전통적 하자승계론에 입각하여 하자승계여부를 검토하되, 개별 · 구체적으로 타당성 없는 결과를 방지하기 위하여 일반적 법원리(예측가능성, 수인한도성)를 도입하여 조화로운 판단을 하고 있다. 또한 판례는 표준지공시지가와 수용재결 사이에서의 하자승계를 인정한 바 있다(2007두13845).

(3) 검토

전통적 하자승계론에 입각하여 하자승계 여부를 판단하되 그에 따른 결론이 개별 · 구체적으로 보아 타당하지 못한 경우에는 다수의 신뢰이익과 처분상대방의 재판받을 권리 및 재산권에 대한 권익을 비교형량하여 결정하는 것이 타당할 것이다.

III. 사안의 해결

1. 동일한 법효과를 목적으로 하는지 여부

사안에서 표준지공시지가와 재결은 서로 다른 법효과를 목적으로 하는 행정처분이다. 따라서 전통적 하자승계론에 입각하여 볼 때 하자승계는 인정되지 아니한다.

2. 예측 및 수인가능성 인정여부

표준지공시지가는 이를 인근 토지의 소유자나 기타 이해관계인에게 개별적으로 고지하도록 되어 있는 것이 아니어서 인근 토지의 소유자 등이 표준지공시지가결정 내용을 알고 있었다고 전제하기가 곤란할 뿐만 아니라, 결정된 표준지공시지가가 공시될 당시 보상금 산정의 기준이 되는 표준지의 인근 토지를 함께 공시하는 것이 아니어서 인근 토지 소유자는 보상금 산정의 기준이 되는 표준지가 어느 토지인지를 알 수 없으므로, 인근 토지 소유자가 표준지의 공시지가가 확정되기 전에 이를 다투는 것은 불가능하다. 또한 인근 토지 소유자 등으로 하여금 결정된 표준지공시지가를 기초로 하여 장차 토지보상 등이 이루어질 것에 대비하여 항상 토지의 가격을 주시하고 표준지공시지가결정이 잘못된 경우 정해진 시정절차를 통하여 이를 시정하도록 요구하는 것은 부당하게 높은 주의의무를 지우는 것으로 볼 수 있다.

3. 하자승계인정여부

위법한 표준지공시지가결정에 대하여 그 정해진 시정절차를 통하여 시정하도록 요구하지 않았다는 이유로 위법한 표준지공시지가를 기초로 한 수용재결 등 후행 행정처분에서 표준지공시지가결정의 위법을 주장할 수 없도록 하는 것은 수인한도를 넘는 불이익을 강요하는 것으로서 국민의 재산권과 재판받을 권리를 보장한 헌법의 이념에도 부합하는 것이 아니다. 따라서 표준지공시지가결정이 위법한 경우에는 그 자체를 행정소송의 대상이 되는 행정처분으로 보아 그 위법 여부를 다툴 수 있음은 물론, 수용보상금의 증액을 구하는 소송에서도 선행처분으로서 그 수용대상 토지 가격 산정의 기초가 된 비교표준지공시지가결정의 위법을 독립한 사유로 주장할 수 있다고 사료된다.

38. 조합설립행위에 대한 소송

【문제】 S시의 시장 A는 K구의 D지역(주거지역)을 「도시 및 주거환경정비법」(이하 "도정법"이라 함)상 정비구역으로 지정 · 고시하였다. 그러자 이 지역의 주민들은 주합을 설립하여 주택재개발사업을 추진하기 위해 도정법에서 정한 절차에 따라 조합설립추진위원회를 구성하였고, 동추진위원회는 도정법 제16조의 규정에 의거하여 D지역의 일정한 토지 등 소유자의 동의, 정관, 공사비 등 정비사업에 드는 비용과 관련된 자료 등을 첨부하여 A로부터 X조합설립인가를 받아 등기하였다. X조합은 조합 총회를 개최하고 법 소정의 소유자 동의 등을 얻어 지정개발자로서 Y를 사업시행자로 지정하였다. 다음 물음에

답하시오.

1) D지역의 토지소유자 중 甲이 "추진위원회가 주민의 동의를 얻어 X조합을 설립하는 과정에서 '건설되는 건축물의 설계의 개요' 등에 관한 항목 내용의 기재가 누락되었음에도 이를 유효한 동의로 처리하여 조합설립행위에 하자가 있다"고 주장하며 행정소송으로 다투려고 한다. 이 경우 조합설립인가의 법적 성질을 검토한 다음, 이에 기초하여 쟁송의 형태에 대해 설명하시오.

2) Y는 정비사업을 실시함에 있어 이 사업에 반대하는 토지 등 소유자 乙 등의 토지와 주택을 취득하기 위하여 「공익사업을 위한 토지 등의 취득 및 보상에 관한 법률」에 의거한 乙 등과 협의가 성립되지 않아 지방토지수용위원회의 수용재결을 거쳤는데, 이 수용재결에 불복하여 Y가 중앙토지수용위원회에 이의재결을 신청하여 인용재결을 받았다. 이 경우 乙 등이 이 재결에 대해 항고소송을 제기한다면 소송의 대상은 무엇인가?

(설문 1)의 해결

Ⅰ. 쟁점의 정리

조합설립행위에 하자가 있는 경우에 조합설립행위(결의)에 대한 효력을 다투는 소송을 제기하여야 하는지, 아니면 설립행위(결의)의 하자를 이유로 조합설립인가처분의 효력을 다투는 소송을 제기하여야 하는지가 문제된다. 이는 조합설립인가의 법적 성질과 직결되는 문제인 바, 이에 대한 법적 성질과 쟁송형태를 검토한다.

Ⅱ. 조합설립인가의 법적 성질

1. 재개발조합의 법적지위

조합은 공공조합으로서 공법인(행정주체)이다. 조합은 재개발사업이라는 공행정목적을 수행함에 있어서 행정주체의 지위에 서며 재개발사업이라는 공행정목적을 직접적으로 달성하기 위하여 행하는 조합의 행위는 원칙상 공법행위라고 보아야 한다.

2. 조합설립인가의 법적 성질

(1) 인가로 보는 견해

1) 인가의 의의

인가는 제3자의 법률행위를 보충해서 그 효력을 완성시켜 주는 행정행위로서 인가를 받지 않고 행한 행위는 무효가 된다.

2) 인가의 효력

인가는 기본행위가 효력을 상실하면 당연히 효력을 상실한다. 즉, 인가의 효력이 그 기본이 되는 법률행위의 효력에 의존하는 보충적인 효력을 갖으며 이러한 점이 다른 행정행위와 구별되는 개념적인 징표가 될 것이다.

3) 종전 판례와 학설의 태도

종래 학설과 판례는 토지 등 소유자 중 조합설립에 동의하는 자들의 합의에 의하여 작성된 정관과 동의서 등을 조합설립 인가시 제출하는 서류 등을 심사하여 조합설립이라는 기본행위의 유효함을 확인함으로써 그 조합설립의 법률상 효력을 완성시키는 보충행위로 판단하였다. 따라서 기본행위인 조합설립에 하자가 있더라도 그 이유로 바로 그에 대한 감독청의 인가처분의 취소 또는 무효확인을 소구할 법률상 이익은 없다고 보았다.

(2) 특허로 보는 견해

1) 특허의 의의 및 효력

특허란 상대방에게 특별한 권리나 능력 등을 창설해 주는 행위를 말한다.

2) 최근 판례의 태도

대법원은 '조합설립 인가 처분은 단순히 사인들의 조합설립 행위에 대한 보충행위로서 성질을 갖는 것에 그치는 것이 아니라 법령상 요건을 갖출 경우 도시정비법상 주택재개발사업을 시행할 수 있는 권한을 갖는 행정주체(공법인)로서의 지위를 부여하는 일정의 설권적 처분의 성격을 갖는다' 고 판시하였다.

3. 검토

재개발조합설립인가는 공행정주체의 기능을 담당하는 사업시행자를 만들어내는 행위로서의 성격이 있으므로 이러한 인가의 법적 성질은 최근 판례와 같이 특허로 봄이 타당하다고 판단된다.

Ⅲ. 사안의 해결(조합설립행위의 하자를 다투는 방법)

조합설립인가를 특허로 본다면, 조합설립행위(결의)는 조합인가처분이라는 행정처분을 하는데 필요한 요건중 하나에 불과한 것이어서, 조합설립행위(결의)에 하자가 있다면 그 하자를 이유로 직접 항고소송의 방법으로 조합설립인가처분의 취소 또는 무효확인을 구하여야 할 것이다. 단, 강학상 인가로 보는 견해에 따르면 기본행위의 하자가 있는 경우에는 민사소송을 통해서 기본행위의 효력을 다툴 수 있을 것이다.

(설문 2)의 해결

Ⅰ. 쟁점의 정리

토지보상법 제83조에서는 수용재결에 대한 이의신청을 규정하고 있으며, 이는 특별법상 행정심판의 성격을 갖는다. 乙등이 이러한 이의신청의 재결에 대하여 소를 제기하는 경우 소의 대상이 수용재결인지 이의재결인지가 문제되는데, 현행 행정소송법 및 토지보상법의 태도가 ① 원처분주의인지, ② 원처분주의라면 이의재결을 다투는 것이 재결자체의 고유한 하자를 다투는 것인지를 검토하여 설문을 해결한다.

II. 원처분주의와 재결주의

1. 원처분주의와 재결주의

(1) 의의

"원처분주의"란 원처분의 위법은 원처분에 대한 항고소송에서만 주장할 수 있고, 재결에 대한 항고소송에서는 재결 자체의 고유한 하자에 대해서만 주장할 수 있는 제도를 말한다.

"재결주의"는 재결만이 행정소송의 대상이 되며, 원처분의 위법사유도 아울러 주장할 수 있는 원칙을 의미한다.

(2) 현행법의 태도

현행 행정소송법 제19조는 "취소소송의 대상은 처분 등을 대상으로 한다. 다만, 재결취소소송의 경우에는 재결 자체에 고유한 위법이 있음을 이유로 하는 경우에 한한다."라고 하여 원처분주의를 채택하고 있다. 또한 토지보상법 제85조에서도 "34조 재결에 대하여 소를 제기할 수 있다"라고 규정하여 원처분주의를 택하고 있다.

2. 재결이 취소소송의 대상이 되는 경우

재결이 취소소송의 대상이 되는 경우는 재결 자체에 고유한 위법이 있는 경우에 한하는 바, ① 주체상 하자로는 권한 없는 기관의 재결, ② 절차상 하자로는 심판절차를 준수하지 않은 경우 등, ③ 형식상 하자로는 서면으로 하지 않거나, 중요기재사항을 누락한 경우, ④ 내용상 하자의 경우 견해대립이 있으나 判例는 '내용의 위법은 위법 부당하게 인용재결을 한 경우에 해당한다' 고 판시하여 내용상 하자를 재결고유의 하자로 인정하고 있다.

3. 원처분주의의 위반효과(재결의 고유한 위법 없이 소를 제기한 경우)

고유한 위법 없이 소송을 제기한 경우에는 각하판결을 해야 한다는 견해(19조 단서를 소극적 소송요건으로 보는 견해)가 있으나, 다수 · 판례는 재결자체의 위법여부는 본안사항이므로 기각판결을 해야 한다고 본다.

III. 재결자체의 고유한 위법을 다투는 것인지 여부

1. 학설의 대립

① 이 경우를 재결 자체에 고유한 위법이 있는 경우로 보아 행정소송법 제19조 단서에 의해 재결이 소의 대상이 되는 것이라고 보는 견해가 있는 반면, ② 당해 인용재결은 제3자와의 관

계에서는 별도의 처분이 되는 것이므로 이 경우는 행정소송법 제19조 본문에 의해 처분이 소의 대상이 되는 것이라고 보는 견해가 있다.

2. 판례의 태도

판례는 "인용재결은 원처분과 내용을 달리 하는 것이므로 그 인용재결의 취소를 구하는 것은 원처분에는 없는 재결에 고유한 하자를 주장하는 셈이어서 당연히 항고소송의 대상이 된다(96누10911)."라고 판시하여 재결의 고유한 하자로 본다.

3. 검토

원처분의 상대방인 제3자는 인용재결로 인해서 비로소 권익을 침해받게 되므로 인용재결은 형식상 재결이나 실질적으로 제3자에게는 최초의 처분으로서의 성질을 갖게 된다. 따라서 행정소송법 제19조 본문에 의해 인용재결의 취소를 구하는 것으로 해석함이 타당하다고 본다.

Ⅳ. 사안의 해결

현행 행정소송법 및 토지보상법의 태도인 원처분주의 하에서 을은 이의재결에 대해 항고소송을 제기하여야 할 것이다. 그 법리구성은 행정소송법 제19조 단서에 의한 인용재결 자체의 고유한 하자로 인한 것이 아니라, 본 사안에서 인용재결은 을에 있어서 최초의 처분으로서 성격을 지니기에 제19조 본문에 의거하여 항고소송을 제기할 수 있다고 보는 것이 올바른 해석이라고 본다.

39. 표준지공시지가에 대한 소송문제

甲은 A시의 시외로 나가는 일반도로에 접한 자신 소유의 X토지에 교통로를 개설하고 대형음식점을 운영하고 있다. A시에서는 X토지와 이에 접하여 연결된 Y · W토지의 소유권을 취득하여 혼잡한 교통량을 분산할 목적으로 「국토의 계획 및 이용에 관한 법률」에 의거하여 우회도로를 설치한다는 방침을 결정하고, A시의 시장은 X · Y · W토지의 개별공시지가 및 이 개별공시지가산정의 기초가 된 P토지의 표준지공시지가와 도매물가상승률 등을 반영하여 산정한 보상기준 가격을 내부적으로 결정하고 예산확보를 위해 중앙부처와 협의 중이다. 다음 물음에 답하시오.

1) 甲은 보상이 있을 것을 예상하여 더 많은 보상금을 받기 위해 「부동산 가격공시 및 감정평가에 관한 법률」에 의거하여 감정평가사를 통해 산정된 P토지의 표준지공시지가에 불복하여 최소소송을 제기하려고 한다. 이 경우 甲에게 법률상 이익이 있는지 여부를 검토하시오.
2) 위 취소소송에 P토지의 소유자인 丙이 소송에 참가할 수 있는지 여부와 甲이 확정 인용판결을 받았다면 이 판결의 효력은 Y · W토지의 소유자인 乙에게도 미치는지에 대하여 설명하시오.

(설문 1)의 해결

Ⅰ. 쟁점의 정리

행정소송법 제12조에서는 "법률상 이익 있는 자"가 취소소송을 제기할 수 있다고 규정하고 있다. 표준지공시지가는 인근 토지의 보상액산정의 기준이 되므로, 갑이 더 많은 보상금을 받을 수 있는 법률상 이익이 인정되는지를 관련 규정을 검토하여 해결한다.

Ⅱ. 원고적격과 법률상 이익

1. 의의

원고적격이란 본안판결을 받을 수 있는 자격을 말한다. 행정소송법 제12조에서는 '법률상 이익 있는 자'로 규정하고 있다.

2. 법률상 이익의 의미

(1) 학설

① 침해된 권리회복이라는 권리구제설, ② 근거법상 보호되는 이익구제인 법률상 보호이익설, ③ 소송법상 보호가치 있는 이익구제라는 견해, ④ 행정의 적법성 통제라는 적법성 보장설의 견해가 있다.

(2) 判例

당해 처분의 근거, 관련 법규에 의해 보호되는 개별적 · 직접적 · 구체적인 이익을 의미하며, 사실상이며 간접적인 이익은 법률상 보호이익이 아니라고 판시한 바 있다.

(3) 검토

권리구제설은 원고의 범위를 제한하고, 소송법상 보호가치 있는 이익구제설은 보호가치 있는 이익의 객관적 기준이 결여되는 문제가 있다. 또한 적법성 보장설은 객관소송화의 우려가 있다. 따라서 취소소송을 주관적, 형성소송으로 보면 법률상보호이익설이 타당하다.

3. 법률의 범위

① 근거 법률은 물론 관련 법규까지 포함하는 견해와, 헌법상 기본권 및 민법상 일반원칙까지 포함하는 견해가 있으며, ② 대법원은 관계법규와 절차법 규정의 취지도 고려하는 등 보호규범의 범위를 확대하는 경향을 보인다.

Ⅲ. 사안의 해결

1. 관련규정의 검토

(1) 토지보상법 제70조

동법 제1항에서는 "취득하는 토지에 대하여는 공시지가를 기준으로 하여 보상하되, 그

공시기준일부터 가격시점까지의 관계 법령에 따른 그 토지의 이용계획, 해당 공익사업으로 인한 지가의 영향을 받지 아니하는 지역의 대통령령으로 정하는 기자변동률, 생산자물가상 승률과 그 밖에 그 토지의 위치 · 형상 · 환경 · 이용 상황 등을 고려하여 평가한 적정가격으로 보상하여야 한다"고 규정하고 있다.

(2) 부동산가격공시법 제8조 및 동법 시행령 제11조

부공법 제8조 및 동법 시행령 제11조에서는 표준지공시지가에 대한 이의신청을 규정하고 있으며, 이의신청을 할 수 있는 자를 소유자로 한정하고 있지 않다.

2. 사안의 해결

헌법 제23조에 의하여 모든 국민은 정당한 보상을 받을 권리가 보장된다. P토지의 공시지가가 갑 토지의 보상금 산정의 기초가 되므로, P토지의 공시지가는 갑의 재산권에 영향을 미친다고 볼 수 있다. 따라서 보상법 및 부공법 등의 관련 규정을 중심으로 검토해 볼 때, 갑은 '정당한 보상을 받을 권리실현' 을 위한 법률상 이익이 인정된다고 판단된다.

(설문 2)의 해결

Ⅰ. 쟁점의 정리

갑이 P토지의 공시지가를 대상으로 취소소송을 제기하는 경우 P토지의 소유자인 병이 자신의 권리보호를 위하여 소송에 참가할 수 있는지와, 동 취소소송에서 인용판결을 받는다면 소송당사자가 아닌 을에게도 판결의 효력이 미치는지를 검토한다.

Ⅱ. 제3자의 소송참가

1. 의의(행정소송법 제16조)

제3자의 소송참가라 함은 소송의 결과에 의하여 권리 또는 이익의 침해를 받을 제3자가 있는 경우에 당사자 또는 제3자의 신청 또는 직권에 의하여 그 제3자를 소송에 참가시키는 제도를 말하며 제3자의 권익을 보호하기 위하여 인정된 제도이다.

2. 참가의 요건

① 타인간의 취소소송 등의 계속되고 있을 것, ② 소송의 결과에 의해 권리 또는 이익의 침해를 받을 제3자(소송당사자 이외의 자)일 것을 요건으로 한다.

3. 참가의 절차

제3자의 소송참가는 당사자 또는 제3자의 신청 또는 직권에 의하여 결정으로써 행한다(제16조 제1항). 법원이 제3자의 소송참가를 결정하고자 할 때에는 미리 당사자 및 제3자의 의견을 들어야 한다(제16조 제2항). 소송참가 신청을 한 제3자는 그 신청을 각하한 결정에 대하여

즉시 항고할 수 있다(제16조 제3항).

4. 관련문제(제3자의 재심청구 : 행정소송법 제31조)

처분 등을 취소하는 판결에 의하여 권리 또는 이익의 침해를 받은 제3자가 자기에게 책임 없는 사유로 소송에 참가하지 못함으로써 판결의 결과에 영향을 미칠 공격 또는 방어방법을 제출하지 못한 때에는 이를 이유로 확정된 종국판결에 대하여 재심의 청구를 하는 것을 말한다.

III. 취소판결의 제3자효(형성력)

1. 의의 및 취지(행정소송법 제29조 제1항)

계쟁처분 또는 재결의 취소판결이 확정된 때에는 당해 처분 또는 재결은 처분청의 취소를 기다릴 것 없이 당연히 효력을 상실하는데, 이를 형성력이라 한다. 형성력은 위법상태를 시정하여 원상을 회복하는 소송이라는 취소소송의 목적을 달성하도록 하기 위하여 인정되는 효력이다.

2. 제3자효(대세효)

1) 의의

취소판결의 취소의 효력은 소송에 관여하지 않은 제3자에 대하여도 미치는데 이를 취소의 대세적 효력이라 한다. 행정소송법 제29조 제1항은 이를 명문으로 규정하고 있다.

2) 취소판결의 제3자효의 내용(제3자의 범위)

취소판결의 형성력은 제3자에 대하여도 발생하며 제3자는 취소판결의 효력에 대항할 수 없다. 행정상 법률관계를 통일적으로 규율하고자 하는 대세효 인정의 취지에 비추어 취소판결의 효력이 미치는 제3자는 모든 제3자를 의미하는 것으로 보는 것이 타당하며 이것이 일반적 견해이다.

3) 일반처분의 취소의 제3자효

일반처분은 불특정 다수인을 상대방으로 하여 불특정 다수인에게 효과를 미치는 행정행위를 말한다. 일반처분의 취소의 소급적 효과가 소송을 제기하지 않은 자에게도 미치는가 하는 것인데, 이에 관하여 견해가 대립되고 있다.

(가) 상대적 효력설(부정설)

취소소송은 주관적 소송으로서, 그 효력은 원칙적으로 당사자 사이에서만 미치는 것이므로 명시적 규정이 없는 데도 불구하고, 제3자가 그 효력을 적극적으로 향수할 수 있다고 인정하는 데에는 무리가 있다고 본다.

(나) 절대적 효력설(긍정설)

일반처분이 불특정 다수인을 대상으로 하는 처분이라는 점, 공법관계의 획일성이 강하게 요청된다는 점 등에 비추어 원칙적으로 제3자의 범위를 한정할 이유는 없다고 한다.

(다) 결어

행정소송법 제29조의 입법취지에 비추어 볼 때, 일반처분의 경우에도 제3자의 범위를 한정할 이유는 없다고 판단된다.

3. 관련문제(제3자보호)

취소판결의 효력이 제3자에게도 미침으로 인하여 제3자가 불측의 손해를 입을 수 있으므로 행정소송법은 제3자의 권리를 보호하기 위하여 제3자의 소송참가제도(제16조)와 제3자의 재심청구제도(제31조)를 인정하고 있다.

Ⅳ. 사안의 해결

1. 병은 자신의 P토지의 공시지가가 올라간다면 이는 가감조정 없이 과세의 기준이 되므로 소송의 결과에 따라 권리 또는 이익의 침해를 받을 수 있다. 따라서 갑이 제기한 취소소송에 참가하여 권익보호를 주장할 수 있을 것이다.
2. 갑이 제기한 취소소송의 인용판결이 있게 되면 동 소송에 참가하지 않은 제3자도 판결의 내용에 구속된다. 따라서 을은 갑이 제기한 취소소송에 참가하여 권익보호를 위한 주장을 할 수 있으며, 만약 소송에 참가하지 못한다면 재심청구를 통해 권익보호를 실현할 수 있을 것이다.

40. 경매처분에 대한 구제

법원으로부터 근저당권에 근거한 경매를 위한 감정평가를 의뢰받은 감정평가사 乙이 감정평가대상토지의 착오로 실제 대상토지의 가치보다 지나치게 낮게 감정평가액을 산정하였다. 토지소유자인 甲이 이에 대해 이의를 제기하였음에도 경매담당 법관 K는 乙의 감정평가액을 최저입찰가격으로 정하여 경매절차를 진행하였으며, 대상토지는 원래의 가치보다 결국 낮게 丙에게 낙찰되어 甲은 손해를 입게 되었다. 甲이 법관의 과실을 이유로 국가배상을 청구할 경우 이 청구의 인용가능성을 검토하시오.

Ⅰ. 쟁점의 정리

법관이 착오로 지나치게 낮게 산정된 감정평가액을 기초로 최저입찰가를 결정하여 소유자에게 손해가 발생한 경우, 법관의 과실로 국가배상을 청구할 수 있는지를 국가배상법 제2조의 요건을 중심으로 검토한다.

Ⅱ. 국가배상청구(공무원의 과실책임) 요건 검토

1. 국가배상청구의 의의 및 성질

국가배상이란 국가 등 행정기관의 위법한 행정작용으로 인하여 발생한 손해에 대하여 국가 등의 행정기관이 배상하여 주는 제도를 말한다. 판례는 국가배상법을 민법상 특별법으로 보아 민사소송으로 해결하나 행정기관의 행정작용을 원인으로 하는 것이므로 당사자소송을 통하여 해결함이 타당하다.

2. 공무원의 위법행위로 인한 국가배상책임 요건

국가배상법 제2조에 의한 국가배상책임이 성립하기 위하여는 ① 공무원이 직무를 집행하면서 타인에게 손해를 가하였을 것, ② 공무원의 가해행위는 고의 또는 과실로 법령에 위반하여 행하여졌을 것, ③ 손해가 발생하였고, 공무원의 불법한 가해행위와 손해 사이에 인과관계(상당인과관계)가 있을 것이 요구된다.

(1) 공무원

국가배상법 제2조상의 '공무원'은 국가공무원법 또는 지방공무원법상의 공무원뿐만 아니라 널리 공무를 위탁(광의의 위탁)받아 실질적으로 공무에 종사하는 자를(공무수탁사인) 말한다. 달리 말하면 국가배상법 제2조 소정의 공무원은 실질적으로 공무를 수행하는 자, 즉 기능적 공무원을 말한다. 또한 그것은 최광의 공무원개념에 해당한다.

(2) 직무행위

국가배상법 제2조가 적용되는 직무행위에 관하여 판례 및 다수설은 공권력 행사외에 비권력적 공행정작용을 포함하는 모든 공행정작용을 의미한다고 본다. 또한 '직무행위'에는 입법작용과 사법작용도 포함된다.

(3) 직무를 집행하면서(직무관련성)

공무원이 불법행위에 의한 국가의 배상책임은 공무원의 가해행위가 직무집행행위인 경우뿐만 아니라 그 자체는 직무집행행위가 아니더라도 직무와 일정한 관련이 있는 경우, 즉 '직무를 집행하면서' 행하여진 경우에 인정된다.

(4) 법령위반(위법)

학설은 일반적으로 국가배상법상의 '법령 위반'이 위법 일반을 의미하는 것으로 보고 있고 판례도 그러하다(대판 1973. 1. 30., 72다2062).

(5) 고의 또는 과실

주관설은 과실을 '당해 직무를 담당하는 평균적 공무원이 통상 갖추어야 할 주의의무를 해태한 것'으로 본다. 과실이 인정되기 위하여는 위험 및 손해 발생에 대한 예측가능성과 회피가능성(손해방지가능성)이 있어야 한다. 이 견해가 다수설과 판례의 입장이다.

(6) 위법과 과실의 관계

위법과 과실은 개념상 상호 구별되어야 한다. 행위위법설에 의할 때 위법은 '행위' 가 판단대상이 되며 가해행위의 법에의 위반을 의미하는 것이며, 과실은 '행위의 태양' 이 직접적 판단대상이 되며 판례의 입장인 주관설에 의하면 주의의무 위반(객관설에 의하면 국가작용의 흠)을 의미한다.

(7) 손해

공무원의 불법행위가 있더라도 손해가 발생하지 않으면 국가배상책임이 인정되지 않는다. 국가배상책임으로서의 '손해' 는 민법상 불법행위책임에 있어서의 그것과 다르지 않다.

(8) 인과관계

공무원의 불법행위와 손해 사이에 인과관계가 있어야 한다. 국가배상에서의 인과관계는 민법상 불법행위책임에서의 그것과 동일하게 상당인과관계가 요구된다.

III. 사안의 해결

경매감정평가란 집행법원이 감정인에게 부동산 시가의 감정평가를 명하는 것으로 경매절차에서 대상 부동산의 시가를 정확히 파악하여 최저매각가격을 결정하기 위한 것이다. 민사집행법이 최저매각 가격을 규정하고 있는 것은 부동산의 공정 · 타당한 가격을 유지하며 부당하게 염가로 매각되는 것을 방지함과 동시에 목적부동산의 적정한 가격을 표시하여 매수신고를 하려는 사람에게 기준을 제시함으로써 경매가 공정하게 이루어지도록 하고자 함에 있다. 따라서 경매담당법관 K가 토지소유자의 이의제기가 있었음에도 지나치게 낮은 가격으로 경매를 진행하게 하여 손해를 입힌 경우라면 국가배상을 청구를 통하여 손해를 전보 받을 수 있을 것이다.

참고 문헌

국내 문헌

- 권영성 : 헌법학원론, 법문사 2010
- 김남진 : 행정법(Ⅰ · Ⅱ), 법문사 2014
- 김백유 : 행정구제법, 한성 2017
- 박윤흔 : 행정법강의(상 · 하), 박영사 2014
- 박균성 : 행정구제법, 박영사 2002
- 이명구 : 「행정법원론」, 대명출판사 2001
- 이영무 : 행정구제법 강의, 동방문화사 2017
- 이철환 : 행정구제법 강의, 피데스 2018
- 천병태 : 행정법(Ⅰ · Ⅱ), 삼영사 2009
- 최인호 : 행정구제법, 충남대학교출판문화원, 2017
- 허 영 : 한국헌법론, 박영사 2017 / 헌법이론과 헌법, 박영사 2017
- 홍정선 : 행정법원론(상 · 하), 박영사 2016
- 김철수 : 헌법학신론, 박영사 2014
- 김동희 : 행정법(Ⅰ · Ⅱ), 박영사 2016
- 김철용 : 행정법학(Ⅰ · Ⅱ), 박영사 2017
- 박균성 : 행정법(상 · 하), 박영사 2017
- 석종현 : 일반행정(상 · 하), 삼영사 2005
- 이상규 : 신행정법론(상 · 하), 법문사 2001
- 이재삼 : 현대행정법론, 도서범한 2016
- 조정환 : 행정법, 진원사 2013
- 천병태, 김명길 : 행정구제법, 삼영사 2010
- 한견우 : 현대행정법신론(1 · 2), 세창출판사 2014
- 홍정선 : 신행정법특강, 박영사 2017
- 홍준형 : 행정구제법, 한울 2001

외국 문헌

1) 독 일

Erichsen(Hans-Uwe), *Allgemeines Verwaltungsrecht*, Walter de Gruyter · Berlin · New York, 1995.

2) 프 랑 스

Bernard Pacteau, *Contentieux administratif*, puf, 1997.

Charles Debasch, *Institutions et droit aministratifs*, t2, puf. 1992.

Charles Debasch, Jean-Claude Ricci, *Contentieux aministratif*, PRECIS DAL-LOZ, 1994.

René Chapus, *Droit du contentieux aministratif*, MONTCHRESTIEN, 1991.

Xavier PHILIPPE, *DROIT ADroit aministratifF GENERAL*, PRESSES UNIVERSITAIRES D'AIX-MARSEILIE, 1996.

Xavier PHILIPPE, *Droit aministratif des Libértes*, ECONOMIXCA, 1998.

Yves Gaudement, Bernard Stirn, Thierry Dal Farra, Frederic Rolin, *Les grands avis du Conseil d'Etat*, DALLOZ, 1997.

3) 미 국

Alfred C, Amian Jr., William T. Mayton, *ADMINITRATIVE LAW*, WEST PUBLISHING CO., 1993.

David H. Rosenbloom, Rosemary O'Leary, Public Administration and Law, Marsel Dekker, Inc, 1997.

J. Beatson, M.H. Matthews, Administrastve Law Case and Matrerials, Oxford; CLAREDON PRESS, 1989.

4) 일 본

西埜章, 「國家賠償法」, 靑林書院, 1997.

宇賀克也, 「國家補償法」, 有斐閣, 1997.

南 博方, 「條解行政事件訴訟法」, 弘文堂, 1993.

宮田三郎, 「行政訴訟法」 信山社, 1998.

室井 力 · 芝池義一 · 浜川 清 編著, 「行政手續法 · 行政不服審判法」, 日本評論社, 1997.

이재삼

법학박사

현) 가천대학교 법과대학 교수

■ 저서

- 생활과 법률
- 법학통론
- 행정법 원론
- 행정구제법
- 환경법사례연구
- 행정법총론

■ 논문

- 주민소송에 관한 연구
- 현행 지방자치법에 관한 연구
- 급부행정법에 관한 연구
- 행정상 손행배상에 관한 연구
- 현대 행정법의 특성과 과제
- 현대적 의미의 법치행정의 원리 등 다수

■ 학회활동

- (사) 한국법이론실무학회 회장 역임
- (사) 한국부동산법학회 회장 역임
- 한국법학회 회장 역임

현대 행정구제법

2020. 2. 28. 초판 인쇄
2020. 2. 28. 초판 발행

저　자 | 이 재 삼
펴낸 이 | 이 정 호
펴낸 곳 | 중앙서관

등　록 | 406-2006-000041호
주　소 | 경기도 파주시 광인사길91(출판정보산업단지)
전　화 | (031)955-2494
팩　스 | (031)955-2493

정가 원